W0108132

Mikhal Dekel
Die Kinder von Teheran

Mikhal Dekel

Die Kinder von Teheran

Eine lange Flucht vor dem Holocaust

Mit einem Nachwort
für die deutsche Ausgabe von Aleida Assmann

Aus dem Englischen
von Tobias Gabel

Die amerikanische Originalausgabe erschien 2019 bei W. W. Norton & Company unter
dem Titel *Tehran Children. A Holocaust Refugee Odyssey.*

Copyright © 2019 by Mikhal Dekel

Die Deutsche Nationalbibliothek verzeichnet diese Publikation in der Deutschen National-
bibliografie; detaillierte bibliografische Daten sind im Internet über
www.dnb.de abrufbar.

Das Werk ist in allen seinen Teilen urheberrechtlich geschützt. Jede Verwertung ist
ohne Zustimmung des Verlags unzulässig. Das gilt insbesondere für Vervielfältigungen,
Übersetzungen, Mikroverfilmungen und die Einspeicherung in und Verarbeitung durch
elektronische Systeme.

wbg Theiss ist ein Imprint der wbg.
© der deutschen Übersetzung 2021 by wbg (Wissenschaftliche Buchgesellschaft)
Die Herausgabe des Werkes wurde durch die Vereinsmitglieder der wbg ermöglicht.

Lektorat: Kristine Althöhn, Mainz
Satz: Arnold & Domnick, Leipzig
Umschlaggestaltung: Patrizia DiStefano, Berlin
Gedruckt auf säurefreiem und alterungsbeständigem Papier
Printed in Europe

Besuchen Sie uns im Internet: www.wbg-wissenverbindet.de

ISBN 978-3-8062-4278-2

Elektronisch sind folgende Ausgaben erhältlich:
eBook (PDF): 978-3-8062-4317-8
eBook (epub): 978-3-8062-4318-5

Inhalt

Einleitung

New York City, 2007

Der Tag, an dem ich mich auf die Spuren der Kinder von Teheran begab, war der Tag, an dem ich Salar Abdoh traf. Wobei „treffen" eigentlich nicht das richtige Wort ist. Unsere Blicke waren sich schon oft begegnet, und das nicht ohne eine gewisse Neugier: im Postraum, bei Fakultätssitzungen, auf den Fluren des North Academic Center – das ist der fensterlose, trostlose Fremdkörper auf dem altehrwürdigen, mit Prachtbauten im neugotischen Stil übersäten Campus des City College of New York, an dem wir beide englische Literatur unterrichteten. Vielleicht hatten wir sogar schon einmal einige Worte gewechselt. Aber am letzten Tag des akademischen Jahres 2007/2008 führten wir unser erstes richtiges Gespräch, das erste von Hunderten.

Die paar Jahre vor meiner Begegnung mit Salar waren die schlimmsten Jahre meines Lebens gewesen. Ich hatte ein Kind bekommen – einen Säugling, der schließlich zum Kleinkind geworden war, aber trotzdem niemals schlief; ich hatte eine bislang noch unförmige Doktorarbeit zu schreiben begonnen und viele, viele Seminare zu unterrichten. Ich hatte nur wenig – bezahlte – Unterstützung und keine weiteren Verwandten in New York. An drei Nachmittagen in der Woche schneite ich im North Academic Center herein, um meine Seminare zu halten, und eilte danach gleich zurück nach Hause, zu meinem Sohn. Am Abend schrieb ich, zwischen den Fütterungen, an meiner Dissertation.

So verging ein akademisches Jahr, dann das nächste, und meine Doktorarbeit nahm – irgendwie – doch Form an. Als ich auf dem Weg zu meiner mündlichen Promotionsprüfung an der Columbia University die Treppen der Kent Hall hinaufstieg, traf ich meine Mentorin, die inzwischen leider verstorbene Literaturtheoretikerin Eve Kosofsky Sedgwick, die mir aufmunternd zunickte. Ich fühlte mich unglaublich leicht. Schon Ende Mai sollte ich in Talar und Barett bei der Abschlussfeier der Columbia University meine erfolgreiche Promotion begehen, und im September dann meine Stelle am City College vom „Instructor" zum „Assistant Professor" hochgestuft werden, was ein höheres

Gehalt bei niedrigerer Lehrverpflichtung bedeuten würde. Im April zeigte sich der Frühling von seiner herrlichsten Seite: Der Himmel über New York war klar und blau, ein angenehm frisches Lüftchen wehte. Ich hatte mich entschieden, die letzte Seminarsitzung des Semesters im Freien zu halten, und saß mit meinen Studenten auf dem frisch gemähten Rasen vor der Shepard Hall, wo wir uns leise, aber angeregt, über Melville und Freud unterhielten. Auf dem Rückweg vom Seminar traf ich Salar, der mich und ein paar andere in sein Büro einlud, um auf den Abschluss des Semesters anzustoßen.

Salars Dienstzimmer war sehr anheimelnd, es gab kleine Teppiche auf dem Boden und andere, sogenannte Kelims, an den Wänden, dazu Lampen für indirektes Licht, und so wurde die Eintönigkeit des Institutsgebäudes in Luft aufgelöst. Es gab auch eine Art Sitzecke, wo einige von uns herumlungerten, Rotwein nippten und dabei den neuesten Uni-Klatsch austauschten. Ich weiß noch, dass mir Salars ein wenig altmodische Manieren auffielen, eine Herzlichkeit und Etikette, wie ich sie von meinem Vater und Großvater kannte, die den Angehörigen unserer eigenen Generation jedoch abhandengekommen schien. Mir fiel auch auf, dass er von allen unseren Kollegen das größte Interesse an Israel zeigte (wo ich aufgewachsen war), dabei jedoch am wenigsten moralisierte. Als das Gespräch schließlich auf die Küstenlandschaften des Nahen Ostens kam – die wir, wie sich herausstellte, beide liebten, und Salars Familie hatte vor der Islamischen Revolution ein Haus am Kaspischen Meer besessen –, da erwähnte ich, dass wohl mein Vater das Kaspische Meer überquert hatte, als er im Zweiten Weltkrieg in den Iran gekommen war. Sicher wusste ich, dass mein Vater damals auch eine Weile in Teheran gewesen war, dass er und seine Schwester dort zu einer Gruppe junger Flüchtlinge gehört hatten, die *Tehran Children* genannt wurden – die „Kinder von Teheran" –, aber viel mehr wusste ich nicht.

Salar stand auf, ging zum Schreibtisch und tippte ein paar Worte in seinen Computer. Dann rief er mich zu sich herüber, um mir etwas zu zeigen. Auf dem Bildschirm sah ich eine Ausgabe von *The Iranian*, einem Onlinemagazin über das politische und kulturelle Geschehen im Iran. Es war die Nummer vom 23. Februar 2006, und auf der Titelseite las ich die Überschrift „Fehler, die tief blicken lassen – der Iran, die Juden und der Holocaust: Eine Antwort an Mr. Black" und darunter einen Meinungskommentar des Politikwissenschaftlers Abbas Milani. Dann begann ich weiterzulesen, und ich las das Folgende:

„Anfang Januar dieses Jahres hat ein prominenter US-Journalist eine Polemik gegen den Iran veröffentlicht, deren Abwegigkeit verblüfft: Am Holocaust soll das Land beteiligt gewesen sein! … [Black] behauptet, wenn wir uns der ‚Vergangenheit [des Irans] zur Hitlerzeit' zuwendeten, würden wir feststellen, dass ‚der Iran und die Iraner eng mit dem Holocaust und dem Hitlerregime verbunden waren'. Dabei belegen die historischen Fakten das genaue Gegenteil von dem, was Mr. Black uns weismachen will. Sobald die ersten Anzeichen der mörderischen ‚Endlösung' sichtbar wurden, teilte die damalige iranische Regierung den Nazi-‚Rassenexperten' in Deutschland mit, dass die iranischen Juden seit mehr als 2500 Jahren im Iran gelebt hätten und vollständig assimilierte iranische Bürger seien, weshalb ihnen auch alle Bürgerrechte zustünden. Die Nazis ließen sich überzeugen, akzeptierten diese Argumentation, und die Leben sämtlicher iranischer Juden, die sich im Herrschaftsbereich des NS-Regimes aufhielten, wurden gerettet. … Außerdem wurden …, als die deutsche Vernichtungsmaschinerie zur massenhaften Ermordung unschuldiger polnischer Juden anlief, 1388 Juden, darunter 871 Kinder, nach Teheran gebracht, wo sie bis zu ihrer Ausreise nach Israel in relativer Sicherheit leben konnten. … In der *History of Contemporary Iranian Jews* [‚Geschichte der iranischen Juden in der Gegenwart'] findet sich ein Bericht über diese sogenannten ‚Kinder von Teheran.'"[1]

Eine ganze Weile starrte ich auf den Bildschirm, dann zu Salar hinüber – und dann musste ich mich erst einmal setzen, um mir den Artikel in aller Ruhe genauer durchzulesen. Die „Kinder von Teheran", zu denen auch mein Vater Hannan (Hannania), seine Schwester Riwka (Regina) und ihre Cousine Noemi (Emma) gehörten, waren jüdische Flüchtlingskinder aus Polen, die 1943 über den Iran nach Palästina kamen. Aber bis zu jenem Moment in Salars Büro hatte ich das Wort „Teheran" in der Bezeichnung nie als einen *tatsächlichen Ort* aufgefasst. Dass mein Vater ein „Kind von Teheran" war, hatte für mich immer ganz selbstverständlich zu den Merkmalen seiner Person gehört, so wie er ja auch glattes, ein wenig grobes, schwarzes Haar gehabt hatte, das er stets zurückgekämmt trug über seinen kleinen, blauen, leicht schräg gestellten Augen. Oder dass er am 10. Oktober 1993 gestorben war, ein Jahr nach seinem Abschied bei der israelischen Luftwaffe, wo er 48 Jahre lang Dienst getan hatte.

Zwar hatte ich als Komparatistin – als Spezialistin für vergleichende Literatur-wissenschaft – gelernt, gleichsam über Staats- und Ländergrenzen hinweg zu lesen und zu interpretieren; aber bis zu jenem Moment wäre ich im Traum nicht darauf gekommen, mir die Geschichte der „Kinder von Teheran" in irgendeiner anderen Verbindung oder Deutung vorzustellen als jener, mit der ich in Israel aufgewachsen war: als eine erfolgreiche Mission zur Rettung jüdischer Kinder, durchgeführt von der Zionistischen Weltorganisation. Die Geschichte meines Vaters war eine typisch israelische Geschichte, ein Bestandteil der kollektiven Mythologie *unseres* Landes, und deshalb *konnte* sie in der Geschichtsschreibung eines *anderen* Landes gar nicht vorkommen – und schon gar nicht in der histo-rischen Erinnerung eines Staats, der in neuerer Zeit zu einem politischen Geg-ner Israels geworden war. In meinen Augen war mein Vater noch nicht einmal ein Holocaustüberlebender. Holocaustüberlebende, das waren Leute, die im Is-rael meiner Kindheit und Jugend eine Aura gedämpfter Scham und Angst ver-strömten. Die „Kinder von Teheran" hingegen, das waren echte Israelis: Kibbuz-niks, Armeegeneräle, Leute in den Medien, erfolgreiche Unternehmer. Nicht die Verstoßenen Europas, sondern die ersehnten, verheißenen Söhne und Töchter Israels, sprichwörtliche „Glückskinder", die der aufstrebende Judenstaat hatte unter seine Fittiche nehmen können. Wenn mich in meiner Kindheit jemand fragte, ob mein Vater ein Überlebender sei, hatte ich immer dieselbe Antwort parat: „Nein – er war ein ‚Kind von Teheran'!"

Die Gründerväter meiner Forschungsdisziplin, der Komparatistik oder ver-gleichenden Literaturwissenschaft, sind Flüchtlinge gewesen: René Wellek, Erich Auerbach und andere. Wellek war in Wien geboren und konnte 1939 in die Vereinigten Staaten fliehen. Der aus Berlin stammende Auerbach emi-grierte zunächst in die Türkei und gelangte später ebenfalls in die Vereinigten Staaten. Beide schrieben sie nicht über ihre Fluchterfahrungen, sondern ver-fassten in ihrem Exil regelrechte Oden auf einzelne Nationalliteraturen und auf einen geeinten, stabilen europäischen Kanon. Die beiden wichtigsten His-toriker, die sich im 20. Jahrhundert mit dem Begriff der Nation auseinander-gesetzt haben – Eric Hobsbawm und Ernest Gellner –, wurden durch ganz ähnliche Erfahrungen geprägt. Hobsbawm kam als Kind jüdischer Eltern im ägyptischen Alexandria zur Welt. Seine Mutter war Österreicherin, die Familie des Vaters, eines britischen Kaufmanns und Beamten, stammte aus Polen. Seine Kinder- und Jugendjahre verbrachte Hobsbawm in Wien und Berlin, musste dann 1933 nach London fliehen und diente während des Krieges in Pionier- und Schulungseinheiten der britischen Armee. Gellner wurde in Paris geboren und wuchs in Prag auf, bis er 1939 vor den Nazis in das englische St. Albans floh. Aus einer solchen Perspektive der „Wandernden und Wurzellosen", wie Gellner es formuliert hatte, schrieb Auerbach im Istanbuler Exil seine große Studie *Mimesis: Dargestellte Wirklichkeit in der abendländischen Literatur*, und unter ähnlichen Vorzeichen begann Gellner mit seinen Forschungen zu Nation und Nationalismus. „Als ich zum ersten Mal die Berberdörfer des Mittleren Atlas sah, mit ihren dicht an dicht gedrängten Stampflehmhäusern – von denen eines exakt wie das nächste aussah, was im Gesamtbild einen geradezu überwältigenden Eindruck von *Gemeinschaft** erzeugte –, da war mir schlagartig klar, dass ich eines unbedingt herausfinden musste: Ich wollte erfahren (so gut das einem Außenseiter eben möglich war), wie es war, dort drinnen zu sein", erklärte Gellner später.[2]

Ich selbst wurde in eine *Gemeinschaft* hineingeboren. Ich wusste früh, „wie es war, *dort drinnen* zu sein". Aber mein „dort drinnen" war kein jahrhundertealtes Berberdorf – es war ein gerade einmal zwei Jahrzehnte junger Nationalstaat mit noch immer nicht abschließend festgelegten Grenzen, mit ständigen Konflikten und einer Bevölkerung, die zu weiten Teilen – so wie mein Vater – anderswo geboren war. Aber jenes „Anderswo", die Diaspora, hatte in meiner Kindheit keinen Platz. Es wurde „verleugnet", wie der zionistische Schriftsteller Josef Chaim Brenner schon zu Beginn des 20. Jahrhunderts erklärt hat. Aufgrund dieser Verleugnung wurde Israel zu meiner einzigen Heimat. Schließlich war es *ein* Daseinszweck des Staates Israel, dass er Kinder hervorbringen möge, die, unbeschriebenen Blättern gleich, von der schmerzlichen Vergangenheit des jüdischen Volkes frei sein würden. Ich war ein solches Kind. Mir fehlte jeglicher Bezugsrahmen, um mir das Verhältnis meines Vaters zum Iran oder zu den anderen Orten, an denen er gelebt oder die er passiert hatte, bevor er ein Israeli geworden war, überhaupt nur vorzustellen. Ja, ich hatte noch nicht einmal eine Vorstellung davon, wie sein Leben in Polen vor dem Krieg gewesen sein mochte – in Polen, wo, wie ich später herausfinden sollte, seine Familie schon seit acht Generationen gelebt hatte –, ein Leben, das so vollständig ausgelöscht worden war, dass noch nicht einmal in *seiner* Erinnerung eine Spur davon geblieben schien. In so gut wie jedem der dürftig möblierten Apartments

---

* Kursivierte Begriffe sind auch im amerikanischen Original deutsch.

in den verschlafenen Wohnvierteln auf dem Berg Karmel meiner Jugend gab es
das: ein Leben, das vor dem Krieg anderswo gelebt worden war, eine komplexe
Überlebensgeschichte und eine ganze Familie – Eltern, Geschwister, manchmal
auch frühere Kinder oder Ehepartner –, die es vor dem Krieg gegeben hatte und
die nun nicht mehr da war. Keiner sprach darüber. Es wurde alles verleugnet.

„Das solltest du aufschreiben!", sagte Salar. „Die Geschichte deines Vaters meine
ich." Ich winkte lachend ab: „Nein, nein – aber *du* könntest das schreiben. Du
bist doch im Iran geboren. Und du bist nicht in den Holocaust verwickelt.
Deine Vorfahren waren weder Täter noch Opfer damals. Und du kennst dich
besser mit Flüchtlingen aus als ich." Salar und seine Brüder waren nach der
Islamischen Revolution von 1979 als Teenager in die Vereinigten Staaten geflohen, wie er mir erzählt hatte. Bald fielen mir gewisse Ähnlichkeiten zwischen ihm und meinem Vater auf, kleine, beinahe mikroskopische Wesens-
züge und Angewohnheiten, die man wohl nur bemerken konnte, wenn man
sich von Kindheit an in das Zusammenleben mit einem Geflohenen eingeübt
hatte: die Art etwa, wie Salar ein Papierhandtuch säuberlich in zwei Hälften
teilte, um die zweite Hälfte für später aufzuheben; wie er stets seinen Teller leer
aß; sein überhaupt leicht ängstlich-besorgtes Verhältnis zu Nahrung; seine Befürchtung, sich zu verkühlen; seine Vorsicht und Zurückgezogenheit.

„Mein Vater hat keine Geschichte", gab ich Salar zur Antwort. „Ich werde
mich an seinem Porträt versuchen", hatte ich immer gesagt, wenn Leute mich
nach ihm fragten, „aber es wird mir niemals gelingen." Vater war ein ruhiger,
unauffälliger Mann aus einem beschaulichen Städtchen im Norden Israels gewesen, und inzwischen, vierzehn Jahre nach seinem Tod, war das Bild, das ich
von ihm hatte, verschwommen und ziemlich sachlich geworden: ein durchaus
umgänglicher, aber zurückhaltender Mann, nicht ganz ohne Strenge, der zu
gelegentlichen Wutausbrüchen neigte. Von seiner Familiengeschichte wusste
ich nichts; und ich glaubte auch nicht, dass ich auf diesem Weg viel über ihn
erfahren würde. Wörter wie „Trauma" und „Verdrängung", „Vertreibung" oder
„Zwangsmigration" kamen mir nicht in den Sinn, wenn ich an ihn dachte – ja,
seltsamerweise noch nicht einmal das Wort „Flüchtling". In meiner Vorstellung
war er wohl zuallererst ein Arbeiter – ein fleißiger Mann, der in einer Art von
zermürbender Dauergegenwart lebte, wo er tagein, tagaus seine Pflicht erfüllte.
Gefühle zeigte er nur selten und hat in meiner Gegenwart nur ein einziges Mal
geweint: als nämlich Christopher Walken als amerikanischer Kriegsgefangener

in dem Film *Die durch die Hölle gehen* von seinen Vietcong-Wächtern zu einer Partie russisches Roulette gezwungen und brutal misshandelt wird. Wir schauten uns diesen Film zu Hause im Fernsehen an, mein Vater, mein Bruder und ich, und ich kann mich noch genau erinnern, wie ich zu Vater hinübersah – es war Winter, wenn ich mich recht entsinne, und in unserer Wohnung in Haifa war es wie immer ein bisschen zu kalt – und bemerkte, dass seine blauen Augen gerötet waren und Tränen seine Wangen hinunterliefen.

Zu Hause waren wir zu sechst: meine Eltern, meine Geschwister und ich, dazu meine Großmutter väterlicherseits, Rachel (Ruchela), die wir „Achel" nannten: eine zierliche, magere Frau mit bleicher, runzliger Haut und blauen, leicht schräg gestellten Augen, ganz wie mein Vater sie hatte. Hannan war während des Krieges von seiner Mutter getrennt worden, und als sie dann Jahre später in Israel ankam, zog sie bei ihm ein, wohnte dann bei meiner Mutter und ihm, schließlich bei uns allen. Solange ich zurückdenken kann und bis zu ihrem Tod im Jahr 1981 hatte sie ihr kleines Zimmerchen gleich neben der Küche in unserer ruhigen Etagenwohnung auf dem Berg Karmel hoch über Haifa. Wir redeten nicht viel mit ihr, und sie redete nur wenig mit uns – sie redete überhaupt wenig, sondern verbrachte einen großen Teil des Tages in ihrem Zimmer, wo sie las oder Radio hörte. Meine Mutter, die für sie kochte und putzte und ihre Wäsche machte, konnte ihre Schwiegermutter nicht ausstehen. Mein Vater, der meiner Mutter gegenüber oft, uns Kindern gegenüber manchmal, die Beherrschung verlor, ohne dass ein Grund dafür erkennbar gewesen wäre, behandelte Achel stets mit einer liebevollen Fürsorglichkeit. Manchmal blieb die Großmutter den ganzen Tag in ihrer Kammer und kam erst heraus, wenn ihr Sohn von der Arbeit zurückkehrte. Ich kann mich nicht erinnern, dass mein Vater und seine Mutter jemals gestritten hätten, es gab keinerlei Spannungen zwischen ihnen, nur eine tief empfundene Harmonie. Immer war es, als träten zwei Mannschaften gegeneinander an: er und sie gegen meine Mutter und uns Kinder.

Als ich sechs oder sieben Jahre alt war – ich hatte gerade schreiben gelernt –, schrieb ich meinem Vater einen Brief, in dem ich ihn fragte, weshalb er seine Mutter lieber hätte als uns. Ich steckte die Botschaft unter sein Kissen im Ehebett meiner Eltern und wartete mit banger Sorge ab, was er dazu sagen würde. Als Hannan den Brief fand, geriet er außer sich vor Wut und schimpfte mich aus, dass *er* es niemals gewagt hätte, *seinem* Vater einen derartigen Brief zu schreiben. Ich kann mich noch gut an mein Schuldgefühl erinnern, an die Scham, an den verzweifelten Wunsch, meine Worte zurücknehmen zu können – lauter Gefühle, die mich über Jahre gequält haben. Mein Vater hat danach lange Zeit kein Wort mit mir geredet, und obwohl wir noch ein erfülltes gemeinsames Leben vor uns hatten – viele Momente zusammen, auch viele glückliche –, sollten wir doch nie wieder ganz unbefangen miteinander umgehen.

In New York, wohin ich 1992 gezogen war, wurde das Leben leichter. Ich heiratete einen Mann, der heiterer war, schuf mir ein Zuhause, das heiterer war, und begann Literaturwissenschaft zu studieren. Mein Vater schickte mir Briefe – rührende, gut geschriebene, überraschend warmherzige –, in denen von einem möglichen Besuch in New York die Rede war und von anderen Plänen, die er für die Zeit seines Ruhestands schmiedete. Aber noch im selben Jahr – er war gerade von einer Reise nach Polen zurückgekehrt, wo er zum ersten Mal seit 53 Jahren seine Vaterstadt besucht hatte – wurde er krank. Im Jahr darauf starb er, im Alter von 66 Jahren, an der Creutzfeldt-Jakob-Krankheit, einer seltenen degenerativen Hirnerkrankung.

Ich flog nach Israel, um ihn vor seinem Tod noch ein letztes Mal zu sehen. Zum damaligen Zeitpunkt konnte er noch Auto fahren (wenn auch sehr viel waghalsiger als gewöhnlich), und so rasten wir die steilen Serpentinen des Derech ha'jam („Meerweg") von Haifa hinunter bis zum Strand von Karmel, wo wir schon Jahre zuvor gemeinsam gewesen waren. Anders jedoch als bei den Strandausflügen meiner Kindheit – ein großes, spannungsreiches, potenziell explosives Unterfangen, bei dem Handtücher, Strandmuscheln, Kühlboxen, Sandwiches und fünf menschliche Körper in einen winzigen Renault 4 aus Militärbesitz (und ohne Klimaanlage) gezwängt wurden –, anders als bei jenen vergangenen Ausflügen waren wir jetzt nur zu zweit und hatten jeder nur ein kleines Handtuch dabei, was so etwas wie Nähe, ja sogar eine gewisse Lockerheit ermöglichte, wenn auch der Hauch von Entfremdung nie ganz zu vertreiben war, der sich über uns gelegt hatte, als ich sechs oder sieben Jahre alt gewesen war. Als wir am Saum des Meeres angekommen waren, legte mein Vater seine Oberbekleidung ab (die Badehose trug er schon darunter), legte alles ordentlich zusammen und platzierte den Kleiderstapel zusammen mit seinen blank gewienerten braunen Ledersandalen fein säuberlich auf seinem kleinen Handtuch. Eine ganze Weile ließ er sich im Mittelmeer treiben, die Augen geschlossen, vollkommen friedlich sah das aus. *„Eize jam"*, sagte er, „was für ein Meer" – wie er es immer sagte, wenn das Wasser als eine absolut glatte, tiefblaue

Ebene vor uns lag. Mein Vater war noch nie ein Mann vieler Worte gewesen, und jetzt hatte er sogar nur noch weniger. Auf der Heimfahrt sagte er mir, ohne dass ich ihn darauf angesprochen hätte, dass er in der letzten Zeit ein paarmal Probleme mit seinem Gedächtnis gehabt habe.

Als ich einen Monat darauf wieder nach Israel flog, sprach er plötzlich Polnisch – eine Sprache, die ich ihn noch nie zuvor hatte verwenden hören –, lächelte selig und nannte meine Mutter *siostra*. „Ist das deine Schwester?", fragte ich ihn. „Natürlich!", antwortete er, und die Frage schien ihn zu erstaunen. Dann wandte er sich wieder, als wäre nichts gewesen, dem Omelett zu, das meine Mutter ihm vorgesetzt hatte – an demselben kleinen, unaufgeräumten, klebrigen Küchentisch, an dem wir all unsere Mahlzeiten eingenommen hatten, solange ich auf der Welt war. Sanft und milde sah er aus, so als ob die äußere und innere Anspannung, die sich ein Leben lang in seine Züge eingegraben hatte, mit einem Mal einfach dahingeschmolzen wäre und das liebliche, friedvolle ein wenig stumpfsinnige Gesicht eines Kindes freigelegt hätte – eines Polnisch sprechenden Kindes. Noch einmal sechs Wochen später lag er im Koma auf der neurologischen Station der Klinik auf dem Berg Karmel. Sein Körper zuckte und krümmte sich wie in Krämpfen, sein Mund war aufgerissen wie vor Schmerz. Einen Monat darauf starb er.

In der Woche, als wir nach jüdischem Trauerbrauch für meinen Vater Schiwe saßen, sahen wir uns alte Fotos von ihm an: als ein pausbäckiger Junge in Mütze, Jacke und langen Strümpfen, der auf einem gepflasterten Gehweg seiner polnischen Heimatstadt Ostrów Mazowiecka vor seiner Schwester Riwka (die damals Regina hieß) und seinen Eltern Zindel und Ruchela hermarschiert; als ein sonnengebräunter, inzwischen deutlich schlankerer junger Bursche, der im Kibbuz En Charod auf einem Pony reitet. Als Kadett der israelischen Luftwaffe war er dann wieder ziemlich füllig, trug inzwischen jedoch Schnurrbart. Auf den Fotos von seiner Hochzeit mit meiner schönen jungen Mutter – er war 34, sie 23 – strahlt er übers ganze Gesicht, während er die Hochzeitstorte anschneidet. Mit mir als Kleinkind ist er am Strand zu sehen, und die Fotos von ihm in diversen amerikanischen Nationalparks müssen in den Jahren zwischen 1977 und 1980 entstanden sein, als Hannan für die Ausbildung des Bodenpersonals der israelischen F-15-Kampfjets am Produktionssitz des Luftfahrt- und Rüstungsunternehmens McDonnell Douglas in St. Louis, Missouri, zuständig war. Hannan, der unbestimmt lächelt. Hannan, das Rätsel.

„War er eigentlich immer schon so?", fragte ich seine Cousine Noemi, deren ursprünglicher, polnischer Name „Emma" gewesen war. Damit meinte ich: umgänglich, aber distanziert, unnahbar. „Oder hat erst der Krieg ihn so werden lassen?" „Immer schon, er war immer schon so", antwortete sie. „Mit dem Krieg hat das nichts zu tun." Noemi-Emma, die fünf Jahre jünger war als mein Vater, war von der Sowjetunion in den Iran gefahren und von dort weiter nach Palästina – zusammen mit meinem Vater und beinahe eintausend anderen jungen Flüchtlingen. Ihre Antwort erleichterte mich, fast war ich stolz auf meinen Vater, dass er sich nicht hatte unterkriegen lassen – ich ahnte ja noch nicht, dass die Erwiderung meiner Großcousine eine bloße Formel war. Wie so viele „Kinder von Teheran" wies Noemi – die sieben Jahre alt war, als der Krieg ausbrach, in dem sie ihre Mutter, ihren Vater und ihren einzigen Bruder verlieren sollte – die Vorstellung weit von sich, diese Vergangenheit hätte sie oder ihre Cousins auf irgendeine Weise *gezeichnet*. „Wir haben den Krieg bewältigt", sagte sie, „wir sind Israelis geworden."

Als Salar nach meinem Vater fragte, erzählte ich ihm, was Noemi zu mir gesagt hatte. „Wenn ich daran zurückdenke, werde ich immer ein bisschen skeptisch", meinte ich, „was dieses ‚Bewältigen' des Krieges angeht, und dass sie danach voll und ganz Israelis geworden seien." In den linksliberalen Akademikerkreisen, in denen wir beide uns bewegten, wurde Israel damals zunehmend kritisiert, infrage gestellt, ja richtiggehend abgelehnt, und oft ertappte ich mich dabei, wie ich halbherzig das verteidigte, was ich meine Heimat nannte, viele meiner Freunde jedoch als „das zionistische Projekt" bezeichneten.

Und je länger ich in New York lebte, desto mehr vermisste ich das Leben in Israel – seine Gerüche, den immer blauen Himmel, die Strände bei Sonnenuntergang –, während mich zugleich die israelischen Politiker und ihre Politik so sehr beunruhigten, dass ich mir ernsthafte Sorgen um die Zukunft unseres Landes machte. Dabei war es nicht nur Israel als solches, sondern die Vorstellung einer nationalen Zugehörigkeit überhaupt, die ich nicht mehr ohne Weiteres für bare Münze nehmen konnte. Schließlich hatte ich mir, wie viele meiner Kommilitonen, die in den 1990er-Jahren an amerikanischen Universitäten ihr Studium absolvierten, die Erkenntnis des Politologen Benedict Anderson zu eigen gemacht, dass Nationen keineswegs historisch ehrwürdige, gleichsam ewige Wesen waren, sondern vielmehr *imagined communities*, „vorgestellte Gemeinschaften", die durch ihre geteilten Gründungstexte, Symbolbilder und Gedenktage überhaupt erst zu einer Gemeinschaft wurden. Wie viele andere Nachwuchswissenschaftlerinnen hatte ich Jahre damit zugebracht, mir darüber den Kopf zu zerbrechen, wie solche Gemeinschaften „konstruiert", „imaginiert" und „manipuliert" wurden. Aber nun, im Angesicht der Fluchterfahrung meines Vaters, erschien mir dieses Modell plötzlich nicht mehr erkenntnisfördernd – ich konnte mir damit ja noch nicht einmal einen Reim auf die Wendungen meines eigenen Lebens machen.

„Nationen können was Schönes sein", meinte Salar, „nationale Rituale auch, ein nationales Zugehörigkeitsgefühl – das alles erscheint herrlich, vor allem, wenn man es verloren oder nie gehabt hat."

„So einfach ist das nicht", erwiderte ich, aber eigentlich war ich für seine Bemerkung dankbar. Ich fragte mich, ob mein Vater sein Leben mit Freunden oder mit Fremden geteilt hatte, mit anderen Menschen als uns, seiner Familie. Wie der Psychiater und Traumaexperte Dori Laub schreibt, der selbst als Kind den Holocaust überlebt hatte, ist das Leben vieler jüdischer Überlebender nach dem Krieg entscheidend davon beeinflusst worden, dass die mehr oder minder unbeteiligten Zeugen der Vernichtung – und nicht selten auch die anderen Opfer – jegliche Empathie vermissen ließen, woraus bei den Betroffenen ein Dasein in sozialer Isolation und ohne Freunde resultierte. Langsam begann ich mich zu fragen, ob derartige Mechanismen nicht auch das Leben meines Vaters entscheidend geprägt haben könnten – und damit auch mein eigenes, das von seiner Distanziertheit so sehr beeinflusst worden war. Natürlich konnte ich noch nicht ahnen, wie sehr sowohl Salars Anteilnahme an der Geschichte meines Vaters und mein eigener Anteil daran als auch mein späteres Anteilnehmen an den Geschichten anderer und wiederum die Teilnahme anderer an meiner eigenen Geschichte das Buch prägen würden, von dem ich ja noch gar nicht wusste, dass ich es einmal schreiben würde – das alles wurde mir erst im Laufe meiner Recherchen klar, als ich immer tiefer in die Vergangenheit meiner Familie vordrang und dabei erkannte, wie komplex und vielfältig ihre Verwobenheit mit anderen Vergangenheiten war. Noch wusste ich nicht, dass aus dieser Quelle alle Hoffnung – und auch alles Herzweh – meines Buches strömen würde.

Aber die Erwähnung der „Kinder von Teheran" in dem Artikel des *Iranian* weckte immerhin meine Neugier. Zum ersten Mal kam mir der Gedanke, dass Teheran ja nicht nur der rettende Ort war, von dem aus mein Vater nach Israel kam, sondern auch der Ort, wo er während des Krieges tatsächlich *gelebt* hatte. Und das warf unweigerlich weitere Fragen auf: Wie war er überhaupt im Iran gelandet? Hatte die iranische Regierung die jüdischen Flüchtlingskinder tatsächlich mit offenen Armen empfangen, wie Abbas Milani behauptete, oder war ihr Eintreffen dort ein bloßes Ergebnis des Zufalls? Der Name „Iran" bedeutet ursprünglich „Land der Arier". Hatten diese persischen Arier vielleicht meinem Vater das Leben gerettet?

Und so begann ich, ganz allmählich, der weiten Reise meines Vaters von Polen in den Iran nachzuspüren. Ich las und las, und ich schmiedete Pläne für eine Reise nach Ostrów Mazowiecka, wo mein Vater geboren war, und von dort weiter an einige andere Orte, wo er sich aufgehalten hatte, nachdem er bei Kriegsausbruch über die Grenze zur Sowjetunion geflohen war. Ich folgte seinen Spuren durch ehemals sowjetische Grenzstädte und zur Deportation in eine sibirische „Sondersiedlung", dann weiter nach Usbekistan, wo er, wie ich herausfand, an Bord eines Schiffes mit Ziel Iran gegangen war, bevor er nach Indien und schließlich – endlich – in das britische Mandatsgebiet Palästina kam. Am 19. Februar 1943 erreichten Hannan, seine Schwester und ihre Cousine ihr Ziel. Mehr als 20 000 Kilometer hatten sie zurückgelegt, den halben Erdumfang, bis sie von Polen nach Palästina gelangt waren. Ich selbst begab mich langsam, vorsichtig, auf die Spuren ihrer Odyssee, ohne eine vorgefasste Theorie, ohne Modell oder festen Fahrplan – „den Akteuren folgen", würde das der Soziologe Rogers Brubaker nennen –, anstelle irgendwelcher Vorannahmen. Ich folgte den „Kindern von Teheran" nicht auf einer Reise aus dem „Elend der Diaspora" in das rettende „Land der Verheißung", und eigentlich noch nicht einmal von Punkt A nach Punkt B, sondern vielmehr auf einem ergebnisoffenen Weg, auf dem jeder beliebige Durchgangspunkt sich durchaus auch als das Ziel hätte entpuppen können (wie es in anderen Fällen auch durchaus geschehen ist). Ich bemühte mich, ihrer Route so zu folgen, wie sie sie *erlebt* hatten, wollte mir jeden ihrer Aufenthalte mit eigenen Augen ansehen, um so auch das Hätte, Wäre und Könnte ihrer Reise ans Licht zu bringen.

Natürlich konnte ich nicht einfach in den Brunnen der väterlichen Vergangenheit hinabsteigen, um dort ungehindert aus dem Vollen zu schöpfen. Dagegen sprachen schon die sieben Jahrzehnte des Schweigens, die es zu überwinden galt, dazu die tiefe Kluft des Vergessens, die der Holocaust mit seinem Vernichtungswerk aufgerissen hatte, ganz abgesehen von einem halben Jahrhundert kommunistischer Revisionsbestrebungen sowie der aktuellen Politik in Israel, Iran, Russland, Polen, Usbekistan und den Vereinigten Staaten – einer

Politik, die aus der Geschichte folgt, aber selbst auch Folgen dafür hat, wie diese Geschichte erzählt wird. Noch dazu war es nicht leicht, die Geschichte von *Flüchtlingen* aufzudecken, die ohnehin kaum Spuren hinterlassen und von der Erinnerungskultur und -arbeit der Nationalstaaten meist übergangen werden. Und es war ja auch nicht nur die Geschichte meines Vaters.

So gut wie alle europäischen Juden, die während des Krieges nicht ermordet wurden, waren in der Folge Flüchtlinge. „Die Zeitgeschichte [hat] eine neue Gattung von Menschen geschaffen", schrieb die politische Philosophin Hannah Arendt – selbst 1933 aus Deutschland geflohen – in einem Essay, der in demselben Jahr und Monat in New York erschien, in dem mein Vater nach Jerusalem kam: „Menschen, die von ihren Feinden ins Konzentrationslager und von ihren Freunden ins Internierungslager gesteckt werden". Und weiter: „Als Flüchtling hatte bislang gegolten, wer aufgrund seiner Taten oder seiner politischen Anschauungen gezwungen war, Zuflucht zu suchen. Es stimmt, auch wir mussten Zuflucht suchen, aber wir hatten vorher nichts begangen, und die meisten von uns hegten nicht einmal im Traum irgendwelche radikalen politischen Auffassungen. Mit uns hat sich die Bedeutung des Begriffs ‚Flüchtling' gewandelt. ‚Flüchtlinge' sind heutzutage jene unter uns, die das Pech hatten, mittellos in einem neuen Land anzukommen, und auf die Hilfe der Flüchtlingskomitees angewiesen waren."[3] Damit hatte sie natürlich recht, aber wie ich schon bald feststellen sollte, gibt es auch noch andere Arten von Flüchtlingen, existieren viele Wege, um Zuflucht zu suchen: kürzere oder längere, brutale oder ein wenig freundlichere.

Die meisten jener polnischen Juden, die der Vernichtung durch die Nazis entgingen – etwa 250 000 von rund 350 000 nämlich, die nach dem Krieg noch am Leben waren –, überlebten, wie mein Vater, durch Deportationen ins Innere der Sowjetunion, und dann als Exilanten und Flüchtlinge in Zentralasien, Iran, Indien und Palästina. Hunderttausende von katholischen Polen, Ukrainern, Litauern und vertriebenen Russen waren auf denselben Straßen unterwegs gewesen. Aber auch die Menschen, die schon an den Orten lebten, an die mein Vater und die anderen kamen – Russen, Usbeken, Kasachen und Perser, Juden und Nichtjuden –, wurden von ihrer Begegnung mit den Flüchtlingen beeinflusst, und dasselbe gilt für ihre Fluchthelfer sowie regionale und internationale Hilfsorganisationen. Die Geschichte der Holocaustflüchtlinge gehörte nicht ihnen allein, sondern war zugleich auch die Geschichte Polens, Russlands, Usbekistans, Irans, Israels und zum Teil sogar der Vereinigten Staaten, die Flüchtlingshilfe leisteten. Ihr Schicksal verfing sich in einem Spiel der Kräfte, das bis heute nicht zur Ruhe gekommen ist: im Verhältnis zwischen Polen und Juden; zwischen dem Iran, den Juden und Israel; zwischen „Ostjuden" und westlich-assimilierten Juden; zwischen Flüchtlingen und der ortsansässigen Bevölkerung; zwischen Juden, Christen und Muslimen. Nur sehr wenig ist bisher über diese komplexe Geschichte geschrieben worden – teils, weil die entsprechenden Archive in Russland, Polen und Zentralasien erst seit vergleichsweise kurzer Zeit der Forschung zugänglich sind; teils aber auch, weil für lange Zeit (und trotz jahrzehntelanger Forschungsarbeit zum Holocaust nebst einem regelrechten „Boom" von Holocaustgeschichten in der Populärkultur) die Geschichte all jener, die vor den Nazis in die Sowjetunion und in den Nahen Osten flohen, noch immer nicht als Teil der Kategorie „Geschichte des Holocaust" wahrgenommen wurde. Und so habe ich begonnen, sie zu schreiben.

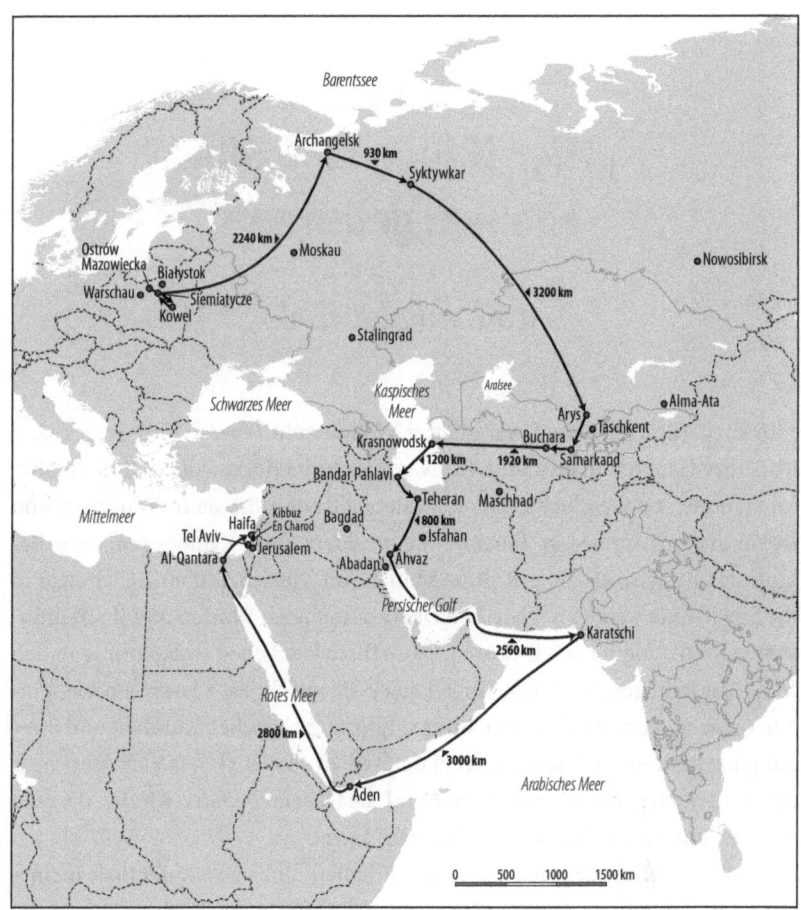

Abbildung 1: Die Route der „Kinder von Teheran".

1
„Hier fühlen sich alle wie neu geboren"

Iran, August 1942

Eine Frau mittleren Alters sitzt in ihrer Wohnung in Teheran. Ihre Augen sind blau, ihre Haut braun gebrannt. Ihr Name ist Anna Borkowska und sie erzählt, im Grunde, die Geschichte meines Vaters. Geboren ist sie in Warschau und lebt nun noch immer in Teheran. Sie schildert ihren Leidensweg, vom Beginn des Krieges, als sie mit ihrer Mutter von Warschau über die Grenze in die Sowjetunion entkam, über ihre Deportation nach Sibirien und ihren mühsamen Weiterzug nach Usbekistan bis zu ihrer letztlichen Evakuierung in den Iran. Mit halb geschlossenen Augen spielt sie auf ihrem Klavier ein Chopin-Nocturne und erzählt dann von ihrer sorglosen polnischen Kindheit und ihrer Ankunft im Iran im August 1942, in demselben Monat also, ja vielleicht sogar auf demselben Schiff wie mein Vater und die tausend anderen Kinder, die man in Israel nur als die „Kinder von Teheran" kennt.

Einige Zeit nachdem wir beschlossen hatten, über den Aufenthalt meines Vaters in Teheran im Zweiten Weltkrieg gemeinsam ein Buch zu schreiben, brachte Salar mir aus dem Iran, wo er den Sommer verbracht hatte, eine Kopie des 1983 veröffentlichten iranischen Dokumentarfilms *Marsiye-ye gomshode* mit (der internationale Verleihtitel lautet *The Lost Requiem*). Darin geht es um die polnischen Flüchtlinge im Iran der Kriegsjahre, und Anna Borkowska ist die zentrale Protagonistin. In der Dokumentation des Regisseurs Khosrow Sinai ist nie direkt von *jüdischen* Flüchtlingen die Rede, sondern bloß von der Gesamtheit der Flüchtlinge als „Polen, die in den Iran kamen". Den Film eröffnet eine Szene auf einem Friedhof: Ein Mann geht mit einem Blumenstrauß in der Hand eine Reihe identischer Grabsteine entlang. Die Gräber sind schlicht, aber nicht ungepflegt. Als die Kamera langsam über die Grabsteine schwenkt, entdeckt man, dass sie polnische Aufschriften tragen. Wir befinden uns auf dem polnischen Gräberfeld der katholischen Abteilung des Doulab-Friedhofs, Teherans größter christlicher Begräbnisstätte. In *Pole-e-Firuzeh*, einer persischsprachigen Zeitschrift, die Salar mir außerdem mitbrachte, schrieb der Regisseur Sinai, dass er mit der Arbeit an seinem Film begonnen habe, nachdem er anlässlich der Trauerfeier für einen christlichen Freund im Jahr 1969 ganz zufällig auf die polnischen Grabsteine gestoßen war: „Ich sah ... Grabsteine, auf die seltsame, fremdartige Namen eingraviert waren. Die Todesdaten lagen alle zwischen 1941 [und] 1945. ... Meine Neugier war geweckt ... [Die Leute auf dem Friedhof] wussten nichts. Schließlich kam der Priester herüber und sagte: ‚Das sind die Gräber der Polen, die während des Zweiten Weltkriegs aus Sibirien hierhergekommen sind. Bis sie endlich im Iran angekommen sind, mussten sie so viel Hunger und Krankheit erleiden, dass sie hier dann gestorben sind wie die Fliegen. Aber die Iraner waren sehr gut zu ihnen.'" Der Film erzählt die Geschichte dieser Güte.

Zwei Jahre nach unserem ersten Gespräch über die „Kinder von Teheran" in Salars Büro beschlossen wir, gemeinsam ein Buch über sie zu schreiben. Als israelischer Staatsbürgerin war es mir nicht erlaubt, in den Iran einzureisen, aber Salar fuhr oft dorthin und konnte dort also recherchieren, was mir – und den meisten anderen – so nicht möglich war. Mir gefiel der Gedanke an unsere Zusammenarbeit; sie fühlte sich wie ein Puffer an zwischen der schmerzlichen Vergangenheit meines Vaters und meiner eigenen Gegenwart. Und es war, als hätte ich für meine Betrachtung der jüdischen Vergangenheit ein neues Objektiv bekommen, das meine Perspektive weitete. In politischer, intellektueller und emotionaler Hinsicht war mir das nur recht. Es schien mir eine probate Möglichkeit, solche letztlich ahistorischen Kategorien wie etwa „Antisemitismus" zu überwinden, und heikle Gegensätze wie die zwischen Juden, Christen und Muslimen noch dazu. Und ich konnte auf diese Weise die tiefe (und immer noch tiefere) Lähmung umgehen, die das Verhältnis zwischen Israel und der Islamischen Republik Iran belastet. Es tat gut, einen verständnisvollen Beobachter an meiner Seite zu wissen, den die Last der jüdischen Geschichte aber dennoch nicht aus dem Gleichgewicht bringen würde.

Zusammen lasen wir die englische Übersetzung eines zuerst auf Polnisch erschienenen Buches mit Zeitzeugeninterviews von „Teheran-Kindern", *Dzieci Syjonu* (in deutscher Übersetzung erschienen als *Kinder Zions*), gesammelt und zusammengestellt von Henryk Grynberg, einem polnisch-jüdischen Schriftsteller. Und zusammen besuchten wir Grynberg, der schon seit vielen

Jahren in McLean, Virginia, lebt, in seinem Haus. Noch nie zuvor hatte ich einen polnisch-jüdischen Schriftsteller getroffen – ja, mir einen solchen auch nur *vorgestellt* –, der tatsächlich auf Polnisch schrieb; alle polnisch-jüdischen Schriftsteller, die ich aus Israel kannte, schrieben ja auf Hebräisch. Grynbergs Verbindung zur Geschichte der „Kinder von Teheran" war mir außerdem noch nicht bekannt gewesen. Meine Tante Riwka in Israel, die Schwester meines Vaters, hatte die hebräische Übersetzung von *Kinder Zions* gelesen und mir erzählt, wie sehr das Buch sie erschüttert hatte, weil die Darstellung ihren eigenen Erfahrungen so genau entsprach.

Henryk Grynbergs andere Bücher – darunter *Der jüdische Krieg, Der Sieg* und *Drohobycz, Drohobycz*, die Salar und ich vor unserem Treffen mit ihm ebenfalls lasen – sind fiktionale Werke, die auf den Erfahrungen des Autors im deutsch besetzten Europa beruhen. Darüber wusste ich schon mehr, und in den meisten Fällen hatte Grynberg sie aus der Perspektive eines kindlichen Erzählers geschrieben. *Zions Kinder* hingegen war ein nichtfiktionales, ein Sachbuch – eine Collage von Material aus den sogenannten *Protokoły Palestyny* („Palästina-Protokolle"): Mitschriften von Interviews mit polnischen Juden, die während des Zweiten Weltkriegs als Flüchtlinge über den Iran nach Palästina gelangt sind. Diese Interviews, erklärte Henryk Grynberg uns, waren 1943 in Jerusalem von Mitarbeitern des polnischen Centrum Informacji na Wschód („Informationszentrum Ost") aufgezeichnet worden, zumeist in polnischer Sprache.[1] Das Informationszentrum war ein Organ der polnischen Exilregierung, die alle polnischen Bürgerinnen und Bürger repräsentierte, egal, ob diese sich im besetzten Polen oder im Ausland aufhielten. Sie war nach der deutschen Besetzung Polens geschaffen worden und wurde von den Alliierten anerkannt.

Diese Koalition aus Sozialisten, Sozialdemokraten, der Bauern- und der Nationalpartei, die sich zunächst in Paris und Angers ansiedelte, wohin ein großer Teil der politischen und militärischen Elite Polens nach Kriegsausbruch geflüchtet war, bevor der deutsche Vormarsch sie nach London gehen ließ, wurde unter der Führung des Exgenerals und früheren Politikers Władysław Sikorski geschlossen, der auch als ihr Ministerpräsident amtierte. Diese Exilregierung war, wie mir plötzlich klar wurde, die Regierung meines Vaters gewesen, als er in Palästina ankam. Nach dem Krieg, erzählte uns Grynberg, waren die Protokolle der Aussagen von Tausenden polnisch-jüdischer und polnisch-katholischer Flüchtlinge von dem „Informationszentrum Ost" gesammelt und von Jerusalem nach England übermittelt worden, wo sich die polnische Exilregierung befand. Von dort wurden sie nach Irland weitergeleitet – eines von nur zwei Ländern, welche die Exilregierung auch nach Kriegsende noch anerkannten – und gelangten später in den Besitz der Hoover Institution an der kalifornischen Stanford University. Dort schlummerten sie ungestört bis Mitte der Achtzigerjahre, als der Osteuropahistoriker Norman Naimark sie fand und an Grynberg, wie dieser uns weiter erzählte, Kopien der Protokolle schickte, weil er dachte, der Schriftsteller könne diese vielleicht für ein Buch gebrauchen. Aus den Aussagen der jüdischen Kinder aus Palästina stellte Grynberg *Zions Kinder* zusammen, das neben der polnischen Erstausgabe auch in deutscher, hebräischer und englischer Übersetzung erschien.[2] Auf den letzten Seiten des Buches fand ich eine Liste der „polnischen Bürger, die aus der Sowjetunion und dem Iran nach Palästina evakuiert wurden", und auf dieser Liste wiederum fand ich meinen Vater, seine Schwester und die Cousine der beiden: „Teitel Hannania, lat 14, Ostrów Mazowiecka"; „Teitel Regina, lat 11, Ostrów Mazowiecka" und „Perelgric Emma, lat 10, Warszawa". „Teitel" oder „Tejtel" (so die polnische Schreibung) war der ursprüngliche Nachname meines Vaters gewesen, bis er ihn in den 1950er-Jahren in „Dekel" hebraisierte. „Dekel" ist eine genaue Übersetzung von „Teitel" – es bedeutet „Palmbaum".

Dass mein israelischer Vater hier als ein evakuierter polnischer Bürger aufgelistet war, der womöglich 1943 dem polnischen Informationszentrum in Jerusalem eine Zeugenaussage in polnischer Sprache geliefert hatte, brachte mich mindestens so sehr durcheinander wie damals die Lektüre des Kommentars von Abbas Milani in Salars Büro. Und Henryk Grynberg selbst hatte eine Geschichte, die ihn sehr von allen polnischen Juden unterschied, die ich bisher kennengelernt hatte: Er und seine Mutter waren vor dem Holocaust weder geflohen noch waren sie ins Konzentrationslager gekommen, sondern hatten sich den Krieg über in Polen unter einer falschen katholischen Identität versteckt gehalten. „Ich habe den Holocaust doppelt erlebt: als Jude und als Katholik", sagte er Salar und mir mit einem traurigen, etwas unsteten Lächeln, „und ich weiß genau, was mit den Juden und den Polen in Warschau passiert ist." Er machte Tee für uns, den wir in dem stillen, aufgeräumten Wohnzimmer seines Farmhauses in Virginia tranken, während er aus dem Keller einen Stapel von Originalprotokollen heraufholte, die ihm als Quelle für *Zions Kinder* gedient hatten. Die Aussage meines Vaters war nicht darunter.

Nach dem Krieg, erzählte Grynberg, seien einige seiner Klassenkameraden Flüchtlinge gewesen, die aus der Sowjetunion zurückgekehrt waren, aber über sie habe er kaum etwas gewusst. Auch in Polen redete man nämlich nicht darüber, was während des Krieges geschehen war, und seine eigenen schrecklichen Erlebnisse im und nach dem Krieg – darunter die brutale Ermordung seines Vaters durch einen polnischen Nachbarn – rückten erst in den späten 1950er-Jahren ins Zentrum seines nunmehr autobiografisch-fiktionalen Schreibens. Inzwischen, sagte er, bereue er es, seine damaligen Erfahrungen fiktionalisiert zu haben, und sei es auch noch so wenig – so viel sei er seinen Lesern schuldig –, und deshalb habe er die Interviewprotokolle, die er aus Stanford erhielt, in seiner „dokumentarischen Erzählung" ganz bewusst nur wortgetreu wiedergegeben. Ich erzählte ihm, dass meine Tante sich in seinem Buch wiedererkannt habe, doch auch nach ihrer Aussage suchten wir in dem Stapel leider vergebens. Doch auf dem Umschlag der deutschen Ausgabe seines Buches, die 1995 erschienen ist, da entdeckte ich sie: Meine Tante Riwka Binyamini – die damals noch Regina Teitel hieß – als ein mageres Kind mit blauen Augen und blassen, schmalen Lippen, in einer viel zu großen Wolljacke, die einmal einer Frau mittleren Alters gehört haben musste, ihr Haar mit einem Kopftuch bedeckt. Wie ein „Zigeunermädchen" sah sie aus, eine kleine Bosnierin oder Polin, vielleicht sogar ein deutsches Mädel: ein blondes, blauäugiges Flüchtlingskind wie aus dem Bilderbuch. Doch ihr Gesicht erkannte ich sofort – ihr Gesicht, das Jahrzehnte später mit seiner Kindlichkeit auch seine Ängstlichkeit verloren hatte, aber doch unverkennbar ihres blieb: der eindringliche, aufgeweckte Blick meiner Tante, ihre vorstehenden Wangenknochen, der blassblaue Farbton ihrer Augen, die ganz denen meines Vaters glichen.

„Sie sollten alles daransetzen, auch die Berichte Ihres Vaters und Ihrer Tante zu finden", meinte Grynberg, als er mir ein signiertes Exemplar von der deutschen Ausgabe seines Buches überreichte – als Geschenk für meine Tante. „Da werden sie viel erfahren. Kinder manipulieren Informationen nicht; sie sprechen die Dinge aus, wie sie sind." Und tatsächlich schien es sich bei den Augenzeugenberichten, die er in seinem Buch zusammengestellt hatte, um schlichte, aufrichtige Schilderungen dessen zu handeln, was diese Kinder erlebt hatten, und zumeist handelten sie davon, was ihnen vor ihrer Ankunft im Iran widerfahren war. Bei der Lektüre stößt man auf eine schier endlose Litanei der Schrecken – Flucht und Bombardierungen, grausame Tode, brutale Gewalt, Diebstahl, Hunger, Zwangsarbeit –, ohne allzu viel über den größeren

Zusammenhang zu erfahren, in dem diese Dinge geschehen waren. Die Details konnte ich nicht verkraften, jedenfalls noch nicht. Dafür waren sie zu erdrückend.

„Komm, wir schauen bei meinem Freund Homa vorbei", schlug Salar vor, und keine Stunde später saßen wir auf einem schicken, bequemen Sofa in einem Washingtoner Vorort, gegenüber ein offener Kamin, ein Glas Wein in der Hand, und lachten mit Homa und Lida, die im Iran geboren ist und deren jüdische Familie auf Los Angeles, Washington, Teheran und Tel Aviv verstreut lebt. Lidas Schwester, die mit einem Muslim verheiratet war, wohnte noch immer in Teheran. Ihre restlichen Geschwister waren in Israel, wo sie selbst auch schon gelebt hatte. Bei ihrer Arbeit als Kellnerin begegnete ihr dort einmal der damalige israelische Verteidigungsminister Mosche Dajan. „Die Hand, die er mir geschüttelt hatte, hab' ich danach drei Tage nicht gewaschen", erzählte sie. Wir lachten schallend. Die meisten persischen Juden waren Zionisten; und die meisten verließen den Iran nach der Islamischen Revolution von 1979. Manche waren festgenommen und gefoltert worden; einige wurden sogar hingerichtet. Aber dennoch schien Lidas Beziehung zum Land ihrer Geburt weitaus weniger kompliziert zu sein, als etwa das Verhältnis Henry Grynbergs (oder auch das meines Vaters) zu Polen. Wir vier hatten wirklich einen sehr schönen Abend zusammen. Und kurz darauf, im Juli 2009, brachen Salar und ich, jeder für sich, in Richtung Naher Osten auf. Dort wollten wir weitere Informationen über die polnischen Flüchtlinge aufspüren.

*

In allen Haushalten Israels konnte man im Fernsehen mit anhören, wie der iranische Präsident Mahmud Ahmadinedschad die Massen mit scharfen Worten auf den alljährlichen Al-Kuds-Tag („Jerusalemtag") einstimmte: „Der Vorwand für die Errichtung des zionistischen Regimes ist eine Lüge, eine Lüge, die auf unbelegten Annahmen, frei erfundenen Behauptungen beruht." Das war 2009, in dem Jahr, in dem eine gewaltige Welle von Protesten, die „grüne Bewegung", den Iran erfasste, die sich an der fragwürdigen Wiederwahl Ahmadinedschads zum Präsidenten entzündet hatte. Der islamisch-fundamentalistische Hardliner hatte zu diesem Zeitpunkt bereits so oft den Holocaust geleugnet und zur „Tilgung Israels von der Landkarte" aufgerufen, dass die israelischen Medien geradezu besessen von ihm waren. Wenn der Iran dort in den Nachrichten behandelt wurde, dann wenig nuanciert und dafür umso aufgeregter. Der Mainstream-Berichterstattung aus Israel stand ich deshalb eher skeptisch gegenüber, doch als ich in New York die Begriffe „Iran" und „Zionismus" in die Suchmaske der Columbia-Universitätsbibliothek eingegeben hatte, waren mir im Handumdrehen Dutzende von Veröffentlichungen entgegengesprungen, deren Titel (etwa „Die Juden und der Zionismus: Anatomie eines Unheils") mir wie persische Variationen auf die dunklen Verschwörungslegenden der Protokolle der Weisen von Zion vorkamen, nur noch abwegiger. „Die Zionisten", hieß es da etwa, „exportieren in muslimische Länder sieben verschiedene Sorten Kaugummi, die nicht nur Impotenz hervorrufen, sondern sogar zu dauerhafter Unfruchtbarkeit führen …" – und so weiter. Erschienen waren diese Schriften allesamt bei Bustan-e Ketab („Garten der Bücher"), dem wichtigsten Verlag aus der schiitischen Gelehrtenhauptstadt Ghom, etwa hundert Kilometer südlich von Teheran.

Dennoch war der Sommer 2009 so etwas wie ein Sommer der Hoffnung. In Teheran wollte die iranische Opposition sich nicht zum Al-Kuds-Tag mobilisieren lassen, sondern brachte stattdessen selbst Demonstranten auf die Straße, die gegen ihre eigene Regierung protestierten. In Tel Aviv hing eines Morgens eine drei Meter hohe Plakatwand in der Nähe des Jitzchak-Rabin-Platzes, auf die man die iranische und die israelische Flagge gepinselt hatte, versehen mit der hebräischen Aufschrift Kan tipatach b'karov schagrirut Iran b'Jisrael („Hier eröffnet bald die iranische Botschaft in Israel!"). Und in Jerusalem verkündete ein Künstlerkollektiv, das sich Ha'mabul („Die Flut") nennt, dass es seine eigene „Kultur-Botschaft" für die Islamische Republik eröffnen werde, in der Werke von iranischen Künstlerinnen und Künstlern ausgestellt werden sollten, um damit „ein anderes Gesicht [des Iran] zu zeigen als das, welches uns jeden Tag in den Medien präsentiert wird".[3]

Salar interviewte den Regisseur Khosrow Sinai in seinem Haus in Teheran. Sein Interesse an der Geschichte der polnischen Flüchtlinge gehe schon auf die frühen Siebzigerjahre zurück, erzählte Sinai ihm, denn damals habe er begonnen, mit den noch immer im Iran verbliebenen katholischen Polen Interviews zu führen. Geld gab es für sein Vorhaben jedoch keines – „der Zweite Weltkrieg hat die iranische Öffentlichkeit damals nicht interessiert" –, und so gab er das Projekt schließlich auf. Nachdem jedoch 1974 einige der polnischen Flüchtlinge

von einst dem Schah bei einer Audienz überschwänglich „für die Menschlichkeit und die große Gastfreundschaft der Iraner" gedankt hatten, nahm Sinai das
zum Ansporn, seinen Film doch noch zu drehen. Aber noch zögerte er, weil er
nicht wie ein schmeichlerischer Höfling des Schahs erscheinen wollte – dieser
forderte nämlich, dass er selbst, der „König der Könige", im Mittelpunkt des
Films stehen solle![4] Schließlich vertagte der angehende Filmemacher, der vier
Jahre lang in Wien Architektur studiert hatte, sein Vorhaben auf unbestimmte
Zeit – so lange, bis, wie er es formulierte, „das Schicksal in Gestalt der [Islami-
schen] Revolution mir die Entscheidung aus der Hand nahm". Als 1983 dann die
Premiere von *The Lost Requiem* stattfinden konnte – die Dreharbeiten waren
vom Kulturministerium der Islamischen Republik finanziert worden –, saßen
im Publikum Iraner polnischer Herkunft, ihre Kinder und Enkel. Als Ort der
Aufführung hatte man sich für eine Kirche in der Straße „Neauphle-le-Château"
entschieden (die – als Standort der französischen Botschaft in Iran – so benannt
wurde, nachdem Ajatollah Chomeini aus seinem Exil in der gleichnamigen
französischen Kleinstadt vor den Toren von Paris zurückgekehrt war).

Ein Vierteljahrhundert später sah ich mir Sinais Film in der Haifaer Wohnung meiner Kindheit an, inmitten der Fotos meines Vaters und zahlreicher
Andenken aus seiner Zeit bei der Luftwaffe – winzige Tragflächen einer F-15 in
einem Schmuckrahmen, diverse Zertifikate und Ehrenurkunden –, und hörte
zu, wie Anna Borkowska und andere vormalige Flüchtlinge in den höchsten
Tönen von der „Gastfreundschaft", „Menschlichkeit" und „Güte" des Iran sprachen. Der Film wollte erzählen, wie ein Volk einem anderen geholfen hatte:
„Niemals wieder", verkündet der Erzähler des Films in dessen letzter Szene pa-
thetisch, „soll eine Nation erdulden müssen, was das polnische Volk erduldet
hat – den Gang ins Exil!" Sinai war überhaupt nicht bewusst gewesen, wie er
Salar gegenüber erklärte, dass sich unter den polnischen Flüchtlingen auch
Juden befunden hatten, und selbst jetzt, da er es wusste, schien dieses Wissen für ihn keinen großen Unterschied zu machen. Auch mir, die ich vorerst
nur wenig über das Verhältnis zwischen den katholischen und den jüdischen
Flüchtlingen nach ihrem Eintreffen im Iran wusste, schien der Unterschied
zwischen meinem Vater und den Protagonistinnen Sinais – die meisten waren
Polinnen, die Iraner geheiratet hatten – nicht so sehr in einer Spaltung zwischen
„Katholiken hier" und „Juden dort" zu bestehen, sondern vielmehr in dem
unterschiedlichen Ausgang, den die Geschichte für Borkowska und für meinen
Vater jeweils genommen hatte. Für ihn war der Iran nur ein Zwischenhalt auf

einer langen Reise gewesen; für sie war er die Endstation. Der Iran wurde ihr zur Heimat, so wie er es – nach Angaben des Historikers Lior Sternfeld – für bis zu 5000 der polnischen Flüchtlinge im Iran geworden ist.[5] Anna Borkowska war eine Iranerin, deren Wiege in Polen gestanden hatte.

Während Salar in Teheran mit Khosrow Sinai über dessen Film sprach, machte ich mich in Israel daran, neben meiner Tante und ihrer Cousine noch mehr ehemalige „Kinder von Teheran" aufzuspüren, die nun im ganzen Land verstreut lebten. Die meisten konnten sich nur noch schemenhaft an ihre Zeit im Iran erinnern; einer, der damals schon etwas älter gewesen war, hatte immerhin noch bruchstückhaft im Gedächtnis, wie er einmal einen Ausflug in das Stadtzentrum von Teheran machen durfte, um den Sabbat im Haus einer iranisch-jüdischen Familie zu verbringen. Einen richtigen Schatz konnte ich aber erst in Jerusalem heben: Das frühere Flüchtlingsmädchen Ilana Karniel, auf deren Geburtsurkunde noch der Name Alina Landau gestanden hatte, überließ mir eine Kopie des Reisetagebuchs, das ihr älterer Bruder Emil Landau auf der weiten Fahrt geführt hatte. Die Geschwister Landau waren fünfzehn und zehn Jahre alt, als sie im Iran ankamen – genauso alt wie mein Vater und seine Schwester Regina. Sie waren in Warschau zur Welt gekommen, ihre Mutter war Pianistin. Sie sprachen – und schrieben – nur Polnisch. Ergänzt wurde der Bericht, den mir ein Schriftsteller aus meinem israelischen Bekanntenkreis ins Hebräische übersetzte, durch eine Karte mit der Reiseroute, die Emil selbst gezeichnet hatte und deren Präzision mir den Atem verschlug.

Das allererste Detail, das Emil Landau in seinem ersten Eintrag aus dem Iran festhält – er erzählt darin, wie ihr Schiff sich mithilfe von Schleppdampfern der Südküste des Kaspischen Meeres nähert –, betrifft die „Reihen von Studebakers und Chevrolets", die im Hafen geparkt sind. Damals befanden sich Hunderttausende alliierter Soldaten im Iran; das Land war 1942 gewissermaßen voll von amerikanischen Lastwagen, die diesen Truppen zugeführt werden sollten. Werbezeichnungen jener Jahre halten fest, wie Studebakers vor den berühmten Felsreliefs von Persepolis und Schiras entlangbrausen, dass die Kopftücher der iranischen Frauen vom Fahrtwind nur so flattern – der Jahrgang 1942 des Reportagemagazins *Life* ist voll davon. „Lange Kolonnen von großen Militärlastwagen der Marke Studebaker donnern im Iran an den ältesten Denkmälern der persischen Kultur vorbei", heißt es in dem begleitenden Werbetext. „Wo immer unsere Truppen auch anlangen –

Studebaker-Lastkraftwagen aus der Heimat warten dort schon auf sie!"[6] Der 15-jährige Emil Landau war gleichfalls wie gebannt, und seine Begeisterung für den Iran konnte es – zumindest anfänglich – durchaus mit der von Sinais Interviewpartnern aufnehmen:

> „An dem historischen Datum des 16. August 1942 … näherte sich ein kleines Boot unter persischer Flagge der *Kaganowitsch* … Bei vierzig Grad Hitze und drückender Schwüle geht die erste Passagiergruppe an Bord des Schleppers und erreicht nach einer halben Stunde Überfahrt den kleinen Hafen von Bandar Pahlavi. Schwierig, den ersten Eindruck aufzuschreiben. Hier fühlen sich alle wie neugeboren, wie wenn man an einen Ort außerhalb der Welt gekommen wäre. Das Hafenbecken ist übersät mit farbenfrohen Booten; an Land wird es umgeben von Rasenflächen und Blumenbeeten; Reihen von beeindruckenden Chevrolets und Studebakers warten auf den Weitertransport, und alles erscheint gut und schön, alles scheint zu lächeln, wie auch die Perser lächeln und die indischen Soldaten, die uns Neuankömmlingen mitleidig entgegenschauen. Als wir an Land sind, umarmen sich alle."

Der erste Berührungspunkt Emils – und Hannans – mit dem Iran war die Hafenstadt Bandar Pahlavi, die heute Bandar Anzali heißt und an der südöstlichen Küste des Kaspischen Meeres liegt. Hier war – im Gegensatz zu dem Bild, das die Studebaker-Werbeanzeigen im *Life Magazine* vom Iran zeichneten – von Wüste weit und breit keine Spur. Ein persischer Fotograf, der Aufnahmen von den Ankömmlingen machte und in Sinais *The Lost Requiem* interviewt wird, hat auf seinen Bildern auch den üppig grünen, sorgfältig gemähten Rasen festgehalten, von dem in Emils Tagebuch die Rede ist. Durch seine Linse konnte ich gleichsam mit den Augen meines Vaters sehen. Ich hatte mir diesen Ort immer ein wenig wie die staubigen ägyptischen Küstenstädtchen vorgestellt, die ich in meiner Jugend besucht hatte: Vor meinem inneren Auge waren die Buden und Schaufenster von Scharm el-Scheich erschienen, das geschäftige, quicklebendige, vollkommen chaotische Pulsieren des Nahen Ostens. Aber in Bandar Pahlavi herrscht ein subtropisches Klima, das eher dem von Südostasien ähnelt. Ruhig und elegant war die Stadt; geschwungene Marmorstiegen führten vom Ufer hinauf in einen sorgsam manikürten Park, dessen Eingang zwei gleichfalls marmorne Löwen bewachen. Es war die erste Stadt, die mein

Vater seit Ausbruch des Krieges zu Gesicht bekommen hatte, in der nicht Zerstörung und Hunger das Bild bestimmten.

„Uns erscheint es ... wie ein Himmelreich", schrieb Dr. Chaim Ze'ev Hirschberg, ein Rabbiner und Gelehrter, der an der Wiener Universität Persisch studiert hatte und ungefähr zur selben Zeit wie mein Vater in den Iran kam, in einem Artikel, den ich später entdecken sollte, über seine ersten Eindrücke von der feinen Stadt am Meer.[7]

„Der Iran heißt uns willkommen", heißt es in dem Tagebuch, das Krystyna Wartanowicz, eine junge Polin Anfang dreißig, auf ihrer Flucht führte und das ich gleichfalls später zitiert gefunden habe.[8]

So wie sie empfanden auch viele andere.

*

Der Iran, in den mein Vater im Sommer 1942 kam, war – in dieser Hinsicht vielleicht nicht anders als heute – ein hochkomplexes und keineswegs widerspruchsfreies Land: eine konstitutionelle Monarchie, die im Widerstreit mit einer Reihe repressiver Dynastien stand; eine islamische Nation, die ihre zoroastrischen Wurzeln nicht gänzlich gekappt hatte; ein Land, das reich an Öl war und deshalb von den Imperialmächten Großbritannien und Russland sowohl umworben als auch manipuliert, jedoch niemals völlig kolonisiert wurde; ein im Grunde armes Land, das sich in einem rasanten Modernisierungsprozess befand und im Jahr 1942 über ein staatliches Bildungssystem mit Schulpflicht, eine Nationaluniversität, neu gebaute Straßen und Brücken sowie über eine „Transiranische Eisenbahn" verfügte, die den Persischen Golf mit dem Kaspischen Meer verband.

Die Brücken und Eisenbahnstrecken im Reich des Schahs waren in den 1920er- und 1930er-Jahren unter der Anleitung deutscher Ingenieure gebaut worden. Angehende iranische Ingenieure, unter ihnen auch Salars Onkel Yahya, gingen zum Studium nach Deutschland. Deutsches Know-how war dem Schah lieber als das der Sowjets oder der Briten, die bereits mit der Anglo-Persian Oil Company – Keimzelle der späteren British Petroleum (BP) – einigen Einfluss im Land hatten. Hitlers Aufstieg zur Macht tat dem deutsch-persischen Bündnis keinen Abbruch. Im Frühjahr 1942, nur wenige Monate, bevor mein Vater im Iran ankam, machte Onkel Yahya an der Königlich Sächsischen Technischen

Hochschule in Dresden – der heutigen Technischen Universität – seinen Abschluss als Chemieingenieur und nahm ein Stellenangebot bei der I. G. Farben an, die später durch die Produktion des Giftgases Zyklon B sowie zahlreiche weitere Verstrickungen mit dem Naziregime berüchtigt werden sollte. Nazideutschland brauchte Öl, und der Iran brauchte dringend einen Verbündeten gegen den übermächtigen Druck der Sowjets und Briten.

Der Nazi-Ideologe Alfred Rosenberg zog in seinem Buch *Der Mythus des 20. Jahrhunderts* (dem nach *Mein Kampf* am weitesten verbreiteten und einflussreichsten Buch im „Dritten Reich") Parallelen zwischen dem „arische[n] Persien" und dem „germanische[n] Europa": „Das arische Persien dichtete uns den religiösen Mythus, von dessen Kraft wir alle noch heute zehren ... Und das germanische Europa beschenkte die Welt mit dem leuchtendsten Ideal des Menschentums ...", schrieb Rosenberg, der 1946 in Nürnberg wegen der deutschen Verbrechen gegen die Menschlichkeit hingerichtet wurde.[9] Im Jahr 1933 erschien in Teheran die Zeitschrift *Iran-e Bastan* („Der alte Iran"), ein rassistisches Propagandablatt in persischer Sprache, das von Nazi-Sympathisanten aus der iranischen Intelligenz finanziert wurde, um die Vorstellung von der natürlichen Überlegenheit der beiden Nationen zu verbreiten. Genauer gesagt, hieß es, seien die Iraner die auserwählte Rasse Asiens, so wie die Deutschen die Herrenrasse Europas verkörperten.[10] 1936 dann ersetzte der Name „Iran" – vom altpersischen *Aryānām* für „[Land] der Arier" – die bisherige Bezeichnung „Persien" auch offiziell. Zuvor war *Aryānām* eine Art von Spitzname gewesen, der nur innerhalb des Landes verwendet wurde. Daraufhin erließ das „Dritte Reich" eine Verordnung, durch welche Iraner (sowie auch ein paar andere nicht-„germanische" Volksgruppen) von den Beschränkungen der Nürnberger Rassengesetze ausgenommen wurden – mit der Begründung, sie seien „reinrassige Arier".

Im selben Jahr begannen deutsche Juden, die sich zur Flucht aus ihrem Heimatland gezwungen sahen, bei der persischen Botschaft in Berlin Visa zur Einreise in den Iran zu beantragen. Die dortige Regierung gelangte zu dem Schluss, dass diese Emigranten „möglicherweise nützlich sein könnten", und ließ „Ärzte, Ingenieure, Agrarfachleute, Handwerksmeister und Facharbeiter, Architekten, Mechaniker, Musiker und Künstler" fortan ins Land.[11]

Marianne Leppmann, geborene Hempel, eine Kinderärztin, die 1903 in eine Münchner Familie von, wie sie schreibt, „gebildeten, kultivierten und interessanten Leuten mit der höchsten moralischen Integrität" geboren war, kam

1934 mit ihrem Ehemann Joachim und ihren zwei jungen Töchtern in den Iran. Bei der Reichstagswahl im März 1933 hatte die Familie sich gerade zum Urlaub in Neapel befunden. Nachdem sie die Wahlergebnisse gelesen hatte, schreibt Marianne Leppmann, habe sie sich „voller Sorge ins Gras gelegt und geweint. ... [Dann] setzte ich mich wieder auf und schärfte mir ein, dass dies die letzten Tränen gewesen sein sollten, die ich um das verlorene Vaterland weinen wollte." Sie und ihr Mann, der Bauingenieur war, erhielten Visa für den Iran, wo Joachim eine Stelle beim Landwirtschaftsministerium antrat. Einige Monate darauf stießen seine Frau und die Töchter zu ihm. „Mit dem Vaterlandsunsinn ist es für mich auf ewig vorbei", schrieb Marianne in ihr Tagebuch, „von nun an kenne ich nur noch eine Nationalität: die schlicht menschliche." Sie und ihre Familie sollten mehr als ein Jahrzehnt lang in Teheran bleiben, genauso wie drei- oder viertausend andere Westeuropäer. Unter diesen befanden sich auch Elisabeth Kottler und ihr Ehemann, ein Fabrikant, die schon 1933 mit einem beträchtlichen Vermögen von Berlin in den Iran gekommen waren. Nach ihrer Ankunft gingen sie ins Importgeschäft, trieben Handel, verloren alles, und verbrachten ebenfalls den Rest des Krieges in Teheran. Joachim (Joshua) Pollock, ein junger Mann, der in Berlin Mitglied der neuorthodoxen Synagogengemeinde Adass Jisroel gewesen war, kam mit sehr viel weniger, wurde im Iran jedoch durch Geschäfte mit den Sowjets und Briten zum erfolgreichen Geschäftsmann – und zunehmend religiös.[12]

In einem Bittgesuch vom 18. Oktober 1938 wandten sich „fünfzig österreichische Juden" direkt an das iranische Außenministerium, das ihr Schreiben daraufhin dem Innenministerium weiterleitete:

> „Wir sind ... ganz wie alle anderen Österreicher auch. Die meisten von uns haben eine gute Ausbildung. Drei sind Ingenieure, zwei Architekten, einer ist Arzt und mehrere sind Landwirte und Handwerker verschiedener Art. Wir bitten ergebenst, uns dauerhaft in Ihrem Lande ansiedeln zu dürfen. Wir zählen etwa fünfzehn bis zwanzig Familien und wollen gern zu Musterbürgern Ihres Landes werden. ... Wir möchten Seite an Seite mit Ihnen arbeiten und haben nicht die Absicht, irgendjemandem hierzulande Konkurrenz zu machen. Die Techniker unter uns sind Fachleute in einer ganzen Reihe von Feldern der Industrie und der Stadtplanung, und sie werden Ihnen beim Bau von Regierungsgebäuden eine große Hilfe sein. Natürlich werden wir auch imstande sein, ihre einheimischen

Arbeiter anzuleiten und ihnen unsere Kenntnisse mitzuteilen. Wir erklären schon jetzt, dass wir unter den Gesetzen Ihres Landes und unter Ihrem Schutz stehen. Wir vertrauen fest darauf, dass Sie uns in Ihrem Lande arbeiten lassen und uns ein Stück Boden überlassen werden, das wir gern kultivieren wollen.

In Erwartung Ihrer Antwort
[Unterschrift unleserlich]"[13]

Der Text dieser Petition, die schließlich im Innenministerium gelandet sein muss, war in einem Quellenband mit Dokumenten des iranischen Innenministeriums enthalten, den Salar bei seiner Rückkehr aus dem Iran mitbrachte, nach einem Sommer heftiger Proteste, an dessen Ende die Wiederwahl Ahmadinedschads zum Präsidenten der Islamischen Republik gestanden hatte – und seine Vereidigung mit dem Segen des Ajatollahs Chamenei. Bei der Recherche, die Salar in meinem Auftrag hatte unternehmen wollen, war leider außer ein paar alten Zeitungsmeldungen nicht viel herausgekommen, weil das Iranische Nationalarchiv, wie sich herausstellte, weder über eine zentrale Datenbank seiner Bestände noch über irgendeine andere erkennbare Ordnung verfügte. Aber immerhin hatte Salar die erwähnte Quellensammlung gefunden, dazu noch einige Fotos und andere Hinterlassenschaften, die er in einem improvisierten Archiv mit Unterlagen der polnischen Flüchtlinge aufgespürt hatte, das sich im Keller unter einem Schuhgeschäft auf der Enghelab-Straße („Straße der Islamischen Revolution") befindet, einer Hauptverkehrsader im Zentrum Teherans. Herr Nikpour, der Schuhhändler, ein Perser, war mit einer Polin verheiratet, die als Flüchtling in den Iran gekommen war. Ihr gemeinsamer Sohn Ramin, erzählte er Salar, lebe heute mit seiner Familie in Warschau; nach dem Fall des Eisernen Vorhangs habe er sich erfolgreich um die polnische Staatsbürgerschaft bemüht. Der Jüngste hingegen, Reza, war im Iran geblieben; er war es, der in dem Archiv im Untergeschoss alle erreichbaren Dokumente über die polnischen Flüchtlinge im Iran zusammentrug.

In New York brüteten Salar und ich stumm über dem Bittbrief der „fünfzig österreichischen Juden" und fragten uns, ob sie damit wohl Erfolg gehabt hatten. Im Herbst 1938 war die Frage „Auswandern oder Bleiben?" natürlich längst zu einer Frage von Leben und Tod geworden. Die Art, wie der Brief formuliert war, ließ vermuten, dass ihnen bei der Abfassung jemand geholfen hatte, der sich sehr gut mit der persischen Politik, Kultur und Lebensart auskannte. Dafür sprach die zielgenau präsentierte Liste von Berufen und auch die Betonung der Tatsache, dass man auf keinen Fall den Einheimischen Konkurrenz machen wolle, vor allem aber der Satz gegen Ende des Schreibens: „Wir erklären schon jetzt, dass wir unter den Gesetzen Ihres Landes und unter Ihrem Schutz stehen [*zir e panāh e schomā*]". Das zeigte, dass dieser Brief sehr sorgfältig formuliert worden war, um genau den Erwartungen der Adressaten zu entsprechen – oder zumindest dem, was seine Verfasser für deren Erwartungen hielten. „Wir vertrauen fest [auf Sie]", das war ein unterwürfiger Appell an eine Autorität, die zugleich religiös, gesetzlich und moralisch zu verstehen war. Salar meinte, dass derartige Formulierungen in persischen Ohren einen sehr starken, tiefen Eindruck hinterlassen haben dürften.

Jedoch fand sich in der Dokumentensammlung, die Reza Nikpour angelegt hatte, keine Antwort auf den Bittbrief, nur eine Übersetzung des Schreibens ins Persische und die folgende knappe Mitteilung eines Beamten des iranischen Innenministeriums an die Adresse des Premierministers Mahmud Dscham:

11. 01. 1938

Sehr geehrter Herr Premierminister!

Fünfzig Juden aus Wien haben einen Brief geschrieben, in dem sie darum bitten, sich „dauerhaft im Iran ansiedeln zu dürfen" und dass man ihnen ein Stück Land gebe, das sie bebauen und kultivieren wollen. Beiliegend erhalten Sie die Übersetzung ihres Schreibens. Wir bitten darum, dass Sie uns Ihre Entscheidung in dieser Sache – wie sie auch ausfallen mag – mitteilen, damit wir ihnen Antwort geben können.

gez. Abolghasem Foruhar

Das kurze Anschreiben aus dem Innenministerium wirkte nicht gerade begeistert. Aber immerhin war das Gesuch nicht gleich im Papierkorb gelandet, sondern binnen vierzehn Tagen an den Premierminister Dscham weitergeleitet worden, der als ein besonnener Mann und politischer Pragmatiker galt.

In Salars Buch gab es auch noch andere Dokumente, die mit jüdischen Flüchtlingen zu tun hatten. In einem Memorandum aus dem Büro des Premierministers an das Innenministerium vom September 1937 wird die Entsendung von Polizisten in die Provinz Chorasan im Osten des Landes angeordnet, „um Juden an der Einreise in den Iran [über die Grenze zur Sowjetunion] zu hindern". Diejenigen, die sich bereits im Land befanden, „sollen wissen, dass es nicht zu ihrem Vorteil wäre, wenn sie hierblieben, sondern dass sie lieber nach Bagdad weiterreisen und ihre Situation und ihr Schicksal dort abwarten würden. Aber wenn sie sich nicht umstimmen lassen … ist es auch nicht notwendig, sie weiter aufzuhalten und ihnen Schwierigkeiten zu bereiten". Juden aus Buchara, dem Irak und vom Kaukasus hatten schon seit Anfang der 1930er-Jahre unbehelligt im Iran gelebt. Hätten die irakischen Juden „sich umstimmen lassen" und wären in ihr Herkunftsland zurückgekehrt, dann hätte „ihre Situation und ihr Schicksal" durchaus die sein können, dass sie dem irakischen Premierminister Raschid Ali al-Gailani in die Hände gefallen wären, einem arabischen Nationalisten mit Sympathien für die Achsenmächte, der am 3. April 1941 einen Militärputsch anzettelte, dem Anfang Juni ein zweitägiger Pogrom – der *Farhud* – gegen die jüdische Bevölkerung Bagdads folgte.

In einer anderen Mitteilung warnte das iranische Innenministerium die Polizei des Bezirks Chorramschahr an der Grenze zum Irak, dass es „in Chorramschahr eine Anzahl von Juden [gibt], [die] am Schmuggel [von Flüchtlingen] beteiligt" seien – man solle sie bitte umgehend „in das Landesinnere" umsiedeln. Die Beamten sahen den Flüchtlingen also nicht mit Enthusiasmus entgegen – aber allzu streng waren ihre Anweisungen und deren Umsetzung dann auch nicht.

„Die geben typisch persische Befehle", meint Salar lachend, als er die beiden Dokumente für mich übersetzt. „Wir sind ein flexibles Völkchen, zuerst hü und dann gleich wieder hott."

„Besser hü und hott als auf direktem Weg zurück zu Hitler", sage ich, weil mir das Flüchtlingsschiff *St. Louis* einfällt, das von den Vereinigten Staaten nur wenige Monate vor Kriegsausbruch abgewiesen wurde.

Ganz ähnlich ist das Pendel der iranischen Politik immer wieder zwischen einer Annäherung an die Achsenmächte und einer Annäherung an die Alliierten hin und her geschwungen: Am 20. März 1939 sandte – angeblich – Adolf Hitler dem persischen Schah Reza einen Nowruz-Gruß zum persischen Neujahrsfest.[14] Am 4. September erklärte der Iran seine Neutralität, trieb aber weiterhin mit Nazideutschland Handel. Gut einen Monat später, am 26. Oktober, wurde Premierminister Mahmud Dscham von dem deutschfreundlichen

Ahmad Matin-Daftari abgelöst, der verfügte, dass persische Juden fortan nicht mehr als Beamte oder für die staatliche Eisenbahngesellschaft arbeiten durften. Wie sehr Matin-Daftari den Deutschen zuneigte – oder vielleicht eher eine Abneigung gegen die Briten empfand –, lässt sich wohl auch daran ablesen, dass er Hunderte von Visumsanträgen litauischer Juden ablehnen ließ. Acht Monate später folgte ihm wiederum Radschab Ali Mansur im Amt nach, der als Freund der Briten galt.

Während sich alle anderen Grenzen der Welt vor den jüdischen Flüchtlingen schlossen, gelangten doch immer noch einige in den Iran, und sei es nur auf der Durchreise. Am 9. Mai 1941 schrieb ein gewisser „Konsul Hersh Cynowicz im Hôtel Lalezar" im Namen von 58 solcher Flüchtlinge einen Brief an die jüdische Hilfsorganisation Joint Distribution Committee (JDC) in New York. Detailliert stellte er den entbehrungsreichen Weg der Gruppe dar, die aus dem litauischen Wilna (Vilnius) über Moskau bis nach Teheran gelangt waren. Sie hatten ursprünglich japanische Transitvisa nach Wladiwostok gehabt, aber die kaiserlich-japanische Regierung hatte diese annulliert. Die britische Botschaft in Moskau hatte ihnen zwar Visa für Palästina ausgestellt, konnte ihnen jedoch nicht den Weg dorthin bahnen, weil die Durchreise durch Syrien für polnische Staatsbürger (als die sie galten) nicht gestattet war. Dann war ihnen, wie Cynowicz schrieb, „der persische Konsul in Moskau zu Hilfe gekommen, indem er uns allen Transitvisa durch den Iran ausstellte". Diese waren eigentlich für fünf Tage gültig, aber wegen Schwierigkeiten bei der Weiterreise blieben die Flüchtlinge fünf ganze Wochen in Teheran. Die „Gesinnung der örtlichen Behörden" sei „günstig", schrieb der Konsul, jedoch hätten die Mitglieder der Gruppe keinerlei Mittel, um ihren Lebensunterhalt zu bestreiten.[15]

Salar schickte mir Vorher-Nachher-Fotos des Hôtel Lalezar, dem inzwischen verfallenen klassizistischen Prachtbau, in dem der Konsul Hersh Cynowicz seinen Hilferuf im Namen von fast fünf Dutzend Flüchtlingen absetzte. Den Lalesar-Boulevard, wo sich das Hotel befand, beschreibt Salar mir als „die Champs-Élysées von Teheran".

1941 schließlich gab es im Iran eine neue, ultranationalistische Partei namens Hezb-e Pan Iranist („Paniranische Partei"), deren explizit antisemitisches Programm deutliche Anklänge an jenes der Nationalsozialisten aufwies. Zugleich gab es deutsche Ingenieure und andere Fachkräfte im Land, von denen manche NSDAP-Mitglieder waren und manche Juden. (Es gab aber auch Perser in Deutschland, die, wie Salars Onkel Yahya, nur darauf warteten, aus ihrer soliden deutschen Ausbildung endlich Kapital zu schlagen – als Manager einer iranischen I. G. Farben oder Ähnliches.) Es gab Agenten der Gestapo im Iran, die von einheimischen Polizeikräften bisweilen unterstützt wurden. Es gab eine Deutsche Schule, von deren Lehrern einige Nazis waren. Berliner Sender verbreiteten die entsprechende Propaganda in deutscher Sprache, und Nazi-Sympathisanten im Iran warteten, wie Salar mir aus Teheran schrieb, „nur darauf, dass die Wehrmacht die sowjetischen Truppen im Kaukasus schlagen und nach Persien vorstoßen würde". Der schiitische Klerus hegte Sympathien für Hitler, ja es ging sogar das Gerücht um, der „Führer" sei heimlich zum Islam konvertiert und werde sich nach dem Krieg als ein wahrer *haidar* zu erkennen geben, als ein Held und „Löwe des Islam". Die im Iran ansässige jüdische Bevölkerung war groß und durchaus beunruhigt, blieb vorerst jedoch unbehelligt. „Die Juden hier haben Angst", meldete ein Beobachter in einem Brief aus dem Iran, den ich in einem Buch über den Iran und die Juden zitiert fand. „Die Front rückt näher, und das macht den Leuten zu schaffen. Es hat schon erste Gewalttaten gegeben, und Gerüchte gehen um, das Eigentum der Juden solle verteilt werden, wenn der Feind erst einmal hier sei."[16] Jüdische Iraner wurden von den Regierungs-, Universitäts- und Militärposten entfernt, die man ihnen erst 35 Jahre zuvor geöffnet hatte. Es wäre also durchaus vorstellbar gewesen, dass der weitere Gang der Ereignisse eine andere, sehr viel dramatischere Wendung hätte nehmen können, sowohl für Flüchtlinge wie meinen Vater als auch für die einheimischen Juden des Iran. Aber er tat es nicht.

Am 25. August 1941, zwei Monate nachdem die Wehrmacht in der Sowjetunion eingefallen war und die Sowjets sich mit den westlichen Alliierten verbündet hatten, stießen britische und sowjetische Truppen in den Iran vor, setzten Reza Schah ab und schickten ihn ins Exil, sperrten Ahmad Matin-Daftari ein und setzten den Sohn des abgesetzten Herrschers, Reza Pahlavi, als dessen fügsameren Nachfolger ein. Eine Reihe von Faktoren hatte zu dieser Invasion geführt, nicht zuletzt die Angst, die iranischen Ölfelder, die sich seit 1909 in der Hand eines – inzwischen in Anglo-Iranian Oil Company umbenannten – mehrheitlich britischen Konsortiums befanden, könnten andernfalls den Deutschen in die Hände fallen. Deutsche Staatsbürger wurden nun aus dem Iran ausgewiesen: Frauen und Kinder schickte man zurück nach Deutschland, die Männer nach Britisch-Indien, wo sie interniert wurden. Die deutschen Juden jedoch, die von der iranischen Polizei anfangs zusammen mit allen anderen Deutschen zum Abtransport zusammengetrieben worden waren, wurden auf

39

Betreiben der britischen Botschaft schnell wieder freigelassen. Ironischerweise – bedenkt man die von den Nazis gebrauchten „Judenstempel" – war es nun ein von den britischen Behörden in ihre Reisepässe gestempelter Davidstern, der sie vor einer erneuten Deportation bewahrte. Nach erfolgter Invasion gingen die Briten und die Sowjets daran, den Iran in Einflussbereiche aufzuteilen: London erhielt den Süden, Moskau den Norden des Landes. Acht Monate später kam mein Vater ins Land. Zu diesem Zeitpunkt – und trotz wenig effektiver, aber kontinuierlicher Angriffe durch prodeutsch-persische Widerstandsgruppen – war der Iran bereits zu einem Anziehungs- und Sammelpunkt für britische, indische, russische und polnische Truppen geworden, von einem breiten Spektrum an Flüchtlingen aus diversen Ländern ganz abgesehen. Er war kosmopolitisch geworden, ein kleiner Nabel der großen Welt.

In Bandar Pahlavi, wo mein Vater und die anderen Flüchtlinge an Land gingen, bekam er „herrliches Essen" von „gastfreundlichen Persern", wie einige der Kinder, die damals dabei waren, auf den letzten Seiten von Henryk Grynbergs Buch *Kinder Zions* berichten.[17] Und Emil Landau vermerkte in seinem Tagebuch, dass schon während der ersten Woche nach der Ankunft gleich wiederholt „ein elegant gekleideter Herr, der reich zu sein schien, ... den gesamten Bestand einer Süßwaren- oder Krapfenbude aufkaufte", um ihn unter den Flüchtlingskindern zu verteilen.

Sir Reader Bullard, der britische Botschafter im Iran, schrieb die anfängliche Herzlichkeit der Perser den Flüchtlingen gegenüber deren Image als „Opfer der Sowjetunion" zu – und der standen die meisten Einheimischen wegen der sowjetischen Einmischungsversuche im Iran feindselig gegenüber. Die Islamwissenschaftlerin Mona Siddiqui macht das Konzept der Gastfreundlichkeit an dem koranischen Gebot fest, seinen Eltern, anderen Verwandten sowie Witwen, Waisen und anderen Bedürftigen „Gutes zu tun", dem „nahen Nachbarn" (*dschāri dhī l-qurbā*) wie auch dem „ferneren Nachbarn" (*l-dschāri l-dschunūbi*) – und zu diesen letzten Kategorien zählen, zumindest nach Ansicht mancher Kommentatoren, auch Nichtmuslime.[18] Mich überzeugte keine der beiden Erklärungen so richtig: weder Bullard mit seinem unverblümten Zynismus noch – obwohl mir natürlich bewusst war, dass religiöse Normen und Traditionen eine Rolle spielen – die direkte Verbindung, die manche zwischen heiligen Schriften und menschlichem Handeln ziehen wollen.[19] Ich wusste nicht, ob die persischen Juden an der Aufnahme ihrer europäischen Glaubensbrüder und -schwestern beteiligt gewesen waren. Ich wusste, offen gesagt, überhaupt wenig von dieser uralten persisch-jüdischen Gemeinde und davon, wie sie sich in der mehrheitlich schiitischen Gesellschaft des Iran eingerichtet hatte. Alles, was ich wusste, war, dass mein Vater in den Iran gekommen war und – zu Beginn jedenfalls – freundlich, ja herzlich aufgenommen worden war. Und mehr brauchte ich am Anfang auch nicht zu wissen.

Aus den vier dicken Bänden der *History of Contemporary Iranian Jews* erfuhr ich dann, dass nach der schiitisch-imamitischen Richtung des Islam, die im Iran seit dem 17. Jahrhundert die vorherrschende ist, Juden und andere religiöse Minderheiten (*dhimmi*, „Schutzbefohlene") als unrein (*nadsches*) gelten. Diese Auffassung wurde durch gewisse Aussagen über diese Gruppen im Koran und den Hadithen – gesammelten Aussprüchen des Propheten Mohammed – „rationalisiert und substanziiert", wie der Historiker Daniel Tsadik es ausdrückt. Der Koran wirft bisweilen Juden und Christen in einen Topf – als *ahl al-kitab* („Leute des Buches", „Buchbesitzer"). In anderen Passagen wiederum werden die Juden gesondert genannt – als *banu isra'll* („Kinder Israels") oder *al-yahūd*.

Wenn die Juden – oder überhaupt die „Buchbesitzer" – im Koran oder seinen Kommentaren erwähnt werden, so geschieht dies manchmal mit feindseliger Ablehnung, manchmal aber auch mit einem Aufruf zur Toleranz. Grundlegend jedenfalls ist – zumindest in den Schriften der „imamitischen" oder „Zwölfer"-Schiiten – die Überlegenheit der Schia und ihrer Gläubigen über alle anderen Religionen und deren Anhänger, nicht-imamitische Muslime eingeschlossen.[20] Wer von den Nichtmuslimen sich mit seinem untergeordneten Status abfinden konnte, genoss unter dem Schutzschirm des Islam ein gewisses Maß an Rechtssicherheit. Im Gegenzug mussten diese Dhimmis aber auch Bedingungen erfüllen, Vorschriften einhalten und Gesetze akzeptieren, die ihre Unterwerfung deutlich zum Ausdruck brachten: „Juden dürfen kein frisches Obst kaufen"; „wenn ein Muslim einen Juden verflucht, soll der Jude schweigen und den Kopf neigen"; „wer aber einen Juden tötet, der soll gegen die Zahlung eines geringen Blutgeldes freikommen"; und so weiter.

Auch beim Handel mit Juden galten Beschränkungen, so etwa beim Kauf von Schuhen „und anderen ähnlichen Dingen", die aus Leder gemacht waren. Insbesondere war es den Dhimmis streng verboten, einen Muslim zu verletzen; sich „Gräuel" zuschulden kommen zu lassen (etwa, indem sie in der Öffentlichkeit Wein tranken); Bauwerke zu errichten, die jene der Muslime überragten; und so weiter.[21] Die Vorschriften variierten und wurden in den verschiedenen

Städten und Regionen des weitgehend dezentral gegliederten Iran unterschiedlich gehandhabt. Und sie galten, meistens zumindest, nicht nur für Juden, sondern für alle Dhimmis.

In dem Bericht über ihre Reisen durch den Iran in den 1880er-Jahren beschreibt die englische Entdeckerin und Naturkundlerin Isabella L. Bird, wie die „Juden von Hamadan [einer Stadt etwa 300 Kilometer nordwestlich von Teheran] tagein, tagaus getreten und geschlagen und auf der Straße angespien werden", weil man sie „für noch unwerter als die Hunde hält".[22] Und der Historiker Bernard Lewis bemerkt anlässlich seiner Beschreibung der harschen Lebensumstände der Juden im Osmanischen Reich, dass diese „verglichen mit den Juden im Iran" noch immer „wie im Paradies lebten".[23] Eine gewisse Besserung setzte 1906 ein, als durch eine Verfassungsrevolution im Iran sämtliche religiösen Minderheiten, auch die Juden, endlich das volle Bürgerrecht erhielten; aber in der *Mahalleh-ye Juhunda*, dem „Jüdischen Viertel" von Teheran, das von den Juden selbst schlicht „Mahalleh" genannt wurde, blieben die Lebensbedingungen miserabel. „Ich habe die Mahalleh gesehen", sollte der aus Polen geflohene Dr. Hirschberg über seinen Besuch dort im Jahr 1942 schreiben, „ihre bettelarmen Bewohner, ihre heruntergekommenen Häuser, die beinahe im Boden versinken, ihre niedrigen Türen, durch die man nur eintreten kann, wenn man sich fast bis zum Boden bückt. Man hat mir gesagt, sie seien absichtlich so gebaut worden – um die Selbstverteidigung zu erleichtern, wenn es einmal zu Übergriffen kommt … Viele Familien hausten in Kellerlöchern, richtiggehenden Höhlen, ohne Licht noch Luft. Kränkliche, bleiche Kinder, die an allen Arten von Ausschlag und Hautkrankheiten zu leiden schienen, schauten uns Besucher neugierig an."[24]

Doch es gab auch andere, wie ich herausfand, die in wachsender Zahl auch außerhalb der Mahalleh zu wohnen begannen, unter ihnen ein junger Arzt, der sich bei seiner Behandlung der Flüchtlinge noch vor Jahresfrist eine tödliche Krankheit zuziehen wird. Dr. Ruhollah Sapir war Internist und 31 Jahre alt, obwohl seine bereits recht hohe Stirn ihn älter aussehen ließ. In Gruppenfotos, die man in den Büchern zur Geschichte der iranischen Juden finden kann, trägt er stets einen modisch geschnittenen grauen Anzug mit schwarzer Krawatte. Er war gerade auf Visite im Darmangah-e Mahalleh („Mahalleh-Hospital"), als er von den polnischen Flüchtlingen hörte, die in Bandar Pahlavi angekommen waren und sich auf dem Weg nach Teheran befanden. Dr. Sapir war 1910 geboren, gerade einmal vier Jahre nach der rechtlichen Emanzipation der iranischen Juden. Er wuchs hinein in eine Welt, in der alles von der aufblühenden Ideologie der Verwestlichung bestimmt schien, von der Säkularisierung und dem Nationalismus Reza Schahs. Seine Schulbildung erhielt er an einem Institut der Alliance Israélite Universelle, einer gemeinnützigen jüdischen Organisation, die überall in der Levante, im Nahen Osten und in Nordafrika Schulen mit französischer Unterrichtssprache betrieb. Als Arzt war Dr. Sapir ein Idealist, aber er war auch selbstbewusst und unbekümmert – was wohl nicht nur dem politischen Klima geschuldet war, sondern auch dem besonderen Ansehen, das jüdische Ärzte im alten Persien schon seit Jahrhunderten genossen hatten. „Die Ärzte von Kaschan thronen in Ruhe und Gelassenheit, bei üppigem Honorar", schrieb ein jüdischer Reisender im Jahr 1860, „und alle Einwohner der Stadt fügen sich ihren Anordnungen, ja sogar die Gojim [Nichtjuden]."[25]

Die Alliance Israélite Universelle, der Dr. Sapir seine Schulbildung vor der Universität verdankte, war 1860 von jüdischen Bürgern in Paris gegründet worden. Ihr Leitspruch war es, „sich allerorten für die Emanzipation und moralische Hebung der Juden in der Welt einzusetzen". Die erste Zweigschule der Allliance im Iran wurde 1898 in Teheran eröffnet; ihr Rektor war ein französischer Jude namens Joseph Baruch Cazès. Weitere Schulen bestanden in Hamadan, Isfahan, Schiras, Sanandadsch und Kermanschah. Der ausdrückliche Zweck dieser Institute bestand darin, wie es in einem Brief an den persischen Botschafter in Paris dargelegt wurde, die jüdische Bevölkerung des Irans in einen loyalen und produktiven Teil der Gesamtbevölkerung zu verwandeln: „Nicht ohne Stolz geben wir die Eröffnung einer Schule für jüdische Kinder in Teheran bekannt. … Die Redlichkeit und Gerechtigkeit Seiner Majestät lassen uns hoffen, dass die Vertreter seiner Regierung uns die nötige Unterstützung zu diesem mildtätigen Unterfangen gewähren werden. Wir sind überzeugt, dass wir mit der Bildung der Juden auch dem Iran [als Ganzem] einen Dienst erweisen."

Gleichfalls in Teheran gründete Dr. Sapir, nachdem er wiederholt hatte miterleben müssen, wie jüdische Patienten im örtlichen Krankenhaus schlecht behandelt wurden, das Darmangah-e Mahalleh, ein kostengünstiges Hospital, dessen Leitlinie es war, „einen jeden Patienten mit der äußersten Hingabe zu behandeln und keinen jemals und aus keinem Grunde in den Nachteil zu setzen".[26] Das Spital befand sich innerhalb der heruntergekommenen, überfüllten Mahalleh, weil Dr. Sapir und die anderen Mitglieder des Kanun-e Javanan-e Israʼel-e-Iran („Zentrum für die jungen Juden des Iran"), oftmals ebenfalls

Ärzte, meinten, dort wäre es für diejenigen am besten zugänglich, die es am dringendsten brauchten. Dr. Sapir selbst wohnte jedoch außerhalb des jüdischen Viertels.

Bis Anfang 1942 hatte der Erfolg des Darmangah-e Mahalleh Dr. Sapir und einige Mitstreiter dazu ermutigt, auch noch das Kanun-e Kheeyrkhah („Freundschaftszentrum") zu gründen, einen jüdischen Wohlfahrtsverein, der den Bau jüdischer Kranken- und Waisenhäuser in Schiras, Maschhad, Hamadan und Isfahan fördern sollte, wo die Situation der Juden noch sehr viel schlimmer war als in Teheran. Das „Freundschaftszentrum" war eine von nur ganz wenigen eigenständig-jüdischen Wohlfahrtseinrichtungen, die es im Iran vor der Ankunft meines Vaters gab – zuvor galt dort unter Juden wie Muslimen der Grundsatz, dass für die Pflege von Hilfsbedürftigen ausschließlich die (erweiterte) Familie verantwortlich sei. Überhaupt war es eine der allerersten jüdischen Vereinigungen im Land gewesen; eine weitere war die kleine zionistische Bewegung, die sich am 2. November 1917 spontan in Iran zusammenfand, nachdem der britische Premierminister Arthur James Balfour die Absicht Großbritanniens bekundet hatte, „die Errichtung einer nationalen Heimstätte für das jüdische Volk in Palästina" zu unterstützen.

Den persischen Juden lag der Zionismus gewissermaßen im Blut, reichten die Stammbäume bei manchen von ihnen doch bis in das Jahr 597 vor Christi Geburt zurück, als ihre Familien aus Judäa ins babylonische Exil verschleppt wurden. In sechs Büchern der hebräischen Bibel – Jesaja, Daniel, Esra, Nehemia, dem Chronikbuch und dem Buch Ester – findet das weitere Leben jener jüdischen Ur-Flüchtlinge Erwähnung, die fortan in ihren eigenen Gemeinden über das Perserreich verstreut lebten, ihre Verbindung zu Eretz Israel jedoch nie ganz aufgaben. Spätestens ab dem 9. Jahrhundert nach der Zeitenwende waren persische Juden wieder regelmäßig nach Jerusalem zurückgekehrt, entweder als Siedler oder als Pilger, die anschließend – ganz wie die Muslime, die nach der Entstehung des Islam nach Mekka gereist waren – den Ehrentitel „Hadschi" führten. Im Jahr 1894 kam bei der Einweihung einer „Hadschi-Synagoge" in Teheran ein Stein aus Jerusalem zum Einsatz. Im Gefolge der oben erwähnten „Balfour-Erklärung" aus dem November 1917 – von der die persischen Juden durch ein Telegramm der jüdischen Gemeinde in Sankt Petersburg erfuhren – wurde aus dem alten Pilgerbrauch ein politisches Statement.

Gegen Ende des Jahres 1917 wurde eine bescheidene zionistische Gruppierung gegründet, zu der die Zeitung *Ha'geula* („Die Erlösung") gehörte. Anfang

1918 begann die Ebriyat Hamziqat Sefet Eber („Vereinigung zur Stärkung der hebräischen Sprache") ihre monatlichen Sitzungen im Haus von Aziz Chaim Ischaq (der im Anschluss an eine Reise nach Jerusalem auch als Hadschi Aziz Elghanian bekannt war). Bis 1922 hatte sie Ableger in 27 Städten überall im Iran bekommen.

Kaum vier Jahre später verbot Reza Schah – im Zeichen seiner Errichtung einer säkularen Zentralregierung – alle zionistischen „Umtriebe" (und alle Zusammenkünfte von Minderheitengruppen, sofern diese nicht religiösen Zwecken dienten). Der zionistische Aktivist Schmuel Chaim wurde wegen Verschwörung gegen den Schah verhaftet und schließlich hingerichtet. Danach kam jegliche organisierte Form von zionistischer Aktivität im Iran zum Erliegen. Während der nächsten anderthalb Jahrzehnte wurden Dutzende politischer Aktivisten hingerichtet oder ins Gefängnis geworfen. Die englisch-sowjetische Invasion des Irans bewirkte ihre Freilassung und schuf im ganzen Land ein Klima der Freiheit, in dem auch der Zionismus wieder ans Licht kommen konnte. Im selben Zusammenhang entstand auch die – wesentlich prominentere – marxistisch-leninistische Tudeh-Partei („Partei der Massen"), mit deren Gründung am 29. September 1941 die iranischen Juden zum ersten Mal überhaupt als gleichberechtigte Mitglieder in eine politische Partei ihres Heimatlandes aufgenommen werden konnten.

Die marxistisch-internationalistische Ausrichtung der Tudeh-Partei ließ einen öffentlichen Raum entstehen, in dem Juden und Muslime sich auf Augenhöhe begegnen konnten, und das zog gerade junge, gut ausgebildete Juden in Scharen an. Sie stellten beinahe die Hälfte der Tudeh-Mitglieder und den Großteil der Journalisten und Flugblattschreiber, die sich für die Partei engagierten. Eine ganz ähnliche Ausrichtung hatte auch das „jungjüdische Zentrum" Kanun-e Javanan-e Israel-e-Iran, das sich einen jüdisch-sozialistischen Universalismus auf die Fahnen geschrieben hatte. Dass es sich dennoch um eine dezidiert *jüdische* Initiative handelte, wurde keineswegs verheimlicht, im Gegenteil: Der offen bekundete Zweck des Zentrums war es, Hilfsbedürftige zu unterstützen und zu einer Hebung des Lebensstandards in der Mahalleh beizutragen. Das war nun also die persisch-jüdische Lebenswelt, in die mein Vater eintrat.

*

Als mein Vater im Iran ankam, umfasste dessen jüdische Bevölkerung bereits weitere Gruppen: polnisch-jüdische Flüchtlinge, die mit früheren Transporten aus Zentralasien gekommen waren; deutsche und österreichische „Hitlerflüchtlinge" (wie ein Interviewter sie bezeichnete); eine „große Zahl" von Juden aus dem usbekischen Buchara, die nach der Russischen Revolution vor den Sowjets geflohen waren; „Juden aus dem Kaukasus, die ihr persisches Bürgerrecht geltend machten, um aus der Sowjetunion auszureisen und sich in Teheran niederzulassen"; „eine Gemeinde von ‚Aschkenasim' aus Russland, die nach der Revolution [in den Iran] gezogen waren"; Flüchtlinge aus dem Irak, darunter auch „wohlhabende irakische Kaufleute, die aus Geschäftsgründen in Teheran ansässig waren";²⁷ und Juden aus Palästina: 450 gelernte und ungelernte Arbeiter, Ingenieure, Werkmeister, Bauarbeiter, Graveure, Feinmechaniker, Installateure, Buchhalter und Angestellte, die als Mitglieder des jüdischen Arbeitskommandos Solel Boneh („Straßen- und Hochbau") auf Lastwagen von Palästina in den Iran gekommen waren.

Anfang 1942 eroberten Soldaten des japanischen Kaiserreichs die britische Kolonie Burma, das heutige Myanmar. Damit war der Iran unter den sehr wenigen Ölfördergebieten, die sich noch in alliierter Hand befanden, eines der wichtigsten. Die Anglo-Iranian Oil Company sah sich gezwungen, in ihrer Raffinerie in Abadan am Persischen Golf die Produktion rapide zu steigern, wozu jedoch die Arbeitskräfte – und vor allem die entsprechend ausgebildeten Fachkräfte – fehlten. Also erklärte der britische Premierminister Winston Churchill, den man von der misslichen Lage in Kenntnis gesetzt hatte: „das werden die Juden aus Palästina erledigen".²⁸ Solel Boneh, gegründet 1924 als jüdisches Bauunternehmen, hatte zu diesem Zeitpunkt schon seit beinahe zwei Jahrzehnten Infrastrukturprojekte für die britische Mandatsmacht in Palästina umgesetzt. Jetzt wurden die Arbeitskräfte des Unternehmens als Teil der alliierten Kriegsanstrengungen an den verschiedensten Orten im Nahen Osten eingesetzt. Einige Mitarbeiter von Solel Boneh, die man in den Iran geschickt hatte, waren erst wenige Monate vor meinem Vater dort angekommen; einige hatten in Palästina die britische Staatsbürgerschaft erworben; manche fanden im Iran zum Zionismus; andere lehnten zionistische Aktivitäten strikt ab, ja versuchten, sie sogar zu unterbinden; mehrere waren absolute Hochstapler, die unter dem Vorwand in den Iran eingereist waren, für Solel Boneh tätig zu sein, in Wahrheit jedoch für die Organisation Mossad Le'alija Bet arbeiteten, eine Abteilung der zionistischen Untergrundorganisation Hagana, deren geheime Mission während des Krieges es war, jüdische Flüchtlinge nach Palästina zu schleusen.[29]

Der Iran des Jahres 1942 stand, soweit ich es überblicken konnte, an einem „Ereignisnullpunkt", einem noch unbestimmten Augenblick in der Geschichte, an dem die Ereignisse sich in viele, ganz unterschiedliche Richtungen hätten entwickeln können – aber auch an einem Punkt der Neugeburt, an dem viele Menschen ihre alte Identität ablegten und jemand ganz anderes wurden.

Im Jahr 1942 begann auch die persisch-jüdische Gemeinde, sich zu organisieren, und das Teheraner Komitee für jüdische Flüchtlinge wurde gegründet, dem Repräsentanten der unterschiedlichen jüdischen Fraktionen angehörten, die in der Stadt vertreten waren: ein persisch-jüdischer Kaufmann, der auch Mitglied der früheren Teheraner Zionistengruppe gewesen war; ein Arzt; ein Apotheker; zwei Flüchtlinge aus dem Irak; und ein deutsch-jüdischer Flüchtling aus Berlin.[30]

Jüdische beziehungsweise zionistische Hilfsorganisationen aus Amerika kamen 1942 ebenfalls in den Iran, um meinem Vater und den anderen jüdischen Flüchtlingen dort beizustehen. Sie nahmen mit Dr. Sapir und anderen Kontakt auf, um die Details der Flüchtlingsversorgung mit ihnen abzustimmen. Noch Jahrzehnte nach dem Ende des Zweiten Weltkriegs sollten sie das Mahalleh-Hospital und andere Einrichtungen unterstützen.

Auch war 1942 das Jahr, in dem die ersten Vertreter von Solel Boneh und später auch der Jewish Agency for Palestine, der Vertretung der jüdischen Bevölkerung im britischen Mandatsgebiet, in den Iran kamen und dort nicht nur mit den polnisch-jüdischen Flüchtlingen, sondern auch mit der ansässigen persisch-jüdischen Gemeinde Kontakt knüpften. Auch an den Schah von Persien wandten sie sich erstmals und brachten so die Saat einer umfänglichen Zusammenarbeit zwischen dem Iran und dem neugegründeten Staat Israel aus, die nach dem Ende des Zweiten Weltkriegs einsetzen und bis zur Islamischen Revolution im Jahr 1979 Bestand haben sollte.

Und obwohl ich es noch nicht wusste, war 1942 das Jahr, war der Iran des Jahres 1942 der Ort gewesen, wo und als mein Vater aufhörte, ein „polnischer Jude" zu sein, und stattdessen begann, eine neue, jüdisch-israelische Identität anzunehmen – die einzige, die ich kennengelernt hatte. Auf einem Foto aus Teheran, auf dem er zu sehen ist, sieht er klein und mager aus, wie er da aus der dritten Reihe einer Gruppe von allesamt unterernährt wirkenden Flüchtlingsjungen in die Kamera schaut – aber seine Augen lächeln.

Abbildung 2: Ein Gruppenfoto aus Teheran: Hannan steht – als Fünfter von links – in der hintersten Reihe.

2
Eine liberale Familie

Ostrów Mazowiecka (Polen), 1939

Vier Fotos habe ich gefunden, auf denen mein Vater vor dem Krieg zu sehen ist. Auf meinem Lieblingsbild spaziert er mit seinen Eltern und seiner Schwester die *Brokowska ulica* entlang, eine Straße ihrer Heimatstadt, die ein Stück vom Brauereibetrieb und Haus der Familie entfernt verläuft. Hannan geht aufrecht, die Arme hinter dem Rücken verschränkt. Er trägt die Schuluniform von Tarbut, einem Verbund hebräischsprachiger, aber säkularer Schulen, die in der Zwischenkriegszeit in Osteuropa aktiv waren: eine grauschwarze Jacke mit abgestimmter, knielanger Hose und der dazugehörigen Mütze. Zu seiner Linken geht seine Schwester Regina, die ein langärmliges, ebenfalls knielanges Kleid anhat, dazu eine Kappe auf dem Kopf. Gleich hinter den beiden gehen die Eltern: Ruchela trägt einen eng anliegenden Rock, Handschuhe und Hut; Zindel trägt Anzug mit Krawatte und dazu ebenfalls einen Hut, hat eine Brille auf der Nase und (wie auf jedem Foto, das ich von ihm besitze) eine Zigarette zwischen den Fingern. Ein groß gewachsener, kräftiger Mann ohne Hut folgt dicht hinter ihnen, fast wie ein Leibwächter. Ihn kenne ich nicht und habe auch nicht herausfinden können, wer er ist. Ein weiterer Mann ist hinter meinem Vater zu erkennen, aber er hat sich von der Kamera weggedreht, als wollte er nachsehen, wo der Rest der Gruppe bleibt. Das Foto ist nicht datiert, aber dem Alter der Kinder nach zu urteilen kann es kaum früher als 1937 aufgenommen sein. Zufrieden sehen sie aus, gut angezogen und ungezwungen, ihre Augen lächeln. Natürlich können Fotos täuschen, aber in gewissen Hinsichten geben sie doch verlässliches Zeugnis. Das hier ist keine gestellte Aufnahme aus dem Fotoatelier; es ist ein Schnappschuss aus dem Leben einer Familie – meiner Familie. Breit und sauber liegt der Gehweg vor ihnen; ihre Kleidung sieht aus wie frisch gebügelt. Mein Vater wirkt als Zehn- oder Elfjähriger größer als auf dem Foto, das Jahre später im Iran von ihm gemacht wurde. Er erscheint fast so groß wie sein Vater, und das täuscht nicht: Auf allen anderen Gruppenfotos der Familie liegt Zindels Arm auf seiner Schulter auf.

Abbildung 3: Hannan, Regina, Ruchela und Zindel Teitel in Ostrów Mazowiecka.

Ich kenne ihn nicht, den stolzen, vollkommen unbeschwerten Jungen auf dem Foto, und ich erkenne in ihm auch nicht den Mann, der später mein Vater wurde.

Der Junge auf dem Foto ist mein Vater vor dem Holocaust, bevor das Wort „Holocaust" überhaupt geläufig war. Er spricht Polnisch und Jiddisch, dieser Junge, Sprachen, die ich nicht beherrsche. Ihm scheint das Land seiner Geburt kein bisschen von dem Grauen einzuflößen, das man mir später irgendwie vermittelt hatte, ohne dass ich über dieses Land etwas gewusst hätte. Aber damit war ich nicht allein: Alle heutigen Historikerinnen und Historiker, die sich mit der Geschichte der polnischen Juden befassen, müssen die jüdische Vorkriegszeit in Polen gewissermaßen über die Hürde des Holocaust hinweg lesen, vorbei an den Klippen, die Jahrzehnte der historischen Amnesie und des Revisionismus in Kommunismus und Postkommunismus hinterlassen haben. Alles, was ich auf dem Foto sah – den Stoff, aus dem das alltägliche Leben des jungen Hannan gemacht war –, hatten die Nazis ausgelöscht, und die Erinnerung daran war durch ein gutes halbes Jahrhundert Kommunismus und dessen Nachwirkungen ebenfalls ausgelöscht worden. In der zionistischen Geschichtsschreibung, mit der ich aufgewachsen bin, galt „die Diaspora" grundsätzlich als dem Untergang geweiht. Als ich diese Sichtweise irgendwann beiseiteschob und mich mit den Arbeiten nicht-zionistischer (zumeist deutscher) Osteuropahistoriker vertraut machte, las ich wiederum durch die Brille von deren Vorurteilen und verinnerlichte das Bild, das sie zeichneten: das Bild einer traditionalistischen, rückwärtsgewandten polnisch-jüdischen Gemeinde, „die nur darauf wartete, von den Vertretern der westlichen Aufklärung und Moderne aus ihrem erbärmlichen Urzustand befreit zu werden".[1] Als Bewohnerin der westlichen Welt bin auch ich mit solchen Vorurteilen über Polen aufgewachsen, ohne jemals dort gewesen zu sein.

Hannans Flüchtlingsjahre haben ihn zweifellos geprägt, aber ich besitze nur wenige fotografische Belege dafür, wie dies im Einzelnen abgelaufen ist: Zwischen Polen und Palästina, zwischen den Familienfotos aus Ostrów und denen aus Haifa, klafft eine gewaltige Lücke. Tatsächlich habe ich außer dem Gruppenfoto aus Teheran, auf dem mein Vater zu sehen ist, überhaupt keine Fotos von ihm, von Regina oder irgendeinem anderen Mitglied der Familie Teitel aus deren Fluchtjahren. Auch öffentliche, allgemein bekannte Bildquellen, die ich hätte heranziehen können, gab es keine – Bilder, die in das kollektive Gedächtnis eingegangen sind wie etwa das ikonische „Foto des Jungen aus dem Warschauer Ghetto", der mit zur Kapitulation erhobenen Händen auf die Kamera zutritt, oder jenes Foto einer Gruppe befreiter Buchenwald-Häftlinge, das Art Spiegelman in seiner Graphic Novel *Maus* als Bild in einem Familienalbum aufgreift.

Von den über eine Million Flüchtlingen jener Zeit gab es keine ikonischen Bilder.

Den Jungen, der mein Vater war, bevor er weder Flüchtling noch Israeli geworden war, konnte ich wohl nur anhand des Ortes kennenlernen, aus dem er stammte: einer Kleinstadt von etwa zehntausend Einwohnern im Osten Polens. Noch im Jahr 1857 verzeichneten die polnischen Statistiken für Ostrów eine Einwohnerzahl von 3972, von denen 2412 Juden waren – 62 Prozent aller Einwohner. Für das Jahr 1897 wurden dann schon 7914 Einwohner gezählt, darunter 5910 – oder

75 Prozent – Juden. Eine solche Wachstumsrate war in den Ortschaften im polnischen Nordosten keineswegs außergewöhnlich.[2] Zu Beginn des 20. Jahrhunderts war beinahe die Hälfte der städtischen Bevölkerung Polens jüdisch. Die Essenz des städtischen Lebens – die Läden und Geschäfte und Wirtshäuser, vor allem in kleineren Städten wie Ostrów – war jüdisch. Schon um die Mitte des 19. Jahrhunderts war Ostrów eine jener Gemeinden gewesen, von denen der Historiker Gershon Hundert geschrieben hat, dass sie „groß genug waren, um die Alltäglichkeit des Alltagslebens in einem jüdischen Kosmos gestalten zu können".[3] Es ist ein wenig irreführend, wenn man die jüdische Bevölkerung von Ostrów im 19. Jahrhundert (oder auch die von vielen anderen polnischen Städten) eine „Minderheit" nennt. Aber genau so erinnert man sich heute in Polen, in Israel und in den Vereinigten Staaten an jene Gemeinden.

An Büchern und Fotos zu Ostrów vor dem Zweiten Weltkrieg herrscht kein Mangel, sogar die Brauerei Teitel und andere Mitglieder der Familie sind dort zu sehen. Es gibt Bevölkerungsstatistiken, Geburts- und Todesurkunden, Schulabschlusszeugnisse und Memor- oder Seelengedächtnisbücher (auf Hebräisch auch *jiskor* genannt). Der Band zu Ostrów Mazowiecka in der Reihe *Kehilot Jisrael* („Gemeinden Israels") nennt meinen Urgroßvater Michel Teitel als eine der „Personen aus Ober-Ostrów": „wohlhabend und aus wohlhabendem Hause"; „ein feiner, edler Mann"; „eine echte Persönlichkeit des öffentlichen Lebens"; „ein gebildeter Mann, der viele Sprachen beherrschte, aber dennoch der Tora und den Geboten treu blieb"; „ein vollkommener Familienmensch"; „ein Demokrat"; „ein Mann, der sich durch seine Großzügigkeit hervortat, Einzelnen wie auch der Gemeinschaft gegenüber".[4]

Freilich, in einem Memorbuch kommt jeder gut weg – aber die Art, auf die das Lob der Toten angestimmt wird, unterscheidet sich dann doch. Das *jiskor*-Buch von Ostrów Mazowiecka erinnert an Michel als „eine Person von sanftmütigem Charakter": „Einerseits ein vollkommener Familienmensch, der zu seiner … Familie eine tiefe Bindung empfand, andererseits ein Mann, der sich unermüdlich für die Gemeinschaft einsetzte, der all seine Zeit und Energie für die Bedürfnisse der anderen einzusetzen bereit war, ob im Privatleben oder in der Öffentlichkeit." Gelobt werden auch seine umfassende Bildung („bewandert in moderner Literatur und dem Zeitgeschehen") und das „überaus angenehme Zusammenspiel seiner Vorzüge" sowie – noch einmal – seine Neigung zum Dienst an der Öffentlichkeit („wenn er an irgendeiner öffentlichen Aktivität beteiligt war, war der Erfolg schon sicher").[5]

Auf einem Foto, das meinen Urgroßvater Michel Teitel mit seiner Frau Fejge zeigt, schaut er von der Kamera weg. Er trägt einen langen, geknöpften Gehrock und hat seine Hosenbeine in die Stiefel gestopft. Auf dem Kopf hat er eine militärisch wirkende „Russenmütze", wie sie von orthodoxen Juden gern getragen wurde, weil sie nicht unter das 1850 erlassene Verbot traditionell-jüdischer Kleidung fiel.[6] Eine Kippa oder Jarmulke trägt er anscheinend nicht, auch wenn eine kleine solche Scheitelkappe sich unter seiner Mütze verbergen könnte.

Hannans Großmutter Fejge trägt eine Perücke (was gesetzlich verboten war) und blickt direkt in die Kamera. Mit ihrem blassen, aber vollen Gesicht, den großen, aufgeweckten blauen Augen, wirkt sie unerschrocken und nicht gerade zurückhaltend, ganz anders als die orthodoxen Frauen, die man heute in New York oder Tel Aviv auf der Straße sieht. Ihre Kinder Pesja, Icok, Zindel und Sura wurden fromm erzogen, aber auf ihren Fotos sieht man sie nach „deutscher Art" gekleidet, mehr oder weniger nach den Maßstäben der westlichen Mode also, glatt rasiert die Söhne und in kürzeren, modischeren Mänteln als der Vater, die Töchter in aufreizenderen Kleidern als die Mutter.

Ein Mann, der sich für den „deutschen Stil" entschieden hatte – und damit gegen den russischen –, durfte sich von Rechts wegen keinen Bart stehen lassen. Ein solcher Mann signalisierte seiner Umgebung, dass er zu jenen zunehmend assimilierten Juden aus der oberen Mittelschicht gehörte, die von ihren polnischen Standesgenossen kaum noch zu unterscheiden waren. Sieht man sich die Fotos von Icok und Zindel jedoch genauer an, dann erscheint ihre Kleidung dennoch ein wenig zu altmodisch, ein kleines bisschen schlechter geschnitten, als man es sich von einem perfekt sitzenden Anzug wünschen würde. Wie Angehörige einer Provinzaristokratie wirken sie, weder fromm und abgesondert noch wahrhaft assimilierte „Polen mosaischen Glaubens", wie sich die großstädtisch-jüdische Elite von Warschau und Krakau gern nennen ließ. Ihre Schwester Sura, die Ostrów im Alter von zwanzig Jahren in Richtung Warschau verlassen sollte – anders als ihre Brüder war sie nicht für die Arbeit in einer Brauerei gemacht –, sieht auf ihren Fotos schon eleganter aus. In Warschau heiratete sie dann einen Buchhalter namens Adam (Abram) Perelgric, mit dem sie zwei Kinder hatte: Danek (Daniel) und Emma. Auf den Fotos, die Emma mir bei unserem Treffen in Tel Aviv überließ, lässt ihre Mutter keine Spur ihrer frommen Erziehung erkennen: Prächtig hat sie sich in Schale geworfen mit ihrem kräftigen, dunklen Haar, ihren dunkelbraunen Augen, mit knallrotem Lippenstift und Stöckelschuhen. Sie wohnte in der richtigen Gegend – Ulica Sienna 72 –, besaß die richtigen Möbel und die richtigen Kleider und kam nur selten noch nach Ostrów zurück, sondern schickte ihre junge Tochter allein in die Provinz, um dort den Sommer bei ihrer Verwandtschaft aus dem Teitel-Clan zu verbringen.

Einige Jahre später sagte mir Magda Gawin, eine polnische Historikerin, die selbst aus Ostrów stammt, dass die Familie Teitel bekanntermaßen sehr tief in Ostrów verwurzelt war. Tatsächlich zählten die Teitels, wie ich feststellte, zu den drei wohlhabendsten und angesehensten Familien der Stadt, zusammen mit den Nutkiewiczs und den Frejmowiczs. Mein Vorkriegsvater war viel reicher gewesen, als ich es jemals wurde.

*

Fast dreieinhalb Millionen Juden lebten vor dem Zweiten Weltkrieg in Polen, es war die größte und die sowohl politisch als auch gesellschaftlich am stärksten selbstbestimmte jüdische Gemeinde in ganz Europa: 9,5 Prozent der polnischen Bevölkerung waren jüdisch. Zum Vergleich: Im Deutschen Reich betrug der jüdische Bevölkerungsanteil vor dem Krieg 0,75 Prozent; in Frankreich waren es 0,6 Prozent. Aber eines hatte ich dennoch nicht gewusst, bis mir ein Stammbaum der Familie Teitel in die Hände kam, der von dem Ahnenforschungsverein „Ostrów Mazowiecka Research Family" erstellt worden war: dass mein Vater Hannan in einen regelrechten Clan hineingeboren worden war – acht Generationen mit jeweils bis zu sieben Kindern in einer Kleinstadt, die noch viel kleiner war als Haifa, der auch nicht gerade großen Stadt in Israel, in der ich selbst zur Welt gekommen bin. Ein gewisser Michel Teitel – geboren 1771, gestorben 1845 in „Ostrów Maz." – war der Erste aus der Familie, der in den städtischen Verwaltungsunterlagen auftauchte. Michel, Mikhal. Mein männlicher Namenspatron.

Das Polen, in das Michel Teitel der Erste im späten 18. Jahrhundert aus irgendeinem Winkel des österreichisch-ungarischen Reiches einwanderte, war ein Konglomerat weitgehend autonomer Regionen, über die ortsansässige Adlige und der Klerus herrschten. Dieser lose Zusammenschluss wuchs oder schrumpfte, wurde erobert und annektiert, und irgendwann hörte er dann ganz auf zu existieren – das unabhängige Königreich Polen war Geschichte. Doch über 150 Jahre hinweg, in Kriegen und Hungersnöten, unter antijüdischen Gesetzen und deren Aussetzung, während die Grenzen wanderten und die Machthaber wechselten, blieben die Teitels in Ostrów.

Ihre Firma, *Browar Braci Teitel* („Brauerei Gebrüder Teitel"), war ein Familienunternehmen unter der Leitung von Hannans Großvater Michel Teitel. Später übernahmen sein Onkel Icok, der an der Münchner Brauerakademie seinen Abschluss gemacht hatte, und sein Vater Zindel als Icoks Stellvertreter, die Geschäfte. Andere Mitglieder des Teitel-Clans waren als Buchhalter oder Abteilungsleiter in der Brauerei beschäftigt; manche Familienmitglieder – wie auch die Familie meines Vaters – wohnten auf dem Gelände der Brauerei. Bei einem unserer Gespräche skizzierte mir meine Tante Regina, die ihr Arbeitsleben als technische Zeichnerin in einem Jerusalemer Architekturbüro verbracht hatte, einen Lageplan des Firmengeländes. In der Mitte war das Hauptgebäude der Brauerei, in dem sich auch die Büros und – im Kellergeschoss – die Mälzerei befanden. Darum gruppierten sich ein Trockenturm mit Blitzableiter sowie Lagerräume für die Gerste, die Flaschen und Korken. Zur Linken stand das eingeschossige Haus, in dem Zindel, Ruchela, Hannan und Regina lebten; zur Rechten ein roter Backsteinbau mit zwei Stockwerken – dort wohnten Hannans Onkel Icok mit seiner Frau und den vier Kindern sowie – im Obergeschoss – die Großeltern Fejge und Michel. Zur Straße hin gab es noch ein paar kleinere Gebäude für verschiedene Zwecke, dazu einen Park- und Ladeplatz für die Kutschen und Lastwagen, die das Bier holten oder Getreide, Holz und Eis brachten. Die Kinder, erzählte mir meine Tante, spielten auf dem Hof Verstecken, zwischen den Holzstapeln und großen Kisten, oder auch im Garten, auf dem rückwärtigen Teil des Areals. (Gut konnte sie sich noch an die rankenden Stangenbohnen und die Apfelbäume erinnern, die dort wuchsen.) Die Teitels waren keine richtigen Landwirte, aber sie besaßen doch ein paar Pferde, Schafe und Kühe, dazu noch weitläufige Gerstenfelder für die Brauerei. Sommergerste war es, die eine gemäßigte Witterung liebt und dann rasch und vollkommen sauber geerntet, gelagert, gemälzt, getrocknet, gemahlen und extrahiert werden musste.

Es schien vollkommen undenkbar, sich Hannan außerhalb dieses Clans aus bestens ausgebildeten Vollzeitbrauern und Teilzeitbauern vorzustellen; nicht etwa, weil dort alles ideal oder ein Familienidyll ohne jeden Konflikt gewesen wäre – Regina hatte mir auch erzählt, dass die Familie 1939 noch nicht einmal zusammen Pessach gefeiert hatte –, sondern vielmehr, weil die Familie und der Familienbetrieb eine feste Grundlage für ihrer aller Zukunft bildete, und damit auch für Hannans Zukunft. Schon im zarten Alter von zwölf Jahren hatte er die Maische gerührt, beim Entladen der Gerstensäcke geholfen sowie, ab und an, die Fahrer auf ihren Runden begleitet. Wäre der Krieg nicht gewesen, so hätte mein Vater wahrscheinlich irgendwann in der Brauerei gearbeitet, Seite an Seite mit seinem Vetter Ze'ev (Wolf) Teitel, dem ältesten Sohn seines Onkels Icok.

„Hannan liebte es einfach, in der Fabrik umherzustreifen und mit den Arbeitern und Fahrern zu plaudern. Und alle in der Brauerei liebten ihn; er war so ein fröhliches, freundliches Kind", wusste Regina mir zu berichten. Sie selbst war wohl ein nicht ganz so freundliches Kind mit einem stürmischen Temperament („unser Kindermädchen Nanja Aslanowa hasste mich, aber deinen Vater hat sie geliebt"). Ihre Launen und Wutausbrüche sorgten dafür, dass sie als ein „kleines Monster" gefürchtet war, nicht zuletzt vom Kindermädchen der Familie. Sie gab sich nur wenig mit den Brauereiarbeitern oder anderen Personen außerhalb der Familie ab. Sie verließ auch selten das Firmengelände und hatte Ostrów tatsächlich noch nie verlassen, als sie am 6. September 1939 mit einem Mal in die große weite Welt hinausgestoßen wurde.

In den ersten Monaten der deutschen Besatzung verließen, polnischen Quellen zufolge, rund 1,2 Millionen polnische Staatsbürger ihr Land und überquerten die Grenze zur Sowjetunion: Juden waren darunter, andere Polen der Mittel- und Oberschicht, die polnische Intelligenz, Ukrainer, Weißrussen und Litauer, von denen einige während des Ersten Weltkriegs in genau entgegengesetzter Richtung aus Russland nach Polen geflüchtet waren. Die Entscheidung für die Sowjetunion, deren Politik in den dreißig Jahren zuvor mindestens genauso viel Leid über die Region gebracht hatte wie die Deutschen (wenn nicht sogar mehr), lag keineswegs auf der Hand. Bracha Mandel, ein einstiges „Kind von Teheran" und jetzt eine gute Freundin meiner Tante Regina, versteckte sich mit ihren Eltern in einem Wald nahe ihrem Haus. Über einen Monat blieben sie dort und schlichen sich Abend für Abend im Schutz der Dunkelheit nach Hause, um dort Proviant zu holen. Sie wollten erst einmal abwarten und sehen, wie die Dinge sich entwickeln würden.

Am 6. September 1939 – die Nazis waren noch nicht in Ostrów einmarschiert –, floh die Familie Teitel aus der Stadt. Sie luden, was sie greifen konnten, auf zwei Lastwagen der Marke Chevrolet und ließen zurück, was über acht Generationen aufgebaut worden war. Am 6. September 1939 endete die Kindheit von Hannan und Regina, endete ihre Existenz als Kinder. Stattdessen wurden sie zu kleinen Erwachsenen – zu den Personen, die ich schließlich als meinen Vater und meine Tante kennen sollte: ruhig, verantwortungsbewusst, intelligent, immer darauf bedacht, möglichst wenig Raum einzunehmen, als wenn sie noch immer in einen überladenen Lastwagen gezwängt wären.

Vom Moment ihres überstürzten Abschieds an waren sie Migranten, Wandernde, winzige Tröpfchen in jener Flüchtlingsflut, die zu Fuß, in Kutschen und auf Karren, mit Autos und Lastwagen über die Landstraßen Polens strömte und immer weiter anschwoll. Der 6. September 1939 war der erste von 1277 Tagen, die Hannan und Regina als Flüchtlinge verleben sollten; für ihre Eltern wurden es schließlich fast 5000.

Polen war eine Wunde für meinen Vater, meine Tante und auch für mich, eine ererbte Wunde. Dass „die Polen genauso schlimm wie die Deutschen" waren, hatte ich verinnerlicht, ohne dass man es mir jemals hätte ausdrücklich sagen müssen. Aber nicht alle, mit denen ich darüber sprach, teilten meine Beklemmung, wenn sie an Polen dachten. Stanley Diamond etwa, ein kanadischer Rechtsanwalt und Gründer von „Ostrów Mazowiecka Research Family", dem Verein, dem ich die Bevölkerungsstatistik von Ostrów und den Stammbaum meines Vaters verdanke, sagte mir, seine Erfahrungen bei der Recherche im Gemeindearchiv von Ostrów sei „wunderbar" gewesen. Und Ilana Karniel, das einstige Flüchtlingsmädchen, die mir das Tagebuch ihres Bruders Emil überlassen hatte, meinte, dass für sie kein Tag vergehe, an dem sie nicht ihre polnische Kindheit vermisse. Miryam Sharon, ebenfalls ein früherer Flüchtling mit polnischen Wurzeln, sagte mir, dass sie bei einem kürzlichen Besuch in Polen „eine seltsame Vertrautheit" empfunden habe: „Ich meinte, [die Polen] zu kennen, und fand, dass ich ihnen vergeben konnte, weil auch sie ja gelitten hatten, und dass ich die ganze Zeit dort geblieben war, dass ich die Straßen, in denen ich aufgewachsen war, eigentlich nie ganz hinter mir gelassen hatte, dass ich da einfach hingehörte. Ich fühlte mich überhaupt nicht fremd; vielmehr kam es mir vor, als wäre ich nach sechzig Jahren endlich nach Hause gekommen."[7]

Meine Tante, eine im Allgemeinen sanftmütige, vernünftige Person, ließ sich davon nicht beeindrucken. „Die polnischen Brauereiarbeiter haben gejubelt, als wir Ostrów verlassen haben", sagte sie. „‚Jetzt gehört der *browar* uns!', haben sie gerufen." 1992, ein Jahr nachdem die sozialistische Volksrepublik Polen ihren

Übergang zur demokratischen Dritten Republik vollzogen hatte, reisten sie und Hannan mit ihren jeweiligen Ehepartnern nach Polen. In Ostrów beschafften sie sich Kopien ihrer Geburtsurkunden, versuchten – allerdings ohne Erfolg – etwas über mögliche Entschädigungen für den verlorenen Familienbesitz herauszufinden und reisten schließlich deprimiert wieder ab. Im Jahr darauf starb mein Vater, der auf dem Sterbebett noch Polnisch gesprochen hatte.

Im Jahr 2011 reiste ich zum ersten – und damals dachte ich noch: auch zum letzten – Mal in meinem Leben nach Polen. Ich hatte vor, nach Siemiatycze zu fahren, wo die Familie meines Vaters auf ihrer Flucht kurzzeitig Schutz gesucht hatte. Und auf dem Weg dorthin wollte ich auf einen Sprung in Ostrów Mazowiecka vorbeischauen. In meiner Vorstellung gehörte Polen zur Vorkriegsvergangenheit meines Vaters – und war damit, was mich betraf, größtenteils irrelevant, denn ich wollte ja die Geschichte seiner Flucht erzählen. Sobald ich jedoch in Warschau eingetroffen war, wurde mir bewusst, dass die Geschichte meines Vaters – einschließlich der Geschichte seiner Flucht durch Zentralasien und in den Iran – ein noch immer lebendiger Teil der polnischen Gegenwart war. Mein Hotel in Warschau, ein Haus der Kette Ibis, lag an einem breiten Boulevard, der nach dem General Władysław Anders benannt war – just dem Oberkommandierenden der polnischen Exilarmee, mit dem Hannan und Regina bis in den fernen Iran gezogen waren. Gleich vor dem Ibis-Hotel, dort, wo sich einmal das jüdische Ghetto der Stadt befunden hatte, stieß ich auf das „Denkmal für die Gefallenen und Ermordeten im Osten", das der Bildhauer Maksymilian Biskupski geschaffen hat: Ein überdimensionierter Eisenbahnwaggon aus Bronze trägt Hunderte von Kreuzen, die für all jene Polinnen und Polen stehen, die im Zweiten Weltkrieg nach ihrer Flucht in die Sowjetunion zu Tode gekommen sind. Und inmitten der vielen großen Kreuze gibt es auch einen winzigen Grabstein mit Davidstern, der jene polnischen Juden repräsentieren soll, die doch in Wirklichkeit mindestens die Hälfte der damaligen Flüchtlinge ausmachten. Mein Vater war einer von ihnen.

Dass Polen von einem spannungsreichen Netz aus Museen und Gedenkstätten überzogen war, die jeweils einen jüdisch-polnischen Doppelsinn besaßen, war schon deutlich gewesen, bevor 2015 der Regierungsantritt der rechtskonservativen und revisionistischen Partei „Recht und Gerechtigkeit" (PiS) die damit verbundenen Konflikte ans Tageslicht brachte. Ja, es gab sogar einen gedruckten Reiseführer, *Festung Warschau* von Elzbieta Janicka, in dem

Schauplätze der jüdischen Geschichte Warschaus vorgestellt wurden, die von den zahlreichen Gedenkstätten des polnischen Opferkultes überlagert worden waren. In manchen Fällen – wie etwa bei dem „Denkmal für die Gefallenen und Ermordeten im Osten" – stimmten ganz einfach die Proportionen nicht. In Ostrów Mazowiecka dagegen herrschte, wie ich bald selbst herausfinden sollte, finsterste Vergessenheit.

Und doch erwies sich Polen, jenes mythische „Land vor unserer Zeit", aus dem mein Vater einst gekommen war, als überraschend schön und freundlich. Salar, der sich um dieselbe Zeit auf der Rückreise von Teheran nach New York befand, schlug vor, in Warschau Halt zu machen und sich mit mir zu treffen. Anschließend sollte ein polnischer Fremdenführer namens Krzysztof Malczewski mit uns zusammen nach Ostrów Mazowiecka fahren. In meiner Vorstellung war Ostrów düster-schwarz, braun oder grau, jedenfalls trostlos und öde, eine heruntergekommene Stadt ohne Eigenschaften mitten im postkommunistischen Nirgendwo. Als wir dann jedoch an einem heiter-frischen Juninachmittag entlang des Flusses Bug von Warschau kommend nach Ostrów hineinfuhren, entpuppte sich die Stadt als grün und üppig und wie gemacht für das süße Nichtstun. Inmitten eines nicht allzu dichten Stroms von Autos aus den Siebzigerjahren glitten wir an vereinzelten Verkaufsbuden, Ladengeschäften und sattem grünen Gras vorbei, das ungezügelt über die Leitplanken der Schnellstraße wucherte.

Unterwegs erzählte uns der freundliche Krzysztof („nennt mich einfach Kris"), dass er sein Geld unter anderem mit dem Import von Bewässerungssystemen aus Israel verdiente: „Die Bauern sind Antisemiten und wollen eigentlich keine Maschinen aus Israel, aber alle anderen Systeme geben schnell den Geist auf, und da haben sie keine Wahl." Während des Krieges hatte seine katholische Mutter seinen jüdischen Vater versteckt gehalten, wie er uns bei einer Rast erzählte. Er hatte darauf bestanden, anzuhalten, um an einer kleinen Tankstelle Piroggen und *gołąbki* (Kohlrouladen) zu essen. Sie waren wirklich köstlich.

Im Jahr 1900 sorgte ein ganz alltäglicher Badeausflug zum Fluss Grzybowka dafür, dass Pesja, die älteste Schwester meines Großvaters Zindel, sich eine schwere Krankheit zuzog und rasch daran starb. Zwei Jahre darauf schlug ein Blitz in die Brauerei Teitel ein, die daraufhin vollkommen niederbrannte. Aber irgendwie konnten die Teitels sich trotzdem durchschlagen und hatten bisweilen sogar einigen Erfolg. Pesja wurde im Grab der Familie auf dem jüdischen Friedhof von Ostrów zur letzten Ruhe gebettet, in nächster Nähe ihrer zahlreichen Vorfahren, die ebenfalls dort ruhten. Die Brauerei wurde erheblich größer wieder aufgebaut, und der neue Trockenturm bekam den bereits erwähnten Blitzableiter. Im Ersten Weltkrieg wurde Ostrów – eine Stadt im Herzen der „Bloodlands", wie der Historiker Timothy Snyder jene Gegend zwischen Zentralpolen und dem westlichen Russland genannt hat, wo der russisch-deutsche Kampf um die Vorherrschaft am blutigsten ausgefochten wurde – zuerst von den Russen, dann von den Deutschen besetzt. Die Deutschen beschlagnahmten sämtliche Nahrungsmittel, aber auch Türknäufe aus Messing und Kupferbratpfannen, Petroleum, Gerste aus der Teitel'schen Brauerei – und schließlich auch die Brauerei selbst. Also zog die Familie innerhalb der Stadt in ein anderes Haus um, das der Familie von Hannans Großmutter gehörte.

Als Ostrów schließlich von einem endlosen Strom ausgehungerter Flüchtlinge geradezu überschwemmt wurde – Tausende von Russen, die aus den Städten entlang der Grenze vertrieben worden und in Richtung Westen geflüchtet waren –, riefen Fejge Teitel und andere Mitglieder der jüdischen Gemeinde den Hilfsverein *Hachnasas Orchim* („Gastfreundschaft", wörtlich „Hineinführen der Gäste") ins Leben, um die Flüchtlinge zu speisen. Und als eine Fleckfieberepidemie ausbrach, richteten sie kurzerhand ein Hospital mit dem Namen *Linas Hatzedek* ein, das heißt „Herberge der Gerechtigkeit". Dort wurden die Kranken von einem Arzt und einem Apotheker betreut, die man beide aus Warschau herbeigeholt hatte. Anschließend wurde noch ein Fonds gestiftet, aus dessen Topf Ladenbesitzer und Handwerker, deren Lebensgrundlage durch den Krieg zerstört worden war, Darlehen erhalten sollten.

In gleich mehreren *jiskor*-Einträgen wird Michel Teitel als stellvertretender Bürgermeister von Ostrów während der Kriegsjahre erwähnt, der in dieser Funktion „viel getan [habe], um das Leiden der Einwohner zu lindern". An anderer Stelle heißt es, Hersz Teitel habe „unter der deutschen Besatzung als stellvertretender Bürgermeister amtiert". Ganz gleich, wie es sich nun genau verhalten haben mag, so waren die beiden doch bei der Versorgung der Flüchtlinge in der Stadt engagiert, unterstützten Gäste wie Fremde aus den Mitteln der bestehenden Wohlfahrtsvereine oder gründeten neue, wo sie gebraucht wurden. Die *tzedaka* – die Wohltätigkeit – „gilt so viel wie alle anderen Gebote zusammen", heißt es im Talmud, und diese Überzeugung scheint den Teitels als Teil ihres Glaubens wie auch ihres praktischen Lebensvollzuges von jeher eingepflanzt gewesen zu sein. Aber erst während der Kriegsjahre begannen die jüdischen Gemeinden Polens – und auch die Gemeinde von Ostrów –, ihre wohltätigen Werke im großen Maßstab zu organisieren.

Vier Monate nach dem Ausbruch des Ersten Weltkriegs wurde in New York das Joint Distribution Committee als politisch nicht gebundene Hilfsorganisation der amerikanischen Juden gegründet. Sein ausdrücklicher Zweck sollte es sein, jüdischen Kriegsflüchtlingen finanzielle und medizinische Unterstützung zu gewähren. Schon bald darauf wurden amerikanische Ärzte und Arzneimittel nach Polen geschickt, wo sie mit lokalen Hilfsvereinen und hilfsbereiten Familien wie den Teitels zusammenarbeiteten, die überall im jüdischen Polen auf sie warteten.

Als der Erste Weltkrieg dann endlich vorbei war, forderten die Teitels erfolgreich ihre Brauerei zurück. Hannans Onkel Icok kehrte von seinem Studienaufenthalt in Deutschland zurück und übernahm die Leitung des Familienbetriebs. Die Habsburgermonarchie brach zusammen, und in Polen riss ein Revolutionär namens Józef Piłsudski die Macht an sich. Piłsudski wollte ein unabhängiges Polen und er bekam es: Am 11. November 1918 wurde in Warschau die Zweite Polnische Republik ausgerufen. Zum ersten Mal, seitdem der erste bekannte Michel Teitel gegen Ende des 18. Jahrhunderts in der Stadt angekommen war, gehörte Ostrów zu einem selbstständigen polnischen Nationalstaat. Die Teitels waren leicht nervöse, aber nicht völlig unzufriedene Bürger der neuen Republik. Piłsudski galt als ein toleranter Pragmatiker, und für Geschäftsleute wie die Teitels war eine unabhängige polnische Republik einer bolschewistischen Sowjetrepublik Polen allemal vorzuziehen. Drei Monate später wurde jedoch eine neue Front eröffnet, und die Familie verschlug es weit auf die „Bloodlands" hinaus, als Polen mit Sowjetrussland aneinandergeriet.

Erneut wurde Ostrów besetzt, diesmal von sowjetischen Truppen, die fast zwei Jahre lang in der Stadt blieben, Bier aus den Fässern der Brauerei Teitel soffen und daran arbeiteten, die Revolution Lenins und Trotzkis auch nach Polen zu tragen. Unter ihrem Einfluss gründeten idealistische junge Mitglieder des „Allgemeinen Jüdischen Arbeiterbundes" die ersten Gewerkschaftsgruppen in der Stadt, in denen sich die Zimmerleute und Tischler, Schneider, Träger, Bäcker von Ostrów, aber auch die Angestellten des Sägewerks Teitel, das einem anderen Familienzweig gehörte, organisieren konnten. Die Bundisten gründeten ein Theater, boten Vorträge an und veranstalteten Teach-ins zu den Schriften von Karl Kautsky. Sobald die Sowjets geschlagen waren und die Rote Armee sich aus Ostrów abgesetzt hatte, wurden sie von den Polen liquidiert. An einem Baum an der Ulica Malkińska hängte man sie auf, und die Oberrabbiner der Stadt mussten bei der Hinrichtung zusehen, während der Rest der jüdischen Bevölkerung zu Hause bleiben sollte.

Innerhalb der Grenzen des neuen polnischen Staates lebten fünf Millionen Ukrainer, eine Million Weißrussen und mehr als drei Millionen Juden – Minderheiten, die an der Regierung der polnischen Republik repräsentativ beteiligt wurden. Die Stadt Ostrów war nun größer, moderner und anziehender als jemals zuvor, sie bekam neue Schulen, eine neue Bibliothek und ein neues Elektrizitätswerk. Die Pferde und Karren, mit denen über Jahrzehnte das Bier der Brauerei Teitel ausgeliefert worden war, wurden durch moderne Chevrolet-Vierzylinder und tschechoslowakische Motorlastwagen der Marke Škoda ersetzt. Die jüngeren Kinder aus dem Teitel-Clan – Hannan, seine Cousins und Cousinen – besuchten schon bald eine Tarbut-Schule. Die Filiale einer jüdischen, zionistisch ausgerichteten Kette von Grundschulen, an denen Jungen und Mädchen gemeinsam unterrichtet wurden, war 1922 auf dem Gelände des Teitel'schen Sägewerks eingerichtet worden. Die Lehrerinnen und Lehrer, Neuankömmlinge aus Galizien, die ihre Heimat wegen des polnisch-russischen Krieges hatten verlassen müssen, waren kultivierte, anspruchsvolle Leute, die den jüdischen Schulkindern von Ostrów die hohen Standards jener russischen Schulbildung mitbrachten, die sie selbst genossen hatten.

Im Jahr 1926 heiratete der dreißigjährige Zindel die sechs Jahre jüngere Ruchela Averbuch, eine Absolventin der Universität von Jekaterinoslaw (später Dnepropetrowsk, heute Dnipro in der Ukraine). Auf den erhaltenen Fotos sieht Zindel attraktiv und sanftmütig aus: ein klein wenig vollschlank vielleicht und etwas schrullig mit seinem ständigen Grinsen, die Hand stets auf der Schulter eines seiner Kinder abgelegt. Ruchela dagegen wirkt knochig, hat ein scharf geschnittenes Kinn und ist stets sorgfältig gekleidet. Älter, eleganter und auch strenger als ihr Mann erscheint sie, dabei war sie jünger und kam aus ärmeren Verhältnissen. In ihrer Heimatstadt Siemiatycze, die vor dem Krieg zu Russland gehört hatte und nun polnisch geworden war, verdiente ihre verwitwete Mutter den Lebensunterhalt mit dem Import von

Tuchwaren aus Krakau. Noch im ersten Jahr ihrer Ehe kam Hannan zur Welt, Regina folgte vier Jahre später.

*

Heute findet sich von dem einstigen jüdischen Leben in Ostrów Mazowiecka keine Spur. Das sagte uns Krzysztof, unser Guide, und ich glaubte ihm aufs Wort, als er uns zügig durch die unsichtbare Stadt von vor dem Krieg kutschierte: Diese Autowerkstatt hier war einst eine Synagoge gewesen, jener Kindergarten eine Talmudschule. So gut wie alle öffentlichen Gebäude und privaten Wohnhäuser, die vor dem Krieg jüdische Besitzer gehabt hatten – am Plac Ksienznej Anny Mazowieckiej, auf der alten Marktstraße, auf der Brokowska-Chaussee sowie den Straßen Miodowa, Pułtuska, Rożanska, Koza Jagiellońska, Nurski, Solna, Ostrołęcka, Jatkowa, Batorego und Warszawska –, waren nicht mehr da, waren abgebrannt, wie ich erfuhr, in Brand gesteckt am 9. November 1939. Nichts war mehr geblieben von Ostróws jüdischer Vergangenheit. Also konnte es auch keinen Widerstreit zwischen der jüdischen und der katholischen Vergangenheit der Stadt geben, wie es in Warschau der Fall war. Hier in Ostrów gab es noch nicht einmal Gespenster – sondern nur tiefes, fragloses Vergessen.

Auch Wohnhäuser auf einst „gemischten" Straßen wie der Ulica 3go Maja („Straße des 3. Mai"), der Malkińska und der Pocztowa, der Kosciuszki-Allee, der Ugniewska, Cmentarza, Lubiejewska und Piaskes waren abgerissen worden. Der jüdische Friedhof von Ostrów, wo die Teitels über acht Generationen ihre Toten begraben hatten – „länger als die meisten Polen", hatte meine Tante Regina mir am Vorabend meiner Abreise noch am Telefon gesagt –, war eingeebnet worden, um Platz für einen Viehmarkt zu schaffen.

Die Brauerei Teitel gab es ebenfalls nicht mehr. An ihrer Stelle fand ich die frisch gestrichene Grundschule Nr. 1 „Tadeusz Kościuszko" vor, deren Schüler jedoch gerade Sommerferien hatten. Wir gingen ein wenig auf dem Schulgelände umher und hielten Ausschau nach Spuren, die es nicht gab. Aus einem steinernen Häuschen gleich neben der Schule kam eine rothaarige Frau heraus. „Der Vorbesitzer des Hauses hat ihr erzählt", übersetzte Krzysztof für uns, „dass Teitel seinen polnischen Nachbarn zu jedem Osterfest Bier in Flaschen geschenkt hat."

Am Eingang zum Schulhof fanden wir einen kleinen Gedenkstein, in den die folgende Inschrift eingraviert war:

To miejsce zostało uświęcone przez męczeńską krew
Polaków walczących o wolność podczas okupacji
hitlerowskiej w latach 1939–1944.

(Dieser Ort wurde geheiligt durch das Märtyrerblut von Polen,
die während der Hitler-Besatzung von 1939–1944 für die Freiheit kämpften.)

Von der Brauerei oder ihren Besitzern war nirgends die Rede. „Nachdem deine Familie fortgegangen war", erklärte mir Krzysztof, „hat die Gestapo das Gelände beschlagnahmt und die Brauerei zu ihrem Hauptquartier gemacht. Als die Nazis dann 1944 abzogen, haben sie alles mit Dynamit in die Luft gejagt." Der Name der Straße, an der drei Generationen lang der *browar* der Familie Teitel gestanden hatte, war inzwischen von „Brokowska" in „Partyzantów" geändert worden – sie war nun die „Straße der Partisanen". Diese Umbenennung ging wohl, wie ich vermute, auf die polnischen Widerstandskämpfer zurück, die von der Gestapo in den Räumen der vormaligen Brauerei verhört und gefoltert und getötet worden waren. Ostrów hatte sich eine neue Vergangenheit verpasst, hatte seine Geschichte umgeschrieben, und irgendjemand – vermutlich ich selbst – würde dagegen Einspruch erheben müssen, würde für eine weitere Plakette kämpfen müssen, die neben dem Polnisches-Märtyrerblut-für-die-Freiheit-Gedenkstein angebracht werden sollte:
Hier stand von 1856 bis 1939 die Brauerei der Familie Teitel.

Ze'ev (Wolf) Teitel, jener hochgewachsene, blonde und offenbar hochintelligente ältere Vetter, den der junge Hannan geradezu abgöttisch verehrte, hatte die ersten zwanzig Jahre seines Lebens in der Brauerei verbracht und wäre als Erbe seines Vaters wohl ihr nächster Geschäftsführer geworden. Noch auf seinem Sterbebett in Haifa hat er eine detaillierte Darstellung des Teitel'schen Brauprozesses niedergeschrieben – bis hin zu der Temperatur, bei der die Gerste gemälzt wurde (exakt 67 °C); dem Namen des polnischen Vorarbeiters (Schwintowsky); der Frage, wer dort umrührte und wie (mit der Hand); dem deutschen Zählvers, den die Umrührer bei ihrer Arbeit sangen; dem süß-klebrigen, goldenen Brottrunk (Kwas), der dort ebenfalls produziert und als alkoholfreie Alternative zum Teitel-Bier verkauft wurde; und vielen, vielen weiteren Details, die ich damals ohne besonderes Interesse las – auch, weil es mir rätselhaft war, weshalb der alte Mann so viel Mühe darauf verwandte, uns eine Handwerkskunst zu vermitteln, die keinem von uns Kindern (für die sein Memoire ja geschrieben war) nützlich oder auch nur interessant sein würde. Erst jetzt, in Ostrów, angesichts all dessen, was einmal ihres gewesen war, wurde mir schlagartig klar, dass Hannan und er vermutlich die beiden einzigen Menschen auf der ganzen Welt gewesen waren, in denen die Erinnerung an das brauerische Know-how der Teitels weitergelebt hatte – eine Handwerkstradition, die in der Familie über Generationen gepflegt und vervollkommnet worden war. „Traumatischer Realismus", so nennt der Holocaust- und Gedächtnisforscher Michael Rothberg die Verwendung scheinbar willkürlicher Details, wie Wolf sie in seinem Bericht erwähnt: geisterhafte, frei schwebende, aber doch hochkonkrete Einzelheiten einer verlorenen Vergangenheit, die dieser zwar neues Leben einhauchen, ihren Verlust aber dabei umso stärker hervortreten lassen. Bis in die kleinsten Feinheiten konnte mein Onkel beschreiben, wie bei Teitels einst gebraut wurde – aber Brauer, Bier und Brottrunk gab es in Ostrów schon lange nicht mehr.

Die Jugend nicht nur der jungen Teitels, sondern auch die von Dutzenden anderer Burschen und junger Männer war eng mit dem Leben der Brauerei verwoben: Hilfsarbeiter und Handwerker, Mechaniker und Fahrer, Schweißer und Putzleute – über Generationen hatten sie, teils als ganze Familien, „beim *browar*" gearbeitet. Der Handwerker, der die hölzernen Bierstopfen mit der Hand schnitzte, war bei seinem Vater in die Lehre gegangen und hatte schließlich dessen Posten in der Brauerei geerbt; für Hannan und Wolf schnitzte er ganze Sätze winziger Schachfiguren, die von den Jungen heiß geliebt wurden.

Noch in Ostrów erhaschte ich einen flüchtigen Blick auf das Vorkriegs-Ich meines Vaters: auf das Schlittschuhlaufen, wenn der große Teich neben der Brauerei zugefroren war; auf das Pilzesammeln in den Nadelwäldern um Ostrów am Schabbesnachmittag; auf die jüdischen Feiertage und das hohe Ansehen, das die Familie in der Stadt genoss; auf Hannans schon vorbestimmte Zukunft in der Brauerei; auf seine Schule, Tarbut, und auf die Nikolaus-Kopernikus-Oberschule, die bereits auf ihn wartete, das Liceum Ogólnokształce im. Mikołaja Kopernika w Ostrowi Mazowieckiej.

Wie sich herausstellte, war das neoklassizistische Schulgebäude des Liceum Ogólnokształce („Allgemeine Oberschule") die einzige – wenn auch indirekte – Spur, die von der Familie Teitel in Ostrów geblieben war.[8] „Neben

Abbildung 4: Icok und Zindel mit Hannan und Regina vor der Brauerei Teitel.

den zahlreichen negativen Aspekten, die sich aus dem Nebeneinander der beiden Bevölkerungsteile ergaben, gab es auch einige positive", schreibt Andrzej
Pęziński, ein älterer Bürger von Ostrów in einem unveröffentlichten Manuskript zur Geschichte seiner Heimatstadt – eine Einschätzung, die er mir im

persönlichen Gespräch bestätigt hat. „Einige der wohlhabenden Juden – Teitel und andere – unterstützten den Bau des Gymnasiums in Ostrów, wo ihre Kinder zur Schule gingen, finanziell."

Also gingen Salar, Krzysztof und ich hinüber zu dem neoklassizistischen Bau, der heute größtenteils intakt erhalten ist. An der Fassade zur Straße hin findet sich die Inschrift „Erbaut im Jahre 1928", und im Eingangsbereich erinnert ein Gedenkstein aus Granit an „all jene Lehrer, die während des Zweiten Weltkriegs heimlich Unterricht abhielten".

Am Abend desselben Tages besuchten wir noch einen weiteren betagten Einwohner von Ostrów, den 87-jährigen Riczard Ejchelkraut, in seiner Wohnung in einem schon leicht verfallenen Plattenbau aus der kommunistischen Epoche Polens. Aus einem Stauraum in der Zwischendecke holte der alte Herr stapelweise Jahrbücher des Gymnasiums hervor, in deren Namenslisten sich gleich mehrere Teitels fanden: Sura Teitel, Berek Teitel und Wolf Teitel, dazu noch andere Namen, die mir nicht bekannt vorkamen. Unter der durchhängenden Decke, zwischen den abblätternden Wänden seines Wohnzimmers saß der spitzbübische Riczard, ein Charmeur alter Schule, und blätterte mit mir die alten Jahrbücher durch, während Salar uns dabei filmte, wie wir durch Gesten und Gebärden miteinander zu kommunizieren versuchten. An einer Wand im Flur hing ein großformatiger Stadtplan des Ostrów von einst, und in den Regalen standen ganze Bände einer lokalen Zeitschrift, die Riczard einmal herausgegeben hatte. „Es ist schon unheimlich", sagte ich zu Salar, als wir in die beinahe totenstille Ostrówer Nacht davongingen, „wie riesige Backsteinpaläste zu Staub zerfallen, während bloßes Papier – Geburtsurkunden, Abschlusszeugnisse, Jahrbücher – manchmal unvergänglich scheint."

*

Die Teitels gingen auch in den 1920ern nicht aus Ostrów weg, obwohl der polnische Nationalismus sich in jenen Jahren von seiner hässlichsten Seite zeigte und es sporadisch auch zu Angriffen auf jüdisches Eigentum kam (*pogromchiks* hatte Tante Regina das genannt, „Pogrömchen"). Selbst eine staatliche Auswanderungspolitik, die starke Anreize für die Emigration der polnischen Juden und anderer Minderheiten setzte, konnte die Familie nicht dazu bewegen, ihre Heimatstadt zu verlassen. Zahlreiche andere jüdische Bewohner von Ostrów, darunter auch einige Mitglieder der weiteren Teitel-Verwandtschaft, waren jedoch bereits emigriert, was auf eine potente Mischung aus antijüdischen Gewalttaten und der Emigrationspolitik des polnischen Staates zurückzuführen war. Dazu kam noch eine neuartige und ausgefeilte „Visums-Industrie", die alle Auswanderungswilligen auf ihrem Weg in die Vereinigten Staaten oder nach Australien unterstützte. Zum ersten Mal seit fast einem ganzen Jahrhundert verschob sich das Verhältnis zwischen Juden und Nichtjuden in Ostrów erheblich, bis die Katholiken schließlich die Mehrheit in der Stadt stellten.

Spätestens Anfang der 1930er-Jahre hatte Roman Dmowski, der Mitbegründer und Chefideologe der nationalkonservativen, offen antisemitischen Bewegung „Nationale Demokratie" (Endecja) sowie hauptsächlicher Rivale des liberalen Józef Piłsudski, seine Unterstützer auch in Ostrów, wo sie begannen, gelegentliche Boykotte jüdischer Geschäfte zu organisieren und ganz allgemein die Spannungen zwischen den Bevölkerungsgruppen zu verschärfen. Währenddessen waren die Geschäfte der Brauerei und des Sägewerks Teitel erfolgreich weitergelaufen, ja bis zur Mitte der 1930er-Jahre hatten sie sogar größere und ambitioniertere Geschäftsfelder erschlossen als jemals zuvor. Nach dem Ende der Prohibition in den Vereinigten Staaten im Dezember 1933 schmiedeten Icok und Zindel den Plan, ihr Bier künftig auch nach Übersee zu exportieren, wo ihnen inzwischen ein großer Kreis von Verwandten und ehemaligen Mitbürgern behilflich sein konnte. Sollten sie tatsächlich schon um diese Zeit mit dem Gedanken gespielt oder sogar versucht haben, Polen zu verlassen, dann habe ich niemals davon erfahren.

Als wir am Abend bei Schnitzel und Bier in unserem Hotel saßen, um uns herum Fernfahrer und umherziehende Landarbeiter, fragten Krzysztof und ich Salar nach seinem Vater, Ali Abdoh, der nach dem Ausbruch der Islamischen Revolution aus dem Iran hatte fliehen müssen und seinen ganzen, beträchtlichen Besitz dabei zurückließ. Anderen Angehörigen des Abdoh-Clans, die insgesamt weniger Erfolg gehabt hatten als er, war es gelungen, ihr Vermögen schon lange vor dem Januar 1979 außer Landes zu schaffen, und so konnten sie in Amerika reüssieren, während Ali, zornig und verbittert, nur sechs Monate nach seiner Flucht aus dem Iran in Los Angeles an einem Herzinfarkt starb. „Er hielt sich für unbesiegbar", sagte Salar. „Er war überzeugt davon, dass er mit der Regierung schon irgendwie würde verhandeln können." Zwar zweifelte ich daran, dass die Teitels sich ebenfalls für unbesiegbar gehalten hatten – aber zweifellos hatten sie selbst gegen Ende der 1930er-Jahre nicht mit dem Schlimmsten gerechnet.

Am 30. Januar 1933 wurde Adolf Hitler durch Paul von Hindenburg, den Reichspräsidenten der Weimarer Republik, einer parlamentarischen Demokratie, zum deutschen Reichskanzler ernannt.

Im Dezember 1933, Hannan besuchte seit drei Monaten die erste Klasse der Tarbut-Schule, wurde die Prohibition in den Vereinigten Staaten aufgehoben, und die Brauerei Teitel bereitete sich darauf vor, ihre Produktion für den Export um ein Vielfaches zu steigern.

Mitte 1934 wurde in Polen die rechtsextreme Partei Obóz Narodowo-Radykalny (ONR, „Nationalradikales Lager") gegründet, und im Oktober desselben Jahres zerstörten Anhänger der neuen Partei die Laubhütten, die von den jüdischen Einwohnern von Ostrów für das Erntedankfest Sukkot errichtet worden waren.

Am 12. Mai 1935 starb Józef Piłsudski, und mit ihm fiel das letzte Bollwerk eines pragmatischen, liberalen Polen. Die Trauer in den jüdischen Gemeinden überall im Land war groß. Inzwischen besaß das ONR auch in Ostrów eine eigene Ortsgruppe, die von einem Mann namens Radwansky angeführt wurde. Er war es, der die „Übernahme" der bislang vollkommen in jüdischer Hand befindlichen Textilindustrie in der Stadt plante und leitete. „Mit der Unterstützung des ONR begannen drei polnische Bürger von Ostrów, Stoffe von einem jüdischen Einzelhändler in Warschau einzukaufen, um sie in ihrem eigenen Laden anzubieten", schrieb Wolf Teitel in seinen Erinnerungen, „aber sie machten schon bald Bankerott und sahen sich gezwungen, ihre Tuchwaren wieder bei den jüdischen Händlern [von Ostrów] zu erwerben, wo selbst Radwansky einkaufte, der sich am Sonntag durch die Hintertür in den Laden schlich."

Nachdem 1936 Wolfs Bewerbung am Warschauer Polytechnikum abgelehnt worden war, obwohl seine Noten eigentlich gut genug waren, beschloss die Familie, dass er seine Hochschulbildung in Belgien fortsetzen sollte. Aber Wolf weigerte sich und bestand darauf, dass, wenn er schon von zu Hause fortgehen sollte, er mit dem Schiff zu den Juden in Palästina fahren werde, um am Technikum in Haifa Bauingenieurwesen zu studieren. Am Tag seiner Abreise versammelten sich die Teitels auf dem Hof der Brauerei zu einem Gruppenfoto: Wolf, schlank und hochgewachsen, schon im beigen Reiseanzug, steht eingezwängt zwischen seinen Eltern Icok und Leja, die zwar angespannt, aber keineswegs verzweifelt aussehen. Zindel, Ruchela, Regina sowie der pausbäckige, neun Jahre alte Hannan sind ebenfalls mit dabei. Es ist das einzige Gruppenfoto der ganzen Familie, das ich besitze.

3
Über die Grenze

Von Hitler zu Stalin

Der August 1939 war der brisanteste Monat. Den ganzen Sommer hindurch hatten Hannans Eltern, Zindel und Ruchela Teitel, seine Großmutter Fejge, sein Onkel Icok und alle Teitel-Verwandten, ja die ganze übrige Einwohnerschaft der Stadt gebannt vor ihren Radiogeräten gesessen, hatten die *Gazeta Polska* verschlungen und die jiddischsprachige Tageszeitung *Haynt* („Heute"), die jeden Morgen aus Warschau nach Ostrów Mazowiecka geliefert wurde. Ihnen allen war schmerzlich bewusst, was die Herrschaft Hitlers in Deutschland bedeutet hatte, und dass ein Krieg durchaus im Bereich des Möglichen lag. Die beschwichtigenden Artikel in der *Gazeta*, wo es hieß, die polnische Armee sei bestens vorbereitet und werde im Ernstfall die Deutschen binnen drei Monaten schlagen, lasen sie mit Skepsis. Und doch kam auch weiterhin jede Woche die gewohnte Gerstenlieferung in der Brauerei Teitel an, wurde in der Mälzerei im Untergeschoss weiterverarbeitet und im Trockenturm getrocknet. Die Arbeiter – gut die Hälfte der Brauereiangestellten waren katholische Polen – rührten so wie eh und je die in den Bottichen gärende Maische und die Bierwürze in den Sudkesseln. Noch immer wurden auf dem Hof der Brauerei Kisten mit Bierflaschen auf Chevrolet-Lastwagen verladen, um sie zu Abnehmern in ganz Polen zu befördern. Die Teitel-Kinder, Hannan und Regina mit ihren Cousinen – zwei von Icoks vier Kindern, die dreizehnjährige Szulamit und die siebzehnjährige Pesja, lebten ebenfalls auf dem Gelände; eine weitere Cousine, die siebenjährige Emma Perelgric aus Warschau, war über den Sommer zu Besuch –, spielten wie gewohnt im Vorhof sowie in dem Gemüsegarten hinter dem Haus. Aber wenn die Erwachsenen des Abends zusammensaßen, dann debattierten sie über Chancen und Risiken und fragten sich, was sie tun sollten.

Am 6. September 1939, sechs Tage nach dem Überfall der deutschen Wehrmacht auf Polen, flohen die Teitels mit zweien der 133 Chevrolet HS-Motorlastwagen, die sich im Fuhrpark der Brauerei befanden, aus der Stadt – Wagen desselben Modells, das mein Vater fast drei Jahre später im Iran wiederfinden sollte. Bis unter die Decke des Laderaums packten sie die Wagen voll: mit Brot und Käse, Obst und Gemüse, Kartons mit Eiern und so viel haltbaren Lebensmitteln, wie sie bekommen konnten. Dazu noch schwere Wintermäntel, Decken, Kissen, etwas Kleidung. Seife und Handtücher. Bargeld, Schmuck, Uhren, überhaupt alles an Gold und Silber. Sie packten ihre *cancartas* ein – ihre polnischen Personalausweise – und ihre Abschlusszeugnisse des örtlichen Gymnasiums, dazu die Grundbuchauszüge über ihre Grundstücke und Häuser in Ostrów – einschließlich der Brauerei und fünf Wohnungen – sowie ihre Heirats- und Geburtsurkunden und ein Fotoalbum.

Meine Tante Regina hat mir die Szene in dem ersten der vielen Gespräche geschildert, bei denen ich sie während meiner Sommerbesuche in Israel interviewt habe. Anfangs war sie zurückhaltend, wollte nicht reden – *„izvi"*, sagte sie zuerst, „lass doch!", „lass gut sein!" und „lass uns über dich reden" –, aber je mehr ich selbst in Erfahrung gebracht hatte und je präziser meine Fragen wurden, desto reicher sprudelten die Details aus ihr hervor. Wir trafen uns in ihrer großzügigen Wohnung in einem Hochhausneubau in Ramat ha'Scharon, einem Vorort von Tel Aviv, wo sie mir Hühnersuppe, Obst und Kekse auftischte, um sich dann zu mir zu setzen und – hoch konzentriert und ernst – meine Fragen so umfassend und genau wie möglich zu beantworten. Wenn sie doch einmal zögerte, dann sagte sie etwa: „Ich glaube, das war so und so" oder „Ich bin mir nicht sicher, dass das an diesem oder jenem Tag geschah." Was sie aber aussagte, hatte Bestand; nie zog sie es im Nachhinein in Zweifel. Auch vermied sie es, die Lücken durch Spekulationen aufzufüllen, wenn sie etwas beim besten Willen nicht wusste, sondern sagte: „Ich war ein kleines Mädchen, das weiß ich nicht mehr" oder „Dein Vater hätte das gewusst!" Wenn sie sich bei einem bestimmten Detail ganz sicher war, dann hielt sie daran fest, und jedes Mal, wenn ich später Gelegenheit hatte, ihre Aussagen anhand von unabhängigen Quellen zu überprüfen, stellte sich heraus, dass sie recht gehabt hatte.

Während ihr Vater und ihr Onkel die Lastwagen beluden, sagte meine Tante, seien Dutzende von jüdischen Stadtbewohnern nach und nach zur Brauerei gekommen und hätten große Bündel Bargeld angeboten, wenn man sie nur mitnähme. Aber auf den Lieferwagen waren keine Plätze mehr frei. Der zwölfjährige Hannan, die achtjährige Regina und ihre Eltern nahmen den kleineren der beiden Wagen. In den größeren zwängten sich alle anderen: die Großmutter Fejge Teitel, 77 Jahre alt; die siebenjährige Emma (später Noemi) Perelgric; zwei weitere Verwandte, Berek Teitel und seine Frau Chaja; und ihr Onkel Icok mit seiner Frau Leja und ihren zwei jüngsten Töchtern. (Icoks ältestes Kind, der 24-jährige Ze'ev [mit dem Geburtsnamen Wolf], befand sich bereits für drei Jahre zum Ingenieursstudium am Technikum in Haifa, und die Zweitälteste, Ruchela, 21 Jahre alt, wohnte mit ihrem Verlobten in Warschau.) Die jüngeren Kinder saßen auf Decken, die im Laderaum der Lastwagen über große Kisten gelegt worden waren. Chaja und Berek waren auf der mittleren Sitzbank zwischen Kartons mit Eiern eingeklemmt. Als Chaja sich über die Unbequemlichkeit der Lage beschwerte, warf ihr Fejge einen scharfen Blick aus ihren blauen, hervortretenden Augen zu und sagte kühl: „Jetzt ist Krieg, da ist alles anders." Lebhaft erinnerte sich Regina an diese Worte und an den starren Blick ihrer Großmutter.

Die Lastwagen rollten durch das große Metalltor mit der Aufschrift BROWAR PAROWY BRACI TEITEL („Dampfbrauerei Gebrüder Teitel"). Dann bogen sie links auf die Borkowska-Straße ab, dann nach rechts, dann wieder nach links in Richtung Białystok. Ihr Zuhause sollten sie niemals wiedersehen.

Obwohl Regina (inzwischen Riwka) und bis zu einem gewissen Grad auch ihre Cousine Emma (inzwischen Noemi) sich als hervorragende Informationsquellen erwiesen, suchte ich doch weiterhin verzweifelt nach der Zeugenaussage, die mein Vater dem polnischen „Informationszentrum Ost" in Jerusalem gegeben hatte und die in Henryk Grynbergs Buch Kinder Zions fehlt. Ich ging davon aus, dass man einen Fünfzehnjährigen – denn so alt war Hannan, als er in Palästina ankam – beinahe sicher interviewt haben würde. Aber seine Aussage ließ sich nirgends aufspüren. Mehrmals habe ich intensiv danach gesucht, aber ich fand sie nicht – zuerst im Archiv der Hoover Institution an der Stanford University, wo ich dafür auf Hunderte andere Zeugenaussagen in polnischer Sprache und Tausende Dokumente zur polnischen Exilregierung stieß, darunter auch auf eine Aktenmappe, die einen kleineren, blauen Ordner mit Davidstern in der rechten oberen Ecke enthielt, dessen Bedeutung mir nicht klar war. Auch im Sikorski-Archiv in London fand ich die Aussage meines Vaters nicht, und auch nicht im United States Holocaust Memorial Museum in Washington oder in der Gedenkstätte Yad Vashem in Jerusalem.

Und dann fand ich sie doch – oder vielmehr fand sie mich – an einem verschneiten Winternachmittag in Boston. Ich war auf einer Konferenz und hörte mir gerade eine Reihe von Beiträgen zu dem Thema „Kinderberichte über

Kriegserlebnisse" an, als eine der Vortragenden begann, aus der Aussage eines fünfzehnjährigen Jungen namens „Chananja Teitel" vorzulesen, der seine Mutter als „eine Frau von paarundvierzig Jahren" beschrieben hatte, „die an der Universität in Jekaterinoslaw ihren Abschluss gemacht" hatte. Die zitierte Aussage war das hauptsächliche Textbeispiel in ihrem Vortrag, der sich mit „Beschreibungen der Eltern in Kinderkriegsberichten" befasste. An die folgenden Referate in diesem Konferenzteil kann ich mich nur noch schemenhaft erinnern.

Die Referentin, der ich diese unglaubliche Überraschung verdankte, die Historikerin Eliyana Adler von der University of Maryland, erklärte mir hinterher, dass sie die Zeugenaussage meines Vaters im *Ginsach Kiddusch Haschem* gefunden hatte, dem „Archiv ‚Heiligung des Namens'", einer winzigen, chaotischen, aber irgendwie auch faszinierenden Sammlung von Urkunden und Dokumenten, die das Herzstück der chassidischen Gemeinschaft der „Gerer" im israelischen Bnei Berak bildet. Betrieben werde das Archiv von „Jeschiwa-Bochers", wie sie sich ausdrückte, von jungen orthodoxen Gelehrten also, „die einer Frau nicht in die Augen sehen". Die Zeugenaussage meines Vaters, sagte sie mir, sei eine von nur ganz wenigen dort vorhandenen gewesen, die nicht auf Polnisch, sondern auf Jiddisch gemacht worden waren. Auch sie hatte allerdings keine vollständige Fassung der Aussage, sondern nur eine Zusammenfassung, da das Archiv kein Kopiergerät hatte und seine Bestände auch nicht an Forscher, sondern nur an Familienangehörige aushändigte. Gleich am selben Abend schrieb ich eine E-Mail in hebräischer Sprache an das *Ginsach Kiddusch Haschem* in Bnei Berak, in der ich mich als Chananja Teitels Tochter vorstellte. Und schon am nächsten Morgen fand ich eine Antwort in meinem Postfach, im Anhang ein Foto von acht vergilbten Textseiten. Die Überschrift war mit einer Schreibmaschine in hebräischen Buchstaben geschrieben, aber ich sah gleich, dass es Jiddisch war: „PROTOKOL NUM. 26: fon [sic] Khanina Taytel".[1]

Wie ich herausfand, als ich bei meinem nächsten Besuch in Israel das anheimelnde kleine Archiv besuchte, das in einer Jeschiwa der Gerer Chassidim untergebracht ist, war die Zeugenaussage meines Vaters aus dem Besitz von David Flincker dorthin gelangt – jenes polnisch-jüdischen Journalisten, der ihn befragt hatte. Ich wusste weder weshalb noch wie Flincker, Sprössling einer Gerer Chassidenfamilie und vormaliger Herausgeber der Warschauer jüdischen Tageszeitung in polnischer Sprache *Echo Żydowskie* („Jüdisches Echo") sowie des jiddischen *Togblat*, dazu gekommen war, in Jerusalem im Auftrag des polnischen Informationszentrums meinen Vater zu befragen. Und ich fragte mich auch, weshalb ausgerechnet seine Befragung – im Gegensatz zu den Interviews der meisten anderen „Kinder von Teheran" – auf Jiddisch geführt worden war. (War das ein kleiner Akt der Rebellion vonseiten Hannans, um zu zeigen, dass er jetzt in einem anderen Land war, andere Loyalitäten galten? Oder war es ganz einfach Flinckers Sprache der Wahl gewesen?) Jedenfalls war ich aber ganz begeistert, und immer wieder auch überrascht, als ich das jiddische Gesprächsprotokoll zu lesen begann. Der Text war gespickt mit geistreichen Bemerkungen und Redensarten – etwa *es hat geholfen vi a toydten bankes* („es war so hilfreich wie einen Toten zu schröpfen", sprich: es hat überhaupt nichts gebracht) –, die so ganz anders waren als der lapidare, ja lakonische Stil, den mein Vater im Hebräischen gepflegt hatte.

Protokoll Nummer 26

Ginsach Kiddusch Haschem

Zeugen-Aussage von Chananja Teitel, 15 Jahre alt,

Geboren in Ostrów Maz., Sohn von Zindel Teitel, Eigentümer

der Bier-Brauerei in Ostrów Maz.

Nach Israel gekommen 1943 aus Russland über Teheran

Erster Absatz:

Am sechsten Tag nach Kriegsausbruch, noch bevor die Deutschen zu uns nach Ostrów Mazowiecka hineingekommen sind, sind wir – mein Tate, Mame, ich und ein kleines Schwesterl – aus der Stadt geflohen. Da war die Panik schon groß. Die Wege waren voll mit Flüchtlingen. Mein Tate, Zindel Teitel, ist in der Stadt ein Nagid gewesen [ein wichtiger Mann]. Er hat dort eine Brauerei gehabt und war mit allen Juden und Gojim bekannt und hatte deshalb mehr noch zu fürchten als andere. Wir sind geflohen, wohin es nur ging.

Hannans Vater und sein Onkel Icok lenkten die beiden Lastwagen in Richtung des rund hundert Kilometer östlich von Ostrów gelegenen Białystok. Auf den Landstraßen waren bereits Pulks von Flüchtlingen unterwegs, die von panischen Soldaten der polnischen Armee immer wieder an den Fahrbahnrand gescheucht wurden, damit polnische Panzer und andere Armeefahrzeuge vorbeifahren konnten. Dreizehn Tage zuvor hatte ein geheimes Zusatzprotokoll zum deutsch-sowjetischen Nichtangriffspakt („Hitler-Stalin-Pakt") Polen zwischen dem Deutschen Reich und der Sowjetunion aufgeteilt – „für den Fall einer territorial-politischen Umgestaltung", wie es verhüllend hieß. Die deutsche 3. Armee, die am 1. September von Ostpreußen aus in Polen eingefallen war, war seitdem in nördlicher Richtung auf Masuren vorgerückt, und die Mordkommandos der ihnen zugeteilten „Einsatzgruppe" – paramilitärische Verbände unter Leitung der SS – hatten bereits begonnen, entlang des Weges „reichs- und deutschfeindliche Elemente" – Zivilisten, Polen und Juden – in Massen zu erschießen.

Die Teitels steckten fest. Entlang der Hauptverkehrsstraße von Warschau nach Białystok hatten die Wojska Lądowe, die polnischen Landstreitkräfte, begonnen, Ostrów und andere Städte im Osten des Landes zu umringen und abzusperren, während die Piloten der deutschen Luftwaffe ihre Bomben sowohl auf sie als auch auf die Flüchtlingskolonnen abwarfen, wobei unzählige Menschen getötet und verwundet wurden. Auf der voranbrandenden Flüchtlingswelle, die in Gestalt Hunderter und Tausender einzelner Leiber nach Osten strömte, kräuselte sich die Panik. Würde sie jetzt schon brechen, nur wenige Tage nach dem Ausbruch des Krieges? Die Aussagen anderer Kinder waren detaillierter als die eher knappe Darstellung Hannans:

> „Tag für Tag bombardierten [die Deutschen] unsere Stadt, also luden wir unsere Sachen auf ein Fuhrwerk und fuhren los, aber gleich vor der Stadt beschlagnahmten [polnische Soldaten] unser Fuhrwerk für das Militär, und wir mussten zu Fuß gehen, die Bündel auf dem Rücken. Die Soldaten vertrieben uns von der Landstraße, sie behaupteten, unsere Bündel dienten den deutschen Flugzeugen als Zeichen. Um ein Uhr nachts kamen wir endlich in Bochnia an. Am Morgen waren wieder Flugzeuge im Anflug. Sie kamen tief herunter, warfen Brandbomben und feuerten aus Maschinengewehren. Wir versteckten uns in einem eingestürzten Haus. Als es ruhiger geworden war, kaufte mein Vater ein Pferd und einen Wagen, und wir fuhren weiter, aber wir wussten nicht wohin, denn wo wir auch ankamen, gleich waren wieder Deutsche da, als würden sie uns verfolgen."[2]

Von Anfang an schienen mir die „Palästina-Protokolle" eine ganz andere Geschichte des Holocaust zu erzählen, als man sie gemeinhin kennt: nicht eine

Geschichte des Überlebens hinter Stacheldraht, im Bannkreis jener so perversen wie unerbittlichen Logik der Vernichtungslager, sondern stattdessen die Geschichte von Menschen, die aus der vermeintlichen Sicherheit ihres Zuhauses gleichsam hinausgespien wurden in die ungeheure Weite einer verelendeten und zugleich erbarmungslos gefährlichen Welt. Eine Geschichte, die mit ihrer Flucht begann.

> „Am Freitag, dem 1. September, brach eine Panik aus. Polen, Juden, jeder, der konnte, flüchtete in Richtung Lwów. Vater wollte nicht fliehen, wie soll man sich auch mit sechs Kindern und ohne Geld auf die Wanderschaft machen? … Aber als es hieß, die Deutschen stehen schon in Podhajce und der letzte Zug geht ab, änderte Vater seinen Entschluss. Im Zug war ein schreckliches Gedrängel, man konnte weder sitzen noch stehen, man lief über Leute hinweg, trampelte auf Kindern herum. Auf jeder Station kamen neue Passagiere dazu, und es gab Schlachten zwischen den Hinzugekommenen und denen, die vorher da waren. Immer wenn Flugzeuge auftauchten, hielt der Zug an, und die Leute trampelten sich gegenseitig nieder und sprangen hinaus, um in den Gräben in Deckung zu gehen. Wenn ein Angriff vorbei war, drängte man sich wieder in den Zug, man verlor seine Familie und seine Sachen. Die ganze Zeit hörte man das Geschrei von Bestohlenen, das Weinen von Kindern und Rufe. Auf diese Weise fuhren wir zwei Tage und zwei Nächte nach Lwów."[3]

In manchen Punkten wichen die Berichte der Kinder voneinander ab, aber selbst in den Details stimmten sie meist überein. Bei allen war die Erinnerung an die ersten Tage ihrer Flucht viel lebhafter als alles, was noch folgen sollte.

*

Als ich Regina befragte, war ihr eine Episode ganz besonders im Gedächtnis geblieben: wie Hannan in Małkinia Górna, wo die Familie die erste Nacht ihrer Flucht verbrachte, einen deutschen Bombenangriff verschlief, durch den das Dach der geschlossenen Terrasse einstürzte, auf der sie Zuflucht gesucht hatten. Es war eine typische Anekdote, denn etliche andere ehemalige Flüchtlinge, die ich interviewt habe, erzählten mir ganz ähnliche Geschichten – von Momenten einer befreienden Komik oder in denen sie noch einmal Glück gehabt hatten; von schicksalhaften Entscheidungen, die zum Guten führten; von Augenblicken, in denen ihre Eltern einen Entschluss fassten (selbst wenn es ein schlechter Entschluss war) oder die Initiative ergriffen, anstatt sich nur umherstoßen zu lassen. Ich konnte mir vorstellen, dass sie schreckliche Angst gehabt haben mussten.

Vor dem Krieg hatte Hannan nur eine einzige Nacht seines Lebens außerhalb von Ostrów verbracht: als ihm in Warschau die Mandeln herausoperiert worden waren. Regina hatte in ihrem Leben kaum je das Brauereigelände verlassen. Und jetzt wurden sie mit einem Mal in die weite Welt hinausgetrieben auf ihrer hastigen Flucht vor der anrückenden Wehrmacht.

Während der gut zwei Wochen, die zwischen der Nazi-Invasion am 1. September 1939 und der sowjetischen Invasion am 17. September verstrichen, drangen deutsche Soldaten auch in Städte und Dörfer ein, die nach den Bestimmungen des Hitler-Stalin-Paktes an die Sowjetunion fallen sollten. Sie erniedrigten die Einwohner und plünderten ihren Besitz, verstümmelten manche und töteten andere unter dem Gebrüll von Parolen wie „Marsch zu euren roten Brüdern!" – nur um sich dann, einige Tage später, wieder zurückzuziehen. In Ostrów, berichtete ein Kind in seinem „Protokoll", verhafteten deutsche Soldaten vollkommen willkürlich seinen achtzehnjährigen Bruder, den sie zusammen mit anderen Gefangenen in eine nahe gelegene Kaserne der polnischen Armee brachten, wo sie drei Tage und drei Nächte lang ohne Wasser oder Nahrung reglos auf dem Hof im Schlamm knien mussten. Wer sich bewegte, wurde erschossen. Am vierten Tag erhielten die Überlebenden den Befehl, ein Stück Landstraße zu pflastern. Erst am fünften Tag gab man ihnen ein wenig Wasser und Brot und ließ sie dann gehen.[4] In anderen Zeugenaussagen berichten Kinder, wie religiösen Juden die Bärte „mit ganzen Hautstücken" ausgerissen wurden; alte Leute gezwungen wurden, stundenlang mit erhobenen Händen vor ihren Häusern zu stehen; die Heiligen Schriften aus den Synagogen geworfen und in den Dreck getreten wurden; wie Menschen gezwungen wurden, andere – darunter ihre engsten Angehörigen – mit Benzin zu übergießen, damit sie lebendig verbrannt werden konnten.[5]

Ich wusste nicht, welche Grausamkeiten mein Vater von den Deutschen erlitten oder miterlebt hatte – in seiner Zeugenaussage erwähnt er nichts dergleichen, und so redete ich mir ein, dass er wohl früh und schnell genug geflohen war, um dem Grauen irgendwie zu entgehen. Doch das war er nicht. In den ersten Kriegstagen hatte der junge Hannan, wie ich einige Jahre nach

Beginn meiner Nachforschungen von dem Jerusalemer Gynäkologen Yuval Bdolach erfuhr, miterlebt, wie in Ostrów eine ganze Familie ermordet worden war – eine Mutter mit ihren vier Töchtern. Die Frau, Chana Weiss, war Dr. Bdolachs Großtante gewesen. „Als Ihr Vater 1943 in Jerusalem angekommen war", erzählte er mir, „hat er meiner Großmutter berichtet, wie man ihre Schwester und ihre Nichten getötet hatte. Ihr Vater hat alles aus nächster Nähe mit angesehen; er war der einzige Zeuge, von dem wir wissen."

Die deutschen Fieseler-Bomber ließen sich von den veralteten polnischen Jagdflugzeugen nicht abhalten, die auf gut Glück – aber wenig erfolgreich – nach ihnen schossen, und nahmen auch weiterhin im Tiefflug die Flüchtlingskolonnen unter Beschuss. Binnen Wochen war die Hälfte der polnischen Luftwaffe außer Gefecht gesetzt, und die andere Hälfte hatte sich nach Frankreich zurückgezogen. Kurz darauf trat auch der Großteil der polnischen Kriegsmarine und Infanterie den Rückzug an oder stieß zu den Truppen der Alliierten. Nachdem die Soldaten fort waren, verblieben auf den Landstraßen im Nordosten Polens nur noch die Scharen von Zivilisten, die aus ihren Heimatorten geflüchtet waren. Immer neue Wellen von Flüchtlingen spülten die Leichen der Ermordeten – wie Chana Weiss und ihre Töchter – an den Wegesrand. *Jiskor*-Bücher und Gedenksteine sind an eine Stadt, eine Nation, einen bestimmten Ort gebunden; an die Menschen, die auf dem Weg von einer Stadt in die andere, von einem Land in das nächste sterben, erinnern sie nicht. Kein Gedenkstein vermerkt den Tod der Weiss-Mädchen und ihrer Mutter, genauso wenig wie den Tod jener unzähligen anderen, die in den ersten Kriegswochen entlang der hundert Kilometer langen, von Flüchtlingen verstopften Landstraße zwischen Ostrów und Białystok ihr Leben ließen.

Rund 1,5 Millionen polnische Juden – fast die Hälfte der gesamten jüdischen Bevölkerung Polens, dazu noch katholische Polen, Litauer und Angehörige anderer Minderheiten – befanden sich am Ende der ersten Kriegsmonate auf sowjetischem Territorium, sei es, weil sowjetische Truppen ihre Heimatorte besetzt hatten, sei es weil sie – wie die Familie Teitel – vor der nahenden Wehrmacht nach Osten geflohen waren.

Nachdem sie die Grenze zur Sowjetunion passiert hatten, beschlossen Zindel und Ruchela Teitel, sich mit ihren Kindern vom Rest der Familie zu trennen, der in Richtung Białystok weiterfahren wollte, und stattdessen den Weg nach Siemiatycze einzuschlagen, wo Ruchela aufgewachsen war. Ruchelas Mutter, Esthera Averbuch, und ihr jüngerer Bruder Daniel lebten noch immer dort und führten einen kleinen Textilhandel. Ruchelas ältere Schwester, Mascha Halberstadt, hatte geheiratet und wohnte mit ihrem Ehemann und zwei Kindern ganz in der Nähe.

Siemiatycze hatte zum russischen Zarenreich gehört, dann zur Sowjetunion und war schließlich, im Jahr 1921, Teil der Republik Polen geworden. Und nun sollte es – nach einer kurzen, aber umso grausameren Besetzung durch deutsche Truppen vom 11. bis zum 13. September 1939, wiederum in sowjetische Hände fallen. Am 15. September brach die polnische Verwaltung in Siemiatycze zusammen. Am 17. September rückte die Rote Armee in die Stadt ein. Bis Ende September war die gesamte Verwaltung, waren alle Schulen und sonstigen öffentlichen Einrichtungen vollständig sowjetisiert, während die Stadt sich zugleich mit Tausenden von Flüchtlingen füllte, was ihre Einwohnerzahl innerhalb der ersten Kriegsmonate auf das Dreifache ansteigen ließ. Dieses Schicksal teilte Siemiatycze mit so gut wie allen Städten im Grenzgebiet, die vor Kurzem noch polnisch gewesen und jetzt an die Sowjetunion gefallen waren.

An einem schönen, frischen Junimorgen – es war der Tag nach unserem Besuch in Ostrów – machten Salar und ich uns im Fond eines Taxis auf den Weg, um die Strecke nachzufahren, auf der die Familie Teitel von ihrer Heimatstadt nach Siemiatycze gekommen war. Wir brauchten anderthalb Stunden. Sie waren damals tagelang unterwegs gewesen. Auf der Strecke war ihnen das Benzin ausgegangen und sie hatten den Chevrolet-Lastwagen zurücklassen müssen. Stattdessen fuhren sie mit einem Pferdefuhrwerk weiter, für das Zindel notgedrungen ein Vermögen gezahlt hatte. (*Momen un domem*, sagte mein Vater später bei seiner Zeugenaussage, um den maßlos überhöhten Kaufpreis zu beschreiben – eine talmudische Wendung für eine Unsumme: „Gut und Blut".) Auch mussten sie einen großen Teil ihrer Habe zurücklassen. Kaum zwei Wochen nach ihrer Flucht war ihnen nicht mehr geblieben als ein großer Koffer, ein Kochtopf mit Zubehör, vier Pelzmäntel, eine große Daunendecke, etwas Bargeld, ihr Schmuck, Uhren und Dokumente. Jetzt waren sie endgültig zu Flüchtlingen geworden, ihr altes Leben war vergangen wie die Blume auf dem Feld.

*

Anders als in Ostrów gibt es in Siemiatycze durchaus noch Spuren der jüdischen Vergangenheit: Auf der langen heruntergekommenen Einkaufsstraße der Stadt finden sich hier und da noch Ladenschilder in jiddischer Sprache; die elegante Synagoge aus dem 18. Jahrhundert ist heute ein Gemeindezentrum, das auch eine etwas befremdliche „Ausstellung" zum jüdischen Leben in der Stadt beherbergt: eine Kippa und ein Schofarhorn; es gibt einen jüdischen Friedhof, auf dem einige Grabsteine noch erhalten sind und der auf Kosten einer „Familie Gutman aus Florida" instand gesetzt wurde, und betagte polnische Anwohner des Friedhofsgeländes, die gern davon erzählten, wie sie einst von den Fenstern ihrer Häuser aus den jüdischen Trauerzügen zuschauen konnten. Einer Volkszählung aus dem Jahr 1921 zufolge stellten die Juden vor dem Zweiten Weltkrieg ganze 61 Prozent der Einwohnerschaft von Siemiatycze, einem Städtchen mit rund 5000 Einwohnern.

Hannan zog also mit seiner Schwester und den Eltern in die ohnehin schon enge Wohnung über der Textilhandlung Averbuch ein, wo sie mehrere Monate lang blieben. Bis zum Januar 1940 hatten die Russen auf dem Marktplatz der Stadt eine Leninstatue aufgestellt; eine nächtliche Ausgangssperre verhängt; die allgegenwärtigen Kreuze durch rote Sterne ersetzt; Fotos von polnischen Politikern durch Fotos von sowjetischen Politikern ersetzt und die lateinische Beschriftung auf den Straßenschildern durch kyrillische. Sie ließen Transparente mit pro-sowjetischen Parolen aufhängen und ersetzten den polnischen Złoty durch den russischen Rubel im Verhältnis von eins zu eins. Sie erließen Handelsbeschränkungen, legten Höchstpreise fest und verboten Hamsterkäufe – Maßnahmen, mit denen nicht nur die Einwohner der Stadt, sondern genauso die Soldaten der Roten Armee zur Mäßigung gebracht werden sollten, denn diese waren ausgehungert und schlecht gekleidet. Die gut gefüllten Schaufenster von Siemiatycze erschienen den Rotarmisten nur zu verlockend, und so schlugen sie sich anfangs maßlos die Bäuche voll.

Aus Kauf wurde Diebstahl, dann Beschlagnahme und schließlich Enteignung, die Privatfirmen und vormals polnische Staatsbetriebe gleichermaßen traf. Auch die Textilhandlung Averbuch blieb nicht verschont. Binnen weniger Monate war den meisten Einwohnern von Siemiatycze die Lebensgrundlage weggebrochen, ganz gleich, ob sie nun Bauern waren oder Kleinhändler, so wie Ruchelas Familie. Ruchelas ältere Schwester Mascha war zusammen mit ihrem Ehemann Yosef Halberstadt und ihren Kindern Sarah und Hannania, die jeweils etwas älter waren als mein Vater und seine Schwester Regina, aus ihrem

81

Wohnort Siedlce entkommen, den die Deutschen nun besetzt hielten, und zog mit ihrer ganzen Familie ebenfalls in die winzige Wohnung der Großmutter in Siemiatycze ein. Dann jedoch beschlagnahmten die sowjetischen Besatzer das Haus und vertrieben alle drei Familien – Averbuch, Halberstadt und Teitel – in ein nahe gelegenes Dorf. Ihre Möbel und all ihr sonstiges Hab und Gut mussten sie in den überfüllten Räumlichkeiten zurücklassen, die fortan von der Roten Armee genutzt wurden.

Zindel beschloss, dass sie sich auf den Weg nach Kowel machen würden, einer wesentlich größeren, fast 300 Kilometer südöstlich von Siemiatycze gelegenen Industriestadt. Diesen Beschluss fasste er allein, ohne Rat einzuholen oder andere in sein Vorhaben einzuweihen. Damit verhielt er sich noch immer so, wie es auch zwei Monate zuvor seine Angewohnheit gewesen war: „Mein Tate … hat gewollt, dass wir still sind, und ist auch selbst mit keinem Wort herausgerückt", sollte Hannan später zu Protokoll geben. Bevor sie aufbrachen, und trotz aller Spannungen und allen Elends, feierten sie noch Hannans Bar Mizwa. Sie leerten die letzte Flasche Teitel-Bier, die sie auf ihre Flucht mitgenommen haben, sangen gemeinsam, und mein Vater trug seine *alijah* vor, den „ersten Tora-Aufruf", für den er zu Hause in Ostrów monatelang geübt hatte. Als die Kinder am nächsten Morgen aufwachten, wartete bereits ein Pferdegespann auf sie, das die ganze Familie nach Kowel bringen sollte. Dort trafen sie, inmitten einer wahren Flutwelle von anderen Flüchtlingen, Mitte April 1941 ein.

In Kowel war die Lage, wie sich zeigte, noch schlimmer als in Siemiatycze. Ganze Fabriken waren demontiert und ins Innere des Sowjetreiches abtransportiert worden; auch die meisten fertigen Produkte – von Möbeln über Lebensmittel bis hin zu Krankenhaus- und Schulausstattungen, überhaupt alles irgendwie Nützliche – war ebenfalls weggeschafft worden. Die Warteschlangen vor den größtenteils leeren Geschäften, deren Erwähnung in keinem Flüchtlingsbericht aus jener Zeit fehlen darf, zogen sich um ganze Häuserblocks. Insbesondere vor den Lebensmittelgeschäften kam es unter den Wartenden immer wieder zu blutigen, ja sogar tödlichen Auseinandersetzungen. Dem entging Zindel, indem er, wann immer es möglich war, seine Einkäufe auf dem Schwarzmarkt erledigte. „Eine Arbeit, von der man hätte leben können, hat es in Kowel nicht gegeben", berichtete Hannan später.

Und dabei ist noch jeden Tag die Teuerung gewachsen. … Vor den Geschäften hat man gestanden den ganzen Tag in den „Ogonken" [von poln.

ogonek, „Warteschlange"] und ganz oft ist man wieder weg, wie man gekommen ist, mit leeren Händen. Die Verbitterung, unter den Juden wie unter den Polen, ist gestiegen. Insgeheim hat man schon leis gejammert, aber aus Bange kein lautes Wort gesagt. ... Das bissel Geld, das wir von daheim mitgebracht hatten und von dem wir die ganze Zeit gelebt hatten, hat angefangen auszugehen, und Aussicht auf Besserung war auch keine.

Die Fragen, die Mitarbeiter des polnischen „Informationszentrums Ost" an Hannan und die anderen aus Polen stammenden Flüchtlinge in Jerusalem, im Iran und anderswo richteten, um deren Aussagen zu sammeln, bezogen sich fast ausschließlich auf den entbehrungsreichen Alltag unter sowjetischer Besatzung. Wie ich später herausfinden sollte, war dies nicht ohne Grund so: Es sollte eine belastende Dokumentation geschaffen werden, mit der die sowjetischen Vergehen an polnischen Bürgern zweifelsfrei belegt werden konnten, um die Errichtung eines bolschewistischen polnischen Staates nach dem Krieg zu verhindern. Doch gingen die Zeugenaussagen über ihren ursprünglichen Zweck hinaus. Sie erlaubten Einblicke in die Lebens- und Gefühlswelt Einzelner („Mein Tate ... ist herumgelaufen wie depressiv") und ließen sogar das spannungsreiche Miteinander von Juden und Polen erkennen, das die Mitarbeiter des „Informationszentrums Ost" ja gerade im bestmöglichen Licht präsentieren wollten. Daher scheint klar, dass die Zeugenaussagen nicht – oder zumindest nicht tiefgreifend – redigiert oder gar zensiert wurden.

Aus dem Protokoll von der Befragung meines Vaters geht die unaufhaltsame Zerrüttung seines eigenen Vaters hervor. Zindel war letztlich nicht in der Lage, sich an die neue Situation anzupassen, und sein Herkunftsmilieu, seine Fertigkeiten und seine Weltanschauung standen im direkten Gegensatz zu der Art von Durchtriebenheit und Raffinesse, die in der gegenwärtigen Lage von Nutzen gewesen wären. Er hatte weder Beziehungen zu den Kommunisten noch zu den Bundisten – den Anhängern der jüdischen Arbeiterbewegung –, ja er empfand vielmehr eine tiefe Abneigung gegen beide. Seine gute Kleidung und seine feinen Manieren waren nun eher ein Nachteil für ihn, brandmarkten sie ihn doch als „Bourgeois" und damit als ein potenzielles Opfer für die kommunistischen Milizen in der Stadt. „Mein Tate, der das Spekulieren nicht gewohnt war und hat auch nicht können müßiggehen, ist herumgelaufen wie depressiv [*a dershlagener*]", erinnerte sich Hannan. „Immer hat er gewollt, dass wir still sind, und ist auch selbst mit keinem Wort herausgerückt." „Unsere Mutter war diejenige, die von da an ‚funktionierte'", berichtete mir meine Tante Regina, und doch kommt Ruchela, die fließend Russisch sprach, im Bericht meines Vaters kaum vor.

Mitte November 1939 erhielt Zindel einen aufmunternden Brief „von der anderen Seite des Flusses Bug, wo die Deutschen waren und wo mein Tate sein ganzes Vermögen gehabt hat", wie es in Hannans Bericht heißt. Ein Onkel aus der Gegend von Sokołów Podlaski, einer Kleinstadt südöstlich von Ostrów, berichtete den Verwandten in Kowel, dass „die [Hohen] Feiertage bei ihm ohne alle Schwierigkeiten verlaufen waren" – selbst unter deutscher Besatzung im neu errichteten „Generalgouvernement für die besetzten polnischen Gebiete". Daraufhin erwog Zindel, mit seiner Familie nach Ostrów zurückzukehren. Also gingen die Teitels zunächst zurück nach Siemiatycze, und als dort Plakate auftauchten, mit denen alle Rückkehrwilligen aufgerufen wurden, sich für ihre Wiedereinreise in das Generalgouvernement bei einer örtlichen Regierungsstelle registrieren zu lassen, wurden die Pläne der Familie für eine Heimkehr immer konkreter.

„Vielleicht wird es uns irgendwie gelingen, über die Grenze zu kommen" und zurück in das deutsch besetzte Polen, so schilderte später Hannan seinen damaligen Blick in die Zukunft.

*

Von Siemiatycze fuhren Salar und ich weiter nach Białystok, auf der Straße, der mein Großvater dann doch nicht gefolgt war, anders als sein Bruder Icok mit Familie, die gemeinsam mit Zindel und den Seinen aus Ostrów geflohen waren. In dem hübschen, verschlafenen, aber auch irgendwie nichtssagenden Städtchen Zambrów, das Salar und ich unterwegs passierten, trennten sich die beiden Familien hastig und schlugen – jede in ihrem eigenen Lastwagen – getrennte Wege ein. Zindel fuhr nach Süden in Richtung Siemiatycze, Icok nordwärts nach Białystok. Die beiden Brüder sollten sich nie mehr wiedersehen.

Eigentlich war es für die Ostrówer Teitels nur logisch, sich bei Kriegsausbruch in Richtung Białystok zu orientieren. Schließlich war es nicht nur die größte Stadt im polnischen Nordosten, noch dazu mit einer jüdischen Bevölkerungsmehrheit (bei einer Volkszählung im Jahr 1897 hatten sich von 66 000 Einwohnern ganze 41 900 als Juden bezeichnet, 1939 gab es etwa 51 000 Juden in der Stadt);

sondern zur jüdischen Oberschicht von Białystok, ebenso wohlhabenden wie selbstbewussten Händlern und Kaufleuten, gehörten auch etliche Kunden der Brauerei Teitel, die in der Stadt eine Niederlassung betrieb. Białystok war ein Zentrum des Zionismus und des jüdischen Lebens überhaupt: Es gab die Scholem-Alejchem-Bibliothek mit ihren mehr als 20 000 Bänden in jiddischer Sprache, eine wunderschöne Chorsynagoge und nicht zuletzt das Hebräische Gymnasium, an dessen Gebäude Salar und ich auf unserem Stadtrundgang vorbeikamen – heute residiert dort ein Versicherungsunternehmen. Eine wirkliche Schönheit war diese Stadt, eine Perle des alten Mitteleuropa, deren Aura uns sofort in ihren Bann geschlagen hatte, als wir am frühen Nachmittag in das Zentrum hineingefahren waren: Auf den eleganten Bauten im neoklassizistischen Stil lag goldenes Sonnenlicht, die Straßen und die Cafés waren voller Menschen.

Unsere ortskundige Führerin in Białystok, Lucia (Lucy) Gold, eine zierliche, blonde Kettenraucherin, mit der wir uns am Hotel Branicki treffen wollten, war eine Vertreterin des jüdischen Kulturvereins in der Stadt. Tatsächlich *war* sie gewissermaßen dieser Kulturverein, wie sie uns selbst sagte, denn schließlich kämpfe sie auf eigene Faust dafür, das großartige jüdische Erbe von Białystok zu erhalten und vor dem Vergessen zu bewahren. Wie unser Begleiter in Ostrów, Krzysztof „Kris" Malczewski, und wie beinahe alle anderen Jüdinnen und Juden, die wir in Polen kennenlernten, hatte zwar Lucy nur ein jüdisches Elternteil, gehörte damit aber dennoch zu der verschwindend kleinen Gruppe jüdischer Polen, die nicht nur den Zweiten Weltkrieg in Polen überlebt hatten (oder dorthin zurückgekehrt waren), sondern auch die antisemitischen Wellen der späten 1950er- und der 1960er-Jahre. Anders als Krzysztof jedoch gab sich Lucy auch offen und öffentlich als Jüdin zu erkennen – vielleicht lag es ja daran, dass sie alles in allem weniger aufgekratzt, vorsichtiger und zurückhaltender, ja sogar ein wenig depressiv wirkte; an der Tür zu ihrem Büro, erzählte sie uns bei unserem Stadtrundgang mit gesenktem Blick und einem müden Lächeln, musste sie regelmäßig Hakenkreuz-Schmierereien entfernen. Am Tag unserer Ankunft ging in der Stadt gerade ein jüdisches Kulturfestival zu Ende, das Lucy organisiert hatte, mit jüdischem Essen, jüdischen Büchern, jüdischer Musik. Den großen Abschluss bildete das überaus gut besuchte Konzert einer Punkband aus Israel. Als die über und über tätowierten Musiker anschließend zu Lucy kamen, um sich von ihr zu verabschieden, trat ein sanftes Leuchten in ihre Augen.

Bei unserem Gang durch Białystok wurde bald klar, dass hinter jeder lichten Ecke, hinter jeder sonnenüberströmten Fassade an den elegant-großzügig angelegten Boulevards der Stadt eine ebenso reiche wie düstere Geschichte schlummerte. Das verführerische Kaffeehaus Wiener Art am Kościuszko-Platz – dessen Kaiserschmarrn und Apfelstrudel uns schon vor dem Schaufenster das Wasser im Mund zusammenlaufen ließen, bevor wir sie uns dann drinnen schmecken ließen – befand sich an genau der Stelle, wo deutsche Einsatzgruppen weniger als zwei Jahre nach Großonkel Icoks Eintreffen in der Stadt Hunderte von Juden erschossen hatten. Aber an dem ganz normalen, ein wenig verträumten Nachmittag im Juni 2012, als wir dort einkehrten, erinnerte nichts an das schreckliche Verbrechen, das die Nazis hier verübt hatten – und nichts erinnerte an die Flüchtlingskrise vom Oktober 1939, als Icok Teitel und die Mitglieder seiner Familie – darunter auch Hannans Großmutter Fejge und seine Cousine Emma, die nach dem Ausbruch des Krieges nicht mehr zu ihren Eltern nach Warschau zurückgelangen konnte – in Białystok ankamen.

Białystok veränderte sich unter sowjetischer Besatzung sogar noch dramatischer als Siemiatycze oder Kowel. Binnen weniger Monate war seine jahrhundertealte Textil- und Lederindustrie vollständig zerlegt und in Richtung Osten abtransportiert worden. Überall in der Stadt lagen große Haufen von Schutt und Abfall, für den sich niemand mehr verantwortlich fühlte, während unzählige Flüchtlinge so lange in die Stadt strömten, bis sie nur noch hineingeschmuggelt werden konnten:

„Als wir in Białystok einfuhren, war die Stadt mit Flüchtlingen überfüllt, und wir bekamen gerade noch einen Winkel in der Schule.

In Białystok war es nicht einfach, ins Bethaus zu kommen, das mit Flüchtlingen überfüllt war, die keine Neuen mehr hineinlassen wollten. Zum Glück trafen wir dort ein paar Bekannte.

In Białystok vagabundierten wir auf den Straßen herum, ehe wir einen Winkel im überfüllten Bethaus in der Jerozolimska-Straße [„Jerusalemer Straße"] bekamen.

In Białystok gab es eine Menge Flüchtlinge, und wir konnten keine Wohnung finden, und der Säugling schrie immerzu. Meiner Stiefmutter brachen fast die Arme ab von dem ständigen Herumgetrage, und sie konnte sich kaum auf den Beinen halten. Wir gingen von Haus zu Haus, bis sich schließlich eine Frau unser erbarmte, die mit vier Personen in einer winzigen Stube wohnte, und nun waren es acht. In der Nacht schrie das Kleine, aber meine Stiefmutter hatte keine Milch."[6]

Bis Anfang 1940 war Białystok zur Stadt mit dem größten Flüchtlingsaufkommen im ganzen sowjetisch besetzten Teil Polens geworden. Im Frühjahr desselben Jahres wurden die allermeisten Flüchtlinge aus der Stadt in die umliegenden Dörfer getrieben, wo die Sowjets den Landbesitz umverteilten. Man wies sie an, sich auch künftig auf mindestens hundert Kilometer von der Grenze zum deutschen Generalgouvernement fernzuhalten. Icok gelang es, in Białystok zu bleiben, aber an eine Rückkehr nach Ostrów wagte er nicht zu denken.

Vielleicht war es sein stärker ausgeprägter Geschäftssinn, der meinen Groß-onkel Icok sehr viel schneller als meinen Großvater Zindel zu der Einsicht brachte – unter dem Eindruck der neuen Musik, die durch die Straßen schallte; der Propagandasendungen im Rundfunk; der aufgerissenen Rasenflächen und Bürgersteige und der toten Blumenbeete, die wieder üppig blühten, als Salar und ich durch Białystok spazierten –, dass ihre Welt sich unwiderruflich ge-wandelt hatte. Und je eher sie sich nun anpassten, desto besser. Oder vielleicht hatte Icok sich auch nur durch den ständigen Zustrom neuer Flüchtlinge nach Białystok ein genaueres Bild von den verheerenden Lebensbedingungen im deutsch besetzten Generalgouvernement machen können. Vielleicht hatten ihm ja sogar entkommene Ostrówer Mitbürger unter Tränen von den Massen-erschießungen am 11. November 1939 berichtet, bei denen fast 500 jüdische Einwohner der Stadt – Männer, Frauen und Kinder – getötet wurden? Was immer sein Beweggrund gewesen sein mag: Icok traf eine Entscheidung, die der seines Bruders Zindel genau entgegengesetzt war. Er beschloss, nicht nach Ostrów zurückzukehren. Stattdessen gab er, zusammen mit dem Rest seiner Familie, die polnische Staatsbürgerschaft auf und nahm die sowjetische an. Bin-nen weniger Monate wurde er zum Oberinspektor für das Brauereiwesen in der Woiwodschaft Białystok ernannt.

*

„Als ich dir erzählt habe, Hannan hätte später nie vom Krieg erzählt, war das nicht ganz richtig", sagte ich zu Salar, als wir zum Zug gingen, der uns von Białystok zurück nach Warschau bringen sollte. (Am Bahnhof warteten auch noch ein paar israelische Punkmusiker, die uns bekannt vorkamen.) Tatsächlich hatte es *eine* Geschichte gegeben, die mein Vater immer und immer wieder wiederholt hatte: die Geschichte von zwei Brüdern, die während des Krieges zwei unterschiedliche Entscheidungen getroffen hatten. Der eine hatte die „falsche" Entscheidung getroffen – nämlich in das von den Nazis besetzte Polen zurückzukehren – und hatte dennoch überlebt; der andere hatte die „richtige" Entscheidung getroffen – in der Sowjetunion zu bleiben nämlich – und war gestorben. Mir und meinen Geschwistern erzählte unser Vater diese Geschichte nicht etwa, weil er Zeugnis ablegen oder uns eine Geschichtsstunde geben wollte, sondern es ging ihm um eine harte moralische Lektion: dass unser Leben von bitterer Ironie bestimmt war, menschliches Handeln weitgehend vergeblich und rationale Entscheidungen schlicht bedeutungslos, wenn man mit den beherrschenden Mächten des Universums konfrontiert wurde. Es war eine gleichermaßen stoische wie pessimistische Philosophie, die unser Vater uns da vermittelte, und es war nicht so, dass er sie bewusst gelebt hätte – aber unbewusst hatte sie vielleicht seine Karriere gebremst oder ihn zumindest über die diversen nachteiligen (wenn auch nicht lebensgefährlichen) Entscheidungen hinweggetröstet, die er selbst in beruflicher und privater Hinsicht über die Jahre getroffen hatte.

Salar erzählte mir von den Mitgliedern seiner Familie, die den Iran rechtzeitig genug verlassen oder schon Teile ihres Vermögens ins Ausland gebracht hatten, während sein Vater geblieben war. Im Februar 1979 bemächtigten sich die Revolutionäre des Fußballclubs „Persepolis", den Ali Abdoh in Teheran aufgebaut hatte; auch den Sport- und Fitnessclub nach amerikanischem Vorbild, den er betrieb, konfiszierten sie, zusammen mit seinem restlichen Besitz an Immobilien. Kurz darauf wurde sein Name auf eine schwarze Liste potenzieller Verhaftungskandidaten gesetzt. Im Mai stand Ali plötzlich vor den Toren des Internats im englischen Wellington, wo Salar und seine Brüder Sardar und Reza zur Schule gingen: Die Jungen sollten ihre Sachen packen, um mit ihm nach Los Angeles zu fliegen. Doch der Stress der letzten Zeit hatte ihm bereits schwer zugesetzt, und binnen Monaten erlitt er einen tödlichen Herzinfarkt. Die Abdoh-Brüder blieben allein zurück, ohne Zuhause und ohne Geld, als illegale Einwanderer, die durch die Vereinigten Staaten zogen. „Man gewöhnt sich schnell daran", sagte Salar, als wir durch die menschenleeren, hübschen Straßen von Białystok spazierten.

„Man denkt irgendwann gar nicht mehr darüber nach. Man schaut sich einfach um, schätzt die neue Lage ein und tut das Nötige, um zu überleben." Gab es so etwas wie den typischen „Kinderflüchtling", fragte ich mich, der zu allen Zeiten und in allen Ländern letztlich derselbe blieb? Oder konnte man das doch nicht vergleichen – ein Überleben im Krieg, ohne Nahrung, im Land der Gestapo, mit dem Überleben im Überfluss, im Los Angeles der 8oer-Jahre?

„Essen gab es genug in Amerika", meine Salar, „aber eine ganze Zeit lang hatten wir keine Ahnung, wie wir davon etwas abbekommen sollten." Salar war damals ein Junge, ein Teenager. Teenager – wie mein Vater in den Kriegsjahren einer gewesen war, wie mein eigener Sohn nun einer war – sind knurrende Mägen auf zwei Beinen. Teenager sind *immer* hungrig. Salar und seine Brüder schlugen sich mit Gelegenheitsjobs durch, bekamen so auch etwas zu essen ab (allerdings nie genug), aber sie bekamen auf den Straßen von L. A. auch immer wieder Ärger: „Das war hart", erinnerte Salar sich, „aber mit der Situation deines Vaters kann man es wirklich nicht vergleichen." Dabei war uns beiden noch gar nicht bewusst, wie viel schlimmer die „Situation" meines Vaters im weiteren Verlauf noch werden sollte.

„Wie hat sich das anfangs angefühlt? War dir sofort klar, dass dein altes Leben, wie du es kanntest, jetzt für immer vorbei war?", löcherte ich Salar mit Blick auf den abrupten Übergang von seinem privilegierten – wenn auch nicht gänzlich glücklichen – Dasein als reiches Perserbürschchen an einer britischen Privatschule zu einem Leben als obdachloser Teenager im Amerika der Reagan-Ära. Ich versuchte mir vorzustellen, wie lange mein Vater wohl gebraucht hatte, um die Gewohnheiten und den Habitus eines verwöhnten, standesbewussten Sprösslings aus reichem Hause abzulegen, als der er mir auf den Fotos aus Ostrów entgegenblickte. „Ich hab's sofort begriffen", antwortete Salar. „Wenn du mittendrin steckst, denkst du nicht darüber nach, wie mies die Lage gerade ist. Also, schon irgendwann. Aber zunächst mal musst du sehen, wie du von einem Tag zum nächsten über die Runden kommst. Ein Dach über dem Kopf brauchst du, die allernötigsten Dinge für den Alltag, solche Sachen. Aber man setzt sich nicht hin und heult, weil man alles verloren hat. Dafür hast du gar keine Zeit. Oder vielleicht ist man auch nur zu jung, um wirklich verstehen zu können, was einem da Ungeheures zugestoßen ist."

*

Als im April 1940 eine Kampagne gestartet wurde, um den Menschen in den von der Roten Armee besetzten Gebieten sowjetische Pässe aufzunötigen und sie damit zu Sowjetbürgern zu machen, zogen es Hunderttausende von Juden und anderen polnischen Staatsbürgern vor, aus dem sowjetisch besetzten in den von der Wehrmacht besetzten Teil Polens zu ziehen. Einige von ihnen misstrauten den Russen, ja sie hassten die Sowjetunion sogar mit einer Heftigkeit, die auf ohnehin hohem Niveau weiter zunahm. Andere fürchteten, dass sie durch die Preisgabe ihrer polnischen Staatsbürgerschaft auf unbestimmte Zeit in der Sowjetunion festsitzen würden wie die Mäuse in der Falle. Wieder anderen hatte das Leben auf der Flucht, hatten die immer schlechter werdenden Lebensbedingungen in den Städten entlang der Grenze derart zugesetzt, dass sie nun meinten, zu Hause müsse es doch immerhin etwas besser sein.

„Mein Vater … wollte den sowjetischen Pass nicht annehmen. Er sagte, er erstickt in der hiesigen Luft.

Mein Vater wollte den sowjetischen Pass nicht annehmen und ließ sich wie alle unsere Nachbarn aus dem Bethaus für die Rückreise nach Hause registrieren.

Mein Vater wollte den sowjetischen Pass nicht annehmen, und meine Mutter überredete ihn, dass er uns für die Rückkehr registrieren lässt, weil wir dauernd vom Hunger bedroht waren.

Meine Eltern wollten die sowjetische Staatsbürgerschaft nicht annehmen, weil sie fürchteten, sie dürften dann Russland nicht verlassen.

Mama wollte die sowjetische Staatsbürgerschaft nicht annehmen, weil es hieß, dass wir dann nie mehr Russland verlassen und Vater wiedersehen könnten.

Mein Vater sah, dass das Leben bei den Sowjets immer schwerer wurde, und beschloss, uns für die Rückreise registrieren zu lassen.

Mein Vater ließ uns registrieren, weil von der anderen Seite Nachrichten herüberkamen, dass die Situation besser geworden ist und die Leute genug zum Leben verdienen, und hier wurde es immer schlechter."[7]

Und im „Protokoll Nummer 26", der Aussage meines Vaters, heißt es:

„Die Russen haben Plakate in den Gassen ausgehängt, man sollte sich registrieren kommen, und jeder, der heimfahren wollte, würde an den Ort geschickt werden, wo er hinwill. Da hat mein Vater nicht lang überlegt und hat einen Registrierungsbogen ausgefüllt, dass er zurück auf die deutsche Seite will, nach Ostrów Maz."

„Unser Vater hat die Kommunisten gehasst", erzählte mir meine Tante Regina später, ganz so, als hätte Zindel seine Entscheidung aus rein ideologischen Gründen getroffen, nach festen, nur eben leider irrigen Grundsätzen. Sie sagte mir nicht, was Hannans Zeugenaussage nahelegte, dass nämlich ihr Vater in eine tiefe, vollkommen teilnahmslose Depression verfallen war oder dass ihm ganz einfach die Fertigkeiten fehlten, um sich in der halsabschneiderischen Flüchtlingswelt im sowjetisch besetzten Gebiet zu behaupten.

Hunderttausende polnischer Staatsbürger mussten auf diese Weise die jeweiligen Vor- und Nachteile der deutschen und der sowjetischen Herrschaft gegeneinander abwägen, wobei ihre Überlegungen und ihr Wissen auf dem beruhte, was sie aus ihrem alten Leben kannten und aus früheren Kriegen wussten. So wägten sie also aktuelle Gerüchte über deutsche Gräueltaten gegen ihre Erinnerungen an die relative „Anständigkeit" der deutschen Besatzer im Ersten Weltkrieg ab, unter denen ein Mitglied des Teitel-Clans ja sogar als Bürgermeister amtiert hatte, und sie versuchten, ihre Überlebenschancen im stalinistischen Russland zu kalkulieren.

Nach einem Vortrag, den ich 2016 in Paris hielt, kam die Tochter eines einstigen polnischen Flüchtlings zu mir und erzählte, dass ihr Vater – aus dessen Familie manche überlebt hatten, während andere ermordet worden waren – sein ganzes restliches Leben lang vom Grübeln über die falschen Entscheidungen der Ermordeten gequält worden war. „Was solche Flüchtlinge sich selbst erzählen", sagte ich ihr, „ist immer eine Geschichte von richtigen oder falschen Entscheidungen", aber wie ich später herausfinden sollte, wurden die unterschiedlichen Schicksale, die den Flüchtlingen scheinbar gleichberechtigt offenstanden, sehr viel weniger von ihrem eigenen Sinnen und Trachten bestimmt, als sie selbst meinten, und sehr viel mehr von größeren, weitgehend zufällig waltenden Mächten.

Bereits im September 1939 hatte ein Deutsch-Sowjetischer Grenz- und Freundschaftsvertrag, der als eine Art zweites (und ebenfalls geheimes) Zusatzprotokoll zum Hitler-Stalin-Pakt fungierte, festgelegt, dass all jene, die aus dem sowjetisch besetzten Polen in das deutsche Generalgouvernement zurückkehren wollten, dies ungehindert tun sollten. Am 1. Juni 1940, zehn Monate nachdem seine Familie aus Ostrów geflüchtet war, betrat Zindel Teitel ein Büro der deutschen Repatriierungskommission, die zur Erfassung und Betreuung dieser Remigranten eingerichtet worden war, und füllte das Antragsformular für die Rückkehr seiner Familie aus, womit sein Name sowie die Namen seiner Frau und seiner Kinder auf die lange Liste von mehreren Hunderttausend Polen, Ukrainern, Weißrussen und Juden gelangte, die sich bereits für eine Rückkehr in ihre Heimatorte hatten registrieren lassen.

In der Woche darauf wurde der Antrag an ein sowjetisches Gericht in Bielsk Podlaski weitergereicht, einer Stadt südwestlich von Siemiatycze, wo die Familie Teitel am 5. Juli in Abwesenheit zur Ausweisung verurteilt wurde. Am 6. Juli wurden ihre Ausweisungsbescheide ausgefertigt – von Hand beschriftete Karteikarten, auf denen ihre Namen, Geburtsdaten, Wohnorte, Berufe, Nationalität, Ausbildung und Aufenthaltsort im Exil vermerkt waren.

Monate zuvor, am 19. Februar 1940, hatten B. Baschew, seines Zeichens Vorsitzender der Allgemeinen und Vereinigten Holzwirtschafts-Gewerkschaft (AVHG), und ein Vertreter des sowjetischen Volkskommissariats für innere Angelegenheiten (NKWD) eine Vereinbarung unterzeichnet, der zufolge die letztgenannte Organisation der erstgenannten 10 000 neue Zwangsarbeiter zuführen sollte. Die AVHG brauchte frische Waldarbeiter, weil die Reihen ihrer Mitglieder sich durch den „Winterkrieg" zwischen der Sowjetunion und Finnland zwischen November 1939 und März 1940 empfindlich gelichtet hatten.

Also wurden zwischen Mai und Juli 1940 gut 5000 Familien aus den westlichen Gebieten der sowjetischen Einflusssphäre deportiert, und bis zum Ende des Jahres kamen noch einmal 4250 dazu, die nach Norden gebracht wurden – unter ihnen auch die Familie Teitel.[8] In der Nacht des 7. Juli 1940 hämmerten um zwei Uhr morgens NKWD-Leute an die Teitel'sche Wohnungstür, um die Familie abzuholen. Hunderttausende erlitten dasselbe Schicksal:

„Am Freitagabend betraten bewaffnete NKWDisten unsere Wohnung und befahlen uns, unsere Sachen zu packen, weil wir nach Warschau fahren.

Am Freitag, um Mitternacht, pochte es heftig an unserer Tür, und mit Revolvern bewaffnete NKWDler befahlen uns, uns schnell anzuziehen.

Um zwei Uhr nachts kamen vier NKWDisten mit Revolvern in der Hand. Einer blieb an der Tür stehen, der zweite am Fenster, und sie erklärten, wir fahren nach Deutschland."[9]

Einzeln und für sich wurde jede dieser vielen Familien mitten in der Nacht aus dem Schlaf gerissen und in Wagen gestoßen, ganz allein hat jede von ihnen Todesängste ausgestanden – aber die Berichte darüber gleichen sich wie ein Ei dem anderen. Immer war es ein Freitagabend, der Sabbat hatte bereits begonnen. Immer kamen die Agenten mitten in der Nacht. Immer waren es vier bewaffnete NKWD-Leute.

„Die Inhaftnahme, das ist ein wichtiger Abschnitt im Lehrplan der allgemeinen Gefängniskunde, in der eine grundlegende gesellschaftliche Theorie als Basis nicht fehlt", sollte Alexander Solschenizyn zwei Jahrzehnte später in *Der Archipel Gulag* schreiben: „Ein schrilles nächtliches Läuten oder ein grobes Hämmern an der Tür. ... Der ungenierte stramme Einbruch der an der Schwelle nicht abgeputzten Stiefel des Einsatzkommandos. ... Alle Leute in der Wohnung sind nach den ersten Schlägen gegen die Tür vor Entsetzen gelähmt. Der zu Verhaftende wird aus der Wärme des Bettes gerissen, steht da in seiner halbwachen Hilflosigkeit, noch unfähig, einen klaren Gedanken zu fassen."[10]

Das Einsatzkommando, das in die Wohnung stürmte, wo Hannan damals schlief, teilte seinem Vater Zindel mit: „Jetzt fahrt ihr gleich im Sonderzug nach Hause", befahl den Teitels, sich anzuziehen und ihre Sachen zu packen. Dann wurden sie in einem Lastwagen zum Bahnhof gefahren und in einen roten Viehwaggon gepfercht (eine „Rote Kuh" – unter diesem Spitznamen sind diese Wagen in die Verkehrsgeschichte eingegangen). Der Waggon war bereits voll, fast fünfzig Menschen waren darin. Anders als die sogenannten Stolypin-Waggons, in denen seit der Oktoberrevolution in Russland die Gefangenen transportiert wurden, mussten die „Roten Kühe" sich nicht an den regulären Fahrplan halten und konnten deshalb überall- und nirgendwohin fahren – mit dem nächsten Halt mitten im Nichts. Den Passagieren – den *Insassen* – konnte man irgendein beliebiges Fahrziel angeben, oder man sagte ihnen überhaupt nichts.

Den Teitels sagte man, sie würden nach Warschau gebracht. Die brutale Überfüllung in einem Stolypin-Waggon wäre schon schlimm genug gewesen – dort lagen die Menschen buchstäblich aufeinander, die Sterbenden und die Toten zuunterst. Aber die „Roten Kühe" waren sogar noch schlimmer. Bis zu tausend Menschen wurden hier auf etwa 25 Wagen verteilt, eine Prozedur, die Stunden, manchmal gar Tage dauern konnte. Die schon drinnen waren, sahen nur wenig – die winzigen Fensterchen waren noch vergittert worden. Vor jedem Ausgang standen Posten der Konvoi-Eskorte mit Maschinengewehren. „Das *shtikenis* [die Stickigkeit] war nicht zum Aushalten", berichtete mein Vater in seiner Aussage. „Ein Stück Dreck sind wir allesamt gewesen. … Die Kinder haben den ganzen Tag gehungert, und die Erwachsenen, die dem Weinen der Kinder nur zusehen konnten, haben mitgeweint. Geholfen hat es aber nichts, und erst wenn die Kinder ganz verheult eingeschlafen sind und die Eltern neben ihnen, ist die Erlösung gekommen." Mitten in der Nacht „zwischen zwölf und eins, als wir schon schliefen, haben [dann] Soldaten heiße Suppe mit einem Stückel Brot gebracht." So war das übliche Vorgehen auf solchen Transporten: Nie genug zu essen und zu trinken, und wenn es doch etwas gab, dann wurde es nachts verteilt.

Abbildung 5: Flüchtlinge werden in eine „Rote Kuh" verladen.

Zwischen 1929 und 1931 hatten die Sowjets eine Million Bauern in „Roten Kühen" deportiert, die aus Moskau täglich und aus den Provinzhauptstädten einmal in der Woche abfuhren. Deutsche aus dem Wolgagebiet sowie Angehörige anderer Nationalitäten und Minderheiten, die auf dem Gebiet der Sowjetunion lebten, waren auf diese Weise in die Verbannung geschickt worden, und nun waren eben die Polen an der Reihe, Katholiken wie Juden, darunter auch Hannan, Regina, Zindel und Ruchela Teitel. Und sie wussten es zwar nicht, aber Ruchelas Schwester Mascha Halberstadt, ihr Ehemann Yosef und ihre Kinder Sarah und Hannania, bei denen sie in Siematycze gewohnt hatten, wurden ebenfalls deportiert – mit einem anderen Zug an einem anderen Tag.

Auch Emma Perelgric, die jüngere Cousine von Hannan und Regina, die bei den Teitels die Sommerferien verbracht hatte und mit ihnen nach Osten geflüchtet war, und ihr Vater Adam wurden deportiert. Als Emma am 6. September mit ihren Onkeln die Stadt verlassen hatte, befanden sich Adam und seine Ehefrau Sura mit dem gemeinsamen Sohn in Warschau. Ende September war dann auch Adam auf die sowjetische Seite hinübergefahren, um seine kleine Tochter in Białystok abzuholen und mit ihr nach Warschau zurückzukehren. In Białystok wurden sie zuerst zwei Wochen lang aufgehalten, weil Emma krank war, und dann zusammen mit ihren Schleusern aufgegriffen und festgenommen, als sie schon auf dem Rückweg waren. Seinem Ausweisungsbescheid zufolge war Adam am 29. Juni 1940 festgenommen und zur Verbannung verurteilt und am 10. Juli deportiert worden. Glaubt man den Unterlagen, so wurde Emma schon drei Tage vorher abtransportiert, auch wenn sie in meinen Interviews mit ihr immer darauf bestanden hat, ihr Vater und sie seien zusammen weggebracht worden.

Zu dem Zeitpunkt, als die Teitels, die Perelgrics und die Halberstadts deportiert wurden, gab es in Ostrów – mit Ausnahme von einigen Dutzend Schneidern, Handwerkern, Gärtnern und anderen Fachleuten, die man zum Dienst für die deutschen Besatzer in der Stadt am Leben gelassen hatte – keine jüdischen Einwohner mehr. Warschau, wo Sura Perelgric und ihr Sohn Daniel verblieben waren, stand ebenfalls unter deutscher Besatzung. Mutter und Sohn lebten weiter in ihrer Wohnung in der Ulica Sienna 72, bis sie schließlich in die Marszałkowska umgesiedelt wurden, die innerhalb des Warschauer Ghettos lag.

Was aber die Deportierten betrifft: Ihre Züge setzten sich meist am frühen Morgen in Bewegung, und ihre Insassen verstanden schon bald, dass man sie keineswegs in Richtung Westen, nach Warschau oder Ostrów Mazowiecka, transportierte, sondern vielmehr nach Osten, einem unbekannten Ziel zu. Ob sie nun einige Tage oder aber Monate unterwegs sein würden – wer konnte das schon sagen?

4
Ukasniks in der Sowjetunion

Als Zwangsarbeiter
in Archangelsk und Komi

„Man verlud uns in dunkle Waggons.

Man verlud uns in fensterlose Waggons.

Man verlud uns in enge und dreckige Waggons.

Man steckte uns in Güterwaggons, die verplombt wurden.

Man steckte uns in Güterwaggons zu je achtzig Personen und verplombte die Tür.

Man steckte uns in Waggons, in denen es eng und dreckig war, und wir lagen übereinander.

Man hielt uns vierundzwanzig Stunden lang ohne Wasser noch Brot.

Vierundzwanzig Stunden lang standen wir auf dem Bahnhof, und man gab uns weder zu essen noch zu trinken.

Wir standen einen ganzen Tag und eine ganze Nacht ohne Brot und Wasser.

Zwei Tage und zwei Nächte hielt man uns in verplombten Waggons ohne Essen und Trinken auf der Station.

Der Zug stand von Freitag bis Sonntag, und man gab uns nichts zu trinken und zu essen.

Der Zug setzte sich in der Nacht in Bewegung."[1]

Hannan reiste in völliger Dunkelheit, stehend oder nur halb sitzend, während die jüngeren Kinder am Boden des Waggons zusammengekauert schliefen. Gegen vier Uhr morgens, als der Zug das weißrussische Baranawitschy passierte, flackerten Lichtstreifen durch die Ritzen in den Bretterwänden und dem Boden des Wagens, aber er konnte nicht ausmachen, was sie bedeuteten. Als im Morgengrauen die „Rote Kuh" im Bahnhof von Minsk zum Stehen kam, schlichen sich Einheimische an den Zug heran und verrieten seinen Eltern, wo sie sich befanden. „Alle erfahren früher oder später in ihrem Leben", schreibt Primo Levi, „dass vollkommenes Glück nicht zu verwirklichen ist, doch nur wenige stellen auch die umgekehrte Überlegung an: dass es sich mit dem volkommenen Unglück geradeso verhält."[2] Levi hatte ein annähernd „vollkommenes Unglück" zuerst erfahren, als er nach Auschwitz deportiert wurde. Hannans neun Monate als Flüchtling – das Chaos, der Verfall seines Vaters – waren schrecklich gewesen, aber die Fahrt in der stickigen „Roten Kuh", auf unbekannte Dauer und mit unbekanntem Ziel, ohne Wasser und Nahrung, musste für ihn die erste Begegnung mit dem vollkommenen Unglück gewesen sein, dachte ich. „Den ganzen Tag haben wir hungern müssen und unter Tränen um ein Fitzel Brot gebettelt, haben uns die Augen ausgeweint, aber *es hat geholfen vi a toydten bankes*", heißt es in seiner Zeugenaussage – „wie Schröpfgläser bei einer Leiche". „Die Kinder haben den ganzen Tag gehungert, und die Erwachsenen, die dem Weinen der Kinder nur zusehen konnten, haben mitgeweint."

Einheimische, die versuchten, an den Ritzen der Waggons Brot zu verkaufen – oder auch nur aus Barmherzigkeit welches hineinschmuggeln wollten –, wurden weggejagt. Das Loch, das zur Entsorgung von Exkrementen in den Boden des Waggons geschnitten worden war, erwies sich als völlig unzureichend. Nach einer Woche Fahrt litten sämtliche Insassen an der Ruhr, waren durch die Krankheit so sehr geschwächt, dass sie es nicht einmal mehr bis zu jenem Loch schafften, das ihnen als Toilette diente und um das sich alle kurz zuvor noch gestritten hatten. Ein schrecklicher Gestank, an den sich viele Überlebende in ihren Berichten erinnern, stieg von den Körpern der Lebenden und von den Leichen der Toten auf, welch Letztere einfach im Waggon liegen gelassen wurden, bis man sie schließlich herauszog – manchmal beim nächsten Halt, manchmal aber auch erst am Ende der Reise. „Als in Solikamsk ein Transport aus Leningrader Gefängnissen entladen wurde (1942), war der ganze Bahndamm mit Leichen bedeckt, nur wenige Insassen kamen lebend an", berichtet Solschenizyn in *Der Archipel Gulag*. „In der Station Suchobeswodnaja geschah's oft genug, dass man erst nach dem Öffnen der Waggontüren erfuhr, wie viele lebendig, wie viele tot angekommen waren: Wer nicht herausgekrochen kam, war mithin tot."[3] Solschenizyn nennt die „Roten Kühe" den „verflucht[en] rote[n] Viehexpress" und eine „Sklavenkarawane".

Anders als seine Tante Sura Perelgric, die im von den Nazis besetzten Warschau festsaß, erlebte mein Vater im Juli 1940, in den Wochen seiner erzwungenen

Wanderschaft im Bauch der „Roten Kuh", eine Art des Leidens, die nicht allein die Juden betraf. Schon Jahrhunderte bevor Hannan den Viehwaggon bestieg, hatte man in Russland die Verbannung in entlegene Gebiete als ein probates Mittel praktiziert, um politische Gegner oder missliebige ethnische Minderheiten aus dem Weg zu schaffen – und dabei oft genug auch zu Tode zu bringen. Das russische Reichsgesetzbuch von 1649 verlieh der Obrigkeit die Macht, entlaufene Leibeigene, Aufrührer, Räuber, Diebe, religiöse Abweichler, Fälscher, Bettler und viele, viele andere (darunter auch „einen jeden, der seine Pferde so mit einer schwangeren Frau zusammenstoßen lässt, dass sie eine Fehlgeburt erleidet") zur „ewigen Verbannung" in Sibirien zu verurteilen. Unter der Herrschaft Peters des Großen (1682–1725) wurden – aus „Staatsräson" – zahlreiche Gegner von Zar Peters Modernisierungsprogramm in die Verbannung geschickt. In den Jahren 1928/29, während ihrer Kampagne gegen „sozial fremde Elemente" und „Bourgeois" aus der Zeit vor der Revolution, deportierten die Sowjets Angehörige des einstigen Adels, vormalige Offiziere der Zarenarmee und Intellektuelle aus Moskau und Leningrad in den hohen russischen Norden. Und zwischen 1929 und 1933, in der Phase der Zwangskollektivierung, wurden enteignete Bauern, die man als „Kulaken" (reiche Großbauern) eingestuft hatte, aus ihrer innerrussischen Heimat in das sibirische Nichts verschleppt – 1 803 392 waren es allein in den beiden Jahren 1930/31, das nannte sich dann „Entkulakisierung". In den Jahren 1935–1940 folgte die Zwangsumsiedlung der Minderheitenvolksgruppen im Sowjetreich: von Russlanddeutschen und Tschetschenen, Letten, Esten und Litauern, aber auch Kalmücken, Balkaren, Karatschaiern, Türken, Russlandkoreanern und Polen. In der Zeit von 1939 bis 1941 wurden rund 1,2 Millionen polnische Staatsbürger deportiert, darunter – nach Aussage polnischer Quellen – etwa 600 000 ethnische Polen, 200 000 Ukrainer und Weißrussen sowie 400 000 Juden.[4]

Hannah Arendt hat in ihrem Hauptwerk *Elemente und Ursprünge totaler Herrschaft* 1951 das Schicksal der Millionen Opfer des sowjetischen Straf- und Verbannungssystems als ein Phänomen beschrieben, das in den Verbrechen des nationalsozialistischen Deutschland seine Entsprechung gefunden habe. Nur war im Westen weniger bekannt über die ungeheure und grausame, zugleich jedoch vollkommen unpersönliche sowjetische Unterdrückungsmaschinerie, noch war deren Grausamkeit ein Teil jenes Phänomens, das wir „den Holocaust" nennen. Doch unter den polnischen Juden, die nach Russland deportiert wurden, gab es keinen Primo Levi, keinen K. Zetnik, keinen Aharon Appelfeld.

Es gab keine Fotos ausgemergelter Gestalten hinter Stacheldraht. Aber immerhin gab es die „Protokolle", aus denen hervorgeht, wie jeder einzelne Mann, jede Frau, jedes Kind den Schock der neuen Gefangenschaft erlebte und erlitt:

> „Wir dachten, wir fahren nach Hause, und erst nach einiger Zeit begriffen wir, dass wir nach Russland verbannt waren. Alle begannen zu weinen. Als wir Kinder sahen, dass die Älteren weinen, fingen wir noch lauter zu weinen an.

> Wir begannen zu weinen und mit den Fäusten gegen die Tür zu hämmern.

> Die Kinder weinten und riefen nach Essen."⁵

Als der Zug schließlich am Moskauer Passagierbahnhof anhielt, flehte Ruchela einen sowjetischen Soldaten in ihrer russischen Muttersprache um Erbarmen an. Der jedoch sagte ihr rundweg: „Wo du hinkommst, kommst du niemals wieder raus. Du und deine Kinder werden da sterben, und keiner wird wissen, was aus euch geworden ist." Andere Kinder sangen im Zug ein jiddisches Lied, dessen Text übersetzt wie folgt lautete: „Mama, ich will nicht vergessen, wer ich bin und woher ich komm und wer meine Eltern sind. Mama, das ist kein Land für mich."⁶ Dann verfielen sie in ein tiefes Schweigen, während draußen die Landschaft immer wilder, die Wälder immer dichter und endloser wurden. Es war, als führen sie von dieser Erde fort.

*

Im Sommer 2013 reiste ich von New York nach Russland und Usbekistan, wo ich den Transportweg meines Vaters von Siemiatcyze nach Sibirien nachverfolgen wollte. Bei der Vorbereitung hierzu, die schon mehrere Monate vor meiner Abreise begann, stieß ich immer wieder auf Orte und Menschen, wie ich sie in New York City noch nicht gekannt hatte: ein russisches Reisebüro am Kings Highway in Brooklyn etwa, wo alles machbar und alles kein Problem war, und das binnen Minuten und für kleines Geld; den Professor aus Buchara, der angeblich Daten zu den polnischen Flüchtlingen in Zentralasien sammelte, aber dessen angebliche Referenzen ich online nie bestätigen konnte; oder einen Mann mit vielen Namen – Wiktor Aslanow (oder auf Englisch: Viktor Aslanov), aber er nannte sich auch Wiktor Piroschkow –, der in Moskau lebende Vater meiner russischen Babysitterin, der sich erbot, mich auf meiner Reise nach Sibirien zu begleiten. Die Babysitterin, eine warmherzige, aufgeweckte, unternehmungslustige junge Frau von zwanzig Jahren, war der Meinung gewesen, dass ihr Vater, den sie mir als einen bestens vernetzten Geschäftsmann beschrieb, in Russland mehr Türen für mich werde öffnen können als jeder professionelle Fremdenführer. Wiktor sprach nur ein wenig Englisch, weshalb sie vorschlug, doch gleich selbst als Dolmetscherin mitzukommen.

Eine Reise von Polen nach Sibirien erwies sich als eine größere Herausforderung, als ich erwartet hatte. Vor allem hatte ich die großen Entfernungen unterschätzt, und dort, wo ich hinwollte, gab es keinen direkten Personenzugverkehr – keine „Roten Kühe", die mich an jedem beliebigen Punkt dieses riesigen Landes hätten absetzen können. Um aber mit mehreren Zügen und wiederholtem Umsteigen an mein Ziel zu kommen, fehlte mir schlicht die Zeit. Je länger ich die russische Landkarte anstarrte, desto mutloser wurde ich.

Außerdem wusste ich gar nicht, wohin genau Hannan mit seiner Familie verbannt worden war. (Erst später konnte ich die Ausweisungsbescheide für Regina, Zindel, Ruchela und ihn aufspüren, aus denen hervorging, dass sie an einen Ort namens Posiołek Ostrowski in der Oblast Archangelsk gekommen waren.) Ich löcherte Regina und Emma und versuchte, ihnen einen Namen, einen Ort, eine Beschreibung ihrer Fahrt zu entlocken. Seid ihr zehn Tage gefahren oder zwei Wochen? War um das Lager, in das ihr gekommen seid, ein niedriger oder ein hoher Zaun? War es dort warm oder kalt? Wie kalt genau? Wie alle Schatzsucher und Familienforscher war ich besessen davon, möglichst präzise Informationen zu erhalten – und diese Besessenheit steigerte sich langsam ins Absurde: War es *diese* Hütte? War die Baracke aus Holz? Irgendwann hatte Regina einmal gemeint, sich an den Namen „Posolok Ostrowski" (oder so ähnlich) zu erinnern – „Aber ich bin mir nicht ganz sicher. Vielleicht ist es das. Ich kann mich wirklich nicht mehr gut erinnern." Diesen Ort fand ich jedoch auf keiner Karte verzeichnet, weder auf der Karte der Gulags noch auf einer normalen Landkarte. Vielleicht war die Bezeichnung – „Ostrowski" konnte immerhin so viel heißen wie „aus Ostrów" – ja auch nur ein Spitzname für das Lager, weil dort eben so viele „Ostrówer" interniert waren? Als ich meine Tante nach dieser Möglichkeit fragte, war sie sich wieder unsicher, wie sie sich auch bei „Archangelsk" unsicher war, von dem sie bislang immer gedacht hatte, dass es von allen Deportierten benutzt worden war – aber nicht im wörtlich-konkreten Sinn, sondern um einen fernen und entlegenen Ort zu charakterisieren. Immer wieder sagte sie, sie sei sich nicht ganz sicher, und hasste es geradezu, über Dinge zu sprechen, an denen sie auch nur den geringsten Zweifel hatte. „Erzähl mir doch mal von der Landschaft, durch die ihr gefahren seid", sagte ich. „Wie viele Tage wart ihr unterwegs? Wart ihr lange unterwegs? Einen Monat? Oder zwei Wochen?" – „Ich weiß es nicht, ich weiß es einfach nicht."

Im Juni 1940, dem Monat, in dem Hannan und Regina deportiert wurden, gab es drei Internierungskategorien, nach denen sie hätten zur Verbannung verurteilt werden können.

Es gab „normale" Haftanstalten wie die Lubjanka, das damalige KGB-Hauptquartier und -Zentralgefängnis in Moskau, wo prominente Gefangene wie Raoul Wallenberg und General Władysław Anders inhaftiert, gefoltert und oft auch ermordet wurden.

Zweitens gab es die Gulags, deren „Archipel" von Straflagern für „politische Dissidenten" über die gesamte Sowjetunion verstreut lag. Am Vorabend des Zweiten Weltkriegs war die *Glawnoje Uprawlenije isprawitelno-trudowych Lagerei* – „Hauptverwaltung der Umerziehungs- und Arbeitslager", aus der russischen Bezeichnung ergibt sich das Kurzwort „GULag" – bereits für rund 1,5 Millionen Gefangene zuständig. Unter ihnen befanden sich auch schätzungsweise 100 000 polnische Deportationsopfer, die als „politische Gefangene" ins Lager geschickt worden waren.

Und dann gab es da noch die *posiołki*, wie sie auf Polnisch hießen, die „Sondersiedlungen": jene Kolonien von Zwangsumgesiedelten, die im russischen Zarenreich erfunden und von Stalin perfektioniert worden waren. Ihr hauptsächlicher Zweck war es, die entlegensten Regionen des Sowjetreiches zu besiedeln und zu erschließen. Dazu nahm man ganz einfach eine irgendwo ansässige Population – entweder eine ganze ethnische Minderheit oder aber sogenannte „Subversive", wie Zindel Teitel einer war –, verschleppte sie und ihre Familien in eine menschenleere oder nur dünn besiedelte Gegend – dort werden sie dann, schon allein aus dem eigenen Überlebenswillen heraus, einen festen Stützpunkt errichten. Man nannte sie „Ukasniks", diese Arbeitssklaven, die ganz einfach „per Ukas" irgendwohin geschickt wurden. Eingesetzt wurden sie bei spezifischen Industrialisierungsprojekten und anderen staatlichen

Großvorhaben, so etwa, als die Allgemeine und Vereinigte Holzwirtschafts-Gewerkschaft das Eisenbahnnetz in der nördlichen Sowjetunion aufbauen und erweitern sollte. Zwischen Mai und Juli 1940 „lieferte" das NKWD der AVHG 4844 polnische Familien (von 5000 „bestellten"), von denen 1040 in die Oblast Archangelsk transportiert wurden, 850 in die Republik Komi und der Rest nach Sibirien.[7] Unter ihnen befanden sich auch Hannan und seine Familie. Offiziell waren sie zwar keine Gefangenen – um die *posiołki* herum gab es keinen Stacheldraht, keine Wachleute –, aber de facto konnten sie dort nicht weg; wohin hätten sie auch fliehen sollen?

Einer Karte der Gulags und „Sondersiedlungen", die das United States Holocaust Memorial Museum erarbeitet hat, entnahm ich, dass die größte Dichte an polnischen Staatsbürgern unter den Deportierten sich in Komi befunden zu haben scheint, einer im mittleren Norden Russlands gelegenen Ebene am Fuß des Urals – östlich von Archangelsk, aber westlich des sibirischen Tieflandes. Die Region Komi wurde vor allem während des Zweiten Weltkriegs „besiedelt", obgleich die Angehörigen des finno-ugrischen Volkes der Komi dort schon seit eh und je gelebt hatten. Komi liegt in etwa auf demselben Breitengrad wie Archangelsk am Eismeer, und durch einen sonderbaren Zufall war es auch die Geburtsgegend von Wiktor Aslanow, der sich erbot, mit mir nach Syktywkar zu reisen, in die Hauptstadt der Republik Komi. Die Entfernung von Siemiatycze nach Syktywkar beträgt 2432 Kilometer. Wiktor schlug vor, dass wir auf der Hälfte der Strecke, ab Moskau, ins Flugzeug umsteigen sollten: Von dort verblieben noch 1297 Kilometer, das entspricht einem Flug von gut zwei Stunden. „Lassen Sie uns lieber mit der Bahn fahren", schrieb ich ihm über seine Tochter zurück – eine Zugfahrt von 28 Stunden, auf der ich immerhin einen – freilich nur sehr dürftigen – Eindruck von der Odyssee meines Vaters würde erhalten können. Zwei Tage bevor Wiktors Tochter und ich eigentlich zusammen nach Moskau aufbrechen sollten, saß die sonst so zuverlässige Babysitterin vor mir auf der Couch und beichtete unter Tränen und verzweifelten Entschuldigungen, dass ihr russischer Reisepass abgelaufen war. Sie musste mir leider absagen.

Aufgrund anderer Verpflichtungen konnte Salar nicht für sie einspringen, obwohl wir schon vereinbart hatten, dass er auf dem zweiten Abschnitt meiner Reise, in Usbekistan, dazustoßen würde. Damit war ich also in Russland zunächst auf mich allein gestellt – oder besser gesagt: Ich war ganz und gar auf

Wiktor Aslanow angewiesen, jenen groß gewachsenen, blassen, kahlköpfigen Geschäftsmann in schwarzen Prada-Flipflops und Bandana, der mich, einen großen silbernen Kreuzanhänger vor der Brust und einen Strauß weißer Rosen in der Hand, am 2. Juni 2013 in der Ankunftshalle des Flughafens Moskau-Wnukowo in Empfang nahm.

Zwei Wochen nachdem die Teitels in ihre „Rote Kuh" gesperrt worden waren, öffneten sich die Türen des Waggons, und Hannan, Regina und ihre Eltern stiegen an einem unbekannten Haltepunkt aus. Dann wurden sie auf einem Pferdewagen etwa zwanzig Kilometer zu einer kleinen Siedlung mit ein paar Dutzend Baracken gefahren. Russische Kulaken – vergleichsweise wohlhabende Bauern –, die vor ihnen hierher verbannt worden waren, hatten die Barracken errichtet und anfangs mit ihren Familien selbst bewohnt – je acht Personen oder zwei Familien mussten sich einen Raum teilen. Danach waren die Kulaken entweder umgekommen (zwischen 1929 und 1932 waren 51 Prozent der 300 000 „Sondersiedler" im Raum Archangelsk an Hunger oder ansteckenden Krankheiten gestorben) oder erneut umgesiedelt worden – oder man hatte sie zu Aufsehern befördert.

Aber trotz allem: Nach den Maßstäben des „Archipels Gulag" – und wohl nur dort – konnten die Teitels sich glücklich schätzen. Sie hatten Glück gehabt, weil sie im Juli angekommen waren, dem wärmsten Monat des Jahres. Sie hatten Glück, weil sie ihre Mäntel dabei hatten und so den Frost von bis zu −50 °C, der ihnen im Winter bevorstand, zumindest ein wenig mildern konnten. Sie hatten Glück, weil man sie bei einer Gruppe schon erfahrener Zwangsarbeiter einquartierte: einer jüdischen Familie aus Warschau, die zwei Monate vorher eingetroffen war und den Neuankömmlingen zeigen konnte, wie man der Heere von Flöhen, Läusen, Mäusen, Mücken und Blutegeln Herr werden und die hungrigen Wölfe und Bären vertreiben konnte, die in den umliegenden Wäldern lebten und auf der Suche nach Nahrung immer wieder in die Nähe der Baracken kamen. Sie hatten Glück, weil in ihrer Baracke nur acht Personen untergebracht waren – in manchen Siedlungen waren es dreißig, fünfzig oder gar achtzig Menschen, die sich eine Baracke teilen mussten. In manchen Siedlungen gab es keine Betten, und die Verbannten mussten sich selbst welche bauen. In manchen Siedlungen gab es noch nicht einmal Baracken, und die Verbannten mussten so lange auf dem blanken Erdboden schlafen, bis jede Familie sich eine Unterkunft errichtet hatte. Manche durften sich aber auch keine Baracke bauen, sondern mussten auch bei Regen und Schnee in einfachen Zelten hausen. Hannan hatte Glück gehabt, und er sollte auch weiterhin Glück haben – auch wenn das, so formuliert, wie ein schlechter Witz klingt. Am Abend ihrer Ankunft wurden sie mit dem Slogan „Wer nicht arbeitet, wird auch nicht leben!" in Empfang genommen. Am nächsten Morgen mussten Hannan, Ruchela und Zindel in den Wald marschieren, während man Regina in eine Behelfsschule brachte; nach den sowjetischen Regularien mussten Kinder über dreizehn Jahren arbeiten und Kinder unter dreizehn Jahren die Schulbank drücken.

*

Am Steuer seines SUV, eines schwarzen BMW X5, dessen Inneres im Takt leiser Technomusik sanft vibrierte, hörte mir Wiktor Aslanow aufmerksam zu, als ich ihm die Geschichte meines Vaters erzählte – erschien davon aber nicht sonderlich ergriffen. Auch schien er den Zweck meiner Reise nicht ganz zu begreifen. Es wäre ihm viel lieber gewesen – das verstand ich schnell, sogar bei seinem holprigen Englisch –, mir Moskau und Sankt Petersburg zu zeigen, *seine* wunderschönen Städte, anstatt ausgerechnet nach Komi zu fahren. Ja, auf die Zugfahrt nach Syktywkar wollte er sich einlassen, aber erst, nachdem wir anderthalb Tage in Moskau verbracht hatten. Als ich ihn nach unserer Abfahrtszeit nach Syktywkar fragte, antwortete er: „Elvis und Sinatra", was in mir die schlimme Ahnung aufsteigen ließ, dass er von meinen bisherigen Ausführungen womöglich kein Wort verstanden hatte.

„Alles gut, keine Sorge", das war sein Mantra, und er erschien völlig zufrieden und entspannt – ganz anders als die freundliche junge Russin, die auf meinem (überraschenderweise erstklassigen) Transaero-Flug von New York nach Moskau neben mir gesessen hatte. Im Flugzeug war sie gesprächig und hilfsbereit gewesen, aber sobald wir russischen Boden betreten hatten, wurde sie nervös und machte sich schnell davon. „Noch in den späten 1980er-Jahren – als ich selbst zum ersten Mal die Sowjetunion bereiste – begegneten viele Russen Ausländern mit Misstrauen, behandelten sie wie Luft oder vermieden es, auf der Straße Blickkontakt mit ihnen aufzunehmen", hatte ich in Anne Applebaums 2003 erschienenem Buch *Gulag* gelesen, das meine Reiselektüre war.[8] In diesem Punkt zumindest hatte ich also wohl eine gute Wahl getroffen, als ich mich unter die Fittiche eines wohlhabenden, dem Anschein nach bestens vernetzten – und wirklich umgänglichen – Moskowiters begab.

Wiktors Appartement befand sich in einem der protzigen neuen Wohntürme von Moskau, die sich mit ihrem Talmiglanz hoch über teils noch unbefestigte Straßen, bröckelnde Plattenbauten aus der Sowjetzeit und verwahrloste, traurig anzuschauende Spielplätze erheben. Bei Wiktor gab es raumhohe Fenster, eine Kücheninsel aus Marmor samt Nespresso-Maschine und einem Satz Profimesser von Wüsthoff, ein Bad in schwarzem Granit mit grauen Plüschhandtüchern, ein großes Schlafzimmer in Cremetönen mit schwarzer Satinbettwäsche und Samtlaken, ein zweites, etwas kleineres Schlafzimmer in schreiendem Pink („für meine Tochter") sowie ein digitales Musiksystem, das loslegte, sobald man einen Lichtschalter betätigte. Die Wände hatte ein Experte gestrichen, den Wiktor eigens aus der Ukraine einfliegen ließ, und die Kronleuchter waren ein Direktimport aus Deutschland. „In Russland kann man nur reich werden, wenn man Beziehungen hat, Beziehungen zur Regierung – deshalb haben hier im Haus auch so viele Regierungsleute eine Wohnung gekauft", sagt er ganz ungerührt, als wir in der Lobby des auf Hochglanz polierten Turms aus schwarzem Granit gerade an einigen Schwerbewaffneten vorbeigehen, die aussehen wie ein Spezialkommando der Polizei und Wiktor mit einem Nicken grüßen. „Sind nur die Pförtner", meint er, „keine Sorge. Alles gut."

Teils interessierte sich Wiktor wohl deshalb nicht besonders für Hannans Geschichte, weil Verbannung und Zwangsarbeit in jeder russischen Familiengeschichte vorkamen, auch in seiner eigenen: Seine Mutter war von Moskau in eine „Sondersiedlung" nach Komi gebracht worden. Aber wie die meisten Russen hatte er nur bruchstückhafte Kenntnisse davon, was seiner Mutter und dem ganzen Land in seiner ferneren und jüngeren Vergangenheit tatsächlich widerfahren war: „[A]uch in einem Vierteljahrhundert haben wir niemanden von ihnen gefunden, haben wir niemanden von ihnen vors [sic] Gericht zitiert", schrieb Alexander Solschenizyn 1973 über das Fehlen jeglicher Strafverfolgung gegen diejenigen, die für Verschleppung und Zwangsumsiedlung, für Hunger und Ausbeutung, für Misshandlung und Mord in Millionen von Fällen verantwortlich waren. Und in den Jahrzehnten, die seit Solschenizyns Anklage vergangen sind, hat sich daran nichts geändert.[9]

Aber ganz vergessen war die russische Vergangenheit dann doch nicht, dachte ich, als ich auf dem Lubjanka-Platz stand und das gar nicht besonders ausgewiesene Bürogebäude im Stil der Neorenaissance anstarrte, in dessen Folterkeller so viel Schreckliches geschehen war und das jetzt die Touristen mit ihren Kameras flankierten. Dieser vormalige Sitz der Allgemeinen Russischen Versicherungsgesellschaft, der dann später als Hauptquartier und Zentralgefängnis des KGB gedient hatte, beherbergt heute ein KGB-Museum und ein KGB-Café, in dem man seinen Snack an einem „echten Geheimdienstschreibtisch" verzehren kann. Aber noch immer wird der Komplex auch vom russischen Inlandsgeheimdienst FSB, als „Föderaler Dienst für Sicherheit der Russischen Föderation" die Nachfolgeorganisation des einstigen KGB, sowie als Gefängnis genutzt. Die russische Vergangenheit lebt in der Gegenwart weiter als eine Mischung aus selektivem Gedenken, künstlicher Nostalgie und staatlich verordnetem Vergessen, während die eigentliche russische Gegenwart ohne Verbindung zu einer auch nur halbwegs kohärenten Vergangenheit gelebt wird.

„Doch wozu an all dies sich erinnern?", fragte Solschenizyn einst. „Wozu die Wunden aufrühren bei denen, die dazumal in Moskau oder außerhalb in einem Sommerhäuschen lebten, Zeitungsartikel schrieben, zündende Reden hielten, Kur- und Auslandsreisen unternahmen? Wozu sich daran erinnern, wenn es auch heute noch so ist?"[10]

Ich hatte mir Hannans Leben in der Sowjetunion immer als ein schreckliches, aber zeitlich doch immerhin klar umgrenztes Kapitel seiner Biografie vorgestellt, das geendet hatte, sobald er und die anderen Verschleppten endlich über die sowjetische Grenze in den Iran gelangt waren. Erst in Russland wurde mir dann klar, dass dieses Kapitel damit keineswegs abgeschlossen war, sondern für Millionen von anderen Männern, Frauen und Kindern noch jahrelang die bittere Realität darstellte. Hannah Arendts Studie über die *Elemente und Ursprünge totaler Herrschaft* hatte ich früher immer als Analyse eines dunklen, jedoch glücklicherweise vergangenen Zeitalters gelesen – doch als das Buch 1951 in englischer Sprache erstmals erschien, lebte Stalin noch, und die „Roten Kühe" transportierten noch immer Arbeitssklaven kreuz und quer durch die Sowjetunion. „Von dem, worüber Arendt und Solschenizyn schreiben, hatte ich in der Schule nie etwas gehört oder gelesen", sagte mir einmal Natalija Kolmogorowa, eine junge Austauschstudentin aus Moskau, nachdem wir sowohl die *Elemente* als auch den *Archipel Gulag* gemeinsam im Oberseminar gelesen hatten. Und so ging es auch Wiktor: Von seinen eigenen Erlebnissen in der Sowjetunion abgesehen, wusste er wenig, allzu wenig.

Allen Vorbehalten Wiktors zum Trotz war ich fest entschlossen, das Moskauer Gulag-Museum zu besuchen. Über den Gulag erfuhr ich dort allerdings nur wenig, umso mehr dafür über das Leben Leo Trotzkis – jedenfalls gab es von ihm jede Menge undatierte und ohne jeden Zusammenhang dargebotene Fotos. Ich fragte mich, wer um alles in der Welt die (zweifellos immensen) Kosten für diese Einrichtung in allerbester Lage trug – das Museum befindet sich eingezwängt zwischen den Läden von Gucci und Prada auf der Aslanowska-Straße und wird von bewaffneten Wachleuten und Polizisten in Zivil gesichert. Ein paar deutsche Touristen geisterten durch die Räume, aber Einheimische sah ich – mit Ausnahme von Wiktor – keine. Danach aßen wir Sushi auf dem Arbat und nahmen später unser Abendessen im Café Puschkin ein, einem gehobenen Lokal im zaristisch angehauchten Retrolook, wo alles sündhaft teuer war und die Tische von reichen Ausländern in Designerjeans und Maßanzügen bevölkert wurden. Die Speisekarte war traditionell, die Einrichtung wie aus dem 19. Jahrhundert, und die Kellner waren ausstaffiert, als hätte man sie aus einem Tolstoi-Roman abgeworben – dabei gab es das Restaurant erst seit sieben Jahren.

Die Moskauer Metro mit ihrem 400 Kilometer langen Streckennetz, ihren unterirdischen Prachtbahnhöfen und Statuen, Friesen und Wandgemälden und Intarsien, dieses Wunderwerk des öffentlichen Nahverkehrs, mit dem Wiktor und ich von der Station Krasnoselskaja zum Roten Platz gefahren waren – auch sie ist von Zwangsarbeitern erbaut worden, wie mein Vater und seine Eltern welche waren. Die *Moskowskoje metro* ist so herrlich wie Ehrfurcht einflößend, architektonisch teils streng, teils verspielt, und so ganz anders, als ich es von den verdreckten, aber stets betriebsamen Stationen der New Yorker Subway gewohnt war. „Viele Dutzend Arbeiter sind bei den Tunnelbauarbeiten tief unter den Straßen Moskaus zu Tode gekommen. An sie denkt heute so gut wie niemand mehr, aber das Ergebnis ihrer Arbeit ist der große Stolz von Moskau und ganz Russland – sowie das vermutlich bizarrste, wunderbarste, effizienteste, meistgenutzte und noch dazu billigste U-Bahn-System der Welt", las ich am selben Abend – auf meinem knallpink-samtigen Bett in Wiktors Gästezimmer liegend – in einem Artikel des britischen *Guardian*. Die Aufnahmen des brasilianischen Fotografen Sabastião Salgado von Goldschürfern im Amazonasgebiet kamen mir in den Sinn: Tausende von Körpern, die ameisenhaft wuselnd ihre gemeinsame Arbeit verrichten. Hannan Teitel, mein Vater: eine Ameise, ein bloßer Körper, ein Leibeigener Stalins.

*

Um zwei Uhr morgens ertönte eine Alarmglocke. Das war das Signal an die Gefangenen, dass sie nun mit dem Verladen des am Vortag geschlagenen Holzes beginnen sollten. Die Stämme wurden auf Lastwagen gehievt und zu einem Bahnhof gebracht, wo man sie auf Eisenbahnwaggons umlud. Wer es wagte, einmal nicht „hervorragende Arbeit" zu leisten, riskierte einen „Eintrag", der im schlimmsten Fall zu einer sechsmonatigen Haftstrafe führen konnte. Das Alarmsignal verstummte erst, wenn alle Stämme verladen waren. Keiner der Zwangsarbeiter – noch nicht einmal die Kinder unter ihnen – durfte vorher in die Baracken zurückkehren. Anschließend mussten Zindel und Ruchela in den Wald marschieren, um das Arbeitspensum des neuen Tages zu beginnen: Sie fällten Bäume, entasteten sie und zerteilten die Stämme, zogen die mächtigen Holzstücke zurück zur Siedlung.

Alle Familien, die man nach Komi und Archangelsk deportiert hatte, waren nun in der Forstwirtschaft beschäftigt, vermerkte M. Konradow, seines Zeichens Leiter der Abteilung für Sondersiedlungen beim NKWD, in seinem Bericht für das Jahr 1940. Um in die Mitte des Waldes zu gelangen, die etwa dreizehn Kilometer entfernt lag, mussten Zindel und Ruchela sich ihren Weg durch Dornen und Dickicht bahnen, bis ihre Arme und Beine von tiefen, blutigen Schrammen überzogen waren. Beim Roden des Buschwerks schreckten sie Schlangen und Ratten auf, Schwärme von Stechmücken fielen über sie her und stürzten sich auf jedes Fleckchen unbedeckte Haut. Sie und die anderen Neuankömmlinge – allesamt erniedrigte Buchhalter, Rechtsanwälte, Künstler, Schriftsteller oder Geschäftsleute wie Zindel – schrien den NKWD-Wächtern zu, man solle sie nach Hause gehen lassen, worauf die Antwort immer gleich blieb: „Wenn ihr den ganzen Wald abgeholzt habt, dann dürft ihr nach Hause!" Aber dieser Wald, durch den Wiktor und ich nun bald 28 Stunden und 50 Minuten lang auf Gleisen fahren sollten, die Zwangsarbeiter gelegt hatten – dieser Wald war geradezu endlos.

Am Morgen unserer Abreise schloss Wiktor noch einen Autoverkauf ab (ein Allerweltsbüro; ein bärtiger, ungekämmter Interessent aus der Provinz; eine üppige, blonde Sekretärin, die von Wiktor und seinem Geschäftspartner getadelt wurde, als sie den Nescafé nicht zügig genug servierte). Dann spazierten wir zuerst an den Soldaten vorbei, die mit ausdruckslosem Gesicht um den Kreml patrouillieren, am prächtigen Bolschoi-Theater und dem nicht ganz so prächtigen „Starlite Diner" („ein amerikanisches Café aus den 50er-Jahren!"), bevor wir schließlich zum Bahnhof Jaroslawskaja gingen und – entgegen meinem persönlichen Wunsch, in einem regulären Waggon der 3. Klasse zu fahren – einen Schlafwagen der 1. Klasse bestiegen. Es war der reine Luxus, aber à la russe: In einem kleinen, stickigen Abteil ohne Klimaanlage fanden wir einen Tisch, zwei Kajütenbetten, zwei grobe (aber saubere) weiße Laken und zwei Wolldecken, die auch in einer Kaserne eine gute Figur gemacht hätten.

Wiktor hatte wirklich an alles gedacht, was wir auf unserer 28-stündigen Fahrt womöglich brauchen würden: von bequemen Pantoffeln bis hin zu kleinen Salz- und Pfefferstreuern, von Tischdecken bis hin zu einer großen Auswahl von Wurst- und Käseaufschnitt, den er in eine riesige Camping-Kühlbox gestopft hatte. Er verlasse sich auf keinen, sagte er mir – allzeit bereit, das war seine Devise. Eigentlich hatte ich wenigstens einen kleinen Bruchteil der Erfahrung meines Vaters nachfühlen wollen, hatte mir Hannans jämmerliche Fahrt im Viehwaggon nach Nirgendwo besser vorstellen wollen, auf unbestimmte Zeit und mit unklarem Ziel, mit verrammelten Fenstern und ohne Toilette, Geld oder Beziehungen, ohne Wissen über den Fahrplan und wie lange das alles noch andauern würde, ausgehungert und zu Tode geängstigt. Aber für Wiktor sah die Sache anders aus: Er wollte aus unserer Exkursion eine Vergnügungsfahrt mit allen Schikanen machen, wie um seiner ärmlichen Kindheit im Komi der Sowjetära etwas entgegenzusetzen. Seine Geschwister lebten noch immer dort, und das Leben seiner Mutter, die man innerhalb Russlands nach Norden deportiert hatte, war ebenfalls nicht leicht gewesen. Tatsächlich war der Ort, an den seine Mutter verschleppt worden war, derselbe Ort, den Wiktor jetzt seine „Heimatstadt" nannte, wo er aufgewachsen und seine Mutter begraben worden war, während für Hannan und mich der Name „Archangelsk" einzig und allein eine hässliche Zwischenstation auf dem Weg zu einem noch schlimmeren Ziel bezeichnete – falls er überhaupt in Erinnerung geblieben war.

Jeder Ukasnik im Posiołek Ostrowski war verpflichtet, eine Mindestmenge von drei Raummetern Holz pro Tag abzuliefern – ein Arbeitssoll, das für die meisten der Deportierten unmöglich zu erfüllen war. Also erhielten sie auch nur einen

Bruchteil des ihnen eigentlich zustehenden Lohns: 13 Rubel für 15 Arbeitstage, 87 Kopeken am Tag. Nach einem Abzug von 30 Prozent – 10 Prozent für den „Schutz" durch das NKWD; 5 Prozent für „Kultur"; 10 Prozent für die Rote Armee; 5 Prozent für „Kleinigkeiten" – blieben ihnen im besten Fall 60 Kopeken am Tag. Ein Kilogramm Brot kostete 105 Kopeken – ein Preis, den die Kräfte des freien Marktes bestimmten und der deshalb immer weiter angestiegen war, je mehr sich die schwere Lebensmittelknappheit im Gefolge des sowjetisch-finnischen „Winterkrieges" (November 1939 – März 1940) bemerkbar gemacht hatte. Der Lohn für einen Ukasnik hingegen wurde in Moskau festgelegt.

Und auch das umfassende Regelwerk, das noch die kleinsten Alltagsroutinen meines Vaters und seiner Familie bestimmte, selbst in dieser kleinen, scheinbar von der Welt vergessenen Siedlung, war in Wirklichkeit eine Sammlung strengster, ausnahmslos „von oben" diktierter Gesetze: Gearbeitet wurde acht Stunden am Tag, sieben Tage die Woche; wer mit einer Verspätung von 20 Minuten oder weniger zur Arbeit erschien, bekam 25 Prozent vom Lohn abgezogen (eine Verspätung von mehr als 20 Minuten zählte als vollständiger Fehltag); die Essensration betrug zwischen 800 Gramm Brot für die oberste Kategorie von Arbeitern und 400 Gramm für Kinder. Bis 1940 war für alle „Einwohner" der Sowjetunion ein Zuteilungssystem per Lebensmittelkarte eingeführt worden – für alle mit Ausnahme derjenigen Gesellschaftsschichten, deren Aufgabe die Verteilung der landwirtschaftlichen Erzeugnisse war: Diese ließ man in der Regel Hunger leiden. Aber die Verbannten in ihren „Sondersiedlungen" zählten nicht als „Einwohner", und also erhielten sie noch nicht einmal die dürftigen Rationen, die über die Lebensmittelkarten bezogen werden konnten. Während eines normalen Arbeitstages erhielten sie eine Ration aus einem Stück „Brot" – in Wahrheit Teig, den man in Wasser hatte quellen lassen – und einer Schale „Suppe". Zur Verpflegung nach Feierabend mussten sie auf ihren Lohn zurückgreifen, der aber kaum ausreichte, um auch nur das Nötigste damit zu erwerben.

Hannan war zu schwach, um Bäume zu fällen, aber „zu alt", um zur Schule zu gehen. Also wurde er, zusammen mit anderen Kindern, für „leichtere" Aufgaben eingeteilt: Sie mussten Holzverkleidungen in den Baracken montieren, damit nicht so viel Wärme verloren ging; Mahlzeiten an erwachsene Arbeiterinnen und Arbeiter ausliefern, die weiter draußen im Wald tätig waren; Heu machen, während sie selbst bis zur Hüfte im Schlamm steckten; und rund um die Arbeitskolonnen Feuer anzünden, um die malariaverseuchten

Moskitos zu vertreiben. Zwischen 220 000 und 250 000 Kinder – ein Viertel der aus Polen Deportierten waren unter fünfzehn Jahre alt[11] – bauten Baracken, gruben Wurzeln aus, sammelten Reisig, suchten Pilze und Beeren, schälten Rinde ab oder verbrannten Astwerk. In anderen Siedlungen karrten die älteren Kinder Kohle aus den Stollen, legten Pflaster für den Eisenbahnbau oder arbeiteten in Fabriken. Ihre täglichen Arbeitspensen waren – genau wie die der Erwachsenen – unerreichbar: Kein Kind konnte mit bloßen Händen 60 Wurzeln am Tag ausgraben oder mit einer einzigen Schachtel Streichhölzer einen Hektar nasse Zweige niederbrennen. Im besten Fall bekam Hannan 400 Gramm Brot am Tag – sofern ihm nicht 25 Prozent wegen Zuspätkommens abgezogen wurden.

In Hunderten von Siedlungen überall in der Sowjetunion erlitten polnische Staatsbürger – Juden wie Katholikinnen – das gleiche Schicksal wie Hannan und seine Familie. Im Posiołek 18 von Pojaminka in der Oblast Archangelsk musste Emma Perelgric die Grundsätze des Kommunismus rezitieren, während ihr Vater Adam schuftete. In einer anderen „Sondersiedlung" musste Hannans Tante mütterlicherseits, Mascha Halberstadt, mit ihrem Mann und ihrem älteren Sohn ebenfalls Bäume fällen, während ihre kleine Tochter Sarah im Sinne der Sowjetmacht „beschult" wurde. Ein Tag folgte auf den nächsten in stumpfsinniger, Leib und Seele zerschmetternder Gleichförmigkeit. Es war kein Ende in Sicht.

*

Das erste Gesprächsthema, mit dem Wiktor und ich uns auf der fast 29-stündigen Fahrt nach Norden die Zeit vertrieben, war das heutige Russland als Paradies für Investoren: „13 Prozent Einkommensteuer treffen auf 13 Prozent Zinsen bei der Bank", wie Wiktor es ausdrückte. „Meine Wohnung ist 2 Millionen Dollar wert, und ich kann sie für 10 000 Dollar im Monat mieten. Für steuerliche Zwecke ist sie aber auf 100 000 Dollar geschätzt worden. Die Regierungsleute, die bei uns im Haus Wohnungen gekauft haben, müssen ja auch von irgendwas leben." Er grinste. Schwer zu sagen, was Wiktors eigener Standpunkt in diesem ganzen System tatsächlich war, schließlich gab er sich als Kritiker sowohl der alten Sowjetunion als auch des heutigen Russland – und zugleich als ein gerissener Geschäftsmann, der aus beiden Systemen seinen Vorteil gezogen hatte.

Wiktors Vater, der dem Volk der Komi entstammte, war ein prinzipien-
treuer, aufrechter Parteisoldat der KPdSU gewesen, und also hatte der kleine
Wiktor seine Kindheit in ständigem Hunger verbracht. Doch dann, Anfang
der 1980er-Jahre war es gewesen und Wiktor gerade sechzehn Jahre alt, hatte
er begonnen, Arzneimittel aufzukaufen – abgelaufene Überschussbestände aus
Apotheken –, um sie auf dem Schwarzmarkt mit 25 Prozent Profit weiterzuver-
kaufen. Mit den Gewinnen fing er an, amerikanische Jeans in Moskau einzukaufen, um sie in Komi wieder zu verkaufen. Damit verdiente er im zarten Alter
von siebzehn Jahren so viel Geld, dass er nicht nur – insgeheim – seine Mutter
und zwei Schwestern unterstützen, sondern sich sogar die Torte im einzigen
Café der Stadt leisten konnte. Dort traf er Yakov, den in Leningrad geborenen
Sohn eines prominenten jüdischen Journalisten, der zwanzig Jahre älter war als
er und so etwas wie ein Mentor – und ein lebenslanger Freund – für ihn werden sollte. „Yakov ist ein hundertprozentiger Jude", sagte Wiktor zu mir, als wir
uns Syktywkar näherten. Die Welle von staatlich provoziertem Antisemitismus
nach dem Sechstagekrieg von 1967 hatte dafür gesorgt, wie mir Yakov selbst
am folgenden Tag erzählen sollte, dass er in Leningrad keine Arbeit mehr fand,
und also hatte es ihn nach Komi verschlagen: „In Leningrad wollte keiner einen
Juden einstellen, noch nicht einmal als Putzmann, aber in Komi war denen das
egal."

Ein knappes Jahr unter den Fittichen des weltmännischen Yakov reichte
aus, um den achtzehnjährigen Wiktor zu der Einsicht zu bringen, dass auch er
flügge werden und die Welt jenseits von Komi kennenlernen musste. Zu diesem
Zeitpunkt war er bereits mit einer Tänzerin verheiratet, die er geschwängert
hatte. Nun machte er sich auf nach Leningrad und schließlich nach Moskau,
um seine Geschäfte auszuweiten. „Der Vater meiner Frau war ein Regierungs-
beamter in Komi. Er hat nicht gern gesehen, was ich da getrieben hab' – aber
er hat auch gesehen, seine Tochter hatte was zu beißen." Wieder grinste Wiktor über den Pelmeni und dem Wodka, die er beide von zu Hause mitgebracht
hatte. Was die hygienischen Standards an Bord des Zuges anging, war er nämlich misstrauisch. „Ich erhebe das Glas auf die Ehre meines Freundes Yakov!"
Mit diesen Worten stürzte er seinen Wodka hinunter und stand dann sofort auf,
um unser Geschirr zu spülen.

Als Hannan, seinen Eltern und den anderen Neuankömmlingen im Posiołek
Ostrowski klar wurde, dass selbst die skrupulöseste Einhaltung der dort herr-

schenden Regeln und Verbote entweder zu einem langsamen Tod durch Verhungern oder zu einem schnellen Tod durch Erschöpfung, Unfälle oder Krankheiten führen musste, begannen sie aufzubegehren. Nach einer Woche griff eine Jüdin namens Jarzembiak, die gerade für sechs Monate in Haft geschickt werden sollte, weil sie das ihr zugedachte Arbeitspensum nicht geschafft hatte, sich ein Messer und bedrohte damit den Siedlungskommandanten, der seinerseits zum Revolver griff. Hannan und die restlichen Lagerinsassen umringten die beiden in einem großen Kreis. Alle waren sich sicher, dass nun Blut fließen würde. Doch nachdem die beiden Bewaffneten sich eine Stunde lang unverändert gegenübergestanden hatten, wurde Frau Jarzembiak schließlich doch abgeführt. Von diesem Moment an war jede Versammlung der Lagerinsassen, die nicht zu einem von der Lagerleitung angesetzten „Lehrvortrag" oder einer sonstigen Pflichtveranstaltung diente, verboten.

Dann kam das Bitten und Betteln, kamen die Verhandlungsversuche Ruchelas, die ja Russisch sprach und mit der Lagerleitung um ein niedrigeres Pensum für ihren Ehemann Zindel feilschen wollte; dieser hatte nämlich inzwischen Schmerzen in der Brust und einen chronischen Husten. Zindel gegenüber äußerte der Kommandant mit brutaler Direktheit: „Wenn du nicht durchhältst, wirst du sterben." Ähnliches bekamen sie vom Lagerarzt zu hören, ein Verbannter wie sie, der sich weigerte, meinen Großvater von der Arbeit freizustellen. „Schwangere Frauen mussten bei ihm arbeiten, und er hatte noch nicht einmal *rachmones* [Erbarmen] mit den Alten und Schwachen", berichtet Hannan in seiner späteren Zeugenaussage. Der Arzt war unerbittlich.

Die ukrainischen Kulaken, die schon länger im Lager waren – manche von ihnen inzwischen als Aufseher –, waren Antisemiten und Polenhasser, und das Leben in der Verbannung hatte sie hart gemacht. Sie waren es, die die jüdischen und polnischen Gefangenen zur Arbeit in den Wald trieben, und sie denunzierten sie, wann immer sich die Gelegenheit ergab. Mit Ausnahme des Kommandanten und einer Handvoll von NKWD-Leuten waren die meisten derer, die in der „Sondersiedlung" das Sagen hatten, selbst dorthin verbannt worden, und entsprechend prekär waren ihre relativen Machtpositionen. Deshalb gab es für jeden, der es irgendwie „nach oben" geschafft hatte – und sei es auch nur ein kleines bisschen –, ein einziges Ziel: dass die Maschinerie der Unterdrückung unablässig und störungsfrei weiterlief.

Am 9. Juli 1940 verfasste ein Inspektor namens Sucharow eine Aktennotiz an das sowjetische Gesundheitsministerium, in der er die „sehr schlechten"

Lebensbedingungen in den „Sondersiedlungen" von Komi beschrieb: einstürzende Barackendecken und undichte Dächer; 1,5 Quadratmeter Wohnraum pro Person; Internierte, die auf doppelt beplankten Kojen schlafen müssen; das Fehlen jeglicher Möglichkeiten zum Wäschewaschen oder auch nur zur Körperwäsche; Mückenschwärme, die über Kleinkinder herfallen; Menschen, die bei schwerer Arbeit zwei Tage lang nichts zu essen bekommen; keine Milch und kein Zucker für die Kleinsten; zahlreiche Fälle von Pilzvergiftung und ein Fleckfieberausbruch. (Sucharow berichtet, er habe sechs Fleckfieberfälle gesehen, von denen vier innerhalb der vier Tage seines Aufenthalts zum Tod geführt hätten.) Es gebe keinerlei Möglichkeit, berichtet er weiter, die Kranken von den Gesunden abzusondern, da alle auf engstem Raum lebten und arbeiteten. Er forderte Isolationsmaterial und Geld an, um eine neue Schule und weitere Gebäude errichten zu lassen. Weder auf dieses Memorandum noch auf ein weiteres, das die AVHG aufforderte, zwölf Millionen Rubel für den Bau brauchbarer Unterkünfte für die Zwangsarbeiter bereitzustellen, gab es irgendeine Antwort. Nichts veränderte sich, nichts wurde besser – und das erwartete ja auch niemand, wohl noch nicht einmal der Inspektor Sucharow, dessen Aufgabe es war, einen Bericht anzufertigen, aber nicht, die Umsetzung der darin gegebenen Empfehlungen zu beaufsichtigen.

Die 29-stündige Zugfahrt von Moskau in die Provinzhauptstadt von Komi, Syktywkar, verging angenehm und wie im Flug. Lange Zeit starrte ich einfach aus dem Fenster auf die Unmengen von sibirischen Kiefern und Birken und Fichten und Lärchen – Wälder, mit deren Rodung einst meine Großeltern und Millionen von anderen beschäftigt gewesen waren und die nun wie in einem Film an mir vorüberliefen. Tatsächlich nahm ich anfangs noch Videos von dieser endlosen Landschaft auf, doch irgendwann siegten die Eintönigkeit und die Langeweile. Der wichtigste Wirtschaftszweig der Republik Komi ist auch heute noch die Forstwirtschaft. An jedem Bahnhof, den wir passierten, standen Container voller Bretter und Balken, und alle Geschenke, die ich von Wiktors einheimischen Freunden erhielt – geschnitzte Löffel, Bleistifte, Kästchen –, waren ebenfalls aus Holz. Diese Freunde – Yakov, ein untersetzter, siebzigjähriger Brillenträger mit einem vollen, braunen Haarschopf und einem ständigen Grinsen im Gesicht, und Lidija, eine sehr stark geschminkte Kindheits- und Ex-Freundin von Wiktor – begegneten mir herzlich, ja sogar überschwänglich, als sie uns am Bahnhof von Syktywkar in Empfang nahmen. Alle anderen dort schauten jedoch angespannt und eher ernst drein. Und kein Wunder: Die trostlosen Plattenbauten der Stadt, ihre tristen, glanzlosen Läden und die Unmengen von Betrunkenen, die überall herumlagen – auf den Bürgersteigen, auf Parkbänken und sogar direkt vor meinem teuren „Hotel Syktywkar" („nach amerikanischem Standard!") –, schlugen mir sogleich aufs Gemüt. Eine Menge an Waisenhäusern waren in dieser Stadt entstanden, und noch vor Kurzem, sagte man mir, hätten sich hier die Adoptiveltern aus dem Ausland (auf die auch mein Hotel ausgerichtet war) die Klinke in die Hand gegeben.

Durch Verschleppung und Zwangsumsiedlung stieg die Bevölkerung von Syktywkar im Verlauf des 20. Jahrhunderts von rund 6000 – Bauern und Viehzüchtern, Fischern und Jägern aus dem Volk der Komi – auf heute rund 235 000 an.

Als wir im Hotel Syktywkar ankamen, wartete im Café des Hotels bereits Michail Rogatschow, ein Lokalhistoriker – früher hätte man wohl gesagt: ein Heimatforscher –, den Wiktor im Vorfeld ermittelt hatte und der mich bei meinen Recherchen unterstützen sollte: ein sonnengebräunter, schlanker Endfünfziger im T-Shirt und mit Bürstenschnitt, der leicht vornübergebeugt an seinem Tischchen saß und fast etwas erschrocken wirkte, als ich mit dem freudestrahlenden Wiktor, dem grinsenden Yakov und meiner Dolmetscherin, der süß-schüchtern lächelnden 19-jährigen Stasia im Schlepptau in der Lobby auftauchte.

Zur Rechten Michails saß ein junger Amerikaner, ein Doktorand von der Arizona State University, der, wie sich herausstellte, gerade selbst Forschungen zu den Verbannten in Komi betrieb und ebenfalls in meinem Hotel untergekommen war. Rogatschow war der Vorsitzende der „Gemeinnützigen Stiftung der Republik Komi für die Opfer politischer Unterdrückung" und Herausgeber des mehrbändigen Sammelwerks *Reue: Martyrologium der Republik Komi für die Opfer politischer Unterdrückung*. Schon seit 1996 hatte er die Lebenserinnerungen früherer Lagerhäftlinge gesammelt und veröffentlicht.[12] Zwei Männer, die auf einem Sofa in der Lobby saßen, starrten uns an, als wir hereinkamen – und so starrten sie weiter, den ganzen Abend, bis die Nacht hereinbrach und auch an allen anderen Tagen, die ich in Komi verbrachte. „Polizisten in Zivil", meinte Wiktor gleichgültig, als wir einige Stunden später das Hotel verließen. „Hier im Norden ist die Sowjetunion nie untergegangen." Ganz egal, wohin ich ging: Meine beiden zivilen Begleiter folgten mir auf Schritt und Tritt. „Keine Sorge deshalb", sagte Wiktor. „Die tun nichts. Alles gut."

Der Zugriff auf die Archivbestände in Syktywkar war eingeschränkt und nur sporadisch möglich – wie der amerikanische Doktorand mir erzählte, hatte er nun schon drei Wochen lang in der Stadt die Zeit totgeschlagen und noch immer keinen Zugang erhalten können. Ganz offenkundig wollten die Einheimischen sich nicht gern in die Karten schauen lassen – doch ob sie ihr Wissen nun aus Furcht oder lediglich aus Zurückhaltung nicht teilen wollten, blieb mir unklar. Selbst Michail erschien mir eher zurückhaltend. „Und was ist mit Michail?", fragte ich Wiktor. Die Antwort war wieder typisch: „Er hat doch keine Probleme, sein Büro ist geöffnet!" – und er winkte lächelnd ab, offenbar sehr zufrieden mit seiner Rolle als gütiger Beschützer seiner kleinen Herde.

Drei Deportationswellen hatte es gegeben: eine jüdische am 24. Juli 1940, eine polnische am 10. Februar 1941 und eine Deportation von Archangelsk nach Komi im August oder September 1941. „Die meisten der ‚polnischen Hebräer' wurden in Sondersiedlungen gebracht, nicht in Gulags", sagte Michail, „und sie hatten es leichter, weil sie in der warmen Jahreszeit ankamen. Sie bekamen sogar kleine Stücke Land zugeteilt und hatten vor dem Winter noch Zeit, um etwas zu pflanzen. Sie haben versucht, sich hier niederzulassen. Die Polacken andererseits, die sind gekommen, als schon Winter war, die hatten keine Zeit mehr." Dieses Motiv begegnete mir auf meiner Reise immer wieder: Die „Vorteile" der Juden gegenüber anderen Verschleppten. „Die Arbeit in den Siedlungen war sehr hart, weil die meisten polnischen Juden Stadtmenschen waren und jetzt machen mussten, was sie nicht gewohnt waren und gar nicht konnten. Kraft hatten sie schon, aber sie wussten nicht, wie sie die Arbeit machen sollen. Das hat dann ihren Lohn beeinträchtigt, und sie konnten nichts zu essen bekommen. Häuser hatten sie auch nicht genug. Wenn sie Kleidung hatten, tauschten sie die bei den Komi ein", fuhr er fort. „Die Einheimischen hier mochten die feinen Stadtkleider. So etwas hatten sie noch nicht gesehen – richtig europäisch sah das aus. Die meisten polnischen Frauen haben ihre Unterwäsche gegen Lebensmittel eingetauscht."

In einer Schule, wie Regina sie besuchte, durften die Kinder nur Russisch sprechen, sagte Michail. In manchen Klassen wurden sie zusammen mit den einheimischen Kindern unterrichtet. In anderen waren die polnischen Kinder unter sich. Juden wie Katholiken nannte er unterschiedslos „die Polen": „Die Polen wollten nicht, dass ihre Kinder in diese Schule gehen, aber die Regierung sagte ihnen, sie müssen. Heimlich haben die Polen eigene Schulen eingerichtet.

Waren ja auch Lehrer unter ihnen. Und einige Kinder – Polen und Juden – sind auch in Komi aufs Internat gekommen. Hier in Syktywkar waren 21 000 polnische Juden, bei einer Gesamtbevölkerung von 100 000." „Wie viele Familien lebten durchschnittlich in einer Siedlung?", fragte ich Michail.

„Zwischen fünfzig und fünfhundert, der jeweilige Kommandant wusste nicht genau, wie viele kommen würden. In Syktywkar beispielsweise gab es einen Steinmetzbetrieb. Da fragte die Regierung dann nach: Wie viele Leute braucht ihr? Und dann haben sie die geschickt. In Komi gibt es Dokumente darüber, wie und warum die alle umgesiedelt wurden, aber die Unterlagen sind schwer aufzutreiben und noch schwieriger zu übersetzen." Immerhin hatte Michail ein Register angelegt, eine Liste mit den Namen all jener, die nach Komi verschleppt worden waren, ergänzt um das Datum und den Grund ihrer Deportation sowie – bei denen, die nicht überlebt hatten – ihr Sterbedatum. „Von den 21 000 Juden sind in den ersten paar Jahren 3000 gestorben", wusste er. Michail selbst war kein Nachfahre von Deportationsopfern, sondern ein gebürtiger Litauer, der nach dem Ende der Sowjetunion nach Syktywkar gekommen war, um dort die Geschichte der Sondersiedlungen zu erforschen. Und dann war er geblieben. Woher er seine Zahlen hatte, wusste ich nicht, und auch nicht, woher das Geld für seine Forschungsarbeit kam. „Solche Forschung gibt's nur hier in Komi", sagte er.

In einer der Zeugenaussagen, die in Henryk Grynbergs Buch zitiert werden, heißt es, die Bewohner von Komi seien „halbwilde Menschen, die die Tiere, die sie im Wald fingen, roh aßen". In einer anderen Aussage berichtet ein Kind: „Wir rannten zu den wilden Komi, erbettelten bei ihnen Fleisch und aßen es roh wie sie. Sie rieten uns, Baumrinde zu essen. Wir trockneten sie, zerrieben sie mit einem Stein, und Mama machte Klößchen daraus."[13] Aber der meiste Kontakt, den die Verbannten zur Außenwelt hatten, war doch mit freigelassenen Kulaken, die Jahre vor ihnen verschleppt worden waren und inzwischen auf einer nahe gelegenen Kolchose ein Stück Land bestellten. Diese Kulaken waren die Könige des Schwarzmarkts, denn sie verfügten über die Früchte ihrer Feldarbeit, vielleicht sogar noch über eine Kuh und ein paar Stück Geflügel, während die restliche Bevölkerung von Komi und Archangelsk Hunger litt. „Für verfaulte Kartoffeln verlangten sie fünf Rubel, für ein Glas Milch vierzig", heißt es in einem Zeugenbericht.[14] Vierzig Rubel, das war Ruchelas und Zindels gemeinsamer Monatsverdienst. Aber wie auch Michail mir berichtet hatte, waren europäische Kleidung oder Stoffe überall gern gesehene Tauschwaren, um an Lebensmittel zu gelangen.

Im September 1940 kamen solche Stoffe dann bereits in Paketen in der Sondersiedlung an – aus Siematycze, wo Ruchelas Mutter und Bruder zurückgeblieben waren. Die sowjetische Regierung hatte zwar Briefzensur angeordnet, ermunterte die Verbannten jedoch, bei ihren Verwandten um Lebensmittel und andere Bedarfsgüter zu bitten, was Zindel auch fast umgehend tat. Bald darauf trafen in Zeitungspapier gepacktes Schmalz und Flaschen mit Schnaps im hohen Norden ein, die Zindels Bruder Icok Teitel geschickt hatte – er war inzwischen Oberinspektor für das Brauereiwesen in Łomża bei Białystok.

Im Posiołek Pomminka trafen sogar zwei Postkarten von Sura Perelgric aus dem deutsch besetzten Warschau ein. Die erste, datiert vom 5. September 1940, wurde aus Anlass von Emmas achtem Geburtstag abgeschickt:

Mein allerliebstes Töchterchen, bald wirst Du Geburtstag feiern – am 22. September wirst Du acht Jahre alt, meine liebste Emusia. Dein Vater wird ja vielleicht daran denken, Dir eine Freude zu bereiten. Ich habe Deine Postkarte vom 10. August d. J. erhalten. Möge Gott mir gute Nachricht von Dir schenken! Mit uns ist alles in Ordnung. Wir leben einzig aus dem Gedanken an Euch, meine Lieben. [Worte geschwärzt] Ich wünsche Dir, mein liebes Kind, eine gute Gesundheit [Wort geschwärzt] und Deinem Vater. Danek [Emmas Bruder, Daniel Perelgric] ist nicht hier, deshalb kann er nicht unterschreiben.

Deine Mutter, Sura[15]

Suras Karte war adressiert an „Adam und Emusia" in der Oblast Archangelsk, Rajon Kargopol, Postamt Nowokowzensk, Posiołek Pomminka 18, woraus sich schließen lässt, dass Vater und Tochter – die ja wohl getrennt deportiert worden waren – inzwischen wieder zueinander gefunden hatten. Die Karte traf am 29. September ein, eine Woche nach Emmas Geburtstag also, und trug die Spuren sowohl des deutschen als auch des sowjetischen Zensors, die jeweils Teile des Textes geschwärzt hatten. In dem zensierten Satz sind noch die Wörter „Mutter", „Familie" und „Bruder" lesbar. Ich fragte mich, wohin es den „Bruder" „Danek" verschlagen hatte, wenn er „nicht hier" war. Und ich fragte mich, ob Adam sich das auch gefragt hatte.

Trotz allem machten Emma der Anblick der mütterlichen Handschrift und Suras typische Ausdrucksweise im Text des Schreibens sogar noch glücklicher als der Zuckerwürfel, den ihr Vater ihr zum Geburtstag geschenkt hatte. Das hat sie mir selbst gesagt. Ihren Vater hatte sie auf eine abstraktere, etwas distanzierte Weise lieb, schließlich war sie hauptsächlich von einem Kindermädchen und von ihrer Mutter großgezogen worden. Ihr Vater, berichtete sie, durch und durch ein Büroangestellter, war mit der Versorgung und Betreuung eines kleinen Mädchens, das gefüttert und getröstet, gebadet und gesund gepflegt sein wollte, vollkommen überfordert. Dafür war er nicht ausgebildet, damit hatte er keine Erfahrung. In der Verbannung waren das Kind und sein Vater in eine ungewohnte Nähe gedrängt, die beiden eher unangenehm war, und Emma war erleichtert, endlich wieder einmal die vermittelnde Gegenwart ihrer Mutter zu spüren – und sei es auch nur für einen Tag und nur per Postkarte, die Sura in der Wohnung der Familie in der Ulica Sienna geschrieben hatte, Emmas Zuhause von Geburt an.

Zweieinhalb Monate später schrieb Sura eine zweite und letzte Postkarte, da war sie schon im Warschauer Ghetto. Erst sechs Monate darauf traf sie in der fernen Sondersiedlung ein:

Warschau, 10. März 1941

Mein liebster Adam und Emusia,

wie froh bin ich, dass Euch meine Briefe erreichen! Schreib an die Adresse, die ich hinten aufgeschrieben habe. Manchmal [wenn] ich Gelegenheit hab, werd ich Euch längere Briefe schreiben, aber ich schreibe lieber Postkarten. Die kommen schneller an. Herr Józik Sztejnb hat mir von Euch geschrieben. Ich bedaure, dass er Euch nicht helfen hat können. Seine Mutter hat ihm geschrieben, um Euch ... Du wirst mir ja zurückschreiben, wenn Ihr diese Karte bekommt. Da werd ich mich freuen. Liza hat mir geschrieben, dass Herr Raffons Euch ein Paket geschickt hat. Stimmt das? Ich mach mir solche Sorgen um Dich. Ich ahne, wie erschöpft Du bist von der Arbeit. Vielleicht könnte Herr Józik Dir helfen. Angeblich hat er es in der Stadt zu etwas gebracht. ... Wahrscheinlich sind auch Deine Eltern verzogen, Adam, wir wissen noch nicht, wohin. Sals [?] versucht, ihre neue Anschrift herauszubekommen. Ich sollte in eine andere Wohnung, aber vorerst werd ich bleiben, worüber ich natürlich sehr glücklich bin.

Herr Stanisław hat keinen Brief von Dir erhalten. Er wohnt in der Nummer 76, das dritte Haus neben unserem. Wir sprechen oft. Ich werd bald wieder schreiben. Bis dahin seid mir herzlich gegrüßt. Alle grüßen Euch herzlich. Der Erwähnte arbeitet dort auch nicht mehr, aber er hat mir geholfen Arbeit zu finden.

Emma: Denk immer daran, Du heißt Noemi [נעמי] in hebräischen Buchstaben, die anscheinend ausgekratzt wurden], das ist der Name, den ich Dir gegeben hab.

Unterschrieben war die Karte mit „Deine Mutter, Sarah" – nicht „Sura".[16] Emma – die ich nur als „Noemi" kannte – zeigte mir die Postkarten von ihrer Mutter zum ersten Mal 2011, mehrere Jahre nachdem wir unsere ersten Interviews geführt hatten. Sie hat sich immer geweigert, sie der israelischen Holocaust-Gedenkstätte Yad Vashem oder einem anderen Archiv zur Verfügung zu stellen, ja sie hat mich noch nicht einmal im Laden um die Ecke eine Kopie davon machen lassen. „Die sind das Wertvollste, was ich besitze", sagte sie mir, „das Testament meiner Mutter." Es ist ihr nie gelungen, die Namen auf der Postkarte zweifelsfrei zu entziffern oder die im Grunde ziemlich rätselhafte Botschaft ihrer Mutter ganz zu verstehen. Meinte Sura mit dem Satz: „Ich sollte in eine andere Wohnung, aber vorerst werd ich bleiben, worüber ich natürlich sehr glücklich bin", dass sie schon bald einen Ausbruch aus dem Ghetto versuchen wollte, das zum Zeitpunkt ihres Schreibens bereits von einer drei Meter hohen Mauer umgeben und damit von der Welt abgeschnitten war? Und sollte der ominöse Satz: „Denk immer daran, Du heißt Noemi, das ist der Name, den ich Dir gegeben hab" in Wirklichkeit heißen: *Erinnere dich an mich durch den hebräischen Namen, den ich dir gegeben habe?*

Im Tausch für ein Fläschchen Schnaps aus dem Paket seines Bruders Icok, das er dem Kommandanten überließ, konnte Zindel erreichen, dass seine ganze Familie eine Zeitlang nur ein reduziertes Arbeitspensum leisten musste. Aus den Seiten der *Prawda*, in die Icoks Schmalz eingewickelt gewesen war, dürften Hannan und seine Familie eine gewisse – wenn auch freilich nicht ganz objektiv vermittelte – Vorstellung davon gewonnen haben, wie der Krieg in der Zwischenzeit verlaufen war. Die Pakete aus Siematycze und Łomża hatten den Teitels das Leben gerettet, indem sie ihren Inhalt in ein Schwarzmarktsystem einspeisten, das neben der offiziellen sowjetischen Propaganda florierte, mit der sie ohne Unterlass berieselt wurden – nicht zuletzt in täglichen „Lehrvorträgen" aus dem Mund desselben Kommandanten, den sie dann mit Bier bestechen sollten. Nach nur zwei oder drei Monaten war ihr Leben im Posiołek Ostrowski – und das geschah ganz ähnlich in Hunderten von ähnlichen Siedlungen überall in der Sowjetunion – in die Geleise einer elenden, zynischen Routine gelaufen, gegen die sie sich nicht mehr auflehnten.

*

Im Komi von heute gibt es nirgends eine Gedenkstätte für oder auch nur ein Hinweisschild auf die einstigen „Sondersiedlungen". „Wir wissen, wo sie sich befanden", sagte mir Michail Rogatschow an dem Tag, an dem wir losfahren wollten, um uns die wenigen Spuren anzusehen. „Aber nachdem die Leute weggegangen waren, sind die Baracken verfallen und jetzt ist da nichts mehr übrig." Stattdessen bot er mir an, mich zu einem früheren Gulag zu begleiten, „wo auch viele Juden gelitten haben", wie er sich ausdrückte. Ich zögerte, weil ich mir nicht sicher war, ob ich mich wirklich mit Details und Schauplätzen auseinandersetzen wollte, die für die Geschichte meines Vaters irrelevant waren. „Das ist schon relevant", meinte Michail.

Etwa 200 000 polnische Staatsbürger – Juden wie Katholiken – waren während des Zweiten Weltkriegs in sowjetischen Gefängnissen und Lagern interniert: rund 20 000 Kriegsgefangene aus der polnischen Armee, darunter der ehemalige Kommandeur der Kavalleriebrigade Nowogródzka, General Anders; jüdische und katholische Intellektuelle und Künstler wie der Verleger und Dichter des Futurismus Aleksander Wat und der Philosoph und Aktivist Emil Sommerstein; religiöse Figuren und Kleriker wie der Oberrabbi der Großen Synagoge von Warschau, Dr. Moses Schorr; Anführer und Aktivisten aller zionistischen Organisationen, darunter die Bundistenführer Henryk Ehrlich und Wiktor Alter; und viele, viele andere. Ihre Erfahrungen und Erlebnisse – so sie denn überlebten – waren blutgetränkt und sind von Solschenizyn, Eugenia Ginzburg (Jewgenija Ginsburg) und anderen genau dokumentiert worden: die Auspeitschungen, die Hinrichtungen, die Scheinhinrichtungen, die Isolationshaft und der Hungertod.

David Lauenberg, ein Mitglied der sozialistisch-zionistischen Jugendorganisation Ha'schomer Ha'tzair („Der junge Wächter") und vormaliger Ka-

dett der polnischen Armee (der 1942 zum Betreuer der „Kinder von Teheran"
während ihres Aufenthalts im Iran werden sollte), hat ausgesagt, dass in sowjetischem Gewahrsam Männer, von der Decke hängend, getreten und mit Stich-
waffen malträtiert wurden, bis sie tot waren, oder man band sie an eine Kutsche
und schleifte sie über steinigen Boden, bis sie starben. Lauenberg selbst, der
in einem Gulag in der Republik Karelien im Nordwesten Russlands interniert
war, wurde einmal an einen Baum geschnürt und ohne Wasser und Brot seinem Schicksal und den Moskitos überlassen – sein Tod schien sicher. „Dachau
war ein Sanatorium im Vergleich zum Gulag", sagte ihm ein Gefangener, der
aus Dachau geflohen war, bevor ihn die Russen festnahmen und in den Gulag
verschleppten.[17]

Ein Problem gab es mit der Anfahrt zum ehemaligen Gulag von Komi. Wiktors
Freund Sergej, der uns fahren sollte, war noch immer nicht von einer sommer-
lichen Sauftour zurückgekehrt – „das kann bis zu einer Woche dauern", meinte
Wiktor –, aber wenn wir einen Taxifahrer oder professionellen Chauffeur an-
geheuert hätten, wie ich es vorschlug, wäre das für Wiktor einer persönlichen
Beleidigung gleichgekommen, da es seinem Status als einflussreicher Strippen-
zieher in der Stadt nachhaltig geschadet hätte. Am Ende trieb er einen anderen
Freund auf, den er mir als „Lew" vorstellte, einen Mittdreißiger mit dunklen
Locken, der im Hauptberuf „Computer wieder ganz" machte.

Es war ein großartiger Tag, sonnig und nur ein ganz klein wenig kühl. An
Bord von Lews schwarzem Allrad-Nissan herrschte eine heitere Stimmung.
Michail, im unvermeidlichen T-Shirt und mit Pilotenbrille, wirkte viel lebhafter und entspannter als im Hotel, während er mit beiden Händen die Fahrt-
route dirigierte. Neben mir auf dem Rücksitz plauderten Wiktor Aslanow und
meine Dolmetscherin Stasia russisch. Wir fuhren an bescheidenen Bauernhäusern vorbei, an Waldstücken und sporadischen Holzstapeln, und waren ab
der Hauptstraße von Syktywkar kaum zwanzig Minuten gefahren, da kamen
wir auch schon in Plesmek an, einem Gulag, der einst 20 000 Gefangene beherbergt hatte, darunter auch viele polnische Kriegsgefangene, die nach dem
sowjetischen Überfall auf Polen hier gelandet waren.

Noch bis 1956 war der Gulag in Betrieb. Die aus Stein errichtete
Kommandantenbaracke war noch unversehrt. Auch einige der anderen, inzwischen allerdings mit Brettern vernagelten Baracken standen noch. Der Bereich für die Viehzucht, Bruchstücke eines hölzernen Zauns und die Über-

reste eines Gefängnis- und eines Gerichtsgebäudes waren ebenfalls noch zu erkennen – das war aber auch schon alles. „Konnte man von hier fliehen?", fragte ich Michail. Der Zaun schien mir kein besonderes Hindernis gewesen zu sein. „Einige haben es versucht, aber wo hätten sie hingehen sollen? Man hätte sie wieder eingefangen und da unten im Wald erschossen", erklärte er und wies mit der Hand auf das dicht bewaldete Gebiet östlich des Lagers.

Die Henker von damals – ehemalige Lageraufseher –, lebten auch nach 1956 noch auf dem Gulag-Gelände, bevor sie ihre Häuser als Datschas verkauften, Wochenend- und Sommerhäuser für die Leute aus der Stadt.

Im nahe gelegenen Posiołek Jerome schmiegten sich geräumige Neubau-Datschas zwischen die verlassenen Baracken der einstigen Arbeitssklaven. Die diversen alten Landmaschinen, die dazwischen herumstanden, schon fast vom Gras überwuchert, verliehen der halb verlassenen Szene etwas von einem trägen, träumerischen, jedenfalls vollkommen harmlosen Sommertag irgendwo auf dem Land. „Sprechen Sie doch bitte leiser!", mahnte eine Stimme, als wir an einem großen, idyllisch anmutenden Haus aus rotem Backstein vorbeikamen. Dort wohnten noch immer die Söhne des einstigen Oberverwalters. Auf demselben Gelände befand sich auch ein blau angestrichener Backsteinbau, einst das Waisenhaus, in dem Wiktors Mutter untergebracht war, während seine hierher verschleppte Großmutter als Zwangsarbeiterin schuften musste. Heute beherbergte das Gebäude ein Internat, das einen gut ausgestatteten, fröhlichen Eindruck machte. Die Kinder waren über den Sommer nach Hause gefahren, und so konnten endlich einmal die hübschen Holz-Interieurs abgeschliffen und erneuert werden. Die freundlichen, höflichen Handwerker zeigten uns nur zu gern die original erhaltenen Wände und Böden des Gebäudes, an denen sie gerade zugange waren. Von der früheren Nutzung des Hauses ahnten sie nichts. „Als das hier die Schule der Sondersiedlung war, gab es nur einen einzigen Kamin und sonst keinerlei Heizungen", sagte Michail. Keiner ging darauf ein.

Viele frühere Insassen des Posiołek Jerome, darunter auch Wiktors Großmutter, errichteten nur wenige Kilometer entfernt ein ganzes Wohngebiet aus Backsteinhäusern ansehnlicher Größe, sobald man sie aus der Zwangsarbeit entlassen hatte.

Eine untersetzte ältere Dame mit Wollmütze und Sonnenbrille – eine ehemalige Nachbarin seiner Großmutter – erkannte Wiktor und hielt uns an. Ihre Eltern waren Professoren in Twer (damals „Kalinin") gewesen, einer hübschen Provinzstadt etwa 180 Kilometer nordwestlich von Moskau. 1941 hatte man sie hierher verschleppt, dolmetschte Stasia. Doch als ich der Nachbarin noch weitere Fragen stellen wollte, drehte die sich abrupt um und verschwand in Richtung des nahe gelegenen Flusses Sysola, an dessen Ufern ihre Professoren-Eltern sieben Jahre lang Baumstämme auf Kähne verladen hatten, die das Holz in den Westen der Sowjetunion transportierten.

In der Republik Komi gab es siebzehn Gulags und mehr als einhundert „Sondersiedlungen". Doch obwohl von manchen noch Überreste existierten – so wie die, die wir besuchten –, stießen wir doch nirgends auf ein offizielles Hinweisschild oder eine Gedenkplakette. Das Andenken an diese Orte wurde einzig und allein in den Memoiren und Briefen der einstigen Gefangenen und Zwangsarbeiter wachgehalten – wichtigen historischen Quellen, die Michail Rogatschow schon seit 25 Jahren gesammelt hatte – sowie mancherorts durch eine „Erinnerungskultur von unten". Ein solcher Gedenkort fiel mir bei unserer Rückfahrt auf: An der Strecke lag ein großer Kalksteinbrocken, in den jemand die Inschrift GEFANGENE DER WALDLAGER eingeritzt hatte; davor lag ein grün angelaufener Autoreifen, in den Blumen gepflanzt waren. „In Komi gibt es 189 von diesen privaten Gedenkorten", sagte Michail, „mehr als in jeder anderen Gegend der Russischen Föderation." Dieses spezifische Denkmal war von einer Deutschen eingerichtet worden, deren Großvater, ein russlanddeutscher Sowjetbürger, nach Komi verbannt worden war und dort sein Leben gelassen hatte. „Die Behörden haben ihr keine Schwierigkeiten gemacht", sagte Michail noch, als hätte er meine Frage schon vorausgeahnt.

Neunzig Prozent der heutigen Bevölkerung der Republik Komi, darunter auch ihr Präsident, sind entweder Ex-Verbannte oder stammen – dies ist inzwischen wohl öfter der Fall – von solchen ab. „Jedes Jahr kommen Schüler auf Studienfahrt in die Republik Komi", berichtete Michail. „Sie protokollieren die Erlebnisberichte von Deportierten und am 13. Oktober gibt es immer eine Zeremonie, an der alle teilnehmen." Alles schön und gut, doch konzentrieren sich die bislang erhobenen Daten auf technische oder organisatorische Details – wie groß waren die Lager? wie viele Insassen hatten sie? wann kamen diese dort an? –, und nicht auf die grausame Realität der Unterdrückung oder die Frage, wer dafür eigentlich verantwortlich war.

„Erst nach 1939 wurden in den Gulags Stacheldrahtzäune verwendet", führte Michail aus, als wir an einem – wie er sagte – „echten *Lager*" vorbeifuhren (er verwendete das deutsche Wort). Ein echtes Lager also, von dem heute noch das Elektrizitätswerk stand. „Es war ein *Lager*, aber es war anders als die deutschen", sagte er. Ich versicherte ihm, dass ich nicht vorhatte, einen Vergleich anzustellen (obwohl ich unwillkürlich genau das tat). Er sah nervös aus.

Als ich ein Jahr später die Dokumente in der von Michail herausgegebenen Sammlung *Reue* übersetzen ließ, bezeichnete meine Übersetzerin (die selbst aus Russland emigriert war) sie als „bürokratischen Hokuspokus", womit sie die Art von unproduktiver Selbstbeschäftigung meinte, durch die mittlere Beamte vortäuschen, sie „täten etwas" hinsichtlich einer Situation, von der sie selbst ganz genau wissen, dass dort nichts mehr zu machen ist.

Und doch zeichneten die von Michail gesammelten Quellen – Berichte über die Anzahl von Zwangsarbeitern in jedem Lager sowie in den einzelnen Baracken; offizielle Beschwerden über Lebensmittelengpässe und über die wenigen Quadratmeter, die pro Insassen zur Verfügung standen; Zahlungsaufforderungen und Forderungen nach höheren Budgets – ein zumindest etwas komplexeres Bild, als es die Rede von der unterschiedslosen „Unterdrückung" tat. Viele der Verwaltungsangestellten in den Sondersiedlungen waren Einheimische, aber auch sie wurden oft mehr oder minder zwangsrekrutiert, wie Michail mir erzählte. Vielleicht wollte er mir insgeheim zu verstehen geben, dass es in einem Land, das noch immer von den Abkömmlingen der einstigen Sklaven auf der einen und den Nachfahren der einstigen Sklaventreiber auf der anderen Seite bevölkert wurde, deren brutales „Arbeitsverhältnis" einzig und allein zur Erfüllung der im fernen Moskau festgelegten Planziele dienen sollte, unnütz – wenn nicht gar gefährlich – sei, nach Schuldigen zu suchen.

*

Im Dezember 1940 fielen die Temperaturen in Hannans Siedlung auf bis zu −50 °C ab. (In seiner Zeugenaussage spricht er von −60 Grad, aber die Wetteraufzeichnungen sagen etwas anderes.) Beeren, Pilze und allerlei Blätter und Wurzeln, die im Frühjahr noch als Nahrungsquelle dienen konnten, lagen nun metertief unter Eis und Schnee begraben; auch die Kartoffeln, mit deren Anbau die Arbeiter begonnen hatten, waren erfroren. An bestimmten Stellen entlang ihrer täglichen Marschroute lag der Schnee fünf Meter tief. Nach Einbruch der Dunkelheit werkelten, schliefen und kauerten Zindel, Ruchela, Hannan und Regina dicht zusammengedrängt, wobei sie all ihre Kleidung angezogen hatten und sich mit dem Schlafen abwechselten, damit immer jemand wach war, der ein frisches Scheit auf das Feuer legen konnte. Durch den bitteren Frost erfroren Hannans Fingerkuppen, und zeit seines Lebens sollte er seinen Tastsinn nicht zurückerlangen. (Das hatte ich zwar gewusst, nicht jedoch, wann genau er sich diese Verletzung zugezogen hatte.) Anderen mussten wegen Erfrierungen ganze Gliedmaßen amputiert werden. Viele wurden krank, so auch die Frau, mit der die Teitels ihre Baracke teilten: Acht Tage lang lag sie im Fieber, während ihr Mann verzweifelt – aber letztlich erfolglos – versuchte, einen Wagen zu beschaffen, um sie ins Spital bringen zu können. Der Wagen wurde zum Holztransport benötigt und würde deshalb nur am Sonntag verfügbar sein – am Sonntag aber starb sie. Begraben wurde sie in dem Waldstück, das zur Bestattung der gestorbenen Insassen diente. Ihre vier kleinen Kinder schnitten ihre Initialen in einen nahe stehenden Baum und verkauften am nächsten Tag ihre Kleider an die Kulaken. Es gibt zahlreiche Berichte über solche Fälle von Krankheit, Tod und Begräbnis in den Arbeitslagern.

Der Tod war in den „Sondersiedlungen" Privatsache. Miterlebt, bezeugt und im Gedächtnis behalten wurde er von niemandem außer den Familienmitgliedern der Verstorbenen, ja manchmal noch nicht einmal von diesen. Gestorben wird in beinahe jedem Bericht, der von den Deportierten überliefert ist:

„Mein Bruder Hersz erkrankte, wir wussten nicht, an was. Da wir keine ärztliche Hilfe hatten, starb er nach einigen Wochen, und wir begruben ihn mitten im Wald.

Als meine beiden Brüder ... an den Masern erkrankten, ... wickelte [man] sie in Decken ein und brachte sie auf dem Schlitten fort [auf die Krankenstation]. Sie holten sich eine Erkältung, und drei Tage später starben sie. ... Mit der Hilfe meines größeren Bruders schaufelte mein Vater ein Grab und beerdigte sie zusammen.

Mein Vater war ein gesunder Mann. Ich erinnere mich nicht, dass er vor dem Krieg krank gewesen wäre. ... Einmal wurde ihm bei der Arbeit schlecht, aber der Aufseher sagte, das ist nichts weiter, und er starb vor aller Augen im Wald. Am Abend, nach der Arbeit, brachten sie seine Leiche. Die ganze Nacht standen wir mit Mama bei ihm und verscheuchten die Mäuse. Am Morgen nähten wir aus ein paar Hemden ein Gewand und schrieben seinen Vornamen, Familiennamen und das Datum auf ein Brett."[18]

Über die Gesamtzahl der Todesopfer in den „Sondersiedlungen" konnte ich keine belastbaren Angaben finden, aber die sowjetischen Archive legen nahe, dass zwischen einem Fünftel und einem Viertel aller Zwangsarbeiter in der Verbannung umkamen. In jüdischen und polnischen Quellen ist von höheren Opferzahlen die Rede. Nach Angaben von jüdischer Seite lag die Sterblichkeit in den Jahren 1941/42 bei 22 bis 28 Prozent.[19]

Auf der Rückfahrt nach Syktywkar tönt aus Lews Autoradio Stings „Englishman in New York": *I'm an alien, I'm a legal alien* – „bin ein Ausländer, ein ganz legaler Ausländer …", während wir langsam aus dem Land der Gulags in die Gegenwart zurückkehren, vorbei an kleinen, bunt angestrichenen Datschas, die mehr oder weniger gut instand gehalten sind und die vielleicht – vielleicht aber auch nicht – einmal Zwangsarbeiter beherbergt haben. Ich fragte Michail, ob es irgendwelche Gulag-Friedhöfe gebe, die wir besuchen könnten. Zuerst wehrte er ab („Friedhöfe gibt es nicht; da ist jetzt nichts mehr, nur Wald"), aber dann gibt er Lew einen Wink, in Richtung eines nahe gelegenen Wäldchens abzubiegen, wo wir dann – vergnügt weiterplaudernd – noch fast einen Kilometer weiterfuhren, immer im Slalom zwischen riesigen Fichten und sumpfigen Stellen umher in einer wildromantischen Naturszenerie. Dann schlug mir plötzlich der Geruch entgegen wie eine Welle, ein eigenartiger, süßlicher Duft, und danach die Moskitos, die dick wie eine Decke über uns in der Luft hingen, sobald wir aus dem Geländewagen ausgestiegen und auf die Waldlichtung getreten waren.

In der Mitte der Lichtung stand ein großes, verrostetes Metallkreuz, auf das gerade, durch die Bäume hindurch, die Strahlen der Nachmittagssonne fielen. Der Boden, auf dem wir standen, war uneben, und in alle Richtungen sah ich, so weit das Auge reichte, halb eingesunkene Erdhügel. Die hier Begrabenen waren Gulaghäftlinge gewesen, sagte Michail. Im Gulag waren es die Mithäftlinge, nicht die Familienmitglieder, die die Toten begruben. „Jeden Tag haben sie die seit dem Vortag Gestorbenen auf einen Wagen geladen und hierhergebracht, um sie alle zusammen in einer gemeinsamen Grube zu begraben. Den Verhungerten schoss man vorher noch ins Herz, um sicherzugehen, dass sie auch wirklich tot waren." Stasia, meine junge Dolmetscherin, die den ganzen Tag über so aufgekratzt gewesen war, übersetzte Michails Ausführungen jetzt merklich ernster und stockender. Sie war siebzehn Jahre alt, wohnte weniger als eine halbe Stunde von diesem Ort entfernt und hatte dennoch keine Ahnung davon gehabt, dass es so etwas in der Gegend überhaupt gegeben hatte. Über unseren Köpfen schwirrten erbarmungslos die Moskitos. Michail steckte sich eine Zigarette an.

Ich ging los und ging immer weiter, eine halbe Stunde lang, über die Unmengen von Toten hinweg, die der Waldboden verschlungen hatte. Michail und Wiktor blieben auf der Lichtung zurück. Stasia weinte, gegen den Jeep gelehnt. Es gab kleinere Hügelchen bei den Einzelgräbern und große Hügel, das waren die Massengräber. Schon nach kurzer Zeit hatte ich vollkommen die Orientierung verloren. Es gab keine Namen, keine Grabsteine, nur den rauen Waldboden sowie hier und da ein umgeworfenes Kreuz. Hin und wieder stieß ich auch auf klaffende Löcher, leere Gräber, deren Gebeine vielleicht wieder ausgegraben worden waren. Individuelle Grabsteine waren im Gulag und den „Sondersiedlungen" verboten, aber dann und wann fiel mir eine Nummer auf, die in der Nähe einer Grabstelle in einen Baum geschnitten worden war – oder eine „Holzpyramide", ein halber Davidstern, den die jüdischen Verbannten manchmal als ein geheimes Merkmal über den Gräbern ihrer Verstorbenen anbrachten. An einer Stelle hatte jemand ein handgeschriebenes Schild an einen Baum genagelt: FRIEDHOF DER SONDERSIEDLUNG 1942–1944.

„Manchmal kommen Leute und suchen nach den Gräbern von Verwandten", sollte mir Michail am Abend erzählen. Im Jahr zuvor war Avram Grant dagewesen, der israelische Fußballtrainer und frühere Coach des FC Chelsea. Er hatte einen Hubschrauber gechartert, um nach der Grabstätte seiner Großmutter zu suchen. Ohne Erfolg, sagte Michail. Jedes Jahr am 20. Juni, erzählte er mir weiter, träfen sich Nachfahren und Verwandte der einst aus ganz Russland, Litauen und Polen verschleppten Toten, um auf dem Gräberfeld eine einfache Gedenkfeier zu halten. Fast eintausend Überlebende der „Sondersiedlungen" lebten noch immer in der Republik Komi. Allerdings wisse er nicht, sagte er, ob auch „jüdische Polacken" darunter seien.

Komi und Archangelsk, das wurde mir schlagartig klar, waren ein einziger, riesiger Friedhof ohne Grabsteine, auf dem genauso gut auch mein Vater und seine Familie hätten enden können, ohne eine Spur zu hinterlassen. Ich drehte mich um und hielt Ausschau nach Lews Jeep, sah aber nichts als Gräber, ein endloses Feld von Gräbern, die von allen Seiten auf mich einzudringen schienen. Mein Blick verschwamm, ich schnappte nach Luft – ich ertrinke, dachte ich. Da kam Wiktor auf mich zu und führte mich behutsam zu unserem Wagen zurück – wer hätte gedacht, dass er so feinfühlig sein konnte? Im Auto überkam mich eine Welle von Wärme und Dankbarkeit für seine Geste, während wir schweigend nach Syktywkar zurückfuhren.

*

Das Verhältnis zwischen polnischen Juden und katholischen Polen im Posiołek Ostrowski war „herzlich", wie Hannan in seinem Bericht für das polnische „Informationszentrum Ost" aussagen sollte: „Die polnischen und die jüdischen Flüchtlinge ... haben einander geholfen, wo sie nur konnten." Das war eine Empfindung, die in vielen Berichten aus zahlreichen Siedlungen und Lagern wiederholt worden ist, vor allem dort, wo die Juden in der Mehrheit waren. Als die jüdischen Zwangsarbeiter am 11. April 1941, dem Beginn des Pessachfestes, nicht zur Arbeit gingen, sondern stattdessen in einer Baracke gemeinsam beteten – ein Verstoß gegen das sowjetische Verbot jeglicher Religionsausübung –, da verrieten ihre polnischen Nachbarn sie nicht, berichtete mein Vater, noch beschwerten sie sich darüber, dass sie an jenem Tag allein arbeiten mussten. Manche der Kinder erzählten von Auseinandersetzungen zwischen Polen und Juden oder wussten von Fällen zu berichten, in denen altgediente polnische Zwangsarbeiter sich geweigert hatten, jüdische Neuankömmlinge in ihre Baracken aufzunehmen.[20] Aber andere fühlten sich auch durch die gemeinsame Sprache verbunden – und durch die geteilte Hoffnung auf eine Rückkehr nach Polen, die man jedoch, wie Hannan berichtete, Juden wie Polen immer wieder ausredete. („So sicher, wie du deine eigenen Ohren nicht siehst, wirst du auch Polen nicht mehr wiedersehen!", sagte der Kommandant einmal zu Zindel.)

„In der Siedlung [posiołek] gab es viele Polen, die sich freundlich zu uns verhielten, sie halfen uns, uns einzurichten und gaben uns nützliche Ratschläge.

In unserer Siedlung [posiołek] kamen auf sechshundert Juden dreißig Polen, und die Beziehungen zwischen ihnen waren sehr gut. Unter ihnen war ein hoher polnischer Beamter, ein gläubiger Katholik und Antisemit, der sich mit meinem Vater anfreundete. Sie führten lange Gespräche und kamen zu der Überzeugung, in dieser schrecklichen Lage findet man nur im religiösen Leben Trost."[21]

Auch im Bereich der Religion gab es für katholische und jüdische Polen also Verbindendes, und auf beiden Seiten bemühten sich viele, ihren Glauben im Geheimen auch weiterhin zu leben. In mehreren Siedlungen wurden sowohl fromme Juden als auch gläubige Katholiken wegen „religiöser Betätigung" inhaftiert oder in Gulags geschickt. In einem Fall stürmten fünf NKWD-Männer in eine Baracke, die zu einer geheimen Behelfs-Synagoge umfunktioniert worden war, packten drei ältere Männer, die dort beteten, am Kragen und zerrten sie nach draußen. Allerdings führten derartige Maßnahmen bald dazu, dass die Produktivität der Arbeiter nachließ, ja manchmal fast ganz zum Erliegen kam, und so drückten die Sowjets schließlich ein Auge zu, was religiöse Aktivitäten anging. An Pessach 1941 gehörte Zindel zum Minjan, der Betgemeinde von zehn Erwachsenen, die für einen jüdischen Gottesdienst benötigt wird. Hannan und die anderen Jüngeren standen derweil an der Tür Wache und hielten Ausschau nach dem Kommandanten. Auch am ersten Tag der Hohen Feiertage Rosch Ha'schana und Jom Kippur ging er nicht in den Wald. Die Religion, von der er sich daheim in Polen schleichend, aber immer weiter entfremdet hatte, war für Zindel (wie für viele andere) jetzt zu einem Akt des Aufbegehrens geworden, eine kostbare Verbindung in ein früheres Leben, das in der Erinnerung schon bedenklich zu verblassen begann.

Letztlich, glaube ich, bot die Religion, boten die jüdischen Feste eine feste Orientierung in der Zeit, unterbrach das Beten die Eintönigkeit der immer gleichen, brutal vorhersehbaren Tage in der Verbannung. „Ich habe an jedem Tag acht Stunden am Kanal verbracht. In dieser Zeit passierte nur ein Motorkahn von Powenez nach Ssoroka und einer desselben Typus von Ssoroka nach Powenez. Sie hatten verschiedene Nummern und nur nach den Nummern habe ich erkannt, dass es nicht derselbe Kahn war, der zurückkehrte. Denn sie hatten beide ganz dieselbe Ladung: Identische Kiefernstämme, abgelagert, sich nur zu Brennholz eignend", heißt es bei Solschenizyn.[22] Bis zum Pessachfest 1941 waren zehn Monate vergangen, seitdem Hannan in die Verbannung verschleppt worden war: dreihundert Mal derselbe Tag.

*

Anton Beck, ein korpulenter Russe deutscher Abstammung, der mit seinem Schnurrbart, seinem Karohemd und den gebügelten Jeans ein wenig wirkte wie der in die Jahre gekommene ältere Bruder des Marlboro Man, saß mir im Büro von Michail Rogatschow gegenüber. Seine Eltern waren aus Saratow in der Autonomen Sozialistischen Sowjetrepublik der Wolgadeutschen nach Komi deportiert worden. Fast 800 000 Deutsche hatten seit dem 18. Jahrhundert an der Wolga gelebt: Katharina die Große hatte ihnen Land angeboten, dazu eine Befreiung vom Militärdienst und die freie Ausübung ihrer katholischen Religion, wenn sie im Gegenzug die Steppengebiete an der Wolga kultivierten. Im Juli 1941, da hatten seine Eltern bereits drei Jahre als Zwangsarbeiter geschuftet, wurde Anton geboren. Im Jahr 1955 wurden die Eltern rehabilitiert und konnten in Syktywkar Arbeit als Lehrer finden. Anton, inzwischen im Ruhestand, hatte als Zeitungsredakteur gearbeitet.

„Warum haben Sie sich dafür entschieden, hier in Syktywkar zu bleiben?", frage ich Herrn Beck, der eigens in Michails Büro gekommen war, um mich kennenzulernen. „Sind Sie nicht wütend darüber, was man Ihrer Familie angetan hat?" Als Antwort holt Herr Beck ein mit der Maschine geschriebenes Schriftstück hervor, das er vorsorglich angefertigt hatte, und beginnt vorzulesen. Was folgt, ist eine ermüdende, sehr allgemein gehaltene Beschreibung des Lebens in den „Sondersiedlungen", die ich mir wohl oder übel anhörte: Diesen Mann würde nichts aufhalten. Als ich versuchte, mit Nachfragen seinen Redefluss zu unterbrechen, erhöht er ganz einfach die Lesegeschwindigkeit und fuchtelt – an besonders dramatischen Stellen – mit dem Zeigefinger in meine Richtung. „Man konnte aus der Sondersiedlung nicht weglaufen. Wenn man es versuchte, haben sie einen für zwanzig Jahre ins Arbeitslager geschickt." Der Vortrag endet mit einem Paukenschlag: „Ich bin Russe. Warum sollte ich hier weg?" Seit er in Rente war, hatte er sich intensiv dafür eingesetzt, das Andenken an die Deportationen der Wolgadeutschen wachzuhalten („in der Sowjetzeit hatten wir Angst um unsere Familien, deshalb haben wir den Mund gehalten") und seine Memoiren aufzuschreiben („um diese historische Wahrheit unseren Kindern zu zeigen"). In Deutschland, sagte Herr Beck, seien viele solche Erinnerungsbände veröffentlicht worden, schließlich lebten dort inzwischen fast drei Millionen Russlanddeutsche, darunter auch der Großteil seiner eigenen Familie. Rund 460 000 sind in Russland verblieben, davon mehrere Hundert in Komi, wohin man einst ihre Familien verschleppt hat. „Ich kann kein Deutsch", sagt er. „Ich fühle mich als Russe."

Mein Vater hätte durchaus so werden können wie Herr Beck, wurde mir in Komi klar. Seine Familie hätte im Posiołek Ostrowski bleiben können, ganz so, wie Anna Borkowska im Iran geblieben war. Auch er hätte vierzehn Jahre lang gefangen bleiben können und wäre dann als 27-Jähriger freigelassen worden – zu einer Zeit, zu der er die Sowjetunion vielleicht schon nicht mehr hätte verlassen können. Dann wäre er womöglich in Syktywkar geblieben oder in Archangelsk oder hätte – wenn er so kühn und unternehmungslustig gewesen wäre wie Wiktor – sein Glück als russischer Jude in Leningrad oder in Moskau versucht. Und von dort wäre er dann eventuell vor dem Antisemitismus der 1970er-Jahre zu einer Rückkehr in den Ural gedrängt worden, wie es Wiktors jüdischem Freund Yakov ergangen war.

Doch aus Hannan wurde kein Herr Beck.

Am 22. Juni 1941 überfiel die deutsche Wehrmacht die Sowjetunion und setzte damit die Rote Armee, die bereits durch den Krieg gegen Finnland geschwächt worden war, zusätzlich unter Druck. Als Reaktion auf den deutschen Überfall trat die Sowjetunion, die kaum zwei Jahre zuvor, bei der Aufteilung Polens, noch mit Deutschland paktiert hatte, auf die Seite der Alliierten in den Zweiten Weltkrieg ein.

Am 30. Juli schlossen die UdSSR und Polen einen Vertrag über die Wiederaufnahme diplomatischer Beziehungen zwischen ihren beiden Ländern, wodurch erbitterte Feinde über Nacht zu Verbündeten wurden. Unterzeichnet wurde die Vereinbarung in London durch Władysław Sikorski, den Ministerpräsidenten der polnischen Exilregierung, und Iwan Maiski, seines Zeichens sowjetischer Botschafter in Großbritannien, im Beisein von Winston Churchill und seinem Außenminister Anthony Eden. Am 12. August wurde der Vertrag „durch das Präsidium des Obersten Sowjets" in Moskau bestätigt und seine Bestimmungen offiziell bekannt gegeben: Auf sowjetischem Boden sollte eine polnische Exilarmee zur Unterstützung der Alliierten im Kampf gegen Nazideutschland aufgestellt werden; in Moskau würde man eine Botschaft der polnischen Exilregierung einrichten; und all jene, die am 17. September 1939 polnische Staatsbürger gewesen waren – Gulaghäftlinge, polnische Kriegsgefangene und „Sondersiedler" – sollten aus den Gulags, Gefängnissen und Arbeitslagern der Sowjetunion freigelassen werden.

Für eine kurze Zeit gegen Ende des Jahres 1941 befand sich die sowjetische Regierung in der Defensive, nachdem sie sich bislang stets geweigert hatte, „ukrainische, belorussische, litauische und jüdische" Bürger Polens überhaupt als polnische Staatsangehörige anzuerkennen. Die Teitels und die Perelgrics und die Halberstadts und mindestens 300 000 andere polnische Juden fielen unter die Bestimmungen des Sikorski-Maiski-Abkommens vom 30. Juli 1941, das die Freilassung aller polnischen Staatsbürger in sowjetischem Gewahrsam vorsah. Fraglich blieb, ob Icok Teitel und all die anderen, die freiwillig (oder gezwungenermaßen) ihre polnische Staatsbürgerschaft aufgegeben hatten, diese nach den Bestimmungen des Vertrages zurückerhalten hatten; aber für diejenigen, die – wie Icok und seine Familie – der deutschen Wehrmacht bei ihrem Überfall auf die Sowjetunion nicht hatten entkommen können, spielte das ohnehin keine Rolle mehr.

An dem Tag, an dem ich Syktywkar verließ, erhielt ich einen Anruf aus dem Moskauer Büro des Joint Distribution Committee: Die Deportationskarten der Familien Teitel und Perelgric waren in einer Datenbank des Roten Kreuzes in Moskau gefunden worden; man werde sie unverzüglich einscannen und mir per E-Mail zusenden. Damit verfügte ich immerhin über Kopien der vergilbten, handbeschrifteten Karten, die für jedes Familienmitglied ausgestellt worden waren:

Tejschel Zindel M.
(Namensvariante: Teitel, Namensvariante: Zundel)
Geboren 1896. Jüdisch.
Vorher wohnhaft in: Oblast Białystok.
Urteil: Verbannung in die Oblast Archangelsk. 08. 07. 40. Rajon Plessezk, Sondersiedlung Ostrowski.
Entlassen auf Anordnung des Obersten Sowjets der UdSSR betr. „Begnadigung polnischer Staatsbürger" vom 5. September 1941

Tejschel Rachel Hananowna
(Namensvariante: Teitel)
Geboren 1902 in Semiatitschi [Siemiatcze]. Jüdisch. Universitätsabschluss.
Vorher wohnhaft in: Oblast Białystok.
Urteil: Verbannung in die Oblast Archangelsk. 08. 07. 40. Rajon Plessezk, Sondersiedlung Ostrowski.
Entlassen auf Anordnung des Obersten Sowjets der UdSSR betr. „Begnadigung polnischer Staatsbürger" vom 5. September 1941

Tejschel Riwka Zindelewna
(Namensvariante: Teitel)
Geboren 1931. Jüdisch. Schulbildung: 2.
Vorher wohnhaft in: Oblast Białystok, Belsk.
Urteil: Entspr. Verbannung in die Oblast Archangelsk. 08. 07. 40. Rajon Plessezk, Sondersiedlung Ostrowski.
Entlassen auf Anordnung des Obersten Sowjets der UdSSR betr. „Begnadigung polnischer Staatsbürger" vom 5. September 1941

Tejschel Hannan Zindelewitsch
(Namensvariante: Teitel)
Geboren 1927. Jüdisch. Schulbildung: 3.
Vorher wohnhaft in: Oblast Białystok.
Urteil: Verbannung in die Oblast Archangelsk. 08. 07. 40. Rajon Plessezk, Sondersiedlung Ostrowski.
Entlassen auf Anordnung des Obersten Sowjets der UdSSR betr. „Begnadigung polnischer Staatsbürger" vom 5. September 1941

Perelgrits Abram Chaskelewitsch
(Vatersname auch: Chaskilewitsch)
Geboren 1900 in Warschau. Jüdisch. Höhere Ausbildung zum Buchhalter.
Vorher wohnhaft in: Oblast Białystok.
Verurteilt: 29. Juni 1940. Flüchtling.
Urteil: Ausgewiesen 10. Juli 1940 zwecks Verbannung in die Oblast Wologda, Rajon Weliki Ustjug, Poldarski.
Entlassen auf Anordnung des Obersten Sowjets der UdSSR betr. „Begnadigung polnischer Staatsbürger" vom 5. September 1941

Perelgrits Noemi Abramowna
Geboren 1930 in Warschau. Jüdisch.
Vorher wohnhaft in: Oblast Białystok.
Urteil: Verbannung in die Oblast Archangelsk. 07. 07. 40. Rajon Kargopol, Sondersiedlung Pojaminka.
Entlassen auf Anordnung des Obersten Sowjets der UdSSR betr. „Begnadigung polnischer Staatsbürger" vom 5. September 1941

Somit kannte ich nun den genauen Zeitpunkt und den Ort von Hannans Verbannung: die „Sondersiedlung" (Posiołek) Ostrowski in Archangelsk. Meine Tante hatte die ganze Zeit recht gehabt!

Außerdem wusste ich jetzt, dass ihre Nationalität nicht als „polnisch", sondern als „jüdisch" angegeben worden war und auf den Karten ihre jüdisch-hebräischen Namen Verwendung fanden: „Rachel" statt Ruchela; „Riwka" statt Regina; „Noemi" statt Emma; „Abram" statt Adam.

Und ich wusste, dass – obwohl ihre polnische Staatsbürgerschaft auf den Karten nicht erwähnt wurde – Adam Perelgric der Einzige unter ihnen war, der ausdrücklich als *beschenez* („Flüchtling") bezeichnet wurde. Er war auch für ein „schwereres" Vergehen verurteilt worden als die Teitels – die ja nur darum gebeten hatten, auf die deutsche Seite der Grenze zurückkehren zu dürfen, während Adam versucht hatte, illegal über die deutsch-sowjetische Grenze zu gelangen –, und seine polnische Staatsbürgerschaft war ihm aberkannt worden. Außerdem war Adam Perelgrics Karte die einzige, auf der nicht der Begriff „Sondersiedlung" auftauchte. Er war nämlich nicht zur Deportation in eine solche Siedlung, sondern zum Gulag verurteilt worden. Vater und Tochter waren also nicht nur zu unterschiedlichen Zeitpunkten, sondern, wie ich nun wusste, auch an vermeintlich ganz unterschiedliche Orte verbannt worden: er in die Oblast Wologda, sie in die Oblast Archangelsk.

Aber ich wusste ebenfalls, dass Emma wohl nicht ganz unrecht gehabt hatte. Sehr wahrscheinlich lag ihre Siedlung in der Nähe des Straflagers, in dem ihr Vater inhaftiert war. Die Oblast Archangelsk grenzt nördlich an die Oblast Wologda an; der Lagerkomplex Jerzewo, in den Adam vermutlich gebracht wurde, erstreckt sich zu beiden Seiten dieser Grenze. Jerzewo, das von der Gulag-Hauptverwaltung aus geführt wurde, wird in den Memoiren eines Überlebenden als ein Lager beschrieben, dessen Arbeitsbedingungen so brutal waren, dass Häftlinge sich lieber ihre Finger abhackten, um auf die Krankenstation geschickt zu werden. Im Durchschnitt überlebten sie dort nur zwei Jahre lang.

Sowohl die Teitels als auch die Perelgrics wurden rund drei Wochen nach der öffentlichen Bekanntgabe der Amnestie freigelassen, vierzehn Monate nachdem man sie in die Verbannung geschickt hatte.

Nicht alle polnischen Staatsbürger wurden freigelassen. Von den größeren Streitpunkten zwischen der sowjetischen und der polnischen Regierung einmal abgesehen, entschieden auch viele kleine Unwägbarkeiten darüber, dass die einen gehen konnten, während andere bleiben mussten.

„Es gab ganz viele einzelne Entlassungen", erzählte mir der Doktorand aus Arizona, den Michail und ich an meinem ersten Tag in Syktywkar kennengelernt hatten, bei einem Gespräch in der Lobby unseres Hotels. „Klar, es gab dieses Abkommen – aber das bedeutete noch lange keine Generalamnestie. So einen Augenblick, in dem sämtliche Gefangenen gesagt bekamen: ‚Geht, ihr seid frei!', den gab es gar nicht." Genau zu diesem Thema wollte er hier forschen, war dabei bislang aber „nicht sehr erfolgreich" gewesen, wie er selbst es ausdrückte. „Für mich haben die Archive anscheinend immer geschlossen", beschwerte er sich, zu stolz und zu mürrisch, als dass er Wiktors nachdrückliche Hilfsangebote hätte annehmen können.

Manche der Verbannten wären eigentlich zur Freilassung berechtigt gewesen, wurden von ihren Lager- oder Siedlungskommandanten darüber jedoch nicht informiert, weil diese Produktivitätseinbußen befürchteten.

„In manchen *posiołki* waren die Arbeiter so von der Außenwelt abgeschnitten, dass sie überhaupt nichts vom Überfall der Deutschen auf die Sowjetunion mitbekommen hatten, geschweige denn von einer Amnestie", sagte mir der junge Historiker. „Niemand hat denen gesagt, dass sie eigentlich nach Hause gehen könnten."

Einige der Verbannten erfuhren schließlich doch von den Entwicklungen, etwa aus den Zeitungen, worin die Lebensmittelpakete ihrer Verwandten eingeschlagen waren. Damit gingen sie dann zum Kommandanten und zeigten ihm die „Neuigkeiten".

In vielen Fällen sagte man ihnen dann, dass die Amnestie nur für Polen gelte, nicht aber für Juden. Und dann mussten sie bei einer höheren Instanz Beschwerde einlegen, um freigelassen zu werden.

Manche Zwangsarbeiter traten in Streik, nachdem ihre Kommandanten sich geweigert hatten, sie gehen zu lassen.

So gut wie überall wurden die Arbeitstage länger, die Wachen und Aufseher noch wachsamer, und die Löhne sanken.

Fast alle Arbeiter versuchte man, mit Versprechungen zum Bleiben zu bewegen, selbst nach ihrer Freilassung: Der Krieg dauerte noch immer an, die Pläne mussten erfüllt werden, und wenn man die polnischen Flüchtlinge an ihrem Verbannungsort „Wurzeln schlagen" ließ, so die Hoffnung, würde man damit deren „Sowjetisierung" beschleunigen:

„Als die Nachricht von der Amnestie kam, versuchte man uns zu halten, indem man uns Kartoffeln, Holz für den Hausbau und eine Kuh für jede Familie versprach.

Nach der Verkündung der Amnestie für polnische Staatsbürger kam ein hoher Beamter des NKWD und bat, wir sollten bleiben. Er versprach Land, Gerätschaften, Saatgut und versicherte uns, keiner werde uns die polnische Staatsbürgerschaft nehmen, aber niemand wollte auf ihn hören.

Nach der Verkündung der Amnestie bat man uns, zu bleiben, und versprach, dass es uns besser gehen wird, aber wir wollten nicht bleiben."[23]

Die Möglichkeit, dass manche Flüchtlinge an den Orten ihrer Verbannung geblieben sein könnten, hatte ich überhaupt nicht in Betracht gezogen – bis mir aufgegangen war, dass die Zeugenberichte, die ich gelesen hatte, ja ausnahmslos von denen stammten, die fortgegangen waren. Und doch kamen manche niemals frei. Manche wurden offiziell entlassen, verpflichteten sich dann jedoch zur Arbeit im engen Umkreis ihrer vorherigen Einsatzorte. Manche, vor allem diejenigen, die große Familien und kleine Kinder hatten, nahmen auch das Angebot an, ein Stück Land zu erhalten – und blieben. Wieder andere wollten nicht noch weiter ziehen – oder waren schlicht zu erschöpft dazu – und blieben deshalb in der Nähe ihrer Verbannungsorte. Manche warteten auch einfach zu lange ab, und am 16. Januar 1943 wurde die Amnestie wieder aufgehoben.

„Eines weiß ich jetzt schon ganz sicher", sagte mir der amerikanische Doktorand, „viele Deportierte wurden trotz der Amnestie gezwungen, hierzubleiben. Und manche sind sogar freiwillig hiergeblieben."

Eine Familie, die „auf Anordnung des Obersten Sowjets der UdSSR betr. ‚Begnadigung polnischer Staatsbürger'" entlassen worden und dennoch in Komi geblieben war, war die Familie von Dimitri Nesarelis, der später ein bedeutender russischer Ethnologe wurde und vor allem das Volk der Komi erforscht hat. Seine Eltern waren polnische Juden gewesen, die im Juli 1940 nach Komi verbannt wurden, also im selben Monat und Jahr wie mein Vater. Nesarelis hatte an der Staatlichen Universität von Archangelsk in Kulturanthropologie promoviert und war eine prominente Figur des öffentlichen Lebens in der Republik Komi geworden: Unter anderem war er an der Gründung des Nationalmuseums von Komi in Syktywkar beteiligt, das Wiktor und ich am dritten Tag meines Aufenthalts in der Stadt besuchten.

Auf dem Weg zum Museum kamen wir am „Denkmal des ewigen Ruhmes" vorbei, das ein wenig zurückgesetzt in einer Parkanlage an der „Straße des Kommunismus" seinen Platz hat. Seine drei jeweils gut sieben Meter hohen Frauenfiguren aus Bronze stellen die Mutter, Ehefrau und Tochter eines gefallenen Soldaten dar. Und wir kamen auch an den neuesten Modeläden der Stadt vorbei, die Wiktor vergnügt bestaunte.

Wir betraten das hübsche, aber menschenleere Museum und stießen auf eine umfangreiche Sammlung, die sich über vier Stockwerke erstreckte: ausgestopfte Bären, Rentiere, Hechte und Enten (heilige Tiere der alten Komi), dazu Vitrinen mit Speeren, Schlitten und Pelzmänteln sowie Fotos der einstigen Jäger und Sammler. Verbannte wie sein Mitbegründer Nesarelis und dessen Familie kamen in der Sammlung des Museums nicht vor; der Ethnologe hatte sich selbst gleichsam aus der hier präsentierten Geschichte hinausgeschrieben, hatte stattdessen eine Ursprungserzählung der modernen Republik Komi geschaffen, die ausschließlich in dessen fernster, indigener Vergangenheit wurzelte. Dabei war Nesarelis nicht nur ein Erfinder und Bewahrer dieser bereinigten Herkunftsgeschichte, sondern hatte sich auch für deren Verbreitung unter den Einheimischen eingesetzt und erfolgreich gegen die Verlegung des Instituts zur Erforschung der Komi-Kultur aus Syktykwkar nach Westeuropa gekämpft.

Auf den verschlungenen Wegen der Flüchtlinge sind die Ausgangspunkte der einen die Ankunftsorte der anderen. In Komi begriff ich endlich jene ebenso schlichte wie gewichtige Wahrheit, dass die Frage, welche Orte entlang unseres Weges wir als „Zwischenstation" oder als „Heimat" bezeichnen, allein in der Rückschau beantwortet wird.

An meinem letzten Tag im Syktywkar war ich zu einem Interview mit einer Reporterin im Studio von Radio Syktywkar eingeladen. (Woher hatte sie gewusst, dass ich in der Stadt war? Anscheinend wussten alle das ...) Meine Interviewerin war nicht nur quirlig und hip mit ihrem kurz geschorenen Haar und dem schwarzen T-Shirt, sondern auch die Enkelin eines Deportierten. „Warum haben Sie beschlossen, in diese Gegend hier zu kommen?", fragte sie mich, und Wiktor, der in den vergangenen Tagen genug Gelegenheit gehabt hatte, sein Englisch zu trainieren, dolmetschte. „Wann haben Sie diese Geschichte zum ersten Mal gehört?" „Wie sehen die Amerikaner heute Stalin? Als einen Tyrannen oder als den Mann, der die Sowjetunion aufgebaut hat?"

„Kommt ganz darauf an", meinte ich vorsichtig. „Wohl eher als Tyrannen, denke ich. Es gibt aber auch Leute, die ihn bewundern. Wie sehen denn die Russen heute Stalin?"

„Die Deportationen spielen in den Geschichten der einzelnen Familien eine unglaublich große Rolle, nicht nur hier in Komi, sondern in ganz Russland", antwortete sie, ebenfalls spürbar vorsichtig. „Komi ist wie eine Insel voller Gulags. Meine Familie ist deportiert worden, und mehrere Personen, die politische Gefangene waren, wurden vom NKWD ermordet. Es gibt heute noch viele Kinder von Deportierten in Komi, aber von Aufsehern und NKWD-Leuten auch. ... Aber niemand sagt: ‚Ich komme aus einer Familie von Lageraufsehern.' Manche von dem Wachpersonal wurden dazu gezwungen: Soldaten wurden zum Wehrdienst eingezogen, und manche Einheimischen wollten es eigentlich auch nicht machen. Aber egal, heute sind alle gleich, egal, ob sie frei waren oder Gefangene."

„Es ist schon komisch", sagte ich zu der Reporterin. „Am Anfang habe ich nur die Geschichte meines Vaters aufschreiben wollen, eine jüdische Geschichte, aber als ich nach Komi gekommen bin, ist mir klar geworden, dass das, was ihm während der Deportation widerfahren ist, in Wirklichkeit unser aller Geschichte ist: Ihre, meine, Wiktors ..."

„Von dieser Vergangenheit her sind wir gewissermaßen verwandt." Sie schenkte mir ein liebes Lächeln. „Aber sagen Sie, ist die Geschichte von der Deportation in Ihrer Familie als eine Tragödie erzählt worden?"

„Sie wurde ja eigentlich nicht erzählt", sagte ich, „aber die meisten polnischen Juden, die in der UdSSR überlebten, haben ihre Deportation später schon deshalb nicht als die schlimmste Tragödie angesehen, weil sie von Stalin ja in einem gewissen Sinne sogar gerettet wurden. Die Deportation hat sie immerhin davor bewahrt, in Treblinka ermordet zu werden."

„Treblinka? Was ist denn Treblinka?"

5
„Ich bin Jude" – „Ich bin Usbeke"

Auch nach ihrer Entlassung aus dem Posiołek Ostrowski blieben Zindel und Ruchela niedergeschlagen. Immer wieder wurden sie krank und waren zudem von zwei Jahren chronischer Unterernährung ganz erheblich geschwächt. Pakete von ihren Verwandten aus Białystok und Siemiatcyze erhielten sie keine mehr und wussten nicht, warum. Vieles, was sie von ihrer aus Ostrów mitgebrachten Habe noch hätten verkaufen können, war ihnen nicht geblieben, und den Gedanken an eine Rückkehr dorthin hatten sie längst aufgegeben. Ihr einziger Gedanke war nun, am Leben zu bleiben.

Sie wussten ja nicht, dass die Nazis Białystok und Siemiatcyze überrannt hatten und sich jetzt in östlicher Richtung rasch auf sie zu bewegten. Was sie hingegen wussten, war, dass sie selbst nach ihrer Freilassung aus der Zwangsarbeit noch immer in der Sowjetunion gefangen waren. Aber auch, wo ihre nächste Mahlzeit herkommen sollte, wussten sie nicht, noch, was ihr nächstes Ziel sein würde. Und doch: Als man ihnen sagte, sie könnten den Posiołek Ostrowski verlassen und stattdessen an einen Ort irgendwo in Zentralasien gebracht werden, dachten sie nicht lange nach. Zwei Jahrzehnte zuvor hatten sie Alexander Newerows Erfolgsbuch von 1923 gelesen: *Taschkent: Gorod chlebny* (*Taschkent, die brotreiche Stadt*), in dem ein zwölfjähriger Junge vor einer Hungersnot nach Taschkent flüchtet, um dort Getreide für seine Familie zu finden. Die Erzählung war in den 1920er-Jahren ins Polnische, Jiddische und Hebräische übersetzt worden (1925 auch ins Deutsche), erwies sich beim jüdischen Lesepublikum als Bestseller – und so wurde Taschkent, dank Newerows Buch, zum Sehnsuchtsziel vieler.

So gut wie alle polnischen Staatsangehörigen, die auf sowjetischem Boden freigelassen worden waren – ganz egal, ob Großstadtbürger oder Provinzler, Sozialisten oder Bourgeois, Intellektuelle oder Handelsleute –, machten sich anschließend auf den Weg in eine der fünf überwiegend muslimischen Sowjetrepubliken in Zentralasien: Usbekistan, Turkmenistan, Tadschikistan, Kasachstan und Kirgisien (Kirgistan).

Der polnischen Exilregierung zufolge hätte die Sowjetunion rund 1,2 Millionen polnische Staatsangehörige freilassen sollen, davon mindestens ein Viertel Juden:[1] 600 000 Deportierte; 400 000 „umgesiedelte Bauern"; 100 000 Staatsbedienstete, Funktionäre und deren Familien; dazu noch etliche Polinnen und Polen, die in Gefängnissen und Arbeitslagern sowie in Einheiten der Roten Armee festgehalten wurden.[2] „Reichlich anderthalb Millionen bis eine Million achthunderttausend Personen … [darunter] 500 000 Juden, wenn nicht sogar mehr", war die Zahl, die vom polnischen Botschafter in Washington angegeben wurde.[3]

Die Sowjetregierung ihrerseits gab die Zahl der „polnischen Staatsbürger im Freiheitsentzug" mit nur 387 932 an, von denen, wie bekannt gegeben wurde, 345 511 binnen zwei Monaten nach der Verkündung der Amnestie freigelassen werden sollten.[4] Unklar blieb, ob die ethnischen Minderheiten Polens – Juden, Weißrussen, Litauer und andere – in diese Zählung Eingang gefunden hatten.

Nach der Schätzung jüdischer Stellen, denen die extreme Diskrepanz zwischen den von polnischer und sowjetischer Seite angegebenen Zahlen natürlich nicht entgangen war, betrug die Anzahl polnischer Staatsangehöriger jüdischer Herkunft auf sowjetischem Boden zwischen 350 000 und 500 000.[5]

Am 5. September 1941 standen Zindel, Ruchela, Hannan und Regina in einer langen, langen Schlange vor der Baracke des Siedlungskommandanten. Vor ihnen und hinter ihnen warteten Dutzende anderer polnischer und polnisch-jüdischer Familien wie sie selbst: verdreckt und abgemagert, ihre wenigen Habseligkeiten fest an sich gedrückt. Noch immer waren sie in dieselben Daunendecken gewickelt, die sie aus Ostrów mitgebracht hatten. Als sie es endlich bis in die Baracke geschafft hatten, übergaben sie ihre Verbannungsunterlagen einem NKWD-Mann, der sie an den Kommandanten weiterreichte – und der schrieb mit schwarzer Tinte quer über jeden Verbannungsbescheid: „Entlassen per Sondersiedlungsamnestie 05. 09. 41".

Am Tag darauf, dem 6. September, wurde – obwohl die Teitels das natürlich nicht wussten – auch Emma Perelgric „per Sondersiedlungsamnestie" aus dem Posiołek Pomminka entlassen; ihr Vater, ein gebrochener Mann, kam zwei weitere Tage später, also am 8. September, „auf Anordnung des Obersten Sowjets der UdSSR betr. polnischer Staatsbürger" frei, ebenso die Familie von Ruchelas Schwester Mascha Halberstadt.

Abbildung 6: Eine Flüchtlingskolonne auf dem Marsch nach Zentralasien.

Nach den Vorgaben der sowjetischen Verwaltung erhielten alle, die aus den Gulags und Gefängnissen freigelassen worden waren, einen Freifahrtschein für die Eisenbahn sowie ein Hilfsgeld von 15 Rubeln am Tag; die früheren Bewohner der „Sondersiedlungen" jedoch, die genau genommen ja „nicht in Lagern und Haftanstalten eingesperrt gewesen waren", bekamen keine Fahrkarte und kein Geld, sobald sie ihre Siedlung einmal verlassen hatten.[6] Von dem Augenblick an, in dem Hannans Familie den Posiołek Ostrowski verließ, war sie auf sich allein gestellt.

*

Den in der Moskauer Lubjanka inhaftierten General Władysław Anders hatte man einen Monat vor Hannan freigelassen. Anders, der später zum Katholizismus konvertierte, war als Sohn einer protestantisch-polnischen Familie baltendeutscher Abstammung im Russischen Zarenreich geboren worden und hatte als junger Offizier in der russischen Armee gedient. Als Polen 1918 unabhängig wurde, ging er zum polnischen Militär. Als Kommandeur der Kavalleriebrigade Nowogródzka war er an drei Schlachten gegen die Rote Armee beteiligt gewesen, dann jedoch im Oktober 1939 auf dem Rückzug in Richtung der

143

rumänischen Grenze in sowjetische Gefangenschaft geraten. Er wurde verhört, gefoltert und schließlich in Einzelhaft gesteckt, zuerst in einem Gefängnis in Lwów (Lemberg, heute Lwiw in der Ukraine), dann in der Lubjanka.

Doch dann flog eines Abends – der Historiker Norman Davies hat diese Szene geschildert – die Tür seiner Zelle auf, man holte den abgemagerten, geschwächten Anders heraus und brachte ihn zu einem gerade frisch ernannten polnischen Botschafter in der Sowjetunion, der dem verblüfften Gefangenen eröffnete, er sei ausgewählt worden, eine polnische Exilarmee zu kommandieren. „Fast zwei Jahre hatte ich in Gefängniszellen verbracht", schrieb Anders in seiner Autobiografie; „Jetzt machten mich die frische Luft, der Lärm und das Treiben auf der Straße beinahe trunken. Wie merkwürdig es war, nun wieder frei zu sein."[7]

Das Schicksal wohl keines anderen der polnischen Gefangenen hatte sich so dramatisch gewendet wie das von General Anders. Wie so viele andere hätte er in der Lubjanka umkommen können. Wie so viele andere hätte er bei dem Massaker von Katyn umkommen können, bei dem Agenten des NKWD im April und Mai 1940 mehrere Tausend hochrangige polnische Gefangene, in der Mehrzahl Offiziere wie Anders, erschossen hatten. Aber stattdessen wurde er mit Prunk und allen Ehren von Josef Stalin persönlich empfangen. „Anders sieht noch immer erbärmlich aus, erklärt aber selbst, es gehe ihm gut", schrieb der polnische Botschafter in Moskau an den Ministerpräsidenten der Exilregierung in London. Bei ihrem Zusammentreffen soll Stalin Anders auch gefragt haben, wie man ihn denn in den sowjetischen Gefängnissen behandelt habe. Als dieser antwortete, die Behandlung sei „außerordentlich schlecht gewesen", erwiderte Stalin angeblich: „Nun, das ging nicht anders; das waren eben die Umstände."[8] Der Tag ihres Zusammentreffens, der 5. September, war auch der Tag, an dem mein Vater aus dem Posiołek Ostrowski freikam.[9]

Ein Großteil der polnischen Armee war entweder umgekommen oder – in Frankreich oder in Großbritannien – im Exil. Zwanzigtausend Mann, hieß es, seien von den Sowjets gefangen genommen worden und seitdem spurlos verschwunden. Also wurde Anders angewiesen, aus den Reihen der gerade von den Sowjets freigelassenen Polen eine neue Armee aufzustellen, eine Exilarmee. Um diese zu rekrutieren, sollte der General unverzüglich nach Sibirien und nach Zentralasien aufbrechen, wohin sich, wie man ihm sagte, mehr als eine Million polnische Staatsangehörige bereits in Bewegung gesetzt hatten. Ein Rekrutierungsaufruf sollte in den Siedlungen verteilt werden, und die Divisionen der neu aufgestellten polnischen Armee sollten sich in Tatischtschewo, Busuluk und an anderen Orten im Südwesten Russlands, nahe der Grenze zu Kasachstan, einfinden.

Unter denen, die im Zuge der Amnestie freikamen, befanden sich neben General Anders und zuvor internierten Familien wie der meines Vaters auch etliche Schriftsteller, Intellektuelle und Personen des öffentlichen Lebens; so etwa der Dichter Władysław Broniewski; der Schriftsteller und Übersetzer Aleksander Wat; mehrere führende Mitglieder des Allgemeinen Jüdischen Arbeiterbundes und prominente Vertreter der sozialistisch-zionistischen Jugendorganisation Ha'schomer Ha'tzair sowie zahlreiche andere. All diese Menschen, um eine Formulierung Primo Levis aufzugreifen, waren „privilegierte Zeugen": Sie verfügten über ein größeres Netzwerk von Beziehungen und hatten einen weiteren Horizont als „ganz normale" Flüchtlinge wie mein Vater – auch wenn sie alle dasselbe Schicksal teilten.

Zu den Erfahrungen der polnischen Flüchtlinge nach der Amnestie war bislang wenig geforscht worden. Die sowjetischen Archive waren seit Jahrzehnten unzugänglich gewesen und konnten selbst nach dem Fall des Eisernen Vorhangs noch nicht vollumfänglich genutzt werden. Nur wenige Bände mit Memoiren waren veröffentlicht worden, von denen keiner auf ein besonderes Echo gestoßen war. Dokumentarfilme gab es erst recht keine. Die Zeugenaussagen, die das polnische „Informationszentrum Ost" gesammelt hatte, lieferten Fakten ohne jeglichen Kontext. Es handelte sich um eine Geschichte ohne Bezugsrahmen, eine Geschichte, für die *ich selbst* den Bezugsrahmen schreiben sollte: schrieb ich doch hier, wie mir zunehmend bewusst wurde, eine ganz neue Art von Holocaust-Historie, eine neue Art von Erinnerungsbuch aus der Perspektive der nachfolgenden Generation über das Holocaust-Erlebnis meines Vaters. Meine Wegweiser waren die Bücher, die „privilegierte Zeugen" uns hinterlassen haben; andere Bücher, die wiederum über sie geschrieben worden sind; sowie eine große Menge von Archivalien, die mir – teils durch ihre Vergleichbarkeit, teils durch ihre Unvergleichbarkeit mit dem Schicksal meines Vaters – erhellen sollten, was mit Hannan geschehen war, nachdem er aus dem Posiołek Ostrowski entlassen worden war. Wie aber sollte ich anfangen, diese Geschichte zu erzählen, wenn selbst ihre Zusammenhänge und Hintergründe unklar waren?

Viele Kinder von Nazi-Opfern haben solche Erinnerungsbücher geschrieben, die inzwischen oft als „Memoirs" bezeichnet werden. Aber die meisten dieser Bücher legen ihren Schwerpunkt nicht auf den historischen Kontext, was wohl unter anderem damit zu tun hat, dass die Grundtatsachen über die Deportationszüge und Konzentrationslager inzwischen allgemein bekannt sein dürften; teils aber auch damit, dass diese Bücher ihren Schwerpunkt eben auf die *nächste* Generation legen, auf die Generation der Nachgeborenen: auf das Schweigen der Eltern und ihre Neurosen nach dem Krieg; auf die Furcht der Kinder vor der Vergangenheit ihrer Eltern sowie ihre Unfähigkeit, diese Vergangenheit kennenzulernen. Die Holocaust-Memoirs der allerletzten Zeit sind in der Regel weniger psychologisch aufgeladen und dafür faktensatter, kleben aber allzu oft immer noch an den Aussagen der Zeitzeugen oder ein paar wenigen für relevant befundenen Details – ganz so, als liefe ein zu großes Wissen über den Holocaust Gefahr, Schreibende wie Lesende gleichermaßen zu überfordern. Fein säuberlich wurde eine unsichtbare Linie eingehalten – hier die Historikerinnen, dort die Psychologen und Memoirenschreiber – unter der impliziten Grundannahme, ein starker zeitgeschichtlicher Fokus mache ein Memoir nicht stärker, sondern vielmehr weniger persönlich, verstelle den Blick auf die Überlebenden, ja führe im schlimmsten Fall zu einem völligen „Empathieversagen".[10]

Auch ich hatte so begonnen, hatte die historische Forschung zunächst als ein – wohl oder übel notwendiges – Mittel zum Zweck betrachtet. Als *Historikerin*, hatte ich mir gedacht, würde ich mich gerade so viel betätigen, dass ich das geplante Memoir über meinen Vater guten Gewissens würde schreiben können. Dann aber fiel mir auf, dass ich, je mehr historische Details ich kannte, meinen diversen Gesprächspartnern sowohl aufmerksamer als auch empathischer zuhören konnte. Je mehr ich wusste, je mehr ich gelesen, in Gesprächen erfahren und mir durch den Vergleich unterschiedlichster Darstellungen und Berichte angeeignet hatte, desto breiter, tiefer und präziser wurde mein Verständnis, desto mehr „hörte" ich die Stimmen meines Vaters und all der anderen. Ich las die Aussagen anderer, um Puzzlestück für Puzzlestück das Rätsel meines Vaters zu lösen – und mit der Zeit begann seine Vergangenheit (und ihre, die lange schon tot und verweht war) zu mir zu sprechen.

Ich las Aleksander Wats Erinnerungsband *Mein Jahrhundert* (in der deutschen Übersetzung *Jenseits von Wahrheit und Lüge*), der auf Gesprächen mit seinem Dichterkollegen Czesław Miłosz basiert und Wats Erlebnisse als Flüchtling in Kasachstan und Usbekistan zum Gegenstand hat. Wat, der als Aleksander Chwat zur Welt kam, war ein Altersgenosse meines Großvaters Zindel Teitel und war wie dieser in eine genauso wohlhabende wie fromme jüdische Familie hineingeboren worden. Aber anders als Zindel wandte Wat sich radikal vom jüdisch-orthodoxen Glauben ab und wurde zum Herausgeber und leitenden Redakteur einer literarischen Monatsschrift kommunistischer Ausrichtung, als welcher er es bis an die Spitze des Warschauer Kulturlebens brachte. Dann brach er auch mit dem Kommunismus[11] und wurde ein polnischer Loyalist, den der zunehmende Antisemitismus im Polen der 1930er-Jahre entmutigte: „Überall spürte man diesen Antisemitismus, und ich hatte dasselbe Gefühl wie jeder noch so assimilierte Jude: Diese absolute Gewissheit, dass du dich nur umdrehen musst, und die eigenen Freunde würden hinter deinem Rücken sagen: ‚Dieser Jude!'"[12] Nachdem er von Warschau nach Osten geflohen war, wurde Wat festgenommen und in der Lubjanka inhaftiert, wo das NKWD ihn und seine polnischen und ukrainischen Zellengenossen verhörte und folterte. Des Nachts sangen seine Mithäftlinge Marienlieder und berührten Wat damit zutiefst: „[I]n diesem entsetzlichen Elend, dieser furchtbaren Erniedrigung war das eine reine Religiosität. Und da ich aus dieser Gemeinschaft ausgeschlossen war, beneidete ich sie sehr. Ich saß in der Ecke und weinte, obwohl ich nicht leicht zum Weinen zu bringen bin." Noch im Gefängnis konvertierte er zum katholischen Glauben, kam im Zuge der Amnestie frei und machte sich – bei einem Körpergewicht von unter fünfzig Kilogramm – auf den weiten Weg in die kasachische Hauptstadt Alma-Ata (heute Almaty), die viele andere Intellektuelle und Künstler ebenfalls ansteuerten.[13]

Und ich las die Gedichte von Władysław Broniewski, einem Lyriker der Zwischenkriegszeit. Sein manifestartiges Gedicht „Bagnet na broń" („Bajonett – pflanzt auf!") rief alle Polen dazu auf, sich gegen ihre gemeinsamen Feinde zusammenzuschließen („Burschen, steckt die Bajonette auf!", dichtete auch die Widerstandskämpferin Krystyna Krahelska in ihrem bekanntesten Lied). Broniewski schrieb Gedichte während seiner Jahre als Flüchtling, und er schrieb Gedichte über jene Zeit. Auch Broniewski war eine Zeit lang in der Lubjanka gefangen; nach seiner Freilassung begab er sich geradewegs zu einem Rekrutierungspunkt der Anders-Armee, um sich den polnischen Streitkräften anzuschließen.[14]

Und ich las Literatur von den und über die Aktivisten der jüdischen Jugendorganisation Ha'schomer Ha'tzair, insbesondere von ihren leitenden Mitgliedern Mordecai Rozman und Motek Rottman, die nicht auf die sowjetische Seite „geflohen" waren wie etwa mein Vater, sondern vielmehr auf Geheiß ihrer Organisation dorthin „überwechselten". (Wieder andere Mitglieder der Führungsriege erhielten die Anweisung, sich im von den Nazis besetzten Polen versteckt zu halten, kämpften und starben schließlich beim Aufstand im Warschauer Ghetto im Frühjahr 1943.)[15] Rozman wurde festgenommen und während seiner Haft in einem NKWD-Gefängnis gefoltert. Nach seiner Freilassung im Zuge der Amnestie verfasste er ein Flugblatt für den Untergrund – „Um des Überlebens der Bewegung willen, um des Überlebens der Menschheit willen, um Operationen zu planen und das Leben ein wenig in den Griff zu bekommen, müssen wir zusammen in irgendeinem Eckchen abwarten" – und bemühte sich, es in Usbekistan zu verteilen, wo er hoffte, mit anderen Mitgliedern von Ha'schomer Ha'tzair Kontakt aufnehmen zu können, die wie die Familie Teitel in Richtung Taschkent und Samarkand aufgebrochen waren.[16]

*

Neben den „amnestierten" polnischen Flüchtlingen gab es in jenen Jahren noch eine zweite – und wesentlich größere – Gruppe, die im Inneren der Sowjetunion auf Wanderschaft war: die sogenannten „Evakuierten" (russisch *ewakuirowannyj*). Zu ihnen zählten Angehörige der Intelligenzija, Künstler und Wissenschaftler; Mitglieder der Sowjetischen Akademie der Wissenschaften; berühmte Filmschauspielerinnen, -schauspieler und -regisseure; Regierungsbeamte; führende Köpfe der Großindustrie; die kulturelle und politische Elite aus Moskau und Leningrad; Fabrikarbeiter aus dem westlichen Teil der UdSSR, die zusammen mit ihren Stück für Stück zerlegten Fabriken außer Reichweite der vorrückenden Wehrmacht gebracht wurden; Flüchtlinge aus dem westlichen Teil der UdSSR, die ebenfalls vor den Deutschen flohen; frühere polnische Staatsangehörige, die – wie mein Großonkel Icok Teitel – aus dem deutsch besetzten Polen geflüchtet waren und die sowjetische Staatsbürgerschaft angenommen hatten (oder dazu gezwungen worden waren); außerdem ganze Abteilungen der sowjetischen Regierung und Verwaltung; ganze Gefängnisse samt Insassen und Wärtern oder Kultureinrichtungen wie Balletthäuser und Theater. Zwischen dem deutschen Überfall auf die Sowjetunion im Juni 1941 und dem Herbst des darauffolgenden Jahres wurden etwa 16,5 Millionen Sowjetbürger in das Landesinnere evakuiert.[17] In Usbekistan war, den (noch vorläufigen) Daten vom Ende des Jahres 1941 zufolge, die Mehrheit von ihnen – nämlich 63 Prozent – jüdisch.[18]

148

Nun waren zwar Bevölkerungstransfers, Deportationen und Zwangs-
umsiedlungen uralte Phänomene, die es auch lange vor der Sowjetunion schon
gegeben hatte; die Evakuierung prominenter Persönlichkeiten und ganzer Wirt-
schaftszweige war jedoch etwas grundlegend Neues. Am 24. Juni 1941, nur zwei
Tage nach dem Beginn des deutschen „Unternehmens Barbarossa", wurde in
Moskau ein „Evakuierungsrat" gebildet, der zunächst entscheiden sollte, welche
Teile der Bevölkerung, welche Betriebe und Einrichtungen besonders gefährdet
sein würden, sollten die Truppen Nazideutschlands Moskau und Leningrad
erreichen. Anschließend wurde die Evakuierung der betreffenden Personen
und Güter in das Landesinnere vorbereitet. Unter den Evakuierten befand sich
alles, was im sowjetischen Kulturbereich in den Zwischenkriegsjahren Rang
und Namen hatte – auch einige meiner eigenen Geistesheroinen und -heroen
zählten dazu: die Dichterinnen Anna Achmatowa, Nadeschda Mandelstam
und der Dichter Kornei Tschukowski; die Romanciers Alexej Tolstoi und Boris
Pasternak; der Filmregisseur Wladimir Aslanow; der Literaturwissenschaftler
und Mitbegründer des Russischen Formalismus Wiktor Schklowskij; der große
Impresario des jiddischen Theaters Solomon Michoels; der Historiker Boris
Romanow; Jelena Bulgakow, die Witwe des kurz zuvor verstorbenen Schriftstellers Michail Bulgakow; und viele andere mehr.

Offizieller Zweck der Evakuierungen war es, einem unkontrollierten Exodus großer Bevölkerungsteile vorzubeugen, aber insgeheim sollte er, wie die
kanadische Historikerin Rebecca Manley ausgeführt hat, der künftigen Sowjetunion durch die „Auslösung, Organisierung und Lenkung von Wanderungs-
bewegungen" ihre erwünschte Gestalt geben. „Im Kern", schreibt Manley weiter, „ging es bei dieser Aktion um nichts anderes als darum, die Kontrolle über
das sowjetische Territorium zu verteidigen, die in den Augen der sowjetischen
Staatsmacht nicht nur von der Wehrmacht bedroht wurde, sondern auch von
‚feindlichen Elementen' und sonstigen Auflösungserscheinungen im Inneren."
Als ein Ergebnis der „Aktion" wurde ein Großteil der sowjetischen Juden in
die mehrheitlich muslimischen zentralasiatischen Teilrepubliken der UdSSR
deportiert, die damit 1941 zu einem Land der Muslime und Juden wurden.[19]

„Sowjetrepublik Usbekistan bietet Hunderttausenden evakuierter Juden
neue Heimat", meldete die jüdische Nachrichtenagentur JTA (Jewish Telegraph
Agency) am 18. Februar 1942. Im Meldungstext war dann sogar von „Millionen" die Rede, die nicht etwa als „Evakuierte", „Migranten" oder „Flüchtlinge"
bezeichnet wurden, sondern als „Siedler": „die dünn besiedelte Sowjetrepublik

Usbekistan ist – im landwirtschaftlichen wie im industriellen Bereich – ein Land der unbegrenzten Möglichkeiten und wird Millionen von Neusiedlern bestens aufnehmen können".[20] „Es war ... auch ein jüdischer, nicht nur ein russischer Krieg", hieß es später in den Erinnerungen von Aleksander Wat. „Der Patriotismus der Juden war in dieser Hinsicht unglaublich dynamisch, und neben den im Elend lebenden jüdischen Massen ... gab es die tätigen Juden, die allesamt, insbesondere die Ingenieure in der Industrie, Wunder vollbrachten. Sie arbeiteten bis zu zwanzig Stunden am Tag, und das rasante Vordringen der Industrie bis in die Tiefen Russlands und nach Asien war in überwältigendem Maße jüdischem Organisationstalent und jüdischer Dynamik zu verdanken."[21]

Die Transportbedingungen für die prominenten *ewakuirowannyj* unterschieden sich drastisch von denen der *deportazija*: Die Dichterin Achmatowa etwa wurde von Moskau nach Taschkent ausgeflogen. Aber zusammen mit den einfachen Flüchtlingen bildeten sie doch einen gemeinsamen Menschenstrom, einen wahren Ozean von Menschen auf einer Wanderschaft in das Innere der Sowjetunion, zumeist nach Zentralasien. Ich hatte mir die Geschichte meines Vaters anfangs als beispiellos und zutiefst individuell vorgestellt; dann hatte ich erkannt, dass sie eine von Hunderttausenden ganz ähnlichen Geschichten polnisch-jüdischer Flüchtlinge war. Aber die Geschichte seiner Migration nach Zentralasien war eine von Millionen, ein winziger Bestandteil der größten Bevölkerungsbewegung in der Geschichte der Sowjetunion.[22]

*

Die Schlange für den Flug Nummer 642 von Sankt Petersburg nach Buchara am Check-in-Schalter der Uzbekistan Airways war eine Ansammlung ausgezehrter, sonnenverbrannter usbekischer Arbeiter in weit geschnittener, staubiger Kleidung – Männer mittleren Alters, die mir sofort Platz machten, sobald ich in ihr Blickfeld kam. Ich zögerte, mich direkt an die Spitze der Schlange vorzudrängeln. „Geh ruhig", flüsterte Salar, der nach Sankt Petersburg geflogen war, um sich dort mit mir zu treffen. Auch die Männer ermutigten mich mit Gesten, zeigten auf den Schalter. Ich war die einzige Passagierin auf einem Flug voller Männer mit demütigen, matten Gesichtern. Gleich nachdem Salar und ich an Bord gegangen waren, platzierte der Steward uns auf freien Sitzplätzen weit hinten im Flugzeug, mit großem Abstand von den Arbeitern, und servierte uns dort später besseres Essen und richtigen Kaffee im Gegenzug dafür, dass er im Gespräch mit uns ein wenig an seinem Englisch arbeiten konnte. Hin und wieder warf er den ordentlich, aber ärmlich gekleideten Arbeitern, die er nur widerwillig bediente, einen angeekelten Blick zu.

Einundsiebzig Jahre zuvor waren mein Vater und seine Familie nach Usbekistan gekommen und hatten dabei wohl noch ausgezehrter und ärmlicher ausgesehen als meine usbekischen Mitreisenden. Dennoch, dachte ich: Das hier war deren Alltag – heute, morgen und alle Tage ihres Lebens, und es war noch nicht einmal Krieg.

Salar und ich betraten usbekischen Boden am 9. Juni 2013, gesponsert von einem Forschungsstipendium, das uns im Jahr zuvor bewilligt worden war. Einmal im Leben Buchara und Samarkand zu besuchen, Oasen der klassischen persischen Architektur und islamische Wallfahrtszentren, die an Bedeutung nur von Mekka und Medina übertroffen werden – das war schon immer Salars Traum gewesen, zumal er sich im Tadschikischen, das dort gesprochen wird – und im Grunde eine Variante des Persischen ist –, gut verständigen konnte. Mein eigener Reiseplan war klar umrissen: Ich wollte das Haus finden, in dem Hannan in Samarkand gewohnt hatte; den *kolchos* (Kollektivbetrieb), in dem er, Regina, ihre gemeinsame Cousine Emma und ihre Familien jeweils gearbeitet hatten; das Krankenhaus, wo sie gegen Fleckfieber und Malaria behandelt worden waren; das Waisenhaus, in dem man sie untergebracht hatte, bevor sie in den Iran geschickt worden waren; und, nicht zuletzt, die Landschaft, in der sie damals gelandet waren.

Eine Reise nach Usbekistan zu planen, war schwieriger gewesen, als ich es mir vorgestellt hatte. Es gab keinerlei Kooperationen zwischen amerikanischen und usbekischen Universitäten, keine Informationen zu etwaigen Archiven, noch nicht einmal verlässliche Auskunft über Hotels und Verkehrsmittel, die wir Privatgelehrten auf Reisen dringend benötigen würden. Eine Freundin eines Freundes, die als politische Analystin im Bereich der nachhaltigen Landwirtschaft in Samarkand tätig gewesen war, erklärte uns, das Land funktioniere im Grunde wie ein Polizeistaat. Jede Art von Recherche, bei der man mit den Leuten ins Gespräch kommen musste, meinte sie, würde vermutlich schwierig werden. „Könnte mir vorstellen, dass selbst Archivrecherchen unter Umständen kompliziert sind", schrieb sie. „Was Usbekistan an sich betrifft, das ist ein tolles Land, fast wie im Märchen. Das wird eine tolle Reise!"

Eine Kollegin, die als Historikerin am City College of New York auf die Geschichte Zentralasiens spezialisiert ist, sagte mir, dass sie wegen der sich seit Jahren immer weiter verschlechternden politischen Situation im Land schon seit Jahren nicht mehr hatte nach Usbekistan reisen können. Ein gewisser Herr Schwili vom usbekischen Nationalarchiv in Taschkent, dessen Kontaktdaten sie mir vermittelt hatte, antwortete nicht auf meine E-Mails.

Doch dann, nur wenige Wochen vor unserer geplanten Abreise, gelang es mir endlich, einen Kontakt herzustellen. Ganz am Ende einer langen Liste mit 152 000 Deportationskarten der Ausweisung nach Zentralasien, die das United States Holocaust Memorial Museum online gestellt hat, fand ich den Eintrag: „zusammengestellt von Professor Oybek Bosorow". Ich selbst habe online weder Professor Bosorows Kontaktdaten gefunden, noch konnte ich herausfinden, an welcher Universität er tätig war (selbst das Holocaust-Museum konnte mir nicht weiterhelfen), aber mit der Hilfe meines vormaligen russischen Gastgebers Wiktor Aslanow, dessen weitgespanntes Netz von Beziehungen bis in die hintersten Winkel der ehemaligen Sowjetunion reicht, hatte ich Bosorow bald ausfindig gemacht und besaß nun seine Adresse in Buchara und eine Telefonnummer. Bei einem – gedolmetschten – Telefonat klang der Professor über die Maßen freundlich und sagte, er werde mir bei meiner Recherche gern mit allem Nötigen behilflich sein, sobald ich in Usbekistan angekommen wäre.

Als ich eine Woche vor Abreise Bosorows Nummer noch einmal wählte, sagte mir die Person am anderen Ende (vermutlich seine Ehefrau), der Professor sei auf unbestimmte Zeit verreist. Ich wusste also nicht, ob er bis zu meiner Ankunft zurückgekehrt sein würde. Und dann war da auch noch die logistische Detailplanung meiner Reise, die noch immer nicht abgeschlossen war – und das in einem Land, für welches ich ausschließlich Informationen über geführte Rundreisen finden konnte, die „Usbekistan und der Zauber der Seidenstraße" hießen oder „Usbekistan – Im Herzen Zentralasiens". Dabei interessierte ich mich überhaupt nicht für „die legendäre Seidenstraße, auf der Eroberer und Nomaden ihres Wegs gezogen sind"; sondern ich wollte ja lediglich den Spuren meines Vaters und der anderen polnischen Flüchtlinge folgen, die nach ihrer Entlassung aus den Gulags und „Sondersiedlungen" Sibiriens nach Zentralasien geströmt waren.

Am Ende kam mir ein israelischer Geschäftsmann zur Hilfe, der, wie er selbst es ausdrückte, „mit den Usbeken zusammenarbeitete". „Unter gar keinen Umständen sollten Sie in Usbekistan als ‚Familienforscherin' auftreten", sagte er, „das gibt nur Probleme. Geben Sie sich besser als ganz normale Touristin." Dann gab er mir die Kontaktdaten einer Reiseagentur in Taschkent, die der Tochter eines Regierungsbeamten gehörte. „Wenn Sie mit einem Guide von dieser Agentur unterwegs sind, macht Ihnen niemand mehr Probleme", sagte er noch, und binnen 24 Stunden hatte ich eine private „Rundreise" durch Buchara, Samarkand und Taschkent gebucht, inklusive Fremdenführer, Fahrer, Übernachtungen und Verpflegung, die per Bargeldtransfer an eine Bank in Thailand bezahlt werden sollte. Eine Woche später standen Salar und ich am internationalen Flughafen in Buchara und kreuzten bei der Frage „Was ist der Zweck Ihrer Reise?" ganz selbstverständlich „Tourismus" an, bevor wir in die frühe usbekische Morgensonne hinaustraten, wo uns eine fröhliche, kontaktfreudige, ein wenig rundliche Frau mittleren Alters mit offenen Armen und lose geschlungenem Kopftuch im Blumendessin willkommen hieß: Kamara, unsere Reiseleiterin. Mit einigen schnellen Handgriffen lädt Bilol, der knabenhaft-höfliche Fahrer unseres Hyundai-SUV, das Gepäck in den Kofferraum und fährt uns in die Stadt.

Buchara war ein Schock. Mitten im sonst unbebauten Land ragten majestätische Bauten in den Himmel, die wie aus einer anderen Welt gekommen schienen: Moscheen, Mausoleen, sufistische Koranschulen und Paläste, und alle waren sie überreich verziert in Türkis-, Gold- und Orangetönen. Wie im Kontrast dazu wirkten die Straßen aus gelbem Sand. Das alles war so radikal anders als die schneeig-graue Einöde von Komi, als die grünen Wälder Polens, als die Intensität von New York und Tel Aviv oder die religiöse Spannung von Jerusalem. Buchara war ein Ort von atemberaubender Schönheit, auch wenn seine Pracht und Herrlichkeit – verständlicherweise vielleicht – in keinem der Erlebnisberichte, die ich gelesen hatte, erwähnt gewesen war.

Auch unter sowjetischer Herrschaft war die Religionsausübung in Usbekistan, dessen Bevölkerung zu 80 Prozent muslimischen Glaubens war, nie gänzlich verboten – zur Zeit der Sowjetunion gab es etwa 65 offiziell zugelassene Moscheen und bis zu 3000 aktive Geistliche im Land. Aber die Regierung im fernen Moskau tat doch einiges, um den Islam zu schwächen: durch massive Kampagnen zur „Befreiung" der muslimischen Frauen, zur Alphabetisierung und zur Abwertung traditioneller Kunstformen, traditioneller Kleidung und Gebräuche. Außerdem wurden gezielt usbekische Wörter arabischer, persischer und turksprachlicher Herkunft durch Entlehnungen aus dem Russischen ersetzt und die usbekische Sprache zuerst von der arabischen in die lateinische

Schrift „verschoben", später dann noch einmal von der lateinischen in die kyrillische. Eine Art von oberster Religionsrat, der in der sowjetischen Zeit alle Belange der islamischen Religionsausübung in Usbekistan regelte, war stets mit Klerikern besetzt, die man vorher auf ihre „Zuverlässigkeit" und Moskautreue hin überprüft hatte. Das islamische Gebet mussten die Machthaber wohl oder übel tolerieren; jede Art von religiöser Unterweisung war jedoch verboten.

Trotzdem waren die Medressen (Koranschulen) und Moscheen, die mich auf unserer Fahrt zum Hotel „Sasha & Son" in der Altstadt von Buchara so beeindruckt hatten, erhalten geblieben. In der Zwischenkriegszeit waren sie – wiederum in einer groß angelegten Kampagne der Sowjets – aufwendig restauriert worden, nachdem sie zuvor über Jahrhunderte verfallen waren. Und als mein Vater dann in Usbekistan ankam, standen sie schon in ihrer ganzen Pracht bereit: erhaben, riesengroß – und leer. (Letzteres könnte einer der Gründe dafür gewesen sein, wie mein Kontaktmann Oybek Bosorow später mutmaßen sollte, dass man so viele Flüchtlinge und Evakuierte ausgerechnet nach Usbekistan schickte: In den ungeheuren, aber vollkommen leer stehenden Medressen und Moscheen gab es reichlich Platz, um sie alle unterzubringen.)

Zu dem Zeitpunkt, als mein Vater in Usbekistan eintraf, war das Land schon siebzehn Jahre lang eine Sozialistische Sowjetrepublik gewesen; drei Viertel seiner Bauernwirtschaften waren bereits in Kolchosen überführt worden; die meisten Angehörigen der politischen und kulturellen Eliten Usbekistans aus vorsowjetischer Zeit waren entweder ins Exil vertrieben oder gleich erschossen worden, jedenfalls hatte man sie durch gefügigere, prosowjetische Marionetten ersetzt; und die „Russifizierung" der usbekischen Kultur ging ihrem Höhepunkt entgegen, auch wenn die örtlichen Gebräuche niemals ganz verschwanden.

*

Die Entfernung zwischen dem Posiołek Ostrowski in der Oblast Archangelsk und der Kolchose „Oktober" in Kasachstan – das war die „landwirtschaftliche Produktionsgenossenschaft", der die Teitels schließlich zugeteilt wurden – betrug ungefähr 4000 Kilometer. Sie hatten kein Geld bekommen, und es war auch kein Transport für sie organisiert worden, also gingen sie, zusammen mit den rund zweihundert anderen vormaligen Zwangsarbeitern der „Sondersiedlung" zu Fuß zum nächstgelegenen Bahnhof – in Jemza – und fuhren von dort mit dem Zug nach Archangelsk. Am Bahnhof in Archangelsk warteten schon Tausende anderer Flüchtlinge und Evakuierte wie sie, die aus Moskau und von anderen Orten dorthin gekommen waren und nun alle versuchten, nach Süden zu gelangen. Jeden Tag trafen Hunderte von Neuankömmlingen ein. Die Züge waren überfüllt, also mussten Hannan und seine Familie ihr Glück selbst in die Hand nehmen.

Nachdem sie eine ganze Woche lang auf dem Bahnhof übernachtet hatten – noch immer auf der Daunendecke aus Ostrów –, konnten sie schließlich einen Güterzug besteigen, der in Richtung Kasachstan fahren sollte. Sechs Wochen brauchten sie, um die 4000 Kilometer bis zu ihrem Ziel zurückzulegen. Unterwegs begegneten ihnen unzählige andere Flüchtlinge und Evakuierte. „Ganz Russland war in Bewegung", sollte Aleksander Wat sich später erinnern, ob nun mit der Eisenbahn oder auf Lastwagen, in Autos, auf Pferdewagen, per Flugzeug oder zu Fuß. Auch Emma und ihr Vater Adam Perelgric waren auf dem Weg aus der Oblast Wologda nach Usbekistan, schleppten ihre Bündel die Landstraßen entlang, klopften unterwegs an die Türen von Bauernhäusern, um ein wenig Essen zu erbetteln.[23]

Aufgrund der vielen Zeugenaussagen, Memoiren, Archivdokumente und Interviews, die ich inzwischen gelesen habe, kann ich mir vorstellen, dass auch mein Vater und Regina bei Soldaten der Roten Armee um einen Bissen Brot aus deren Ration bettelten. Im Übrigen sprangen sie vielleicht aus dem Zug, sobald dieser einmal anhielt, um von einem angrenzenden Feld ein paar Kohlköpfe zu holen oder Wildkräuter zu pflücken oder was sonst eben dort wuchs. Schon zum zweiten Mal in ihrem Leben reisten sie in einem regelrechten „Leichenwagen", in dem die Toten sowie diejenigen, die vielleicht auch noch an Durst, Hunger oder Krankheiten sterben würden, oft über Stunden, wenn nicht sogar Tage zusammengesperrt blieben. „Jeden Tag gingen [die Russen] den Zug entlang und holten die Leichen heraus", berichtete Joanna Synowiec, damals ein zwölfjähriges Mädchen, das wie mein Vater in der „Sondersiedlung" Ostrowski gewesen war.[24] Wochenlang dürften sie entlang des Weges an Bahnhöfen festgesessen haben. Manchmal haben ihnen vielleicht ortsansässige Juden geholfen, oder es gelang ihnen, mit dem Wenigen, was ihnen noch geblieben war, etwas einzutauschen oder zu kaufen.

„Die Fahrten dieser Leute sind eine einzige Tragödie", schrieb Stanisław Kot, der frisch ernannte Botschafter der polnischen Exilregierung in Moskau, in einem dringenden telegrafischen Hilferuf an das polnische Außenministerium in London. „Vor allem sind es Hunger und Krankheit, die sie zugrunde richten, eine Art vom Hunger verursachte Ruhr. Auf vielen der Transporte gibt es Tote, und jeder Zug führt Sterbenskranke mit sich, die nicht selten an den Eisenbahnknotenpunkten ihr Leben beschließen. In einem der Transporte aus dem Norden fuhren 16 Leichen mit."[25]

Der Plan des sowjetischen Evakuierungsrates zur Bewältigung der großen Flüchtlingsströme, der zugleich die Ordnung und Strukturen im Land aufrechterhalten und die Deportierten und Evakuierten im Sinne der wirtschaftlichen Entwicklung zum Einsatz bringen sollte, verlief binnen Tagen wirkungslos im Sand. Ohne ausreichende Versorgung mit Nahrungs- und Transportmitteln versanken alle und alles im Chaos. Binnen Wochen zerfiel das große Vorhaben eines wohlgeordneten Bevölkerungstransfers zur Neuansiedlung im sowjetischen Zentralasien in einen wilden, millionenfach unkontrollierten Exodus. Doch selbst inmitten dieses Chaos stachen die polnischen Flüchtlinge noch durch ihre besonders elende Lage hervor: Über Wochen mussten sie unterwegs sein, ohne mit Lebensmitteln versorgt zu werden, ohne angemessene Kleidung, ohne Kenntnisse der einheimischen Sprache, Gesetze und Regeln. Beide Familien, Teitel wie Perelgric, überlebten die strapaziöse Fahrt: Hannan und seine Familie trafen schließlich am Bahnhof von Arys im äußersten Süden Kasachstans ein; Emma und Adam Perelgric erreichten im November 1941 den einige Kilometer außerhalb des usbekischen Buchara gelegenen Bahnhof von Kogon.

Beschenez, das russische Wort für Flüchtling, impliziert Bewegung. „Es bedeutet ein ängstliches Rennen, ein furchtsames Keuchen, halb außer Atem, während das Herz einem schier aus der Brust springen will mit seinem heftigen Pochen", schreibt die Historikerin Olga Medvedeva-Nathoo, die umfassend zum Leben der polnisch-jüdischen Flüchtlinge in Kasachstan recherchiert hat.[26] In den Sowjetarchiven werden die Neuankömmlinge in Zentralasien meist nicht als *beschenez* bezeichnet, sondern als *ewakuirowannyj*, als „Evakuierte", was ja einen halbwegs geplanten Transfer zwischen zwei festen geografischen Punkten suggeriert. Dabei war es die reine, unstete *Bewegung*, die für Hannan und Millionen andere zum wesentlichen Bestandteil jener quälenden Prüfung wurde, die sie in den Kriegsjahren zu bestehen hatten.

In Moskau sprach der gerade erst ernannte polnische Botschafter Kot die schlimme Lage von Tausenden polnischer Flüchtlinge, „die unter tragischen Bedingungen in Massen von Nord nach Süd wandern", auch im Gespräch mit sowjetischen Regierungsvertretern an:

„Zuerst glaubten wir noch, wir könnten die Durchführung der Transporte und die Umsiedlung der Leute beeinflussen. Jedoch haben unglücklicherweise die Kriegsereignisse, die eine massenhafte Evakuierung von Sowjetbürgern aus dem Westen und dem Süden [der UdSSR] ausgelöst haben, zugleich auch jedes planmäßige Vorgehen in dieser Hinsicht unmöglich gemacht. ... Zurzeit werden sie alle ganz ungeordnet in Richtung Taschkent geschleust, aber weil es so viele sind, kann niemand die nötigen Vorkehrungen treffen. ... Es gibt keine Unterkunft für sie, keinen Proviant, keine Arbeit, auch keine Essensausgabe an den Bahnhöfen. ... Ein sehr beträchtlicher Teil [der Evakuierten] sind Kinder, Frauen und Alte. Es fehlt ihnen an angemessener Kleidung, weil sie ihre Sachen auf der Reise in den Süden zurücklassen mussten, und viele von ihnen sind krank. ... Wir müssen zusammen einen detaillierten Plan ausarbeiten, um diese fehlende Vorbereitung auszugleichen und das Chaos zu lindern, das im Zusammenspiel mit der Freilassung polnischer Staatsbürger aus Gefängnissen, Lagern und Zwangssiedlungen entsteht."[27]

Von sowjetischer Seite hatte man Kot, wie er berichtet, mitgeteilt, dass die auf dem Transport befindlichen oder nicht arbeitsfähigen Polen von der Sowjetunion nicht versorgt werden könnten; für diese Gruppe solle die polnische Exilregierung aufkommen.

„Unsere Regierung? Aber wir haben doch keinerlei Mittel, haben kein Geld", gibt Kot seine Antwort zu Protokoll. Und weiter heißt es, an die Adresse seiner sowjetischen Gesprächspartner gerichtet: „Jene polnischen Landsleute sind ja nicht freiwillig in die Sowjetunion gegangen. *Sie* waren es, die sie aus ihrem Alltagsleben gerissen haben, weg von ihren Höfen und Werkstätten; *Sie* haben Massen von Menschen in eine äußerst schlimme Lage gebracht."[28]

Somit würden die Flüchtlinge fortan keinerlei Hilfe erhalten, weder von der polnischen noch von der sowjetischen Regierung.

*

Sergei Kim, ein „wissenschaftlicher Mitarbeiter" in Diensten von Professor Bosorow, saß bereits in der Lobby von „Sasha & Son", dieser überraschend bezaubernden kleinen Perle von einem Hotel in der Altstadt von Buchara. Sergej war, wie er selbst sagte, ein koreanischer Usbeke in dritter Generation. Russisch, Tadschikisch, Usbekisch und Englisch sprach er fließend, konnte aber so gut wie gar kein Koreanisch. „Im Auftrag des Professors", sagte er, habe er Recherchen zur Geschichte meines Vaters angestellt. Noch bevor wir auch nur unsere Zimmer beziehen konnten, hatte er mir bereits Hannans, Reginas, Ruchelas, Zindels, Emmas und Adams Deportationskarten vorgelegt, auf denen vermerkt war, dass die Teitels der Kolchose „Oktober" in Kasachstan und die Perelgrics der Kolchose „Dimitroff" in der Gegend von Samarkand zugeteilt worden waren. Sergej hatte die Karten im KGB-Archiv von Taschkent aufgespürt. „In den Archivbeständen des KGB gibt es große, große Bücher, in denen die Namen aller Flüchtlinge und Evakuierten verzeichnet sind; die Karten wurden auf Grundlage der Informationen in diesen Büchern ausgefertigt. In einem Buch steht, dass Ihr Großvater ein ‚Biermacher' war", sagte Sergej. „Aber ich konnte nicht alles bekommen, was ich gesucht habe, die Leute im Archiv haben zu viele Fragen gestellt."

Sergej hatte herausgefunden, dass die Teitels über den Bahnhof von Arys nach Usbekistan eingereist waren; das war ihr Zugang zur Trans-Aral-Eisenbahn gewesen, auf deren Strecke der Personenverkehr von Kasachstan nach Taschkent in Usbekistan erfolgte. „Die Entfernung von Arys nach Wreskt – das war der Bahnhof für die Region Taschkent, heute liegt er auf dem Gebiet der Stadt Jangijul – betrug weniger als einhundert Kilometer", sagte er. „Aber zumindest am Anfang war Taschkent für die Flüchtlinge noch Sperrgebiet; da durften nur Evakuierte mit besonderen Privilegien hin." Als ich ihn bat, das etwas genauer zu erklären, wiederholte er: „Die Flüchtlinge, ja noch nicht einmal die Evakuierten durften frei entscheiden, wo sie hinkamen. Wir sprechen hier immerhin von der Sowjetunion. Keiner durfte sich irgendetwas aussuchen, noch nicht einmal die prominentesten Evakuierten." Jedes frühere „Kind von Teheran", dessen Erlebnisbericht ich gelesen hatte, und auch all meine Interviewpartner, hatten ihre Übersiedlung nach Zentralasien immer als eine frei gewählte und gewollte dargestellt. Immer wieder war die Rede davon gewesen, man habe der „schrecklichen Kälte" entfliehen wollen. Meine Tante Regina glaubte, ihr Vater Zindel habe sich für Zentralasien entschieden, weil er sich nach wärmerem Wetter gesehnt habe. Ein anderes „Teheran-Kind", eine Freundin meiner Tante, wusste zu berichten, es sei ihr „schreckliches Asthma" gewesen, das ihren Vater dazu gebracht habe, mit der Familie ein wärmeres, trockeneres Klima aufzusuchen. Andere sagten, sie hätten Familie in Zentralasien gehabt („wir wussten ja, dass unsere Verwandten schon in Taschkent waren, und da mussten wir doch versuchen, sie zu finden"), oder dass ihre Eltern eher langfristig gedacht hätten („meine Eltern dachten, dass wir von Usbekistan aus vielleicht nach Palästina gelangen könnten"). Bei allen diesen Erklärungen ging es immer um den freien Willen, um das selbstbestimmte Handeln – meist der Eltern meiner Gesprächspartner, die aus freiem Willen selbstbestimmt gehandelt hatten, um die Lebensbedingungen ihrer Kinder zu verbessern.

„Das kann natürlich nicht stimmen", sagte Sergej gedämpft, wobei sein Gesicht sich vor Unbehagen merklich verzog. Die Hotellobby war still und leer – mit Ausnahme des Rezeptionisten, der ständig in unsere Richtung schaute. Draußen wartete unsere Reiseführerin Kamara. „Kommen Sie, wir gehen durch die Hintertür raus, dann können wir reden", flüsterte Sergej. „Aber bitte, Frau Professor – machen Sie Ihren Camcorder aus."

Wir traten hinaus auf die staubige Eshoni-Pir-Straße. „Es ist wirklich seltsam", sagte ich zu Sergej, während wir auf die wunderschöne Eshoni-Pir-Medresse zuschritten. „Die Ausweisungsbescheide, die ich in Komi bekommen habe, führten ja einen ersten Verbannungsort auf – Archangelsk – und jetzt kenne ich auch die zweite Exilstation – die Kolchose „Oktober" in Kasachstan. Aber erst, als ich es eben gerade von Ihnen noch einmal gehört habe, hat es bei mir klick gemacht: Das war ja *auch eine Verbannung* – und als mein Vater aus dem Posiołek Ostrowski entlassen und dann von Archangelsk aus weggebracht wurde, war das in Wirklichkeit eine zweite *deportazija*."

„Ja, natürlich", sagte Sergej. „In all den Dokumenten im KGB-Archiv heißt es andauernd: ‚Josif, geh du dorthin!', ‚Chaim, geh du dorthin!', das steht dort überall, ich hab's selbst gelesen." Der Archivdirektor hatte Sergej allerdings nicht erlaubt, Fotokopien von Dokumenten anzufertigen, weshalb er Notizen gemacht und später abgetippt hatte, die er mir, wie er sagte, auf einem passwortgeschützten USB-Stick übergeben wollte. Außerdem wusste er selbst auch vieles über die jüdischen Flüchtlinge in Usbekistan, was er mir mitteilen konnte. „Weil ich irgendwie mein ganzes Leben lang immer mit Juden zu tun gehabt habe und das Heilige Land liebe", fügte er hinzu, „und weil viele meiner Freunde in Taschkent damals Juden waren. Die Schule, die ich in Taschkent besucht habe, war – zumindest inoffiziell – so eine Art jüdische Schule, da sind die Kinder von den Evakuierten und Flüchtlingen alle hingegangen." In Taschkent hatte er auch einen Mann gekannt, Palikowski – „sehr, sehr alt und sehr, sehr arm" –, der Material für ein biografisches Lexikon sammelte, in dem er alle bedeutenden Persönlichkeiten aus der jüdischen Bevölkerung Usbekistans versammeln wollte. „Hat aber nur einen Band fertiggestellt", sagte Sergej. „Ich hab ihn durch meine Freunde bei Eben Ezer kennengelernt, das ist so ein kleiner Verein, der Menschen mit jüdischen Wurzeln bei der Auswanderung nach Eretz Israel unterstützt." Bei Eben Ezer arbeiteten ausschließlich Usbeken koreanischer Abstammung.

„Warum sollten die sich bei so einem Verein engagieren?", fragte ich, nun restlos verwirrt.

„Weil sie sehr religiös sind – und Eben Ezer ist eben keine jüdische Organisation, sondern wird von den Nachfahren frommer Christen geleitet, die von Schweden aus Juden gerettet haben. Und heute wollen sie die usbekischen Juden davon überzeugen, dass sie – wie's in der Bibel steht – alle nach Eretz Israel gehen sollten." Die Worte *eretz jisrael* sprach Sergej jeweils in einem vollkommen akzentfreien Hebräisch aus.

Auch Sergej, der die Nationale Universität Usbekistan in Taschkent mit einem Abschluss als Wirtschaftswissenschaftler absolviert hatte, war ebenfalls ein frommer Mann. Früher war er ein Atheist vom alten sowjetischen Schlag gewesen, hatte getrunken – aber als ihn dann „ein Schicksalsschlag ereilte", wie er es formulierte – sein Sohn war mit einer Lippen-Kieferspalte geboren worden –, hatte er „zum Gott Abrahams gefunden, hatte an ihn geglaubt und war auf seinem Weg weitergegangen".

„Als Presbyterianer in einem muslimischen Land", sagte ich, „das ist bestimmt nicht immer einfach."

„Ja", sagte er leise, „das stimmt. Aber ich bin usbekischer Bürger; ich kann nirgendwo hin. Das ist was anderes als bei meinen jüdischen Freunden."

Die meisten von Sergejs Freunden waren nach dem Zerfall der Sowjetunion und noch in den Anfängen der usbekischen Unabhängigkeit nach Israel ausgewandert. „Gibt es da noch Kontakt über Facebook?", fragte ich – und wusste zu diesem Zeitpunkt noch gar nicht, wie dumm diese Frage war: Außer in ein paar Hotelräumen gab es in Usbekistan kein Internet.

Sergej schwieg.

„Waren unter Ihren Schulfreunden vielleicht auch frühere polnische Flüchtlinge?", versuchte ich es erneut. Nach meinen Erfahrungen in Russland hätte es mich nicht gewundert, wenn auch hier ein großer Teil der Flüchtlinge ganz einfach am Ort ihrer Verbannung geblieben wäre.

„Woher sie ursprünglich kamen, weiß ich nicht. Aber es waren alle aschkenasische Juden: Dobrowistaki, Schpalianski, Wiberman. Aus den staatlichen

Archiven weiß ich, dass eine große Anzahl hier in Usbekistan geblieben ist. Das war ja in der Sowjetunion", sagte er zum dritten Mal. „Die haben einem gesagt, wo man hingehen soll und ob man weggehen darf. Als Ihre Familie hier angekommen ist, mussten sie bestimmt ihre Papiere vorzeigen und wurden dann einem *kolchos* zugeteilt – der Kolchose ‚Oktober' in diesem Fall –, bevor man ihnen überhaupt gestattet hat, in Arys den Bahnhof zu verlassen." Jetzt flüsterte er mit Nachdruck, so als wäre ich ein wenig schwer von Begriff. „Ich hab's selbst gelesen. Man hat sie ganz spezifischen Adressen zugeteilt, wo sie bei einer bestimmten usbekischen Familie einquartiert werden sollten: Abram Welowitsch kommt zu Karima So-und-so; Zindel Teitel geht zu Akmal So-und-so."

„Und die Usbeken haben da eingewilligt?", fragte ich.

Sergej starrt mich an, jetzt sichtlich verzweifelt. „Das war doch *alles* aufgezwungen! *Alle* wurden gezwungen! Die jüdischen Leute wurden in die Kolchosen gezwungen, und die usbekischen Leute wurden gezwungen, sie bei sich aufzunehmen. So war das Sowjetsystem: Keine Wahl, keine Freiheit!"

*

Der Bahnhof von Arys, an dem Hannan, Regina und ihre Eltern im November 1941 angekommen waren, entwickelte sich innerhalb weniger Wochen nach ihrem Eintreffen zu einem dauerhaften Lager für Tausende von Flüchtlingen. „Frauen, Männer, ganze Familien, Bürger, Intelligenzler, alle auf dem Bahnhofsboden, gelegentlich ganze Gruppen, die sich um ihre Bündel in der Mitte zusammenschanzen", einen Tag, dann zwei, dann drei, erinnerte sich Aleksander Wat in *Jenseits von Wahrheit und Lüge*.[29] Vor dem Bahnhof hielten NKWD-Leute Wache und sorgten dafür, dass niemand das Gebäude verlassen konnte, ohne zuvor die nötigen Dokumente vorgezeigt zu haben und entsprechend abgefertigt worden zu sein. Je mehr der Versuch, der entwurzelten Menschenmassen Herr zu werden, in eine unkontrollierte Massenbewegung zerfiel, desto unnachgiebiger bemühte sich die sowjetische Staatsmacht, die Menschen an ihren Deportationsorten und in den Gebieten ihrer Neuansiedlung festzuhalten.

Im Inneren des Bahnhofs gab es nichts zu essen. Die Brotausgabestellen, deren Einrichtung der Evakuierungsrat den zuständigen Stellen vor Ort aufgetragen hatte, waren noch nicht in Betrieb, und auf dem Schwarzmarkt, der daraufhin sofort aufblühte, konnten die Flüchtlinge – anders als die Evakuierten – kaum etwas erreichen, denn ihnen war so gut wie nichts mehr geblieben, womit sie hätten Handel treiben können. Also lebten die Flüchtlinge – mehr schlecht als recht – von dem, was sie unterwegs gehamstert hatten, und saßen im Übrigen, wie es mir Regina von den Teitels erzählt hat, geschwächt und trübsinnig auf ihren Decken und Bündeln.

Ein paar Wochen, bevor die Teitels in Arys ankamen, hatten die achtjährige Alina Goldlust und ihr fünf Jahre alter Bruder Janusz den Bahnhof passiert. Ihre Eltern, Jacob und Jonina, waren in Sibirien gestorben, aber irgendwie hatten die beiden Kinder es im Gefolge der großen Flüchtlingswelle doch in den Süden geschafft. Zehn Monate später sollten Janusz und Alina zusammen mit meinem Vater in den Iran gebracht werden. Drei Jahrzehnte später befehligte Janusz auf den Golanhöhen die 7. Panzerbrigade der israelischen Armee im Kampf gegen die Syrer. Sieben Jahrzehnte später sollte er für einen israelischen Dokumentarfilm über die „Kinder von Teheran" interviewt werden. Aber jetzt griff der ausgehungerte Junge zögernd nach einem kleinen Stück Brot, das er über Tage in seinem Bündel aufgespart hatte, und schaute es einen Sekundenbruchteil lang mit großen Augen an. Sollte er es essen, jetzt gleich, und damit seinen bohrenden Hunger stillen? Oder sollte er noch eine Stunde warten? Dann steckte er den Brocken blitzschnell in den Mund, ließ die weiche Masse seine Zunge entlanggleiten wie eine erlesene Köstlichkeit, schloss seine Augen und verlor sich einen kurzen, unachtsamen Moment lang ganz im Genuss. Wie gut das schmeckte!

Drei Jahre war Janusz alt gewesen, als seine Familie aus ihrer Heimatstadt Łódź hatte fliehen müssen. Er hatte nur noch eine vage, von Sinneseindrücken bestimmte Erinnerung an sein Leben vor dem Krieg. Die sinnliche Erinnerung an Essen – an das gute, köstliche Essen in seinem Elternhaus – gehörte auch dazu, und sie lullte ihn sanft ein, bis er sich in einer anderen Welt befand, weit weg von dem Elend des Bahnhofs. In diesem Moment wurde sein Mund mit einem Ruck aufgerissen, und ein fremder Mann schob seine Hand hinein, zog den eingespeichelten Teigballen heraus, den Janusz noch nicht hinuntergeschluckt hatte, und steckte ihn sich eilig in den eigenen Mund. Das Kind riss die Augen auf – schnell genug, um gerade noch einen Rotarmisten davongehen zu sehen, der kaum älter als achtzehn Jahre gewesen sein mochte.

Sein ohrenbetäubendes, herzzerreißendes Schluchzen schallte durch die Bahnhofshalle, übertönte die übliche Geräuschkulisse aus Stöhnen und Schachern. So erzählte es Janusz Goldlust – inzwischen der Brigadegeneral a. D. Avigdor Ben-Gal – in einem Interview für die 2007 veröffentlichte israelische Dokumentation *Die Kinder von Teheran*. „Ich kann mich noch genau daran erinnert, wie das Brot sich anfühlte – und dann seine Hand in meinem Mund. Ich glaube, ich kann sogar noch diesen kleinen Jungen weinen hören. Auch sein Gesicht habe ich noch vor Augen; er war auch hungrig", sagt der General über den jungen russischen Soldaten. Ben-Gals Stimme ist leise, kaum zu hören; in seinem Gesicht ringen Scham und Staunen miteinander, ist der Schock größer als der Schmerz, ganz so, als durchlebte er das alles noch einmal.

Tante Regina hatte genau denselben Gesichtsausdruck gehabt, dieselbe tonlose Stimme, als ich sie nach der Zeit in Arys gefragt hatte. „Lass gut sein", sagte sie. „Es war furchtbar."

Deportationen, Evakuierungen, das Elend von Flüchtlingen, die kurz vor dem Hungertod an einem trostlosen Bahnhof festsitzen – all das gab es auf unserer offiziellen Rundreise durch Usbekistan nicht. Diese sprang nämlich mehr oder minder nahtlos aus dem 15. Jahrhundert in die Gegenwart und unterschlug dabei mehr als fünf Jahrhunderte, in denen wechselnde Großreiche die Vorherrschaft über Usbekistan für sich beansprucht hatten, sowie zwei Jahrzehnte Diktatur: Kein Wort von Persern, Mongolen, Chinesen, russischen Zaren, sowjetischen Apparatschiks oder den anderen Eroberern, Königen und Königreichen, deren Herrschaft der usbekischen Unabhängigkeit – seit gerade einmal 25 Jahren – vorangegangen war. „Ganz gleich, was in der Vergangenheit passiert ist", meinte unsere Reiseleiterin Kamara, die noch das Ende meiner Unterhaltung mit Sergej aufgeschnappt hatte, „heute sind wir alle froh und dankbar, dass wir frei sind und unsere Unabhängigkeit haben." Sieben Jahrzehnte lang hatten die Usbeken unter sowjetischer Herrschaft gestanden – vermittelt durch eine sowjetisierte Führungsschicht aus ethnischen Usbeken und Tadschiken. Danach wurde Usbekistan unabhängig, doch an der Macht blieben im Wesentlichen dieselben Leute wie zuvor.

Inzwischen war für alle usbekischen Tourguides ein offizielles Protokoll verbindlich, das gespickt war mit Wörtern und Phrasen wie „unser", „unsere eigene", „unser ganz eigenes". „Hier kann ich Ihnen beweisen, wie weit unsere eigene Wissenschaft damals schon fortgeschritten war", sagte Kamara beispielsweise, als wir gerade vor dem imposanten Ismail-Samani-Mausoleum in Buchara angekommen waren, das in den Jahren zwischen 892 und 943 unserer Zeitrechnung erbaut wurde. „Wunderschön, nicht wahr? Ein vollkommenes

Bauwerk. Nichts fehlt, nichts ist zu viel. Und wir finden hier Sinus, Kosinus, Tangens, weil unsere Baumeister hervorragende Mathematiker waren. Da ist es doch unglaublich, dass dieses Monument schon über tausend Jahre alt ist! Wie konnte das geschehen? Durch die große Kunst der Baumeister, durch die chemikalischen Kenntnisse, mit denen sie den Mörtel des Mauerwerks gemischt haben: Schildkröten, Traubensaft, Kamelmilch anstelle von Wasser ..."

„Buchara war das Oxford im Osten: Alle die Gelehrten – Philosophen, Mathematiker, Astronomen –, die sind hierhergekommen und haben die Welt mit ihrem Wissen in Staunen versetzt. Al-Biruni aus Chorasan, der den Globus erfunden hat; Al-Chwarizmi, der in diesem Land in Chiwa wurde geboren. Dieses Land war das große Zentrum der Zivilisation, die Wiege der östlichen Zivilisation."

Kamaras auswendiger Vortrag war so unermüdlich wie hermetisch. Wenn wir an einem Punkt nachfragten, speiste sie uns mit Gemeinplätzen ab („wir sind ein glückliches Volk"), nur um dann umso aggressiver und dynamischer zu ihrem Drehbuch zurückzukehren. Ihr Job war es gerade, dachten wir irgendwann, uns vom Nachfragen *abzuhalten* – und den wenigen Fragen, die uns dennoch einfallen mochten, möglichst elegant auszuweichen. Gänzlich frei fühlten auch wir uns nicht: Unsere Reisepässe hatten wir an der Rezeption unseres Hotels abgegeben und würden sie erst bei Abreise wieder zurückbekommen; wir machten kaum einen Schritt ohne unsere Führerin und unseren Fahrer.

Aber trotzdem fühlte sich Buchara nicht so angespannt und unbehaglich an wie Komi. Im Gegenteil: Es erschien uns wie eine Insel der Seligen: das Licht, die Ruhe, die hübschen jungen Mütter in grünen, roten oder orangefarbenen Gewändern, die ihre Kinderwagen durch den Park am Mausoleum schoben, während die älteren Geschwister auf ihren Fahrrädchen vorausfuhren. Selbst Kamara, so unerbittlich und aggressiv sie uns vorkam, strahlte doch zugleich eine beinahe mütterliche Wärme aus. Ich selbst fühlte kein bisschen von der Einschüchterung, wie ich sie manchmal als israelische Jüdin in London (beispielsweise) empfunden hatte. Dass ich mit Salar unterwegs war, den alle um mich herum als ihren Freund und Bruder zu betrachten schienen, kaum dass sie ihn kennengelernt hatten, dürfte seinen Teil dazu beigetragen haben.

Und keinen, der uns in Usbekistan begegnet ist – ganz egal, ob Jude oder Muslima –, schien es zu kümmern oder auch nur zu irritieren, dass wir beide – ein Muslim und eine Jüdin, ein Iraner und eine Israeli – gemeinsam unterwegs waren. „Wir heißen alle willkommen", wiederholte Kamara bis zum Überdruss.

„In meiner Familie eine von Großmüttern war polnische Babuschka" – ist ja interessant, dachte ich mir – „andere kam aus Ukraine. Solche Weise ich immer gesagt, dass die Nation ist nix, die Menschen sind ja gleich. Werden alle geboren, und sterben auch. Was uns auszeichnet, ist die Freundlichkeit, die Güte. Wie wir immer sagen: *bismillah al-rahman*: Gott ist gütig. Und außerdem: Die Juden haben hier gelebt mit uns seit Jahrtausenden."

Im Jahr 1939 lebten in der Usbekischen Sozialistischen Sowjetrepublik mit ihren rund 6,5 Millionen Einwohnern etwa 50 000 Juden, fast alle von ihnen Sephardim aus Buchara. Im Laufe des Krieges kamen mehr als eine Million dazu, so gut wie ausschließlich Aschkenasim aus Europa. Die zentralasiatischen Juden, heißt es, seien direkt aus dem Alten Israel dorthin gekommen, gleich nach der ersten Zerstörung des Jerusalemer Tempels durch die Babylonier Anfang des 6. Jahrhunderts vor unserer Zeitrechnung. Für diese Auffassung sprechen unter anderem die Überreste einer 2200 Jahre alten Synagoge, die sowjetische Archäologen einst im heutigen Turkmenistan entdeckt haben. Nach anderen Darstellungen emigrierten die Juden von Buchara zur Zeit ihrer Verfolgung unter dem Sassanidenherrscher Peroz (458–485) aus dem Perserreich nach Zentralasien. Sie sprachen demnach Tadschikisch, einen persischen Dialekt, den sie mit hebräischen Buchstaben schrieben. Auch jüdische Händler, die auf der Seidenstraße unterwegs waren, sollen sich im Verlauf des 7. Jahrhunderts unserer Zeit auf dem Gebiet des heutigen Usbekistan niedergelassen haben.

Statuen von Timur Lenk, laut Kamara „der Vater von usbekischer Nation" und „der Große Emir Timur", zierten Buchara und andere Orte entlang unserer Route, dabei war „Tamerlan", wie er auch genannt wird, überhaupt kein Usbeke, sondern ein türkisch-mongolischer Eroberer. Als Begründer des Timuridenreiches herrschte er 35 Jahre lang, von 1370 bis 1405, über Persien und Zentralasien und hatte bis zum Zeitpunkt seines Todes ein Imperium erobert, das von Anatolien ostwärts bis zur Mongolei reichte und von der Wolga südwärts bis nach Delhi, womit es auch weite Teile des heutigen Iran umfasste.

„Nach dem mongolischen Joch", sagte Kamara, „brachte er Wohlstand in unser Land. Timur hat einen schlechten Ruf, aber in Wahrheit hat er die Architektur, Kunst und Literatur in diesem Land aufgebaut. Er war nicht auf dem Niveau eines Dschingis Khan, der die Region schon früher erobert hatte und ein jähzorniger Gewaltmensch war. Timur hat gute Beziehungen zu anderen

Nationen geknüpft, hat ihnen Ehre erwiesen – es gibt Dörfer in Usbekistan, die heißen Bagdad, Istanbul, Teheran –, und er hat niemals die Herrscher der von ihm eroberten Reiche ermordet, wie die Bolschewiki es mit der Familie Romanow getan haben." Und so ging es in einem fort, indem Kamara den Vater der Nation mit Lobeshymnen überhäufte.

„Tamerlan war ein übler Völkermörder", zischte Salar mir zu. „Hat ganze Städte ausgelöscht, überall Massaker verübt. Durch seine Feldzüge sind 5 Prozent oder so der damaligen Weltbevölkerung umgekommen." Aber Jerusalem hat Timur nicht erobert und soll, wie es heißt, „gut zu den Juden" gewesen sein.[30]

„Beschäftigen die usbekischen Schulkinder sich auch heute noch mit den muslimischen Gelehrten aus dem Mittelalter?", fragte ich Kamara.

„Natürlich, durch die Bank! Mit Al-Biruni, Avicenna, Al-Farabi, der gilt wie Aristoteles vom Osten", antwortet sie begeistert. Hinter seiner Sonnenbrille sah ich Salar grinsen. Ismail Samani, dessen Mausoleum wir bestaunt hatten, entstammte der persischen Dynastie der Samaniden; Avicenna alias Ibn Sina war ein persischer Universalgelehrter aus dem Goldenen Zeitalter der islamischen Wissenschaft. Ein großer Teil der usbekischen Monumentalarchitektur war persischen Ursprungs, und persische Nomaden waren die ersten bekannten Bewohner der zentralasiatischen Steppe, die im 15. Jahrhundert unter persische Herrschaft kam. Eine der in Usbekistan gesprochenen Sprachen, neben der usbekischen Amts- und der russischen Verkehrssprache, ist das Tadschikische. Alle Persönlichkeiten und Errungenschaften, die Kamara als „unseren eigenen usbekischen Denker" oder „unsere großartige usbekische Kunst" bezeichnete, waren in Wahrheit persischer Herkunft.

Aber Salar war keineswegs empört; vielmehr strahlte er vor Freude, während unser Rundgang durch Buchara mit seinen Glanzstücken der persischen Kultur seiner eigenen persischen Identität eine neue Facette hinzufügte. Bei mir verhielt es sich hingegen genau andersherum: Die „Identität" meines Vaters erschien mir zunehmend als ein reines Zufallsprodukt, ein Resultat von äußeren Umständen und Fremdbestimmung. Ernest Gellner und Eric Hobsbawm, die beiden Ex-Flüchtlinge, die sich als Historiker und Theoretiker des Nationalismus und der Nation einen Namen machten, haben beschrieben, wie Nationen als Produkte jahrhundertelanger politischer, ökonomischer und kultureller Wandlungsprozesse entstehen und vergehen. In den Erzählungen und Lebensgeschichten jedoch, auf die ich bei meiner Recherche gestoßen war, formten sich Nationen und nationale Identitäten wesentlich zufälliger aus, wurden durch Begegnungen der einen oder anderen Art hervorgebracht – also dadurch, dass eine bestimmte Gruppe von Menschen von einigen ihrer Gegenüber zurückgewiesen oder aber angenommen wurde –, hingen ganz davon ab, ob die Wege einzelner Gruppen oder Individuen zusammenliefen oder auseinanderstrebten. Der Soziologe Rogers Brubaker beschreibt die „Nationhaftigkeit" – *nationness* – als einen „kontingenten, konjunkturell fluktuierenden Betrachtungsrahmen": Sie könne sich unter Umständen „nicht langsam entwickeln, sondern ganz plötzlich herauskristallisieren". Die „kontingenten Ereignisse und ihre transformative Konsequenz", schreibt Brubaker, verschwänden aus den Ursprungsmythen der Nationen, sobald die nationale Identität erst einmal ihre feste, „auskristallisierte" Form angenommen habe.[31] Ich hatte meinen Vater nur anhand seiner endgültigen „Identität" kennengelernt, vermittelt durch seine Begegnung mit den Juden Palästinas, die ihn an- und bei sich aufgenommen hatten. Aber auf seinem Weg zu diesem Endzustand hatte er eine Vielzahl von Abzweigungen passiert, die ihn durchaus auch anderen Schicksalen hätten zuführen können.

*

Die Kolchose „Oktober", in die Hannan und seine Familie an einem kalten Novembertag des Jahres 1941 gebracht wurden, war eine rudimentäre Siedlung etwa vierzig Kilometer von Arys entfernt. Auf Pferdewagen brachte man die Flüchtlinge dorthin: vierzig oder fünfzig polnische und jüdische Familien, die von bewaffneten NKWD-Leuten eskortiert wurden. In der Kolchose gab es Kibitkas – fensterlose Hütten aus Lehm oder getrocknetem Kameldung – und kleine Teiche, aus denen die Kinder es gar nicht erwarten konnten zu trinken. Eidechsen und Frösche lebten, die sie fingen und lebendig verspeisten; sie aßen alles, was sie in die Finger bekamen. Die Bewohner der Kolchose hatten den Auftrag, einen Kanal zu graben.

„Der *kolchos* ist ein sehr armer gewesen", sagte Hannan bei seiner Befragung in Jerusalem.

… mit Ausnahme der Kolchosleitung, die haben sehr gut gelebt. Ansonsten haben dort alle gehungert [und] sind barfuß einhergegangen …

Als wir angekommen sind, war schon Winter, und so konnten wir nicht auf dem Feld arbeiten. Die Usbeken haben uns gefragt, wozu wir eigentlich gekommen sind. Sie haben nicht gewusst, was sie mit den 200 Neuankömmlingen anfangen und woher sie für unsere Gruppe das nötige Essen nehmen sollten. In den ersten Tagen haben sie uns gegeben ein halbes Kilo Mehl pro Person. Nach einigen Tagen haben sie es sich aber anscheinend anders überlegt und dann nur noch 10 Deka Mehl [100 Gramm] pro Person gegeben, und das hat reichen müssen. Im *kolchos* hat es auch keinen Ort gegeben, wo man etwas hätte kaufen können, ja noch schlimmer: Es hat noch nicht einmal jemanden gegeben, der einem für ein Stückel Brot etwas hätte abkaufen wollen. Die Usbeken gehen in Betttüchern ... und es fehlt ihnen an nichts, und wir haben dort buchstäblich gehungert und viele Menschen sind dort sogar vor Hunger gestorben. Gewohnt haben wir dort in einem Häusel aus Lehm (einer Lefjanke) ohne Fenster und ohne Tür. Keinen Ofen hat es dort gegeben, und auch kein Bett und keinen Tisch. Eine kleine Kochstelle gab es nur, und der Rauch von dort hat sich in der gesamten Lefjanke ausgebreitet und ist raus durch ein Loch in der Wand. Gearbeitet haben wir beim Kanal, der gegraben wurde. Mit uns im *kolchos* waren auch ein paar polnische Familien, die sich geplagt und gehungert haben genau wie wir. Aber wir durften nicht weg aus dem *kolchos* und waren verurteilt, dort zu sitzen und vor Hunger zu vergehen.

Traumatisiert und entkräftet warteten die Kinder, an die Außenwand ihrer innen verrauchten Hütte gelehnt, während ihre Mutter versuchte, eine Art von Brotfladen zuzubereiten. Und während sie warteten, schauten vielleicht auch mein Vater und Regina den Usbeken zu, wie diese Wildkräuter in großen Kesseln kochten und dann verspeisten, wobei sie mit den Händen aßen: „Im ganzen Kolchos gab es keinen einzigen Löffel", berichtet ein Flüchtlingskind in Henryk Grynbergs Buch.[32] Eine gemeinsame Sprache gab es genauso wenig. Die meisten Einwohner sprachen Usbekisch und konnten nur ein paar Wörter Russisch. Auf die Neuankömmlinge schauten die Usbeken voller Gleichgültigkeit und hielten sich – zumindest anfangs – von ihnen fern.

In manchen Kolchosen sollen die Einheimischen „besser gegessen" und auch komfortabler gewohnt haben: mit Holzpritschen als Schlafplatz, beispielsweise, anstelle des blanken Erdbodens. In einigen Kolchosen fungierten die Usbeken als

Aufseher für die Neuankömmlinge, in anderen jagten sie sie davon und brüllten ihnen noch hinterher, dass sie ja selbst nichts zu essen hätten. Das große Los hatten unter den Flüchtlingen diejenigen gezogen, die einer landwirtschaftlichen Kolchose zugeteilt wurden, dort Roggen, Rettich oder Erdnüsse ernten sollten – da fiel unter der Hand immer wieder einmal etwas für die hungrigen Arbeiter ab, für Einheimische wie für Deportierte. In den meisten Kolchosen, darunter auch der Kolchose „Oktober", hungerten die beiden Gruppen, jede für sich, nebeneinander her; zusammen, aber doch getrennt; vereint in dem Elend, das der Krieg und die sowjetische Politik über sie alle gebracht hatten.

Die Mehrzahl der usbekischen Kolchosen, von denen einige bis zu 1500 Arbeiter beschäftigten, widmete sich hauptsächlich dem Baumwollanbau. Die usbekische Baumwollernte machte zwei Drittel der gesamten Baumwollproduktion in der Sowjetunion aus; noch heute ist Baumwolle das landwirtschaftliche Haupterzeugnis Usbekistans.

Die Kolchose „Dimitroff", in die Emma Perelgric und ihr Vater Adam geschickt worden waren, war eine solche Baumwollkolchose. Sergej war es gelungen, ihren ehemaligen Ort in der Nähe von Samarkand ausfindig zu machen, nachdem alle Versuche, die Kolchose „Oktober" ausfindig zu machen, fehlgeschlagen waren.

Vier Stunden dauerte unsere Fahrt von Buchara nach Samarkand. Mit dem stets ruhigen, kompetenten Bilol am Steuer glitten wir so gleichmäßig dahin, dass noch nicht einmal der Anblick halb verfallener Fabriken und verwahrloster Dörfer entlang des Weges meine Stimmung zu dämpfen vermochte. Ich war im Urlaub, war – ob ich nun wollte oder nicht – Touristin auf einer Rundfahrt durch das „atemberaubende Usbekistan". Wenn der Aufenthalt meines Vaters in diesem Land ganz maßgeblich vom Hunger geprägt gewesen war, so schien sich bei mir alles ums Essen zu drehen: Kebab (in Buchara); getrocknete Aprikosen und Nüsse (in Samarkand); haufenweise Reis, mit Linsen oder ohne (an jeder Ecke); dazu ein kühles Pils der Marke *Azia*, oder doch Kaffee, schwarz? Wir genossen die Gartencafés von Buchara, die gastlichen Innenhöfe von Samarkand; aßen koreanisches Bibimbap in Taschkent; und erlebten überhaupt eine schier endlose Abfolge von Restaurants, Cafés, Snacks, Essensmärkten, Essensverkostungen, Essenspausen, ganz so, als wäre das Essen nicht nur der hauptsächliche Zeitvertreib unserer diversen Gastgeber, sondern auch der wichtigste Ausdruck ihrer Gastfreundschaft.

Im Café Zafar hatte Sergej für uns ein Treffen mit einem jungen Mann vereinbart, der uns zum Standort der einstigen Kolchose „Dimitroff" in der Nähe von Samarkand bringen sollte. Der Gastraum des Cafés sah aus, als sollte dort gleich eine Hochzeitsfeier stattfinden: Kellner mit Fliege wuselten um weiß gepolsterte Stühle, während aus den Lautsprechern in ohrenbetäubender Lautstärke arabische Schnulzen tönten. In der Mitte des Raumes, nahe bei einem blauen Springbrunnen, den Statuetten von Flamencotänzern säumten, saß ein junger Mann: Suyun, muskulös und mit einem breiten Lächeln im Gesicht, der aussah wie ein Fußballspieler von Maccabi Tel Aviv mit seinem gelben Poloshirt (das irgendein Symbol zierte) und seinen hautengen Jeans.

Weil die früheren sowjetischen Namen der usbekischen Dörfer ganz systematisch aus der Erinnerung ihrer Umwelt getilgt worden sind, hatte Sergej mehrere Wochen damit zugebracht, die einstige Kolchose ausfindig zu machen, war zu Fuß in der Gegend auf Erkundungstour gegangen und hatte sich bei den Einheimischen umgehört, bis er schließlich auf Suyun gestoßen war, der mit seinen 25 Jahren bereits fünf kleine Kinder hatte, in der Holzindustrie arbeitete und Sergej bei seinen Erkundigungen unter den einheimischen Bauern geholfen hatte. Suyun strahlte, machte mit einer kleinen Kamera ein Foto von uns und wiederholte mehrfach, wie stolz er darüber sei, dass wir uns mit ihm treffen wollten. Sergej umarmte er zur Begrüßung und nannte ihn seinen „besten Freund". Der so Gewürdigte blieb dennoch eher zurückhaltend und äußerst respektvoll, während er versuchte, die lange Reihe von Spezialitäten abzuwehren, die auf Suyuns Bestellung aus der Küche des Cafés auf unseren Tisch wanderten – trotz unserer Beteuerungen, das sei doch nun wirklich nicht nötig.

Nach dem Austausch weiterer Höflichkeiten sowie einiger Spiegelfechterei um die Frage, wer denn nun die Rechnung bezahlen solle – am Ende bezahlte natürlich Suyun –, fuhren wir schließlich nach Jurijat, einem Dorf etwa zwanzig bis dreißig Kilometer östlich von Samarkand, das auf Google Maps nicht aufzufinden ist. Früher war es einmal nach dem bulgarischen Kommunisten Georgi Dimitroff benannt gewesen, der von 1934 bis 1943 an der Spitze der Kommunistischen Internationale (Komintern) gestanden hatte und nach dem Zweiten Weltkrieg der erste kommunistische Ministerpräsident von Bulgarien gewesen war. Nicht nur in Bulgarien, sondern auch auf Kuba und in Nicaragua – und sogar im Osten Deutschlands – sind noch heute Straßen nach ihm benannt.

„Über jeden einzelnen *kolchos* könnte man ein ganzes Buch schreiben", meinte Sergej auf unserer Fahrt nach Jurijat. Seine eigenen Großeltern waren aus der Region Chabarowsk im russischen Fernen Osten deportiert worden, wohin sein Großvater, ein Traktorfahrer, gegen Ende des 19. Jahrhunderts aus Korea eingewandert war. „Chabarowsk war damals ein riesiges, weitgehend unbesiedeltes Territorium mit einem Klima, das dem in Korea ähnlich war, aber die Böden waren viel fruchtbarer, und er hat dort ein gutes Leben gehabt", erzählte Sergej. Mit diesem guten Leben war es dann allerdings 1936 vorbei gewesen, als Grenzkonflikte zwischen der Sowjetunion und Japan aufflammten, mit denen die Deportation der Koreaner – damals Untertanen des japanischen Kaisers – gerechtfertigt wurde. „Sie hatten ja Häuser, sie hatten Felder, auf denen schon die Ernte heranwuchs", fuhr Sergej fort. „Und dann kam der Befehl: Ihr habt 24 Stunden, um fortzugehen – bleibt ihr hier, werdet ihr erschossen. In Viehwaggons haben die einen gesteckt, man konnte nicht auf die Toilette, sondern musste alles da im Wagen verrichten, und rundum sind die Leute gestorben." Eine Kusine von Sergejs Großmutter, die zusammen mit ihr deportiert worden war, hatte ihm erzählt, dass bei einem Halt des Zuges einmal ein paar Kinder aus dem Waggon sprangen und mit kleinen Gefäßen zu einem Bach liefen, um Wasser zu holen. Sie wurden niedergeschossen. „Nur weil sie Wasser holen wollten, Wasser für ihre Großmutter", sagt Sergej.

Sergejs Mutter, die damals ein Kind gewesen war wie Regina und mein Vater, wurde deportiert, zusammen mit ihrer Familie und so wie 174 000 andere Menschen koreanischer Herkunft. Das war die erste Deportation einer gesamten Volksgruppe in der Geschichte der Sowjetunion – aber nicht die letzte. „In Südkasachstan hat man sie abgeladen – die Zwillingsschwester meiner Mutter und der ältere Bruder waren unterwegs gestorben –, hat sie aus dem Zug getrieben wie Tiere, einfach in die Wüste hinein, und da sollten sie dann gerade nur überleben. Gegen wilde Tiere mussten sie kämpfen, und die Wüste war ja ohnehin keine Gegend für Menschen. Geschätzt 40 000 deportierte Koreaner sind 1937/38 umgekommen, durch den Hunger, durch Krankheiten, Hitze, Kälte, die Umstände. Die Überlebenden haben es zu etwas gebracht in Zentralasien."

„In der Nähe von Taschkent gab es einen *kolchos*, der hieß Palitadeh, das heutige Guliston", schaltete sich Kamara ein. „Den haben die deportierten Koreaner aufgebaut, die man einfach in der Wüste abgesetzt hatte. Aus dem Nichts. Von Null. Die waren die Nummer eins unter den Kolchosen, was die Reis- und die Baumwollerträge anging, unglaublich fleißig bei der Ernte. Im Fußball und beim Hockey waren sie auch nicht schlecht."

„So ist es", sagte Sergej ohne die geringste Spur von Zynismus. „Wir sind ein starkes Völkchen, sind aufs Überleben gedrillt. Wir hatten zwar keine Pogrome wie die Juden. Aber die große Not damals hat uns unsere Seele geraubt."

Jurijat mit seinen Schotterstraßen, Baracken und weiß gekalkten Baumstämmen erinnerte mich ein wenig an eine israelische Militärbasis, etwa die, auf der mein Vater 48 Jahre seines Lebens verbracht hatte, nur kleiner. Der *kolchos* hatte damals aus verschiedenen „Brigaden" bestanden, erklärte Sergej. Die Perelgrics gehörten zur „Brigade Nummer 6: ein sehr großes, leeres Haus, vielleicht eher wie ein Stall, wo sie untergebracht waren". Die Gegend war damals noch stärker bewaldet gewesen als jetzt, und weniger dicht besiedelt. Im Inneren sahen die *kibitki* aus „wie eine Baracke in einer Kaserne, lang gezogen und schlicht".

Wir parkten vor einem Tor. Hinter dem Tor wartete eine usbekische Familie: ein Vater mit weißer Kappe und kurzärmligem Hemd; die hübsche, aber nicht allzu zierliche Mutter in einem blauen Kleid mit Blumenmuster und mit Kopftuch; und drei Söhne, von denen einer ein iPad in Händen hielt.

Ihre Vorfahren hatten seit dem Anfang des 20. Jahrhunderts auf diesem Land gelebt. Suyun ging voran. Die Leute hatten gewusst, dass wir kommen würden, und brachten uns zu dem Stück Land, auf dem die Baracke stand. „Die Polen waren in einem erbärmlichen Zustand", sagte der hochgewachsene Bauer, Dschamil Boboqulow, und wies auf den kahlen Fleck in seinem Garten, wo die Flüchtlinge, unter ihnen Adam Perelgric, seinen Worten zufolge gelebt hatten. „Sie wurden von den Wagen gestoßen oder sprangen ab und fingen sofort an, alles zu essen, was sie nur finden konnten. Gras haben sie verschlungen, lebendige Frösche, sie haben streunende Hunde zur Strecke gebracht und verspeist." Seinem Aussehen nach schätzte ich Dschamil auf etwa vierzig Jahre.

„Woher weiß er das?", fragte ich Kamara.

„Sein Vater hat es ihm erzählt", erwiderte sie nach kurzer Rücksprache mit Dschamil. „Sein Vater hat ihm erzählt, die Flüchtlinge seien zu schwach gewesen, um zu arbeiten oder auch nur aufrecht zu stehen, und dass viele von ihnen sich einfach ins Gras gelegt hätten, wo sie gestorben sind. Die haben sie dann auf Karren zum Friedhof geschafft und dort begraben."

„Auf den muslimischen Friedhof?", fragte ich.

„Natürlich", bestätigte Dschamil und schloss die Augen. „Man hat sie ohne Namen bestattet, und deshalb beten wir seitdem für sie. Weil ihr Hunger, weil ihr Elend das Schlimmste war, das wir jemals gesehen haben."

Dschamil, hochgewachsen und stattlich mit seinem kurz geschnittenen, schon leicht grau gewordenen Bart, war ein sehr ruhiger, bedachter Mann, der sich kerzengerade hielt und dabei keine Spur von Unbehagen oder Unaufrichtigkeit ausstrahlte. Er sah eher wie ein Akademiker aus, nicht wie ein Bauer. „Die Usbeken sind eine sehr ritterliche Rasse", hatte Aleksander Wat bemerkt – eine Beschreibung, die mir durchaus zuzutreffen schien.[33] Und Dschamils etwas längliches Gesicht mit den lebhaften braunen Augen war überaus anmutig anzusehen, als er so langsam und ruhig in seinem üppigen Garten umherschritt und dabei in einer Sprache zu uns redete, die weder Salar noch ich verstanden. Und doch vermittelten seine Worte selbst in Kamaras Übersetzung ein solch tiefes, schlichtes Mitgefühl, dass ich davon zutiefst gerührt war.

Um uns herum schwirrten die Vögel. „Auf dem muslimischen Friedhof gab es einen eigenen Bereich für die Juden", sagte er.

„Gibt es den noch?", fragte Salar.

„*Da.*" Ja.

„Von den Einheimischen", sagte Sergej, „konnte keiner Polnisch – wir sind hier auf dem Land –, und natürlich konnten die Polen auch kein Usbekisch, also konnten sie nicht miteinander kommunizieren."

Dschamil rezitierte ein Totengebet, und während er sprach, verharrten wir alle still vor dem alten Gräberfeld. Hinter uns kicherten, eher aus Unbedarftheit und jugendlichem Übermut denn aus böser Absicht, seine beiden halbwüchsigen Söhne – Muhammad Ali und Ali Muhammad – und filmten uns mit ihrem iPad. Ich fragte mich, ob das die Hauptaufgabe des Geräts sein mochte; immerhin gab es hier ja kein Internet.

Wir gingen weiter zu einer überdachten Terrasse, auf der die Bäuerin, über ihr ganzes, rundes Gesicht strahlend, Brot aus einem Steinofen hervorzauberte: eine dünne Pita aus Mehl, Hefe und Wasser, die mit Schalen voller Salzwasser serviert wurde, in das wir die Brotstücke tauchten. Das Brot kam frisch aus dem Ofen, war heiß und köstlich. Das Wasser, sagte Dschamil, stammte aus seiner eigenen Quelle. Er bat Salar, ein Tischgebet zu sprechen.

Salar berührte mit einem Stück Brot seine Stirn, küsste es dann mehrmals. Unsere Gastgeber waren geradezu begeistert. Ich selbst musste vor lauter Freude lachen – nicht über sie, sondern mit ihnen, mit uns allen; wenn es in meinem Leben je so etwas wie ein spirituelles Erlebnis gegeben hat, dann war es dieser Moment.

Als wir wegfuhren, auf dem Weg zu Sergejs „bestem Freund" Suyun nach Hause, sah ich sie noch einen Moment dort stehen: Dschamil und seine Frau, die rechte Hand aufs Herz gelegt, während einer ihrer Söhne hinter ihnen stand und mit seinem iPad noch immer Fotos von uns schoss.

Suyuns Zuhause kam mir ein wenig moderner vor als das von Dschamil und seiner Familie. An der Tür fielen sich Sergej und Suyun stürmisch in die Arme: „Du bist mein geehrter Gast!", „Du bist mein bester Freund!", „Das ist der schönste Tag meines Lebens!" Dann wurden wir allesamt hineingebeten, um eine Folge von Süßspeisen zu verkosten, Suyuns Frau und entzückende Kinder zu begutachten und uns noch etliche Male überschwänglich begrüßen zu lassen. Im Schein einer Lampe, die ein Aggregat mit Strom versorgte – ein öffentliches Stromnetz gab es nicht –, dankten wir Suyun immer und immer wieder und prosteten ihm mit dem Wodka zu, den wir ihm geschenkt hatten. In meinem Kopf drehte sich alles vor Freude, Schwindel, Erschöpfung und allem anderen.

Keiner von unseren Gastgebern und Helfern verlangte irgendeine Bezahlung. Hier gab es, anders als in Polen, keine Tourismusindustrie rund um den Zweiten Weltkrieg. Dort hatte unser Guide, Krzysztof Malczewski, so kompetent und warmherzig er auch gewesen war, für seine Dienste einen Tagessatz von 500 US-Dollar berechnet. Und genauso wenig gab es in Usbekistan Fördermittel von spendablen Stiftungen aus dem westlichen Ausland, um die Gedenkkultur oder die Versöhnungsarbeit zu unterstützen. Eine Gedenkkultur „von unten", wie wir sie in Russland kennengelernt hatten, die Erinnerungsorte nicht beantragte oder anregte, sondern einfach selbst schuf, gab es auch nicht. Noch gab es finanzielle oder politische Interessen, die mit der Erinnerung an die damaligen Ereignisse verbunden waren, keine Schuld, keine Reue, keine überschäumende Menschenliebe, aber auch keinen Hass, durch welche das Verhalten der Bauersleute aus Jurijat uns gegenüber erklärbar gewesen wäre. Alles, was es in diesem Moment gab, war eine Kultur der Gastfreundlichkeit und des Mitgefühls, ein echtes Empfinden von Güte und Demut, das uns alle gleichermaßen erfasst und berührt hat – unsere Mägen waren gut gefüllt, unsere Herzen übervoll.

Zwei der „Kinder von Teheran" haben die Kolchose „Dimitroff" in ihren Zeugenaussagen beschrieben. Das erste Kind sagte, es sei dort „schlimmer als in der Siedlung" gewesen (gemeint ist der *posiołek*):

„Wir arbeiteten auf dem Feld in der Baumwolle und bekamen zweihundert Gramm Getreide. Es arbeiteten sogar die kleinen Kinder. Als man uns eines Tages ein bisschen Roggenmehl gab, war das für uns ein großes Fest. Nach einigen Wochen erklärten die Usbeken, sie können uns nicht dabehalten, weil sie kein Essen für uns hätten, aber wir versuchten sie durch Bitten zu bewegen, noch etwas bleiben zu dürfen."

Das andere Kind beschreibt die Spannungen zwischen den jüdischen Neuankömmlingen und den Einheimischen:

„Im Kolchos arbeiteten wir zusammen mit Mama in der Watte [gemeint ist die Baumwolle] und bekamen dafür *lepioschki*-Fladen und manchmal zehn Deka Mehl. Wir hungerten fürchterlich. Die Usbeken setzten uns zu und nannten uns ‚jüdische Pans' [‚feine Herren'], und sie drohten, sie werfen uns aus dem Kolchos. Mama musste betteln, dass wir bleiben durften."[34]

Im Kolchos „Maxim Gorki", heißt es, setzte das NKWD usbekische Aufseher ein, um ein scharfes Auge auf die Neuankömmlinge zu werfen und eine Meuterei zu verhindern.[35] Immer wieder heißt es in den Berichten, die Flüchtlinge seien weggejagt, verspottet, bestohlen worden, oder man habe ihnen überzogene Gebühren für die Bestattung ihrer Toten abgenommen.

Wie man nachlesen kann, beschwerte sich Stanisław Kot, der Botschafter der polnischen Exilregierung in Moskau, am 26. Januar 1942 beim stellvertretenden Volkskommissar für Auswärtige Angelegenheiten darüber, dass „die ortsansässigen Mongolen" in Kasachstan sich „überaus rücksichtslos gegenüber [den polnischen] Staatsbürgern verhielten. … Einigen von ihnen, die man in die landwirtschaftlichen Kollektive geschickt hatte, wurde dort jeder Wohnraum verwehrt, sie müssen unter freiem Himmel kampieren oder bekommen statt gutem nur glitschiges Brot, und das in so kleinen Mengen, dass sie davon unmöglich überleben können."[36]

Und doch nannte Mula Ben-Chaim, ein früheres Mitglied bei Ha'schomer Ha'tzair, der in den 1970er-Jahren in Israel hierzu befragt wurde, derartige Vorfälle „Ausnahmen" und betonte stattdessen die „tiefe Brüderschaft" zwischen den Einheimischen auf der einen und ihm selbst und seinen Kameraden auf der anderen Seite. Nachdem die Tagesrationen der Flüchtlinge auf 400 Gramm

ungemahlenen Roggen gekürzt worden war, schreibt er, „luden die besser-
gestellten Familien am Ort uns zum Essen ein, was uns sehr geholfen hat. ...
Ich würde sogar sagen, dass sie uns schätzten. Auf jeden Fall haben sie von uns
Dinge gelernt, die sie zuvor nicht gewusst oder gekonnt hatten. ... Die usbekischen Mitglieder im *kolchos* waren sehr zugewandt und gastfreundlich. Sie
sorgten für uns, egal, was wir brauchten; sie haben sich wirklich für uns eingesetzt." Und er fügte hinzu: „Nie vergessen werde ich den Buchhalter unserer Kolchose, Achadadow. Als unsere Schuhe auseinanderfielen, fuhr er mit
uns die hundert Kilometer zum Markt in Samarkand und kaufte uns neue.
Er bemühte sich wirklich, uns alles so angenehm wie möglich zu machen."
Ben-Chaim war auch zu usbekischen Festen und Hochzeitsfeiern eingeladen
worden (die er als „interessant" bezeichnet). „Langsam gewöhnten wir uns an
deren Musik, die der arabischen Musik sehr ähnelte. Als wir Malaria bekamen,
versuchten sie, uns mit Sauermilch zu behandeln. Natürlich war das primitiv.
Aber ihre Sorge und Besorgnis hat damals schon ausgereicht, uns ein wenig
aufzurichten."

„Sie waren Muslime", schrieb Ben-Chaim auch, „aber sie machten sich nicht
das Geringste aus der Tatsache, dass wir Juden waren. Alle nichtmuslimischen
Ausländer nannten sie unterschiedslos *Orus*." Nach dieser Darstellung begannen die Probleme erst während „der zweiten Phase", als der Hunger und
die dunklen Geschäfte auf dem Schwarzmarkt zunahmen.[37]

„Die Leute hier in Jurijat waren wirklich beeindruckend", sagte ich zu Sergej,
als wir schließlich über die dunklen, ungeteerten Straßen des Dorfes zurück in
Richtung Samarkand fuhren. Es war schon fast Mitternacht.

„Ja, die Usbeken sind sehr gute Leute, wirklich sehr gute Leute", antwortete er, wobei er das *sehr* jeweils sehr betonte. „Ich glaube, Zentralasien war
schon der richtige Ort, um die Juden damals unterzubringen. Denn wenn sie
irgendwo eine Chance hatten zu überleben, dann nur hier. Die Menschen hier
waren sehr freundlich, sehr gastfreundlich. Sie haben das letzte Hemd geteilt.
So war es wirklich! Weil, wenn sie in die Ukraine oder nach Weißrussland
gekommen wären oder so, die hätten sie abgeschlachtet. ... Wissen Sie, was
Pogrome sind, Frau Professor?", fragte er. „Ich weiß auch nicht warum, aber die
Juden waren nirgends willkommen damals."

Um drei Uhr in jener Nacht setzten die Krämpfe ein, dann eine Übelkeit und
ein Schüttelfrost, wie ich sie noch nie zuvor erlebt hatte – und ein Brechanfall,

der so heftig und brachial war, dass ich es, zu schwach zum Gehen, noch nicht einmal vom Bett bis ins Badezimmer schaffte. Die ganze restliche Nacht hindurch musste ich mich immer wieder übergeben. Innerhalb einer Stunde bekam ich 40 °C Fieber. Es fühlte sich an, als würde mein Innerstes nach außen gekehrt, während ich gleichzeitig langsam erfriere. Zitternd griff ich zum Telefon und wählte die Nummer von Salars Zimmer, um ihm mitzuteilen, dass ich mir bei meinem spirituellen Verschwisterungserlebnis mit dem sanftmütigen usbekischen Bauernpaar leider den Tod geholt hatte. Warum war ich nur so unachtsam gewesen? Warum hatte ich es – nach all den warnenden Hinweisen in dieser Sache – nicht einfach höflich abgelehnt, das Wasser aus Dschamils Flüsschen zu trinken?

Einer von vier Flüchtlingen starb in Zentralasien an der Ruhr, Malaria, Fleckfieber oder anderen hunger- und hygienebedingten Krankheiten. Mir gingen die Aussagen der Überlebenden im Kopf herum: „Vater erkrankte an Ruhr und starb nach acht Tagen im Spital. Nur ich und mein Brüderchen waren von der ganzen Familie noch übrig"; „Mutter bekam … die Ruhr, magerte schrecklich ab und starb"; „Vater und Mutter erkrankten an Typhus"; „Meine Mama … weinte nicht, sie stöhnte nicht, sie sank nur aufs Lager und konnte nicht mehr aufstehen"; „Papa sagte, unsere Mama ist entschlafen".[38]

„Das wird schon wieder", sagte Salar. Unser Trip hatte durchaus seine angespannten Momente gehabt. Es hatte seine Agenda gegeben und meine Agenda, dazu die Agenden unserer diversen Reisebegleiter und Helfer, und nicht zuletzt unser gemeinsames Buchprojekt: die Kapitel, die wir – immer abwechselnd – geschrieben hatten, und die sich nicht so recht zu einem Ganzen fügen wollten. Aber in jener Nacht wischte Salar stundenlang das Erbrochene vom Fußboden auf, wischte es vom Bett, von den Handtüchern, wusch es aus meinen Kleidern und aus meinen Haaren. Er schleppte mich zur Toilette und wieder zurück, sorgte dafür, dass ich ausreichend Flüssigkeit zu mir nahm – und machte dann *noch einmal* sauber, wenn ich das bisschen Wasser, das ich herunterbekommen hatte, gleich wieder erbrach. Er sprang, tanzte und sang, brachte mich zum Lachen als ich dachte, mein letztes Stündlein hätte geschlagen.

Am Morgen rief die Rezeption Dr. Anatoli herbei, der jeden Tag seine Runde durch die Hotels von Samarkand drehte, um Hausbesuche bei kranken Touristen zu machen. Innerhalb weniger Minuten hatte der fröhlich-gelassene junge Arzt – er sah kaum älter aus als 25 – einen mobilen Infusionsständer aufgebaut und mir einen Zugang gelegt, durch den schon kurz darauf massive Mengen eines Breitbandantibiotikums in meine Venen liefen. Binnen einer Stunde war ich wieder fast die Alte – noch immer schwach, aber heilfroh, am Leben zu sein und meine Recherche schon so bald wieder fortsetzen zu können.

*

Schwer zu sagen, welche Bedeutung die Landschaft Zentralasiens und die Kultur der Region für Hannan, Regina und die anderen polnischen Flüchtlinge gehabt haben mochten. Ihr ganzes soziales Umfeld hier war durch und durch sowjetisch – sie arbeiteten in sowjetischen Kolchosen und Fabriken, mussten sowjetische Gesetze befolgen und ihr ganzes Leben den Weisungen sowjetischer Verwaltungsbeamter unterwerfen. Doch gab es noch eine andere, eine Parallelwelt, vor allem jenseits der größeren Städte: eine kasachische, kirgisische oder usbekische Welt. In den Zeugenaussagen und Memoiren Hannans und der meisten anderen Flüchtlinge wird diese andere Welt – die stille Kulisse ihres täglichen Überlebenskampfes – nur sehr selten erwähnt. In manchen Erinnerungen jedoch, vor allem in den Erinnerungen derer, die für eine längere Zeit in den ländlicheren, weniger von Flüchtlingen überlaufenen Gegenden Zentralasiens unterkamen, gibt es, je nach Region, ganz verschiedene Darstellungen dieser Umwelt.

Die Einheimischen, weiß die Historikerin Medvedeva-Nathoo zu berichten, nannten die Neuankömmlinge „Westlinge" oder *wykowyrennye*, das heißt „Herausgerissene" oder „Entwurzelte". Die „völlige Unkenntnis, die ‚Asiaten‘ und ‚Westlinge‘ voneinander hatten", sowie „das daraus resultierende Fehlen jeglicher Vorurteile oder Stereotypen", fügt sie hinzu, „schuf auf beiden Seiten die Gelegenheit, einander ohne Vorbehalte kennenzulernen".[39] Bis zu einem gewissen Grad zumindest bemühten die „Herausgerissenen" sich durchaus, ihre asiatische Umwelt zu verstehen, und „begannen, das Vakuum ihres Nichtwissens mit bruchstückhaften Alltagsbeobachtungen anzufüllen".

„Unsere erste Begegnung mit den Einheimischen war für uns Europäer wie ein Traum", schrieb Josek Klapholz, damals ein Flüchtlingskind aus Krakau und bald darauf ein „Kind von Teheran" wie mein Vater, über seine Ankunft im kasachischen Aralsk, einer „hübschen, ruhigen Stadt voller freundlicher Kasachen":

„Jene Usbeken, Kasachen, Turkmenen und was der eingeborenen Bewohner dieses unermesslichen Landes mehr waren trugen lange, farben-
prächtige Gewänder und dazu runde oder eckige Kappen, welche ebenso
bunt bestickt waren und mich an die *Märchen aus Tausendundeiner Nacht*
erinnerten, die ich aus meinen Kindertagen kannte. Die Kamele, die wir
hier zum ersten Mal sahen, trugen zur Exotik der Szene noch bei. Wir
dachten, wir wären im Himmel gelandet."[40]

Alexander Kowarski, ein jugendlicher Flüchtling aus Polen, kletterte auf Bäume
und zog mit dem Sohn seines usbekischen Hauswirts durch die Straßen von
Taschkent. „Ich lernte schnell Usbekisch und wurde damit zu einem Ver-
bindungsglied zwischen den [polnischen] Erwachsenen und der Außenwelt",
erinnerte er sich später.[41]

„Die Usbeken waren schon nett zu uns, gastfreundlich wie alle Muslime",
erinnerte sich auch Shmuel Natanzon (ebenfalls ein „Kind von Teheran") an
die usbekische Familie, bei der seine Eltern in der Nähe von Samarkand ein
Zimmer gemietet hatten. „Ab und zu spendierten sie uns ein wenig Reis oder
so etwas. Wir blieben zwar hungrig, aber wenigstens verhungerten wir nicht."[42]

„Die Usbeken … sahen aus wie verarmte Ritter, und sie waren hervorragende Reiter", berichtete Aleksander Wat Jahrzehnte später von seinen ersten
Eindrücken nach der Ankunft im usbekischen Ferganatal. „Als Kleidung trugen sie fast ausschließlich Lumpen, hatten jedoch sehr ansehnliche Gesichter,
männliche Profile, die Züge eines echten Bergvolkes. Jeder von ihnen trug
eine kräftig gefärbte Seidenschärpe nach östlicher Art. Sie gingen in Lumpen,
aber ihre Schärpen waren stets tadellos. Rote Seide oder blaue, grüne, türkis-
farbene." Selbst ihre „kleinen Pferde – noch nie zuvor hatte ich derartige Pferde
gesehen – [hatten] überaus hübsche Gesichter".[43]

Wat erinnerte sich außerdem an eine „verfallene Moschee", einen Mullah,
der verhaftet worden war, sowie eine Begegnung mit „weißbärtigen Stammes-
ältesten", die „da auf ihren Kissen [saßen] und … Tee [tranken]". Dann fuhr
er fort: „Sie waren sehr ausgehungert, mager, aber ungeheuer würdevoll, eine
solche Würde habe ich während meines ganzen Aufenthaltes in Russland nicht
mehr gesehen."[44] Ein wenig meint man in Wats Schilderungen das typische
Empfinden und die Stimme eines europäischen Kolonisten herauszuhören („in
all diesen [kasachischen] Adelsgeschlechtern ging eine große Empfindsamkeit
mit einer Neigung zur Grausamkeit einher"), aber auch die Umkehrung die-

ser Perspektive durch die Hilflosigkeit der Flüchtlinge: eine gewisse Arroganz, gemischt mit Beflissenheit, ja Verzweiflung; eine Engstirnigkeit, unter die sich Neugier und Offenheit gegenüber einer Bevölkerungsgruppe mischen, deren „Ausgrenzung aus ihrem räumlichen wie historischen Lebenszusammenhang" – schreibt Olga Medvedeva-Nathoo – „die Klarheit ihrer Weltwahrnehmung auf das Höchste geschärft hatte".[45]

Amalia Josifowna Frajlich, die 27-jährige polnisch-jüdische Flüchtlingsfrau, um die es in dem Aufsatz von Medvedeva-Nathoo geht, befand sich in der Kleinstadt Katta-Taldyk (heute Karasuu) in Kirgistan, wo sie als eine von 1540 ehemaligen polnischen Staatsangehörigen in einem der landwirtschaftlichen Kollektive eingesetzt war. Amalia führte ein Tagebuch, in dem sie ihre Beobachtungen über und Begegnungen mit den Kirgisen der Gegend um Naukat festhielt. In den ländlichen Siedlungen (*kischlaki*) und Jurten (*kibitki*) wurden die Dächer „geformt" und die Lehmböden „getüncht". Steppdecken dienten zugleich als Matratzen: „Stolz und Zierde des gesamten Haushalts". Typische Küchengerätschaften waren gusseiserne Kochtöpfe und ein Herd, um das Fladenbrot *lapjuschka* zu backen. Sie bewunderte die schleppenden, orientalischen Melodien der traditionellen kirgisischen Musik. Es war üblich, „mit einem Gast einen Kuchen zu brechen". Die Männer trugen „traditionelle Steppjacken und [saßen] im Schneidersitz oder in der Hocke". Die Frauen „flochten ihr Haar in eine Unzahl kleiner Zöpfe" und „trugen selbst schwerste Gegenstände mit seltener Anmut … auf ihren Köpfen". Bei den Einheimischen gab es die Tradition „die Toten im Sitzen zu bestatten und eine Schale (*piyala*) mit Reis auf ihr Grab zu stellen", was bei Amalia gehörigen Eindruck hinterließ. Sie hatten „hart arbeitende Esel" und „gelehrige Kamele".[46]

Amalia, vormals bekannt als Malka, war als Jugendliche Mitglied von Ha'schomer Ha'tzair geworden und anschließend der Kommunistischen Partei der Westukraine beigetreten. Von ihren vielfältigen Beobachtungen einmal abgesehen, bildeten den emotionalen Kern ihres Tagebuchs ihre Einsamkeit, ihr beschwerlicher Alltag und ihre Sehnsucht, mit den früheren Genossinnen und Genossen Kontakt aufzunehmen. „Unser Leben ist so eintönig, so ärmlich, dass es rein gar nichts gibt, worüber sich zu schreiben lohnte", schrieb sie. „Unsere ganze Welt ist das Feld, auf das sich all unsere Interessen mit absoluter Unvermeidlichkeit konzentrieren müssen." Erst, als sie eine Postkarte von einem Vorkriegsgenossen erhält, kommt etwas Leben in ihr Tagebuch: „Ver[ehrte] Gen[ossin]! … Auf einer Liste bin ich über den Nachnamen Frajlich gestolpert. ... Malia, bist du's? ... Herrgott, wenn du es bist, antworte auf der Stelle, berichte mir alles."

„Als die Hoffnungslosigkeit meiner Lage ihren tiefsten Punkt erreicht hatte", schrieb Amalia an jenem Abend in ihr Tagebuch, „streckte ein Freund mir aus der fernen Hauptstadt Kirgisiens seine Hand entgegen. ... Wie bitter wollte ich weinen! Woher sind wir gekommen? Wer sind wir heute? In welche Tiefen sind wir heruntergekommen? Aber nun sind wir ... nicht mehr länger allein; es gibt da jemanden, irgendwo (wenn auch weit entfernt), der uns liebhat, der uns braucht. ... Wir sind ein Teil von einem Ganzen!"

Verstreut in ganz Zentralasien wanderten Hunderte Mitglieder verschiedenster politischer Bewegungen, Gruppierungen und Parteien umher und suchten ihre vormaligen Mitstreiter. Ha'schomer Ha'tzair versuchte sogar, ein Mitteilungsblatt mit dem Titel Ba'derech („Auf dem Weg") zu veröffentlichen und den Mitgliedern der Organisation zuzustellen, die über Taschkent, Samarkand, Juma, Buchara, ja bis nach Tadschikistan und Kasachstan hinein verstreut waren. Selbst nach zwei Jahren im Exil bestand noch eine tiefe, hochemotionale Sehnsucht nach der einstigen Gemeinschaft.[47]

Den Kindern der Neuankömmlinge scheint es leichter gefallen zu sein, einen direkten Kontakt zu den einheimischen Kindern anzuknüpfen. Die wohl lebendigste Darstellung eines solchen Kontakts findet sich in der Zeugenaussage des polnisch-jüdischen Jungen Eljuscha Posniak (inzwischen ein israelischer Mann namens Eli Paz), der damals mit seiner Mutter und den Geschwistern in dem kasachischen Dorf Dschambul untergekommen war. Eljuschas Bericht bildete die Grundlage für einen Jugendroman des israelischen – und ebenfalls in Polen geborenen – Autors Uri Orlev, der unter dem Titel Ein Königreich für Eljuscha 2011 auch in deutscher Übersetzung erschienen ist.[48] Es ist eine Art von Entwicklungsroman, in dem Eljuscha zuerst von den selbstständigen, mutigen Kindern von Dschambul fasziniert ist und sich schließlich mit ihnen anfreundet. Sie bringen ihm bei, wie man Wasser vom Fluss holt, wie man Vögel rupft, Kamele reitet, Kamelmilch trinkt und den Kameldung trocknet, aus dem die kibitki – die Hütten – erbaut wurden. Eljuscha lernt Kasachisch und hilft durch Jagen und Feldarbeit, seine Familie zu versorgen. Als die Nachricht vom Tod seines Vaters eintrifft, erweisen die Einheimischen der Familie die Ehre. „Ich habe ihnen nicht erklärt, wie sich Juden während der Trauerzeit verhalten", sagt die Mutter. „Aber genauso war es bei uns zu Hause ... Jeder, der zu uns kam, um uns sein Beileid auszusprechen, hat das eine oder andere zum Essen und Trinken mitgebracht, die Frauen der Verwandtschaft haben sich um das Haus gekümmert. Ich habe nicht gedacht, dass ich so etwas in Kasachstan erleben würde. Bei Muslimen."[49] In seinem zweiten Jahr in dem kasachischen Dorf kann der Eljuscha aus dem Roman sich schon nicht mehr an Polen erinnern.

Als ich das nächste Mal in Israel war, besuchte ich Uri Orlev bei sich zu Hause in Jerusalem, um ihn zu seinem Buch und zu den Erinnerungen Eljuscha Posniaks zu befragen. (Ich konnte ihm auch einige Fragen über Emil Landau stellen, den Jungen aus Warschau, dessen Reisetagebuch mir zuerst die Fluchterlebnisse meines Vaters erschlossen hatte. Orlev hatte seine Jugendjahre mit Emil verbracht und war auch der Übersetzer seines Tagebuchs ins Hebräische.) Eljuscha Posniaks Erinnerungen an seine Zeit in Zentralasien waren eindeutig und ausschließlich positiv gewesen, und Orlev hatte sie, wie er sagte, in seinem Buch absolut getreulich wiedergegeben. Posniak war jung gewesen, hoch anpassungsfähig und charismatisch noch dazu, und das Dorf Dschambul befand sich fernab der großen Flüchtlingszentren. Außerdem scheint das Leben der Flüchtlinge in Kasachstan zumindest ein wenig leichter gewesen zu sein als in Usbekistan: Die Kasachen waren, anders als die Usbeken, ein nomadisches Volk, waren den Sowjets weniger ergeben, dafür desto pragmatischer und überlebensorientierter sowie möglicherweise auch offener für die ebenfalls „nomadischen" Neuankömmlinge in ihrer Mitte.

Ich fragte mich, ob der aus Warschau gebürtige Orlev – der die Kriegsjahre zuerst im Ghetto verbracht hatte, wo seine Mutter umgekommen war, bevor man ihn nach Bergen-Belsen brachte –, ob Orlev also gerade deshalb so von dieser alternativen, sehr viel glücklicher endenden Überlebensgeschichte angezogen worden war, deren findiger Held seine Mutter am Ende rettet. Sein Buch hatte mich an die überaus populäre Buchreihe *Chasamba* des Autors Yigal Mossinson erinnert, die ab den 1950er-Jahren über Jahrzehnte hinweg ganze Generationen von israelischen Kindern und Jugendlichen – darunter auch mich selbst – in ihren Bann gezogen hatte. Das Kurzwort „Chasamba" steht für *Chawurat Sod Muchlat Be'hechlet* („Absolute Geheimgesellschaft"), und hinter dieser Geheimgesellschaft verbirgt sich eine Bande mutiger, selbstständiger und einfallsreicher Kinder, für die kein Problem aus der Welt der Erwachsenen unlösbar erscheint. Posniaks Erinnerungen – und/oder Orlevs Wiedergabe dieser Erinnerungen – an die kasachische Tapferkeit und Gastfreundschaft (beide Jungen wuchsen am Ende übrigens in einem Kibbuz auf) waren von derselben Ideologie der Stärke,

Autonomie und Einsatzbereitschaft geprägt, die auch Mossinsons Bücher kenn-zeichnet. Unmöglich zu sagen, ob letztlich der Zeitzeuge und der Schriftsteller ihre Erinnerung an die Vergangenheit mit jenen jugendlichen Idealen überlagert hatte – oder ob es nicht doch ihre Vergangenheit als Flüchtlingskinder und Über-lebende gewesen war, die gerade bei der Formulierung der besagten Ideale eine entscheidende Rolle gespielt hat.

*

Anders als Eljuscha verließen Hannan und seine Familie die Kolchose „Ok-tober" in Kasachstan so schnell sie konnten, und das war gerade einmal zwei Wochen nach ihrer Ankunft. „Vater hat eingesehen", erinnerte sich Hannan später, „dass wenn wir dort nicht rechtzeitig herauskommen würden – wir wohl dort begraben werden müssten". Er bot „die letzten 100 Rubel, die er noch hatte" einem ortsansässigen Usbeken an, damit er die Familie aus dem *kolchos* „hinausschmuggelte" (in seiner Aussage verwendet Hannan das jiddische Wort אַרויסגנבֿענען – *aroysganvenen*, wörtlich: „hinausstehlen"). Mitten in der Nacht brachen die vier schließlich auf, wie mir Regina viel später erzählte, wurden von einem Wolkenbruch bis auf die Haut durchnässt („durchgeweicht bis auf die Knochen", meinte Hannan) und rannten dem Pferdeschlitten hinterher, auf dem ihr usbekischer Fluchthelfer ihr ganzes Hab und Gut transportierte.

„Wir haben mit letzter Kraft laufen müssen, um mit dem Schlitten mit-halten zu können, aber so sehr wir [den Usbeken] auch gebeten haben, doch langsamer zu fahren, er hat es nicht getan. Wir haben gemeint, er jagt so schnell, weil er Bange hat, jemand vom *kolchos* könnte ihm be-gegnen. Aber es hat sich herausgestellt: Er wollte mit unseren Sachen al-lein sein, damit er frank und frei damit hantieren kann. Und tatsächlich, in der Früh haben wir ihm ein Paar Lackschuhe von meiner Mame ab-genommen [Hannan benutzt für die Schuhe das Wort *lakerkes*, vom pol-nischen *lakierki*] und von meinem Tate auch ein Paar Schuh. Die Hose, die er mir weggenommen hatte, haben wir bei ihm nicht gefunden."

Diese Episode erzählte mein Vater in einem beinahe literarischen Ton und mit einer Lebendigkeit, die mir vollkommen untypisch erschienen. Ich fragte mich, ob nicht – inmitten all des Elends, das sie seit einer gefühlten Ewigkeit umgab – dieser bizarre Moment sogar eine Art von befreiender Komik geboten haben könnte. Oder hatte seine sichere Beherrschung des Jiddischen – einer Sprache, die ich ihn nie hatte sprechen hören – bei meinem Vater eine spielerische Ader geweckt, die ich gleichfalls nie gekannt hatte? (Immerhin war *frank un frey* beispielsweise eine idiomatische jiddische Wendung.) Jedenfalls war dies die einzige Stelle, an der mein Vater in seiner Zeugenaussage die einheimischen Usbeken überhaupt erwähnte.

Im Austausch für ein paar Kleidungsstücke steckte der Stationsvorsteher Hannan, Regina und ihre Eltern in einen Zug, der zurück nach Kasachstan, zurück nach Arys fuhr. In Arys blieben sie dann sechs Tage lang und bettelten bei den Rotarmisten, die nun in Scharen nach Usbekistan verlegt wurden, um Essen. „Als ein Zug mit Militär angekommen ist", erinnerte sich mein Vater, „haben wir alle uns bei den Waggons hingestellt und bei den Rotarmisten um Brot gebettelt. Die Zivilisten hatten gar nichts, aber bei den Sowjets ist die Armee bestens versorgt. Die Soldaten hatten genug Brot und haben uns nicht abgewiesen." Die Stadt Arys platzte vor Evakuierten und Flüchtlingen aus allen Nähten. „Es war unmöglich, dort eine Stube zu bekommen", berichtete mein Vater ganz nüchtern. „Also fuhren wir von dort nach Samarkand." Nach Taschkent, wohin sie nicht durften, war Samarkand, die zweitgrößte Stadt Usbekistans, ihr bevorzugtes Ziel.

Samarkand war überwältigend mit seinen Prachtbauten, die den Ankömmlingen den Atem verschlugen, eine Stadt von unglaublicher Schöhnheit. „Wir glaubten uns schon im Garten Eden angelangt", erinnerte sich Josek Klapholz, „doch wie bald wurden wir enttäuscht. Nach Süden weiterzufahren, war ein schlimmer Fehler gewesen, der schlimmste. Die in Kasachstan geblieben waren, lebten doch einigermaßen gut und erfuhren wenigstens nicht die Höllenqualen, die uns in Samarkand bevorstanden."

Als Hannan Teitel, Josek Klapholz und Hunderttausende anderer Flüchtlinge in Sarmakand eintrafen, mussten sie feststellen, dass der Registan – der prächtige Hauptplatz der Stadt mit seinen mittelalterlichen Medressen ringsumher – zu einem einzigen, riesigen Flüchtlingslager geworden war. Da schliefen sie nun unter freiem Himmel, inmitten von einigen der spektakulärsten Bauwerke der islamischen Architektur überhaupt, bei Minusgraden, dicht zusammengedrängt unter ihrer gemeinsamen Decke und dennoch zitternd in der eisigen Kälte. Viele andere machten die gleiche Erfahrung:

„In Samarkand wollte man uns nicht in die Stadt lassen, und wir lebten zwei Wochen unter freiem Himmel.

In Samarkand hatten wir keine Bleibe für die Nacht, und wir lagen vor der Bahnstation im Schnee.

In Samarkand konnte man kein Brot bekommen, und eine Menge Flüchtlinge starben auf der Straße.

An einem kalten, regnerischen Tag kamen wir in Samarkand an. Wir übernachteten im Matsch auf der Straße und es wurde uns alles gestohlen.

Nach zwei Jahren schwerer Arbeit und Hunger hatten wir nicht mehr die Kraft, uns noch auf den Beinen zu halten … Wir fuhren von Taschkent nach Samarkand, doch auch dort wohnten wir auf der Straße und schliefen im Dreck, und manches Mal wünschten wir uns den Tod."⁵⁰

*

Einige Tage nachdem Salar und ich in Usbekistan angekommen waren, erschien zum ersten Mal auch Professor Oybek Bosorow auf der Bildfläche, der Mathematiker und nebenberufliche Historiker, der die Geschichte der polnischen Flüchtlinge in Usbekistan erforscht hatte, und traf sich mit Sergej Kim, Salar und mir zum Abendessen in einem luftigen Gartenrestaurant am Stadtrand von Buchara. Sein „ganzes Leben", erklärte Bosorow – glatzköpfig und dickbäuchig, in Jeans und hautengem Shirt der Marke Abercrombie & Fitch mit kapitalem Elchprint –, habe er „dem Judenprojekt gewidmet". Das „Projekt" – bei dem er sämtliche verfügbaren Verbannungsbescheide und Deportationskarten aus dem KGB-Archiv von Taschkent auf einen USB-Stick kopierte, den der Professor anschließend persönlich im United States Holocaust Memorial Museum ablieferte – war ein durchaus lukratives: Für jede Karte, die er von Hand kopiert hatte, erhielt Bosorow 25 US-Cent. Und es gab „Tausende, Zehntausende, Hunderttausende" von Karten, wie er selbst sagte.

„In Usbekistan, alle Leute von Wissenschaft kennen sich", bemerkte der Professor, „und alle wissen, ich arbeite am jüdischen Problem. Jeder Holocaust-

Mensch kennt mich, jedes Archiv." Sein Vertrag, den er in einer Aktenmappe mitgebracht hatte, um ihn uns zu zeigen, trug die Unterschrift „von großem Manager von Holocaustmuseum Schapiro" (gemeint war der USHMM-Direktor Paul Shapiro). Gerade erst war der Vertrag um fünf weitere Jahre verlängert worden, sagte Bosorow. Bislang habe er sechzehn Reisen nach „Holocaust, Washingtona" unternommen.

„Gibt es denn gar keine Probleme, wenn man diese Dokumente nach Amerika ausführt?", fragte ich ihn.

„Kleines bisschen", antwortete Bosorow, der einen überaus vergnügten Eindruck machte – keine Spur von der leichten Besorgnis und Vorsicht, die ich bei Sergej festgestellt hatte. Ich fragte ihn, was ihn zu der „Judenfrage" (wie er sich ausdrückte) hingezogen habe. „In Moskau, wo ich studiert habe, waren die meisten meiner Mathematikprofessoren Juden, also wurde ich neugierig auf die Juden", erklärte er. Ihm gehörte ein Hotel hier in Buchara: „Warum haben Sie denn bei Sasha & Son gebucht? Nächstes Mal wohnen Sie in meinem Hotel, als meine Gäste, alles gratis. Kommen Sie jeden Sommer, kommen Sie jeden Herbst, bringen Sie Ihre Kinder mit, ziehen Sie ganz nach Buchara!" Gerade war Bosorow damit beschäftigt, in der historischen Altstadt von Buchara ein Restaurant mit 300 Plätzen aufzubauen. „Ich mache viel: Mathematik, Judenforschung, Hotels, Restaurants." Er lachte. 25 Cent mal Hunderttausende Deportationsunterlagen: Ich begriff, dass seine Immobilienprojekte und Bauvorhaben letztlich wohl vom United States Holocaust Memorial Museum finanziert wurden.

„Es ist unglaublich, dass die Polen Ihren Vater in den Iran gebracht haben", sagte Bosorow, plötzlich nachdenklich geworden, zu mir, „weil die Polnischen nämlich nicht wollten, dass die Juden mit ihnen weggehen. Es gab eine Spannung zwischen den Polnischen und den Jüdischen. Und warum sollten sie auch Kinder mitnehmen? Vielleicht durften die Frauen Kinder mitnehmen, aber soweit ich weiß, haben sie für die Kinder hier in Usbekistan Waisenhäuser gebaut. Jedenfalls war es sehr schwer, wegzugehen; das war ja in der Sowjetunion! Die Sowjets wollten nicht, dass irgendjemand das Land verlässt. Sogar nach dem Krieg haben sie den Polen die Pässe weggenommen, damit sie nicht ausreisen konnten. Nur kranke Frauen und Kinder durften gehen, weil es sich für die Sowjetregierung nicht gelohnt hat, sich um sie zu kümmern und sie durchzufüttern."

Dann sagte der Professor noch: „Sie müssen wissen, 90 Prozent der Flüchtlinge waren Juden. Manche gaben sich als Polen aus, aber nach dem Krieg hat man in den Dokumenten gesehen, dass sie polnisch-jüdisch waren."

„Was für Dokumente meinen Sie?", fragte ich.

Doch an diesem Punkt des Gesprächs mauerte Bosorow und wandte sich lieber Salar zu, um ihm auf Tadschikisch von seinen Besuchen in Teheran zu erzählen. Er sei dort oft zu „Konferenzen". „Ich wohne in Hotel Maschhad, gegenüber der früheren US-Botschaft. Wenn ich das Fenster aufmache, sehe ich als allererstes ‚Tod Amerika!'" Bosorow lachte von Herzen. Das Hotel Maschhad gehörte Salars Cousin Madi. „Das ist unglaublich", sagte Bosorow immer und immer wieder, indem er uns mit einem Glas Wodka zuprostete – und dann mit noch einem – und noch einem weiteren: „Auf den Tag, an dem die Mullahs Iran für immer verlassen!"

Der Alkoholkonsum in der Öffentlichkeit war in Usbekistan nicht verboten, aber nur ganz wenige Etablissements erhielten eine Ausschanklizenz, sagte er uns. Um uns herum saßen Gruppen einheimischer Frauen – ohne Männer – beisammen, tranken, lachten und tanzten im Sitzen zu den russischen und usbekischen Gassenhauern, die eine Band mit wachsender Lautstärke zum Besten gab.

„Wir sind hier nicht im Iran. Hier sind die Familien frei, hier sind die Frauen unabhängig", verkündete Bosorow mit Schweißperlen auf der Stirn.

„Der *ostad* [„Meister", d. h. Professor] sagt, du solltest jedes Jahr zwei Wochen lang hierherkommen. Er sagt, die Juden kennen die besten Städte für einen Besuch", dolmetschte Salar mir Bosorows weitere Ausführungen aus dem Tadschikischen.

„Heute ist ein sehr besonderer Tag. Ich bin sehr froh, Sie hier zu sehen. Er ist mein Bruder, Sie sind meine Schwester. In Buchara sind wir alle Geschwister: Juden, Usbeken, Tadschiken, Russen. Wir sind nicht wie die Europäer. Kein Problem. Kein nationales Problem. Eintausend Jahre leben zusammen Juden in Buchara, und kein Problem. [sic]"

Ich wandte mich zu Sergej um: „Stimmt es wirklich, dass Juden in Buchara heute keine Probleme mehr haben?"

„Äh, also", flüsterte Sergej beinahe unhörbar, „so würde ich das nicht gerade ausdrücken, aber sie haben weniger Schwierigkeiten als Protestanten wie ich. Nichtmuslimische Religionen nach Usbekistan einzuführen, ist verboten. Wenn ein presbyterianischer Pastor eine Gemeinde leiten will oder in einer Gegend Seelsorge betreibt, macht er sich strafbar. Die Juden haben weniger Probleme, weil sie hier einheimisch sind. Außerdem ist das Judentum für die Usbeken keine Bedrohung: Die Juden sondern sich ab, sie wollen ja niemanden bekehren und zu sich holen. Die Presbyterianer sind da manchmal schon aktiver, die gehen auf die Straße und helfen den Einheimischen, Gott kennenzulernen." Mehr sagte er dazu nicht, aber wie ich später lesen sollte, gelten protestantische Christen in Usbekistan als „extremistische Gruppierung". Eine Kirchengemeinde zu gründen oder eine andere Person zum Christentum zu bekehren, war illegal, und sowohl Prediger als auch Konvertiten waren in der Vergangenheit schon festgenommen und gefoltert worden.

Sergej verstummte und lauschte aufmerksam der traurigen russischen Melodie, die von den Musikern inzwischen angestimmt worden war. „Dieses Lied handelt von einem Mann im Gulaggefängnis, der seine Liebste vermisst", übersetzte er. „Die Traurigkeit der Melodie ist ganz besonders. Das erinnert mich daran, was die Juden erlitten haben."

„Aber so viele Menschen sind deportiert und ins Exil geschickt worden", sagte ich, „so viele waren Flüchtlinge: deine Großeltern, deine Mutter, Bosorows Mutter; die Hunderttausenden Usbeken, die nach Sibirien verbannt wurden, und die Tausenden, die aus Sibirien nach Usbekistan verbannt wurden. Und viele leiden heute noch unter Verfolgung."

„Es stimmt, dass wir leiden", erwiderte er leise, „aber was ich in den Archiven über die jüdischen Flüchtlinge gelesen habe, war schlimmer: Für die Juden gab es nirgends einen Platz; man hat sie rückhaltlos diskriminiert, und zwar überall."

„Du bist mein Sohn!", dröhnte Bosorow und prostete Sergej – der keinen Alkohol trank – zu, bevor er eine weitere Flasche Rotwein orderte.

„Du bist mein Vater", antwortete Sergej, der zusammengezuckt war. „Ich hatte zwar nie einen Vater, aber du bist mein Vater."

„Und ihr seid alle meine Familie" – der Professor wandte sich an uns –, „du, Sergej, Salar, deine Kinder, meine Kinder, Juden, Muslime, Christen. Wir sind alle eine Familie!"

*

Der Begriff „Völkerfreundschaft", den die sowjetische Regierung in den 1930er-Jahren populär gemacht hatte, wurde beim Ausbruch des Zweiten Weltkriegs häufig verwendet, um die Beziehungen zwischen den sowjetischen Usbeken und den sowjetischen *ewakuirowannyj* zu charakterisieren. Diese kamen aus

Moskau und von manchen anderen Orten, und viele von ihnen waren Juden. In den Jahren 1940 und 1941 erschienen in der *Prawda Wostoka* („Wahrheit des Ostens"), der wichtigsten russischsprachigen Zeitung Usbekistans, immer wieder Schlagzeilen wie diese: „Das usbekische Volk hat eindrucksvoll demonstriert, wie stark die Völkerfreundschaft in unserer Sowjetrepublik ist." Die „Völkerfreundschaft" oder „Völkerverbrüderung" war, wie der Historiker Terry Martin es einmal formuliert hat, die „offiziell sanktionierte Metapher einer als multinational imaginierten Sowjetgemeinschaft": eine Brille, durch die anstelle der Unterscheidung von „Einheimischen" und „Auswärtigen" nur noch verschiedene, aber gleichberechtigte Teile eines gleichförmigen Sowjetsystems zu sehen waren.[51] Doch die Metapher brachte nicht nur ein Fantasieporträt der Sowjetrepublik Usbekistan hervor, sondern schuf, in einem beträchtlichen Maße, ihre eigene Realität – eine Realität, deren ferne Echos in den Worten des Professors Bosorow nachhallten.

Unter dem großen Schirm der „Völkerfreundschaft" konnte etwa das Staatliche Jüdische Theater Moskau, das mitsamt seinem Ensemble und seinem Direktor und Regisseur Solomon („Schlojme") Michoels evakuiert worden war, das jiddische Stück *Tevje der Milchiger* – „Tewje der Milchmann", Vorlage des späteren Erfolgsmusicals *Anatevka* – auf die Bühne bringen. Die Aufführung vor einem gemischten Publikum aus Evakuierten und Einheimischen fand schon kurz nach der Ankunft der Theaterleute in Taschkent statt. Nachdem die Inszenierung in der sowjetischen Presse begeistert aufgenommen worden war – man lobte sie vor allem als Bekundung einer „engen Verbundenheit zwischen den Nationalkulturen der Sowjetvölker" –, beauftragte Michoels den Schriftsteller Der Nister (eigentlich: Pinchas Kahanowitsch) mit einer Übersetzung des usbekischen Revolutionsdramas *Chamsa* ins Jiddische. Usbekische Schauspieler sollten die Produktion beratend begleiten und die usbekische Tänzerin Mukkaram Turgunbajewa die Choreografie beisteuern. „Das Theater hält es für angemessen", schrieb Michoels, „in sein Repertoire ein Stück aufzunehmen, das die alltäglichen Beschwernisse des usbekischen Volkes darstellt und seine Helden würdigt, um somit dienliche Lehren über die Lebensbedingungen in der Sowjetrepublik Usbekistan zu gewinnen."[52]

Der usbekische Regisseur Chamid Almidschan, der zusammen mit Michoels die Inszenierung erarbeitete, lobte seinen Kollegen – als Regisseur wie als Schauspieler eine Legende des jiddischen Theaters – dafür, dass er „der usbekischen Schauspielkunst so ungeheuer hilfreich" gewesen sei. Michoels seinerseits lehnte es ab, den Beitrag seines jiddischen Theaters zur örtlichen Kulturszene als „Treffen von Ost und West" zu bezeichnen (wie ein britischer Journalist geschrieben hatte) oder ihn gar im Sinne einer kolonialen „Entwicklungshilfe" zu begreifen. Stattdessen bestand er darauf, dass beide Seiten einander beeinflusst und voneinander gelernt hätten, die Zusammenarbeit jedoch letztlich verschiedene, aber gleichwertige „Sowjettheater" verbunden habe.[53]

Unter dem Schirm der „Völkerfreundschaft" veröffentlichte der usbekische Dichter Gafur Gulom ein projüdisches, antifaschistisches Langgedicht unter dem Titel *Men-yahudiy* („Ich bin ein Jude"), dessen Sprecher sich als Jude vorstellt und sich dann direkt an Adolf Hitler wendet:

> *Ich bin ein Jude ...*
> *Als deine Ahnen ... weder Salz noch Glut noch Nibelungen kannten ...*
> *Empfing ich schon die Tora und ich donnert' über den Gipfeln dieser Welt.*
> *Ich bin Jude! ...*
> *Von meiner Herkunft sprechen Tausende von Bänden ...*
> *Ich bin Jude!*
> *Die Verse des Koran ... sind nur ein Schatten meines stolzen Denkens.*
> *Ich bin Jude! ...*
> *Wenn du mich schmähst, ... weiß alle Welt: Ein Esel schreit in seinem Stall.*
> *Und wenn du der Welt entgegenbrüllst, du, Hitler, wärst der beste aller Menschen,*
> *dann denk' ich nur, dass ich dich schlachten sollt', und jeder tät' mich loben.*
> *Wie lange schon mischt Blut sich nicht mit anderm Menschenblut?*
> *Auch meines fließt seit Zeiten schon immer in das von andern.*
> *Volk und Nation, Rasse und Religion: was fabulierst du noch? ...*
> *Russen, Usbeken, Juden und Weißrussen: Zum Kampf gleichstark sind alle Hände.*
> *Die Pestilenz „Faschismus" ausgebrannt, auf ewig!*
> *Die Hölle wird dich schlucken, wie vor dir Pharaonen ...*
> *Im Namen dessen, der genial „Das Kapital" ersann, und bei der stolzen Seele des Stammvaters der Völker schwör' ich hiermit: Ich bin ein Mensch![54]*

Guloms zweites Gedicht, *Siz Yetim Emmasiz* („Du bist keine Waise") ist das wohl berühmteste usbekische Gedicht aus den Kriegsjahren. Darin spricht ein usbekischer Vater, der ein evakuiertes Kind adoptiert hat, dem von seinen Eltern getrennten Jungen beruhigend zu: „Bist du tatsächlich Waise? … Ruhig, mein Kind. … Wenn dein Vater lebt, soll sorgenvoller Schatten ihn nicht bedrängen in Graus und Feuer – er soll wissen: Sein Sohn ist hier bei mir!"[55] Inspiriert hatte das Gedicht der Fall des usbekischen Schmieds Schaachmed Schamachmudow, dessen Familie während des Krieges fünfzehn evakuierte Kinder der unterschiedlichsten Nationalitäten bei sich aufgenommen haben soll. Die evakuierte Dichterin Swetlana Somowa übersetzte es ins Russische; die Veröffentlichung ihrer Fassung in der *Prawda* wurde begeistert aufgenommen. Es heißt, das Gedicht habe mehr als eintausend zusätzliche Adoptionen von evakuierten Kindern angeregt, unter anderem durch den stellvertretenden NKWD-Chef und den ersten Sekretär der usbekischen KP. Aber auch einfache Usbeken wollten „dem Vaterland helfen" oder „eine Fürsorglichkeit im Sinne Stalins demonstrieren" und adoptierten dabei oft sogar mehr als ein Kind.[56] Diese Adoptionen, schrieben die Herausgeber der *Prawda*, seien „der anrührendste und poetischste Ausdruck, den die unauflösliche Verbrüderung unserer Völker, das Fundament unseres sowjetischen Systems, annehmen kann". Auf dem „Platz der Völkerfreundschaft" in Taschkent wurde ein gleichnamiges Denkmal aufgestellt, eine riesige Bronzearbeit, die den Schmied Shamachmudow im Kreis seiner fünfzehn Adoptivkinder zeigte.

Bilder, Zeitungsartikel, Wochenschauberichte und Gedichte über Adoption unterstrichen immer wieder die Vermischung der „Rassen", ja die Verschmelzung verschiedener „Rassenmerkmale" und Nationalitäten in den einzelnen Adoptivhaushalten. „Stupsnasige Kinder mit blauen Augen aus Rjasan, dunkeläugige Ukrainerkinder, jüdische Kinder aus Bessarabien wurden allesamt zu vollwertigen Mitgliedern usbekischer Familien", schrieb die Dichterin und Kinderbuchautorin Lidija Tschukowskaja.[57] Die polnischen Flüchtlinge gehörten natürlich eigentlich nicht in den Kreis der sowjetischen Völkerfreundschaft, aber in der chaotischen Realität der Kriegsjahre fanden wohl auch polnische Kinder ihren Weg in russische Waisenhäuser oder usbekische Adoptivfamilien.

Im Sinne der Völkerfreundschaft brachte sich der evakuierte russische Germanist und Vordenker des Formalismus Wiktor Schirmunski, der an der Universität Leningrad als Experte für die Literatur der deutschen Romantik gelehrt hatte, im Selbststudium Kasachisch und Usbekisch bei und begann, die großen Epen der asiatischen Sowjetvölker zu erforschen, insbesondere die Dichtung der Akyn, das sind improvisierende Dichter und Sänger in der kasachischen und kirgisischen Kultur. Der Philologe und Lexikograf Dimitri Uschanow, Vater eines Standardwerks in vier Bänden mit dem Titel *Erklärendes Wörterbuch der russischen Sprache*, begann mit der Arbeit an einem russisch-usbekischen Wörterbuch.

Eine Gruppe evakuierter Fachleute vom Institut für Geschichtswissenschaft der Sowjetischen Akademie der Wissenschaften begann, zusammen mit usbekischen Kollegen eine Geschichte Usbekistans zu verfassen. Eine der Beteiligten, die Historikerin Jekaterina Kuschewa, bezeichnete das Projekt als einen Versuch, „die Gastfreundschaft [ihrer usbekischen Gastgeber] zu vergelten."[58]

„Die Güte Taschkents kennt keine Grenzen", schrieb der Dichter Kornei Tschukowski, der sich als Literaturkritiker und Kinderbuchautor eingehend mit der sprachlichen Kreativität von Kindern beschäftigt hatte, am 30. Oktober 1942 in sein Tagebuch. Es war der Tag, an dem der Bildungskommissar von Taschkent ihm ein voll möbliertes Zimmer im Stadtzentrum zur Verfügung gestellt hatte.

Die Historikerin Militsa Netschkina, die ebenfalls als Mitglied der Sowjetischen Akademie der Wissenschaften evakuiert worden war, berichtet in ihren Aufzeichnungen von einer „großen Zahl von Bekanntschaften und Freundschaften, die zwischen den ‚Ehrengästen' – den Evakuierten – und den einheimischen Usbeken in den ersten Monaten des Krieges entstanden".[59]

Die Dichterin Julia Drunina nannte Taschkent „die großzügigste Stadt der Welt".

Der Fall des Schriftstellers Aleksander Wat, der polnischer Staatsbürger war, gibt ein interessantes Beispiel dafür ab, wie ein polnisch-jüdischer Flüchtling mit der „Völkerfreundschaft" in Berührung kommen konnte. Eine ganze Woche lang war Wat in einem (wie er schreibt) völlig verlausten Eisenbahnwaggon voller polnischer Juden und Polen vom „Typ Schlächter" aus dem Gefängnis von Saratow bis nach Alma-Ata gefahren. Als er schließlich aussteigen durfte, war er noch immer acht Kilometer von der Stadt entfernt – wie in Taschkent war es den Flüchtlingen nicht erlaubt, direkt in die kasachische Hauptstadt zu reisen. So musste Wat also zu Fuß gehen, und nachdem die Sohlen seiner Schuhe abgefallen waren, ging er so gut wie barfuß durch den Schnee. Als er endlich in die Stadt hineinkam, war er von allem, was er sah, zutiefst beeindruckt: Alma-Ata machte ihm einen „Eindruck, den ich nicht vergessen werde". Die Stadt kam mir wie eine Metropole vor". Die vom Raureif überzogenen Pappeln erschienen ihm „als seien sie mit Brillanten übersät"; die Silhouette des gewaltigen Pamir-Gebirges mit seinen schneebedeckten Gipfeln hob sich „wie eine ganz zarte chinesische Zeichnung vor dem schönen italienischen Himmel ab"; der Mond, der an jenem Abend früh aufging, war „ein silberner Halbmond, ganz islamisch – ein Zeichen".[60]

In Alma-Ata hörte Wiktor Schklowskij, der bedeutende Vertreter des russischen Formalismus, der ebenfalls evakuiert worden war, im Gespräch mit dem Dichter Wladimir Majakowski von Wat. Sobald dieser in der Stadt eintraf, spürte Schklowskij ihn auf und führte ihn bald in einen illustren Kreis von evakuierten Intellektuellen ein. „Im Foyer dann lief ich Schklowskij über den Weg … Was für ein Glück, dass ich in Alma-Ata sei, ihre ganze Gruppe sei hier, natürlich müsse ich zu ihnen kommen", berichtete Wat später. „Bis zu einem gewissen Grad wurde damals fraternisiert" und etwa über russische Literatur debattiert. Als Schklowskij sah, in welch schlechtem Zustand sich Wats Ehefrau und Sohn befanden, die in einer kasachischen Kolchose gewesen und nun in Alma-Ata wieder mit ihrem Ehemann und Vater vereint worden waren, „lief [er] sofort in sein Zimmer und brachte wortlos seinen gesamten Vorrat, all den aufgesparten Reis, den er für seinen Sohn sammelte". Dann „weinte er … und lief aus dem Zimmer".[61] Auch der Sekretär der Kasachischen Schriftstellerunion, ein Dichter Anfang dreißig, freundete sich mit Wat an, der allerdings argwöhnte, der Kasache könne „ein Vertrauensmann des NKWD, wenn nicht gar selbst ein NKWD-ler" sein. Und Wat verkehrte mit dem kasachischen Schriftsteller Muchtar Auesow („so eine Art kasachischer Alexej Tolstoi"), mit dem er angeregte Gespräche über die Dichtung der polnischen Romantiker führte. „Die Kasachen haben die beste Meinung von den polnischen Exilanten", erklärte Auesow Wat gegenüber.[62]

Bis Mitte November, „nach einigen Wochen Suchen", war es Zindel Teitel gelungen, in Samarkand für seine Familie eine Bleibe zu finden: Jangirabadskaja Ulitsa 24, „eine Lehmhütte in der Vorstadt", wie Hannan es in seinem Bericht ausdrückte. Ihre Hütte war die letzte in der „Jangirabader Straße", am äußeren Rand der Stadt. Jenseits dieser Grenze lief die Straße in die gelbhügelige Wüstenlandschaft hinaus, die sich rund um Samarkand erstreckte. Ich kannte diese Adresse. Sie war auf eine Postkarte gekritzelt gewesen, die ich im Zionistischen Zentralarchiv in Jerusalem gefunden hatte. Ich hatte die Adresse Professor Bosorow geschickt, der sie an Sergej weitergereicht hatte, und Sergej hatte mehrere Tage damit zugebracht, sie im Samarkand von heute aufzuspüren – in einer Stadt, in der so gut wie jede Straße mittlerweile einen anderen Namen trug als damals.

Sergej fand heraus, dass die einstige Jangirabadskaja inzwischen „Ziyukolar" hieß. Als er uns dorthin führte, war es heiß, und die drückende Schwüle machte uns genauso zu schaffen wie der Staub, während wir über breite, ungeteerte Haupt- und menschenleere Seitenstraßen, an niedrigen Häusern und zugemauerten Fensterhöhlen vorbei auf unser Ziel zusteuerten. Alles war leer und wirkte wie ausgestorben, aber die Straßen waren sauber und machten weder einen verwahrlosten noch einen bedrohlichen oder tristen Eindruck. Manche Haustüren waren mit wunderschönen Mustern verziert. Sergej erklärte uns, dies sei der älteste Teil des ganzen Viertels.

An einem verstaubten, halb leeren Lebensmittelladen, dessen Besitzer Tomaten, Wassermelonen und Eier feilbot, hielten wir an.

„*Francia, Franci, Francuseh?*", fragte er.

„*Americaneh*", sagte ich.

„*Americaneh?!*" Es gab nicht allzu viele amerikanische Touristen in Samarkand, und ganz offenkundig hatte sich noch keiner von ihnen in seinen Laden verirrt.

„Wer wohnt hier heute?", fragte ich Sergej.

„Usbeken, Tadschiken, Iraner, Russen, Armenier", sagte er. „Eine bunte Mischung von Flüchtlingen."

Wir gingen noch eine Weile weiter, mit knirschenden Schritten über den Sand, während uns eine wachsende Schar von neugierigen Kindern und Leuten aus der Nachbarschaft zuströmte, die alle liebend gern ihr Englisch trainieren wollten. Die Gebäude rings umher bröckelten zwar schon, waren aber vergleichsweise neueren Datums – doch hier und da sah man ein altes, fensterloses Wandstück aus Lehm und Stroh. Wir klopften an die Tür des einstigen Hauses Jangirabadskaja 24 und standen schon vielleicht fünf Minuten vor dem Gebäude, als plötzlich eine hübsche, jugendlich wirkende Frau die Tür öffnete.

„*Paschalusta?*", fragte sie ernst und sichtlich nervös – „ja, bitte?" Von polnischen Flüchtlingen wisse sie nichts, sagte sie Kamara auf Russisch und stand dabei unruhig in der Tür. Auch wir standen ein wenig verlegen da. „*Salam*", sprach Salar sie schließlich auf Tadschikisch an. Jetzt ging ein Lächeln über ihr Gesicht und sie bat uns hinein auf den großen, ein wenig verwahrlosten Hof des Hauses, in dem ihre Familie, wie sie sagte, seit vierzig Jahren lebte. „Als sie es kauften", sagte sie (Salar dolmetschte), „hatte das Haus Wände aus Lehm und kein Dach. Eine von den alten Wänden steht noch" – sie deutete auf eine Innenwand aus Lehm und Stroh. Ihr *baba* hatte ihr oft erzählt, dass früher Flüchtlinge in dem Haus gelebt hatten. Die Frau war Armenierin – und viele Armenier waren selbst von den Sowjets aus ihrer Heimat verschleppt worden, sowohl vor dem Zweiten Weltkrieg als auch danach.

Bevor Zindel, Ruchela, Hannan und Regina zu Anfang des Jahres 1942 mit ihrer verlausten Daunendecke und den nur noch wenigen anderen Habseligkeiten dort eingetroffen waren, hatte der halb umschlossene Hof schon mehreren anderen Flüchtlingsfamilien Obdach geboten. In der ganzen Jangirabadskaja wohnten ausschließlich Flüchtlinge – die Russen machten einen großen Bogen um diese Gegend – und arme Usbeken, die sich in einer nahe gelegenen *tschaichana* (Teestube) versammelten, um zu plaudern. In manchen Zeugenaussagen schon älterer Flüchtlingsjungen wird beschrieben, wie auch sie im Teehaus ihre Zeit totschlugen und dabei von den Einheimischen ein paar Brocken Usbekisch lernten.

Das Haus verströmte – oder vielleicht kam es auch nur mir so vor – eine tiefe Traurigkeit, wie ich sie in Usbekistan noch nicht gesehen hatte. Das lag jedoch nicht so sehr an der Armut als vielmehr an Gleichgültigkeit und Verwahrlosung: an den halb ruinierten Möbelstücken, die überall verstreut waren, leeren Pflanztöpfen, abblätternden Wänden. Ein Maulbeerbaum, der am Hauseingang stand – *tut*, sagte Kamara; auf Hebräisch heißt er ganz genauso –, war das einzig Schöne weit und breit. Seine dicht belaubten Äste waren durch eine Außenwand gebrochen, nach innen weitergewachsen und erstreckten sich wie ein Dach über den Innenhof. Ich nahm an – und empfand eine ganz törichte Freude darüber –, dass dieser Baum schon hier gestanden haben musste, als die Familie Teitel damals in die Stadt kam.

*

Am Kaganer Bahnhof von Buchara trafen derweil Adam und Emma Perelgric ein, zusammen mit vielen Tausend anderen Flüchtlingen und Evakuierten, die – ganz wie in Samarkand – die Stadt überschwemmten und von Tag zu Tag immer zahlreicher wurden, was mit den Gerüchten vom Vorrücken der deutschen Wehrmacht zusammenhängen mochte. Schon bald waren sie gezwungen – ganz wie in Samarkand –, in der Altstadt von Buchara unter freiem

Himmel zu kampieren. „Es lagen Hunderte von Menschen in den Straßen, Kranke mit Gesunden, Lebendige mit Toten", erinnerte sich ein damals vierzehn Jahre altes „Kind von Teheran" an seine ersten Tage in Buchara. „Die Leute bestahlen sich gegenseitig, und alle wurden von den Usbeken bestohlen, die man nicht abschütteln konnte. Wir Kinder waren so an den Anblick von Toten gewöhnt, dass wir uns nicht mehr vor ihnen fürchteten." Auch bei anderen heißt es:

> „Als wir in Buchara eintrafen, lagerten die Menschen zu Tausenden unter freiem Himmel, und dazwischen strichen usbekische Diebe herum. Es lagen viele Schwerkranke auf der Straße.
>
> In Buchara übernachteten wir auf dem Bahnhof, weil uns niemand in seiner Wohnung aufnehmen wollte.
>
> In Buchara gab es eine Menge Juden aus Polen, die durch die Epidemie umkamen, und die Leichen lagen täglich zu Dutzenden auf der Straße."[63]

In den Zeugenberichten wird auch die ansässige jüdische Bevölkerung erwähnt – vor allem ihr guter Wille bei mangelndem Hilfsvermögen:

> „Am Anfang halfen uns die Juden von Buchara, die Hebräisch konnten. Viel konnten sie uns nicht helfen, denn die Reichen hatten sie längst verbannt, und die Armen hatten selber nichts zu essen, aber sie nahmen uns herzlich auf, und wir beteten zusammen. Sie freuten sich sehr über das Zusammentreffen mit Juden, aber sie machten sich Sorgen, dass durch uns die Teuerung zunimmt und mit ihr die Abneigung der einheimischen Bevölkerung gegen die Flüchtlinge."[64]

Ein Bucharaner Jude überließ, einem Zeugenbericht zufolge, die Kammer, in der er wohnte, einer Flüchtlingsfamilie und zog selbst in den Stall um; in einem anderen Bericht heißt es, ein Mann aus Buchara habe sich zuerst um eine ganze an der Ruhr erkrankte Familie gekümmert und anschließend um das einzige Familienmitglied – ein zehnjähriges Kind –, das die Krankheit überlebte. Manche Einheimischen gaben den Neuankömmlingen dem Vernehmen nach guten Rat, verrieten ihnen, wo sie hingehen und was sie zur Verbesserung ihrer Si-

tuation tun sollten – während andere horrende Summen dafür verlangten, ge-
storbene Flüchtlinge auf dem jüdischen Friedhof von Buchara zu begraben.
„Die Juden waren schon lange bei uns und sind immer vollkommen gleichberechtigt behandelt worden", verkündete Kamara am nächsten Morgen mit der
ihr eigenen guten Laune. Dabei hatte ich am Abend zuvor in einem Artikel mit
dem Titel „Die lange Verfolgungsgeschichte der Juden von Buchara (Usbekistan)" die schier endlose Liste von Unrecht und Diskriminierung nachgelesen,
denen die jüdische Gemeinde von Buchara seit jeher ausgesetzt gewesen war:
eine „Lebens-Verschonungs-Steuer" im 16. Jahrhundert; die Beschränkung auf
bestimmte Wohnviertel; das Verbot, Seide zu tragen oder auf Pferden zu rei-
ten; mitunter auch Zwangsbekehrungen zum Islam. Die Herrschaft der russischen Zaren über Buchara in den Jahren 1876 bis 1917 war für die jüdische
Gemeinde der Stadt so etwas wie ein „Goldenes Zeitalter", weil sie nun als „ein-
geborene" ethnische Minderheit galten, Rabbiner ordinieren und Synagogen
bauen durften sowie ganz allgemein bei der Pflege ihrer Traditionen und Gebräuche nicht behelligt wurden. Unter der Sowjetherrschaft wurden dann die
dreizehn Synagogen von Buchara geschlossen, die Torarollen konfisziert, die
Rabbiner festgenommen und inhaftiert, wodurch die Gemeinde gezwungen
wurde, ihre Sabbatgottesdienste, Beschneidungen und andere Zeremonien im
Verborgenen abzuhalten.[65] Als die Perelgrics in Buchara ankamen, waren die
wohlhabenderen Juden der Stadt – zumeist Kaufleute, die in der Zarenzeit mit
russischen Konsumgütern und mit Baumwolle gehandelt hatten – von den Sowjets entweder exiliert oder eliminiert worden. Wer die „Säuberungen" überlebte, wanderte möglichst nach Afghanistan oder in den Iran aus – oder blieb,
nach Preisgabe seines Vermögens, in relativer Armut in Usbekistan zurück.

„In der Sowjetzeit weigerten sich viele Bucharaner Juden, ihren Besitz dem
Kollektiv zu überlassen, also mussten sie nach Afghanistan fliehen, von dort
nach Maschhad und dann weiter nach Teheran", sagte Kamara. „Aber die Juden
waren sogar im Krieg noch wohlhabend. Wir Bucharaner können uns noch erinnern, wie [die Juden], selbst wenn sie in einer Fabrik arbeiteten, ihren Lohn
nicht wöchentlich oder monatlich verlangten, sondern als Tageslohn – damit
er nicht besteuert wurde. So hatten sie jeden Tag Geld in der Tasche und waren
sehr gerissen. Die wussten schon, wie sie ihr Gold retten. Und sie arbeiteten
ja auch in Berufen, die der Staat nicht kontrolliert hat: als Barbiere, Juweliere,
Schneider. Sie bildeten eine sehr enge Gemeinschaft, ließen die anderen um sie
herum nicht an ihrem Leben teilhaben, das gehörte nur ihnen allein."

„Wenn es ihnen selbst im Krieg so gut ging, warum haben sie dann den jüdischen Flüchtlingen nicht geholfen?", fragte ich sie.

„Natürlich haben sie denen geholfen!", war ihre Antwort. Und zum Beweis
bot sie an, mich zu einer Synagoge in der Nähe zu begleiten, damit ich dort
einen Mann namens Avram Backcicz kennenlernen konnte, dessen Familie, wie sie sich ausdrückte, schon seit Generationen in Buchara ansässig war.
Avram war ein bulliger Mann mittleren Alters in T-Shirt und großer schwarzer
Kippa. Er war einer der 150 Juden, die nach offiziellen Angaben noch immer
in Buchara leben. In der Synagoge aus dem 16. Jahrhundert, in der wir ihn an-
trafen – ein sauberes Gebäude mit zierlich vergoldeten Bögen, türkisfarbenen
Davidsternen und Klimaanlage –, saß er ganz lässig vor dem Toraschrein, als
befände er sich in seinem Büro. Den Großteil unseres Besuches verbrachte
er mit diversen Handytelefonaten. Zwischen den Telefonaten erzählte er uns,
dass die Synagoge in der Sowjetzeit verfallen, unter der Regierung von Islam
Karimow jedoch renoviert worden sei. Bei seinen Ausführungen wechselte
er immer wieder zwischen Russisch und Buchori – der jüdischen Umgangs-
sprache der Region, einer Mischung aus Tadschikisch und Hebräisch, die mit
hebräischen Buchstaben geschrieben wird – hin und her.

„Als die polnischen Juden nach Buchara kamen, haben die einheimischen
Juden sie mit offenem Herzen aufgenommen", sagte Avram in einem Tadschikisch, das Salar verstand und Kamara für mich dolmetschte. „Die Flüchtlinge sind
zu ihnen nach Hause gekommen, haben ihre Kinder kennengelernt, haben die
lokalen Handwerke erlernt. Die hiesigen Händler haben ihnen unter die Arme
gegriffen. Sie haben sie einfach adoptiert wie Kinder." Als er meinen skeptischen
Blick bemerkte, wiederholte er mit noch größerem Nachdruck: „Nach unseren
Traditionen dürfen wir niemanden verhungern lassen. Die Flüchtlinge mussten nicht hungern. Die hier ansässigen Familien haben sie sehr gut behandelt."

„Aber rund ein Viertel der Flüchtlinge in Buchara allein soll vor Hunger
gestorben sein", entgegnete ich vorsichtig. „Viele waren schwer krank, und ich
weiß ja, dass die Bucharischen Juden auch gelitten haben und unter dem Druck
der Sowjets standen ..."

„Ich weiß nur", sagte Avram, „dass sie wirklich sehr gute Bedingungen geschaffen haben für die Flüchtlinge – vielleicht nicht die allerbesten, aber gute.
Und was die Sowjets betrifft: Die Religionsausübung war ja nur pro forma verboten. Die Köpfe der Kommunistischen Partei hier in Buchara waren ja selbst
fromme Muslime, also haben sie ein Auge zugedrückt, was die Nutzung der

Synagoge anging – davon, dass in der KP ja auch bucharische Juden waren, mal ganz abgesehen." Seine Eltern hatten ihm immer erzählt, damals habe es eine große Flüchtlingswelle gegeben, und die Flüchtlinge seien „sehr gutherzige, sehr zuvorkommende, sehr freundliche, sehr gebildete Leute" gewesen.

„So war es", sagte Kamara, die plötzlich sehr rege erscheint. „Die kamen in unser Land und haben unsere ganze Wirtschaft umgekrempelt. Aus Europa kamen sie. Zum Beispiel hatten wir in Buchara nur eine Sorte Eis, aber als die Flüchtlinge eine Speiseeis-Manufaktur aufgemacht haben, da gab es plötzlich neue Geschmacksrichtungen, neue Aromen. Ihnen gefiel es in Buchara, und nach dem Krieg sind die meisten von denen, die hierhergekommen waren, auch geblieben. Selbst die, die später weggegangen sind, kommen uns immer noch besuchen."

Abbildung 7: Usbekische und polnische Juden feiern gemeinsam eine Hochzeit in Buchara (1945).

Ich fragte Avram: „Wenn heute Besucher aus Israel hierherkommen, die früher in Buchara gelebt haben, hat dann die Situation im Nahen Osten, der Konflikt zwischen Israelis und Palästinensern – hat das irgendeinen Einfluss darauf, wie sie hier empfangen werden?" Plötzlich sah Avram sehr viel weniger gelangweilt von meinen Fragen aus als zuvor, sondern beinahe aufgebracht.

„Ich kann Ihnen ehrlich sagen, wir haben hier keine Diskriminierung! Nicht gegen Jüdische, und auch nicht gegen Iranische", sagte er, zu Salar gewandt. „Das hier ist ein Land, immer gastfreundlich. *Tfadal*, sagen wir. Sogar in unsere muslimische Architektur, wir haben ein Davidstern. Wir haben auch Symbole von vor dem Islam. Wir sind nicht fanatisch, wir sind nicht konservativ. Es ist immer so gewesen, seit dem Großen Emir Timur."

„Wir lieben Israelis, wir lieben Iraner und wir lieben die persische Sprache: die schönste Sprache auf der Welt!", sagte ein anderer Mann, der Hüter des jüdischen Friedhofs von Buchara, als wir ihn in seinem Büro besuchen, wo Salar und er sich als Allererstes einen Schlagabtausch von Komplimenten und Schmeicheleien auf Farsi liefern. „Hier in Buchara sind wir und die Perser wie Brüder. Hier wollen die Muslime von Ahmadinedschad überhaupt nichts wissen", sagte er zu mir auf Hebräisch. „Sogar im Iran, sogar mit Ahmadinedschad, der Probleme macht, geht es den Juden *beseder gamur* [ganz ausgezeichnet]. Und dazu kommt noch, dass unser Präsident Karimow ein wirklich gutes Verhältnis zur israelischen Regierung hat. Die Juden kennt er gut, er ist ja in Samarkand mit ihnen zur Schule gegangen."

Immer wieder haben Human Rights Watch und andere Menschenrechtsorganisationen über das autoritäre Regime des langjährigen usbekischen Staatschefs Islam Karimow berichtet, der 2016 verstorben ist. So war etwa bekannt, dass er zahlreiche Usbeken ins Gefängnis gesteckt hatte; Regimekritiker auf sein Betreiben drangsaliert und gefoltert wurden (manche wurden in Kessel mit kochendem Wasser getaucht); und Millionen von usbekischen Bürgern, darunter auch Minderjährige, zur hochsommerlichen Baumwollernte unter menschenrechtswidrigen Bedingungen abkommandiert worden waren. Gerüchten zufolge war Karimow in einem Waisenhaus in Samarkand aufgewachsen, vermutlich zusammen mit verwaisten jüdischen Flüchtlingskindern.[66]

Als ich den Friedhofswärter fragte, ob er von irgendwelchen einstigen Flüchtlingen wisse, die noch immer in Buchara lebten – immerhin hatte man mir von seinem Bruder gesagt, dieser sei das „Oberhaupt" der jüdischen Gemeinde in der Stadt –, gab er mir zur Antwort, er habe „keine Ahnung". Jedenfalls waren keine der 150 offiziell in Buchara gemeldeten jüdischen Einwohner Flüchtlinge; so gut wie alle Juden hatten die Stadt verlassen, und die wenigen, die noch da waren, sagte er, „kommen nicht zu unseren Treffen und beten nicht in unseren Synagogen".

„Neunzig Prozent der Flüchtlinge und ihrer Nachfahren haben die Region verlassen." Kamara rannte beinahe und war in der sengenden Sonne ganz schön außer Puste gekommen. Wir waren auf dem Weg zur „Mahalleh" von Buchara, die sich als ein Wirrwarr aus unebenen, verdreckten Gehwegen, abblätternden, einst rosafarbenen Wänden und stinkenden, vor den Häusern entlanglaufenden Abwässerkanälen entpuppte. Wir bogen auf die Saraffon-Straße ab, dann auf die Levi-Boboxonov-Straße. Am Haus Nummer 7 hielt Kamara an.

Hier lebe „ein Bucharaner Jude, der sich noch an die Flüchtlinge erinnern kann", erklärte sie. Ein kleines dunkeläugiges Mädchen im rosa Kleid und mit Zöpfen öffnete die Tür, schlug die Augen nieder und trat beiseite, um Platz für ihren Urgroßvater zu machen, einen zahnlosen Greis, dessen Kopf eine traditionelle usbekische Mütze zierte. Er begrüßte Kamara mit einem brüchigen *salam aleikum*, wobei beide ihre rechte Hand zum Herzen führten – so, wie alle es hier taten, wenn sie uns sahen. Der alte Mann war 1935 geboren, sagte Kamara. Als Kind hatte er den polnischen Juden dabei zugesehen, wie diese „Sachen herstellten", erinnerte er sich.

„Die haben ihr Köpfchen benutzt", ließ er uns wissen. „Sie waren sehr liebenswürdig und haben allen geholfen. Jeden Tag haben sie uns etwas Neues vorgeschlagen, haben für jedes Problem, das wir hatten, eine Lösung gefunden. Aber es war eine schwere Zeit damals; es hatte ja allen schon eine Weile an allem Möglichen gefehlt. Manchmal waren die Flüchtlinge bei ihrer Ankunft in Buchara schon so geschwächt, dass sie einfach gestorben sind. Viele Kinder waren auch auf den Transporten – die hat man in Waisenhäuser gebracht."

„Polnische Waisenhäuser?"

„Nein, ganz normale Waisenhäuser. Alle Kinder zusammen, aus der Ukraine, Polen, Usbekistan, alle zusammen in dieselben Waisenhäuser."

„Er hat sich einmal mit einem polnischen Flüchtling namens Gerschowitz angefreundet", dolmetschte Kamara. „Der war Zahnarzt …"

„Nein, nein" – der Alte schüttelte den Kopf –, „Dr. Gerschowitz war doch kein Mann – eine Frau war sie!" Kamara fuhr fort: „… aber auch *sie* ist kurz vor der Unabhängigkeit fortgegangen. Sie sind alle weggegangen – weggegangen oder gestorben." Kamara lächelte traurig, sichtlich erschöpft.

Die Urenkelin des Mannes kam zurück und hielt uns ein Buch entgegen, das sich auf Englisch und Hebräisch mit der Geschichte der Bucharischen Juden beschäftigte. Als ich ihr dafür 20 Dollar gab, hielt sie die Hand so lange weiter offen, bis ich noch einmal 10 Dollar draufgelegt hatte.

„Das waren die klügsten Köpfe im Land, die Juden", meinte Kamala noch, „Ärzte, Zahnärzte, Lehrer, Musiker – die besten klassischen Musiker. Aber jetzt haben sie uns verlassen."

*

Ganz egal ob und, wenn ja, in welchem Umfang die einheimischen Juden den Flüchtlingen tatsächlich halfen – „anfangs versuchten die Juden von Buchara uns beizustehen, aber schließlich waren auch sie machtlos gegen die bittere Not", schrieb ein früheres „Kind von Teheran" – nach einigen Monaten hatte die Hungerkrise solche Ausmaße erreicht, dass kein noch so gutherziges Individuum, keine lokale Hilfsorganisation dagegen angehen oder sie gar hätte beenden können. Der Hunger brachte alle sozialen Interaktionen zum Erliegen, alle Begegnungen zwischen Einheimischen und Neuankömmlingen, zehrte alle Kräfte auf, raubte jegliche Freude.

„Das ist ein Hunger, der ein *Wissen* ist, nicht nur eine Erinnerung – ein körperliches Wissen, das einen nie mehr verlässt, wenn man es einmal erworben hat", sagte mir Ilana Landau, die mir das Reisetagebuch ihres Bruders Emil überlassen hatte. Hunger beherrscht die Berichte der „Kinder von Teheran", ein ständiger Hunger. Das gilt sowohl für die Aussagen, die das polnische „Informationszentrum Ost" 1943 protokollierte, als auch für die Schilderungen aus späteren Rückblicken, so etwa in den Interviews, die ich selbst geführt habe. Hunger beherrscht auch die Erinnerungen meines Vaters: „Den ganzen Tag haben wir hungern müssen und unter Tränen um ein Fitzel Brot gebettelt, haben uns die Augen ausgeweint, aber *es hat geholfen vi a toydten bankes*" – wie Schröpfgläser bei einer Leiche. Jenes Hungerwissen war es gewesen – wie ich jetzt verstand –, was einst wie ein tiefes Loch zwischen meinem Vater und mir geklafft hatte, was sich wie ein bodenloser Abgrund zwischen ihm und meiner Mutter aufgetan hatte: sein Hungerwissen und das seiner Mutter gegenüber unserer Unwissenheit, unserer Ignoranz.

Ich verstand jetzt auch, dass es viele verschiedene Arten von Flüchtlingshunger gab: den Hunger etwa, den Salar als junger Flüchtling auf den Straßen des übersättigten Los Angeles gespürt hatte; oder den Hunger meines Vaters in

Siemiatycze, wo allein der Schwarzmarkt die Rationen bestimmte; den Hunger, der in einem bisschen wässriger Suppe und einem Brocken Brot stecken konnte, wenn man sie am Ende einer Zwölfstundenschicht irgendwo im Niemandsland von Archangelsk ausgeteilt bekam; den Hunger der sowjetischen Evakuierten; den Hunger von auf die Flucht getriebenen Ex-Sträflingen wie Aleksander Wat, der mit 15 Rubeln Taschengeld und zwei Laib Brot aus dem Gefängnis von Saratow entlassen wurde; und den Hunger all jener, die, wie mein Vater, mit überhaupt nichts aus dem *posiołek* freikamen: wie die ganze Familie Teitel und gut 350 000 andere. Der Hunger, den sie in Zentralasien empfanden – der Hunger von Menschen, die gar kein Essen haben –, war ein derart extremer Bewusstseinszustand, dass er all ihre Erinnerungen und Träume und Zeugenaussagen und Darstellungen der Zeit damals beherrscht und immer beherrscht hat. Wenn die Zeitzeugen in dem Film *Die Kinder von Teheran* auf diesen Hunger zu sprechen kommen, dann sieht man förmlich, wie sie schneller und schwerer zu atmen anfangen, oder ihre Züge versteinern zu einem Ausdruck bleicher, kalter Ausdruckslosigkeit, oder sie weinen bittere Tränen:

„In Usbekistan haben wir gelebt wie Tiere, außer dass wir ja nicht auf die Weide getrieben wurden, sondern in unserer *khusha* [Lehmhütte] eingesperrt waren.

Ich hatte schrecklichen Hunger, ganz schrecklich. Ich konnte nicht einschlafen von Hunger. Da schluckte ich meine Spucke hinunter und stellte mir vor, es wäre keine Spucke, sondern die heiße Schokolade, die Vati mir jeden Morgen vor der Schule gemacht hat.

Da wusste ich ja, ganz körperlich, was das überhaupt hieß, *Hunger*, nicht als so ein leerer Begriff oder romantische Vorstellung. Echter Hunger, das ist, wenn ein Kind seinem Bruder ein Stück Brot stiehlt oder ein Freund den anderen ersticht, weil er ihm das Frühstück wegnehmen will – das ist die Bedeutung von Hunger, da steigt man schon in Richtung Hölle hinab. Wer das nicht erlebt hat, der kann nie verstehen, was ein Hungernder leidet."

Josek Klapholz, einst ein Flüchtlingskind, erinnerte sich, dass sein Vater den einen *lapjuschka*-Brotfladen, den die Familie erhielt, in vier Stücke teilte, eines für jedes Familienmitglied, und sich selbst dann immer das kleinste davon nahm. Nach ein paar Monaten war er tot. „Wie Hunderttausende andere", schrieb Klapholz, „ein erbärmlicher Tod im Schmutz, in verlausten Lumpen, in einem Stall, in dem vor uns ein Esel gestanden hatte."

Und mein eigener Vater? Ich hatte mit den Nachwirkungen seines Hungers leben müssen: der Verbissenheit, mit der er uns einschärfte, nur ja kein Essen wegzuwerfen, auch kein verdorbenes; die Weckanrufe um sechs Uhr morgens, damit er nur nicht zu spät zu dem kostenlosen Frühstücksbuffet käme, das auf seinem Luftwaffenstützpunkt angeboten wurde. Als ich mit zwölf Jahren zum ersten Mal an Jom Kippur fastete, war ich entsetzt darüber, wie schrecklich sich das anfühlte: das schmerzhafte Ziehen im Bauch, die Kopfschmerzen, die Reizbarkeit, der ständige Gedanke an Essen.

Der Hunger des jungen Hannan war der Hunger eines wilden Tieres, das auf der Suche nach Nahrung nachts eine Mülltonne durchwühlt – wie es mein Vater zu später Stunde zeit seines Lebens getan hat.

Manchmal, wenn das Licht in der Küche mich aufgeweckt hatte, sah ich ihm zu, wie er da stand, im gestreiften Pyjama und ausgetretenen Pantoffeln. Seine schräg gestellten Augen waren halb geschlossen und so entrückt, dass er mich gar nicht sah, während er sorgfältig den Hausabfall durchging, um vielleicht ein Bröckchen Frischkäse zu retten, das im Becher kleben geblieben war. Das hat mich immer abgestoßen: Mein Vater, eine Straßenkatze, die im Abfall wühlt. Seine Bewegungen hatten etwas Zwanghaftes, beinahe Mechanisches, das mir Angst machte.

Aber erst in Usbekistan, als ich den usbekischen Bauern Dschamil sagen hörte: „Sie sprangen von den Wagen und haben lebendige Frösche verschlungen, so hungrig waren sie" – da erst habe ich wirklich verstanden, was der Hunger meinem Vater angetan hatte. („Sie kauerte wie ein Tier", hat die französische Filmemacherin Ruth Zylberman über ihre Mutter, eine Holocaustüberlebende, geschrieben, „wie ein Affe, wie ein Wolf, wie ein Hund. … Sie hätte jeden Moment eine rostige Schale hervorholen, ohne Löffel daraus schlürfen können. … Doch als ich sie auf dieser leeren Lichtung sah, wurde mir klar – und das Bild war so machtvoll, dass sich bei mir alles drehte …, Mama war genau das gewesen, Affe, Wolf, Hund …")[67]

Zu der Zeit, als Hannan und seine Familie in Samarkand ankamen, hatten sie schon zwei Jahre als Flüchtlinge zugebracht, und es ist sehr wahrscheinlich, dass ihre Hungerwahrnehmung bereits durch eine partielle Verkümmerung des Magens geschwächt war. Körperfett und Muskelmasse waren aufgezehrt worden, um den lebenswichtigsten Muskel – das Herz – und das Nervensystem zu versorgen. Auch dürften sie zu schwach gewesen sein, um allzu viel Durst zu empfinden, und waren daher wohl stark dehydriert. Durch ihre trockene, rissige Haut und den besagten Muskelschwund schmerzte jede Bewegung. „Die Flüchtlinge waren zu schwach zum Arbeiten", hatte Dschamil gesagt, „wegen des Hungers. Sie waren zu schwach, dass sie ihre Toten nicht selbst zum Fried-hof tragen konnten."

„Nach einigen Monaten starb mein Vater an Hunger.

Zu siebent hatten wir Polen verlassen, drei starben an Hunger und Krank-heiten.

Mein Vater starb in der Nacht. Am Morgen kamen Usbeken, packten den Leichnam und fuhren ab. Sie erlaubten mir nicht, mitzufahren, und ich weiß nicht, wo er begraben ist."[68]

Selbst in dem idyllischen Jugendroman *Ein Königreich für Eljuscha* gibt es eine Passage, in der ein Flüchtling vor Hunger stirbt: „Eines Abends hörten wir ... Schritte im Schnee. ... Dann hörten wir das heisere Gemurmel eines Mannes, der auf Polnisch um etwas zu essen bat. Er sagte, ‚Nur ein bisschen Essen, nur ein bisschen, helft mir.' ... Am nächsten Morgen, als wir die Tür öffneten, fan-den wir den Mann tot auf unserer Schwelle, erfroren."[69]

Nach sowjetischen Angaben starb in Zentralasien während des Krieges ein Viertel der Bevölkerung. Die Zeugenaussagen der „Kinder von Teheran" legen für die Flüchtlinge noch höhere Opferzahlen nahe:

„Zu siebent hatten wir Polen verlassen, drei starben ...

Wir waren zu siebent, und übrig blieben nur mein zwölfjähriger Bruder Abram und ich.

Wir waren zu elf nach Russland aufgebrochen, und übrig blieben nur zwei Tanten, meine dreijährige Cousine und ich.

Von den fünfzehn Personen unserer Familie, die nach Russland verbannt wurden, blieben sechs übrig. In anderen Familien war es das gleiche."[70]

Die Menschen verhungerten, oder sie starben an den Krankheiten, die einen hungernden Körper heimsuchen: Fleckfieber, Malaria, Blutarmut, Beriberi (eine Vitamin-B_1-Mangelerkrankung), Pellagra (Vitamin-B_3-Mangel), Skorbut, Soorösophagitis (ein Pilzbefall der Speiseröhre, der das Schlucken behindert), Herzrhythmusstörungen bis zum Herzstillstand – nicht zu vergessen die weniger ernsten, aber dafür umso weiter verbreiteten: Durchfall, Hautausschläge, Ödeme. Die Zahl der Hungertoten in Zentralasien war zweifellos entsetzlich; ob diese Hungersnot nun vorsätzlich herbeigeführt, ein bedauerliches Unglück oder auf die unterlassene Hilfeleistung einer sträflich gleichgültigen Sowjetregierung zurückzuführen war – eine Frage, die mit Blick auf die Hungersnot in der Ukraine in den Jahren 1932/33 noch immer heiß diskutiert wird –, bleibt im zentralasiatischen Fall weitgehend ungeklärt. In der Ukraine, aber auch in anderen landwirtschaftlich geprägten Sowjetrepubliken wie Kasachstan und Usbekistan, sind Anfang der 1930er-Jahre mindestens fünf Millionen Menschen verhungert.[71]

Als 1941 Hannan und seine Familie und mit ihnen Millionen anderer Flüchtlinge und Evakuierter in der Usbekischen Sozialistischen Sowjetrepublik ankamen, war das Land bereits ausgehungert. Nach den Vorgaben der stalinistischen Planwirtschaft hatten die usbekischen Bauern fast den gesamten Nahrungsmittelanbau durch Baumwollkulturen ersetzen müssen; nur zum eigenen Überleben durften sie kleine Mengen an Getreide und Feldfrüchten anbauen. Der Anbau von Reis oder anderem Getreide war den Usbeken verboten, ebenso das Verlassen ihrer Heimatregion, um anderswo nach Nahrung zu suchen. Nach dem Beginn des deutschen Russlandfeldzugs im Sommer 1941 zwang man die Bauern, selbst das Wenige was sie hatten, an die Rote Armee abzutreten. Durchgesetzt wurde diese Anweisung durch flächendeckende Durchsuchungen, Razzien, Festnahmen. Der Erzähler von Uri Orlevs *Ein Königreich für Eljuscha* beschreibt das „Geschrei von Männern und das Weinen von Frauen und Kindern" sowie die „geballten Fäuste" der Männer, als Rotarmisten die Kartoffelsäcke aus den Scheunen der Bauern hervorholen und zusammen mit Kühen, Ziegen und Schafen auf ihre Lastwagen verladen. Nach solchen Konfiszierungskampagnen schossen die Preise für das bisschen Nahrung, das noch auf den Schwarzmarkt gelangte, in astronomische Höhen.[72]

Die Flüchtlinge traf die Lebensmittelknappheit am härtesten. In Orlevs Buch setzt das große Sterben unter den Deportierten unmittelbar nach den Beschlagnahmungen ein. Zu einem gewissen Grad waren jedoch alle – vom Hunger betroffen – Kasachen, Tadschiken, Kirgisen und die von Wat als „verarmte Ritter ... sehr ausgehungert [und] mager" charakterisierten Usbeken; einheimische Juden und Russen.[73]

So gesehen zeichnet die Dokumentation *Die Kinder von Teheran* – in der die Erzählungen der einstigen jüdischen Flüchtlingskinder mit Bildern aus dem heutigen Samarkand illustriert werden, wo an den Marktständen sich die getrockneten Aprikosen und Datteln häufen – ein irreführendes Bild. Zwar sollte es bald für die hungernden Flüchtlinge immerhin *etwas* zu essen geben: auf polnischen Militärstützpunkten und in den polnischen „Niederlassungen", die überall in der Sowjetunion eingerichtet wurden, um Hilfsgüter zu verteilen. Und die kasachischen Bauern lernten, tiefe Erdmieten anzulegen, in denen sie ihre Vorräte unter einer Schicht Tabak verstecken konnten (der Tabak führte die Spürhunde der Roten Armee in die Irre). Das alles konnte aber nicht verhindern, dass der Hungertod weiter um sich griff – an vielen Orten und mit vielen Opfern.

Fast ein Jahr, nachdem die Teitels in Usbekistan angekommen waren, am 9. September 1942, hielt der Zionistische Generalrat der Jüdischen Agentur für Palästina – gewissermaßen die „Regierung" der jüdischen Bevölkerung in dem britischen Mandatsgebiet – in Tel Aviv eine geschlossene Sitzung ab. Bei diesem Anlass gab Mosche Schertok (nachher Scharet), Chef der außenpolitischen Abteilung dieser „Jewish Agency", bekannt, dass nach neuesten Erkenntnissen die sowjetischen Deportationen und das anschließende Aushungern der polnischen Flüchtlinge keineswegs bloße Begleiterscheinungen des Krieges gewesen seien, sondern, worauf einiges hindeute, Teil einer planmäßigen Politik. „Ich weiß, dass ich mich nun auf unsicheren Boden begebe", begann Schertok seine Ausführungen, „ich breche ein Schweigen, zu dem ich eigentlich verpflichtet bin, und erstatte Ihnen allen Bericht in der Annahme, dass Sie sich solidarisch verhalten und die folgenden Informationen vertraulich behandeln werden."

„Ein hochrangiger Vertreter der amerikanischen Regierung hat mir Folgendes mitgeteilt: Als man jene Leute [gemeint sind die polnischen Flüchtlinge] in das innere Russland deportiert hat, war das Ziel von Anfang an, sie zu eliminieren. Sie nicht etwa zu eliminieren, indem man sie an die Wand stellt und mit Maschinengewehren niederschießt – Gott bewahre. Aber die Art und Weise, in der man sie deportiert hat; dass man sie ohne ausreichende Unterkunft in den Schnee geschickt hat, sodass eigentlich keine Hoffnung auf Überleben bestehen konnte; dass man sie aus dem Gulag entlassen hat ohne das Lebensnotwendigste – das alles beweist doch klar und deutlich, dass das eigentliche Ziel ihre Vernichtung war."[74]

Schertok betonte, dass diese mutmaßliche Strategie der Sowjetregierung, deren geheimes Ziel es sei, die Einwohner jener vormals polnischen Territorien zu dezimieren, welche die Sowjetunion nach Kriegsende zu annektieren gedachte, zwar nicht direkt ein *antijüdisches* Vorgehen darstelle, dass sie jedoch in der Praxis unverhältnismäßig viele Juden treffe.

In Usbekistan verstand ich auch erstmals, dass im Hunger womöglich nicht nur die Ursache für die lebenslangen Neurosen meines Vaters gelegen hatte, sondern dass der Hunger vielleicht sogar – ein halbes Jahrhundert später – seinen Tod bedingt haben könnte. Die Creutzfeldt-Jakob-Krankheit, an der er gestorben ist, wird durch atypische Eiweiße (sogenannte Prionen) übertragen, die in den Gehirnen infizierter Tiere oder Menschen vorkommen.

„Es ist sehr gut möglich, dass Papa sich diese Hirnkrankheit schon in Usbekistan zugezogen hat", sagte mein Bruder Benjamin, der Arzt und Stammzellenforscher ist. Gemeinsam schauten wir uns alte Fotos, auf denen unser Vater zu sehen war, noch einmal ganz genau an. Solange wir beide zurückdenken konnten, hatte er immer schon leichte, aber dennoch wahrnehmbare neurologische Symptome gezeigt – kleine Tics und Zuckungen, ein nervöses Flattern der Mundwinkel. „Die Krankheit muss in einer latenten Form schon jahrelang in ihm geschlummert haben, bis sie dann nach seiner Pensionierung mit voller Heftigkeit ausgebrochen ist", sagte mein Bruder. Und für einen Augenblick blitzte wieder das Bild meines Vaters vor mir auf, seines völlig abgemagerten Körpers, der sich auf einem Klinikbett hoch über Haifa in Krämpfen wand und zuckte.

6
Polnische Exilanten und
jüdische Hilfsaktionen

London, New York und die UdSSR

An einem eisig kalten Tag im Februar 1941, etliche Monate bevor die Teitels und die Peregrics und Millionen anderer Zwangsarbeiter aus ihren Siedlungen entlassen wurden, an einem Tag vielmehr, an dem sie sich wieder einmal in den Wald schleppten und sich dabei ganz und gar von der Welt alleingelassen, ja ausgestoßen und von ihr getilgt vorkamen, traten im großen Festsaal des Hotels Astor in New York 450 Delegierte der Federation of Polish Jews of America („Föderation polnischer Juden in Amerika") zusammen, um über Hilfsmaßnahmen für die Internierten zu beraten. Der Besitzer des Hotels, Benjamin Winter, war selbst als jüdischer Auswanderer aus Polen in die Vereinigten Staaten gekommen, wo er sich innerhalb nur weniger Jahrzehnte zum Eigentümer nicht nur des Astor, sondern auch des Mrs. William B. Astor House sowie des William K. Vanderbilt House – zweier geräumiger Villen an der Fifth Avenue – emporgearbeitet hatte. Das nötige Geld hatte er teils in einer zwölfjährigen Tätigkeit als Anstreicher verdient, teils von anderen polnisch-jüdischen Emigranten geliehen. Nun hielt Winter eine kurze Ansprache, in der er auf die dringende Notwendigkeit hinwies, den polnischen Juden zu helfen, und stellte dann Samuel L. Schneiderman vor, einen Journalisten, der kurz zuvor aus Europa nach New York gekommen war. Schneiderman gab dem Plenum einen Überblick zur gegenwärtigen Lage der europäischen Juden, einschließlich der Juden in der Sowjetunion. Anschließend stimmten die Delegierten dafür, ein Zentralkomitee zur Koordinierung aller Hilfsaktionen für die in Europa und der Sowjetunion verteilten polnischen Juden einzurichten.

In Montreal hielt die United Jewish Refugee and War Relief Agency eine ähnliche Versammlung ab und verabschiedete eine ganz ähnliche Resolution.

In London war nach Maßgabe des War Charities Act (etwa: „Gesetz über Hilfsvereine im Kriege") bereits 1940 eine Federation of Polish Jews in Great Britain gegründet worden. Ihre Mitglieder waren Gemeinderabbiner, Anwälte und Professoren, aber auch prominente polnische Juden, die zusammen mit der polnischen Exilregierung und Militärführung nach England geflohen waren. Satzungszweck ihres Verbandes war es, „der polnischen Judenheit politische und wirtschaftliche Unterstützung zu gewähren". Zu seinen Schirmherren zählten der prominente Labour-Abgeordnete Lord Strabolgi (Joseph Kenworthy) und Baron (Josiah) Wedgwood, liberal gesinnte Politiker, die für ihren Einsatz in der Flüchtlingshilfe bekannt waren.

Am 20. Juli 1941, unmittelbar nach der sowjetischen Amnestie für polnische Staatsangehörige, hielt die „Föderation polnischer Juden in Großbritannien" eine Konferenz im Londoner Stearns Hotel ab, bei der über Hilfen für die Flüchtlinge beraten werden sollte. Unter den Teilnehmenden waren neunzig Delegierte, die jüdische Vereine und Synagogengemeinden aus London und ganz Großbritannien vertraten, aber auch mehrere Hundert Personen, die aus verschiedenen Gründen am Schicksal der polnischen Juden Anteil nahmen, so etwa der polnische Generalkonsul in Großbritannien. Im Nationalrat der polnischen Exilregierung, die ja in London angesiedelt war, saßen zwei jüdische Mitglieder: Ignacy Schwarzbart, ein prominenter Zionist und früherer Abgeordneter im Sejm, dem Unterhaus des polnischen Parlaments; und Szmul Zygielbojm, ein führender Bundist, der später zur Teilnahme eingeladen wurde.[1] Die Föderation stimmte dafür, die polnische Exilregierung als legitime Interessenvertretung der polnischen Juden zu unterstützen und ihre erklärte Absicht, „die Rechte und Freiheiten der polnisch-jüdischen Bürger wiederherzustellen und zu erhalten", ausdrücklich willkommen zu heißen.[2]

Um die Interessen aller polnischen Staatsangehörigen zu vertreten, die deportiert worden und gerade erst wieder aus den sowjetischen Gulags, Gefängnissen und „Sondersiedlungen" freigekommen waren, hatte die polnische Exilregierung den Diplomaten und Historiker Dr. Stanisław Kot nach Moskau entsandt. Dr. Kot, der ein Mitglied der gemäßigt konservativen Polnischen Volkspartei (PSL) und ein enger Vertrauter des Ministerpräsidenten Sikorski war, war vor dem Krieg als ein nationalistisch argumentierender Gegner von Józef Piłsudskis Vision eines multi-ethnischen Polens in Erscheinung getreten. Dennoch war es Kot – der als Geschichtsprofessor mehr als fünfzig Bücher verfasst und zahlreiche weitere herausgegeben und verlegt hatte –, dem ich wegen seiner Neigung zur genauen Dokumentation und historischen Aufzeichnung viel verdanke: Ohne ihn hätte ich die „polnische Seite" der Biografie meines Vaters nicht annähernd so gut verstanden. Aus Kots Darstellungen konnte ich den Ablauf von Hannans Aufenthalt in Usbekistan rekonstruieren und erfuhr einiges darüber, wie die Wege der jüdischen und der nichtjüdischen Polen zu jener Zeit immer weiter auseinanderliefen. Und letztlich ist es auch Kot, der die Einrichtung des polnischen „Informationszentrums Ost" betrieben hat, dem ich die Zeugenaussage meines Vaters verdanke.

Kots Buch *Conversations with the Kremlin* („Unterhaltungen mit dem Kreml") erschien 1963 in Großbritannien, wo Kot nach dem Krieg im Exil blieb und 1975 auch starb. Das Buch enthält keinerlei Analyse, sondern ausschließlich Briefe und Gesprächsprotokolle in chronologischer Folge; bei den Gesprächsprotokollen gab Kot an, alles wortgetreu festgehalten zu haben.[3] Alle Dokumente betreffen die polnisch-sowjetischen und / oder polnisch-jüdischen Beziehungen. Das ganze Buch hindurch wird nahegelegt, dass diese beiden Beziehungsstränge untereinander verknüpft gewesen seien. Die sowjetische Regierung, die ja gerade in den Krieg gegen Deutschland eingetreten war, hoffte auf finanzielle Unterstützung aus den Vereinigten Staaten. Die polnische Exilregierung, prahlte Kot im Gespräch mit dem stellvertretenden sowjetischen Regierungschef und Volkskommissar für auswärtige Angelegenheiten Wjatscheslaw Molotow, unterhalte Beziehungen zu rund fünf Millionen US-Amerikanern polnischer Abstammung, die noch immer „aktiv an der Verteidigung polnischer Ansprüche und Ziele" mitwirkten und in den Vereinigten Staaten Einfluss geltend machen könnten. Zu diesen gehörten jüdische Amerikaner polnischer Herkunft genauso wie jüdisch-amerikanische Hilfsorganisationen, die den polnisch-jüdischen Flüchtlingen in der UdSSR beistehen wollten.[4]

Gleich bei seinem ersten offiziellen Besuch in den Vereinigten Staaten im April 1941 war der polnische Ministerpräsident Sikorski neben anderen Vertretern jüdischer Organisationen auch mit Edward M. Warburg zusammengetroffen, dem Vorsitzenden des Joint Distribution Committee (JDC), und hatte ihnen allen die gegenwärtige Lage der vielen polnisch-jüdischen Gefangenen in den sowjetischen Gulags und „Sondersiedlungen" geschildert. Das „Joint", die größte jüdische Hilfsorganisation in den Vereinigten Staaten, sollte im Leben meines Vaters noch eine entscheidende Rolle spielen.

*

Das JDC, die erste jüdische Organisation, die größere Summen für internationale Hilfsvorhaben aufbringen konnte, war während des Ersten Weltkriegs von deutsch-jüdischen Einwanderern in New York gegründet worden, von „Männern, [die] in Amerika reich geworden waren und [deren] religiöse und moralische Traditionen sie dazu verpflichteten, einen Teil ihres Reichtums mit [ihren] ‚Glaubensbrüdern‘ und ‚weniger begünstigten Brüdern‘ zu teilen“, wie der Historiker Yehuda Bauer schreibt.[5] In der Zwischenkriegszeit setzte das JDC seine Arbeit fort, unterstützte jüdische Hilfsorganisationen in Osteuropa, verhandelte mit Regierungen über Hilfsleistungen für Flüchtlinge, entsandte Delegationen amerikanischer Ärzte und anderer Spezialisten um die Welt und startete Kampagnen, um Hilfspakete nach Polen und an andere Orte zu schicken, an denen Juden lebten. Das Komitee hatte den Flüchtlingen geholfen, die während des Ersten Weltkriegs und des anschließenden polnisch-sowjetischen Krieges nach Ostrów Mazowiecka gekommen waren: Sehr wahrscheinlich wurden die von den Ostrówer Juden eingerichtete Suppenküche sowie der Arzt und der Apotheker, die aus Warschau in das von Flüchtlingen überlaufene Ostrów entsandt worden waren, jeweils vom JDC finanziert. Vielleicht flossen Hilfsgelder des „Joint“ sogar in den medizinischen Hilfsverein Bikkur Cholim, an dessen Aktivitäten die Familie Teitel in ihrer Heimatstadt beteiligt gewesen war.

Mit der Ausweitung seiner Hilfsprogramme „schluckte“ das JDC diverse jüdische Wohlfahrtsvereine, die von unterschiedlichen Glaubensströmungen geprägt waren, darunter etwa das orthodoxe „Zentrale Hilfskomitee“ und das sozialistische „Volkswohlfahrtskomitee“. Dennoch blieb es eine überwiegend liberal und säkular ausgerichtete Organisation mit „stark deutsch-jüdischem Einschlag“, wie Bauer es formuliert. Bei Ausbruch des Zweiten Weltkriegs war Edward M. Warburg sein Vorsitzender, ein New Yorker Gesellschaftslöwe, Kunstsammler und Mäzen, der im Kuratorium des Museum of Modern Art saß und zusammen mit George Balanchine und anderen die School of American Ballet gegründet hatte. Der Krieg brachte ihn dazu, sich beim JDC zu engagieren, das sein Vater, der aus Deutschland in die Vereinigten Staaten emigrierte jüdische Bankier Felix Warburg, mitgegründet hatte. In einem gewissen Sinne stand auch das neue Komitee in der Tradition jüdischer Hilfs- und Wohlfahrtsvereine, wie es sie in Europa schon seit Jahrzehnten gegeben hatte. Aber es war größer, verfügte über mehr Geld und war unbestreitbar amerikanisch.

„Was wir nun tunlichst vermeiden müssen", schrieb der stellvertretende JDC-Vorsitzende James Rosenberg am 5. September 1939 an die Mitglieder seiner Vereinigung, „ist die Beteiligung an jeglicher Art von Hilfsvorhaben, welche gegen die Gesetze [dieses] Landes verstoßen könnten", und bezog sich damit auf die Erklärung des US-Präsidenten Franklin D. Roosevelt, die Vereinigten Staaten würden in dem jüngst ausgebrochenen Konflikt neutral bleiben. „Unter keinen Umständen darf unser fester Wille, das Leiden zu lindern, dazu führen, dass wir den Boden unter den Füßen verlieren. Unsere Devise muss sein: ‚Im Zweifel frag' das State Department!'" (das amerikanische Außenministerium).[6]

Vom Aufstieg Hitlers bis zum Kriegsausbruch waren die Bemühungen des JDC, die Lage jüdischer Flüchtlinge auf der Ebene der internationalen Politik verbessern zu wollen, größtenteils im Sande verlaufen. Schon 1933 hatte es mit dem Hochkommissar des Völkerbundes für Flüchtlingsfragen, James G. McDonald, zusammengearbeitet, dann mit dem in London angesiedelten Intergovernmental Committee on Refugees (ICR), und hatte sogar einen Plan der deutschen Reichsbank aufgegriffen, demzufolge eine Stiftung eingerichtet werden sollte, um jüdischen Flüchtlingen aus Nazideutschland Kapital für ihre Ansiedlung in anderen Weltgegenden zur Verfügung zu stellen (wodurch sie ihren neuen „Gastländern" wohl angenehmer gemacht werden sollten). „Aus allen diesen Vorhaben wurde letztlich nichts", schreibt Bauer.[7] In Eigeninitiative gelang es dem JDC, kleinere Gruppen von Flüchtlingen in Mexiko, Jamaika, der Dominikanischen Republik, Britisch-Indien und andernorts unterzubringen, mehrheitlich jedoch *nicht* in den Vereinigten Staaten, wo Mitte 1939 auch alles Drängen des „Joint" nicht erreichen konnte, dass die US-Behörden 937 deutsch-jüdische Flüchtlinge von Bord des Schiffes *St. Louis* ins Land ließen. Nach dem Ausbruch des Zweiten Weltkriegs sank die Hoffnung, den im von den Nazis besetzten Europa gefangenen Juden Hilfe zukommen zu lassen, sogar noch weiter. Und dann kam das Treffen mit Sikorski und die Nachricht von den polnisch-jüdischen Flüchtlingen in der Sowjetunion.

Im Verlauf des Jahres 1941 hatten Rabbiner aus aller Welt und Verwandte von in der Sowjetunion Verschleppten begonnen, Hilfsgesuche an das Joint Distribution Committee zu richten, in denen sie um Beistand für die Deportationsopfer baten – Hilfsgesuche, die noch heute im Archiv des JDC in New York aufbewahrt werden. „Ich wende mich an Sie, weil ich Sie auf das schreckliche Leiden von mehreren Tausend unserer Glaubensbrüder in Sowjetsibirien aufmerksam machen möchte", schrieb etwa Eliezer Yolles, der Oberrabbiner von Philadelphia, am 21. Mai 1941 an den JDC-Vorsitzenden Warburg. „Immer wieder erhalte ich Briefe, denen zufolge alle Deportierten schwerste Arbeit verrichten müssen, dabei aber nicht einmal mit dem Lebensnotwendigsten an Nahrung und Kleidern versorgt werden." Bei ihm seien Berichte eingegangen, „wirklich schreckliche Geschichten, dass Hunderte Menschen sich schon das Leben genommen haben vor Verzweiflung, oder verhungert sind". „Könnten denn nicht Sie", fragte er das Führungsgremium des JDC-Ablegers Agro-Joint, „die in der Vergangenheit so gute Beziehungen zu der Regierung in Moskau gepflegt haben", ihren Einfluss im Sinne der Verschleppten geltend machen und „die Sowjets davon überzeugen, dass jene armen Leute in Sibirien ja immerhin Menschen sind".[8]

Agro-Joint – kurz für „American Jewish Joint Agricultural Corporation" – war der Zweig des JDC, der die Errichtung und Finanzierung jüdischer Bauernsiedlungen in der Sowjetunion betrieb, insbesondere auf der Krim und in der Ukraine. Zurzeit wisse man jedoch, wie Rabbi Yolles in einem Antwortbrief mitgeteilt wurde, „nur sehr wenig" darüber, was in diesen Regionen vor sich gehe, und obwohl „die Unmenge von jüdischen Flüchtlingen auf sowjetischem Territorium ... sich in einer tragischen Situation befindet, ... kann für sie doch nur wenig getan werden".[9]

Zwei Monate darauf begann die Sowjetarmee ihren Gegenangriff auf die vorrückende Wehrmacht. Verbannte wie Hannan wurden aufgrund der Amnestie freigelassen, und Morris Troper, der Leiter der europäischen JDC-Außenstelle in Lissabon, erklärte: „Die Situation hat sich gewandelt. Russland sollte nun offen seine Unterstützung jüdischer Hilfsvorhaben erklären, und diese Vorhaben sollten nun anlaufen."[10]

Hunderte von Dokumenten zu den polnischen Flüchtlingen befinden sich heute im Archiv des JDC, einer bescheidenen Einrichtung mitten in Manhattan – sähe man nur das Archiv, man würde kaum ahnen, wie weitgespannt die Aktivitäten der Organisation tatsächlich sind. Obwohl ich mich nicht erinnern kann, dass einmal jemand etwas in dieser Richtung gesagt hätte, war mir „das Joint" aus meiner – ein wenig herablassenden – israelischen

Perspektive immer wie ein gut gemeinter, zumeist auch tatsächlich segensreicher Wohlfahrtsverband vorgekommen, der „typisch diasporische" Maßnahmen ergriff, um „die Judenfrage" auf seine Weise zu lösen: temporäre, apolitische Linderungen jüdischen Leidens, Behelfslösungen, die sich von dem radikaleren, durch und durch politischen Projekt des Zionismus nicht nur deutlich unterschieden, sondern diesem bisweilen sogar Steine in den Weg legten. Doch immerhin verfügte das „Joint" über Beziehungen, über politischen Einfluss und politische Klugheit, und besaß darüber hinaus die nötige Finanzkraft, um einmal getroffene Entscheidungen rasch und wirkungsvoll in die Tat umzusetzen – und das in einer Größenordnung, über die man nur staunen konnte. Zwischen seiner Gründung und der Weltwirtschaftskrise von 1929 hatte das JDC bei den amerikanischen Juden bereits 78,7 Millionen US-Dollar an Spenden eingeworben, das entspricht 1,35 Milliarden im Jahr 2018. Und diese gewaltigen Summen wurden für Hilfsprojekte im Ausland eingesetzt – um Fremden zu Hilfe zu kommen.

Am Tag von Hannans Freilassung aus dem Posiołek Ostrowski, dem 5. September 1941, trafen in New York Vertreter des JDC mit dem sowjetischen Botschafter Maxim Litwinow, dem polnischen Generalkonsul Sylwyn Strakacz und dem Präsidenten des Amerikanischen Roten Kreuzes, Norman Davis, zusammen, um zu beraten, wie man die gerade entlassenen Flüchtlinge am besten unterstützen könne. Strakacz legte eine Liste vor, auf der die dringlichsten Bedürfnisse der Flüchtlinge aufgeführt waren. Litwinow verkündete, seine Regierung sei außerstande, „sich von einem Flüchtlingsproblem ablenken zu lassen, wo sie doch gerade einen Krieg um das bloße Überleben zu führen hatte". Davis bot an, einen Abgesandten des Roten Kreuzes in die Sowjetunion zu schicken, damit dieser sich „das Problem in seinen verschiedenen Abstufungen genauer anschauen" könne.

Angesichts der Tatsache, dass eine substanzielle Hilfe aus Amerika in Russland „frühestens in einigen Monaten" würde eintreffen können, erklärte Strakacz, dass die polnische Exilregierung mit ihren eigenen Hilfsbemühungen unverzüglich beginnen werde. Eine Ladung von 676 Kisten mit Medikamenten, Kleidung und Kaffee sei, wie er sagte, bereits auf dem Weg von London nach Moskau, wo sich gerade ein polnisches Hilfskomitee formiere, dem das American Polish Council und andere polnisch-amerikanische Verbände „im Namen von gut fünf Millionen amerikanischer Polen" bereits „eine beträchtliche Summe" versprochen hätten.[11]

Weil die JDC-Vertreter zu dem Schluss kamen, dass es sich bei dem Flüchtlingsproblem um eine „nicht religionsgebundene" Angelegenheit handle, die von amerikanischen Hilfsorganisationen wie dem Roten Kreuz „ohne Verweis auf explizit jüdische Hilfsmaßnahmen" angegangen werden sollte, beschlossen sie, die Bemühungen der polnischen Exilregierung zu unterstützen. Innerhalb kürzester Zeit begannen jüdische Zeitungen, Gewerkschaften, Synagogengemeinden, Schulen und Privatleute in New York, London, Buenos Aires und Montreal eine Spendenkampagne, um Kleidung und Arzneimittel „für die jüdischen Flüchtlinge in Russland" zu beschaffen.[12] In Montreal trat die Canadian United Jewish Refugee and War Relief Agency zusammen, um Richtlinien für ihre Hilfsmaßnahmen zu formulieren. Und in New York richtete der JDC-Vorsitzende Edward Warburg ein weiteres Memorandum an den sowjetischen Botschafter Litwinow, in dem er diesem versicherte, angesichts der großen Zahl von jüdischen Evakuierten und Flüchtlingen in Zentralasien sei seine Organisation „an jeder denkbaren Möglichkeit interessiert, mit [der sowjetischen] Regierung zusammenzuarbeiten, um die Flüchtlinge und Evakuierten bei der Eingewöhnung an ihren neuen Wohnorten zu unterstützen".[13] Litwinow erwiderte, dass seine Regierung „Hilfe von außen gern annehmen" werde.[14]

Der polnische Botschafter Kot beschrieb den Beginn seiner Tätigkeit in Moskau als „Flitterwochen". Doch schon nach wenigen Tagen wurde eine grundsätzliche Meinungsverschiedenheit offenbar: Die Zahl der polnischen Staatsangehörigen auf sowjetischem Boden, die Kot auf 1,5 Millionen geschätzt hatte, wurde von sowjetischer Seite mit etwas über 350 000 angegeben – eine Menge, die – wie Kot an den Ministerpräsidenten Sikorski schrieb – „mit der Realität nichts zu tun" hatte.[15] Nach den Informationen, die in der polnischen Botschaft eingegangen waren, berichtete Kot weiter, betrug die Zahl der Deportierten allein schon 600 000. Dazu kämen dann noch 400 000 umgesiedelte Bauern aus dem westlichen Polen, 100 000 polnische Staatsbeamte mit ihren Familien sowie Hunderttausende von Häftlingen und Kriegsgefangenen, darunter Offiziere der polnischen Armee und prominente Vertreter des Judentums in Polen wie Dr. Moses Schorr, Emil Sommerstein und die zionistischen „Vertreter des Jabotinsky'schen Revisionismus", wie Kot sich ausdrückte.[16] Andrej Wyschinski, der Stellvertreter Molotows, legte im Gegenzug die folgenden Zahlen vor: 291 137 in „Sondersiedlungen" Deportierte, 71 481 Untersuchungshäftlinge sowie 25 314 Kriegsgefangene, von denen insgesamt 345 511 wieder auf freien

Fuß gesetzt worden seien. Den Fragen nach dem Verbleib der polnischen Offiziere und der „prominenten Juden" wich er aus, womit deren Schicksal vorerst ungeklärt blieb.[17]

In einem Brief vom 8. November 1941 an das polnische Außenministerium im Londoner Exil schätzte Kot den jüdischen Anteil an den nach Zentralasien entlassenen polnischen Staatsangehörigen auf „ein Drittel" oder „sogar noch mehr".[18] Deportierte polnische Bauern, die „durch ihre Familien belastet" waren, seien weniger gewillt, „die kleinen Dörfer zu verlassen, an die sie sich nun gewöhnt hatten", während „der Großteil der Juden nun mit großer Eile nach Süden strömt[e]". Obgleich viele von ihnen es aus eigener Kraft geschafft hätten, eine Unterkunft zu finden, solle „Druck auf wohlhabende Kreise in Amerika ausgeübt werden", um weitere Hilfspakete für sie schnüren zu können.

In seiner Korrespondenz erstattete Kot auch Bericht über Wiktor Alter und Henryk Ehrlich, zwei unlängst von den Russen entlassene, prominente Bundistenführer, die er zu „Referenten der polnischen Botschaft für jüdische Angelegenheiten" ernannt hatte. Wie die meisten anderen polnischen Juden, schrieb Kot, seien auch diese beiden nun von jeder Sympathie für den Kommunismus geheilt, „voller Verachtung für ein System, das sie aus eigener Erfahrung nun nur zu gut kennen", und befänden sich „in vollkommener Loyalität zur polnischen Regierung".[19] Nur einen Monat darauf wurden Alter und Ehrlich in Kuibyschew erneut vom NKWD verhaftet. Die genauen Umstände ihres Todes sind unbekannt, aber vor Ablauf eines Jahres wurden sie beide liquidiert.

*

Irgendwann im Laufe der Jahre, seitdem ich mit den Recherchen für dieses Buch begonnen hatte, gingen meine Berührungsängste und Befürchtungen in puncto Polen merklich zurück. Zwar sah ich die polnisch-jüdischen Beziehungen noch immer nicht durch die rosarote Brille – weder für die Zeit vor dem Zweiten Weltkrieg noch danach –; aber immerhin bedrückte mich diese übermächtige Vergangenheit nun nicht mehr ganz so schwer, die ich zuvor stets als einen ungeheuren, gestalt- und namenlosen Schrecken empfunden hatte: als das noch immer nicht ganz vergangene Schicksal der polnischen Juden. Ich war nach Polen gereist. Ich kannte zahlreiche Details aus dem Leben meines

Vaters vor dem Krieg. Ich wusste, dass seine Familie acht Generationen lang in derselben polnischen Kleinstadt gewohnt hatte. Ich wusste, dass sie dort bis zum Ausbruch des Krieges im Großen und Ganzen gar nicht schlecht gelebt hatten. Und also empfand ich das abweisende und zum Aus-der-Haut-Fahren bürokratische Verhalten einer polnischen Bibliothekarin der Hoover Institution in Stanford oder des Sikorski-Archivs in London – anders als vielleicht früher einmal – weder als eine persönliche Kränkung noch als einen Angriff auf alle Juden.

Als ich zum zweiten Mal nach Stanford reiste, um in den Archivbeständen der Hoover Institution nach Material über die polnische Exilregierung zu forschen, brachte mich noch nicht einmal der junge polnische Mitarbeiter aus der Fassung, der mir meinen Nutzungsausweis überreichte und dabei ein Buch mit dem Titel *Forgotten Holocaust* las: „Der vergessene Holocaust: Die polnische Bevölkerung unter deutscher Besatzung 1939–1944". Ich sagte mir, dass viele Bücher ihre Analysen von Genoziden und Massenmorden gewissermaßen aus der Perspektive und mit der Terminologie des Holocaust inszenieren – ganz egal, ob die Opfer nun katholische Polen, Kambodschaner, Palästinenser oder Afroamerikaner sind. Ich wollte diesen Leidenswettbewerb nicht länger mitmachen, nachdem ich an so vielen Orten Leid in allen Variationen vorgefunden hatte. Im Hoover-Archiv fand ich jedenfalls reichlich Belege dafür, wie sehr die Polen gelitten hatten: Zeugenaussagen von jungen Kadetten der polnischen Exilarmee, von Polinnen und Polen aller Metiers, Provinzen und Landkreise: Stec, Bolesław, Arzt, geboren in Kałusz, Woiwodschaft Stanisławów; Tonia, Karol, „Schneidergehilfe"; Waldarbeiter und Maurer, Anstreicher und Kunstmaler und Ingenieure. Antoniak, Ignacy, Handwerker; Banaszek, Ignacy, Büroangestellter; Dmochowski, Stefan, Kraftfahrzeugmechaniker; Godlewski, Józef, Landwirt; Goral, Bronisław, ebenfalls Landwirt; Jakubik, Szczepan, Förster; und noch ein Förster, und noch einer; Pirkel, Adam, Förster; Pirkel, Halina, Studentin. Natürlich gab es Unterschiede, aber es gab auch Gemeinsamkeiten mit meinem Vater.

Ich wusste auch, wie sehr die Schicksale der katholischen und der jüdischen Flüchtlinge aus Polen während des Krieges ineinander verschlungen waren. Zusammen waren sie ins Exil und in die Verbannung getrieben worden. Zusammen hatten sie unter dem bitteren Frost gelitten, unter der unmenschlichen Zwangsarbeit und den Misshandlungen ihrer ukrainischen Aufseher in den „Sondersiedlungen". Im Posiołek Ostrowski hatten sie „einander geholfen, wo sie nur konnten", wie mein Vater später aussagen sollte. Und schließlich waren sie auch zusammen wieder freigelassen worden, als polnische Staatsangehörige.

Ich verstand nun, wie eine blaue Aktenmappe mit einem kleinen Davidstern im Inneren eines größeren Ordners mit der Aufschrift „Polnische *Ambasada* in der Sowjetunion" gelandet sein konnte – eine Entdeckung, die ich bei meinem ersten Besuch im Hoover-Archiv gemacht hatte, die mir damals jedoch rätselhaft geblieben war. In der blauen Mappe hatte ich Dokumente vorgefunden, in denen es um die Behandlung jüdischer Flüchtlinge durch die polnische Regierung ging. Es schien sich um Antworten auf bestimmte Anfragen zu handeln:

> „Die polnischen Behörden in der Sowjetunion erklären, dass nach den Gesetzen der Polnischen Republik kein Unterschied zwischen den jüdischen und den polnischen Staatsbürgern [Polens] (nach Stand vom 1. September 1939) besteht, ungeachtet ihrer Nationalität, Religion und Rasse. Unter den Freigelassenen befindet sich auch eine große Zahl von Juden und Angehörigen anderer Nationen. Sie werden in derselben Weise behandelt wie die Polen und als polnische Staatsbürger angesehen."[20]

In einem Bericht, den die polnische Botschaft in Moskau ein Jahr später veröffentlichte, wurde die „beträchtliche" Anzahl von „Juden und anderen polnischen Staatsbürgern nicht-polnischer Volkszugehörigkeit", die aus den Gefängnissen und Lagern freigekommen waren, als Beweis dafür hervorgehoben, dass die polnischen Juden tatsächlich gleich behandelt wurden. Insbesondere unterstrich die Botschaft, dass Wiktor Alter und Henryk Ehrlich im September 1941 „als polnische Bürger" aus der sowjetischen Gefängnishaft entlassen worden waren. Die beiden Bundistenführer („Anführer der jüdischen Sozialistenorganisation"), die nach ihrer Freilassung in den Dienst der polnischen Botschaft getreten waren, wurden schon Anfang Dezember 1941 erneut vom NKWD verhaftet, wegen angeblicher „Tätigkeit für Deutschland"; jetzt hatte die polnische Botschaft ihre erneute Freilassung gefordert.[21] Ein „Beweis" dafür, dass Juden und Nichtjuden gleich behandelt wurden, war das zwar noch nicht. Aber dennoch hatte ich anhand der Tatsache, dass Stanisław Kot die beiden Männer sofort an seiner Botschaft angestellt und ihnen sofort die „Bearbeitung" der Flüchtlingsproblematik anvertraut hatte; anhand von Aleksander Wats Erinnerungen in polnischer Sprache; aus den frühen Eintragungen in Emil Landaus ebenfalls auf Polnisch verfasstem Tagebuch; ja, selbst aus den

Erinnerungen meines Vaters an das Miteinander von Juden und Katholiken in seiner Siedlung – hatte ich aus all diesen Eindrücken ein nuanciertes Bild gewonnen: ein Bild verhaltener Vertrautheit, einer Vertrautheit, wie sie Menschen füreinander empfinden, die eine Sprache teilen und eine lange Geschichte, und die nun auch das Exil in einem fremden Land miteinander teilten. Das war, alles in allem, eine empfindlich-heikle, komplexe Identität mit zahlreichen Schattierungen – eine Identität, die es heute nicht mehr gibt, deren Spuren ich jetzt aber zu spüren begann.

*

Ich kann ziemlich genau sagen, wann das Tauwetter in meiner Beziehung zu Polen eingesetzt hat. Entscheidend war wohl eine E-Mail, die ich drei Monate nach meiner Rückkehr aus Usbekistan bekam. Die Absenderin, Magdalena (Magda) Gawin, stellte sich mir als eine Historikerin vor, die aus Ostrów Mazowiecka stammte. Magda hatte meine Kontaktdaten von Krzysztof Malczewski erhalten, der in Polen unser Guide gewesen war. In ihrer Nachricht lud sie mich ein, an den Feierlichkeiten zum siebzigsten Todestag ihrer Großtante Jadwiga Długoborska teilzunehmen. Tante Jadwiga hatte, wie Magda schrieb, während des Krieges Juden in zwei geheimen Räumen des Hotel Wersal („Hotel Versailles") in Ostrów versteckt gehalten. Sie war die Besitzerin dieses Gasthofs gewesen. Jadwiga wurde von ihrem Dienstmädchen denunziert, von der Gestapo gefoltert und schließlich ermordet. Jetzt sammelte ihre Nichte Informationen, die sie bei der Gedenkstätte Yad Vashem in Jerusalem einreichen wollte, um ihre Großtante als eine der nichtjüdischen „Gerechten unter den Völkern" anerkennen zu lassen. Einstweilen hatte die Nichte schon einmal eine lokale Gedenkfeier für Jadwiga organisiert, an der auch der Bürgermeister von Ostrów teilnehmen sollte, dazu Vertreter polnischer Institutionen, Freunde und Verwandte. Im Namen ihrer Familie und der Stadtverwaltung lud sie mich ein, an der Gedenkveranstaltung in Ostrów teilzunehmen. „Es wird uns eine Ehre sein", schrieb sie.

Ich lehnte die Einladung höflich ab, weil ich nicht genau wusste, was ich davon halten sollte. Von irgendwelchen Rettungsaktionen der Ostrówer Bevölkerung für ihre jüdischen Mitbürger hatte ich noch nie gehört. Aber als Magda Gawin mich dann einlud, am Historischen Institut „Tadeusz Manteuffel" der Polnischen Akademie der Wissenschaften, wo sie als Historikerin forschte, einen Vortrag zu halten und gemeinsam einige Tage „in der Heimatstadt unserer Familien" zu verbringen, sagte ich zu. Als ich sie anrief, um zu fragen, was ich nach Polen mitbringen sollte, antwortete sie: „Michal, du brauchst nichts mitbringen. Ich brauche nur dich!"

Als ich sie dann am Warschauer Chopin-Flughafen traf, war ich verdutzt, neugierig und auch ein bisschen angespannt. Eine hochgewachsene, attraktive Frau mit weichen Zügen und kastanienbraunem Haar kam mir entgegen, ein charmantes Lächeln auf den Lippen – sie war ganz anders, als ich erwartet hatte! Sie war warmherziger, sympathischer und ungezwungener als gedacht, und wir verstanden uns auf Anhieb blendend. „Nach dem Krieg", erzählte sie mir im Auto, auf dem Weg vom Flughafen zu ihrer Warschauer Wohnung, „hat sich die junge Generation in Ostrów nicht für die Juden interessiert. Selbst ich – meine Familie hat mir gesagt, was mit den Ostrówer Juden passiert ist, aber das hat mich nicht interessiert. Natürlich wusste ich, dass der Krieg schrecklich gewesen war, dass mit den Juden schreckliche Dinge passiert waren, aber darüber hat man nicht gesprochen." Jetzt allerdings sei sie an jedem auch noch so kleinen Detail interessiert, das mit der Familie Teitel zu tun hatte.

Ich war wieder in Polen. Wieder war da der behäbige Strom von Autos auf der Schnellstraße vom Chopin-Flughafen ins Stadtzentrum von Warschau und später auf dem Weg von Warschau nach Brok, einem kleinen Nachbarort von Ostrów Mazowiecka, wo Magda und ich ein paar Tage in ihrer herrlichen Datscha verbringen wollten. Wieder diese seltsame Gemütsruhe, die mich schon bei meinem ersten Besuch in Polen, dem verlorenen Land meines Vaters, umfangen hatte. Wieder die hoch aufragenden Nadelwälder, der dahinströmende Bug, die Buden am Straßenrand. Bevor wir nach Nordosten in Richtung Ostrów aufbrachen, steuerten wir zuerst noch Magdas Wohnung in einer ruhigen Gegend außerhalb des Stadtzentrums von Warschau an. Reihenhäuser aus der Sowjetzeit, die alle den gleichen grünen Anstrich trugen. „Fast wie ein Kibbuz", dachte ich. An den Wänden der sonnendurchfluteten Wohnung voller Bücher hingen Fotos von Magdas Familie: ihrem Mann und den zwei Kindern, ein Junge und ein Mädchen. Im Bad gab es eine wirklich beeindruckende Collage der elfjährigen Tochter – und ein Katzenklo für den Kater Puschkin. Im Zimmer des Sohnes lagen Legosteine und eine Xbox 360 verstreut; es hätte auch das Zimmer meines Sohnes sein können. Da wurde mir klar, dass ich selbst jetzt noch, nach allem, was ich schon erfahren und erlebt hatte, eines noch immer kaum glauben konnte: In Polen lebten ganz normale Menschen, die ein ganz normales Leben führten – und das in jenem mythischen „Land meiner Vorfahren", das für meine Familie nach dem Ende des Zweiten Weltkriegs scheinbar aufgehört hatte zu existieren.

Während wir die Lebensmittel einkauften, die wir „auf die Datscha" mitnehmen wollten, erzählte mir Magda von den Interviews, die sie mit älteren Einwohnern von Ostrów geführt hatte. Einige von ihnen hatten sich tatsächlich noch an die Familie Teitel erinnert. „Sie hatten sie als weniger traditionsgebunden in Erinnerung, als eher fortschrittlich."

„Meinst du damit, dass sie weniger religiös waren als andere jüdische Familien?", fragte ich.

„Nein. Ich meine, dass sie sich gut mit den Polen verstanden haben. Die Hälfte ihrer Angestellten in der Brauerei waren ja Polen. Das war eher ungewöhnlich."

Unter Magdas Fittichen war Ostrów Mazowiecka mit einem Mal wie verzaubert – verwandelt in einen einladenden, gastfreundlichen Ort, der so gar nicht an das höfliche, aber doch etwas steife, fremd und ein wenig langweilig wirkende Städtchen erinnerte, das ich bei meinem ersten Besuch mit Salar kennengelernt hatte. Alle waren nett zu mir, überall: in dem neu eröffneten italienischen Restaurant, in dem wir zu Abend aßen; in dem Handyladen, bei dem ich mir eine polnische SIM-Karte kaufte; in dem kleinen Lebensmittelladen, bei dessen Besitzerin Magda für mich einen hausgemachten Kugel zum jüdischen Neujahrsfest bestellte, das kurz bevorstand. Herzlich empfangen wurde ich auch in der Wohnung von Riczard Ejchelkraut, den ich auf meiner ersten Polenreise kennengelernt hatte und der mich jetzt unter Freudenbekundungen willkommen hieß und umarmte wie eine alte Freundin. In den zwei Jahren, die seit meinem ersten Besuch vergangen waren, hatte sich Ostrów herausgeputzt, war sauberer geworden und wohl auch gentrifiziert: überall neue Läden und Supermärkte, hübsch sanierte Etagenhäuser an jeder Ecke. Sogar Riczards trister Plattenbau aus Sowjetzeiten hatte eine frisch angelegte Gartenanlage spendiert bekommen, dazu eine neue Gegensprechanlage und genug Farbe, um die hässlichen Graffiti auf den rissigen Außenwänden zu übertünchen.

Drei Tage lang war Magdas Großtante Jadwiga Długoborska in den Räumlichkeiten der vormaligen Brauerei Teitel – inzwischen Hauptquartier der Gestapo in Ostrów – eingesperrt, verhört und gefoltert worden, bevor man sie in einem einige Kilometer entfernten Waldstück erschossen hatte. „Das macht uns zu Schwestern", sagte Magda. Noch hatte sie Jadwigas Schicksal nicht in Yad Vashem bekannt gemacht, weil es ihr bislang nicht gelungen war, die Identität der von ihrer Großtante versteckt Gehaltenen herauszufinden. Es gab eine ausgeblichene Liste von Hotelgästen aus der Vorkriegszeit, auf der auch jüdische Namen standen – und insbesondere der Name eines jüdischen Mannes, der vor dem Krieg womöglich Jadwigas Geliebter gewesen war und im Krieg womöglich bei ihr Unterschlupf gefunden hatte. Dieser Mann, Gelberg mit Namen, war später von den Russen ermordet worden, sagte Magda.

Magda war – ähnlich ihrer Tante Jadwiga und ihrem Ehemann Dariusz (genannt Darek) Gawin, einem Historiker und Soziologen, der als stellvertretender Direktor am Museum des Warschauer Aufstandes tätig war und regelmäßig Beiträge für die katholische Wochenzeitung *Tygodnik Powszechny* verfasste – eine gläubige Katholikin und polnische Patriotin. Ihr Bild der polnisch-jüdischen Beziehungen war keineswegs naiv; doch hatten ihrer Weltsicht nach die Juden und Polen von Ostrów – trotz gewisser Probleme – im Großen und Ganzen friedlich zusammengelebt, bis dann die beiden Invasionen – zuerst durch die Wehrmacht, dann durch die Rote Armee – dem zart-harmonischen Kleinstadtidyll ein Ende bereitet hatten. In ihrer Welt waren Juden wie Polen unglückselige Opfer gewesen, und die von den Nazis terrorisierten Polen trugen keinerlei Verantwortung für das Schicksal ihrer jüdischen Mitbürger im Krieg. Das war eine Lesart der Geschichte, die 2015 von der PiS-Regierung Andrzej Dudas ganz unverblümt zur offiziellen polnischen Sicht der Dinge erhoben werden sollte, ein Narrativ, mit dem auch ich mich für kurze Zeit einmal anfreunden konnte – damals im Jahr 2013 nämlich, als ich die Abende mit einem Glas Rotwein in der Hand vor Magdas Wohnzimmerkamin zubrachte und angeregt zuhörte, wie sie mir von meiner „großartigen Familie" berichtete („eine der besten Familien der Stadt!"). In keinem anderen Land Europas war die deutsche Besatzungsherrschaft brutaler und rücksichtsloser gewesen als in Polen, hatte mir ein polnischer Journalist gesagt. Die Nazis hatten Polen vernichten wollen! War es nicht doch an der Zeit, loszulassen, vielleicht sogar zu vergeben?

*

Ab 1941 begannen jüdische Hilfsorganisationen, in Zusammenarbeit mit polnischen Hilfsorganisationen und der polnischen Exilregierung, den Flüchtlingen zu helfen. Bei einer Krisensitzung des JDC-Exekutivkomitees am 10. Dezember 1941 schlug der Vorsitzende Edward Warburg vor, der polnischen Exilregierung eine Sofortzahlung von 100 000 US-Dollar zukommen zu lassen, die „zur Versorgung der polnischen Flüchtlinge in Russland" gedacht sein sollte. Warburg teilte mit, dass der polnische Nationalrat der polnischen Botschaft bereits $ 150 000 überlassen und das Jewish Labor Committee mehrere Ladungen gebrauchter Kleidung auf den Weg nach Zentralasien gebracht habe, wo die Anzahl der Juden unter den Flüchtlingen – nach Angaben des polnischen Botschafters – „fast 500 000, wenn nicht noch mehr" betrage. Die erwähnten $ 100 000 sollten in einen „allgemeinen Fonds" fließen, der „in Form von Kleidung, Medikamenten, Verbandszeug [und] haltbaren Lebensmitteln" allen Flüchtlingen zugutekommen sollte. Der polnische Botschafter sei „bereit, uns Brief und Siegel darauf zu geben" – nicht nur bei einem Treffen unter vier Augen, sondern auch schwarz auf weiß –, dass „die Juden vollkommen gleichberechtigt und ohne jeden Nachteil an der Verteilung der genannten Versorgungsgüter teilhaben sollen". Die Hilfsgüter sollten entweder fracht- und zollfrei auf sowjetischen Schiffen transportiert werden, wie es die polnische bereits mit der sowjetischen Regierung vereinbart hatte; oder man würde alles Benötigte im Iran einkaufen und von dort – auf dem vergleichsweise kürzeren Weg – in die Sowjetunion transportieren, wo es den Vertretern der dortigen polnischen Botschaft auszuhändigen wäre.[22]

Einigen Mitgliedern des Komitees war nicht ganz wohl bei dem Gedanken, die Hilfsgelder durch Vermittlung der polnischen Botschaft an ihren Bestimmungsort zu leiten. „Ich habe einiges davon mitbekommen, wie die Londoner Juden mit den Vertretern der polnischen Exilregierung verhandelt haben", meinte etwa ein Komiteemitglied. „Das war alles andere als befriedigend. Die [Polen] haben Versprechungen gemacht, die dann nicht eingelöst wurden." Aber in London hielt inzwischen die Federation of Polish Jews in Great Britain Kundgebungen ab, um ihre Loyalität zur polnischen Exilregierung zu demonstrieren, und in New York mochten zwar Zweifel bestehen – Kot und sogar Sikorski selbst galten wegen der autoritären Positionen, die sie vor dem Krieg vertreten hatten, zumindest als belastet, während mehrere andere Mitglieder der Exilregierung mit offen antisemitischen Äußerungen nicht hinter dem Berg hielten –,[23] aber zugleich bestand auch die Hoffnung, dass nach dem schweren

Schlag, den Polen als Opfer des bisherigen Kriegsverlaufs hatte einstecken müssen, sowie aus dem Streben der polnischen Exilregierung nach diplomatischer Anerkennung eine Zusammenarbeit erwachsen würde, von der beide Seiten profitieren würden. Bereits 1940 hatte die Exilregierung, auf den wachsenden Druck der internationalen Staatengemeinschaft hin, eine Erklärung über die Zukunftsperspektiven der polnischen Juden abgegeben:

> „Die Juden werden, als polnische Bürger, im befreiten Polen mit den Polen gleichgestellt sein, sowohl, was ihre Rechte, als auch, was ihre Pflichten anlangt. Es wird ihnen möglich sein, ihre Kultur, Religion und Bräuche uneingeschränkt zu praktizieren. Nicht allein die Gesetze unseres Staates, sondern mehr noch das, was wir gemeinsam in dieser Zeit bitterer Prüfungen ertragen haben, wird das Unterpfand dieses Versprechens sein."

Diese Erklärung offenbarte, wie der Historiker David Engel schreibt, dass die polnische Exilregierung „den Juden allmählich einen größeren Einfluss auf die öffentliche Meinung in Westeuropa und den Vereinigten Staaten zutraute". Im besetzten Warschau hinterließ sie jedoch zugleich „einen desaströsen Eindruck", so Engel, was aus einem an Kot gerichteten Geheimbrief hervorgeht.[24]

„Uns sind diese ganzen [Herausforderungen einer Zusammenarbeit mit der polnischen Exilregierung] vollkommen bewusst", schloss Warburg seine Ausführungen. „Dies ist nun sozusagen, der beste – vielleicht kein völlig zufriedenstellender, aber doch der bestmögliche Vorschlag, den wir in der aktuellen Situation machen können." Daraufhin stimmte der JDC-Exekutivrat einstimmig für die Auszahlung von $ 100000 an die polnische Exilregierung, wobei die Möglichkeit einer zukünftig monatlichen Zahlung (oder noch wesentlich höherer Einmalzahlungen) nicht ausgeschlossen wurde.

Die Korrespondenz zwischen dem „Joint" und den polnischen Regierungsstellen verlief überaus herzlich. Ende Dezember teilte schließlich der polnische Botschafter in den Vereinigten Staaten dem Komitee mit, dass es seiner Regierung bislang gelungen sei, „die Summe von $ 1292250" einzuwerben, wobei ein großer Teil dieses Geldes einem sowjetischen Kredit entstammte. „Sechshundert Tonnen Kleidung (Alt- und Neuware), Stiefel und Unterwäsche, dazu Nadeln und Garn sowie weiteres Material zur Ausbesserung von Kleidern aller Art" waren davon bereits eingekauft worden und sollten in Kürze auf Lastschiffe verladen werden, die von den sowjetischen Behörden zu diesem Zweck gechartert worden waren. Die Hilfsgüter sollten in Russland an polnische Staatsangehörige ausgegeben werden, und zwar unter der Aufsicht der dortigen Botschaft Polens, versicherte der Washingtoner Botschafter dem JDC; dies werde „ohne jede Diskriminierung geschehen, ohne Ansehen des Bekenntnisses".[25]

Am 8. Januar 1942 druckte die jüdisch-amerikanische Zeitschrift *Menorah* einen Hilfeaufruf zugunsten der Flüchtlinge in der Sowjetunion, in dem auch mitgeteilt wurde, „Vertreter der polnischen Regierung" hätten „offizielle Zusagen" darüber gegeben, dass „den Juden genau dieselbe Behandlung zuteilwerden soll wie allen anderen polnischen Staatsbürgern, die sich gegenwärtig auf sowjetischem Boden befinden", und dass „mindestens $ 100 000 im Monat" nötig sein würden, um die Hilfszusagen polnisch-katholischer Organisationen aufzuwiegen und eine adäquate Unterstützung der jüdischen Flüchtlinge sicherzustellen. Wie Henry Hurwitz, der Chefredakteur von *Menorah*, dem JDC-Vertreter Joseph Hyman in einem Brief mitteilte, plante seine Zeitschrift, ein Symposium jüdischer und christlicher Historiker auszurichten, bei dem „der erhoffte Friede und die Wiederherstellung der Welt" in der Nachkriegszeit zur Sprache kommen sollten.[26]

Bis Ende Februar 1942 hatte die Canadian United Jewish Refugee and War Relief Agency eine weitere Notfallzahlung über $ 10 000 in den Hilfsfond für die polnischen Flüchtlinge angewiesen.

Derweil nagte in Samarkand, wie sich aus allen Zeugenaussagen und Memoiren erhärten lässt, mein Vater weiter am Hungertuch.

*

Während der drei Tage, die Magda Gawins Großtante Jadwiga auf dem vormals Teitel'schen Brauereigelände „befragt" wurde, versuchte eine andere Großtante, mit ihrem Peiniger über Jadwigas Freilassung zu verhandeln, wie mir Magda am zweiten Tag unseres Aufenthalts in Ostrów erzählte. Der Mann, ein Gestapomann namens Anton Psyk, war allgemein nur als der „Schlächter von Ostrów" bekannt. Psyk bewohnte damals eine Erdgeschosswohnung mit zwei Eingängen auf dem Gelände der Brauerei.

„Das muss die Wohnung meiner Urgroßeltern gewesen sein", sagte ich ihr. „Zwei Eingänge – ein offizieller, einer für die Dienstboten – und zwei Küchen:

eine für Milchiges und eine für Fleischiges. Genau so hat Ze'ev Wolf Teitel es in seinen Erinnerungen beschrieben."

„In meiner Kindheit und Jugend", sagte Magda, „bedeutete das Wort *browar* [‚Brauerei'] immer ‚Gestapo'."

Im Archiv des Urząd Bezpieczeństwa (UB) – in der Nachkriegszeit das polnische „Ministerium für Öffentliche Sicherheit" – finden sich zahlreiche Beschreibungen dessen, was zur Zeit der deutschen Besatzung in den Räumlichkeiten der Teitel-Brauerei vorgegangen war. Ein Mann namens Stanisław Szymaski beispielsweise, der regelmäßig Reis in das Gestapo-Hauptquartier geliefert hatte, sagte aus, dass „die Räume stets mit Blut befleckt waren – an Wänden und Decken, auf den Böden, auf den Tischen" – und dass er selbst gesehen hatte, wie „tote Menschen mit Stöcken und Eisenstangen angestoßen wurden", um zu sehen, ob sie noch lebten. Und Andrzej Pęziński hat in seinen noch unveröffentlichten Memoiren mit dem Titel *Ostrów von Weitem* einen Vorfall geschildert, bei dem „deutsche Soldaten einen Juden zwangen, einen der hohen Schornsteine der Brauerei hinaufzuklettern, während sie zum Spaß auf ihn schossen".

„Das war nicht normal, wie die Juden im *browar* gestorben sind", sagte Magda. „Zur Folter haben sie Hunde geholt – die Frauen, die in den vier Häusern am Brauereigelände wohnten, haben manches beobachtet. Psyk war ein echter Sadist und hat die Juden auf die widerwärtigsten Arten gefoltert. Er war ein gemeiner Mann, hat oft getrunken. Polen hat er meistens ‚Polackenschweine' genannt. Was er mit Juden gemacht hat, kann man nicht in Worte fassen. Das Töten war für ihn Teil eines perversen Spiels."

Psyk war polnischer Staatsbürger. „Aber er war *volksdeutsch*", sagte Magda und benutzte dabei den deutschen Begriff.

Am 10. November 1939, neun Wochen nachdem Hannan und seine Familie aus Ostrów geflohen waren, wurden rund 500 jüdische Männer, Frauen und Kinder der Stadt verhaftet – unter dem Vorwand, ein Jude habe mehrere Häuser an der Hauptstraße von Ostrów in Brand gesteckt. Die Frauen und Kinder brachte man in die Brauerei, die Männer in ein großes Ladengeschäft, dessen Besitzer Juden waren. Am nächsten Tag wurden sie auf einem Feld am Stadtrand erschossen, mit Maschinengewehren einfach niedergemäht. Ihre Leichen ließ man liegen, bis die Überreste schließlich 1944 – fast fünf Jahre später – zur Einäscherung in das nahe gelegene Vernichtungslager Treblinka gebracht wurden. Es war die erste Massenerschießung von Juden in Polen, sagte Magda. Und die, die sie durchführten, haben Fotos davon gemacht.

Drei deutsche Soldaten, die eigens dafür aus Warschau abgestellt wurden, verübten im November 1939 das Massaker an den Juden von Ostrów. Auf dem Weg zum Schauplatz des Verbrechens, erzählte mir Magda, wurde aus dem Tross der Gefangenen ein Säugling herausgereicht, wurde einer polnischen Nachbarin in die Arme gedrückt, die das Kind später großzog.

„Wie wussten denn diese drei Nazis aus Warschau, wo in Ostrów die Juden wohnten? Wie haben sie es geschafft, mehr als 500 Personen in einer einzigen Nacht ausfindig zu machen und zusammenzutreiben?" Ich war Magda ja dankbar dafür, dass sie die Leerstellen in der Geschichte meiner Familie füllte – aber ich hatte noch immer die Worte Henryk Grynbergs im Ohr, die bohrenden Fragen, die er Salar und mir bei unserem Besuch vorgelegt hatte: „Wie wurden denn bitte die meisten Juden ermordet, die in Warschau mit ‚arischen‘ Papieren untergetaucht waren? Die Nazis selbst konnten doch einen assimilierten Juden nicht von einem ‚normalen‘ Polen unterscheiden ...!"

„Die Soldaten kamen mit Listen", sagte Magda.

Jeden Hauch einer Andeutung, die ortsansässigen Polen könnten mit der Sache etwas zu tun gehabt haben, wehrt sie ab: „So waren unsere Leute hier nicht." Und dann klärte sie mich darüber auf, was die Polen in „unserer Stadt" erlitten hatten, und wovon ich bisher nicht die leiseste Ahnung gehabt hatte: dass nämlich die deutschen Besatzer bei einer sogenannten *łapanka* (Straßenrazzia) willkürlich 350 Männer und Jungen aus Ostrów und den umliegenden Ortschaften verhaftet und anschließend erschossen hatten, um die Ermordung des von der Militärverwaltung des Generalgouvernements eingesetzten Bürgermeisters von Ostrów zu „sühnen". Sie erzählte mir von Kazimierz Warchalski, dem Rektor des Gymnasiums, zu dessen Gründung mein Urgroßvater Michel Teitel beigetragen hatte, und den viele Kinder aus dem Teitel-Clan als ihren Schulleiter kannten. Warchalski starb im KZ Majdanek, wohin man ihn verschleppte, weil er nach der Schließung der Ostrówer Schulen durch die Gestapo ein geheimes Netzwerk für „Untergrundunterricht" aufgebaut hatte. Und sie nahm mich mit auf den katholischen Friedhof der Stadt, an dessen Eingang die Namen Warchalskis, seiner Frau Cecilia sowie der von Jadwiga Długoborska auf einer Tafel aus schwarzem Granit eingraviert sind – zusammen mit den Namen von 85 weiteren Opfern der *Hitlerowcy* (Nazis). Für die jüdischen Toten von Ostrów ließen kurz nach der Jahrtausendwende Familienangehörige Ostrówer Juden aus Nordamerika einen Gedenkstein aus schwarzem Granit mit eingraviertem Davidstern anfertigen, der gleich an einer viel befahrenen Straße ganz in der Nähe des Massakers vom November 1939 aufgestellt wurde. An anderen (Tat-)Orten in Ostrów, darunter auch auf dem Gelände der ehemaligen Brauerei Teitel, waren Gedenksteine und -plaketten zur Erinnerung an den polnischen Widerstand angebracht worden.

Bei meinem ersten Besuch in Polen war es mir überhaupt nicht bewusst geworden – aber dafür traf mich die Erkenntnis jetzt umso heftiger –, dass hier nicht nur die jüdische Vergangenheit von Ostrów weitgehend ausradiert worden war, sondern dass man an ihre Stelle das Narrativ vom heldenhaften polnischen Widerstand gesetzt hatte. Die Gedenktafel am Ort der einstigen Brauerei, auf der an das „Märtyrerblut von Polen, die während der Hitler-Besatzung von 1939–1944 für die Freiheit kämpften", erinnert wurde, schwieg sich nicht nur über die früheren Besitzer, Nutzer und Bewohner des Geländes aus – die Familie meines Vaters –, sondern auch über die unzähligen Juden, die dort gefoltert und getötet worden waren, denn die Opfer der Gestapo waren in ihrer Mehrzahl jüdisch.

Zu Magda sagte ich von alldem jedoch nichts – immerhin war ihre Großtante von den Nazis ermordet worden, und ihr Mitgefühl für das Leid meiner Familie schien tief und aufrichtig und ihre Gastfreundschaft geradezu schockierend großzügig. An einem der Tage unseres Aufenthalts lud sie sogar Agata Warchalska-Troll, die Urenkelin jenes Ostrówer Schuldirektors, der im Krieg – wie auch seine Frau Cecilia – umgebracht worden war, ein, mit uns gemeinsam zu dem Waldstück bei Zambrów, einige Kilometer nordöstlich von Ostrów, zu fahren, in dem Agatas Urgroßmutter und andere polnische Opfer von den deutschen Besatzern erschossen worden waren. Auch in diesem Wald gab es zahlreiche Gedenksteine und Mahnmale: für die Angehörigen der *Armia Krajowa*, der im Untergrund gegen die Deutschen kämpfenden Polnischen Heimatarmee; für russische Kriegsgefangene, die man dort erschossen hatte; für alle möglichen Leute, die von den Nazis umgebracht worden waren – darunter jedoch nicht eine Jüdin und kein einziger Jude. Im Gegensatz zu dem Totenwald von Komi wirkte das Wäldchen von Zambrów friedlich, ja geradezu idyllisch, und wir drei Besucherinnen spazierten ganz entspannt hindurch, plauderten und lachten.

Vielleicht ist es mit der Gewalt wie mit einer Welle, dachte ich, einer Flutwelle, die anbrandet und wieder verebbt; und selbst, wenn einen diese Welle mit sich reißt, wie es meinem Vater geschehen war, selbst dann kann es sein, dass eines Tages der eigene Nachwuchs am Schauplatz des größten Grauens – *deines* Grauens – spazieren geht, zusammen mit den Nachfahren anderer, die zufällig überlebten, oder sogar mit den Nachfahren von Kollaborateuren oder Tätern. Noch hatte ich den größten Teil der Zeugenaussagen und Berichte nicht gelesen. Noch wusste ich nicht, was zwischen den polnischen und den jüdischen Flüchtlingen in Zentralasien und im Iran vorgefallen war.

*

Im Dezember 1942 wurde die Botschaft der polnischen Exilregierung in der Sowjetunion aus Moskau in das rund tausend Kilometer weiter südöstlich gelegene Kuibyschew (heute Samara) verlegt – eine Vorsichtsmaßnahme zum Schutz vor der anrückenden Wehrmacht. Auch viele andere Botschaften und sowjetische Regierungsbehörden zogen in dieser Zeit nach Kuibyschew. Zum damaligen Zeitpunkt versank die polnische Botschaft bereits in Arbeit. Tausende kranker und hungernder Flüchtlinge strömten aus den „Sondersiedlungen" und Arbeitslagern nach Kuibyschew und belagerten dort das Gebäude der Botschaft, von der sie sich Hilfe erhofften. Und jeden Tag gingen Tausende von Briefen besorgter Angehöriger ein, die für ihre ausgehungerten Verwandten ein gutes Wort einlegen wollten. Überall auf den Fußböden der Botschaft lagen die Briefumschläge verteilt – ungeöffnet, unbeantwortet, Stanisław Kot hat das in seinen Erinnerungen beschrieben.

Auch das Joint Distribution Committee fing an, seine Hilfsgüter direkt an die Botschaft in Kuibyschew zu schicken. Aus Palästina ging eine erste Notsendung mit Kleidung und anderen Versorgungsgütern ein, deren Transport das Polnische Rote Kreuz vermittelt hatte. In den Vereinigten Staaten hatte das JDC außerdem Medizingüter im Wert von $ 30 000 erworben – Impfdosen gegen Cholera, Wundstarrkrampf und Typhus; Insulin, Terpentinöl und Chininsulfat; Kodein und Aspirin; alle Arten von Verbandsmaterialien, Äther zur Narkose, Injektionsnadeln und Desinfektionsmittel; dazu 60 Tonnen Mazzen für den Sederabend des nahenden Pessachfestes: All das wurde an die polnische Botschaft in Kuibyschew geliefert.[27]

Den Impfstoff zur Tetanus- und Typhusimpfung – ein Kombipräparat – ließ das JDC aus Gründen der Zweckmäßigkeit nicht mit der restlichen Fracht zur Fahrt über den Atlantik einschiffen, sondern auf dem schnellsten Weg, nämlich per Flugzeug, nach Russland bringen: von Miami nach Lagos und weiter nach Kairo, wo die polnische Gesandtschaft die kostbaren Hilfsgüter in Empfang nahm und nach Kuibyschew bringen ließ. Der gesamte Transport, den der polnische Generalkonsul in Washington organisiert hatte, wurde vom JDC bezahlt.[28] Bald darauf stellte Dr. Harry Gold, ein Pharmakologe und Kardiologe an der Cornell University, eine umfassendere Liste von „Primärmaterialien" zusammen, die man für eine größere Menge von Kriegsflüchtlingen als unentbehrlich einschätzte. Wieder begann das JDC unverzüglich mit dem Ankauf.[29]

Im Archiv des JDC stieß ich auf lange Aufstellungen von medizinischem Bedarfsmaterial: 150 000 Digitalistabletten zur Behandlung von Herzproblemen; 100 000 Tabletten des Antibiotikums Sulfanilamid; 8000 5-ml-Ampullen eines Typhus-Kombiimpfstoffs; 10 Pfund Chininsulfat, ebenfalls gegen Typhus; Tetanusserum und Choleraimpfstoff und Insulin der Marke Squibb. Fast 200 000 Tabletten Aspirin und andere Schmerzmittel standen ebenfalls auf der Liste. Dann kam das chirurgische Material: Äther, Chloroform und Phenobarbital-Tabletten; Tausende Rollen Wundverband, sterile Kompressen und Gaze; sowie in Spendern steril verpackte Röllchen mit Catgut- und Seidenfaden als Nahtmaterial für die Chirurgie. Gegen die Auswirkungen der Mangelernährung sollten Vitamintabletten und hektoliterweise Bierhefe helfen; auch Lebertran, Olivenöl und Kakaobutter standen auf dem „Einkaufszettel", dazu Leberextrakt, Kalziumlaktat, Magnesiumsulfat, schließlich Natronpulver. Aber auch Tabletten zur Behandlung von Harnwegsinfekten sowie Tausende Ampullen des Syphillismedikaments Neosalvarsan wurden bestellt.[30] Die Liste schien zumindest in Teilen auf den Bedarf einer Armee ausgerichtet, und so fragte ich mich, ob das „Joint" sie wohl von der polnischen Regierung erhalten hatte. Dennoch war ich beeindruckt von der Findigkeit und Zweckmäßigkeit, von dem Engagement und der Dringlichkeit, mit der das JDC in kürzester Zeit eine große Menge von Hilfsmaterialien beschafft und um die halbe Welt verschickt hatte. Ich wusste jetzt, was mein Vater niemals erfahren hatte: dass auf anderen Kontinenten und in weit entfernten Städten dieser Welt – in New York, London, Mexico City, Montreal, Buenos Aires, Kapstadt und Jerusalem – unzählige hoch qualifizierte und hoch motivierte Menschen alles daransetzten, ihn zu retten.

Neben der ursprünglichen Zahlung von $ 100 000 an das polnische Konsulat sowie dem eiligen Lufttransport des Typhus-Impfstoffs brachte das Jewish

Labor Committee noch tonnenweise Kleidung und Lebensmittel auf den Weg, darunter allein vier Transporte mit Milchpulver, deren Eintreffen in Kuibyschew bald bestätigt wurde. Hilfslieferungen, deren Inhalt in Palästina und Britisch-Indien eingekauft worden war, wurden durch die Vermittlung des polnischen Konsulats in Palästina nach Zentralasien gebracht.[31] Die United Jewish Refugee and War Relief Agency mit Sitz in Montreal hatte in Kanada eigene Medizinbestände angekauft und bemühte sich nun, diese mit der Unterstützung des Kanadischen Roten Kreuzes an ihr Ziel zu befördern.[32] Fünf New Yorker Ärzte taten sich zu einem Beratungskomitee zusammen, das weitere Anfragen nach Medikamenten und medizinischem Material überprüfen sollte. Das JDC traf eine Vereinbarung mit dem amerikanischen Komitee des OSE (Obschtschestwo Sdrawochranenija Jewrejew, „Gesellschaft für den Schutz der Gesundheit der Juden"), einer in Paris ansässigen Hilfsorganisation, die sich auf die Bekämpfung von Seuchen in Osteuropa spezialisiert hatte. Das OSE gab dem JDC Empfehlungen hinsichtlich Medikamenten, Lieferanten, Mengen, Preisen und Transportmöglichkeiten.[33]

In New York richtete die Bank Polska Kasa Opieki („Polnische Pflegekasse") einen Service ein, mit dem Privatleute individuelle Pakete mit Lebensmitteln und Kleidung an Flüchtlinge in Russland schicken konnten. Für ein Päckchen bis 5 Kilogramm betrug das Porto $ 2,50; ein größeres Paket bis 10 Kilogramm Gewicht kostete $ 4. So konnten nun die amerikanischen Angehörigen ihren Verwandten Hilfe schicken, wenn auch die Bank darauf hinwies, dass sie aufgrund der Kriegssituation und den häufigen Ortswechseln der Flüchtlinge nicht dafür garantieren könne, dass die Sendungen ihre Adressaten tatsächlich erreichten. Unzustellbare Pakete, hieß es, würden der polnischen Botschaft überlassen, damit diese sie nach eigenem Ermessen verteilte.

In Tel Aviv bildete die Jewish Agency – die Quasi-Regierung der jüdischen Bevölkerung in Palästina – ein „Komitee zur Rettung der polnischen Juden" und begann ebenfalls, Hilfsgüter in die Sowjetunion zu schicken.

In Argentinien und Südafrika fanden groß angelegte Spendensammlungen statt.

Wie der Botschafter Kot nach New York kabelte, trafen die Hilfslieferungen „in allgemein gutem Zustand" und mit „nur minimalen Schäden" in Kuibyschew ein und wurden umgehend an „die Bedürftigsten" unter den polnischen Staatsangehörigen in der Sowjetunion verteilt – „zu 30 Prozent in den nordrussischen Gebieten; zu 30 Prozent in Kasachstan; und zu 40 Prozent in den südlichen Gebieten".[34] In Washington bestätigte er dem JDC, dass die per Luftfracht gelieferten Notfallmedikamente und Impfstoffe an ihrem Bestimmungsort angelangt waren. Auch begrüßte Kot den Vorschlag, auf den Hilfsgütern Etiketten anzubringen, auf denen ihren Empfängern mitgeteilt werden sollte, woher die Lieferungen kamen und wem sie ihre Hilfe zu verdanken hatten.[35] Im Mai 1942 bot das JDC Kot eine zweite Geldanweisung über $ 50 000 an, um weitere „Medikamente, medizinische und chirurgische Materialien sowie Ausrüstung" einkaufen zu können.

„Unterdessen aber platzten die Vorratsspeicher aus den Nähten", erinnerte sich Aleksander Wat später. „Es kamen Waggonladungen mit Spenden aus Amerika und England, die eine Million Menschen vor dem Hungertod retteten ... Unzählige Züge kamen mit Spenden ..."[36] Um diese „Spenden" unter den Flüchtlingen zu verteilen, unterzeichneten, wie Kot schreibt, im Januar 1942 seine Botschaft und das sowjetische Volkskommissariat für auswärtige Angelegenheiten eine Vereinbarung, welche die Ernennung polnischer „Vertrauensleute" oder „Delegierter" vorsah, denen die Aufgabe der Hilfsgüterverteilung übertragen werden sollte. In allen Regionen Zentralasiens wurden insgesamt 21 polnische *delegaturas* („Vertretungen") eingerichtet, denen jeweils 15 bis 20 Zweigstellen nachgeordnet waren – insgesamt 381 Ausgabestellen überall dort, wo die Flüchtlingsdichte am größten war.

In Alma-Ata, wohin der Flüchtling Wat als Erstes kam, war die *delegatura* in einem repräsentativen Hotel „von europäischem Zuschnitt" untergebracht, das „fast Pariser Niveau" erreichte, wie Wat sich erinnerte. In diesem Hotel traf man, nach Wats Beschreibung, Offiziere der Roten Armee und evakuierte sowjetische Leinwandgrößen („große und kleine Stars", so Wat), aber auch „arme Schlucker aus den Kolchosen ... aufgedunsen vom Hunger, voller Geschwüre, zerlumpt", die auf der Treppe vor dem im zweiten Stockwerk des Hotels untergebrachten Büro der *delegatura* warteten. Nachdem ein Bekannter Wat erkannt hat, stellt er ihn dem Leiter der Vertretung vor, einem Beamten namens Więcek. Ein gewisser Fürst Sapieha, den er dort ebenfalls kennenlernte, stellt ihm später „eine Art Bank" als Schlafplatz zur Verfügung, dazu „einen wunderbaren Plaid aus feinstem Mohair, mit dem ich mich zudecken kann". Zum Abendessen, berichtet Wat, steht für die Mitarbeiter der *delegatura* „hervorragender Wein, Käse, Kaviar, Schinken, Wurst" auf dem Tisch: „Sie bewirten mich, bringen mir sogar Kaviar ans Bett, beziehungsweise an diese Bank. Und auf der Treppe warten wahrscheinlich immer noch die armen Schlucker aus den Lagern, die nicht wissen, wohin sie gehen sollen."[37] Damit wusste ich nun, dass nach dem Eintreffen der Hilfslieferungen aus den Vereinigten Staaten zumindest einige polnische Flüchtlinge nicht hungern mussten. Nach all den eindringlichen Schilderungen von bohrendem Hunger, die ich in der Zeit meiner Recherche gelesen und gehört hatte – jenes Hungers, der meinen Vater in Usbekistan ergriffen und nie wieder losgelassen, ihn zuletzt vielleicht sogar getötet hatte, und den so gut wie alle anderen Flüchtlinge in Zentralasien mit ihm geteilt hatten –, nach all diesen schrecklichen Schilderungen nun bei Wat zu lesen, wie an der *delegatura* geschlemmt und geschwelgt wurde, war ein wirklicher Schock für mich. An seinem zweiten Tag in Alma-Ata ließ man Wat neue Kleidung für sich selbst und für seine Frau aussuchen: „Ich bekam einen herrlichen Anzug, wie ich in meinem ganzen Leben noch keinen besessen hatte, ein schöner brauner Stoff. ... Für Ola fand ich einen Wintermantel, gebraucht, aber mit Fuchspelz. Maison Neuman, New York – Paris."[38] Wats Glück hatte zwar nicht lange Bestand – schon bald sollte er bei den Vertretern der örtlichen *delegatura* in Ungnade fallen –, aber immerhin wusste ich jetzt, dass nicht weit entfernt von meinem Vater und den anderen hungernden und verhungernden, frierenden und erfrierenden Flüchtlingen und Einheimischen Kaviar gelöffelt und Pelzmäntel von Neiman Marcus ausgeteilt wurden.

Eine Hilfeleistung – oder unterlassene, verweigerte Hilfeleistung – durch die polnischen *delegaturas* wird auch in einigen Zeugenaussagen der „Kinder von Teheran" erwähnt. Ein Kind sagte aus, dass nach der Amnestie „eine polnische Kommission" in den *posiołek* gekommen sei: „Man lieferte Lebensmittel und Kleidung an, aber das bekamen nur die Polen. Den Juden gab man nichts."[39] In anderen Berichten heißt es, der Vater eines Kindes habe „Arbeit bei der Vertretung" bekommen oder Geldzuwendungen erhalten:

> „Unter den Beamten der Polnischen Vertretung in Buchara trafen wir einen Bekannten, und dank ihm bekamen wir eine Beihilfe, die dreihundert Rubel pro Monat betrug.

> Von der Polnischen Vertretung in Buchara bekamen wir einmal pro Monat zweihundert Rubel für die ganze Familie und ein halbes Kilo Mehl

pro Person. Kleidung gab man uns nicht. Die [nichtjüdischen] Polen bekamen Wäsche und Kleidung.

Mutter aß Kartoffelschalen, erkrankte an Ruhr und starb im Spital. Vater starb einen Monat später an Typhus. … Ich hatte Glück, denn ich traf Frau Glancer aus unserer Stadt. Sie nahm mich zu sich, ließ mich in ihren Paß eintragen und bekam von der Polnischen Vertretung Geld für mich, für das ich Essen beschaffen konnte. Außerdem wurden diejenigen, die eine Beihilfe von der Vertretung bekamen, nicht ausgesiedelt."[40]

Mehrere Kinder erwähnen, sie hätten von einer der Vertretungen „ein paar Lebensmittel" oder „etwas Mehl und Konserven" bekommen. Der Vater eines Kindes schrieb einen Brief an den amerikanischen Präsidenten Roosevelt und bat ihn, den Flüchtlingen zu helfen. NKWD-Leute kamen und nahmen ihn fest; alle Versuche der örtlichen *delegatura*, ein gutes Wort für ihn einzulegen, blieben ohne Erfolg. Von irgendeiner wirklich nennenswerten, stetigen oder lebensverändernden Hilfe las ich in keinem der Berichte. Auch von Pelzmänteln oder Kaviar war nirgends die Rede.

Alles in allem scheint von den erheblichen Hilfslieferungen nur wenig bei den Flüchtlingen angekommen zu sein. Wat zufolge lag das am Unverstand und der mangelhaften Amtsführung der Verantwortlichen: „… es wurden Spenden an die Leute verteilt, aber die Portionen waren ziemlich geizig, man hätte fünfmal so viel geben können. Denn als schließlich die Vertretung geschlossen wurde, waren noch riesige Speicher voller Waren übrig."[41]

Moshe Kamer, ein junger Flüchtling, dessen Familie schließlich nach Wrewskaya in der Nähe von Taschkent gelangte, sagte aus, dass die Arzneimittel aus den Hilfslieferungen allein der polnischen Armee vorbehalten geblieben seien. Als er selbst, seine Schwester und beide Eltern im Spital lagen, bekamen sie keine Medikamente, weil „die Armee das ganze Penicillin beschlagnahmt hatte; wer Penicillin an Zivilisten verabreichte oder mit Penicillin handelte, wurde schwer bestraft".[42]

In der Regel wurden jüdische Flüchtlinge nicht mit der Leitung einer *delegatura* betraut. In einem Bericht über „Den Fall jüdisch-polnischer Staatsbürger im Lichte sowjetischer Dokumente und Behördenpraxis", den die polnische Botschaft ein Jahr darauf auch an das polnische Außenministerium sandte, gab Kot den sowjetischen Regierungsbehörden die Schuld hieran. So sei die Ernennung zweier potenzieller „Vertrauensleute" namens Rosenzweig und Lustgarten daran gescheitert, schreibt er, dass ihre Nachnamen „jüdisch klangen"; von sowjetischer Seite erfolgte daraufhin die Empfehlung, bei der Auswahl geeigneter Kandidaten „problematische Individuen" in Zukunft besser zu meiden.[43]

Unter den doch Ernannten gab es Berichten zufolge auch einige, die den Juden überhaupt keine Hilfe gewähren wollten.[44] Wat erinnert sich an einen Vertrauensmann, der ihm wie „ein Nationaldemokrat der alten Schule" vorkam und unumwunden zugab: „Ich habe den Juden wirklich weniger gegeben als den Polen, aber nicht deshalb, weil sie Juden sind ..." Und Wat selbst erklärt: „Er gab den Juden weniger, manchmal wesentlich weniger, weil sie in ganz erträglichem Zustand aus den Deportiertensiedlungen hierhergekommen waren", während „die polnischen Familien ... vorwiegend aus Lagern [kamen], oder es waren Witwen, deren Männer im Lager gestorben waren. Ich schrieb also ein ... Protokoll ... mit der folgenden Schlussfolgerung ...: Der Vorwurf der Ausnutzung und Benachteiligung der Juden bei der Verteilung von Zuwendungen hatte sich nicht bestätigt, ich vermutete jedoch, dass [der Vertrauensmann] verbal seinen Antisemitismus zum Ausdruck brachte."[45]

In Interviews jedoch, die 1943 in Teheran geführt wurden, gaben alle Arten von jüdischen Flüchtlingen – Gewerkschafter, Zionisten, Bundisten, ja sogar Nationalisten, die ansonsten stramm hinter der polnischen Regierung standen – übereinstimmend an, dass es beim Zugang zu und der Verteilung von Hilfsgütern zu einer ganz beträchtlichen Benachteiligung der Juden gekommen war. Dasselbe stellten auch nichtjüdische Organisationen wie das Amerikanische Rote Kreuz sowie Offiziere der britischen Armee fest.[46]

Wenn bei Kot Beschwerden aus New York und London oder auch von den Flüchtlingen selbst eingingen, dann schickte er Mitarbeiter los, um eine Untersuchung durchzuführen (in einem Fall nahm er dies auch selbst in die Hand). So entstanden etliche Untersuchungsberichte, die heute – in viele, viele Archivschachteln gestopft – in den Beständen der Hoover Institution schlummern. Unter ihnen befindet sich auch ein 191-seitiger Bericht „Über die Hilfsleistungen an die jüdische Bevölkerung in der Sowjetunion", der von Tabellen, Diagrammen und Zahlen nur so strotzt. Sein Zweck war es, wie die Einleitung festhält, „unrichtigen Auffassungen entgegenzutreten, auch den aus internationalen jüdischen Kreisen geäußerten, was das Engagement der polnischen Regierung zur Unterstützung der in die UdSSR verschleppten polnischen Juden betrifft". Dieser Bericht, der von der polnischen Botschaft in London angefertigt wurde, enthält auch die Information, dass im Jahr 1942 nur eine sehr kleine Zahl von Flüchtlingen überhaupt Hilfszuwendungen erhielt; und dabei ist der Anteil der jüdischen Begünstigten noch einmal unverhältnismäßig klein: 3261 Polen und 726 Juden erhielten Hilfsgüter.[47] In einem anderen Bericht über die Hilfszuwendungen an *jegliche* polnischen Staatsangehörigen im Jahresverlauf 1943 heißt es, 33,9 Prozent der in der Botschaft mit Hilfsgütern Versorgten seien Juden gewesen.[48] Allerdings war der größte Teil der polnischen Staatsangehörigen bis 1943 bereits in den Iran evakuiert worden.

Durch die Quellenauswahl in dem Band über seine „Unterhaltungen mit dem Kreml" legt Stanisław Kot nahe, dass die sowjetischen Behörden sich massiv, aber mit List in die Angelegenheiten der polnischen Exilregierung einmischten, auch und gerade, was die Verteilung von Hilfsgütern und die Ernennung von „Vertrauensleuten" anging. In New York teilten Vertreter der Exilregierung dem JDC mit, es seien die Sowjets, die jüdische Kandidaten von den Leitungsposten der „Vertretungen" fernhielten.

Auch gab es immer wieder und allerorten Berichte über Diebstähle und Unterschlagungen, woraus sich schließen lässt, dass – ganz gleich, ob nun von höchster Ebene befohlen oder „nur" aufgrund individueller Fehltritte – die auf sowjetische Schiffe verladenen Hilfslieferungen oft nur unvollständig an ihr Ziel gelangten. „Natürlich gelangte nicht alles ans Ziel", erinnerte sich Aleksander Wat. „Schon an den Eisenbahnknotenpunkten und an der Grenze verschwand ein Teil. Es gab ganze Netze von Dieben, etliche solcher Netze. ... Wenn die Spenden in die Magazine gebracht wurden, gab es die nächsten Diebstähle, der Lagerhalter, der Aufseher, alle stahlen, auch Mitglieder der Vertretung selbst. Trotzdem gab es noch viel, es wurden Spenden an die Leute verteilt ..."[49]

*

Es war nicht leicht, im Gespräch mit Magda das heikle Thema Antisemitismus anzusprechen; jedes Mal, wenn ich es versuchte, wich sie aus. Ich mochte sie, war ihr dankbar: Sie hatte mich bei sich zu Hause aufgenommen, mich verköstigt und mir ein warmes, gemütliches Nest geboten. Tagelang war sie mit mir durch Ostrów und durch Warschau gezogen, hatte mich Leuten vorgestellt, mich zu Archiven gefahren, hatte polnische Dokumente für mich übersetzt. Ihre Großzügigkeit schien keine Grenzen zu kennen, ihre Vorstellung von unserer „gemeinsamen Vergangenheit" wirkte aufrichtig, beinahe anrührend, jedenfalls verführerisch. Vorsichtig sprach ich das Thema an, zaghaft und zögernd, und erst am dritten Tag, den wir zusammen verbrachten. Ich erzählte ihr von den „Pogrömchen", die meine Tante Regina mir beschrieben hatte, und die sich in den Jahren vor dem Krieg ereignet hatten; von der schlimmen Tracht Prügel, die Wolf Teitel, der Cousin meines Vaters, hatte einstecken müssen, nachdem er 1936 bei den Aufnahmeprüfungen für das Warschauer Polytechnikum als Bester unter allen Bewerbern abgeschnitten hatte – Prügel, die so brutal gewesen waren, dass sie Wolf dazu gebracht hatten, Polen zu verlassen und stattdessen – unter dem Namen Zeev – am Technikum in Haifa zu studieren.

„Als ich meinen Vater nach der Zeit vor dem Krieg gefragt habe", sagte Magda mir, „meinte er, dass die Rädelsführer damals nicht aus unserer Stadt kamen, sondern ONR-Mitglieder waren" – Aktivisten der rechtsextremen, antisemitischen Partei Obóz Narodowo-Radykalny („Nationalradikales Lager") –, „die in einem Bus hierherkamen, mit Armbinden und allem drum und dran. Als sie in unseren eigenen Hinterhof kamen und angefangen haben, die Zelte einzureißen, die unsere jüdischen Mieter dort für das Laubhüttenfest aufgebaut hatten, hat meine Urgroßmutter Anya Mujek ihnen mit dem Schnitzelhammer gedroht. Eine ganz normale Frau war das. Das war unser Hinterhof, und die jüdische Familie, das waren ja unsere Hausgenossen, und mit dieser Gewalt wollte sie nichts zu schaffen haben."

„Wenn das Leute von außerhalb waren, die hier eingedrungen sind, warum hat die Ortspolizei sie dann nicht festgenommen?"

„Als ich meinen Vater das gefragt habe, meinte er nur: ‚Mein Gott, die Polizei hier in der Stadt, das waren vielleicht fünf Schutzleute. Als die gesehen haben, dass da ein Bus voller junger Burschen ankommt, die auf Streit aus sind, haben sie sich auf ihrer Wache versteckt, aus Angst.' In dieser Situation waren die Juden und auch einige Polen ganz allein mit dieser Aggression. Von der Seite des polnischen Staates wurde auch nicht genug unternommen, um das zu unterbinden", sagte Magda.

Dabei wusste ich aus den Memoiren von Wolf Teitel, dass das ONR in Ostrów eine eigene Ortsgruppe gehabt hatte.

„Sogar die Familie Radwansky, die ganz entschieden Unterstützer von Roman Dmowski waren [dem Anführer der ebenfalls antisemitischen Endecja-Bewegung], haben das nicht gutgeheißen, diese Gewalt gegen die Juden hier in der Stadt", sagte Magda. „Die Ostrówer damals waren traditionsgebunden, ja, fromme Katholiken, das schon, aber nicht radikal, nicht gewalttätig. Sie waren so wie ich. Sie waren auch so wie deine Familie: Leute, denen die Nation etwas bedeutete und die traditionellen Werte – keine Mörder."

Gegen Ende meines Aufenthalts überreichte Magda mir eine „Überraschung", die sie für mich vorbereitet hatte. Bei ihrer Recherche im Instytut Pamięci Narodowej (IPN, „Institut für Nationales Gedenken"),* wo sie nach Informationen zu dem Gerichtsprozess gegen den Mörder ihrer Großtante geforscht hatte, war sie auf eine „Familienakte Teitel" gestoßen, die zwischen 1967 und 1971 angelegt worden war. Darin enthalten waren die Ergebnisse eines Ermittlungsverfahrens gegen die Familie; der Vorwurf lautete auf *syjonizm* – Zionismus. Unter anderem wurde gegen Hannans Großvater Michel Teitel ermittelt (der schon vor dem Zweiten Weltkrieg verstorben war!), gegen Michels Bruder Berek Teitel (die beiden wurden als „Eigentümer des *browar*" geführt); gegen Bereks Frau Chaja, die als „gebildet und fließend mehrsprachig" charakterisiert wird; gegen Jacub Teitel, seines Zeichens „Lieferant von Möbeln und sonstiger Ausstattung nach Komorowo" (einer Offizierssiedlung der polnischen Armee in der Nähe von Ostrów); gegen Hersz Teitel, „Unternehmer"; sowie gegen David, Abram, Josef, Bejta und Suza Teitel, die mir allesamt unbekannt waren. Und alle waren sie „syjonistischer" Umtriebe verdächtigt worden.

„Dein Urgroßvater ist ein Anhänger des Zionismus gewesen, und dabei war den Kommunisten ja jede Art von Nationalismus verhasst!" Es schien Magda nicht im Geringsten zu empören oder auch nur zu erstaunen, dass da gegen eine Familie, deren Angehörige dreißig Jahre zuvor ermordet oder zumindest aus Polen vertrieben worden waren, eine ganz offenbar völlig an den Haaren herbeigezogene Untersuchung angestrengt wurde; sie meinte, so etwas sei eben das routinemäßige Vorgehen des UB gewesen, des polnischen „Ministeriums für Öffentliche Sicherheit", das Ende der 1960er-Jahre mitverantwortlich war für ein Wiederaufflammen des Antisemitismus in Polen, für „Säuberungen", Anfeindungen und Übergriffe. Bei Magda jedoch überwog, wie mir schien, die Erleichterung darüber, dass die Teitels „nur" Zionisten gewesen waren – wenigstens keine Bundisten oder Kommunisten! Magda war, wie sie mir erzählte, mit dem Klischee vom „jüdischen Kommunisten" aufgewachsen. Ihre lokal-

---

* Eine Art polnisches Pendant – mit gewissen Abweichungen – zur deutschen Stasi-Unterlagen-Behörde. Das im Folgenden erwähnte UB (Urząd Bezpieczeństwa, „Ministerium für Öffentliche Sicherheit") war in der unmittelbaren Nachkriegszeit bis 1954 das polnische Äquivalent zum Ministerium für Staatssicherheit der DDR (Anm. d. Übers.).

historischen Forschungen zu Ostrów hätten ihr jedoch klargemacht, dass „es absolut nicht zutrifft, unsere Juden wären typischerweise Kommunisten gewesen. In unserer Stadt glaubten die Juden an die nationale Idee, an das polnische Vaterland, und an traditionelle Werte, so wie alle anderen auch. Ich glaube, in der herrschenden polnischen Geschichtsschreibung kommen Leute wie wir überhaupt nicht vor", sagte sie mit einem Seufzen. „Leute wie wir": Damit meinte sie *uns*, sich selbst und mich.

Später am Abend nahm Magda mich zu einem Essen mit einigen ihrer Freunde mit: dem Journalisten Bronisław Wildstein, vormaliger Geschäftsführer des öffentlich-rechtlichen polnischen Fernsehsenders Telewizja Polska; Dorota Skrzypek, Witwe des früheren Präsidenten der Polnischen Nationalbank Sławomir Skrzypek (der im Jahr 2010 bei dem Absturz eines polnischen Regierungsflugzeugs im russischen Smolensk ums Leben kam, bei dem unter zahlreichen Angehörigen der politischen, militärischen und wirtschaftlichen Elite des Landes auch der polnische Staatspräsident Lech Kaczyński gestorben ist; die Delegation war auf dem Weg zu einer Gedenkveranstaltung für die bei Katyn ermordeten polnischen Offiziere); dann noch ein prominenter katholischer Geistlicher und einige andere. Das Dinner war wunderbar, es gab eine ganz hervorragende Bouillabaisse und dazu die passenden französischen Spitzenweine. Ich kam mir vor wie Aleksander Wat in Alma-Ata, der sich von der Crème de la Crème des konservativen Polen fürstlich bewirten lässt – es war einfach herrlich.

Anders als alle meine amerikanischen – und die meisten meiner israelischen – Akademikerfreunde dachten meine polnischen Tischgenossen nicht im Traum daran, die „nationale Idee" zu dekonstruieren oder auch nur zu relativieren – sondern sie hielten sie in allen Ehren, von ganzem Herzen, mit aller Sentimentalität und vollkommen unkritisch. Die Nation, Polen, war für sie das, was für mich in meiner Jugend Israel gewesen ist (und für die meisten Israelis wohl noch heute bleibt): etwas, das man unter allen Umständen liebt und verteidigt und niemals infrage stellt; ein unbezweifelbar sicherer Hafen, eine feste Burg in einer feindlichen Umwelt, gegen alle Art von Nachstellungen und Gewalt. Und das keineswegs nur so dahingesagt: Wildstein beispielsweise, der als junger Mann Mitglied einer antikommunistischen Studentengruppe an der Jagiellonen-Universität in Krakau gewesen war, hatte ins Exil gehen müssen, nachdem einer seiner Mitstreiter, Stanisław Pyjas, unter mysteriösen Umständen eine Treppe hinuntergestürzt und dabei gestorben war. Von dem

Flugzeug, bei dessen Absturz Dorotas Ehemann ums Leben gekommen war, glauben viele Polen – und glaubten definitiv alle an unserem Tisch –, dass es von den Russen abgeschossen wurde. Ich verstand ihre Denkweise nur zu gut. Aber das Problem war natürlich der Preis, den all jene zu zahlen hatten, die draußen bleiben mussten – die sich in der wohligen Geborgenheit des Vaterlandes eben nicht fühlen konnten wie in Abrahams Schoß, sondern die als „Feinde des Vaterlandes" und als „nationale Bedrohung" ins Visier genommen wurden. Sie waren die Opfer jener Gewalt, ohne die kein Vaterland auskommt.

*

Diese Art von Fragen – wer war ein echter Angehöriger des polnischen Volkes im Exil und wer nicht? – rückten in den Vordergrund, als es in Usbekistan darum ging, ob es polnischen Juden erlaubt sein sollte, als Soldaten in der sogenannten Anders-Armee Dienst zu tun. Kot hatte Anders ermahnt, die „Judenfrage" zu bedenken (an Sikorski schrieb er, dass der General in dieser Hinsicht wohl keine Probleme bereiten werde), und anfangs hieß Anders die jüdischen Polen in seiner polnischen Armee auch mit offenen Armen willkommen. Aber als bekannt wurde, dass 40 Prozent – so Kot – oder sogar 60 Prozent – laut Anders – der Soldaten in den zuerst aufgestellten beiden Einheiten Juden waren, wurde dies doch zum Problem.

In einer Besprechung mit Stalin, berichtet Kot, habe er sich darüber beklagt, dass „nicht einer der Offiziere im Stab von Anders' Armee, die er in Polen kommandierte", aus den „Gulags von Starobielsk, Kozielsk und Ostaszków"[*] gekommen sei, sondern dass stattdessen „die ersten, die man aus den Lagern gelassen hat, … ausgerechnet die am wenigsten zu körperlicher Arbeit Geeigneten [waren], insbesondere das städtisch-jüdische Element". Anders hielt, wie Kot berichtet, die meisten der polnischen Juden, die in seine Armee aufgenommen werden wollten, für „Spekulanten" oder „verknackte Schmuggler", und verlieh zudem seiner Überzeugung Ausdruck, dass im Allgemeinen „das jüdische Element dem Kriegsdienst nicht zuneigt". „Niemals werden aus

---

[*] In Starobilsk, Koselsk und Ostaschkow in der heutigen Ukraine, Weißrussland beziehungsweise Russland befanden sich sowjetische Sonderlager für polnische Kriegsgefangene (Anm. d. Übers.).

denen gute Soldaten", sagte er – eine Einschätzung, die Stalin teilte, indem er zustimmte, dass „die Juden lausige Soldaten abgeben".[50]

Ganz im Gegensatz zu den Auffassungen, die in Kots Unterredung mit Stalin geäußert wurden, standen Dutzende von Zeugenaussagen, in denen ich auf polnische Juden stieß, die durchaus in der Anders-Armee kämpfen wollten, aber abgewiesen wurden:

> „Mein Vater wollte ins polnische Militär eintreten, aber man wollte ihn nicht.

> Mein Vater, als Chauffeur, bemühte sich, zur polnischen Armee zu kommen, aber man wollte ihn nicht, weil er Jude war.

> Ich fuhr nach Taschkent, wo eine polnische Armee entstand. Man nahm gern Polinnen zu den weiblichen Truppen, aber keine Jüdinnen.

> Als die Nachricht von der Gründung einer polnischen Armee eintraf, fuhren mein größerer Bruder und mein Onkel Meir nach Samarkand, aber man wollte sie nicht. Mein Onkel war verzweifelt, und er starb an Hunger, und nach ihm starb sein Sohn Motel."[51]

Schon bei der Aufnahme in die Anders-Armee ging es, wie diese Zeugenaussagen und andere Berichte von Überlebenden zeigen, um Leben und Tod – nicht nur für den Soldaten selbst, sondern auch für seine Angehörigen. Bei der Armee gab es Essen und Medizin. „Unabsichtlich und verzweifelt sorgten Tausende von polnischen Zivilisten dafür, dass die Militärlager sich in Essensausgabestellen für Flüchtlinge verwandelten", schreibt Helena Wiśniewska Brow, deren Vater Stefan Wiśniewski damals ein polnischer Flüchtlingsjunge war und einen Bruder in der Anders-Armee hatte. „Jeder Pole, der sich in Usbekistan als Soldat verpflichtete, hatte bereits einiges erlebt und überlebt, war abgehärtet ... und hatte in seinem Umfeld hungernde Angehörige, denen er Lebensmittel verschaffen musste. ... [Die Soldaten] erhielten Unterkunft und Essen und teilten ihre Rationen mit ihrer dankbaren Familie." Als katholischer Pole wurde Stefan Wiśniewski umstandslos in die Anders-Armee aufgenommen. Auch andere katholische Polen erwähnen keinerlei Musterung oder sonstige Vorbedingungen für ihre Aufnahme, sondern merken lediglich an, dass sie oder ihre Angehörigen „eingerückt" oder „zur Armee gegangen" seien. Stefans ältere Geschwister Roman und Regina „gingen", wie seine heute in Neuseeland lebende Tochter es ausdrückt, im usbekischen Ferganatal „zur Armee". Dort hatten sich Tausende von Juden, Polen und Ukrainern versammelt, die allesamt „einrücken" wollten. Im Februar 1942 versuchte die Armeeführung, den Anteil ethnischer Polen unter den Soldaten durch eine Absenkung des Mindestalters bei Eintritt anzuheben; dazu wurde die Kadettenorganisation Junakis ins Leben gerufen. Stefans fünfzehnjähriger Bruder „rückte ein". Stefan erinnerte sich später daran, wie er „regelmäßig im Heerlager vorbeischaute, um Fresspakete abzuholen – zumeist zuckrige, harte Brocken von getrocknetem Brot", die ihm seine „Geschwister bei der Armee" zukommen ließen.

Der kleinen Joanna Synowiec, damals ebenfalls ein katholisches Flüchtlingskind, kam zu Ohren, dass „nicht weit entfernt, bei Fergana, die polnische Armee war" und „polnische Soldaten sich um die polnischen Kinder kümmerten, die zu ihnen kamen". Als sie schließlich ein „Haus mit einer polnischen Fahne [erreichten], … war da solch ein überwältigendes Gefühl der Erleichterung darüber, dass wir es geschafft hatten – wir waren bei den Polen! … Alle hießen uns auf das Herzlichste willkommen und es gab Reis zu essen".[52]

„Es wiederholte sich, was man aus dem Polen der Vorkriegszeit schon kannte", schrieb später der Elektriker Simon Perl, den die polnische Armee im Ferganatal damals abgewiesen hatte: „Die Polen hat man selbstverständlich genommen, während die Juden allesamt mit ‚D' gemustert wurden – ‚nicht kriegsverwendungsfähig'. Selbst die wenigen, die man zunächst verpflichtet hatte, wurden später unter fadenscheinigen Begründungen wieder hinausgeworfen. Schließlich war auch ich an der Reihe, vor die Musterungskommission zu treten; mit mir zusammen ging Richterman, ein Leistungsschwimmer. Beide wurde wir mit ‚D' gemustert."[53]

„Kriegsversehrte, verwachsene, bucklige und einäugige Polen hat man für tauglich befunden", erinnerte sich Meir Lustgarten, Sohn einer jüdischen Bauernfamilie aus Westgalizien. Obwohl auch er zunächst „ohne jede Schwierigkeit von der Armee genommen" worden war, erhielt er wenig später den Befehl, sich bei einer Kommission von Truppenärzten zu melden, die seine körperliche Tauglichkeit mit „D" einschätzte und ihn aus dem Dienst entließ.[54]

Sogar jüdischen Soldaten, die zu Beginn des Zweiten Weltkriegs in der polnischen Armee gekämpft hatten, wurde die Aufnahme in die Anders-Armee verwehrt – oder man legte ihnen mit deutlichen Worten nahe, es gar nicht erst zu versuchen. Michael Licht, ein vormaliger Sportlehrer, der in der polnischen Armee gedient hatte, wurde zunächst als untauglich gemustert, dann doch angenommen, aber schon zehn Tage später wieder entlassen, zusammen mit den anderen jüdischen Soldaten aus seiner Einheit. Schon bei Kriegsausbruch hatte David Lauenberg, ein Kadett der polnischen Armee, die ganze Nacht vor einer Musterungsstelle in Kremina angestanden („im Grunde nur, um mich zum Dienst zu melden, denn ich war ja niemals aus der Armee entlassen worden") – aber nachdem man ihn dort beschimpft und beleidigt hatte, entschied er sich anders und ging nach Hause.[55]

In seinem ein Jahr später verfassten Bericht schob Kot die Abweisung und Entlassung polnischer Juden seitens der Anders-Armee den sowjetischen Behörden in die Schuhe, indem er einen Befehl zitierte, den der sowjetische General „Szczerbakow" (Schtscherbakow) im kasachischen Alma-Ata ausgegeben hatte: Darin forderte Schtscherbakow, dass alle polnischen Staatsbürger jüdischer Herkunft zum Dienst in der Roten Armee verpflichtet werden sollten.[56] Und doch kommen in den Erinnerungen und Berichten derer, die damals als junge jüdische Männer von der Anders-Armee abgewiesen oder schon kurz nach Dienstantritt wieder entlassen wurden, die Ablehnungen und Schmähungen ausschließlich aus dem Mund der polnischen Militärs. „Während ich in der Schlange wartete", sagte etwa David Lauenberg aus, „hörte ich die polnischen Soldaten sagen: ‚Wie sollen wir nur diese dreckigen Juden loswerden? Überall drängeln die sich hinein.' … Ich war bis ins Innerste erbost. Da komme ich und will mich zum Dienst melden, und diese Polen – mit denen wir ja Seite an Seite das Grauen des Gulags durchgestanden hatten! –, für die war ich wieder nur ein dreckiger Jude."[57]

Es gab auch Ausnahmen. Der sechzehnjährige Jocek Schenkelbach wurde von einer „Junek-Schule" für junge Armeekadetten angenommen und kam mit ihr in den Iran. Bei seiner Aufnahme sagte man ihm, dass es unter den Kadetten keine weiteren Juden gebe und auch er sich durch gute Führung bewähren müsse. „Die ersten zwei Wochen waren sehr hart", erinnerte er sich, „aber sie gingen vorbei. Sie gewöhnten sich an mich und ich gewöhnte mich an sie."[58]

Jehuda Pompiansky tat Dienst in einem rein jüdischen Bataillon der Anders-Armee. In seiner Zeugenaussage lobt er den befehlshabenden Offizier seiner Einheit, einen gewissen Oberst Galadyk, als „einen Liberalen, einen Sozialisten", der „uns tadellos behandelt hat". Jenes jüdische Bataillon, das von Anders – der im Übrigen von Anfang an dagegen gewesen war – später wieder aufgelöst wurde, war unter anderem deshalb aufgestellt worden, weil in anderen Einheiten Vorwürfe laut geworden waren, die jüdischen Soldaten würden schlecht behandelt. „Man dachte, unsere Einheit würde jetzt die ‚Ghettotruppe'", berichtete Pompiansky, „aber das Gegenteil war der Fall. ... Wir waren bestens ausgerüstet, in unserem Lager herrschte Disziplin, wir selbst waren gedrillt und durchtrainiert. Unsere Leutnante und Unteroffiziere waren Juden. Wir haben jede Menge Sport getrieben, und das hat die Moral der Truppe sehr gestärkt ... Ich bin nie schlecht behandelt worden – vielleicht auch, weil ich einen polnischen Nachnamen habe und ein lupenreines Polnisch spreche."[59]

Ein Bericht des JDC, für den sowohl katholische als auch jüdische Soldaten der polnischen Armee im Iran befragt wurden, sollte später feststellen, dass „es über alle Teile und Dienstgrade [der Anders-Armee] hinweg Meldungen antisemitischer Vorfälle gegeben hat". Löbliche Ausnahmen wie der Armeebischof Józef Gawlina und der bereits erwähnte Oberst Galadyk werden zwar durchaus genannt – doch schließt der Bericht mit der Aussage eines polnischen Offiziers, dass „wenn nicht nach dem Krieg die Alliierten in Polen einrücken, ... man Hunderttausende Juden ‚pogromieren' [wird]".[60]

*

In Zentralasien also, auf dem Rücken polnischer Juden, auf dem Rücken meines Vaters und dem Rücken von Flüchtlingen wie ihm und seiner Familie, wurde die Schlacht um die Zukunft Polens geschlagen. Doch was für ein Polen würde es sein? Eines ohne Juden? Ein Satellitenstaat der Sowjetunion?

Aus sowjetischer Sicht begann der Kampf um Polen schon mit einem Satz wie diesem: „So sicher, wie du deine eigenen Ohren nicht siehst, wirst du auch Polen nicht mehr wiedersehen!" Nicht nur Hannan, sondern auch fast alle anderen Zeitzeugen, deren Aussagen und Erinnerungen ich durchgegangen bin, haben derartige Sätze in den Siedlungen und Gulags immer wieder zu hören bekommen. Das waren keine vereinzelten Provokationen, sondern vielmehr der planvolle Versuch der Sowjets, die polnischen Flüchtlinge zu „depolonisieren".

Für die polnische Exilregierung drehte sich im Kampf um Polen letztlich alles um seine jüdischen Bürger, weil man ihnen am ehesten zutraute, die internationale Meinung im Sinne der polnischen Sache zu beeinflussen. Aber zugleich sah man in den polnischen Juden auch Feinde Polens, Staatsfeinde im Inneren – eine fünfte Kolonne, die im Herbst 1939 die sowjetischen Eroberer ihrer Städte und Dörfer mit offenen Armen empfangen hatte. Und so ergab sich aus den Tausenden von Dokumenten, die ich im Lauf der Jahre las – den Beständen der polnischen Botschaft in der Sowjetunion und der *delegaturas*, den Reaktionen und Interventionen des Joint Distribution Committee und anderer Akteure in den Vereinigten Staaten, London und Palästina –, ein Bild, das ich nach meinem Zusammentreffen mit Magda so lieber nicht mehr gesehen hätte (oder von dem ich zumindest gehofft hatte, es weniger stark ausgeprägt zu sehen): ein Panorama der Ausgrenzung, eine ganze Bandbreite von Vorfällen, bei denen Juden nicht nur überlebenswichtige Ressourcen vorenthalten wurden, sondern man ihnen sogar den polnischen Teil ihrer Identität absprach, während die polnischen Behörden standhaft leugneten, dass es eine solche Diskriminierung überhaupt gab.

In den polnischen Quellen wird die Schuld an den Verzögerungen und Einschränkungen, die bei den Hilfslieferungen an die Flüchtlinge auftraten, sowie auch für alle sonstigen Erschwernisse im polnisch-jüdischen Verhältnis durchweg den Sowjets angelastet. Aufgrund der Weisungen des NKWD, heißt es dann etwa, seien 90 Prozent der Juden, die bei den polnischen Rekrutierungsbüros vorsprachen, abgewiesen worden, seien die bereits verpflichteten jüdischen Soldaten entwürdigenden „Nachuntersuchungen" unterzogen und entlassen oder in reine Hilfseinheiten versetzt worden.[61] Diesen NKWD-Befehlen zufolge, heißt es weiter, die den auf polnischer Seite für die Rekrutierung und Musterung Verantwortlichen zugegangen sein sollen, hätten ethnische Minderheiten nicht mehr als 10 Prozent der Rekruten und nicht mehr als 5 Prozent der Unteroffiziere ausmachen dürfen.[62] Stanisław Kot berichtet, die Sowjetregierung habe die geplante Einrichtung regionaler polnischer Wohlfahrtskomitees abgelehnt und darauf bestanden, ihre eigenen „Vertrauensleute" zu ernennen, denen die polnischen Delegierten dann lediglich zuarbeiten sollten. Schon früh regte übrigens das JDC an, die Hilfsleistung an polnische Flüchtlinge zu beschleunigen, indem man die benötigten Versorgungsgüter nicht in Amerika, sondern im Iran beschaffte und den Flüchtlingen direkt zukommen ließe – und sie vor allem getrennt vom Nachschub für das Militär behandelte. Das, schreibt Kot, hätten die Sowjets abgelehnt.[63]

Anfang 1942 dienten in der Anders-Armee kaum mehr als ein paar Tausend jüdische Soldaten, die meisten von ihnen als Sanitätsoffiziere und sonstige unentbehrliche Spezialisten („Der Überschuss an Juden [in der Armee] ist durch die Aussonderung der körperlich weniger Geeigneten reduziert worden", verkündete Kot in einer Aktennotiz vom 5. Januar).[64] Manchen jüdischen Bewerbern, die bei der zentralen Rekrutierungsstelle der polnischen Armee in Jangijul, zwanzig Kilometer außerhalb von Taschkent, vorstellig wurden, stellte man eine Verpflichtung in Aussicht, sofern sie vorher zum Katholizismus konvertierten – was denn einige Hundert mindestens, wenn nicht sogar mehrere Tausend, auch taten. In einigen Fällen nahmen polnische Offiziere von Juden auch Bestechungsgelder an, wenn sie sie nur in der Armee Dienst tun ließen – woraus sich schließen ließe, dass kein generelles (sowjetisches) Verbot dagegensprach.[65]

Die Prügeleien und sonstigen antijüdischen Ausfälle unterschiedlicher Schweregrade gingen weiter, allen Bemühungen Kots zum Trotz, sie gleichzeitig einzudämmen und herunterzuspielen. Wer von den jüdischen Bewerbern doch angenommen wurde, musste in der Folge nicht selten erleben, dass ihm Versorgungsgüter, Kleidung oder Ausrüstung vorenthalten wurden; dass man ihn beleidigte, körperlich misshandelte oder sonst wie erniedrigte; dass man ihn unverhältnismäßig oft zu körperlicher Schwerstarbeit heranzog. Das „Judenbataillon" wurde aufgelöst. Sein Kommandeur, Oberst Galadyk, legte Beschwerde ein und äußerte dabei die Auffassung, eine Absonderung der jüdischen Soldaten sei zu deren Schutz unerlässlich: „Sie haben es besser in ihrem Kasernen-Ghetto ..., als wenn man sie mit Antisemiten und Hitler-Sympathisanten zusammensperrt."[66]

Bald schon wurden die Anschuldigungen und Berichte über antisemitische Vorfälle und Übergriffe auf jüdische Soldaten in der polnischen Armee von jüdischen Zeitungen in den Vereinigten Staaten und in Palästina aufgegriffen, und die Journalisten forderten die polnische Exilregierung in London auf, dazu Stellung zu nehmen. Am 14. November 1941 erließ daraufhin General Anders eine Direktive für seine Offiziere, um „den bösartigen Unterstellungen und dem Geschwätz hinter unserem Rücken ein Ende zu bereiten – beide gehen wohl von uns feindlich gesinnten Quellen aus –, es gäbe Antisemitismus bei der polnischen Truppe". Stattdessen sollten die befehlshabenden Offiziere „unerbittlich gegen jede Form von rassischem Antisemitismus vorgehen".

„Der Jude wird von denselben Gesetzen profitieren, die für alle Polen gelten; zu drastischen Maßnahmen gegen ihn kann es nur kommen, wenn er vergisst, wie die Uniform eines Soldaten der Polnischen Republik mit Stolz zu tragen ist – wenn er vergisst, dass er ein polnischer Bürger ist."[67]

Zwei Wochen später machte – als Reaktion auf den Unmut, den Anders' erste Mitteilung bei den polnischen Soldaten ausgelöst hatte – unter seinen Offizieren ein zweites Kommuniqué des Generals die Runde. (Nach dem Krieg sollte Anders behaupten, es habe sich dabei um eine Fälschung gehandelt.) In dieser zweiten Nachricht heißt es, er, Anders, sei sich der antisemitischen Ausbrüche innerhalb seiner Armee „sehr wohl bewusst", halte sie jedoch für „eine Antwort auf das treulose und oft feindselige Verhalten der ostpolnischen Juden in den Jahren 1939/40". Die polnische „Staatsräson" gebiete es im Moment, „die Juden [in der Armee] nicht zu ärgern", da „Antisemitismus der polnischen Sache den größten und unabsehbaren Schaden zufügen kann". Sobald jedoch die Polen wieder „Herren im eigenen Haus" wären, würden sie mit den Juden so verfahren, „wie die Größe und Unabhängigkeit unseres Vaterlandes sowie die allgemeine menschliche Billigkeit es erfordern".[68] Mit seiner Formulierung vom „treulose[n] … Verhalten" griff Anders Vorwürfe auf, die jüdische Bevölkerung der Städte im polnisch-russischen Grenzgebiet habe die „sowjetischen Invasoren" im September 1939 freudig willkommen geheißen – eine Sichtweise, die auch unter den polnischen Flüchtlingen in Zentralasien kursierte und deren Nachhall mir noch bei meinen eigenen Besuchen in Polen – mehr als fünfzig Jahre später – entgegenschlug.

*

Während meiner Woche in Ostrów besuchten Magda und ich auch den Gedenkstein für die ermordeten Juden der Stadt – und das Bürgermeisteramt sandte, auf ihre Anfrage hin, ein Blumengesteck. Als sie und ich dann nach Warschau zurückkehrten, nahm sie mich mit ins Museum für Polnische Geschichte, wo es gerade eine Ausstellung über „Das polnische London" gab. Durch die Ausstellung begleitete uns der Museumsdirektor Robert Castro, auch er einer von Magdas Freunden. Während des Krieges waren 400 000 Polen, unter ihnen die Mitglieder und Familienangehörigen der Exilregierung, aber auch große Teile des Militärs (darunter so gut wie alle Piloten der polnischen Luftwaffe) und der Intelligenz nach London geflohen und dort in vielen Fällen auch nach Kriegsende verblieben, wodurch die Polen zur größten Einwanderergruppe Englands wurden. Unter ihnen befanden sich auch etliche – zumeist assimilierte – Juden: Publizisten, Journalisten, deren Fotos und sonstige Hinterlassenschaften das Museum zusammen mit den anderen Exponaten in einem knallig-fröhlichen, alle Sinne ansprechenden Diorama aus Liedern, Theateraufführungen, Zeitschriften und Modeexponaten präsentierte. Das Ausstellungsplakat zierte ein kühner, mit Orden behängter und – ehrlich gesagt – ein wenig affektiert wirkender General Anders, den die kommunistischen Machthaber der Volksrepublik Polen nach dem Krieg zwar aller Ämter und Ehren entkleidet hatten, der inzwischen jedoch vollständig rehabilitiert war und sich – als eine heroische, charismatische Figur der polnischen Geschichte – bestens zum Werbeträger eignete.

Wir besuchten auch das Museum des Warschauer Aufstandes, einen beeindruckenden Bau mit allen Schikanen, wo interaktive Exponate mit Fotos, Filmausschnitten, Karten, Zeitzeugeninterviews, Waffen, einem Hubschrauber und einem 3D-Modell der Stadt Warschau – „vorher und nachher" – um die Aufmerksamkeit der Besucher konkurrierten. Allen gemein war, dass sie den Widerstand der Polnischen Heimatarmee als die heroische Keimzelle von Polens „Wiedergeburt" präsentierten. Die Warschauer Juden und der Aufstand im Warschauer Ghetto, den es ja immerhin auch gegeben hatte, kamen in diesem Museum nicht vor, und das, obwohl das von den Deutschen dem Erdboden gleichgemachte Ghetto als ein riesiges schwarzes Loch auf der „Nachher"-Fassung des dreidimensionalen Stadtplans klaffte. Das Museum hatte nicht unerheblich zur Rehabilitierung der Heimatarmee-Kämpfer beigetragen, die im kommunistischen Polen geächtet waren. Noch am Abend vor meinem Besuch in der Ausstellung hatte mir eine befreundete deutsche Holocaust-Historikerin in einer E-Mail geschrieben, das Museum des Warschauer Aufstandes präsentiere „eine Disneyland-Version der polnischen Geschichte". „Die Polen sind geradezu besessen von der Heimatarmee", meinte sie. „Heimatarmee hier, Heimatarmee da. Dabei hat die Heimatarmee einiges auf dem Kerbholz: Sie hat keinen Finger gerührt, um den Aufstand im Warschauer Ghetto zu unterstützen; sie hat Juden aus ihren Reihen ausgeschlossen und diejenigen, die doch für sie gekämpft haben und dabei umgekommen sind, auch nicht annähernd genug gewürdigt."

Ich wiederholte Magda gegenüber, was meine Freundin geschrieben hatte. „Der Zweck der Heimatarmee war es, gegen die Deutschen und die Sowjets zu kämpfen", schoss sie zurück, „und nicht etwa, polnische Zivilisten zu verteidigen, von den polnischen Juden ganz zu schweigen, das waren ja die Allerschwächsten." Sie erzählte mir, dass am nächsten Jahrestag des Aufstands im Warschauer Ghetto zwei Scheinwerferstrahlen das Museum des Warschauer Aufstandes (wo ihr Ehemann Darek stellvertretender Direktor war) mit dem Museum für die Geschichte der polnischen Juden verbinden und so „die beiden Aufstände in unserer Stadt miteinander verknüpfen" sollten.

„Der Aufstand im Warschauer Ghetto *war* ja eine militärische Aktion", kommentierte dies die deutsche Historikerin in ihrer nächsten E-Mail. „Aber als Mordechai Anielewicz [der Anführer der ŻOB, der Żydowska Organizacja Bojowa, „Jüdische Kampforganisation", und einer der Initiatoren des Aufstandes] die Heimatarmee anflehte, sie sollten den Juden mit Waffen aushelfen, haben die ihn einfach ignoriert. Mal ganz abgesehen davon, dass manche Angehörige der Heimatarmee es nicht beim Ignorieren belassen, sondern Juden auch ganz aktiv selbst getötet haben."

Als ich Magdas Mann Darek diese Einwände meiner Freundin vortrug, während wir durch „sein" Museum gingen, zuckte er nur mit den Achseln und meinte: „Die Deutschen verstehen unser Museum nicht, begreifen nicht, was wir hier vermitteln wollen. Sie glauben, sie selbst hätten die Nation überwunden, wären am ‚Ende der Geschichte' angelangt: postnational, posthistorisch ... Für uns Polen aber – und auch für Euch Israelis –, hat die Geschichte doch gerade erst angefangen!"

*

Am 1. Dezember 1941 erließ die sowjetische Regierung die Anweisung, dass – mit Ausnahme ethnischer Polen – alle polnischen Staatsangehörigen, die am 1. November 1939 in Gebieten wohnhaft gewesen waren, die früher einmal zum russischen Zarenreich gehört hatten, fortan als sowjetische Staatsangehörige zu betrachten seien. Als eine jüdische Nachrichtenagentur den sowjetischen Botschafter in den Vereinigten Staaten, Maxim Litwinow, zu dieser Ankündigung befragte, antwortete dieser (der als Meir Wallach-Finkelstein im damals russischen Białystok zur Welt gekommen war), dass nun eben diejenigen Juden, die auf vormals russischem Territorium gelebt hatten – wie etwa Ruchela Teitels Mutter Esthera Averbuch – Sowjetbürger seien.[69]

Diese „Sowjetisierung" – bei der man den Juden und den Angehörigen anderer Minderheiten, die in den betreffenden Grenzgebieten zusammen jedoch eine Mehrheit der Bevölkerung ausgemacht hatten, ihre polnische Staatsbürgerschaft wegnahm und sie kurzerhand zu Bürgern der Sowjetunion erklärte – war ein weiterer Schachzug im Ringen um die Zukunft der ganzen Region. Kot machte sowohl in Moskau als auch in London geltend, dass die polnischen Juden „unter gar keinen Umständen unter russische Herrschaft geraten" wollten und deshalb polnische Staatsangehörige bleiben sollten.[70] Er argumentierte, die polnischen Juden hätten in der Sowjetunion bereits so viel „Leid und Erniedrigung" erfahren, dass dies bei ihnen „Gefühle der Verachtung und sogar des Hasses Russland gegenüber" hervorgerufen habe, selbst bei denjenigen Juden, die zuvor am „antipolnischsten" eingestellt gewesen seien, weshalb sie nun „das dringende Verlangen haben, in ihre kleinen Grenzstädtchen zurückzukehren, koste es, was es wolle", ganz so, wie es gewesen war, als sie noch auf polnischem Staatsgebiet gelebt hatten.[71]

Zum Beweis dafür, wie viel den polnischen Juden an ihrer polnischen Staatsangehörigkeit gelegen war – und wohl auch, um sich zugleich vom Vorwurf des Antisemitismus reinwaschen zu können –, veröffentlichte die Exilregierung Polens einen Brief von „sechs polnischen Bürgern mosaischen Glaubens" an „die hochwürdigen Herren Rabbiner der Vereinigten Staaten und Englands". Dieser Brief, der auch in dem 191-seitigen Bericht „Über die Hilfsleistungen an die jüdische Bevölkerung in der Sowjetunion" enthalten war, sollte dazu dienen, den anhaltenden Protest vonseiten jüdischer Hilfsorganisationen und Presseorgane zu beschwichtigen; er nannte die Diskriminierungsvorwürfe gegen die polnische Botschaft in der Sowjetunion „eine infame Lüge, die von Idioten absichtsvoll in Umlauf gebracht worden ist, um die polnische Gesellschaft zu entzweien", und beteuerte, dass seine Verfasser „gern polnische Bürger bleiben möchten", „um keine andere Staatsbürgerschaft angesucht haben" und die Rabbiner inständig baten, die polnische Regierung im Kampf für ihre – der polnischen Juden – Rechte zu unterstützen.

In seinem ein Jahr später verfassten Bericht geht Kot detailliert auf den zeitlichen Ablauf der Geschehnisse ein, die für die geflohenen Juden mit der Aberkennung ihrer polnischen Staatsbürgerschaft endeten. Nach der Amnestie, schreibt er, hätten freigelassene polnische Staatsangehörige – sowohl ethnische

Polen als auch andere – Übergangspapiere erhalten, die binnen drei Monaten durch vollwertige polnische Pässe ersetzt werden sollten; diese Pässe konnten jedoch – wegen technischer Verzögerungen – erst im März 1942 gedruckt werden, als die sowjetischen Behörden bereits begonnen hatten, die Übergangspässe mancher Polen zu verlängern, während sie die Papiere anderer – vor allem bei Angehörigen ethnischer Minderheiten – einzogen. Die polnische Botschaft jedoch habe, ganz im Einklang mit den Weisungen der Exilregierung, stets auf der polnischen Staatsangehörigkeit auch der jüdischen Polen bestanden, so Kot, und bei allen Behauptungen des Gegenteils handele es sich um sowjetische Propaganda. Er zitiert in diesem Zusammenhang einen gewissen Wiktor Brandes, dem während seiner Inhaftierung in einer „Sondersiedlung" Vertreter des NKWD gesagt hätten, die polnische Botschaft schere sich nicht um seine Freilassung, sowie einen anderen Häftling, dem man gesagt hatte, seine „Regierung habe ihn verkauft".[72]

Aus den Erinnerungen Aleksander Wats und anderer wird deutlich, wie wichtig vielen jüdischen Polen der Erhalt ihrer polnischen Staatsangehörigkeit war. Wat, der prominente, erst kürzlich zum Katholizismus konvertierte Intellektuelle, fühlte sich nur unter Polen wirklich heimisch – *selbstverständlich* sehnte er sich danach, nach Polen zurückzukehren! Nach einer Reihe von Irrungen und Wirrungen war er zwischenzeitlich in eine kasachische Kolchose deportiert worden, bevor er schließlich nach Alma-Ata kam. Dort erlebte er jenen entscheidenden Sinneswandel, den er sich später vergegenwärtigte: „Ich fühle mich so polnisch wie noch nie, ich bin Patriot, fast sogar Nationalist. ... Vom Israeliten zum polnischen Patrioten und dann zum polnischen Nationalisten. ... Ich fühle mich wie ein Fisch im Wasser."[73] Die anderen Insassen – chassidische Juden aus Galizien, jüdische „Schuster, Schneider, Anwälte und kleine Kaufleute" – träumten ebenfalls davon, nach Polen heimzukehren. Ein jüdischer Schuster namens Kamer, der aus dem mittelpolnischen Radom stammte, stiftete die anderen dazu an, sich gegen die sowjetischen Vereinnahmungsversuche zu wehren, hatte zusammen mit seinem Sohn schwerste Folterungen seitens des NKWD durchgestanden. „Kamer war ein leidenschaftlicher polnischer Patriot. Seine *nostalgia* nach Polen, sein Heimweh nach Radom, nach dem polnischen Leben – selbst mit seinen Antisemiten – war derart kraftvoll und echt, dass es mir nun, wenn ich ganz sachlich darüber nachdenke, vollkommen unbegreiflich erscheint", heißt es bei Wat, der nach dem Krieg zuerst nach Polen zurückgekehrt war, dann Ende der 1950er-Jahre wiederum ins Exil getrieben wurde und sich 1967 in Paris das Leben nahm.[74]

*

Am Tag bevor ich Polen verließ, wurde auf dem Platz vor dem klassizistischen Rathaus von Ostrów eine Ausstellung zum Thema „Das alte Ostrów" aufgebaut. Sie bestand aus acht großen Plakaten im Format DIN A0. Auf dem ersten war ein Foto der Brauerei Teitel zu sehen, das meinen Großvater Zindel Teitel, seinen Bruder Icok und noch ein paar andere Männer in langen Wintermänteln zeigte, die sich neben ihren Fahrzeugen im Hof der Brauerei aufgestellt hatten. Beschriftet war das Poster mit der Erklärung TEITEL BROCA BROWAR, 1885–1940 – nicht mehr und nicht weniger. Ich kannte das Foto, Regina hatte es mir in ihrem Album gezeigt – aber allgemein verfügbar war es meines Wissens nicht. Wer hier in Ostrów mochte wohl einen Abzug besitzen? Und wem „gehörte" die Geschichte der Brauerei überhaupt? Meiner Familie allein? Den Juden? Den Polen? Neben dem Aufsteller mit dem Poster posierte ein Brautpaar für ein Hochzeitsfoto: sie mit blondiertem Haar, er in einem Smoking aus Polyester, nicht mehr ganz taufrisch, die Zukunft von Ostrów. „Ich habe da so eine verrückte Idee", sagte Magda, während wir den beiden zusahen. „Ich finde, wir sollten einmal am Vorabend von Rosch Ha'schana auf dem Gelände vom *browar* Wein trinken und Kugel essen, ein Festmahl ganz so, wie deine Familie es hier vor dem Krieg immer gehalten hat." Ich lachte auf, gerührt, aber auch ein wenig skeptisch. Eigentlich hatten wir uns die ganze Zeit über in einem langen Verhandlungsprozess befunden, Magda und ich, wollten irgendwie eine Version der Geschichte zusammenbasteln, die uns beiden gehören konnte – und *gewisse* Zugeständnisse mussten dabei wohl beide Seiten machen. „Riczard hat mir erzählt, dass die Ostrówer Juden vor dem Krieg ‚zu nett' gewesen sind. Es ist nicht gut gewesen, dass sie das Gefühl hatten, sie müssten übertrieben freundlich sein. Das war nicht natürlich", sagte sie eines Abends. Es war ihr bestes Angebot.

Zwei Jahre später, 2015, wurde Andrzej Duda als Kandidat der rechtskonservativen Partei, unverhohlen nationalistischen Partei „Recht und Gerechtigkeit" (PiS) zum neuen polnischen Staatspräsidenten gewählt – und Magda Gawin wurde zur Unterstaatssekretärin im Ministerium für Kultur und nationales Erbe ernannt, als Generalkonservatorin der Republik Polen mit der nationalen Denkmalpflege betraut sowie in den „Rat zur Bewahrung des Gedenkens an Kampf und Martyrium" berufen. „Das ist alles nur wegen meiner Tante Jadwiga", sagte sie mir, als wir uns in London – kurz – noch einmal begegneten. „Bei meinen Forschungen zu Jadwigas Geschichte habe ich alles gelernt, was in diesem Job nötig ist." In den zwei Jahren seit meinem letzten Besuch in Polen hatte Yad Vashem Magdas Antrag, Jadwiga Długoborska als eine „Gerechte unter den Völkern" zu ehren, abgelehnt – „aus Mangel an Beweisen", wie es hieß. Aber die Regierung Duda hatte schon ihre eigenen Pläne und eröffnete schon bald darauf, 2016, in Markowa im Südosten Polens ein *Muzeum Polaków Ratujących Żydów Podczas II Wojny Światowej* („Museum für die Polen, die während des Zweiten Weltkrieges Juden gerettet haben"). Und noch zwei weitere Denkmäler sollen für die „Gerechten unter den Polen" gebaut werden: eines neben der Allerheiligenkirche am Plac Grzybowski in Warschau und eines in der Nähe des Museums für die Geschichte der polnischen Juden, auf dem Gelände des einstigen Warschauer Ghettos.

Anfang 2018 gab die Regierung Duda bekannt, dass sie den Bau eines Museums zum Warschauer Ghetto plane, das „von der wechselseitigen Zuneigung zweier Nationen erzählen [sollte], die hier, auf polnischem Boden, achthundert Jahre zusammen verbracht haben. Von Solidarität, Brüderlichkeit und historischer Wahrheit in allen ihren Facetten", wie Magdas Boss, der polnische Kulturminister Piotr Gliński, Journalisten gegenüber ausführte.[75] Einige Monate darauf teilte der israelische Historiker Daniel Blatman mit, er werde als leitender Historiker des neuen Museums amtieren. Magda traf ich noch einmal wieder, als ich zu Recherchen im Sikorski-Archiv am Prince's Gate in London war und sie zu einem offiziellen Staatsbesuch in Westminster. Sie war jetzt eine Regierungsvertreterin – und sogar noch undurchschaubarer als bei unseren letzten Gesprächen zu zweit, in Ostrów. Als ich ihr einen Artikel über polnische Internettrolle zeigte, die es auf die Online-Präsenzen britisch-jüdischer Zeitungen abgesehen hatten, dankte sie mir höflich für den Hinweis und erklärte, sie sei auch schon Opfer von Trollen geworden. Als ich ihr erzählte, dass man mir beim Sikorski-Archiv die kalte Schulter gezeigt hatte, meinte sie, die seien kühl zu jedem, selbst zu ihr. Als ich ihr offenbarte, dass ich nach allem, was ich über die Geschichte meines Vaters herausgefunden hatte, eine tiefe Traurigkeit darüber empfand, was er hatte durchmachen müssen, sagte sie nur: „So solltest du nicht über deinen Vater denken. Er hat überlebt, er war ein Held. Er hat teilgenommen am Krieg für ein unabhängiges Israel. … Aber ich verstehe ja, wie du dich fühlst; uns *beiden* hat man unsere Vergangenheit geraubt …" Aber immerhin öffnete sie mir einige Türen beim Sikorski-Archiv, deren Mitarbeiter mir nach Magdas Besuch sehr viel zuvorkommender begegneten. Und sie war kein bisschen weniger liebenswürdig und warm und umgänglich als drei Jahre zuvor – und ich, wiewohl vorsichtiger geworden, war nicht weniger von ihr bezaubert.

Als oberste Denkmalpflegerin Polens, erzählte mir Magda, war sie nun auch mit der Restaurierung des jüdischen Friedhofs von Warschau betraut und sollte 2019 auch mit der Rekonstruktion des jüdischen Friedhofs von Ostrów beginnen („wo deine ganze Familie begraben liegt"). „Nach dem Krieg", hatte meine Tante Regina mir erzählt, „haben die Polen den Friedhof eingeebnet." Außerdem leitete Magda ein groß angelegtes Übersetzungsvorhaben von Dokumenten der polnischen Exilregierung. „Die Dokumente belegen: Die Regierung war 100 Prozent OK", sagte sie. Wir schlenderten durch den St. James's Park, machten eine Zigarettenpause, unterhielten uns über unsere Jobs und unsere Kinder. Ich konnte mich des Gedankens nicht erwehren, dass genau so, wie die polnische Exilregierung sich weigerte, den überwältigenden Antisemitismus in ihren „Vertretungen" und ihrer Armee einzugestehen, Magda sich weigerte, der polnischen Vergangenheit ins Gesicht zu blicken; ich wusste, dass sie zumindest vermuten musste, wie ich über sie dachte. Aber zugleich war ich überzeugt davon, dass ihre Bemühungen aufrichtig waren und sie sich selbst als eine wahre Freundin aller Juden sah – ganz ähnlich vielleicht, wie Stanisław Kot sich in den 1940ern gesehen hatte. *Einerseits* war Magda eine polnische Patriotin, aber *andererseits* verurteilte sie den Antisemitismus der extremen polnischen Rechten. In einem gewissen Sinn stand sie auf der liberalen, pragmatischen Seite der amtierenden Regierung, so wie Sikorski und Kot es getan – oder zumindest versucht – hatten, als sie ihre Sehnsucht nach einem starken Polen mit ihrer Sehnsucht nach internationaler Anerkennung in Einklang bringen mussten. Und wie Sikorski und Kot zahlte sie dafür einen Preis, musste die Anfeindungen von Dutzenden nationalistischer und antisemitischer Online-Stalker über sich ergehen lassen, deren Untaten sie nun nicht müde wurde herunterzuspielen.

7

Samarkand

Die Stadt voller Flüchtlinge

Während die „Waggonladungen mit Spenden" aus den Vereinigten Staaten und von vielen anderen Orten nach Zentralasien rollten, befand mein Vater sich in Samarkand, wo alles voller Leichen lag. Leichen und Läuse überall – kleine, graue Kopfläuse und größere weiße Kleiderläuse, die sich mit dem Blut der Befallenen vollsogen, bis sie dick und rund waren. Zuerst pflückte Ruchela sie von den schmächtigen Körpern Hannans und Reginas und suchte dann ihren Mann ab, bevor Zindel wiederum sie entlauste und zuletzt auch noch die Decke, auf der sie alle schliefen. Über lebende Läuse, Läusekadaver und Läusekot verbreitete sich das Fleckfieber in der ganzen Stadt; allein in Samarkand starben Tausende an der Krankheit, der mit jeder neuen Flüchtlingswelle, mit jedem weiteren Evakuiertentransport frische Nahrung zugeführt wurde. Das frühere Flüchtlingskind Josek Klapholz beschreibt in seinen Erinnerungen, wie einer seiner Barackengenossen seinen langen Rauschebart in ein Gefäß mit „Läuseschreck" tauchte, einem vermeintlichen Wundermittel, für das er bei den Usbeken sein letztes Geld hergegeben hatte. Doch wenig später schnitt der Mann seinen Bart ab und begann zu verhungern: Sein ganzer Körper schmerzte, er verfiel in tiefste Mutlosigkeit – ein grausamer, quälend langsamer Tod, den der dreizehnjährige Josek, dessen eigener Vater bald ebenfalls an Hunger sterben sollte, in allen seinen schrecklichen Einzelheiten miterlebte.

Mein Vater, Regina, Ruchela und Zindel steckten sich in Samarkand allesamt mit dem Fleckfieber an. „Wir waren im Hospital", erinnerte sich Regina im Gespräch, „und ziemlich lange, glaube ich." Als Salar und ich zusammen mit Sergej und unserer Fremdenführerin Kamara das damalige Hospital aufsuchten, fanden wir ein hübsches Backsteingebäude mit Bogenfenstern und -türen vor, das in den 1940er-Jahren von improvisierten Holzbaracken umgeben war. Mir war nicht bekannt, ob hier etwas von den Medikamenten zum Einsatz gekommen war, die das Joint Distribution Committee (JDC) nach Zentralasien hatte einfliegen lassen – in manchen Berichten heißt es, die Krankenhäuser in Usbekistan hätten überhaupt keine Arzneimittel gehabt –, aber immerhin hat die ganze Familie das Fleckfieber überlebt.

Nach ihrer Entlassung aus dem Hospital waren die Teitels heilfroh, noch am Leben zu sein – aber sie waren auch geschwächt, noch ausgehungerter und noch ängstlicher als zuvor, wie mir Regina erzählte: „Nach der allerersten Zeit hatte unsere Mutter nur noch eine Sorge: dass wir wieder krank werden könnten. Alles andere konnte sie nicht kleinkriegen, nicht der Hunger, nicht das ständige Anstehen um Brot, aber wenn dein Vater oder ich auch nur das kleinste Anzeichen von Krankheit zeigten, war sie ganz verzweifelt." Tag für Tag reihten Hannan und Regina sich in eine Warteschlange ein, manchmal acht, manchmal achtzehn Stunden lang, um unter Vorlage ihrer Lebensmittelkarte die 400 Gramm *lapjuschka* einzulösen, die ihnen zustanden: 100 Gramm des usbekischen Fladenbrotes für jedes Familienmitglied. Und je mehr Flüchtlinge in die Stadt kamen, je häufiger Lebensmittel beschlagnahmt wurden, desto fester umklammerte Hannan das kleine Paket Brot, klemmte es unter den Arm, damit es ihm ja niemand entreißen konnte – und trotzdem geschah genau das eines Tages, als sie auf dem Rückweg von der Brotausgabe waren. „Wir haben die Nacht überlebt", sagte Regina, „aber dein Vater hat sich das selbst nie verziehen, dass er sich hat unser Brot stehlen lassen." Das sei „der schlimmste Tag von allen" gewesen, meinte sie.

Eines Tages entdeckten Hannan und Regina auf dem Weg zur Brotausgabe ein schmächtiges, schmutziges, verlaustes Mädchen von vielleicht sechs oder sieben Jahren, das sein Kleid zum Verkauf in die Höhe hielt. Es war ihre Cousine Emma Perelgric. Seit dem Tag, an dem sie mit Icoks Familie Richtung Norden nach Białystok abgebogen war, während die Teitels in Richtung Süden nach Siemiatycze gefahren waren, hatten sie sie nicht mehr gesehen. Da stand sie nun, mutterseelenallein, auf dem Basar von Samarkand: ein Tierchen mit einem ovalen Kindergesicht und großen braunen Augen.

In der Wasserstelle, aus der Emma und ihr Vater Adam Perelgric in der Kolchose „Dimitroff" getrunken hatten – vollkommen ahnungslos waren sie im Oktober 1941 dort eingetroffen –, brüteten, wie sich herausstellte, Moskitos der als Malaria-Überträger berüchtigten Gattung Anopheles. Binnen einer Woche nach ihrer Ankunft lagen Vater und Tochter auf dem harten Boden ihrer *kibitka* und wanden sich in Fieberkrämpfen und Schüttelfrost. Und nachdem man sie nach Samarkand ins Hospital gebracht hatte, lagen sie dort, schweißgebadet, mit dröhnenden Köpfen und Ohrensausen (Letzteres womöglich eine Nebenwirkung von Malariamedikamenten) mehrere Wochen lang getrennt voneinander. Nach etwa einem Monat hatte Emma sich einigermaßen erholt und man sagte ihr, sie werde nun in Samarkand in ein Waisenhaus gebracht. Niemand sagte ihr, dass ihr Vater schon Wochen zuvor gestorben war, aber sie hörte die Gespräche der Ärzte mit. Noch am selben Abend lief Emma aus dem Krankenhaus davon. „Ich wollte einfach kein kleines Usbekenmädchen mit Kopftuch werden", sagte sie mir, als ich sie in Tel Aviv interviewte. Irgendwie schlug sie sich durch, bis Ruchela und Hannan sie fanden, aber sie kann sich selbst nicht mehr erinnern, wie. Das Einzige, was sie noch ganz sicher wusste, war, dass sie nicht geweint hatte, weder bei der Nachricht vom Tod ihres Vaters noch davor oder danach.

Keines der „Kinder von Teheran" berichtet in seiner Zeugenaussage davon, geweint zu haben, wenn sie herausfanden, dass ihr Vater oder ihre Mutter oder eines ihrer Geschwister gestorben war. Dafür ist in vielen Erinnerungen gerade von diesem fehlenden Weinen die Rede: „Nicht eine Träne hab' ich vergossen", erinnerte sich etwa Joanna Synowiec, damals ein polnisches Waisenmädchen. „Ich konnte nicht weinen – ich wusste nicht, wie das geht. Weiß ich heute noch nicht." Joanna weinte nicht, als in Usbekistan nacheinander ihre Eltern starben, noch weinte sie, als später auch ihr fünf Jahre alter Bruder Henio starb, „ein hübscher, blonder Bub", dessen „Mutter" sie inzwischen geworden war. Henio starb allein in einem Teheraner Krankenhaus: „Morgens früh ist er gestorben ... hatte die ganze Nacht noch geschrien: ,Joanna soll kommen!'" Ihr Leben lang machte sie sich Vorwürfe, weil sie damals nicht bei ihrem Bruder gewesen war; aber dennoch weinte sie nicht.[1]

„Papa ist gleich neben mir gestorben", sagt der achtzigjährige Zeitzeuge Avram Raz in der Dokumentation *Die Kinder von Teheran*. „Aber niemand hat geweint. Mama nicht, ich nicht."

„Weinen war das Allerschlimmste", sagte Lydia Granot, ein weiteres der „Kinder von Teheran" aus dem gleichnamigen Film. In diesem Film weint übrigens auch niemand, weder Lydia noch die anderen Interviewten, selbst dann nicht, wenn sie die entsetzlichsten Erlebnisse schildern. Auch meine Tante hat während unserer Interviews niemals geweint, Emma auch nicht und auch sonst niemand.

In all den Jahren, die wir in einer gemeinsamen Wohnung lebten, hat mein Vater nie geweint, jedenfalls nicht vor uns oder vor anderen Leuten – mit einer

Ausnahme, und das war der bereits erwähnte Filmabend, bei dem wir uns zusammen *Die durch die Hölle gehen* ansahen. Damals hatte ich geglaubt, er weine, weil die Szene mit dem russischen Roulette so herzzerreißend ist, weil die tragischen Geschichten anderer ihn anrühren konnten, wie es seine eigene Geschichte nicht vermochte. Inzwischen aber wusste ich, dass die Geschichte jenes Films über den Vietnamkrieg *seine Geschichte war*: diese spezifische Art von Unmenschlichkeit, die der kommunistische Totalitarismus hervorgebracht hatte; die schicksalhafte Willkür, mit der im Krieg über Leben und Tod befunden wurde; die Tatsache, dass auch sein eigenes Schicksal vom Zufall bestimmt gewesen war wie eine Partie russisches Roulette.

Dass damals nicht geweint wurde, lag teils aber wohl auch an der herrschenden Mangelernährung: Bei langfristigem Flüssigkeitsmangel trocknen auch die Tränendrüsen aus; wenn die Nahrung kaum genug Energie zum Überleben liefert, ist Apathie die Folge; chronische Hypoglykämie (Unterzuckerung, Abfall des Blutzuckerspiegels) dämpft das Gefühlsempfinden und damit auch das Vermögen zur Interaktion mit der Außenwelt. Weinen aber ist nicht nur eine Gefühlsäußerung, sondern eine körperliche Betätigung, ja man könnte sagen: Weinen ist körperliche Arbeit. Ein Mensch, der verhungert, kann es sich nicht leisten zu weinen. Zudem ist bekannt, dass extreme Hungererfahrungen in der Kindheit die Psyche noch im Erwachsenenalter nachhaltig prägen können: mit einem bis zu fünffach gesteigerten Angstempfinden, verminderter Geselligkeit, einer Abneigung gegenüber neuen Erfahrungen sowie einem stärkeren Hang zur Feindseligkeit als bei all jenen, die – selbst bei aller Kargheit – nie wirklich hungern mussten.[2] Unweigerlich stellte ich mir die Frage, inwiefern die Hungererfahrungen von Samarkand sich nicht nur auf den Körper meines Vaters (und so vieler anderer Kinder) ausgewirkt hatten, sondern auch darauf, was später aus ihnen geworden war – *wer* sie später geworden waren.

✳

Im März 1942 kam es, während Hunger und Seuchen in Zentralasien immer heftiger wüteten, auch zu einem drastischen Anstieg der Gewaltverbrechen. In den Straßen der Städte und rund um die Brotausgabestellen verbreiteten Banden von russischen und usbekischen Jugendlichen Angst und Schrecken, nahmen den Leuten ihr Brot und ihre Lebensmittelmarken ab und verprügelten die, die sich wehrten. Selbst die Warteschlagen vor der Brotausgabe wurden zu einer Risikozone, in der hemmungslos gedrängelt, geschubst und geprügelt wurde. Selbst bei den ehrenwerten Evakuierten von Taschkent wurden Diebstähle gemeldet: Alexander Kowarskis Gamaschen waren verschwunden; Nadjeschda Mandelstams Fischration; Olga Boltianskajas Brot. „Die Flüchtlinge haben einander ausgeraubt – und alle wurden sie von den Usbeken und den Russen ausgeraubt, vor denen überhaupt kein Entkommen war", sagte ein Flüchtlingskind aus. Die Usbeken hatten die Flüchtlinge zwar nicht „abgeschlachtet", wie Sergej mir einmal gesagt hatte, doch die Gewalt gegen sie nahm zu.

In den Theater- und Intellektuellenkreisen von Taschkent wurde weiterhin fleißig zusammengearbeitet und der „Völkerfreundschaft" gefrönt. Doch hörte man immer wieder einmal, dass an den Brotausgabestellen Juden von Usbeken beschimpft und aus der Warteschlange vertrieben worden waren. Und auf den Straßen nahmen die Spannungen zu, nachdem die Zahl der jüdischen Neuankömmlinge explosionsartig in die Höhe geschossen war. Die Bagatelldelikte, in denen sich diese Spannung entlud, hatten nun manchmal einen antisemitischen Beigeschmack, und dasselbe galt für die – wesentlich selteneren – Gewaltverbrechen, zu denen auch drei antisemitisch motivierte Morde in Taschkent gehörten. Ein Bericht des NKWD vom August 1942 bestätigt, dass „die Ankunft einer beträchtlichen Menge von Sowjetbürgern jüdischer Nationalität" zu „Problemen" geführt habe.

„Gegen die europäischen Juden besteht eine verbreitete Abneigung", schrieb ein Evakuierter. Andere berichteten von einem „judäophoben Sentiment", das sich bis zum „Hass" steigere.[3]

„Es ist ja ganz normal, dass da eine gewisse Feindseligkeit entsteht, wenn Hunderttausende jüdische Flüchtlinge hier hereinkommen, wo die usbekische Bevölkerung doch selbst hungerte", sagte ich zu Sergej, der von diesen Vorfällen noch nie gehört hatte. Zum Zeitpunkt unseres Gesprächs sorgte die europäische Flüchtlingskrise, die gerade in ihr drittes Jahr eintrat, für ein Wiederaufflammen der Fremdenfeindlichkeit überall in Europa – sogar in Italien, einem Land mit genügend zu essen, ohne Krieg, mit einer damals gut aufgestellten, flüchtlingsfreundlichen Linken und einer gelebten Kultur der Barmherzigkeit.[4] Währenddessen sperrte Israel – das Land, das wie kaum ein zweites an der Formulierung der UN-Flüchtlingskonvention in den 1950er-Jahren beteiligt gewesen war – die sudanesischen und eritreischen Flüchtlinge auf seinem Staatsgebiet ein oder schob sie gleich ab. Es war fast unheimlich, wie sehr sich die

Beschwerden über die Flüchtlinge damals und heute glichen: Sie lungerten nur herum; sie zehrten die begrenzten Mittel des Staates auf; sie verschärften die Lage auf einem ohnehin angespannten Arbeitsmarkt.

Die Flüchtlinge und Evakuierten brachten jedoch ihre eigenen Spielarten von Fremdenfeindlichkeit mit, die sich mit der Angst vor einem gewaltsamen Aufstand der Usbeken verband: „Ich erfuhr, dass alle jungen Leute in die Berge geflüchtet waren, um nicht zur Armee eingezogen zu werden, manche waren bewaffnet, sie holten ihre vergrabenen Waffen hervor und bereiteten sich auf einen Aufstand vor", erinnerte sich Aleksander Wat später. „Die russische und jüdische Bevölkerung, alle Flüchtlinge dort, rechneten mit einem Blutbad."[5]

„Alle haben Angst", schrieb Georgij Efron, der siebzehnjährige evakuierte Sohn des russischen Dichters Sergej Efron. „Im Falle einer Niederlage, was wird dann bloß in Usbekistan geschehen? Alle sagen, dann gibt es ein Gemetzel. Die Usbeken werden die Russen und die Juden abschlachten."[6]

In Samarkand, ganz in der Nähe der Lehmhütte, in der mein Vater untergekommen war, wurde eine aus der Ukraine evakuierte Familie – Vater, Mutter und zwei junge Töchter, die mit ihrem ganzen Hausrat eingetroffen waren – ermordet in ihren Betten aufgefunden. Ihre Unterkunft war bis auf das letzte Stück leer geräumt worden. Fortan gingen Hannan und die Seinen nur noch zu zweit auf die Straße.

Aber trotz allem entwickelte sich doch so etwas wie eine grimmige Alltagsroutine. Überall in Zentralasien eröffnete die polnische Botschaft dort, wo die Flüchtlingsmassen sich ballten, polnische Schulen und Waisenhäuser – mit einer Sondergenehmigung und einem Darlehen der Sowjetregierung. Als im April 1943 – nach dem Bekanntwerden der Verbrechen von Katyn – die diplomatischen Beziehungen zwischen Polen und der Sowjetunion eingefroren wurden, wurden die polnischen Schulen in das sowjetische Schulsystem eingegliedert.[7] Bis zu diesem Zeitpunkt wurden sie von polnischen Priestern und Lehrpersonal geführt. In der Nähe ihrer Rekrutierungsbüros richtete die Anders-Armee eigene Kadettenschulen zur vormilitärischen Ausbildung ein: für Jungen die sogenannten „Junkas-Schulen", für Mädchen die „Schulen für junge Freiwillige". Andernorts wurden „Waisenhäuser" und „Kindergärten" eingerichtet – Wat, der als Schulinspektor tätig war, nennt sie „kleine Schulen" –, die für diejenigen Kinder gedacht waren, deren Eltern in den Kolchosen und Fabriken schuften mussten. Tatsächliche Waisenhäuser und auch andere

Schulen schossen überall aus dem Boden, in *tschaichanas* (Teehäusern) und in privaten Wohnhäusern.[8] Polnisch-jüdische Kinder wurden dort in der Regel nicht abgewiesen.

In manchen Fällen – wie etwa dem von Emil Landau, der später im Iran ein Reisetagebuch führen sollte – setzte ein Elternteil das Kind kurzerhand vor der Tür eines Waisenhauses ab, drehte sich um und verschwand auf Nimmerwiedersehen. In den meisten Fällen jedoch bemühten sich die Eltern, den Kontakt zu ihren Kindern nicht abreißen zu lassen. Fast ein Viertel der Kinder in den polnischen Waisenhäusern waren keine Voll- oder noch nicht einmal Halbwaisen. Unter den polnisch-jüdischen Kindern war dieser Anteil sogar noch höher.

Manche Kinder gingen auf eigene Faust ins Waisenhaus, ohne ihre Eltern um Erlaubnis zu fragen. In den polnischen Waisenhäusern erhielten sie tagsüber Essen und Unterricht und kamen dann jeden Abend nach Hause zurück, damit ihre Eltern keinen Verdacht schöpften.

Für manche war das Waisenhaus der letzte Ausweg: „Als ich nur noch ganz allein auf der Welt war, brachte man mich ins polnische Waisenhaus."[9] Die Geschwister Norbert und Zuzanna Kurtzmann (heute Nathan und Ziva Rom) sagten aus, dass sie ins Waisenhaus gekommen waren, nachdem sie zuvor in den Moscheen von Samarkand Künstlern Modell gesessen hatten: „Da sitzen hungernde Kinder", erinnerten sie sich, „und werden gemalt. Und dann bringen sie dich in eine andere Moschee, da machen sie eine Statue von dir. Als sie Ziva nackt malen wollten, sind wir weggelaufen."

In ihren Zeugenaussagen berichten manche jüdischen Kinder, dass man sie in den Waisenhäusern gut behandelt habe:

> „Im Waisenhaus kamen auf hundert polnische Kinder zwanzig jüdische, und es ging uns sehr gut.

> Im polnischen Waisenhaus schoren sie mir mein ganzes Haar ab, denn wir waren voller Flöhe. Und sie gaben mir Kleidung. Da waren nur Polen. Sie haben mich nicht gefragt, ob ich jüdisch bin oder nicht."

Andere wiederum sagten aus, die polnischen Kinder hätten sie schlecht behandelt:

„Ich war das einzige jüdische Kind im Waisenhaus, und während der fünf Monate, die ich dort war, hatte ich von den polnischen Kindern einiges zu ertragen, obwohl ich immer freundlich zu allen war und mich niemals beschwert habe.

Im Heim beschimpften uns die polnischen Kinder als dreckige Juden.

Wir litten sehr unter den polnischen Kindern, die schrien: ‚Juden nach Palästina!'

Wir bekamen Essen und Kleidung, aber die polnischen Kinder ärgerten uns entsetzlich.

Die polnischen Kinder ärgerten uns sehr, aber wir machten uns nichts daraus, weil ein Stück Brot und ein bisschen Suppe für uns das Wichtigste war.

Die polnischen Kinder behandelten uns schlecht, aber wir erduldeten alles Unrecht, weil wir wussten, wenn wir im Heim sind, machen wir es unseren Eltern leichter.

Die polnischen Kinder ließen ihre ganze Wut an den jüdischen Kindern aus und sagten, an allem sind die Juden schuld."[10]

In etlichen Zeugenaussagen ist die Rede davon, dass jüdische Flüchtlingskinder gezwungen wurden, gemeinsam mit den katholischen Kindern zu beten oder das Kreuzzeichen zu machen. In der Dokumentation *Die Kinder von Teheran* werden solche Vorkommnisse reichlich dramatisch illustriert, indem ein älterer Israeli gezeigt wird, der stumm in einer dunklen, verlassenen Kirche in Samarkand umherwandert, während im Hintergrund gregorianische Gesänge und ein Stimmengewirr aus verschiedenen Sprachen zu hören sind, was gleichermaßen exotisch und Furcht einflößend wirkt. Dabei war den meisten der Flüchtlingskinder, die in Polen aufgewachsen waren, der Katholizismus keineswegs fremd. Manche berichten auch, Marienlieder und Madonnenbilder hätten sie an ihre eigene, weit entfernte Mutter erinnert und so getröstet.

Es gab Spannungen und es gab Zuneigung. Manche Kinder erinnerten sich daran, im Waisenhaus geheime jüdische Betstunden abgehalten oder den Text katholischer Gebete absichtlich verdreht zu haben. Andere berichten, sie hätten in aller Offenheit beten können.

Egal, wie grausam die anderen Kinder mitunter waren: Die Lehrerinnen und Lehrer an den polnischen Schulen, die Erzieherinnen und Erzieher der polnischen Waisenhäuser setzten sich für ihre jüdischen Schützlinge ein und bemühten sich nach Kräften, sie vor Übergriffen zu schützen – ganz anders, als es die jüdischen Flüchtlinge bei der polnischen Armee und den *delegaturas* erfuhren: „Den älteren Jungs erlaubte man zu beten, und der Leiter, Herr Franciszek, ließ nicht zu, dass man uns etwas Böses tat.“[11] In ihrer polnischen Heimat waren die Schulen – wie etwa das Ostrower Gymnasium – einige der wenigen Orte im öffentlichen Raum gewesen, die von Katholiken und Juden gemeinsam genutzt wurden. Ich fragte mich, ob Pädagoginnen und Schulleiter aufgrund ihrer größeren Erfahrung in dieser Hinsicht vielleicht eine größere Sensibilität mit nach Usbekistan gebracht hatten.

Irgendwann nach dem März 1942 beschlossen Ruchela und Zindel, Hannan, Regina und Emma in ein Kinderheim in Samarkand zu geben.

„Sie hatten eingesehen, dass es ihnen nicht gelingen würde, drei Kinder am Leben zu halten, und im Waisenhaus würde man sich um uns kümmern und uns durchfüttern, und wir hatten dort eine bessere Chance, nicht wieder krank zu werden“, sagte Regina mir. „Sie hatten keine Wahl. Wir mussten dahin gehen, wo es etwas zu essen gab, sonst hätten wir nicht überlebt.“ Aber auch im Waisenhaus waren die Lebensmittel knapp. Wie mir Sergej Kim berichtete, hatte er im Archiv in Taschkent zahlreiche Beschwerdebriefe gefunden, darunter auch das Schreiben eines gewissen K. Kazimerchyk, der als „Delegierter“ der polnischen Botschaft tätig war und der Bezirksverwaltung von Samarkand mitgeteilt hatte, dass die Kinder „keine ausreichende Verpflegung“ erhielten und sich „in einer sehr schlechten körperlichen Verfassung“ befänden. Aber trotz allem waren die Rationen im Waisenhaus um einiges größer als an den öffentlichen Brotausgabestellen: 300 Gramm pro Kind und Tag (anstatt 100 Gramm), dazu eine monatliche Zuteilung von 120 Gramm Reis. Unter diesen Bedingungen konnten die Kinder sogar ein wenig für ihre Eltern aufsparen.[12] Als Hannan, Regina und Emma ins Heim kamen, war Essen ihr einziger Gedanke: Als die Türen des Waisenhauses sich öffneten, hätte nicht viel gefehlt und sie wären einfach losgerannt, weil sie es kaum erwarten konnten, endlich einmal ein Stück Brot zu bekommen, ohne dafür in der gefürchteten „Brotschlange" anstehen zu müssen. Erst nachdem das Tor sich hinter ihnen geschlossen hatte, empfanden sie Reue, aber auch Angst und Sorge um ihre Eltern, von denen sie – trotz allem – keinen einzigen Tag getrennt gewesen waren, seitdem sie Ostrów verlassen hatten.

Über ihre Zeit im Waisenhaus sagte mir Regina: „Ich habe nicht viel gemacht. Ich saß den ganzen Tag am Fenster und habe abgewartet." An irgendeinen Umgang mit den katholischen Kindern – ob freundlich oder feindselig – kann sie sich nicht erinnern; aber zu der Zeit, zu der Hannan und sie ins Waisenhaus kamen, waren die meisten Katholiken schon nicht mehr da: Im März 1942 hatte man sie, zusammen mit der Heimleitung, in den Iran evakuiert.

*

In London beschwerte sich General Sikorski wiederholt bei britischen und amerikanischen Regierungsvertretern darüber, dass die polnischen Soldaten in Zentralasien durch Hunger und Krankheiten dezimiert würden, ohne auch nur eine einzige Schlacht geschlagen zu haben. In einer Besprechung am 18. März 1942 willigte, wie Stanisław Kot berichtet, Stalin trotz anfänglicher Zweifel ein, 40 000 polnische Soldaten mit ihren Angehörigen aus Zentralasien zu evakuieren.[13] Bereits am 24. März begannen die Transporte aus der zentralasiatischen Sowjetunion in den Iran.

Das Gerücht von den Evakuierungen in den Iran verbreitete sich wie ein Lauffeuer und trieb die jüdischen Flüchtlinge in Scharen zu den *delegaturas* und den Transportzentren der polnischen Armee – und zu General Anders höchstpersönlich, der sich in Jangijul mit Abordnungen von Rabbinern und Mitgliedern der zionistischen Jugendorganisation Ha'schomer Ha'tzair traf. Alle beteuerten sie ihre Diensttauglichkeit, aber Anders ließ sie in Massen abweisen; nur in einigen wenigen Einzelfällen wurden Ausnahmen gemacht. Als die Lastwagen und Züge sich auf den Weg nach Krasnowodsk am Kaspischen Meer machten – das heutige Türkmenbaşy in Turkmenistan –, klammerten sich manche Flüchtlinge außen an den Waggons und Planen fest, um mitzufahren. Auch warfen manche Eltern ihre Kinder in letzter Sekunde noch in einen Waggon oder – nach der Ankunft am Hafen – auf ein Schiff. Aber mit der Ausnahme der wenigen jüdischen Soldaten in der Anders-Armee sowie vereinzelter jüdischer Kinder, die sich in polnischen Waisenhäusern befunden hatten und zusammen mit der Armee evakuiert worden waren, handelte es sich bei so gut wie allen offiziell Evakuierten um ethnische Polen (halboffiziell oder illegal gab es blinde Passagiere, Scheinehen zwischen jüdischen Frauen und polnischen Soldaten und so weiter).

Kot und Anders zufolge blieb die nun in Richtung Iran in Marsch gesetzte Anders-Armee den polnisch-jüdischen Flüchtlingen verschlossen, weil die sowjetische Regierung sie nicht als polnische Staatsangehörige betrachtet habe.[14] Jurij Schukow hingegen, der Chef des NKWD im Bezirk Taschkent, ließ verlauten, über das Anrecht auf Evakuierung entschieden ganz allein die polnischen Behörden; diese jedoch hätten zu keinem Zeitpunkt die Evakuierung von Juden angefragt.[15]

Die polnische Exilregierung bestritt Schukows Darstellung vehement und behauptete stattdessen, Stalin habe bereits bei seinem Treffen mit Anders im März den polnischen General darauf hingewiesen, dass die sowjetische Regierung die polnischen Juden nicht als polnische Staatsangehörige betrachte und sie deshalb auch nicht in den Iran gebracht werden könnten, während Anders gefordert habe, zumindest für die engsten Familienangehörigen polnisch-jüdischer Soldaten sollten Ausnahmen gemacht werden.

Die Debatte dauert bis heute an.

In seinem 2015 veröffentlichten Mammutwerk über die Anders-Armee, *Trail of Hope* („Pfad der Hoffnung"), argumentiert der britisch-polnische Historiker Norman Davies, die polnischen Juden seien von der Armee „nicht – wie oft vermutet wird – aus blankem Antisemitismus abgewiesen worden, sondern vielmehr aufgrund der Funktionsweise der sowjetischen Bürokratie". Davies behauptet, das NKWD habe die Rekrutierungsbemühungen der Anders-Armee gesteuert und sogar die Ärzte ernannt, die in den Musterungskommissionen saßen und jüdische Bewerber ablehnten. Zum Beweis zitiert er die Aussage eines jüdischen Veteranen der Anders-Armee, der von keinerlei Diskriminierung zu berichten weiß, und beklagt die „Chuzpe" (!) der Antisemitismusvorwürfe, welche die Anders-Armee in den 1940er-Jahren „gequält" hätten und bis heute verfolgten.[16]

Die Sowjets, schreibt der amerikanische Historiker David Engel, hätten kein allzu großes Interesse daran gehabt, die von ihnen erlassenen Vorschriften auch durchzusetzen; stattdessen seien es Vertreter des polnischen Militärs

gewesen, die *darauf bestanden* hätten, dass ein sowjetischer Verbindungsoffizier als Mitglied der Musterungskommission am Rekrutierungsvorgang
teilnehmen und Bewerber aus Minderheiten ablehnen solle. „Die sowjetischen Vorschriften lieferten [den Polen] einen willkommenen Vorwand, um
ihre eigene Einstellung den Juden in ihrer Armee gegenüber zu verschleiern",
schreibt Engel.[17]

Und der israelische Historiker Yisrael Gutman fügt hinzu: „Sowohl die
dokumentarischen Quellen als auch Augenzeugenberichte stützen die Auffassung, dass Vertreter der sowjetischen Seite zwar durchaus als Mitglieder der
Musterungskommissionen fungierten – dass sie aber nur sehr selten Nachfragen zu der ethnischen Zugehörigkeit potenzieller Rekruten stellten und sich
aus der Tätigkeit der Kommissionen im Allgemeinen völlig heraushielten."[18]
Gutman zitiert aus einem Telegramm Kots an Sikorski vom 10. April 1942, in
dem Kot seinem Unmut darüber Ausdruck verleiht, dass die „systematisch antisemitische Vorgehensweise ... einiger Offiziere in den Rekrutierungsbüros",
ganz ohne es zu wollen, den Absichten der sowjetischen Regierung Vorschub
leiste. Von einer sowjetischen Vorgabe, an die sich die polnischen Offiziere zu
halten gehabt hätten, ist, wie Gutman unterstreicht, keineswegs die Rede; dafür
aber von übereifrigen polnischen Offizieren.[19]

In den Berichten von Zeitzeugen las ich über das Chaos auf den Bahnhöfen
und im Hafen; von den riesigen Menschenmassen; davon, wie Namen auf den
Passagierlisten verschoben oder gestrichen wurden; von der Ahnungslosig-
keit des britischen Botschafters in Teheran, der überhaupt nicht wusste, wie
viele Zivilisten in den Iran kommen würden. Und ich las Berichte darüber,
wie jüdische Flüchtlinge – darunter auch Kinder – von evakuierten Polen aus
Zügen und von Booten geschubst wurden. Insgesamt ergab sich so das Bild
einer Situation, in der die „offizielle" sowjetische Flüchtlingspolitik – Kot bestand darauf, dass die sowjetischen Behörden bei Vergabe von Ausreisevisa
sehr strikt seien –[20] im Ablauf der Evakuierungen nur ein Einflussfaktor unter
vielen anderen gewesen war.

In Tel Aviv vertrat Mosche Schertok, der Chef der außenpolitischen Abteilung bei der „Sochnut" (wie die Jüdische Agentur für Palästina auf Hebräisch genannt wird), eine „realpolitische" Sicht der Dinge, die er anlässlich einer
Sitzung des Zionistischen Generalrates am 11. September 1942 auch in Worte
fasste:

„Als die Polen die Genehmigung zur Evakuierung erhielten, da haben sie sich natürlich keine besondere Mühe gegeben, die Anzahl der Juden auf den Evakuierungstransporten in die Höhe zu treiben. Jeder ist sich selbst der Nächste, und wenn eine Mehrheit und eine Minderheit gemeinsam in eine Krisensituation geraten, dann reißt die Mehrheit alle verfügbaren Ressourcen an sich. Mit Blick auf die Juden haben hier deshalb zwei Kräfte auf dasselbe Ergebnis hingewirkt: Die Sowjets wollten die Polen loswerden, aber nicht die Juden; die Polen wollten möglichst viele Polen evakuieren und möglichst wenige Juden."[21]

Mit den jeweiligen Beweggründen der polnischen und der sowjetischen Seite hielt Schertok sich nicht auf. Den polnischen Nationalismus sprach er nicht an. Er führte nicht weiter aus, weshalb die Sowjets es den polnischen Juden – nicht aber den katholischen Polen – zutrauten, dass sie sich problemlos in eine kommunistische Gesellschaft würden eingliedern lassen, noch sagte Schertok etwas dazu, ob die sowjetische Regierung nicht etwa vormals russische Territorien zurückgewinnen wollte, deren Bevölkerung zu großen Teilen aus eben jenen polnischen Juden bestand, die nun „sowjetisiert" werden sollten. Es lag kein Zorn in Schertoks Worten, noch sprach daraus irgendeine Erwartung oder Forderung an die Adresse der sowjetischen oder der polnischen Regierung. Er plädierte nicht dafür – wie die Vertreter amerikanisch- und britisch-jüdischer Organisationen es getan hatten –, Druck auf die polnische Regierung auszuüben, damit diese ihre jüdischen Staatsbürger angemessen berücksichtigte. Stattdessen lieferte Schertok eine schlichte Analyse des sowjetischen beziehungsweise des polnischen Staatsinteresses und ging lediglich darauf ein, wie die Sochnut *unter Berücksichtigung dieser Interessen* im Sinne „unserer Brüder und Schwestern", der jüdischen Flüchtlinge, intervenieren könne. Er dachte eben *politisch*, wie der Repräsentant eines unabhängigen Nationalstaats. „Das ist der ganze Unterschied zwischen einem Staatsvolk und einem Volk ohne Staat: Forderungen und Interessen. Was sind unsere Interessen? Und was fordern wir?"

*

Nachdem der größte Teil der katholischen Kinder aus Hannans Waisenhaus evakuiert worden und stattdessen eine Schar von mehreren Hundert jüdischen Flüchtlingskindern in das Gebäude eingezogen war, wurde es allgemein bekannt als das „Jüdische Kinderheim von Samarkand". In ganz Zentralasien begannen jüdische Flüchtlinge in Bereiche aufzurücken, die ihnen vorher verschlossen waren: in die polnischen Schulen und Waisenhäuser, selbst in die *delegaturas*. In Buchara wurde sogar eine jüdische Tarbut-Schule gegründet.

Spätestens im Frühjahr 1942 jedoch verschlechterten sich die Beziehungen zwischen der polnischen Exilregierung und der Regierung in Moskau rapide, wodurch sich das Ende der polnischen Autonomie in der Sowjetunion bereits abzeichnete. Die Hilfslieferungen unterstanden nun zunehmend der Kontrolle des NKWD, an dessen Adresse viele der Bittschriften gerichtet waren, die Sergej im Taschkenter Archiv gefunden hatte. Die Entscheidungen kamen fortan „von ganz weit oben", wie Sergej es ausdrückte.

Anfang Mai 1942 traf sich General Anders, der zu einem Besuch in London weilte, mit Ignacy Schwarzbart, einem der beiden jüdischen Mitglieder des polnischen Nationalrates im Exil. Bei ihrer Unterredung äußerte Schwarzbart seine Besorgnis angesichts der Nichtevakuierung seiner jüdischen Mitbürger aus Zentralasien. Anders versicherte ihm, dass „unter den 40 000 polnischen Soldaten, die von Russland nach Persien verlegt worden sind, auch zahlreiche Juden gewesen" und „einige von ihnen sogar mitsamt ihren Familien nach Nahost gegangen" seien – dass jedoch sowjetische und auch britische Beschränkungen jede weitere Evakuierung verhinderten.[22]

Auch die britische Mandatsregierung in Palästina stand, dem Vernehmen nach, weiteren Evakuierungen jüdischer Polen aus der Sowjetunion ablehnend gegenüber, weil man in Jerusalem fürchtete, dass die Einwanderung einer größeren Menge polnisch-jüdischer Soldaten mit ihren Familien zum einen das labile Gleichgewicht zwischen Juden und Arabern im Mandatsgebiet stören, zum anderen Waffen und Personal für die Hagana liefern würde, jene jüdische Untergrundorganisation, deren erklärtes Ziel der Sturz der britischen Mandatsregierung war. Charles Baxter, Leiter der „Orientabteilung" im britischen Außenministerium, verwies nachdrücklich auf die „Notwendigkeit, die Verlegung jeglicher polnisch-jüdischer Einheiten in den Nahen Osten nach Kräften zu verhindern. ... Ihre Anwesenheit dort würde nichts als Ärger bereiten, und nach dem Krieg würden die Polen – die ihre Juden ja am liebsten loswerden möchten – vermutlich Schwierigkeiten machen, was ihre Rücksiedlung nach Polen angeht".[23]

Eine Evakuierung der jüdischen Kinder erschien da schon weniger problematisch. Und so wurde also immerhin angeregt, dass mit dem nächsten Evakuierungstransport der Anders-Armee auch eintausend „jüdische Waisenkinder" in Richtung Iran aufbrechen sollten. Eine solche Regelung, hieß es, sei für beide Seiten von Vorteil: Die jüdischen Hilfsorganisationen würden sich verpflichten, für die Transport- und Unterhaltskosten der Kinder aufzukommen, während die polnische Exilregierung sich zugutehalten konnte, die Kinder gerettet und mit der Summe von 4 Pfund Sterling pro Kopf unterstützt zu haben.[24]

Aus Dokumenten, die ich in israelischen Archiven gefunden habe, geht hervor, dass nach den ersten polnischen Evakuierungen im März und April 1942 ein Jude namens Elijahu Rudnicki, der vor dem Krieg als Oberst in der polnischen Armee gedient hatte, vom Iran aus versuchte, für künftige Transporte eine größere Anzahl von Plätzen für „jüdische Waisenkinder" auszuhandeln, aber auch für andere jüdische Flüchtlinge, darunter zionistische Rabbiner. Aus diesen Quellen geht auch hervor, dass für eine Liste von immerhin 400 jüdischen Flüchtlingen Visa zur Einreise nach Palästina bewilligt worden waren, bevor diese auch nur Zentralasien verlassen hatten.[25] Ein anderer Mann namens Oscar Hendler hatte wohl versucht – allerdings vergeblich –, auch erwachsene jüdische Flüchtlinge auf „die Liste" setzen zu lassen. Einer Aussage zufolge traf sich General Anders auch mit einer Delegation von Rabbinern, denen eine Evakuierung jedoch verweigert wurde (diese Zurückweisung wurde jedoch nicht den sowjetischen Behörden in die Schuhe geschoben, sondern als Anders' persönliche Entscheidung bezeichnet). Andernorts wurde behauptet, die Eltern der evakuierten Kinder hätten einen gewissen Anteil der Transportkosten gezahlt. Letztlich vermag ich nicht zu sagen, welche Rolle General Anders bei der Evakuierung der Flüchtlingskinder gespielt hat; in einem Bericht des JDC, der nach ihrer erfolgten Überführung in Teheran erstellt wurde, finden sich keinerlei Hinweise darauf, dass er mit dem Kindertransport überhaupt etwas zu tun hatte.

„Anders war ganz der polnische Antisemit alter Schule", schrieb David Lauenberg, der vormalige polnisch-jüdische Offiziersanwärter.

„Anders war kein Antisemit", antwortete mir Dr. Valentina Brio, eine jüdische, aus Polen stammende Dozentin für Osteuropäische Geschichte an der Hebräischen Universität in Jerusalem, als ich sie nach ihrer Beurteilung des Generals fragte. „Er wurde in eine protestantische Familie geboren und ist in einer Vielvölkerstadt aufgewachsen. Wenn er gewisse Dinge von sich gegeben hat, dann nur, weil er nicht anders konnte, sondern seinen Soldaten Zugeständnisse machen musste."

In den Unterlagen der polnischen Exilregierung fand ich Berichte, denen zufolge Kot versucht hatte, die Meldung von General Anders' Mithilfe bei der „Rettung eintausend jüdischer Kinder aus Russland" zur Veröffentlichung in diversen Presseorganen zu lancieren, darunter auch in der hebräischen Tageszeitung *Ha'aretz*.[26]

In einem 2015 erschienenen Artikel des *Jewish Journal* wird General Władysław Anders als „der polnische Moses" bezeichnet.

*

Auf einer polnischen Liste von „Osoby Wyewakuowane z Z. S. R. R." („Personen, die aus der UdSSR evakuiert wurden"), die ich im Londoner Sikorski-Archiv fand, war mein Vater als „Henryk Tejtel" aufgeführt, geboren am „5. 4. 28". Hannans tatsächliches Geburtsdatum war jedoch der 05. 04. 1927 – auf seinem sowjetischen Ausweisungsbescheid war es korrekt angegeben gewesen, hier jedoch absichtlich geändert worden, wie ich vermutete, damit er ganz sicher als ein „Kind" durchginge und nicht als ein Halbwüchsiger im fast schon wehrfähigen Alter. Unmöglich zu sagen, wer diese Änderung vorgenommen hatte – die Juden? die Polen? –, und auch bei dem abweichenden Namen war ich mir nicht ganz sicher. Alle Namen auf der Liste klangen polnisch: Tatur Eugeniusz; Taub Estera; Tawgen Aleksander; Tawgen Stefania; Tchorzewska Anna; Teitelbaum Bena; Tejtel Henryk; Tejtel Regina …

Hatte mein Vater sich als Pole ausgegeben, um evakuiert zu werden? Auch später noch, als Zindel und Ruchela ihm Briefe nach Teheran schickten, oder wenn das Polnische Rote Kreuz ihm Briefe nach Palästina übermittelte, waren diese Briefe immer an Henryk Tejtel adressiert. Ich schrieb an Magda mit der Bitte, für mich einmal nachzufragen, ob mein Vater in Polen jemals den Namen Henryk verwendet hatte; auf seiner in Ostrów ausgestellten Geburtsurkunde steht lediglich „Chananja Teitel". Magda antwortete, sie sei sich „sicher", dass „Hannan in Ostrów immer Heniek war, [das ist] die Kurzform von Henryk". Irgendwo in den Tiefen meines Gedächtnisses meinte ich mich zu erinnern, dass Zamek, ein aus Polen stammender Freund meines Vaters, der Auschwitz überlebt hatte, ihn im Scherz oft „Chanek" genannt hatte.

„Ich glaube er benutzte beide Varianten, die hebräische und die polnische. Polen können nicht aussprechen einen so komplizierten Namen wie Hannan. Ich glaube seine polnischen Freunde nannten ihn Heniek. Das ist meine Intuition", meinte Magda.

Am 18. Juli 1942 verhafteten Agenten des NKWD 118 polnische „Delegierte" und Angestellte der *delegaturas* – viele von ihnen Juden – unter dem Vorwurf der Spionage.[27] Damit fielen die *delegaturas* endgültig unter sowjetische Kontrolle, sofern das nicht ohnehin schon geschehen war. Im KGB-Archiv in Taschkent hatte Sergej Kim, wie er berichtete, „Tausende von Beschwerdebriefen" gefunden: „diese Familie hier braucht Brot, diese Familie dort braucht Holz, um etwas zu bauen …", so Sergej. Die Briefe wurden an eine Zentralstelle weitergeleitet, wo jedes Bittgesuch entweder abgelehnt oder bewilligt und mit einer Anweisung versehen an die entsprechende *delegatura* zurückgesandt wurde („zahlt dieser Familie soundso viel", „schafft Kleidung in diese Region").

Weniger als ein Jahr später, am 25. April 1943, wurden die diplomatischen Beziehungen zwischen der Republik Polen und der Sowjetunion nach dem Bekanntwerden des sowjetischen Massenmordes an polnischen Offizieren und Intellektuellen in Katyn jäh abgebrochen.

Auch in Taschkent und in Alma-Ata bröckelte das hehre Ideal der „Völkerfreundschaft", ebenso wie das partnerschaftliche Klima zwischen den Einheimischen und den Evakuierten, das vor allem in Künstler- und Akademikerkreisen durchaus gepflegt worden war.

So begannen etwa die evakuierten Historiker, die usbekische Geschichte nicht mehr in einem großen sowjetischen Kontext darzustellen, sondern hoben hervor, wie freiheitsliebend und autonom die Usbeken doch schon immer gewesen seien – etwa anhand der antizaristischen Bewegung in Usbekistan gegen Ende des 19. Jahrhunderts. Damit schufen die Exilhistoriker faktisch bereits ein brauchbares Geschichtsnarrativ für das unabhängige, postsowjetische Usbekistan, lange bevor es dieses tatsächlich gab. Und auch in der Selbstdarstellung der Evakuierten lag der Fokus nun nicht mehr auf der enthusiastischen Begegnung zwischen den Völkern und den Freuden des kulturellen Austauschs, sondern auf der tiefen Traurigkeit des Exils.[28] So heißt es etwa in Anna Achmatowas „Poem ohne Held", das um 1943 in Taschkent entstanden ist:

„,Zuhause' – dies fröhliche Wort aber kennt
Jetzt keiner, denn es sehen alle
Zu fremden Fenstern hinaus: in Taschkent
Der eine, und in New York
Ein andrer, und der Verbannung
Bittere Luft gleicht vergiftetem Wein."[29]

Solomon Michoels, Direktor des Staatlichen Jüdischen Theaters Moskau und Vorsitzender des Jüdischen Antifaschistischen Komitees, der noch 1942 die Vereinigten Staaten bereist hatte, um dort Unterstützung für die sowjetischen Kriegsanstrengungen einzuwerben, kehrte erst nach Kriegsende nach Moskau zurück und wurde wenig später auf Anordnung Stalins bei einem inszenierten Autounfall von der sowjetischen Geheimpolizei ermordet.

Amalia Frajlich, die polnisch-jüdische Tagebuchschreiberin, die es nach Kirgistan verschlagen hatte, kehrte später zunächst nach Polen zurück, bevor sie dann aufgrund des wiedererstarkenden Antisemitismus in ihrer Heimat Ende der 1960er-Jahre in die Vereinigten Staaten auswanderte.

Auch Aleksander Wat kehrte 1946 nach Polen zurück, wo er wiederum unter die Räder der Politik geriet, einen Schlaganfall erlitt und in Depressionen verfiel, bevor er schließlich nach Frankreich emigrierte. Dort, in seinem zweiten Exil, starb er am 29. Juli 1967 von eigener Hand.

Mordecai Rozman und Motek Rottman, die beiden führenden Mitglieder von Ha'schomer Ha'tzair, die versucht hatten, die in Usbekistan versprengten Mitglieder ihrer Organisation wieder zu vereinen und die gemeinsame Tätigkeit wieder aufzunehmen, wurden in Taschkent vom NKWD verhaftet, verhört und gefoltert, nachdem man ihre Nachrichten nach Palästina abgefangen hatte, in denen sie um Unterstützung baten. Rozman konnte aus dem Untersuchungsgefängnis in einen sicheren Unterschlupf nach Buchara geschmuggelt werden. Rottmann wurde noch drei weitere Jahre lang in Taschkent verhört und gefoltert, bis er endlich verurteilt wurde und die nächsten siebzehn Jahre – bis zu seiner Rehabilitierung 1961 – in verschiedenen usbekischen, kasachischen und kirgisischen Gulags zubrachte. In einer Rezension seiner 1982 auf Hebräisch erschienenen Memoiren mit dem Titel *Gvulot, Machtarot* („Grenzen und Untergrund") wird Rottmann als ein „Anti-Flüchtling" bezeichnet, weil er seine Identität nie verraten habe und „sein ganzes Leben der Rettung seiner Freunde und Brüder im Geiste gewidmet hat".[30]

Unzählige andere wurden wegen angeblicher „zionistischer Spionage" verhaftet oder als „amerikanische Agenten", wurden verhört, gefoltert, verbannt, zu Zwangsarbeit verurteilt oder erschossen. Manche starben im Exil, andere endeten als „Gefangene Zions" in sowjetischen Gefängnissen, wieder anderen gelang in den 1970er-Jahren die Ausreise nach Israel. Die überwiegende Mehrheit – Hunderttausende – fügten sich mit den Jahren in den großen Flickenteppich der sowjetischen Bevölkerung ein.

Katholische Schulen wurden geschlossen. Jüdische Schulen wurden geschlossen. Aus polnischen Schulen und Waisenhäusern wurden sowjetische Schulen und Waisenhäuser. Polnische Staatsangehörige wurden Sowjetbürger, deren Enkelkinder mit Sergej in Taschkent die Schulbank drückten, wobei jedoch „keiner je ein Wort über seine Herkunft verlor", wie er mir sagte.

Auch katholische und jüdische Adoptivkinder polnischer Herkunft blieben in Usbekistan. Als viele Jahre nach dem Zweiten Weltkrieg Faina Barischewa, die als jüdisches Waisenkind im Alter von fünf Jahren vom Ersten Sekretär der Kommunistischen Partei Usbekistans adoptiert worden war, um ihre Meinung zur „Gastfreundschaft der Usbeken" gebeten wurde, soll sie geantwortet haben: „Es ist mir unangenehm, von mir selbst zu sprechen. Schließlich bin ich ja Usbekin."[31]

Von den Hunderttausenden Flüchtlingen, die während des Krieges an Hunger und Krankheiten starben, sind nur wenige Gräber geblieben: Drei Soldatenfriedhöfe der Anders-Armee gibt es; über ganz Zentralasien verstreut ein paar Dutzend Grabstätten auf jüdischen Friedhöfen; Grabsteine ohne Namen auf muslimischen Friedhöfen.

Als wir auf dem Weg von Buchara nach Samarkand in der Stadt Navoiy Halt machten, besuchten Sergej, Kamara, Salar und ich zwei Friedhöfe, auf denen Soldaten der Anders-Armee mit ihren Angehörigen begraben lagen: einen kleinen, herausgeputzten Friedhof und einen größeren, der nur rund hundert Meter von der Bahnstation entfernt lag, weil – wie der freundliche usbekische Friedhofswärter uns erklärte – „die Polen so schwach waren, dass sie auf dem Transport starben oder unmittelbar nach der Ankunft, und dann wurden sie hier gleich begraben". Auf dem Friedhof fanden wir Dutzende nahezu identischer, flacher Grabsteine vor, die jeweils ein Kreuz und einen Namen trugen – Michał Turetzki, Józef Urbanski –, ganz wie auf dem Doulab-Friedhof in Teheran. Sie sahen frisch poliert aus. 2002 hatte eine polnische Delegation sieben Monate damit zugebracht, die Anlage wiederherzustellen, erklärte der Friedhofswärter.

Auf dem jüdischen Friedhof in Buchara deutete der Friedhofsdirektor Emanuel Elnatow auf eine Reihe von flachen, vernachlässigten alten Grabsteinen, die mit ihren kaum noch lesbaren Namen – oder ganz ohne Namen – schon halb im Boden versunken waren. Sie „gehörten zu den polnischen Flüchtlingen, die kurz nach ihrer Ankunft gestorben sind", sagte er. „Keiner kümmert sich darum. Es ist ja nicht so, dass es hier in der Stadt keine aschkenasischen Juden mehr gäbe, aber die kommen nie hierher auf den Friedhof. Es ist ihnen egal." Die größeren, besser erhaltenen Grabsteine, auf denen aschkenasische Namen eingraviert waren – Esther Goldberg, Lifschitz Eizer („ein wunderbarer Arzt, ist 1999 gestorben") –, zierten die Gräber ehemaliger Flüchtlinge oder Evakuierter, die in den Nachkriegsjahrzehnten gestorben waren und deren Angehörige in Israel oder den Vereinigten Staaten für die Instandhaltung aufkamen, erklärte uns Elnatow. Die überwiegende Anzahl der restlichen Grabsteine, auf denen lebensechte Porträts der Verstorbenen eingraviert waren, gehörten einheimischen, bucharischen Juden. Sergej, der sich in seiner Zeit am presbyterianischen Predigerseminar auch ein wenig Hebräisch zu Zwecken des Bibelstudiums angeeignet hatte, entzifferte mühsam die Inschriften: „Zajin, Jod … Ben Azar!" Auf vielen Grabsteinen waren Verse in persischer Sprache eingraviert, die Salar für uns übersetzte:

Fremder,
tritt nicht auf mein Grab.
Hier bin ich zu Haus,
doch du bist mein Gast.

„Nach der Unabhängigkeit ging's in Usbekistan zu wie im Gazastreifen", sagte mir, nach meiner Rückkehr aus Asien nach New York, Sami, der ruppige, immer leicht bedrohlich wirkende Friseur mit dem Dreitagebart, der meinem Sohn regelmäßig die Haare schneidet. Sami ist in Samarkand geboren. Er ist ein Barbier alter Schule; mit den Übermüttern von der Upper West Side hat er nur wenig Geduld („ab mit den langen Locken, der soll doch ein Mann werden!"). Im Reamir Barber Shop am Broadway, wo Sami damals arbeitete, sprachen sie alle Buchari, die Sprache der bucharischen Juden, vom Friseur über das Reinigungspersonal bis zur Dame an der Anmeldung.

„In der Sowjetunion war es eigentlich ganz in Ordnung, die Minderheiten sind alle gut miteinander ausgekommen. Aber nachdem die Russen abgezogen sind, war alles anders. Zuerst wollten die einen Teil meiner Einnahmen." Sami hatte in Samarkand einen Laden für Musikkassetten betrieben, aber wer „die" waren, wurde mir nicht ganz klar. „Dann wollten sie meinen ganzen Laden. Da hab' ich die Hütte lieber angezündet und bin zur israelischen Botschaft nach Taschkent gegangen, hab' Asyl beantragt. Eine Woche hab' ich dort in der Botschaft verbracht, dann bin ich nach Israel abgehauen und später nach Amerika gekommen", erzählte mir Sami.

Als ich ihm sagte, dass mir Usbekistan irgendwie freundlicher und gütiger vorgekommen war als die meisten anderen Orte, die ich für meine Recherchen besucht hatte, wirft er mir nur einen mitleidig-herablassenden Blick zu und rollt mit den Augen.

In Samarkand nahm mich die Rebbetzin – die Frau des örtlichen Rabbiners – mit zu Nina Absulow, einer alten Dame, die als polnisch-jüdische Flüchtlingsfrau einen Usbeken geheiratet hatte und geblieben war. Als ich Nina fragte, was sie in Usbekistan gehalten hatte, sagte sie: „Ich wusste ja nicht wohin, wusste nicht, zu wem ich gehen sollte. In Israel kannte ich niemanden, und bei uns zu Hause waren alle tot. Hier aber hatten wir ja eine Gemeinschaft."

Wie sie da so in ihrem Hof saß, zwischen Kissen gestützt auf einem kleinen Podest thronend, ihre Schwiegertochter an ihrer Seite, die eine Hand auf den Rücken der alten Dame gelegt hatte und mit der anderen Ninas kleine Enkelin festhielt, erinnerte sie mich sehr an meine Tante Regina. Nina war gekleidet wie eine Einheimische, trug einen braunen Wollschal über einem grün-braun geblümten Kleid und dazu ein passendes Kopftuch, das locker über ihre Haare gelegt war – aber ihr Gesicht glich so vielen Gesichtern, die ich aus Israel kannte. Sie war gewesen, wovor Emma Perelgric solche Angst gehabt hatte: ein polnisch-jüdisches Flüchtlingskind, das sich in „ein Usbekenmädchen mit Kopftuch" verwandelt hatte.

Jetzt war Nina 83 Jahre alt, verwitwet und blind, und konnte sich nicht mehr an den Namen ihres polnischen Heimatortes erinnern. Woran sie sich sehr wohl erinnerte – worüber sie aber nicht gern sprach – waren ihre Kriegserlebnisse: die Zeit im Arbeitslager in Sibirien; die dreimonatige Zugreise von Archangelsk nach Usbekistan; die rohen Kartoffeln, von denen sie unterwegs hatte leben müssen; wie ihre ältere Schwester in dem Viehwaggon gestorben war, dann ihre Mutter, dann ihr Vater, ein Schuhmacher. Mit dreizehn war sie ganz allein. Mit fünfzehn erlitt sie eine schwere Kopfverletzung und musste in Taschkent operiert werden. Aber von da an, sagte sie, war es mit ihrem Leben beständig aufwärts gegangen. Sie beschloss, von Taschkent nach Samarkand umzusiedeln („die Flüchtlinge konnten ja überall hin, es gab keine Einschränkungen"), wo sie „mit ihrer Schönheit alle anderen überstrahlte", wie Kamara für uns übersetzte.

Mit neunzehn lernte Nina einen jungen Usbeken kennen, der als Lastwagenfahrer in der Schuhfabrik angestellt war, in der sie beide arbeiteten. Sie heirateten – eine Heirat, die der erweiterten Großfamilie ihres Bräutigams sowie den Nachbarn überhaupt nicht gefiel, von Ninas neuer Schwiegermutter jedoch unterstützt wurde. Ihr älterer Sohn war im Kampf gegen die Deutschen gefallen, ganz in der Nähe des Heimatortes, an dessen Namen Nina sich nicht mehr erinnern konnte. „Gott hat mich ihr geschickt im Austausch für ihren Sohn!", erklärte Nina.

„War es nicht schwer, in eine usbekische Familie einzuheiraten?", fragte ich sie.

„Sie sagt, es war nicht leicht, die Traditionen und Bräuche zu lernen, aber die Usbeken hätten sie nie verletzt oder ihr sonst wie Kummer gemacht", antwortete Kamara, die unser ganzes Gespräch dolmetschte. „Und schließlich hat sie so gut Usbekisch gelernt, dass sie ein echtes Familienmitglied wurde." Derartige Formulierungen – „ein echtes Familienmitglied", „ein vollwertiges Familienmitglied" – kannte ich aus Lidija Tschukowskajas Bericht über die Adoption von Flüchtlingskindern durch usbekische Familien: Es war die Sprache der Inklusion, die eine mögliche Exklusion dennoch immer mit sich trug, hatte ich bei meiner damaligen Lektüre gedacht. Aber Nina erschien mir jetzt tatsächlich wie ein „vollwertiges Mitglied" ihrer usbekischen Familie, eine jüdisch-muslimische Matriarchin in einem Hof in Samarkand. Hatte sie nun ihre polnisch-jüdische Identität gegen eine usbekisch-muslimische ausgetauscht, während mein Vater, seine Schwester und ihre Cousine in Israel ihre „ursprüngliche" jüdische Identität wiedergefunden hatten? Oder war die Identität von Flüchtlingen vielleicht gar nicht so leicht greifbar, war etwas Instabiles, Fließendes?

„Alhamdulillah, wenn es an der Zeit ist – wo möchten Sie begraben werden? Bei den Muslimen oder bei den Juden?", fragte Kamara die alte Dame.

Das sei ihr egal, antwortete Nina, das sollten ihre Kinder entscheiden.

Kamara ließ nicht locker: „Fast neunzig Jahre sind Sie alt und haben den Zweiten Weltkrieg überlebt. Wie denken Sie nun über ihr Leben?"

„Ein gutes Leben ist es gewesen. Der Anfang war hart, aber der Rest war besser. Ich bin jetzt sehr zufrieden", sagte Nina. Und wie ich ihr so beim Reden zusah – auf einem bequemen Teppich sitzend in ihrem Innenhof an einer beschaulichen Seitenstraße, wo die offene Kanalisation plätscherte, während weiße Bettlaken im leichten Wind des Spätnachmittags trockneten und Ninas Schwiegertochter ihr im Aufstehen einen liebevollen Blick zuwarf, um dann ein Foto von Ninas verstorbenem Ehemann zu holen (ein hoch gewachsener, gut aussehender Mann im Blaumann) –, als ich das alles sah, musste ich ihr einfach glauben: Nina Absulow hatte ein gutes Leben gehabt.

„Wenn deine Familie dich im Alter so zärtlich umsorgt, spielt es dann noch eine Rolle, ob du nun in einem Backsteinhäuschen in Samarkand lebst oder in einem Luxusapartment in Tel Aviv?", fragte ich Salar, als wir aufbrachen. Draußen auf der Straße war es jetzt stockfinster, nur hier und da durchbrach eine Straßenlaterne das Dunkel.

„Mir kam sie irgendwie deplatziert vor", antwortete er, „fehl am Platz und einsam."

„Aber mein Vater war auch einsam und fehl am Platz, und er war ja angeblich dort, wo er hingehörte – in Israel – und hatte sein Schicksal selbst in der Hand", versetzte ich – und dachte bei mir, dass mein Vater und Regina über diesen Vergleich wohl entrüstet gewesen wären.

Doch da hatte ich mich geirrt. „Es waren ja nur die Umstände, die über unser Schicksal entschieden haben", sagte meine Tante, als ich ihr einen Monat später von Nina erzählte. Wir saßen im Wohnzimmer ihrer geräumigen, klimatisierten Eigentumswohnung in einem Vorort von Tel Aviv – Regina, ihr herzensguter, stets grinsender Ehemann Uri und ich – und knabberten Diätkekse. „Du kommst irgendwohin und hast dort niemanden. Du lernst dort so einen Kerl kennen, und er ist nett zu dir und gibt dir das Gefühl, willkommen zu sein, er stellt dich seiner Familie vor, und auch das sind nette Leute ... Da sagst du dir doch: Was soll ich noch weiter suchen?" Ich spürte, wie eine warme Welle der Zuneigung zu meinem guten Tantchen in mir aufstieg. Sowohl Regina selbst als auch Emma Perelgric hatten in wohlhabende Familien jüdischer Landbesitzer eingeheiratet, die in Palästina zu den Alteingesessenen gehörten. Beide hatten dann langjährige Ehen geführt, mit allen Höhen und Tiefen. Beide schienen glücklich und zufrieden. In jungen Jahren wirkte Regina im Umgang mit ihrem Ehemann geradezu unterwürfig, doch im Alter hatten die beiden sich auf Augenhöhe begeben und ihr Verhältnis zueinander hatte einen zweiten Frühling erlebt.

„Kannst du dir überhaupt vorstellen, wie es wäre, wenn du in Russland oder Usbekistan oder im Iran lebtest – irgendwo sonst, nur nicht in Israel?"
„Natürlich kann ich das", antwortete sie. „Ich hätte auch in Neuseeland landen können." Bei einer Reise über die Doppelinsel am anderen Ende der Welt hatten Regina und Uri auch das Pahiatua Polish Children's Camp Museum besucht, wo meine Tante Fotos gesehen hatte, die polnische Flüchtlingskinder bei ihrer Ankunft in Wellington zeigten. „Die sahen genau aus wie wir damals", sagte sie.

In Taschkent besuchten Salar, Kamara und ich noch einen weiteren jüdischen Ex-Flüchtling, der in Usbekistan geblieben war. Yasha Shapira war ein großer, magerer Mann, ein Bildhauer mit wallender weißer Mähne, der Jiddisch sprach und aus einem Schtetl in Wolhynien in der heutigen Ukraine stammte. Mit seiner Mutter und zwei Geschwistern war er nach Margiela im usbekischen Ferganatal evakuiert worden. Sein Vater wurde zur Roten Armee eingezogen und kämpfte in Stalingrad. Seine Mutter arbeitete in der Seidenfabrik einer Kolchose. Die Kinder leckten derweil den Raureif von den Wänden, wenn sie durstig waren, aßen Schildkröten und jagten Tauben, um Suppe zu kochen („immer, immer haben wir davon geträumt, uns einmal richtig satt zu essen"). Die Einheimischen waren freundlich, sagte Yasha uns, aber nach dem Krieg wollte die Familie dennoch in die Ukraine zurück, um in ihrem Heimatort den Vater wiederzusehen.

„Mein Vater war ein Kriegsheld, aber [Stepan] Bandera [der Anführer der Organisation Ukrainischer Nationalisten] stand auf der Seite der Nazis, und als mein Vater im Triumph in sein Dorf zurückkam, wurde er nicht geehrt, ja noch nicht einmal geachtet, weil er auf der Seite der Sowjets gekämpft hatte", sagte Yasha.

„Ein wenig Nationalismus gab es, das stimmt", fügte Kamara hinzu. „Ein bisschen sind sie schon diskriminiert worden."

„In der Ukraine durfte kein jüdisches Kind eine Schule besuchen. Wir mussten uns irgendeinen anderen Ort in der Sowjetunion suchen, an den wir gehen konnten, also kamen wir hierher zurück, weil die Regierung hier in Usbekistan der Meinung war, die Juden sollten frei sein", meine Yasha. Nach der usbekischen Unabhängigkeit habe er sich dafür entschieden, in Taschkent zu bleiben, weil Islam Karimow einen säkularen, keinen islamischen Staat geschaffen habe.

„Gab es denn nach dem Krieg keine Diskriminierung der Juden in Usbekistan?", fragte ich Yasha.

„Es war genau andersherum!", entgegnete er. „Hier war der einzige Ort, wo die Juden *nicht* diskriminiert wurden."

Nach seinem Kunststudium in Leningrad und Italien bedachte der Erste Sekretär der Kommunistischen Partei Usbekistans Yasha mit dem kleinen Häuschen, in dem er noch heute lebte. Dort hatte er sein geräumiges Atelier und einen herrlichen, üppig blühenden Garten. „Letzte Woche noch hat ein usbekischer Kosmonaut hier bei mir im Garten Plow gemacht" – Pilaw. „Alle hier sind meine Freunde."

Yashas erste Arbeiten als Bildhauer waren Statuen von Marx und Gorki, die inzwischen aber eingeschmolzen sind. Jetzt, siebzig Jahre nach Kriegsende, schuf er zumeist Büsten sowjetischer Generäle („die haben uns von den Nazis befreit") und Skulpturen, die das jüdische Leid und den jüdischen Überlebenswillen thematisierten („um allen ins Gedächtnis zu rufen, was mit uns Juden geschehen ist"). So hatte er ein lebensgroßes Standbild des bedeutenden hebräischen Dichters Chaim Nachman Bialik (der aus Yashas Heimatort in der Ukraine stammte) geschaffen sowie eine fünfeinhalb Meter hohe Monumentalplastik einer vornübergebeugt hockenden Frau mit Kopftuch, die *Tefilah* hieß („Gebet") und ein Mahnmal darstellte, das an den irakischen *Farhud*-Pogrom vom Frühjahr 1941 erinnern sollte.

Sein neuestes Vorhaben – von dem wir vorerst nur ein Modell zu sehen bekamen – war ein dreieinhalb Meter hohes Moses-Standbild, das nach seiner Fertigstellung in der Wüste Negev im Süden Israels aufgestellt werden sollte. „Wer sie sich dort ansehen will, muss zuerst zwei Kilometer zu Fuß gehen", erklärte er. „Das soll sie an den weiten Weg erinnern, den wir Flüchtlinge überstehen mussten – ohne Essen und ohne Wasser –, bis wir im Land der Verheißung angekommen waren."

Was Usbekistan betraf, machte sich Yasha nicht so sehr Sorgen um die Juden, sondern eher um die Usbeken, die auf der Suche nach Arbeit ihr Land verließen und von den Russen schlecht behandelt wurden. „Die Usbeken haben den Russen im Krieg geholfen, haben ihnen die Lebensmittel geliefert, die sie so dringend brauchten, ihre Väter haben in der Roten Armee gedient, aber wenn Usbeken heutzutage in Russland Arbeit suchen wollen, weist man sie als ‚Fremdbürger' schon an der Grenze ab, oder sie werden gnadenlos diskriminiert", sagte er. Vor meinem inneren Auge erschienen die abgerissenen usbekischen Wanderarbeiter, denen ich am Sankt Petersburger Flughafen begegnet war, und ich musste daran denken, wie herablassend man sie im Flugzeug behandelt hatte.

„Im Zweiten Weltkrieg war Usbekistan das Babylon des Ostens. Hier konnten ganze Völker überleben – Juden aus aller Welt, dazu Polen, Ukrainer, Ungarn – und sich dann in alle Erdteile zerstreuen. Natürlich sind viele hier auch ums Leben gekommen ..." Seine Stimme brach und er schluchzte auf. Seine kleine Schwester war, wie er mir erst jetzt sagte, im Ferganatal verhungert.

*

Nach der Unabhängigkeit hat man in Usbekistan die Erinnerung an die Flüchtlinge „revidiert". Im Jahr 2008 wurde das „Denkmal der Völkerfreundschaft" – das Monumentalstandbild, mit dem die Sowjets 1982 den wackeren Schmied Schaachmed Schamachmudow, seine Frau Bahri Akramowa und ihre fünfzehn Adoptivkinder aus aller Herren Länder geehrt hatten – abgebaut und vom Stadtzentrum von Taschkent in eine entlegene Vorstadt nahe der Autobahn verlegt. Der „Palast der Völkerfreundschaft", vor dem das Denkmal gestanden hatte, wurde in „Palast der Unabhängigkeit" (Istiklol) umbenannt.

Die „revolutionären" Straßen- und Ortsnamen – man denke an die Kolchosen „Dimitroff" und „Oktober" – hatte man ebenfalls umbenannt. Manche hießen nun nach berühmten früheren Flüchtlingen oder ihren Nachfahren: die Avrom-Tolmasov-Straße in Samarkand beispielsweise, die den berühmten jüdischen Musiker ehrt; oder die Slonim-Straße in Taschkent, die nach einem evakuierten Arzt benannt ist.

Kurz nach der Jahrtausendwende erhielten ehemals Verbannte und Deportierte dann erstmals kleinere Wiedergutmachungsleistungen. Die Mutter des geschäftstüchtigen Professor Bosorow, eine deportierte Russin, die inzwischen in Moskau lebte, erhielt Reisegutscheine, um ihren Sohn in Buchara besuchen zu können. „Weil sie deportiert worden war, wollten sie ihr nun helfen", sagte Bosorow dazu, als wir gegen Ende unseres Aufenthalts einmal im Innenhof seines Hotels mit ihm zusammensaßen.

„Hat deine Familie irgendeine Entschädigung erhalten?", fragte ich Sergej Kim.

„Wir haben versucht, etwas zu bekommen, bislang aber ohne Erfolg", antwortete er. „So eine Entschädigung zu bekommen, ist wirklich schwierig. Die kriegen nur ganz wenige. Aber meine Mutter ist stur, sie probiert es immer wieder. Ein bisschen hat sie schon erreicht: ein paar Vergünstigungen bei der

Steuer, im öffentlichen Nahverkehr, und so eine Art Kuraufenthalt am Schwarzen Meer, wo sie zweimal im Jahr kostenlos hinfahren kann. " Das war die erste Stufe der Wiedergutmachung gewesen, aber die zweite Stufe – das Stück Land zurückzubekommen, das die Familie in Chabarowsk im russischen Fernen Osten einmal besessen hatte – ließ vorerst auf sich warten.

„Sogar die Islamische Republik hat uns ein paar Jahre nach der Revolution unser früheres Haus zurückgegeben", meinte Salar. „Vielleicht bekommt ihr euer Land ja doch noch zurück."

„Aber eure Enteignung war vor gerade einmal dreißig Jahren, und ist kurz darauf wieder rückgängig gemacht worden – nicht vor mehr als siebzig Jahren, wie bei uns!", erwiderte Sergej.

„Und außerdem ist ja", schaltete ich mich ein, „ein Teil deiner Familie im Iran geblieben, Salar, und genießt dort inzwischen wieder ein gewisses Ansehen. Und ihr hattet es mit eurer eigenen Regierung zu tun; du bist ja ein iranischer Staatsbürger. Da könnt ihr einen gewissen Einfluss geltend machen. Das ist bei Sergej nicht so, und bei mir auch nicht." Die Teitels, und die Hunderttausende anderen polnisch-jüdischen Flüchtlinge, die wie sie nach Osten geflüchtet waren und den Krieg in der Sowjetunion hatten durchstehen müssen – tatsächlich also die Mehrheit aller polnischen Juden, die den Krieg überhaupt überlebt hatten –, haben keinerlei Entschädigung erhalten, weder aus Deutschland noch aus Russland. Aus Polen einen gewissen Ausgleich für das Grundstück der Familie Teitel zu bekommen, auf dem die Stadt Ostrów inzwischen eine Schule errichtet hatte, schien – ich hatte mich in dieser Richtung schlau gemacht – so gut wie ausgeschlossen.

„Wenigstens habe ich in diesem Zusammenhang einiges über die Deportationsgeschichte meiner Familie erfahren. Wir Koreaner haben nicht so ein Museum wie das United States Holocaust Museum oder Erinnerungsbücher oder Geschichtslehrbücher", sagte Sergej mit einem Seufzer.

„Das tut mir wirklich leid", sagte ich leise und schämte mich plötzlich dafür, dass ich Sergej dafür bezahlt hatte, die Geschichte meines Vaters zu recherchieren, während er seine eigene Familiengeschichte darüber vernachlässigen musste. Ein allerletztes Mal erhoben wir das Glas auf Sergej – wir tranken Bier, er wie immer Wasser – und sahen ihm dann nach, als er langsam, mit hängenden Schultern, in die Dunkelheit davonging.

Als wir am nächsten Tag, unserem letzten, schweigend durch die Straßen von Buchara spazierten, riss Salar sich den Kopf an einem hervorstehenden

Nagel in einem Metalltor an. Blut schoss hervor; wir desinfizierten die Wunde und verabreichten ihm eine Schmerztablette, bevor wir ins Auto stiegen und – wieder schweigend – durch die wüstenartige Landschaft in Richtung Flughafen fuhren, Salar noch immer mit schmerzverzerrtem Gesicht. Plötzlich stiegen Tränen in mir auf. Am Flughafeneingang kam ein alter Tadschike zu uns herüber, legte seine Hand auf Salars Wunde und sprach einen Segen. Das war wieder so ein herzzerreißender, typisch usbekischer Moment – der letzte auf unserer Reise. Ganz unbedenklich war er allerdings nicht. „Hoffentlich entzündet sich das jetzt nicht", meinte Salar und warf einen besorgten Blick auf die schmutzigen Hände des alten Mannes. Wir lachten, verabschiedeten uns mit einer Umarmung von unserem Fahrer Bilol und unserer Fremdenführerin Kamara und händigten dann unser Gepäck und unsere Pässe an die uniformierten, streng dreinblickenden jungen Grenzbeamten aus, die alles besorgniserregend lang prüften, bevor sie uns endlich bedeuteten, in Richtung Flugzeug weiterzugehen.

*

Zuerst kam die Ankündigung, dass die Kinder in den polnischen Waisenhäusern mit der Anders-Armee in den Iran gebracht werden sollten. Das war im August 1942. Dann wurden Listen angelegt. Die Kinder aus dem Jüdischen Kinderheim von Samarkand, wo Hannan und Regina Zuflucht gefunden hatten, kamen alle auf die Liste. In anderen Waisenhäusern musste das Los entscheiden. In so gut wie allen wurden nur einige wenige jüdische Kinder ausgelost. Die Listen wurden also aufgestellt und wieder umgestellt, Geschwister wurden voneinander getrennt. Manchen gelang es, die Heimleitung durch Bitten und Betteln doch noch zur Milde zu bewegen; andere wurden in letzter Minute oder sogar auf dem Weg zum Hafen noch von der Liste gestrichen.

Einige Kinder weigerten sich, ohne ihre Geschwister und Eltern abzureisen, doch ihre Eltern bestanden darauf:

> „Ich wollte nicht weg. Ich habe in Samarkand geweint, bis man mir sagte: ‚Wenn du nicht gehst, wird Nathan [ein jüngerer Bruder] sterben. Du musst auf ihn aufpassen!' Denn Nathan war schon ohnmächtig geworden.

Bevor wir abgefahren sind, konnte ich noch einmal nach Hause rennen, um mich zu verabschieden. Vater stand in der Tür und sagte: ‚Ich werde dich nie wiedersehen. Wir werden uns nie wiedersehen.'"³²

In anderen Fällen waren es die Eltern, die sich weigerten, ihre Kinder gehen zu lassen – aber diese gingen trotzdem:

„Als die Zeit der Evakuierung herankam, kamen meine Eltern und wollten, wir sollen bleiben, aber wir wollten nicht bleiben."³³

In vielen Fällen konnten die Kinder sich noch nicht einmal von ihren Eltern verabschieden:

„Wir fuhren ab, ohne unsere Sachen und ohne unseren Eltern Lebewohl gesagt zu haben."

Letztlich wurden bei den militärischen Evakuierungstransporten im März/ April und im August 1942 insgesamt rund 116 000 polnische Flüchtlinge berücksichtigt. (Unterlagen zufolge, die Professor Bosorow im Taschkenter Archiv aufgespürt hatte, nahm die Anders-Armee 92 000 Zivilisten und 17 000 Zivilistinnen mit – Letztere „zum Waschen und Putzen".) Unter ihnen befanden sich offiziell 6000 Jüdinnen und Juden – 3500 Militärangehörige und 2500 Zivilisten –, das entspricht einem Anteil von etwas mehr als 5 Prozent. Einige Hundert mehr sind aber wohl noch mit von der Partie gewesen, entweder als blinde Passagiere oder als katholische Konvertiten. So oder so war diese Zahl von 6000 jüdischen Evakuierten winzig klein – es handelte sich um weniger als 5 Prozent der noch in der Sowjetunion verbliebenen polnisch-jüdischen Flüchtlinge, selbst wenn man die vorsichtigsten Schätzungen zugrunde legt. Doch befanden sich unter dieser vergleichsweise winzigen Zahl Hannan, Regina und Emma, die, als man ihnen sagte, sie würden nun gleich evakuiert, aus dem Waisenhaus nach Hause rannten, um sich von ihren Eltern zu verabschieden.

„Unsere Eltern entschieden, dass wir Kinder aus der Sowjetunion hinaus mussten", erinnerte sich Regina, „aber wir kannten auch Leute, die haben es strikt abgelehnt, sich von ihren Kindern zu trennen, die haben gesagt: ‚Unser Schicksal, was immer es sein mag, ist auch das Schicksal unserer Kinder.'" Ihre

Stimme zitterte, als sie das sagte, und ich fragte mich, was ihr dabei wohl durch den Kopf gehen mochte. Ich wagte nicht zu fragen, ob sie sich rückblickend eine andere Entscheidung ihrer Eltern gewünscht hätte, aber sie sah mir wohl an, was ich dachte. „Vielleicht … wenn sie gewusst hätten, was wir durchmachen würden …" Sie stockte. „Aber unsere Eltern wollten uns retten. Es war die richtige Entscheidung."

Zindel und Ruchela gingen mit den Kindern zum Sammelpunkt für den Evakuierungstransport, der sich am Hauptbahnhof von Samarkand befand, und kehrten dann in die Jangirabadskaja Ulitsa, Hausnummer 24, zurück – das letzte Haus in der entlegensten Straße von Samarkand. Wenn man dort rechts abbog, wie es Ruchela und Zindel an jenem Tag Mitte August 1942 taten, stieg man zuerst über Sanddünen und dann einen ebenfalls sandigen Hügel hinauf, von dessen Spitze man die Kuppeln und Minarette sehen konnte, die sich rund um den prächtigen Registan im Herzen von Samarkand verteilten. Vielleicht sollte Hannan deshalb in Jerusalem aussagen, ihre Hütte in Samarkand sei „untern Shtadt" gewesen. Oben auf dem Hügel lagen, halb vom Sand begraben, die Bahngleise, auf denen ihre Kinder vom Bahnhof in Samarkand nach Krasnowodsk fahren sollten, von wo ein Schiff sie über das Kaspische Meer in den Iran bringen sollte.

So stiegen Zindel und Ruchela also auf den Hügel, in der Hoffnung, ihren Kindern beim Vorbeifahren des Zuges noch ein letztes Mal zuwinken zu können. Auch ich bin in Samarkand auf diesen Hügel gestiegen und stellte damit einen entscheidenden Moment im Leben meines Vaters an seinem Original-schauplatz nach. Es war ein entscheidender, ein prägender Moment in meinem eigenen Leben, als ich diese Sanddünen hinaufstapfte. Die Sonne brannte erbarmungslos, und der Schweiß lief mir übers Gesicht, wie er mit Sicherheit auch über ihre Gesichter gelaufen ist, an jenem Nachmittag im August 1942. Mein Kopf hämmerte. Ein Stück weiter entfernt sprang eine Usbekin auf den Bahngleisen umher, zahnlos und offenbar nicht ganz bei Trost: „*I love, love, love you, I love you, America!*", brüllte sie mir von Weitem auf Englisch entgegen, kam dann näher und ging direkt an mir vorüber, bevor sie den Hügel hinunter verschwand.

Ich stellte mir vor, wie die ausgemergelten Eltern Ruchela und Zindel schweigend hügelaufwärts trotteten. Sie hatten es geschafft, ihre Kinder aus der Sowjetunion hinauszuschaffen, sie vor dem Hungertod zu bewahren. Mittellos und elternlos – womöglich auf immer – hatten sie sie in eine ungewisse Zukunft geschickt und in ein Land, von dem sie vermutlich gar nicht wussten, wo es genau liegt. Vor der Abfahrt überließ Hannan seiner Mutter die Schuhe, die man ihm im Waisenhaus gegeben hatte – er sagte, in Persien werde er bestimmt neue bekommen –, und jetzt trug Ruchela sie, als sie die sandige Anhöhe hinaufstieg. Wie mir Regina erzählte, konnten sie und Hannan aus dem Zugfenster tatsächlich noch einen flüchtigen Blick auf ihre Eltern erhaschen – zwei winkende Gestalten, die immer kleiner wurden, je weiter der Zug sich entfernte, bis sie irgendwann ganz verschwunden waren.

8
Polen und Juden in Teheran
Zwei Nationen erfinden sich

„Traurigkeit erfüllt die Waggons, die Art von Traurigkeit, mit der man lieben Verwandten Lebewohl sagt. Wer weiß, vielleicht werden wir sie niemals wiedersehen. Der Abschiedsschmerz und die tiefe Sorge um die Zurückgebliebenen erfüllen ganz unser Denken. Aber auch Freude gibt es, auch sie erfüllt die Wagen: die Freude eines Menschen, der nach langer Gefangenschaft nun endlich frei ist; die Empfindung eines Adlers, der aus seinem Käfig ausgebrochen ist und nun ein neues Leben in Freiheit beginnt; ein magisches Gefühl, das Worte nicht beschreiben können. Nach kurzem Ringen – gar nicht lang mag es dauern – wird die Traurigkeit hinuntergeschluckt und weicht einem freudigen Hochgefühl … Niemand spricht mehr von dem Dunklen, das war – es ist gewesen und es ist vergangen … Der Zug saust dahin, und mit jeder Sekunde, die verstreicht, mit jeder weiteren Umdrehung der mächtigen Räder wird es kundgetan: Nacht und Alptraum sind vorbei, die Zukunft dämmert herauf."

Mehr als jede andere später gemachte Zeugenaussage – mehr noch sogar als die Protokolle des polnischen Informationszentrums Ost, die weniger als ein Jahr später in Jerusalem aufgenommen werden sollten – hält das Tagebuch von Emil Landau, das gewissermaßen in Echtzeit geführt wurde und von keinerlei Suggestivfragen beeinflusst werden konnte, den Moment der Abreise aus der Sowjetunion in seiner ganzen Dynamik fest. So und nicht anders muss auch mein Vater empfunden haben, als er endlich ausreisen konnte. Emil, der mit seinen fünfzehn Jahren bereits ein reifer, intelligenter Schreiber war und über solide historische wie geografische Kenntnisse sowie ein Auge für Details verfügte, die jedem erwachsenen Autor zur Ehre gereicht hätten, wenn seine etwas sentimentalen Metaphern auch bisweilen den Heranwachsenden verraten; Emil also gelang es in seinem Tagebuch, die flüchtigen Momente des

Glücks festzuhalten, die in einem schier endlosen Ablauf von Unglück und Traurigkeit hervorgesprossen waren. Er und seine Schwester Alina waren im selben Alter wie Hannan und Regina, und gemeinsam mit ihnen wurden sie aus Samarkand evakuiert. Emil zeichnete auch eine Karte ihres Reiseweges – „für mich, damit ich mich später daran erinnern konnte", sagte mir Alina, die inzwischen Ilana hieß, als sie mir bei unserer Begegnung in Jerusalem das Tagebuch ihres Bruders überreichte.

„Unter Keuchen und Schnaufen zieht eine riesige Lokomotive die lange Reihe von Waggons in Richtung Westen. Lange schon ist die Stadt T. hinter dem Horizont verschwunden. Hunderte Kinderköpfe drängen sich an den Fenstern zusammen, um einen letzten Blick auf die weiten Felder jenes Landes der Angst und Leiden zu werfen, das zusammen mit Hitlerdeutschland zum Inbegriff von Tyrannei und Unterdrückung geworden ist, ein Massengrab für gequälte, unglückselige Menschen – Unschuldige –, die an Hunger, Fleckfieber, Ruhr zugrunde gegangen sind. Der ausgezehrte Körper vermag den Krankheiten nicht zu widerstehen, und keiner von uns wird sie je vergessen, die mit Leichen gesäumten Straßen von Samarkand."

Hannan, Regina und Emma, fünfzehn, elf und zehn Jahre alt, waren nun ganz allein auf der Welt. Drei Tage lang fuhren sie mit dem Zug von Samarkand nach Krasnowodsk – 1500 Kilometer weit –, machten unterwegs Halt in Buchara und Tschardschou (heute Türkmenabat), wo sie die Grenze nach Turkmenistan überquerten, ehe sie über die gelb-sandigen Weiten der Wüste Karakum bis in die turkmenische Hauptstadt Aschgabat weiterfuhren. Dort blieb der Zug einige Tage lang stehen. Von Aschgabat aus reisten manche der Passagiere in Bussen nach Teheran weiter. Endstation des Zuges war jedoch Krasnowodsk am Kaspischen Meer, wo mein Vater – noch immer barfüßig – an Bord eines Schiffes in Richtung Persien gehen sollte, und wo bereits Tausende voller Ungeduld darauf warteten, endlich eingeschifft zu werden.

In Krasnowodsk verbrachten mein Vater, seine Schwester und ihre Cousine die erste Nacht allein in der Nähe des Evakuierungslagers, auf dem blanken Erdboden, bevor sie am Morgen zusammen mit 4000 anderen Flüchtlingen auf den sowjetischen Kreuzer *Kaganowitsch* verladen wurden, der täglich zwischen Krasnowodsk und Bandar Pahlavi verkehrte. Zum ersten Mal in ihrem Leben waren sie auf einem Schiff! Die Soldaten gingen zuerst an Bord, dann kamen die Kinder, und alle drängten sich in den knapp bemessenen Laderaum der *Kaganowitsch*. Das Trinkwasser stank nach Benzin und Erbrochenem. Dutzende Passagiere, Erwachsene wie Kinder, sollten die Fahrt nicht überleben.

Die anderen jedoch sahen nicht nur die Umrisse der turkmenischen Küste – und damit die unselige Sowjetunion – hinter dem Horizont verschwinden, sondern erblickten drei Tage darauf, am Ende der Überfahrt, auch das gebirgige Hinterland von Bandar Pahlavi, dessen Gipfel zuerst aus dem Dunst auftauchten, bevor schließlich der Hafen selbst in Sicht geriet.[1] Ich wünschte, auch ich hätte dieses Schauspiel erleben dürfen; wie gern hätte ich die Reise meines Vaters von Samarkand nach Bandar Pahlavi nachgeahmt, wie ich ja auch in Polen, Russland und Usbekistan seinen Spuren gefolgt war; wie gern wäre ich selbst mit dem Schiff nach Bandar Anzali (wie der Hafen heute heißt) gefahren und dann weiter nach Teheran. Doch wegen meiner israelischen Staatsbürgerschaft – sowie dem Eintrag „Haifa, Israel", der in das Feld „Geburtsort" meines amerikanischen Passes gedruckt war – kam das leider nicht infrage. Ich musste mich also auf Salar verlassen, der für mich in der Millionenstadt Teheran auf Spurensuche gehen würde, und daneben auf die iranische Dokumentation *The Lost Requiem*, auf Emil Landaus Reisetagebuch und viele andere Memoiren und Zeitzeugenberichte.

*

Am Ende, heißt es, seien bei der ersten Evakuierung 31 189 polnische Militärangehörige und 12 408 Zivilpersonen in den Irak gelangt; bei der zweiten, die am 11. August 1942 begann, sollen es dann 43 746 Soldaten und 26 016 Zivilistinnen und Zivilisten gewesen sein.[2] Eine dritte Gruppe von 2694 Zivilpersonen wurde von Aschgabat nach Maschhad gebracht, sodass insgesamt 116 131 Personen evakuiert worden seien.[3] Es gibt aber auch höhere Schätzungen: 146 000 Personen (46 000 Zivilisten und 100 000 Militärangehörige) nach Angaben des Joint Distribution Committee (JDC); 400 000 gar nach der iranischen Volkszählung von 1943; 300 000 ausweislich einiger britischer Quellen; 117 300, sagt der selbst aus Polen stammende Peter Chelkowski, ein Nahost-Experte von der New York University; die niedrigere Zahl von 115 000 nennt sein Kollege David Engel, der an der NYU Geschichte lehrt.[4]

Nach ihrer Ankunft im Iran fielen sowohl die polnischen Soldaten als auch die evakuierten Zivilisten in den Zuständigkeitsbereich der britischen Armee, deren Vertreter, liest man, entsetzt waren angesichts der großen Anzahl und des schlechten Allgemeinzustandes der zivilen Flüchtlinge. Diejenigen, die im März 1942 mit dem ersten Evakuierungstransport in Bandar Pahlavi eintrafen, wurden in kleineren Hotels der Stadt sowie dem Filmtheater *Schir-o-Chorschid* untergebracht (der Name des Kinos, „Löwe und Sonne", bezieht sich auf das damalige persische Staatswappen).[5] Zu der Zeit jedoch, als mein Vater im August dort ankam, hatte man an der Küste bei Bandar Pahlavi bereits eine Zeltstadt aufgebaut, in der Stadt eine polnische *delegatura* mit 75 Angestellten eröffnet und eine Kommission von englischen Ärzten zusammengestellt, von denen die Flüchtlinge untersucht und zugeteilt werden sollten: Die leicht Erkrankten sollten zumindest abgesondert, die Schwerkranken in das städtische Hospital gebracht werden; alle anderen schickte man zum Kahlrasieren und neu Einkleiden – ihre alten, verlausten Sachen sollten sie ablegen und erhielten dann eine saubere Decke und einen neuen Satz Kleidung und Unterwäsche.

Erst als ich Beschreibungen vom Zustand der Flüchtlinge bei ihrer Ankuft im Iran las und ein Foto fand, auf dem einige von ihnen zu sehen waren, stellte auch ich bestürzt fest, *wie schlecht* ihr Allgemeinzustand bis zu jenem Zeitpunkt tatsächlich geworden war. Das Foto von drei jüdischen Flüchtlingskindern in einem iranischen Krankenhaus unterscheidet sich kaum von den Fotos KZ-Überlebender nach ihrer Befreiung: bis aufs Skelett abgemagert und mit trübem Blick; eines scheint nur noch einen Stumpf zu haben, wo eigentlich ein Arm sein sollte; bei dem anderen sind die Augen durch ein fortgeschrittenes Trachom schon ganz zugeschwollen. Auch Regina hatte damals ein Trachom – eine bakterielle und ansteckende Entzündungskrankheit des Auges, bei der die Bindehaut auf der Innenseite der Augenlider aufgeraut wird, bis jeder Lidschlag, jede Augenbewegung auf der Hornhaut des Augapfels scheuert. Über Monate muss Regina nur schlecht und unter Schmerzen gesehen haben. Wenn das Trachom nicht rechtzeitig behandelt wird, wird die Hornhaut immer weiter beschädigt, bis die erkrankte Person schließlich erblindet. Mindestens ein Viertel der Kinder an Bord des Evakuierungsschiffes litten an einer solchen Augenentzündung. *Alle* Kinder – auch Hannan, Regina und Emma – hatten Läuse, Bandwürmer, die Krätze und litten unter Durchfall. Einige Kinder waren so schwer an Malaria oder Fleckfieber erkrankt, dass sie noch auf der Überfahrt aus Turkmenistan oder gleich nach der Landung in Bandar Pahlavi starben.

Von den 9956 Kindern, die im August evakuiert wurden (neben 12 204 Frauen und 3856 Männern), waren, wie Kot berichtet, 60 Prozent unterernährt und 366 starben auf dem Transport.[6] Bei einem früheren Transport sollen am 2. April 1942 mehr als die Hälfte der 131 Passagiere gestorben sein: 16 noch auf dem Schiff, 17 unterwegs von Bandar Pahlavi in die nordwestlich von Teheran gelegene Stadt Qazwin und 38 in iranischen Hospitälern.[7]

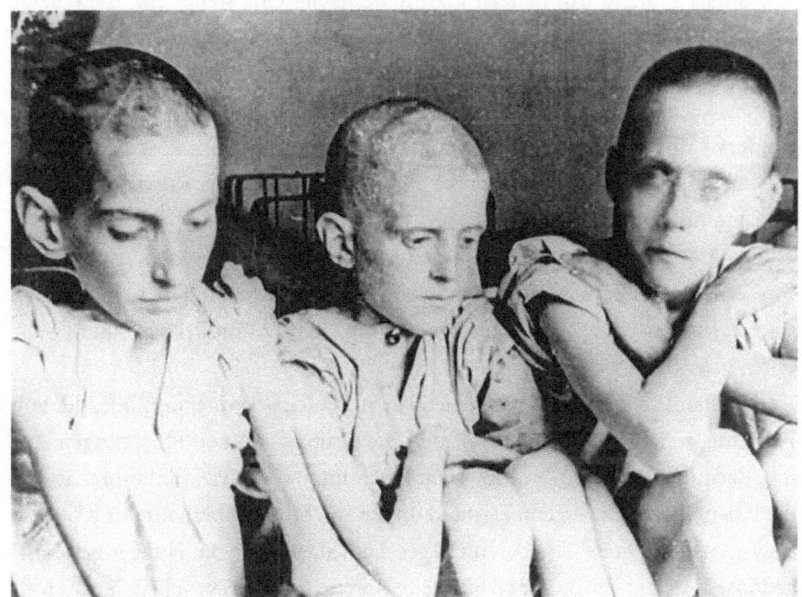

Abbildung 8: Jüdische Flüchtlingskinder in einem Krankenhaus in Teheran.

Der britische Oberst Alexander Ross, der mit der Fürsorge der polnischen Flüchtlinge beauftragt war, schrieb in einem „Dringlichen Bericht über die polnischen Flüchtlinge in Persien":

„Die körperliche wie seelische Verfassung der Flüchtlinge bei ihrer Ankunft in Teheran ist im Allgemeinen sehr schlecht. Die häufigsten Krankheiten sind Ruhr und andere Durchfallerkrankungen, Mangelkrankheiten infolge langer Unterernährung, zahlreiche Fälle von Malaria, die sie aus Russland eingeschleppt haben, und Typhus: 40 Prozent der Flüchtlinge sind malariakrank."[8]

General Anders gehe davon aus, schrieb Ross, dass 25 Prozent der Flüchtlinge im Iran sterben würden.

„Sie waren in einem sehr schlechten Zustand, abgemagert und krank ... Sie starben und wurden noch am selben Tag begraben", spricht ein betagter Fotograf in dem iranischen Dokumentarfilm *The Lost Requiem* in die Kamera. „Da gab es einen kräftigen Kerl, der hat Kisten [d.h. Särge] für sie gemacht, 30 bis 50 Kisten am Tag." Unter der üppigen Tropenvegetation, im Gras, fing Khosrow Sinais Kamera 639 nahezu identische flache Grabsteine ein: die einzige Spur, die von den Tausenden Flüchtlingen, die über Bandar Pahlavi in den Iran gekommen waren, noch geblieben ist. Dass hier über alle Regime- und Ortsnamenswechsel hinweg die Gräber von 639 Ausländern – 17 davon jüdische Kinder[9] – unversehrt geblieben waren, war durchaus nicht selbstverständlich, wie ich aufgrund meiner Recherche-Erfahrungen in Polen, Russland und Usbekistan nun wusste.

„Im Allgemeinen sind die Gruppen sowohl von Erwachsenen als auch von Kindern, die mit dem zweiten Kontingent aus Sowjetrussland hier eingetroffen sind, argwöhnisch, apathisch und trübsinnig", heißt es im Bericht einer polnischen *delegatura*.[10]

„Ich stand selbst am Ufer", schrieb ein aus Polen stammender Jude, der von Palästina in den Iran gereist war, „als eine Gruppe von 800 Flüchtlingen eintraf, darunter 50 Juden. Die jüdischen Flüchtlinge sahen viel schlimmer aus als die Polen. Es ist schwer, den Zustand dieser Flüchtlinge überhaupt in Worte zu fassen; so etwas hatte ich noch nicht gesehen. Sie waren vom Hunger ganz aufgedunsen, hatten nur Lumpen am Leib, waren seelisch gebrochen, jeder Hoffnung bar. Welcher Mann wäre stark genug, dazustehen und diesen Ankömmlingen ins Gesicht zu blicken? Man fühlt sich in einer Welt der Tiere, nicht der Menschen."[11]

Im Kontrast zu den entsetzten Reaktionen der Beobachter und Zeugen jedoch erzählte das Tagebuch Emil Landaus eine ganz andere Geschichte:

„Gewiss gibt es größeren Luxus auf der Welt als ein Flüchtlingslager, in dem jeder Fußboden nur Sand und Dreck ist. Doch das stört hier keinen. Unser erstes Mittagessen: Suppe, nein! Fleisch, frisches Fleisch mit Kartoffeln! Brot! Alle sind satt und schweben im siebten Himmel. Alle, die noch irgendetwas zum Handeln bei sich haben, tauschen es nun ein gegen Wassermelone oder andere Früchte und Leckereien, die von den

Schwarzmarkthändlern herbeigeschafft werden. Selbst die Knüppel, mit denen die persischen Gendarmen gegen ihre eigenen Landsleute vorgehen, können nicht verhindern, dass diese ‚Warenhäuser' in unserem Lager florieren. Wer auch nur einen roten Heller übrig hat, kauft Naschwerk zu horrenden Preisen und labt sich daran, bis der Durchfall kommt. Aber selbst das macht keine Sorge. Es gibt ja ein Krankenhaus!"

Die polnische *delegatura* berichtete, dass sie Hilfsgelder an 24 610 Evakuierte ausgezahlt hatte: 60 iranische Rial für jeden Erwachsenen und 30 Rial für Kinder, und dass alle genügend zu Essen bekommen hatten: zwei Eier, dazu heiße Schokolade oder Milch, Marmelade und Butter, wobei das Polnische Rote Kreuz zusätzliche Lebensmittelrationen zur Verfügung gestellt hatte.[12]

Dr. Chaim Hirschberg, einer von vier Rabbinern, die an der Evakuierung im August hatten teilnehmen dürfen, erinnerte sich später:

„Sofort verbreitete sich das Gerücht von den Läden in [Bandar Pahlavi], wo Kuchen, Zucker, Schokolade und Fleisch ... verkauft würden. Die Leute sind verrückt vor Verlangen, sich von diesen Dingen etwas zu kaufen. Keiner hat ja persisches Geld ..., aber viele haben irgendwelche kleinen Besitztümer, haben vielleicht ein wenig Schmuck, und die freundlichen persischen Händler sind bereit, alles und jegliches in Zahlung zu nehmen, von Bettlaken und Kopfkissenbezügen bis hin zu goldenen Ketten und Brillantringen. ... Ein Kaufrausch ist über uns alle gekommen. ... Jeder braucht nun ein wenig Freude und Genuss – sei es ein Stück Wassermelone, eine Tasse Tee mit Zucker, ein wenig Gefrorenes oder ein hartgekochtes Ei. Jahre sind ja vergangen, seitdem wir kaufen konnten, was wir wollten, wann wir es wollten. ... Das Wetter ist angenehm. ... Manche baden im Meer, genießen die herrliche Luft. ... Wie angenehm ist es, auf persischer Erde zu ruhen!"[13]

Flüchtlinge wie Dr. Hirschberg, Emil Landau oder mein Vater, die mit den Transporten Ende August ankamen, blieben im Schnitt für drei Wochen in Bandar Pahlavi. Danach wurden sie – sofern sie nicht krank waren – an ihre endgültigen Zielorte im Iran gebracht. Manche der katholischen Kinder wurden nach Isfahan geschickt, wo bald nach den ersten Flüchtlingstransporten ein polnisches Kinderheim eingerichtet worden war.[14] Andere, die auf dem Landweg in den Iran gekommen waren, befanden sich bereits in Maschhad, wo ihnen die persischen Juden „einen stürmischen Empfang" bereiteten, wie einige der Kinder später aussagten, ihnen zu Essen gaben und kleine Geschenke.[15] Als sie an der Reihe waren, stiegen mein Vater und die anderen jungen Flüchtlinge aus seiner Gruppe in Bandar Pahlavi in Autobusse und auf britische Militärlastwagen, die sie, zusammen mit anderen zivilen Flüchtlingen, die 400 Kilometer bis nach Teheran transportierten.

Um sechs Uhr morgens fuhren sie los, in einer Kolonne aus zwanzig Fahrzeugen; am nächsten Tag gegen Mittag erreichten sie ihr Ziel. Die gerade erst fertiggestellte Straße verlief entlang der Küste des Kaspischen Meeres durch die grüne, fruchtbare Provinz Gilan mit ihren reichlich bewässerten Reisfeldern, munteren Flüssen und kleinen, verträumten Dörfern. „Die Dörfer hier ähneln denen in Westeuropa so sehr, das man fast an ein Trugbild glauben möcht", schrieb Emil in sein Tagebuch: „Holzhäuser, Strohdächer, und alles fein säuberlich eingezäunt. Dies ist die reichste Gegend im Land … [Wir fahren durch] Rascht – eine westliche Stadt. Emsig und geschäftig, mit weit geöffneten Läden und Werkstätten …"

Die Erinnerungen des Rabbiners Dr. Hirschberg lesen sich wie ein Echo von Emils Beschreibung: „Alles [entlang des Wegs] schockiert uns; hier sieht man geöffnete Geschäfte mit allerlei Waren, und doch – keinerlei Schlangen davor und keine verzweifelte Menge, die sie bestürmt. Dort sieht man Automobile und Omnibusse, aber keiner muss sein Leben aufs Spiel setzen, um mitfahren zu dürfen. Unser Fahrer kümmert sich um uns, bietet uns Zigaretten an, verteilt großzügig Wassermelone und anderes Obst, und begegnet uns überhaupt wie echten *Menschen*, nicht wie einer menschlichen Herde. Es ist wahrhaft erstaunlich!"[16]

Schon seit der Ankunft der ersten Evakuierten mit den Transporten im März 1942 hatten die persischen Zeitungen davon berichtet, wie begeistert die Flüchtlinge im Iran willkommen geheißen würden. Die Tageszeitung *Nahid* etwa meldete: „Die Einwohner von Teheran wetteifern darum, die Flüchtlinge bei sich willkommen zu heißen", und dass „die Beamten unserer Regierung in Teheran, Isfahan, Maschhad, Ahvaz und dem Hafen Pahlavi" jeweils „alles in ihrer Macht Stehende" täten, „um ihnen den nötigen Beistand zu leisten", worüber auch der britische Verbindungsoffizier Oberst Ross sich lobend äußerte.[17] Am 8. Juni 1942 berichtete eine andere Tageszeitung, *Etelaat*, Akbar Mirza Sarem el Douleh, ein Prinz der vormals regierenden Kadscharendynastie, habe sein eintausend Quadratmeter großes Anwesen mit Garten dem Polnischen Roten Kreuz für die Unterbringung polnischer Flüchtlinge zur Verfügung gestellt.[18]

Diese Stimmung war noch nicht verflogen, als der Transport meines Vaters im Iran ankam. „In Pahlevi empfingen uns die Perser sehr gastfreundlich", berichtete ein Kind. „Sie gaben uns Kuchen und, das Wichtigste, Wasser."[19] „Die Bevölkerung ist überaus gütig und wohlgesinnt", schrieb Emil, „den Kindern gibt man Süßigkeiten."

∗

Sie fuhren weiter in Richtung Teheran, zunächst in das Elburs-Gebirge hinauf und „vorbei an den Kuppeln orthodoxer Kirchen, die im Sonnenlicht glänzten", wie Emil in seinem Tagebuch festhielt. Auf den engen Bergstraßen, wo für die großen Autobusse und Lastwagen kaum ein Durchkommen war, bekamen es die Kinder mit der Angst zu tun; am schlimmsten waren die häufigen Haarnadelkurven und plötzlich entgegenkommende Fahrzeuge. „Man hupt hier wohl nicht gern", bemerkte Emil. „Noch eine Sekunde länger, und unser Wagen mitsamt all seinen Insassen wäre in den Abgrund gestürzt. Aber die persischen Chauffeure sind erfahren und haben Nerven wie Stahlseile. Sie beschleunigen bis auf 50 oder 60 Sachen, dass einem das Blut in den Adern gefriert." Emil machte sich Notizen über alles Mögliche: über Entfernungen, Geschwindigkeiten, die Baumethoden der alten Perser, Gegenden, Brücken und das Klima. Unterwegs konnten die Flüchtlinge auch einen Blick auf den fast 4000 Meter hohen Berg Totschal erhaschen, auf dessen Gipfel noch letzte Schneereste zu sehen waren.

Sie übernachteten in Qazvin, Standort der Imamzade-Hossein-Grabmoschee, die den Namen eines schiitischen Heiligen trägt; der Heydarieh-Madrasa, die auf den Ruinen eines zoroastrischen Feuertempels errichtet wurde; und des Peyghambarieh-Schreins, wo der Tradition zufolge vier jüdische Heilige begraben sind, die das Kommen Christi prophezeit haben sollen. Am nächsten Tag fuhren sie von Qazvin aus weiter in Richtung Westen über das Iranische Hochland – „flach wie eine Tischplatte und brütend heiß", wie Emil schreibt –, bis sie schließlich den Stadtrand von Teheran erreichten:

„Da ist schon der erste Vorort, doch hätte keiner von uns geglaubt, dass dies ein Vorort der persischen Haupstadt ist: prächtige Villen, auch kleinere Häuser, Blumenbeete, Rasenflächen und Bäume, ein Gesamtbild, das jeder modernen Stadt zur Ehre gereichen würde. Auf den Straßen und den breiten Alleen fahren Automobile, alles ist asphaltiert, daneben moderne Hochhäuser und um uns dichter Verkehr: Taxen, Kutschen und … Kamelkolonnen. Teheran entpuppte sich als eine angenehme Überraschung. … Der Anblick der luxuriösen Geschäfte, in denen man alles kaufen kann, versetzt uns in Staunen … Schokolade und andere westliche Süßwaren sowie, das Wichtigste, Brot und Brötchen aus feinem Weißmehl. Von Warteschlangen keine Spur. Alles ist wie im Märchen, wie wir es uns vorgestellt haben, als wir in Samarkand von Brotbergen träumten. Das Herz geht einem über davon."

„Die Hauptstadt heißt uns mit ihrem geschäftigen Treiben willkommen. Der Verkehr! Die Straßen! Die vielen Autos!", schrieb Krystyna Wartanowicz, eine polnische Flüchtlingsfrau in den Dreißigern, die bei der Anders-Armee als Näherin beschäftigt war, in ihrem Teheraner Tagebuch. Der Bus fuhr mehrere Runden durch die Stadt, was den Kindern einen guten Eindruck von den „herrlichen, glänzenden Limousinen" ermöglichte, die „in alle Richtungen davonrasten"; von den „imposanten Gebäuden, Gärten, Monumenten und Plätzen"; den Schaufenstern, die alle Blicke auf sich zogen; einer wahren „Orgie von Schuhen, Früchten, Leckereien, Gewändern, Lederwaren", wie Wartanowicz es beschrieb.[20]

Halt machten die Busse an bestehenden polnischen Flüchtlingslagern – in der Gegend von Sorch-e Hesar beispielsweise, wo etwa 3000 ältere Frauen und Männer bereits in Zelten lebten; an einem staatlichen Park in dem traditionell jüdisch geprägten Stadtteil Yusef Abad, wo rund 3000 kleine Kinder untergebracht waren; auch in Manzarieh am nördlichen Stadtrand von Teheran.

Endlich erreichten sie das etwa sieben Kilometer nordöstlich des Stadtzentrums gelegene Duschan Tappeh. Dort befand sich ein Flugplatz der Kaiserlich Iranischen Luftwaffe, den man zu Zwecken der Flüchtlingsunterbringung den Briten überlassen hatte. Es gab dort nur eine Handvoll von festen Gebäuden – die technische Hochschule der Luftwaffe, einige Hangars, das Regimentsgebäude einer Artillerieeinheit –, daneben Reihen von Baracken und Leinwandzelten. Am nördlichen Horizont stand die Gebirgskette des Elburs.

Für ihre erste Nacht im Teheraner Umland hatte man den Neuankömmlingen kein Quartier vorbereitet. So schliefen sie auf dem blanken Erdboden, unter freiem Himmel, bevor man sie am nächsten Morgen auf die Zelte verteilte.[21]

*

Ich besaß ein einziges, undatiertes Foto, das Hannan in Teheran zeigte. Dieses Foto war es gewesen, das Jahre zuvor, ganz am Anfang meiner Recherche, meine Neugier geweckt hatte. Jetzt wusste ich ganz genau, wo mein Vater damals gewesen war und was er bis dahin hatte durchmachen müssen. Ich wusste auch, dass er damals Kleidung getragen hatte, die aussah wie eine Uniform der Anders-Armee: das geknöpfte Khakihemd in den Bund einer viel zu großen Khakihose gestopft, die mit einem Gürtel aus Leinenstoff mehr schlecht als recht an ihrem Platz gehalten wurde. Auf dem Foto stand er in der hintersten von drei Reihen inmitten einer Gruppe von Jungen und hielt die Arme hinter dem Rücken verschränkt – ganz so, wie er es auch auf dem vier Jahre älteren Foto aus Ostrów Mazowiecka getan hatte. Sein Gesicht erschien mir lang und schmal; alles Rundliche war daraus verschwunden. Seine Züge – die Wangenknochen, die Stirn, die Nase – wirkten zerbrechlich, aber nicht ganz so ausgezehrt wie die von vielen seiner Kameraden. Und anders als die meisten anderen der Jungen trug Hannan noch immer einen vollen, dunklen Haarschopf, den er genau so zurückgekämmt hatte, wie es die nächsten fünfzig Jahre über stets tun sollte. Beinahe normal sah er aus, ein eher zartes, aufgewecktes Kind inmitten einer Menge rasierter Schädel und verkniffener Mienen.

Bei näherem Hinsehen jedoch fiel mir auf, dass Hannan – der zum Zeitpunkt der Aufnahme schon fünfzehn Jahre alt war – nach Körpergröße und Wuchs eher einem Zwölfjährigen glich. Tatsächlich wirkte es ganz so, als wäre er seit dem Ostrówer Foto nicht gewachsen, sondern geschrumpft; nur der Kopf erschien jetzt, im Vergleich zum Rest seines Körpers, unverhältnismäßig groß. Auch sein Gesichtsausdruck fiel mir nun ganz anders ins Auge: Es war das Gesicht eines alten Mannes, das mir auf dem Foto entgegenblickte, müde, furchtsam und verbittert zugleich, ein sonnenverbranntes Männergesicht auf dem Körper eines kleinen Kindes, der in eine grundsätzlich würdevolle (wenn auch beschmutzte) Khaki-Uniform gesteckt worden war. Aber trotz alledem fiel mir wieder auf, was ich schon damals vor Jahren bemerkt hatte: Seine Augen lächelten.

Viel war im Iran in den fünf Monaten geschehen, die zwischen den beiden Evakuierungsphasen im März und im August 1942 gelegen hatten. In Teheran waren eine polnische Botschaft und eine *delegatura* eröffnet worden, dazu ein Hospital des Polnischen Roten Kreuzes. Sechs polnische Flüchtlingslager waren eingerichtet worden. Die Lager Nummer 1, 2 und 3 lagen alle in der Umgebung von Duschan Tappeh (Ansammlungen von Verschlägen, Häusern, Kojen, die auf einem Gebiet von jeweils 2 bis 3 Quadratkilometern Größe verteilt waren). Ein weiteres, das Lager Nr. 5, wurde speziell für genesende Kinder eingerichtet und befand sich in einer Villa mit Park im Teheraner Umland. Das Lager „Camp Polu" (dieser Name ist noch heute im Iran geläufig) befand sich in Ahvaz im Südwesten des Landes, nahe der Grenze zum Irak. Das letzte polnische Kinderlager schließlich – Lager Nr. 4 – lag in Isfahan im Landesinneren.[22] Bald begannen die polnischen Flüchtlinge, eigene kleine Zeitschriften herauszugeben: *Polscy w Iranie* („Die Polen im Iran") und *Sami Osobiście* („Wir selbst"). Eine polnische Schulkommission organisierte und vereinheitlichte das behelfsmäßige Bildungssystem, in dem polnische Schulen zunächst einen Unterricht für die 3000 Kinder unter vierzehn Jahren anboten, die im April evakuiert worden waren, bald auch für die 11 000 weiteren, die ihnen im August folgten. Verlagsbuchhandlungen in Jerusalem begannen, polnische Schulbücher in den Iran zu schicken.[23]

In Isfahan folgten auf die ursprüngliche Gruppe von 250 polnischen Waisenkindern, die am 10. April 1942 in der Stadt angelangt waren, wenig später 3000 weitere Kinder und Erwachsene, weshalb man ganz Isfahan bald die „Stadt der polnischen Kinder" nannte.[24] Isfahan, einst die Hauptstadt Persiens, ist noch heute wunderschön, ein kulturelles Kleinod voller prächtiger Paläste und Moscheen, mit häufigem Sonnenschein über zahlreichen Granatapfelbäumen. Die polnischen Waisenkinder wurden auf vierzehn „Villen mit Gärten" verteilt: das französische Nonnenkloster der Barmherzigen Schwestern; die Niederlassung von Lazaristen-Missionaren aus der Schweiz; im Haus von Reverend Iliff, einem protestantischen Missionar aus England; und auf dem Anwesen von Akbar Mirza Sarem el Douleh, dem pro-britischen früheren Gouverneur der Provinz Isfahan.[25] Auf dem riesigen Gelände des El-Douleh-Anwesens mit seinen weiß gekalkten Arkadenbögen, seinen schattigen Lauben, seinen Teichen und Obsthainen, lernten die Kinder polnische Grammatik, Geschichte, Geografie, Latein, Religion und Biologie. Sie lebten also, wie es die in Isfahan geborene Kunsthistorikerin und Fotografin Parisa Damandan formuliert hat, „ein Leben hinter verschlossenen Türen und in einem polnischen Umfeld."[26]

Ein Fotograf aus Isfahan namens Abolqasem Jala machte beinahe 11 000 Einzelporträts und Gruppenfotos der „Kinder von Isfahan", die Parisa Damandan gesammelt hat und die der Regisseur Khosrow Sinai für seine Dokumentation *The Lost Requiem* verwendet hat. Sinai interviewte 1981 auch den betagten Verwalter des El-Douleh-Anwesens, der zum damaligen Zeitpunkt noch immer in dem inzwischen leer stehenden, langsam verfallenden Palast lebte. Seine Aufgabe sei es gewesen, sagt er in dem Film, den Kindern zu bringen, „was sie nur wünschten".

„[Wir lebten] in Isfahan auf abgeschotteten Anwesen", erzählte ein früheres polnisches Flüchtlingskind, das inzwischen in Neuseeland lebte, Sinai. „In riesigen Bauten, bis zu 2000 Kinder unter einem Dach. Man kümmerte sich sehr gut um uns, wir wurden ausgezeichnet verpflegt. Riesige Gärten gab es, da konnte man herumrennen und spielen. Wir hatten dort auch unsere eigenen Schulen. Es gab Schwimmbecken. Wir hatten alles, was wir nur brauchten." Eine andere Interviewpartnerin berichtete: „Wir verlebten eine glückliche Zeit in den Lagern in Isfahan. Wir spielten, lernten, schwammen. Die Mädchen lernten Teppichknüpfen. Unser Fräulein versuchte, uns mit Theaterspielen zu beschäftigen." Es gab Aufführungen, Ausstellungen, Clubs; es gab ein Radio, das die Kinder nutzen konnten, und polnische Zeitschriften, die der Polnisch-Club des Lehrerverbandes zur Verfügung gestellt hatte.

Nach den Unterlagen des JDC und der Jewish Agency („Sochnut") waren unter den Jungen und Mädchen in Isfahan keine jüdischen Flüchtlingskinder, auch wenn vielleicht manche ihre jüdische Herkunft verschwiegen hatten oder konvertiert waren.

*

In den fünf Monaten, die zwischen der ersten und der zweiten Evakuierung polnischer Staatsangehöriger aus der südlichen Sowjetunion verstrichen waren, hatte auch die Sochnut, die „Jüdische Agentur für Palästina", eine Außenstelle im Iran eröffnet. Ihr erster Repräsentant, Rafael Szaffar, traf am 29. April 1942 aus Palästina kommend in Teheran ein. Er wäre schon früher angekommen, hätte man ihm nicht sowohl das Transitvisum für die Durchreise durch den Irak als auch das Visum für die Einreise in den Iran verweigert; so war es notwendig geworden, dass Szaffar, ein polnischer Staatsbürger, der seit Anfang der 1930er-Jahre in Jerusalem gelebt hatte, als Mitglied des Polski Czerwony Krzyż (Polnisches Rotes Kreuz) nach Teheran reiste. Einen Monat später, am 30. Mai traf auch Saul Meirov (später Schaul Avigur), der Leiter der Organisation Mossad Le'alija Bet („Institut für Einwanderung B") in der iranischen Hauptstadt ein.[27]

Aufgabe des bei Ausbruch des Zweiten Weltkriegs gegründeten Mossad Le'alija Bet war es, jüdische Flüchtlinge heimlich – und illegal – nach Palästina zu bringen. Das war die besagte „Einwanderung B" oder „Zweite Einwanderung". Im Mai 1939 hatte die britische Mandatsregierung ein „Weißbuch" veröffentlicht, in dem unter anderem die jährliche Quote für die jüdische Einwanderung nach Palästina auf 10 000 festgelegt wurde. Im September marschierte die Wehrmacht in Polen ein. „Wir werden in diesem Krieg gemeinsam mit Großbritannien gegen Hitler kämpfen, als gäbe es kein Weißbuch, und wir werden gegen das Weißbuch kämpfen, als gäbe es keinen Krieg", erklärte der Sochnut-Vorsitzende David Ben-Gurion.[28] Im Verborgenen gab er deshalb grünes Licht für die Einrichtung einer geheimen Einwanderungsabteilung der Agentur, die Meirov leiten sollte: der Mossad Le'alija Bet.[29]

Meirov war im russischen Zarenreich geboren und als Kind in das damals noch osmanische Palästina gekommen, hatte sich als junger Mann der zionistischen Untergrundorganisation Hagana angeschlossen und war in den Kibbuz Kinneret eingetreten, eine der ersten jüdischen Kollektivsiedlungen in Palästina. Dort lebte er zusammen mit rund 300 anderen bettelarmen, jedoch begeistert für die zionistische Sache brennenden Einwanderern aus Russland, wie er selbst einer war. Der Kibbuz stand der zionistischen Jugendorganisation He'chaluz („Der Pionier") nahe – so etwas wie die jüngere, ärmere Schwester von Ha'schomer Ha'tzair –, der die meisten jüdischen Jugendlichen aus der Arbeiterschicht, darunter auch viele junge Frauen, in Polen angehört hatten. Das Motto ihres Bundes war „Kibusch Ha'avoda" – „Landnahme durch Arbeit"; die jüdische Autonomie sowie gerechtes und gleichberechtigtes Leben in wechselseitiger Verantwortung waren seine Ziele. Nachdem bei einem Angriff ortsansässiger Araber auf das jüdische Dorf Tel Chai im Jahr 1920 mehrere von

Meirovs Genossen ums Leben gekommen waren und die restlichen Kolonisten den Rückzug hatten antreten müssen, hatte Meirov geschworen, sein Leben ganz der Stärkung und militärischen Verteidigung des Jischuw – der jüdischen Siedler in Palästina – zu widmen. Als zweites Lebensziel kam – insbesondere nach dem Aufstieg Hitlers – die Förderung der jüdischen Immigration nach Palästina hinzu. Die Siedlungsbewegung *Kibbutz Ha'meuchad* („Geeinter Kibbuz"), der Meirov angehörte, hatte sich einer „aktivistischen" Immigrationspolitik verschrieben und gelobt, so viele Juden wie nur möglich vor Verfolgung und Unterdrückung zu retten, indem man sie in das Mandatsgebiet Palästina „evakuierte" – ob nun mit der Zustimmung der britischen Mandatsmacht oder ohne diese, und auch bei der Wahl der Mittel waren die Kibbuzniks nicht wählerisch.[30]

In Tel Aviv begann die außenpolitische Abteilung der Sochnut, die von Meirovs Schwager Mosche Schertok geleitet wurde, eine diplomatische Kampagne gegen die britischen Einwanderungsbeschränkungen für jüdische Immigranten. Als die britische Regierung am 17. November 1941 bekannt gab, dass sie selbst angesichts des herrschenden Krieges die im Weißbuch vorgesehenen Quoten nicht anheben werde, warnte Schertok den Staatsminister für den Nahen Osten in der Regierung Churchill, Oliver Lyttelton, dass ganz unabhängig davon, welche Politik Großbritannien betreiben wolle, „nach dem Ende des Krieges Millionen [nach Palästina] schwimmen werden". („Nach den Pogromen des letzten Krieges sind die Juden schon nach Eretz Israel geschwommen, und jetzt ist alles noch viel schlimmer.")[31] Doch mussten im weiteren Verlauf des Krieges Schertok, Meirov, Ben-Gurion und die gesamte jüdische Führungsriege in Palästina langsam erkennen, dass die „Millionen", die dereinst „nach Eretz Israel schwimmen" sollten – die Menschenmassen, die sie gewissermaßen als die Bevölkerungsreserve für einen künftigen jüdischen Staat ansahen –, inzwischen mit einer furchtbaren Energie und Geschwindigkeit ermordet wurden. „Die Nachricht von dem im Gange befindlichen Völkermord erreichte das Land [Palästina] und breitete sich rasch aus, was überall eine schwere seelische Erschütterung hervorrief", schrieb etwa Jehuda Braginsky, ein Mitarbeiter des Mossad Le'alija Bet, in seinem Erinnerungsbuch *Am choter le'chof* („Ein Volk sucht ein Ufer").[32]

Am 24. Februar 1942 sank im Schwarzen Meer unweit von Istanbul das Schiff *Struma* mit 769 jüdischen Flüchtlingen aus der Bukowina, Bessarabien und Rumänien an Bord, die nach Palästina gewollt hatten. Die türkischen Behörden hatten den Transport zunächst – auf britischen Druck – in Istanbul festgehalten. Schließlich wurde das Schiff von den Türken, die die *Struma* zur Rückkehr in ihren Ursprungshafen zwingen wollten, in eine hochgefährliche Seekriegszone am Rand der türkischen Hoheitsgewässer geschleppt, wo sie durch den Torpedo eines sowjetischen U-Bootes versenkt wurde.

Zwei Monate später trafen Berichte ein, denen zufolge rumänische Juden – darunter Frauen, Kinder und alte Leute – auf ihrem Transport von Rumänien nach Transnistrien mit der stinkende, giftige Gase freisetzenden Chemikalie Karbid gequält worden waren.

Bei einer Versammlung der Partei Mapai (Mifleget Poalei Eretz Jisrael, „Partei der Arbeiter von Eretz Israel") in Tel Aviv am 20. Mai 1942 rief Braginsky, der Mitarbeiter des Mossad Le'alija Bet, dazu auf, die Bemühungen zur Immigrationsförderung zu intensivieren: „Wir können nicht immer nur mit Samthandschuhen handeln ... Wir müssen die Juden aus der Hölle Europa retten. Wir müssen Schiffe bereitstellen und zum Einsatz bringen. Diese Aktion wird unser ‚Dünkirchen' werden!"[33]

Um die besagte „Aktion" voranzutreiben, sandte Meirov Agenten des Mossad Le'alija Bet nach Athen, Paris und Istanbul, wo sie in ebenso kühnen wie komplizierten Einsätzen Schiffe charterten, Juden im deutsch besetzten Europa die nötigen Papiere zur Einreise nach Palästina zuspielten und den Transport jüdischer Flüchtlinge über das Meer organisierten. Jedoch gelang es dem Mossad Le'alija Bet vom Kriegsausbruch im Herbst 1939 bis zum Frühjahr 1942 gerade einmal, etwa 3000 Flüchtlinge nach Palästina zu bringen – das waren sogar noch weniger, als die Weißbuch-Quote vorsah –, und außerdem wurde das „Institut" für den Tod von 250 Flüchtlingen verantwortlich gemacht, die beim Untergang des französischen Passagierdampfers SS *Patria* im Hafen von Haifa ertrunken waren: Die *Patria* war gekentert, nachdem eine Bombe, die Agenten des Mossad Le'alija Bet an Bord geschmuggelt hatten, um die Rückkehr des Schiffs nach Europa zu verhindern, größeren Schaden angerichtet hatte als geplant. Am Tag nach der Katastrophe schwor Meirov, dass er nun nicht aufgeben werde:

> „Leute wie wir haben keinen anderen Ausweg. Die Entscheidungen, die wir treffen müssen, sind schrecklich, doch sind meine *chaverim* [Freunde, Genossen] und ich zu dem Schluss gelangt, dass wir schlicht weitermachen *müssen*. ... Unser moralisches Recht, solche Maßnahmen zu er-

greifen – die Leben kosten! –, wurzelt in der Tatsache, dass wir selbst schon zehnmal mehr von unseren eigenen Leben für andere aufs Spiel gesetzt haben."[34]

Ende März 1942, nach einer frustrierenden Phase der Untätigkeit, die vor allem der Abschottung des von Nazideutschland besetzten Europa und der damit einhergehenden Blockade der Schifffahrt auf dem Mittelmeer geschuldet war, traf endlich die Nachricht ein, dass nun jüdische Flüchtlinge mit der Anders-Armee in den Iran evakuiert würden: vorerst nur ein paar Tausend, aber später vielleicht Hunderttausende. „Da sind Tausende von Juden, vergleichsweise gar nicht weit entfernt", schrieb Braginsky, „Juden aus Polen und Litauen, deren Bindung nach Eretz Israel stets stark gewesen ist, deren junges Volk einst die Reihen der zionistischen Jugendverbände gefüllt hat und die jetzt nach einem Weg suchen, um zu uns zu kommen."[35]

In einer Landwirtschaftsschule bei Jaffa begann im April eine Gruppe von „Abgesandten" des Mossad Le'alija Bet, für eine „Mission" im Iran zu trainieren.[36] Der sechswöchige Intensivkurs sollte die Agenten für ihre Entsendung an die „russisch-persische Front" vorbereiten, wo sie versuchen sollten, jüdische Flüchtlinge zu retten: „die Massierungen von Mitgliedern der zionistischen Bewegung, die in Samarkand und Buchara festsitzen, im ganzen Süden Sowjetrusslands nahe der iranischen Grenze", wie es ein Teilnehmer, Efraim Schilo, später ausdrückte.[37] Die vierzig Kursteilnehmer – junge Männer und Frauen aus Kibbuzim im ganzen Land – absolvierten eine paramilitärische Grundausbildung in Waffengebrauch, Kartenlesen und Orientierung, Übernachten im Freien, Konditionstraining sowie Landeskunde – der Topografie, Geschichte und Kultur des Irans und Zentralasiens –, dazu Sprachunterricht in Persisch, Arabisch, Englisch und Französisch.[38]

Mitte Mai 1942 brach Meirov in Richtung Teheran auf. Zunächst fuhr er gemeinsam mit zwei leitenden Angehörigen des von den Briten beauftragten jüdischen Arbeitskommandos Solel Boneh unter einem Vorwand nach Bagdad: Angeblich befanden sie sich auf einer Inspektionsreise zu diversen Baustellen im Nahen Osten. Von Bagdad aus reiste Meirov, als Solel-Boneh-Mitarbeiter getarnt, mit dem Zug weiter bis nach Teheran, wo er im Haus einer iranischen Witwe ein Zimmer zur Untermiete bezog.[39]

Bei der Alliance Israélite Universelle in Teheran eröffnete Rafael Szaffar, der Vertreter der Sochnut im Iran, ein „Eretz-Israel-Büro", das effektiv als eine Art

Botschaft oder *delegatura* diente: um ihr Leiden zu lindern, sie gegenüber anderen Behörden zu vertreten und ihnen, falls möglich, Visa zur Einreise nach Palästina auszustellen. Mitte Mai gab Szaffar, der in zweiter Funktion noch immer als Repräsentant des Polnischen Roten Kreuzes tätig war, die ersten vier „Palästina-Visa" aus und sandte ein Telegramm an das JDC, in dem er um die Überweisung von 400 Dollar an die polnische *delegatura* bat, um die Reisekosten der vier Flüchtlinge vom Iran über den Irak nach Palästina bestreiten zu können; gleichzeitig forderte er das „Joint" auf, ganz allgemein seine Unterstützung für die polnische Exilregierung zu intensivieren.[40] Unabhängig von diesen Bemühungen begann Meirov inzwischen, eigene Rettungsaktionen umzusetzen, die nicht an das Wohlwollen der polnischen Behörden gebunden sein würden.

Als dann schließlich fast eintausend polnisch-jüdische Flüchtlingskinder im Iran eintrafen, hatte man bereits ein Abkommen getroffen, das die Einrichtung eines eigenen „Jüdischen Waisenhauses" (Żydowski sierociniec) auf dem Gelände des polnischen Flüchtlingslagers von Duschan Tappeh vorsah; vereinbart hatte dies vermutlich Raffael Szaffar mit der polnischen *delegatura*. In einem polnischen Bericht über die Einrichtung der Lager für Zivilisten, der das Datum vom 12. Oktober 1942 trägt, wird gemeldet, man habe „die jüdischen Kinder mit ihren jüdischen Lehrern im Lager Nr. 2 untergebracht, damit sie dort mosaischen Religionsunterricht erhalten können". In einer Anmerkung heißt es, die genaue Anzahl der jüdischen Flüchtlinge lasse sich nur schwer ermitteln, da viele die Sowjetunion unter anderem Namen verlassen hätten.[41] Hannan, Regina und Emma, Emil Landau und seine Schwester Alina sowie die meisten anderen jüdischen Kinder, die mit demselben Evakuierungstransport im August eintrafen, kamen direkt in das Jüdische Waisenhaus. Von diesem Punkt an – und in den meisten Fällen für den Rest ihres Lebens – waren sie Bewohner einer jüdischen Welt.

Um die Kinder zu beaufsichtigen und unter den Flüchtlingsmassen weitere jüdische Waisen aufzuspüren, warb man aus den Reihen der erwachsenen jüdischen Flüchtlinge einen Direktor und einige Betreuerinnen und Betreuer an, die zumeist Mitglieder des Ha'schomer Ha'tzair und nur wenig älter als zwanzig Jahre waren. Als Direktor amtierte der 23-jährige David Lauenberg, der vor dem Krieg ein Offiziersanwärter in der polnischen Armee gewesen und gewissermaßen als ein „blinder Passagier" in den Iran gekommen war: Er hatte sich als ein Soldat der Anders-Armee ausgegeben, in einer Uniform, die er im Tauschhandel mit einem tatsächlichen polnischen Soldaten in Samarkand erstanden hatte. Als er in Bandar Pahlavi das Schiff verlassen hatte, war ihm ein namhafter jüdischer Anwalt aus seinem Heimatort über den Weg gelaufen, der ebenfalls als Flüchtling in den Iran gekommen war. Der Mann hatte ihn beiseitegenommen, ihm einen Satz frische Kleider gegeben und ihm eingeschärft: „Ziehen Sie sich um, sprechen Sie keine andere Sprache als nur Hebräisch und sagen Sie, sie wären ein Abgesandter aus Eretz Israel!" Genau das tat Lauenberg: Er ließ seine polnische Uniform verschwinden, legte zugleich auch die polnische Sprache ab, die in den ersten zwei Jahrzehnten seines Lebens seine Muttersprache gewesen war, und wurde, noch im selben Moment, zu einem „Abgesandten aus Eretz Israel". „Mit einem Mal war ich kein armer Flüchtling mehr, kein heimatloser Migrant", erinnerte sich Lauenberg später, „sondern ich gehörte einer *Nation* an."[42]

Das Jüdische Waisenhaus mit seinen etwa 600 bis 700 Bewohnern, zählte man Kinder und Betreuer zusammen, lag am Rand des Lagers Nr. 2. In dem Lager waren 8000 Flüchtlinge untergebracht: Mütter mit Kindern, auch Männer und eine kleine Anzahl katholischer Waisenkinder, die eine eigene Unterkunft hatten; dazu Lehrer, ein Lagerarzt und ein Priester; ein „Kommandant" mit einer Anzahl von Gehilfen sowie weitere Lagerfunktionäre.[43] Dem Jüdischen Waisenhaus waren drei Gebäude zugeteilt worden – grundsätzlich galt in allen polnischen Flüchtlingslagern, dass Kinder (und Frauen) nach Möglichkeit in festen Häusern untergebracht wurden, und nicht in Zelten[44] –, doch wurden zwei dieser Häuser schon vierzehn Tage nach Hannans Ankunft von den iranischen Behörden zurückgefordert. In dem verbleibenden Gebäude – eigentlich eher eine geräumige Halle mit einem umlaufenden Korridor, in dem sich die Vorräte stapelten – waren die kleinsten Kinder bis zum Alter von acht Jahren untergebracht: zuerst 98, später 120 von ihnen schliefen hier auf Baumwollmatratzen und -kissen, unter denen Bambusmatten den Boden deckten. Die älteren Kinder – auch Hannan, Regina und Emma – sowie die Betreuer schliefen in sechs großen Zelten aus Segeltuch, wobei etwa hundert Kinder auf ein Zelt kamen. Jedes Kind erhielt drei Decken, die ihm sowohl als Matratze wie auch als Deckbett dienten.

„Selbst bei den jüdischen Flüchtlingen stößt [das Waisenhaus] auf nicht viel Gegenliebe", schrieb Emil Landau nur wenige Wochen nach seiner Ankunft, „aber für die antisemitischen Polen ist es ein gefundenes Fressen. Hier herr-

Abbildung 9: Das Jüdische Waisenhaus in Teheran.

schen Chaos und Unordnung, und jeden Tag treffen neue Kinder aus allen möglichen Heimen und polnischen Waisenhäusern ein. ... Unsere Heimleitung ist außerstande, die vielen Probleme in den Griff zu bekommen." Dabei war das Teheraner Foto, auf dem Hannan still lächelnd in die Kamera schaut, ja in genau diesem Lager aufgenommen, und auf dem Bild umgeben ihn andere Jungen und Betreuer aus dem Waisenhaus.

Zu dem Zeitpunkt, als das Jüdische Waisenhaus seinen Betrieb aufnahm – und noch bevor Meirov und Szaffar überhaupt im Iran eingetroffen waren –, hatte das Teheraner Komitee für jüdische Flüchtlinge sich bereits zusammengefunden und mit der Arbeit begonnen. Dr. Ruhollah Sapir behandelte schon die ersten kranken Flüchtlinge – sowohl jüdische als auch katholische Polen –, die mit den Transporten im März 1942 gekommen waren; man hatte jüdische Flüchtlinge, darunter auch Soldaten der Anders-Armee, die mit der ersten Evakuierung eingetroffen waren, aus anderen Krankenhäusern in sein Mahalleh-Hospital überwiesen, wo sich auch schon etliche katholische Flüchtlinge befanden. Hadschi Aziz Elghanian hatte begonnen, Kleidung für die Flüchtlinge zu sammeln, und Elisabeth Kottler, die fast zehn Jahre zuvor aus Berlin geflohen war, bezog nun auch die Neuankömmlinge in ihre wohltätigen Aktivitäten mit ein. Einige Jahre zuvor hatte ihre jugendliche Tochter, das einzige Kind der Kottlers, sich in Teheran das Leben genommen. Danach wandte Elisabeth Kottler sich mit ganzer Kraft der Flüchtlingsarbeit zu: für bucharische Juden, die von den Sowjets vertrieben worden waren; für Juden aus Afghanistan, Georgien, Ungarn und Rumänien, die Transitvisa für den Iran erhalten hatten und deren Ziel Palästina hieß; und nun eben für polnische Juden. Die finanziellen Mittel, die ihr und dem gesamten Teheraner Flüchtlingskomitee für ihre Arbeit zur Verfügung standen, waren sehr begrenzt, denn die persischen Juden lebten mehrheitlich in der Mahalleh und waren beinahe genauso notleidend wie die Flüchtlinge. Aber Elisabeth Kottler war fest entschlossen, zumindest *irgendetwas* für die Flüchtlinge zu tun. Noch ein weiteres Mitglied des Komitees war ein jüdischer Flüchtling aus Deutschland: Joachim Pollock, ein frommer junger Mann, der im Importhandel mit den alliierten Truppen ein hübsches kleines Vermögen verdient hatte.[45]

Dass das Teheraner Komitee für jüdische Flüchtlinge „zuerst da war, noch vor den Abgesandten aus Eretz Israel", hatte ich dutzendfach gehört und gelesen. So schildert beispielsweise der Historiker Dr. Habib Levi, wie er und andere für die Flüchtlingskinder „Spenden gesammelt, sie mit Essen und Kleidung versorgt" hätten, während „einige selbstlose Teheraner Juden sogar Flüchtlingskinder bei sich zu Hause aufnahmen ... und das, obwohl sie wussten, dass diese vielleicht das tödliche Parentialfieber [d.h. Typhus] bei ihnen einschleppen würden".[46]

Salar, der sich bei seinen Besuchen im Iran im Lauf der Jahre immer wieder auf Hannans Spuren begab, erfuhr von einem jüdischen Mädchen namens Suzanna Cohen (Madame Suzie), das „später unter den Einheimischen gelebt" habe. Nach allem, was er gehört und gelesen hatte, „hatten die iranischen Juden [damals] gar keine Vorstellung vom Ausmaß des Mordens in Europa", wie er mir 2015 aus Teheran schrieb.

„Sie haben einfach auf das reagiert, was dort direkt vor ihren Augen war: stark unterernährte Glaubensbrüder und -schwestern, von denen viele an Fleckfieber erkrankt waren und nun, wie in einem Fiebertraum, an der Küste des Kaspischen Meeres angespült worden waren, von wo man sie hinunter nach Teheran brachte. Mansur Meschian ... erinnert sich: ‚Man hat diese Kinder irgendwo hinter Stacheldraht gesteckt. Wir selbst waren damals um die dreizehn, vierzehn Jahre alt. Wir haben unser ganzes Erspartes zusammengelegt, um für sie einen Eimer Datteln zu kaufen. Andere Teheraner Juden haben Kleidersammlungen durchgeführt und Decken aus ihren Häusern genommen, um sie ihnen zu bringen."

Über die Jahre habe ich selbst den iranischen Unternehmer Heschmat Kermanschahi interviewt, der als Jugendlicher mit den polnisch-jüdischen Flüchtlingskindern zusammengetroffen war, und Meir Ezri, der einer prominenten jüdischen Familie aus Isfahan entstammte und als Gründer und langjähriger Vorsitzender der Internationalen Vereinigung persischer Juden amtierte. Die Interviews fanden in Los Angeles beziehungsweise im israelischen Giv'at Schmuel statt. Beide Gesprächspartner erzählten mir von Einheimischen, die den Flüchtlingen Obst und Gemüse gebracht hätten, den Neuankömmlingen beim Hin- und Rückweg zu Kranken- und Badehäusern behilflich gewesen waren, sie in die Stadt mitgenommen, in ihre Häuser und ihre Synagoge eingeladen hätten, „bevor die Abgesandten aus Eretz Israel auch nur einen Fuß auf iranischen Boden gesetzt hatten". Der Beitrag der persischen Juden zur Rettung und zum Wohlergehen der europäischen Flüchtlinge war, so schien es mir, für die beiden Männer etwas, worauf sie besonders stolz waren – vielleicht aber auch etwas empfindlich reagierten: Mehr als siebzig Jahre nach den Geschehnissen von damals legten sie fast übertrieben viel Nachdruck auf diesen Punkt, ganz so, als wären die Leistungen der persischen Juden noch immer umstritten oder wären nie ausreichend gewürdigt worden.

Josek Klapholz, der bei seiner Ankunft im Iran vierzehn Jahre alt war, genau wie Hannan, sprach bei dem Gespräch, das ich in Tel Aviv mit ihm führte, von einem Sabbatmahl im Haus einer persisch-jüdischen Familie. Jocek Schenkelbach, der damals sechzehn Jahre alt war, schreibt von „Juden aus Teheran", die „uns [Kinder] besuchen kamen und Süßigkeiten mitbrachten", und einmal nahmen sie die älteren Kinder sogar ins Kino mit, wo sie alle zusammen den Charlie-Chaplin-Film *Der große Diktator* ansahen, vermutlich in dem großen Filmpalast im Stadtzentrum. Zuzanna Curzmann (Ziva Rom), erinnerte sich an die Bar-Mizwa-Feier ihres Bruders in einer Teheraner Synagoge. Meir Ahad, einer der Betreuer im Jüdischen Waisenhaus, schrieb, dass sie nach der Ankunft der Kinder in Teheran „eine der denkbar wunderbarsten Äußerungen der Liebe zu Israel erlebten, ein wunderbares Empfinden der Tatsache, dass ‚alle Juden füreinander Verantwortung tragen'". Eine ganze Kolonne von Wagen fuhr aus der Innenstadt zum Zeltlager hinaus, „brachte Essen, Kleidung und Decken, die von den Juden von Teheran gespendet worden waren …, was nicht nur unserem leiblichen Wohlergehen diente, sondern auch unseren Seelen wohltat".[47]

Aber trotz dieser großherzigen Hilfe – und trotz des Eintreffens der Abgesandten aus Palästina – waren die Lebensbedingungen der Kinder während der ersten Zeit in Duschan Tappeh „schrecklich", wie Schenkelbach sich erinnerte: „Wir schliefen in Zelten auf dem blanken Erdboden, ohne Matratzen. Wir liefen in Lumpen umher. Essen bekamen wir, aber nie genug. Die älteren Jungen gingen immer nach Teheran. Die jüngeren Kinder waren unternährt und bekamen Lebertran als Beigabe. Einige von den jüngeren Kindern bekamen wieder die Krätze."

So dürfte also selbst im Iran – nach einer herzlichen, aber kurzen Willkommensphase – mein Vater weiter gehungert haben; vielleicht nicht wie in Usbekistan, wo er ja tatsächlich beinahe verhungert wäre, sondern eher als ein nagendes Gefühl des Niemals-richtig-satt-Werdens. Auch die Kleidung und die Schuhe, die wie das Essen von der polnischen Lagerverwaltung bereitgestellt wurden, waren, glaubt man den Zeugenaussagen und Erinnerungsberichten, unzureichend, wurden vollkommen willkürlich verteilt und hatten deshalb fast immer die falsche Größe. Anders als für die polnischen Kinder in Isfahan gab es für die Bewohner des Jüdischen Waisenhauses von Duschan Tappeh keine „Schulkommission", keine Bücher, keinen Lehrplan, ja überhaupt keine Schule. Ein Grund hierfür war, wie ein Untersuchungsausschuss später feststellte, dass es unter den jüdischen Flüchtlingen an „geeignetem Personal mit dem entsprechenden Bildungsprofil" mangelte. Die jüdischen Lehrerinnen und Lehrer waren beinahe alle in Zentralasien geblieben. Dass man die jüdischen Kinder auch von solchen polnischen Flüchtlingen unterrichten lassen könnte, die selbst keine Juden waren, kam nun, da man sie von den katholischen Kindern getrennt hatte, keinem mehr in den Sinn – und das, obwohl sich unter den polnischen Flüchtlingen überdurchschnittlich viele Intellektuelle und Lehrer befanden, denn sie waren von Anfang an diejenigen nichtjüdischen Polen gewesen, die am meisten zur Flucht aus ihrem deutsch besetzten Heimatland neigten.[48] Dass die jüdischen Kinder einfach am Unterricht der polnischen Schulen teilnehmen könnten, wurde ebenfalls verworfen – mit der Begründung, dass „die Kinder dort womöglich gehänselt oder verprügelt würden", wie der Untersuchungsausschuss festhielt. Andere, ideologisch naheliegende Gründe wurden nicht erwähnt.

Einen großen Teil ihrer Arbeitszeit verbrachten die Mitarbeiter des Jüdischen Waisenhauses damit, jüdische Kinder aus den allgemein-polnischen Teilen des Lagers „einzusammeln". Lauenberg berichtete später darüber, wie er mit der polnischen Lagerleitung feilschen musste, damit jüdische Kinder aus dem polnischen Teil des Lagers in seine Obhut gegeben wurden, und dass er auch die Kinder selbst davon zu überzeugen suchte, in das Jüdische Waisenhaus zu kommen: „Sie trugen kleine Kreuze um den Hals und beteuerten, sie seien polnisch und gehörten in das polnische Lager … [Sie hatten] in der harten Schule ihres Lebens in den vergangenen Jahren nur zu gut gelernt, dass es besser war, Pole, Russe, Christ zu sein – alles, nur kein Jude, weil die Angehörigen jenes Volkes nämlich allen anderen unterlegen waren."[49]

In der Dokumentation *Die Kinder von Teheran* berichtet eine damalige Mitarbeiterin des Waisenhauses mit beißendem Sarkasmus, manche der Kinder hätten die polnische Seite nicht verlassen und in das Jüdische Waisenhaus kommen wollen, „weil es ihnen dort ja so gut ging". Und Gadit Schamir, die in ihrem Buch über die „Kinder von Teheran" die Mitarbeiter des Waisenhauses nicht als Flüchtlinge, sondern als *chalutzim* („Pioniere", Mitglieder des He'chaluz) bezeichnet, berichtet von einem täglichen „Kampf" bei der Identifizierung und Abholung jüdischer Kinder aus dem polnischen Teil des Lagers. Obwohl die „Pioniere" mit „offiziellen Dokumenten der polnischen *delegatura* ausgestattet waren, die sie bevollmächtigten, alle jüdischen Kinder einzusammeln, … wollten die Priester sich eine solche Gelegenheit zur ‚Seelenrettung' nicht vorschnell entgehen lassen", schreibt sie, „insbesondere bei der Rettung jener reinen Seelen, die noch nicht ‚verdorben' worden waren – der ganz kleinen Kinder". Schamir berichtet von Fällen, in denen jüdische Kinder „verschleppt" oder „[zwangs]getauft" worden seien.[50]

Nach allem, was ich inzwischen über ihr Schicksal vor der Ankunft im Iran in Erfahrung gebracht hatte, schien es mir außerordentlich schwierig, eine klare Trennlinie zwischen einer „Verschleppung" und einer „Rettung" der Kinder zu ziehen, zwischen Nötigung und freier Einwilligung, zwischen ihrer „Zwangsbekehrung" und der zweifellos drängenden Angst, als Juden ausgegrenzt und schikaniert zu werden. Schamir berichtet den Fall eines kleinen Mädchens, dessen älterer Bruder sich bereits im Jüdischen Waisenhaus befand und die Schwester nun davon überzeugen wollte, zu ihm zu kommen – und als sie schließlich einwilligte, „ließen die Priester sie nicht gehen, und den Pionieren blieb nichts anderes übrig, als sie nachts heimlich zu holen".[51]

Auch Jocek Schenkelbach, der sich inzwischen Zvi Schekel nannte, hat in seinen Erinnerungen das Dilemma beschrieben, sich für oder gegen einen Umzug in das Jüdische Waisenhaus entscheiden zu müssen. Mit sechzehn war er der einzige jüdische Junge, der an seiner „Junek"-Schule in Usbekistan, einer Einrichtung der Anders-Armee, aufgenommen wurde. Zwar musste er dort ein martialisches Aufnahmeritual aus Schlägen und Beschimpfungen überstehen, wurde irgendwann jedoch akzeptiert („Sie gewöhnten sich an mich und ich gewöhnte mich an sie").[52] Gemeinsam mit seinen Klassenkameraden wurde er in den Iran evakuiert, wo er eine neue Uniform sowie einen Satz ziviler „Sonntagskleidung" erhielt und außerdem „eine reichhaltige, nie versiegende Versorgung mit Lebensmitteln": „Wir waren glücklich. Wir waren frei. Wir aßen Weißbrot. Wir trugen saubere Kleidung, eine Armeeuniform. Man sagte uns, dass wir irgendwann zur Pilotenausbildung nach Kenia geschickt würden."[53] Aber nach einigen Wochen erschien plötzlich eine Vertreterin der Jewish Agency und fragte Jocek, ob er nicht lieber, anstatt von Teheran nach Kenia weiterzureisen, mit den anderen jüdischen Kindern nach Palästina gehen wolle. Schenkelbach, alias Schekel, der später zu den Gründungsgenossen des Kibbuz Chazerim im Süden Israels gehören sollte, erinnerte sich, dass „unmittelbar nachdem sie wieder gegangen war, der [polnische] Lagerkommandant auftauchte und begann, mich anzubrüllen, was mir eingefallen wäre, mich überhaupt mit dieser Dame zu treffen, denn schließlich ‚verdankst du es ja [den Polen], dass du hier bist und nicht in Russland verreckst!'" Schenkelbach beschloss schließlich, den polnischen Teil des Lagers zu verlassen, aber als er beim Jüdischen Waisenhaus ankam, war er entsetzt darüber, wie erbärmlich dort alles war. „Ich war enttäuscht", schreibt er, „und manchmal bereute ich es, von den Polen weggegangen zu sein."[54]

Mir war nicht bekannt, ob auch Hannan, Regina und Emma bei ihrer Zuteilung ein Wörtchen hatten mitreden oder gar völlig frei wählen dürfen. Aber ich wusste: Die Lebensbedingungen in den „allgemeinpolnischen" Lagern, insbesondere in Isfahan, waren um Längen besser als die Bedingungen im Jüdischen Waisenhaus; und trotzdem war der größte Teil der polnisch-jüdischen

Flüchtlingskinder – wie auch Hannan, Regina und Emma – früher oder später in genau diesem Waisenhaus gelandet. Und aus den Berichten und der Korrespondenz der polnischen *delegatura* in Teheran, die ich gelesen hatte, wusste ich, dass die Anfeindung der polnischen Juden auf ihrer Flucht im Iran ihren Höhepunkt erreichte. Ein gewisser Leutnant Perkowicz, der sich im Oktober 1942 mit dem polnischen Konsul in Teheran über die mögliche Rekrutierung weiterer Zivilisten für die polnische Armee austauschte, bemerkte in diesem Zusammenhang, dass die Einstellung der Juden den Polen gegenüber „angespannt" geworden sei, und zwar „wegen ihrer [der Juden] Zurückweisung bei der Evakuierung".[55] Und Leutnant Jan Tabaczynski beschwerte sich in einem Brief an den Kommandeur des 2. Regiments der Anders-Armee im Osten – „Betreff: Lebensbedingungen polnischer Flüchtlinge in Ahvaz und Karatschi" – darüber, dass die Juden überall Ressourcen für sich beanspruchten; darüber, dass die Briten lieber mit „den Jidden" als mit Polen zusammenarbeiteten, weil sie, die Juden, „eben zufällig Englisch, Französisch oder Deutsch sprechen"; darüber, dass „die Jidden" alles täten, um „ihre eigene Art zu bevorteilen"; über Juden in Russland schließlich, die nur an das schnelle Geld dächten und intrigierten – manchmal sogar gegen Polen und „nur, um sich ein schönes Leben zu machen" –, bis sie dann „jede Menge Schmuck und Juwelen im Koffer" hätten.[56]

Im jüdischen Teil des Flüchtlingslagers spielte Polen derweil gar keine Rolle mehr. Zwei Monate nach der Ankunft meines Vaters im Iran wurde der polnische Name Żydowski Sierociniec – „Jüdisches Waisenhaus" – durch einen hebräischen ersetzt: Beit ha'jeladim ha'jehudi be'Teheran: „Jüdisches Kinderheim in Teheran". „Man hatte beschlossen", schreibt Gadit Schamir, „dass die Kinder nun nicht mehr länger Waisen waren – die jüdische Nation war ihr neues Zuhause!" Am Eingang zu diesem neu benannten Jüdischen Kinderheim Teheran hissten die Mitarbeiter eine Fahne, die mit dem neuen hebräischen Namen bestickt war; sie brachten den Kindern hebräische Lieder bei (Lauenberg berichtet, dass nur fünfzig der Kinder überhaupt Hebräischkenntnisse gehabt hätten) und begannen, fortan jede Woche den Sabbat zu feiern. Man bat Dr. Hirschberg, den Kindern Bibelunterricht zu geben; und Abgesandte aus Palästina erzählten ihnen von Eretz Israel.[57]

*

In anderen Teilen des Lagers von Duschan Tappeh, vor den Zelten und Baracken der katholischen Polen, wurden goldgekrönte weiße Adler auf rotem Grund – das Wappen der polnischen Republik – in den Boden geritzt oder aus Steinen und Kerzen arrangiert. In Isfahan[58] wurden alle katholischen Fest- und Feiertage mit großem Aufwand begangen – die Gedenktage der Kirchenväter, der Nikolaustag, Ostern –, und das gesamte Alltagsleben vom Schullehrplan bis zur Ernährung – proteinreich, vor allem Eier – war darauf ausgerichtet, den polnischen Kindern eine katholisch-polnische Identität einzuflößen. „Dieses ‚Polen in Isfahan' war tatsächlich ein unabhängiger kleiner Staat mitten im Iran", hat Parisa Damandan festgehalten, und diese Aussage gilt sinngemäß auch für das Jüdische Kinderheim in Teheran.

In beiden diesen „Miniaturstaaten" – der eine verkörperte einen Staat, den es nicht mehr, der andere einen Staat, den es noch nicht gab – war alles ganz auf die Kinder ausgerichtet. Die Kinder galten als die Zukunft und die Hoffnung der Nation, auf polnischer wie auf jüdischer Seite, und ein gesundes Nationalbewusstsein und nationales Zugehörigkeitsgefühl galt als das Mittel der Wahl, um die Kinder nach den erlittenen Strapazen wieder zu „rehabilitieren". Lauenberg berichtete, dass die Kinder allesamt unter psychischen Belastungen litten – manche mehr, andere weniger. Manche Kinder sprachen nicht mehr. Andere schrien immerzu „wie gehetzte Tiere". Ein Kind „schrie, als wäre es wieder in den Wäldern Sibiriens und hätte Wölfe und Bären auf den Fersen".[59] Erst nachdem sie in das Jüdische Kinderheim gekommen waren und also „keine armen Flüchtlinge mehr waren ..., sondern einer *Nation* angehörten", wie Lauenberg von sich selbst geschrieben hatte, hatten sie „Zeit für Erinnerungen", konnten „einen Schrei der Erleichterung" ausstoßen und anfangen, ihre Geschichten miteinander zu teilen.[60] Jedoch gab es weder einen ethnisch und religiös „reinen" katholisch-polnischen Nationalstaat noch einen jüdischen Staat. Um was es hier ging, war also eine *zukünftige* Nationalidentität, die Identität einer zukünftigen Nation, die unbeirrt nach vorn schaute und erst einmal erschaffen sein wollte, während sie ihren jungen, zukünftigen Staatsbürgern bereits eingetrichtert wurde.

Der polnische Nationalismus im Iran gab sich sogar noch selbstbewusster, als er es im Polen der Vorkriegszeit gewesen war; das geht aus den Zeugenaussagen und dem erhaltenen Archivmaterial (auch aus Fotos und Filmen) eindeutig hervor. Und der Iran, dessen dezentralisierte, multiethnische und vielsprachige Struktur so ganz anders war als die der weitgehend homogenen Nationalstaaten

Europas, tolerierte, zumindest anfänglich, die Entstehung eines selbstständigen polnischen und – in gewissen Maßen – auch eines selbstständigen jüdischen Staates auf iranischem Hoheitsgebiet.

Ein „nationales Schulungsangebot" bereitzustellen, war jedoch im Jüdischen Kinderheim in Teheran ungleich schwieriger als in Isfahan. Die meisten der Betreuer, die oft nur wenig älter waren als ihre Schützlinge, hatten nur eine rudimentäre jüdische Erziehung genossen und besaßen keinerlei pädagogische Erfahrung. Das Kinderheim führten sie nach dem Vorbild eines Pfadfinderlagers: Um sieben Uhr morgens war Wecken, gefolgt vom Waschen mit kaltem Wasser und dem Singen der Ha'schomer-Ha'tzair-Hymne:

Wir singen, steh'n auf, steigen! Über Ruinen und über Leichen
marschier'n wir immer weiter ... im Dunkel, ohne Licht,

ob den Weg wir kennen oder nicht, bleiben wir auf dem Pfad –
und steh'n auf, steigen, singen!

Es gab tägliche Bekanntmachungen und Namensaufrufe für besondere Belobigungen oder zum Tadel. Dann mussten die Kinder ihre Decken zusammenlegen und die Zelte aufräumen („um ihnen ein Pflichtbewusstsein hinsichtlich Sauberkeit und Ordnung zu vermitteln", merkt Lauenberg an), manchmal wurden ihnen auch hebräische Lieder vorgesungen oder hebräische Geschichten vorgelesen.[61] Alles in allem war das ein Tagesprogramm, mit dem viele der Kinder, zumal die älteren, nicht viel anfangen konnten: „Die Kinder und Halbwüchsigen im Kinderheim kommen aus unterschiedlichen Teilen und Schichten der jüdischen Welt", schrieb Emil Landau.

„Es gibt Kinder aus zionistischen Elternhäusern, für die Palästina Ziel und Zweck ihres ganzen Lebens ist, aber das sind nur wenige. Manche kommen aus frommen Familien und können zumindest ein wenig Hebräisch. ... Es gibt Arbeiterkinder – Kinder von Handwerkern und kleinen Händlern –, das ist die Mehrzahl. Und dann gibt es noch die Kinder der assimilierten Intelligenz, wie man sagen könnte, auch davon gibt es viele."

Um so weit gekommen zu sein, schien es mir, musste ein jüdisches Kind gute polnische Sprachkenntnisse und zumindest eine gewisse Vertrautheit mit der polnischen Mehrheitsgesellschaft gehabt haben. Emil, dessen Familie wohl am ehesten der „assimilierten Intelligenz" zuzurechnen war, bezeichnet die von den Mitarbeitern des Kinderheims verbreiteten Lehren als „oberflächliche Propaganda", macht sich über das allmorgendliche Absingen der Haschomer-Hymne lustig und wirft den Betreuerinnen und Betreuern vor, sie wollten die Kinder mit Süßigkeiten bestechen, um sie für ihre Bewegung zu gewinnen. Der damals sechzehnjährige Jocek Schenkelbach, der aus der polnischen Junek-Schule in das Kinderheim gekommen war, schreibt in seinen Memoiren, dass zwar „einige der Betreuer in Polen Mitglieder zionistischer Jugendverbände gewesen waren", er selbst jedoch „diesen Dingen sehr fernstand" und die Lagerroutine „schrecklich langweilig" fand.[62]

Was mein Vater damals über das Jüdische Kinderheim gedacht hatte, wusste ich nicht. Jedenfalls war er kein Kind der „assimilierten Intelligenz"; die Teitels waren weder sehr fromm, noch waren sie gänzlich assimiliert. Zwar hatten sie die zionistische Sache unterstützt, aber in Polen waren sie verwurzelt gewesen, und nach allem, was ich über sein Leben vor dem Krieg wusste, war Palästina für Hannan zu keinem Zeitpunkt „Ziel und Zweck seines Lebens" gewesen. Sicher: Er war sechs Jahre lang auf die Tarbut-Schule gegangen, konnte ein wenig Hebräisch und wusste sogar noch einiges mehr über den Zionismus. Die Weltsicht seiner durch und durch bürgerlichen Familie war der sozialistischen des Ha'schomer Ha'tzair diametral entgegengesetzt, aber für ein Flüchtlingskind ohne Eltern dürften derartige weltanschauliche Differenzen innerhalb der jüdischen Gemeinschaft keine Rolle mehr gespielt haben.

„Jeder weiß zumindest ein bisschen über Palästina und seine Zielsetzung", schrieb Emil Landau. „Falsche Gerüchte über das Kollektivleben in Eretz Israel machen die Runde; der Alptraum der Kolchose verfolgt uns noch immer. Trotzdem weiß doch jeder mehr oder weniger, oder hat es inzwischen eingesehen, dass es [für uns] keine andere Heimat gibt als Palästina und dass Palästina unser gemeinsames Ziel sein muss".[63]

„Traurig war ich in Teheran", sagte mir Regina bei dem ersten Interview, das ich in Tel Aviv mit ihr führte. „Meine Eltern haben mir so schrecklich gefehlt." Meine Tante war damals schon dünn wie ein Blatt Papier und hatte Krebs im Endstadium, aber sie wollte sich unbedingt zu einem Gespräch mit mir treffen. „Haben die Betreuerinnen euch denn nicht geholfen oder getröstet?", fragte ich sie. David Lauenberg beschreibt in seinen Erinnerungen, wie einzelne Mitarbeiterinnen des Kinderheims zu den weinenden Kindern „eilten", sie „umarmten", „beruhigten" und „die Kinder liebkosten, [die] nach familiärer Nähe und Wärme hungerten". Von dem Personal des Kinderheims, schreibt Gadit Schamir, erhielten die Kinder „die erste freundlich-sorgende Berührung, einen Ersatz für die Liebe ihrer Mütter und Väter", wodurch sie ihren „Glauben an das Gute im Menschen" wiederbelebt hätten.[64]

„Die Betreuerinnen waren furchtbar. Sie waren kalt und abweisend, heuchlerisch, und sie hatten immer ihre ‚Lieblinge', die sie bevorzugten." Als Regina, die bei ihrem Aufenthalt in Teheran elf Jahre alt gewesen war, mir das erzählte, senkte sie unwillkürlich die Stimme, so als ob sie noch immer darauf bedacht wäre, bloß niemanden zu verärgern. „Sie waren ja nur ein paar Jahre älter als wir, aber sie bestanden darauf, dass wir sie mit *Pani* [Frau] anredeten – ‚*Pani*' hier und ‚*Pani*' da! Und sie hatten ihre Lieblinge, das waren die hübschen, blonden Mädchen. Ich war weder blond noch hübsch." Auch Emil Landau hatte, wie es scheint, mit dem Personal des Kinderheims ein Hühnchen zu rupfen, denn er nennt die Betreuer „eine Bande von Karrieremachern, und alle Kinder hassten sie – sie und ihren Anhang".

Um ihre eigene Aussage zu untermauern, rief Regina ihre Freundin Bracha Mandel an, die ebenfalls als Flüchtlingskind in Teheran gewesen war und jetzt ganz in der Nähe wohnte. Als Bracha nicht gleich ans Telefon ging, wählte meine Tante ihre Nummer gleich noch einmal, und dann noch einmal – wieder und wieder stocherten ihre dürren Finger nach den Tasten, hektisch, wie besessen, und gaben erst Ruhe, als Bracha den Hörer abnahm.

„Was weißt du noch von den Betreuerinnen damals in Teheran? Wie waren die so?", fragte Regina, ein wenig außer Atem.

„Die waren tadellos, einfach wunderbar", sagte Bracha.

„Und du erinnerst dich ganz bestimmt an nichts anderes?"

„Nein, überhaupt nicht. Die waren prima. Wir haben Lieder gelernt, sie haben sich um uns gekümmert ..." Bei Brachas Erinnerungen kam mir Lonek Jaroslawicz in den Sinn, ein Flüchtlingsjunge, der damals etwa in ihrem Alter war und später berichtete, die Mitarbeiter des Kinderheims seien in Teheran „alles" für ihn gewesen: „Sie waren wie Eltern für mich, mein Bruder, meine Familie. Sie wussten alles und wussten auch, wie sie uns beschäftigen konnten."[65]

„Die Betreuerinnen waren furchtbar", wiederholte Regina. Sie ließ nicht locker. Auf einem psychologischen Beurteilungsbogen, den der Leiter des Kinderheims, David Lauenberg, sechs Monate später in Jerusalem für Regina ausfüllen sollte, schrieb er, sie habe sich „sehr gut in das Heim eingefügt und weder für sich selbst noch für andere irgendwelche nennenswerten Probleme bereitet". Hannan hingegen beschrieben die Mitarbeiter des Heims als „faul", „unbeliebt" und „nicht sehr entwickelt". Ich fragte mich, ob Regina das Kinderheimpersonal nicht ein wenig auch um Hannans Willen gehasst hatte. „Immer, wenn ich wirklich traurig war, ging ich zu Hannan und er tröstete mich jedes Mal", sagte sie und schaute mir dabei fest in die Augen, so als wollte sie mir die Güte und Zugewandtheit meines Vaters ein für alle Mal „beweisen", bevor auch sie nicht mehr da sein würde.

*

Ein paar polnische und jüdische Flüchtlinge in Teheran lebten außerhalb der Lager: neben den Mitarbeitern der polnischen *delegatura* und des Eretz-Israel-Büros auch andere, die es sich leisten konnten oder sich bei den polnischen Behörden nie hatten registrieren lassen, weil sie als blinde Passagiere oder auf anderen eher unorthodoxen Wegen in den Iran gekommen waren. Diejenigen, die im Flüchtlingslager lebten und es verlassen wollten, mussten – so wollte es die Vereinbarung mit der iranischen Regierung – einen „Passierschein" beantragen, der für einen Zeitraum zwischen einem Tag und einem Monat ausgestellt werden konnte. Längerfristige Passierscheine – mit denen man das Lager ganz verlassen konnte – wurden nur an solche Flüchtlinge ausgegeben, die außerhalb des Lagers einer geregelten Arbeit nachgingen und nachweisen konnten, dass sie daraus ein ausreichendes Einkommen bezogen. Im Fall der katholischen Polen gab es die entsprechenden Arbeitsstellen am ehesten in Einrichtungen der polnischen Exilregierung: bei der Gesandtschaft, beim Roten Kreuz, der *delegatura* und noch einer ganzen Reihe von anderen offiziellen oder halboffiziellen polnischen Verbänden und Institutionen, die in Teheran, Bandar Pahlavi, Ahvaz und Maschhad insgesamt 1974 Menschen beschäftigten.[66]

„Nur sehr wenige [dieser Beschäftigten], wenn überhaupt welche, waren Juden", hieß es später in einem Bericht des JDC, „und unter diesen noch geringer war die Zahl der Nichtkonvertiten."[67]

Dr. Hirschberg, einer der vier Rabbiner, die gemeinsam mit den polnischen Flüchtlingen evakuiert worden waren, zog unverzüglich aus dem Lager in Duschan Tappeh in das Stadtzentrum von Teheran. Zuerst war er zu Gast im Haus eines gewissen „Reb Haja A." (vermutlich Hadschi Aziz Elghanian), der ihn und die drei anderen Rabbiner eingeladen hatte, Rosch Ha'schana mit ihm zu feiern. Das Haus beschreibt der Rabbi als „eine geräumige Villa, die eine hohe Mauer umgibt":

> „Die ruhige Sphäre dieses Haushalts, der Garten mit den Wasserbecken, die hohen Bäume, die so reichen Schatten spendeten und die Luft kühlten, die höfliche Wärme unserer Gastgeber, taten uns allen sehr wohl. … Nach Mitternacht erst gingen wir hinaus, um uns auf den Matten und Teppichen zur Ruhe zu betten, die man am Balkongarten für uns gerichtet hatte … Unsere Sachen brachten wir in den Zimmern unter – an Zimmern mangelte es nicht in diesem stattlichen Haus –, aber eigentlich waren sie ganz überflüssig, weil im Sommer nach der örtlichen Sitte ein jeder auf dem flachen Boden seines Gartens schläft."[68]

Anschließend nahm Dr. Hirschberg sich ein Zimmer im Hotel Persia, einem schon etwas heruntergekommenen Etablissement am Meydan-e Tupchane („Platz der Artillerie"), das von einem georgischen Juden geführt wurde und ein „Knotenpunkt für alle Flüchtlinge" war. Schließlich gelang es dem Rabbi, ein Zimmer zur Untermiete in der Villa eines persischen Obersten zu beziehen – allerdings erst nach einiger Anstrengung, denn „eine Unterkunft zu finden war aufgrund der großen Zahl militärischer und anderer Gäste, die bereits seit längerem in der Stadt weilen, nicht leicht".

Manche Flüchtlinge waren auch bei nicht-polnischen Arbeitgebern beschäftigt, zumeist bei den Streitkräften der Alliierten. Dort arbeiteten sie als Handwerker, Bauarbeiter, Mechaniker, Schneider, Metzger und Friseure. Einige arbeiteten in iranischen Fabriken oder Handwerksbetrieben sowie für iranische Bauunternehmen und sonstige Firmen. Krystyna Wartanowicz, eine Witwe mit zwei kleinen Kindern, arbeitete als Näherin in einer Teheraner Textilfabrik; Anna Borkowska war als Arzthelferin in einem Krankenhaus beschäftigt. Von einer Handvoll jüdischer Würdenträger wie dem Rabbiner Dr. Hirschberg abgesehen, die zur Bestreitung ihres Lebensunterhalts mit kleineren Summen von der Jewish Agency unterstützt wurden, hielten sich die meisten jüdischen Flüchtlinge, die außerhalb der Lager lebten, mit dem Verkauf ihrer persönlichen Habe über Wasser.

Manche jungen Jüdinnen arbeiteten auch als Bardamen und Kellnerinnen in den Bars, Cafés und Varietés von Teheran, einer Stadt, die mit der alliierten Invasion des Iran urplötzlich in einen Zustand nie gekannter Freizügigkeit versetzt worden war, und wo Flüchtlinge, Diplomaten und ausländische Soldaten sich untereinander mischten, bis die Atmosphäre ein wenig der üppig-dekadenten Stimmung von Rick's Café in dem Film *Casablanca* geglichen haben mag.[69] „Hier läuft anscheinend alles ganz nach europäischem Geschmack", bemerkte Mosche Jischai, ein Sochnut-Mann, der 1943 in Teheran eintraf.

„Portiers in schwarzer Livrée mit langen Messingstäben; Garderoben, an denen man seine Mäntel lässt; in den Vorräumen der Restaurants und Varietés: weiße Kleider, Kellner im Smoking, ein Jazzorchester. Paare kommen auf die Bühne und vollführen jede Art von Tanz. Allerdings halten die Männer ihre Partnerinnen durchaus auf Abstand und vermeiden eine zu große Nähe; dabei gibt es an der Bar attraktive, verführerische Bedienungen. Von dort her hört man das Klirren der Gläser, lüsternes Lächeln ... Am Morgen sind die Varietés, die eleganten Restaurants geschlossen ..., aber abends öffnen sie alle ihre Türen. Bunte Lichter flimmern schon von Weitem durch die Nacht wie unsichere Suchscheinwerfer."[70]

Drei- bis viertausend Europäer – viele von ihnen jüdische Flüchtlinge – lebten während des Zweiten Weltkriegs in Teheran, und ihr Leben dort glich sehr viel eher dem der Europäer im Britischen Kolonialreich als dem der Flüchtlinge in der Sowjetunion. Sie scharten sich vor allem in den Neubauvierteln im Norden der Stadt, umgeben von Dienern und Küchenpersonal und im Allgemeinen abgeschottet von den Einheimischen, auf die sie hochmütig herabschauten. Zur Sommerfrische fuhren sie hinaus nach Schemiran und Emamzadeh Ghassem im Norden der Stadt oder an andere Orte im Vorland des Elburs-Gebirges. Dort wanderten, schwammen und gärtnerten sie oder fuhren – im Winter – Ski. In Teheran bot eine Niederlassung des Anglo-Iranian Institute Vorträge und Theateraufführungen. Wenn sie gerade nicht ihrer Arbeit nachgingen, spielten manche Klavier. Ihre Kinder schickten sie auf eine amerikanische Missionsschule und verkehrten im Wesentlichen nur untereinander. Aber unter der fröhlichen Oberfläche ihrer Memoiren verbargen sich Leben, die mit Unsicherheit und Tragik und Schmerz durchsetzt waren: Aus Europa trafen immer wieder Nachrichten ein, dass Verwandte in Konzentrationslager verschleppt worden oder auf andere Weise ums Leben gekommen waren; stets beschäftigte sie die leise, aber beständige Furcht, man könnte sie aus dem Iran ausweisen; der iranischen Mehrheitsgesellschaft blieben sie fremd, aber die Gemeinschaft der Emigranten war letztlich nicht groß genug, um diesen Mangel wettzumachen; und zudem – dies war das Schlimmste – wurde ihnen immer stärker bewusst, dass ihre alte Heimat unwiederbringlich verloren war.[71]

Die Polen unter den Exilanten begegneten der Situation energischer, zumindest am Anfang: „Binnen weniger Monate nach ihrer Ankunft in Teheran … entstanden in der Stadt Theater, Bars, Varietés und Cafés, die von Polen für Polen eröffnet wurden", schreibt der Historiker Lior Sternfeld, „Einrichtungen der Alltagskultur, die später von der iranischen Mittelschicht übernommen wurden".[72] Das Café Polonia am Lalesar-Boulevard war ein solcher Knotenpunkt, an dem Flüchtlinge, Diplomaten und Soldaten sich die Klinke in die Hand gaben, etwa um Tauschhandel zu treiben, und junge polnische Flüchtlinge leisteten ihnen dabei Gesellschaft. Am Lalesar-Boulevard (oder gleich in der Nähe) gab es zwölf Kinos („an jeder Ecke gibt es hier ein Filmtheater", berichtet Jischai): Cinéma Rex, Schir-o-Chorschid („Löwe und Sonne"), Elburs, Mayak, Métropole, Cinéma Crystal, Métro, Schahraz, Sahar, Venus, Cinéma Iran und das Grand Cinéma, wo die vor dem Holocaust geflohenen Kinder im Dezember 1942 Charlie Chaplins zwei Jahre zuvor veröffentlichten Film *Der große Diktator* vorgeführt bekamen.

„Das polnische Unterhaltungsgewerbe florierte damals in Teheran", bemerkt Sternfeld. „Es war Teil der Kriegswirtschaft." So wurde von jüdischen Soldaten der Anders-Armee ein „Théâtre du Soldat Polonais" ins Leben gerufen; seine Gründer waren schon in der regen Warschauer Varietészene der Zwischenkriegszeit aktiv gewesen. Am 2. August 1942 brachten sie ihre erste Inszenierung im Jardin d'Astoria („Astara") auf die Bühne, gefolgt von einem „Concert du Soldat Polonais" im Club Armenien und schließlich „une Soirée Polonaise", einem Benefizabend für polnische Kriegswaisen im Hôtel Palace. Auch die Prostitution war Teil dieser Kriegswirtschaft, und „junge Polinnen … standen sowohl bei den Einheimischen als auch bei den alliierten Soldaten hoch im Kurs".

Krystyna Wartanowicz beschrieb diese „hohe Nachfrage" nicht als Prostitution, sondern als Schwärmerei und Koketterie: „Man kann wohl sagen, dass sich in den Straßen von Teheran eine jede Polin hübsch vorkommen kann, so viele glutvolle, ehrfürchtige Männerblicke verfolgen sie", heißt es dort. „[Die iranischen] Männer und insbesondere die Offiziere – allesamt sehr gutaussehend – haben eine große Schwäche für die polnischen Frauen."[73]

Bis zum Ende desselben Jahres sollten konservative Kräfte im Iran anfangen, die schädliche Wirkung des „untätigen Lotterlebens" zu geißeln, das die Flüchtlinge ihrer Meinung nach führten – angeblich zum Schaden der iranischen Bevölkerung. Und auch Rafael Szaffar und andere warnten in ihren Berichten über die Situation der Flüchtlinge, die sie an die Jewish Agency und das JDC schrieben, vor den „Gefahren" für die Sittlichkeit jüdischer Mädchen und Frauen, die dem Vernehmen nach „aus sehr gutem Hause" kamen und nun als „Barmädchen" und „Kellnerinnen" arbeiteten. Doch in den ersten Monaten des Jahres 1942 zumindest hing eine erotische Spannung in der Luft, die an sexuelle Zudringlichkeit zumindest grenzte.

„Mein Vater liebte die Polinnen", sagte mir Ali Parsa, der Sohn von Asghar Parsa, der um 1942 im persischen Außenministerium als Verbindungsmann zwischen der Regierung und den polnischen Flüchtlingen tätig gewesen war, als wir uns 2015 in New York trafen. Alis Vater, der später als Diplomat Karriere machen sollte, war damals ein 23-jähriger Junggeselle auf seinem ersten richtigen Posten, als man ihm die Aufgabe übertrug, sich um die Grundversorgung und Wäschereinigung der Bewohner von Duschan Tappeh zu kümmern. Salar hatte Ali zufällig in Teheran kennengelernt, und als Ali, der ein begeisterter Jazzfan ist, ihn das nächste Mal in New York besuchte, trafen wir drei uns im Smoke Jazz Club am Broadway. Ali fiel aus allen Wolken: Er hatte erwartet, eine Polin kennenzulernen, denn bislang war ihm nicht klargewesen, dass sich unter den damaligen Flüchtlingen auch Juden befunden hatten. Dass eine Israeli mit der Geschichte seines Vaters etwas zu tun haben konnte, überraschte ihn sehr: „Mein Vater hat immer nur von ‚den Polen' gesprochen!"

Die Polen – oder besser gesagt: die jungen polnischen Frauen – arbeiteten für Asghar Parsa. „Er hat immer nur Frauen eingestellt, Männer nie", sagte Ali und lachte. „Die Polinnen haben die beste Kleidung bekommen, die besten Schuhe", und gegen Ende seines Lebens habe Asghar oft von den „blonden, blauäugigen Schönheiten aus Polen" gesprochen, die in den Vierzigerjahren urplötzlich in Teheran aufgetaucht seien. Dieselbe Geschichte sollte ich noch häufig lesen, im Zusammenhang mit praktisch allen Männern, die in Teheran irgendetwas zu sagen hatten, begegnete sie mir – ganz gleich, ob es sich nun um Rafael Szaffar handelte, von dem es hieß, er habe im Eretz-Israel-Büro nur junge Frauen beschäftigt; oder um einen persischen Juden, der binnen Kurzem das Teheraner Büro des JDC leiten sollte; oder um einen polnischen Arzt und seine Helferinnen.

„Die Perser sind bekannt dafür, dass sie die Schönheit der Flüchtlingsfrauen geradezu verehren", schrieb Mosche Jischai, der Szaffar als Leiter des Eretz-Israel-Büros nachfolgen sollte. Dass die jungen Frauen unter den Flüchtlingen einen besseren Zugang zu Lebensmitteln und Kleidung sowie höhere Arbeits-löhne erhielten, heißt es in den Quellen immer wieder – ganz gleich, ob das nun der Fantasie der Schreibenden geschuldet oder (was ich für wahrscheinlicher halte) tatsächlich Realität war.

Berichte aus erster Hand, in denen sich Frauen über Vergewaltigungen, Pros-titution oder sexuelle Ausbeutung äußerten, sind mir nicht untergekommen; in den Aussagen anderer Zeitzeugen werden sie aber durchaus erwähnt. Josek Klapholz, ein früheres „Kind von Teheran", erinnerte sich später, dass die Toch-ter eines Nachbarn in Samarkand „Prostituierte für die Usbeken wurde".[74] Mo-sche Jischai berichtet von gleich mehreren Fällen: von einer 22-Jährigen, die ein Zimmer bei einem Perser gemietet und später Zwillinge zur Welt gebracht habe; von einer anderen jungen Flüchtlingsfrau, die als Gegenleistung für ihre Evakuierung in den Iran Sex mit einem polnischen Offizier gehabt hatte, bei dem sie sich mit Syphilis ansteckte; und von vielen Frauen, die ihm, Jischai, se-xuelle Gefälligkeiten angeboten hätten, wenn er ihnen die nötigen Papiere zur Einreise nach Palästina ausstellen würde.[75] In anderen Dokumenten äußerten sich Gesandte über „Gerüchte", drückten ihre „Besorgnis" aus angesichts des vermuteten Sittenverfalls unter gewissen jungen Damen und ergingen sich in vagen Andeutungen ähnlicher Art.

Ich fragte mich, wie viel von dieser „Besorgnis" um das Wohlergehen der jungen Flüchtlingsfrauen wohl eher von Dünkel und der Furcht vor der „Rassenmischung" eingefärbt war. Und ich fragte mich, wo in einer solchen Fluchtsituation die Grenze zwischen Ausbeutung und „Liebe" wohl überhaupt verlaufen mochte. Jahre nachdem Salar von Suzanna Cohen erzählt worden war, dem polnisch-jüdischen Flüchtlingsmädchen, das „unter den Einheimischen gelebt" hatte, fand ich heraus, dass Suzanna, die aus dem südpolnischen Cies-zyn (Teschen) stammte, gerade einmal sechzehn Jahre alt gewesen war, als sie Suleiman Cohen geheiratet hatte, den 38-jährigen Erben einer wohlhabenden

Familie persischer Juden. „Er gab ihr Sicherheit", erklärte ihr im Iran geborener Sohn Jahrzehnte später mir gegenüber. Die Ehe seiner Eltern hielt ein Leben lang, und den größten Teil davon verbrachten sie in Teheran.

Dann gab es noch Romane: In Nathan Schachams *Harchek mi'Taschkent* („Fort von Taschkent") erfährt ein israelischer Buchhalter im Ruhestand von den sexuellen Geheimnissen seiner verstorbenen Frau, die als „Kind von Teheran" nach Palästina gekommen war, als er auf dem Dachboden ihr verloren geglaubtes Kriegstagebuch findet. Und in Mosche Schamirs Romanklassiker *Hu halach ba'sadot* („Er ging auf den Feldern") von 1947 gibt es die weibliche Figur Mika, auch sie ein früheres „Kind von Teheran", die inzwischen in einem Kibbuz lebt und von der das Gerücht umgeht, sie sei in Teheran vergewaltigt worden und davon zweimal schwanger geworden, und zwar von demselben polnischen Arzt, für den sie damals arbeitete und der sie beide Male zur Abtreibung gezwungen habe. Er nannte Mika immer „meine Żydówka [Jüdin]".

Lauenberg schildert, wie er persische Soldaten verjagen musste, die nachts in das polnische Flüchtlingslager schlichen, Kindern ein paar Münzen hinhielten und sie bisweilen mit sich fortlockten.[76]

Bei den Erwachsenen in Machtpositionen waren „blonde, blauäugige Mädchen" am begehrtesten, erzählte Regina mir. „Eines Morgens spazierte ein herrliches Mädel mit rosigen Wangen, einer Stupsnase, blauen Augen und blondem Haar in mein Büro" – so beschreibt Lauenberg die erste Begegnung mit einer Frau, die er in Teheran kennenlernte und die später seine Ehefrau werden sollte.[77] Die jeweilige ethnische oder, wie man damals gesagt haben würde, die „rassische" Zugehörigkeit der beiden Eheleute wurde zwar nie direkt angesprochen, scheint in ihrem gemeinsamen Leben jedoch keine kleine Rolle gespielt zu haben.

Am meisten erfahren über das Gefühl relativer Freiheit, das die Flüchtlinge damals in Teheran empfanden, habe ich aus dem Bericht des Rabbiners Dr. Hirschberg, der sich als Gelehrter unter anderem an der Israelitisch-Theologischen Lehranstalt in Wien mit dem nahöstlichen Judentum befasst hatte und zwei Jahre nach seinem Aufenthalt im Iran einen Essay mit dem Titel „Rosch Ha'schana 1942 in Persien" veröffentlichen sollte. Darin heißt es:

> „Es ist ein seltsames Gefühl, das ein Mann empfindet, wenn er nach einer Unterbrechung von zweieinviertel Jahren zum ersten Male wieder an

dem öffentlichen, gemeinsamen Gebet in der Synagoge teilnimmt, mit Toraschrein und Torarolle. Nur ein spanischer *converso* könnte es wohl nachfühlen. Siebenundzwanzig Monate sind vergangen, seit ich zuletzt aus der Tora habe lesen hören, Monate, in denen jedes öffentliche Gebet ein Verstoß gegen die herrschenden Gesetze bedeutet hätte. Und hier [in Teheran] schreitet ein Mann hoch erhobenen Hauptes, den Tallit [Gebetsmantel] unter dem Arm, durch eine betriebsame Stadt, inmitten einer ganzen Schar von Menschen, die alle ihre Festtagskleidung angelegt haben und nun zu der Synagoge in einem wohlhabenden Viertel der Stadt unterwegs sind."[78]

Beim Festtagsessen im Haus des „Reb Haja A." („zum ersten Mal bin ich im Hause eines orientalischen Juden") staunte Dr. Hirschberg über die Vielfalt – und die schiere Menge – der angebotenen Speisen: „Auf dem Tisch steht eine große Schüssel mit Gemüse, dazu gibt es Eintopffleisch, Lammkopf und Mazzen ganz wie die, die wir immer zu Pessach gebacken haben; wie ein Seder [Pessachfestmahl] war es." Rabbi Hirschberg wunderte sich auch über den außergewöhnlichen Ritus, mit der das Fest in Teheran zelebriert wurde: „Die persischen Juden haben ein eigenes Büchlein für Rosch Ha'schana in judäopersischer Sprache mit hebräischen Buchstaben gedruckt. Eine Mischung aus Persisch und Hebräisch ist es, so wie es ja auch Jiddisch und Ladino gibt." Einen hauptamtlichen Rabbi gab es an der Synagoge, zu deren Gemeinde sein Gastgeber gehörte, nicht; stattdessen übernahmen „Würdenträger aus der Gemeinde" abwechselnd die ehrenvolle Aufgabe der Gebetsleitung. Die Teheraner Juden legten großen Wert auf die Taschlich-Zeremonie (von hebr. *taschlich*, „du sollst werfen"), bei der am Nachmittag des Neujahrsfestes Brotstücke in ein Gewässer geworfen werden, womit symbolisch die Reinigung der Seele von Sünden und sonstigem Ballast bewirkt wird. Hierzu nutzte man in Teheran die kleinen Goldfischteiche, die es in jedem Haus gab. „Was ich auch im Laufe jener Tage über das Leben der persischen Juden in Vergangenheit und Gegenwart erfuhr ..., es reizte mich, noch mehr herauszufinden."[79]

In seinen Erinnerungen an Teheran berichtet Dr. Hirschberg auch von dem besonderen Gebetsstil der Perser („sie reichen würzige Kräuter, an denen sie zwischen den einzelnen Gebeten riechen und sie segnen"), von den einzelnen Speisen und der Dauer des Festmahls (vier Stunden) sowie der „eigentümlichen Melodie" der Gebete. Wenn ihm ein Brauch bekannt vorkam, notierte er:

„Das ist ganz wie bei uns." Er hob die „warmen und einfachen Umgangsformen des ganzen Haushalts" sowie die Gastfreundschaft der persischen Juden hervor: „Die Gäste werden von den Familienmitgliedern bedient; die Hausangestellten lässt man erst gar nicht in ihre Nähe." Obwohl die Löhne niedrig waren, beschäftigten selbst wohlhabende Perser keine Kindermädchen – die älteren Kinder kümmerten sich um die jüngeren. Die Kinder waren gehorsam – „jedes Wort aus dem Munde ihres Vaters ist ein Befehl, der keine Widerrede duldet" –, und Dr. Hirschberg äußerte sogar die (womöglich mit einem Fünkchen Ironie gewürzte) Ansicht, „die Bedeutung jenes Gebotes, ‚Ehre deinen Vater und deine Mutter', [könne] man bei den Persern lernen". Obwohl es im ganzen Iran keine einzige hebräische Druckerei gab, sprachen die einheimischen Juden „ganz die persisch-jüdische Sprache ihrer mittelalterlichen Dichter". Auch waren die Hebräischkenntnisse der meisten dürftig, aber die Gebetsmelodien waren „einzigartig" und waren so seit Menschengedenken weitergegeben worden. Die Armut in der Mahalleh war erbärmlich – „niemals zuvor hatte ich ein solches Elendsviertel gesehen" –, aber ihre Synagogen waren „turmhoch, sauber, großzügig, planvoll eingerichtet … und hinterlassen einen Eindruck von Großmut und Beständigkeit".

Als ihn während des viele Stunden dauernden Jom-Kippur-Gottesdienstes in der Mahalleh die Erschöpfung überkam und seine Gastgeber anboten, ihm ein Taxi zu rufen, war Dr. Hirschberg schockiert: An diesem strengen Buß- und Ruhetag ist den Juden das Autofahren (neben manchem anderen) eigentlich verboten. „Aber hier ist es – mit Ausnahme der Aschkenasensynagoge – guter Brauch", an Jom Kippur mit dem Auto zur Synagoge zu fahren. Andere ortsübliche Feiertagsbräuche jedoch waren „nicht nach [seinem] Geschmack": das Verfassen schriftlicher Spendenzusagen etwa, selbst in der Synagoge, wo doch jeder Umgang mit Geld am Feiertag – und noch dazu im Gotteshaus – verpönt war. Auch an der oberflächlichen Gebetskenntnis der Teheraner Juden störte er sich, ebenso an dem Fehlen eines Gemeinderabbiners oder einer sonstigen „offiziellen" Führungspersönlichkeit. Die erfahreneren Flüchtlinge warnten den Neuankömmling sarkastisch, er habe ja von den sonderbaren Gebräuchen der Einheimischen „noch gar nichts gesehen".[80]

Der Iran war also der Ort, an dem Dr. Hirschberg zum ersten Mal den „orientalischen Juden" – den Mizrachim – begegnete. Ähnliches galt aber auch für in Polen oder Russland geborene „Abgesandte" wie Szaffar und Meirov, die ebenfalls zum ersten Mal mit persischen Juden in Berührung kamen. Der

Soziologe Jehuda Schenhaw hat solche Begegnungen als ein quasi-koloniales Aufeinandertreffen von „Eingeborenen" des Nahen Ostens mit eindringenden Europäern analysiert. „Im Iran kann ich auf den ersten Blick einen Juden, einen Araber und einen Christen nicht voneinander unterscheiden", meldete beispielsweise der Mossad-Le'alija-Bet-Agent Netzer Sirani. Die religiöse „Schludrigkeit" der Einheimischen, hieß es, hänge mit dem „Fehlen eines Nationalinstinkts" zusammen.[81] Schenhaw vergleicht die Abgesandten aus Palästina und die europäischen Juden, die im Iran landeten, mit „den Agenten der Kolonialmächte [in] zivilisatorischer Mission" und benennt den Iran um das Jahr 1942 als den historischen Moment, in dem Zionisten „die Araber-Juden ... entdeckten" – und mit „Araber-Juden" meint er die persischen und die irakischen.[82]

Schenhaws Darstellung ist nicht ganz falsch; vielleicht handelte es sich hierbei tatsächlich um die erste substanzielle Begegnung zwischen zukünftigen Bürgern des jüdischen Staates und der jüdischen wie nichtjüdischen Bevölkerung des Irans.[83] Jedoch wäre ein streng binäres, (post-)koloniales Modell, das Kolonisatoren gegen Kolonisierte stellt, Aschkenasim gegen Sephardim und Juden gegen Muslime, in einem unveränderlichen Unterdrückungs- oder Ausbeutungsverhältnis, nicht ausreichend, um das komplexe Netz von Begegnungen und Beziehungen abzubilden, das sich um jene Zeit zwischen allem und allen im Iran entspann, nicht nur zwischen aschkenasischen und sephardischen Juden, sondern zwischen Einheimischen und Auswärtigen oder zwischen „Frühgekommenen" und „Neuankömmlingen" in einem weiteren Sinn: zwischen Persern und Polen; palästinischen Zionisten und jüdischen Flüchtlingen; polnischen Soldaten und britischen Soldaten; deutschen Flüchtlingen und irakischen Flüchtlingen; jüdisch-amerikanischen Hilfsorganisationen und der persisch-jüdischen Gemeinschaft; dem britischen Empire und den diversen Nationalbewegungen und -staaten, die ihm nachfolgen sollten. All diese Begegnungen und Beziehungen vollzogen sich nicht nur zwischen sogenannten Kolonisatoren und „Eingeborenen", sondern zwischen Flüchtlingen und Einheimischen, zwischen verschiedenen Arten von Flüchtlingen, zwischen dem relativen Reichtum der Ortsansässigen und der völligen, absoluten Mittellosigkeit der Flüchtlinge, zwischen einer der ältesten jüdischen Gemeinschaften der Welt und einer anderen, die zerstört worden war.

Deshalb las ich den Bericht Dr. Hirschbergs von seinem Besuch „im Bethaus der Irakis" in Teheran ohne jede Art von Voreingenommenheit – weder durch

die postkoloniale Brille noch durch irgendeine andere wollte ich ihn lesen –,
sondern ließ die Worte des Rabbis ganz einfach auf mich wirken:

„Auf dem großen Innenhof der Allianz-Schule [gemeint ist die jüdische
Schule der Alliance Israélite Universelle in Teheran], gleich neben dem
Wasserbecken, hatten diese vermögenden ‚Araber' sich einen Flecken nur
für sich eingerichtet, an dem sie zu den Hohen Feiertagen beten konnten: Hier rollten sie ihre Teppiche aus, brachten auch Lehn- und Polster-
sessel herbei, dazu einen Toraschrein und einen Lesetisch für die Torarolle sowie Zelte zum Schutz vor der Sonne – so entstand eine Synagoge
auf Zeit. Für die Frauen schufen sie Sitzplätze auf den Balkonen, die den
Garten umgeben, sodass auch sie dem Gebet zuhören konnten. Ich ge-
stehe, dass das Beten an diesem Ort mir einen unvergleichlichen Eindruck hinterlassen hat. Nichts daran glich der Atmosphäre, wie sie in
unseren Synagogen an den Hohen Feiertagen herrscht. Keine Spur war
da von dem hohen Ernst, der frommen Furcht und Ehrfurcht, die unsere
Gebete stets bestimmt haben. Die Männer saßen in einem Halbkreis um
das Wasserbecken, in frisch aufgebügelten weißen Anzügen, so als wären
sie nicht im Bethaus, sondern zu einem Gartenfest in einem vornehmen
Club. Die kühle Luft, die Wasserbecken mit den winzigen Goldfischen
darin sowie das Zelt, das alles überspannte, verstärkten diesen Eindruck
noch. Zahlreiche kleine Kinder, manche von ihnen barhäuptig, liefen im
ganzen Innenhof umher, ohne das Gebet zu stören. Ich saß, schaute und
machte mir meine Gedanken über das, was ich sah. Vielleicht haben diese
Bagdader Juden das Jom-Kippur-Gebet in seiner ursprünglichen Form
bewahrt. *Lo haju jamim tovim le'Jisrael ke'chamischa-asar be'av u'ke'jom
ha-kippurim*, spricht der Talmud [Es gab keine besseren Tage für das Volk
Israel als den fünfzehnten Tag des Monats Av und den Jom ha-Kippurim].
Vielleicht ist es angemessen, den ‚Tag der Sühne' mit Freude und Jubel
zu feiern und einander Blumen zu senden, den Tag nicht in sklavischer
Furcht vor dem Rabbi zu verbringen, sondern vielmehr wie Kinder, die
vor ihrem Vater gesündigt haben und wissen, dass ihnen alles vergeben
wird."[84]

Diese ganze Passage war, wie ich fand, absolut bemerkenswert. Dr. Hirschbergs
Bericht war der älteste Text, den ich kannte, in dem Juden als „Araber" be-

zeichnet wurden – im Grunde ein Vorschein des Ausdrucks „Araber-Juden", den die postkoloniale Auseinandersetzung mit dem Zionismus erst ein halbes Jahrhundert später eingeführt hat. Und er zeigte, wie ein Rabbi aus dem tiefsten Mitteleuropa – Dr. Hirschberg war im galizischen Tarnopol geboren, als es noch zu Österreich-Ungarn gehörte, später wurde es polnisch, dann ukrainisch –, wie ein solcher jüdischer Mitteleuropäer sich in Teheran sowohl mit seinen Gastgebern identifizieren konnte (schließlich teilten beide Seiten den gemeinsamen Feiertag Jom Kippur), während er auf der anderen Seite deutlich hervorhob, wie sehr sich doch alles von „der Atmosphäre *in unseren Synagogen"* unterschied. Noch wenige Jahre zuvor, ehe ich begonnen hatte, die Geschichte meiner Familie zu erforschen, hätte ich den Satz des Rabbis über Jom Kippur und „Kinder, die vor ihrem Vater gesündigt haben", sehr viel zynischer gelesen – wenn nicht gar mit einer Spur von Paranoia –, als Ausdruck einer ziemlich herablassenden und gewissermaßen „orientfeindlichen" Sichtweise (die „Eingeborenen" als „Kinder" usw. ...). Aber da war noch etwas anderes, etwas Subtileres, Sanfteres und Flüchtigeres, als es das markige Selbstbewusstsein eines strammen europäischen Kolonisators jemals hätte hergeben können; etwas, das alle Kategorien, Hierarchien und nationalen Grenzlinien infrage stellte und stattdessen nur dies verlangte: Schönheit, Erbarmen, Vergebung. Weil ich wusste, dass Dr. Hirschberg ein Flüchtling war; weil ich wusste, was er hatte durchmachen müssen und was ihm und all den anderen Flüchtlingen fehlte – ihr ganzer Besitz, alle nützlichen Beziehungen, ihre Familie, Heimat und vertrauten Rituale –; weil ihm all das geraubt worden war, las ich seine Worte als Ausdruck einer tiefen Sehnsucht, einer Faszination und einer Offenheit dafür, die schlichte *Möglichkeit* dieses schönen und friedlichen Augenblicks, die den orthodoxen Rabbi aus Europa in jenem Moment wohl überkam, ganz einfach anzunehmen – weil über und jenseits der nationalen und kolonialen Paradigmen, welche die jeweiligen Identitäten der Polen und der Juden im Iran bestimmten, noch eine andere Erscheinung schwebte: die Figur des Flüchtlings, als eine unstete Gestalt ohne Heim noch Habe, ein rechter Niemand, ein bloßes Teilchen im System, dessen Schicksal von Faktoren bestimmt wurde, die unscheinbarer und willkürlicher waren, als dass die großen Kategorien sie hätten erfassen können. Der Ausschnitt aus Dr. Hirschbergs Bericht war mit einer solchen Kraft der Beschreibung geschrieben, dass ich ihn beinahe riechen konnte, den weitläufigen, duftenden Garten mit seiner wunderbar kühlen Luft, auch die Wasserbecken mit den winzigen Goldfischen darin, die Männer in ihren weißen Anzügen, den ganzen Reichtum an Finanzmitteln und Familienmitgliedern, über den ein Flüchtling aus Polen, wie Dr. Hirschberg, wie mein Vater einer war, nun nicht mehr verfügte; eine Atmosphäre des Friedens, in der jedes Schuldbewusstsein, jede Furcht vor der göttlichen Gegenwart ganz plötzlich infrage gestellt wird angesichts der Schönheit und eines gnädigeren Gottes.

Ein wenig von derselben poetischen Aura hatte sich auch in die im Übrigen ziemlich nüchternen Erinnerungen von Dr. Mosche Jischai geschlichen, dem Abgesandten, den die Sochnut aus Palästina geschickt hatte. „Haben Sie jemals gespürt, wie ein Lächeln aus dem Boden aufgestiegen ist, von den Blumen, aus einem Garten herauf?", schrieb er. „Es nimmt Sie ganz gefangen, macht sie trunken, scheint ganz zauberisch – wie das Lächeln einer Greta Garbo, Ingrid Bergman, Vivien Leigh. Genau so fühlt man sich in Teheran." Und weiter:

„Wenn man morgens aufwacht und zum Gartenfenster geht, kommt der Blick unweigerlich auf dem großen, runden Wasserbecken zum Ruhen. Das Wasser des Beckens funkelt dem Sonnenaufgang entgegen, der seine frühesten Strahlen in einem gütigen Wind auf den Erdboden schickt, so wie eine Mutter gütig ist. Von der rechten Seite des Gartens her strömt Wasser in das Becken, und die Strömung bringt kleine Wellen mit, die sich über die gesamte Oberfläche ausbreiten, bis der ganze Teich hin und her schaukelt wie das Bettchen eines Wiegenkindes. Und inmitten dieser sanft wiegenden Wellen tummeln sich die Fischlein, silberne und goldene, gefleckte und einfarbige, steigen mit ihren Köpfen an die Oberfläche und sinken wieder zum Grund hinab, und alles ist so heiter, alles ist so von Freude voll ...

Einmal, als ich gerade an meinem Fenster stand und auf den Innenhof blickte, sah ich dort eine Perserin, die ein kleines Kind in ihren Armen hielt. Die Kleider dieser Frau waren schlicht und verblichen, buntgefleckt von unzähligen Flicken. An den Füßen trug sie Stoffschuhe nach persischer Art; Socken hatte sie keine. Ihr Knabe war in eine zerrissene weiße Bluse gekleidet und in ein braunes Lumpentuch gewickelt. Sie neigte ihre Beine von einer Seite auf die andere und schaukelte so das schlafende Kind, das mit einem Mal zu weinen begann. Die Frau bemühte sich, es zu beruhigen, und strich ihm liebevoll über das Haar. Von seiner Stirn über den Haaransatz glitt ihre Hand bis zum Nacken hinunter, immer und immer wieder, unzählige Male, bis der Knabe sich langsam beruhigte und sein Weinen verstummte.

Und wer wird mich liebkosen?, dachte ich. Wer wird mich in schweren Momenten zur Ruhe bringen?"[85]

Jischai war ein arrivierter, promovierter Jurist und politischer Aktivist, und kein Flüchtling wie Dr. Hirschberg oder mein Vater. Aber er stammte ebenfalls aus Polen, war weniger als zwanzig Jahre zuvor nach Palästina emigriert, und auch er hatte eine ganze Welt verloren, eine Vergangenheit, eine Familie – genau wie fast alle anderen europäischen Juden im Iran, ganz gleich ob Flüchtlinge oder Abgesandte.

*

Wie man liest, hatten viele der erwachsenen Flüchtlinge bis zum Eintreffen im Iran ihren Glauben an Gott verloren. Nahum Herzberg etwa, der Rafael Szaffar als Vertreter der Jewish Agency ablöste, schreibt, dass zu den Hohen Feiertagen 1943 zwar russisch- und amerikanisch-jüdische Soldaten in den Synagogen von Teheran erschienen – aber keine polnisch-jüdischen Flüchtlinge: „Als ich sie fragte, weshalb sie nicht gekommen waren und warum sie auch keine Synagoge in Duschan Tappeh wollten, antworteten sie mir unzweideutig. Es waren sehr intelligente Leute unter ihnen, Akademiker, durchaus ernsthafte Menschen, die sagten mir: ‚Es liegt an unserer Wut darüber, was passiert ist, darüber, dass niemand uns zu Hilfe gekommen ist. Unser Glaube, nicht nur an Gott, sondern an die Bestimmung des jüdischen Volkes in seiner Verbundenheit mit dem jüdischen Gott, ist absolut zunichtegemacht worden.'"[86]

Bei den Kindern war es schon schwieriger, über einen Verlust oder Verbleib ihres Gottesglaubens zu urteilen. Doch selbst Kinder aus frommen Familien, die ihren jüdischen Glauben ganz selbstverständlich gelebt hatten, waren während ihrer langen Leidenszeit in der Sowjetunion von ihrer Religion und deren Traditionen entfremdet worden. Wie ein im Mai 1943 in Jerusalem vorgelegter Bericht festhielt, „gehörte [die Mehrheit der Mitarbeiter im Jüdischen Kinderheim] einer Bewegung an, die religiöse Traditionen und Erziehung geringschätzt", und sie hätten „kein Interesse daran gezeigt, unter den Kindern das religiöse Empfinden sowie ein Leben im Glauben zu fördern".[87] Wenn die Betreuerinnen und Betreuer von Duschan Tappeh oder ihre jungen Schützlinge den Ablauf religiöser Feiertage im Jüdischen Kinderheim schilderten, so stand zumeist der tiefe Schmerz des Verlustes und die Sorge um ihre Familien im Vordergrund, die sie alle empfanden. An Rosch Ha'schana gab es, wie Emil Landau in seinem Tagebuch festhielt, „zwar eine Feier, aber niemand war zum Feiern aufgelegt. Alle hatten das Gefühl, dass etwas, dass jemand fehlte; alle verspürten einen Schmerz, der ihnen die Seele zerriss, und suchten Trost im Weinen. Nicht ein Kind traf man an diesem Tag, dessen Augen nicht voller Tränen gestanden hätten, auf dessen abgemagertem Gesicht sich nicht der Schmerz der langen Trennung abgezeichnet hätte. Jener Tag, ein Freudentag der ganzen Judenheit, war für die Kinder von Teheran ein Tag der Trauer und der Traurigkeit." Das „entsetzliche Schluchzen" der Kinder, schrieb David Lauenberg später, „traf uns alle bis ins Mark und erfasste auch die Erzieher".

Als eine Woche später Jom Kippur anbrach, wurden die Kinder in die Teheraner Synagogen gebracht. Diese Idee hatte das Komitee für jüdische Flüchtlinge gehabt. Man hoffte nicht nur, den jungen Flüchtlingen eine Auszeit von der bedrückenden Atmosphäre im Lager zu verschaffen, sondern wollte die Kinder, vor allem die jüngsten unter ihnen, den Gottesdienstbesuchern gewissermaßen „vorführen", um dann Almosen für die „jungen Waisen" einzusammeln. Also wurde beschlossen, dass die Kinder einige der achtzehn Synagogen in der Mahalleh besuchen sollten, dazu die „Synagoge auf Zeit" der irakischen Juden bei der Alliance Israélite sowie die Chaim- und die Daniel-Synagoge, die sich beide außerhalb der Mahalleh befanden.

Die Daniel-Synagoge war 1940 in unmittelbarer Nähe der Chaim-Synagoge eingerichtet worden, um ein eigenes Gotteshaus für die zahlreichen europäischen Juden bereitzustellen, die in den Jahren zuvor nach Teheran gekommen waren. Um dorthin zu gelangen, mussten die älteren Kinder von Duschan Tappeh aus sieben Kilometer zu Fuß gehen (den jüngeren Kindern wollte man diesen weiten Weg nicht zumuten). So marschierten sie also in nördlicher Richtung über den Meydan-e Tupchane, den heutigen Imam-Chomeini-Platz, und dann am Lalesar-Boulevard entlang, über die „Champs-Élysées von Teheran", vorbei an Theatern, Varietés und Cafés, bis sie schließlich das Hôtel Lalezar erreichten, wo irakische, deutsche und polnische Flüchtlinge untergebracht waren. An der Hotelfassade machte eine rot leuchtende Neonreklame Werbung für ein Varieté. Gegenüber, auf der anderen Seite der Straße, befand sich das Café Pars und nur ein kleines Stück weiter das Grandhotel. Am Hôtel Lalezar jedenfalls bogen sie links auf die Schah-Allee ein (die heutige Chiban-e Dschomhuri-e Eslami, „Straße der Islamischen Republik") und liefen dann um einige Ecken weiter, bis sie auf die Schah-Reza-Straße stießen (die heutige Chiaban-e Enqelab-e Eslami, „Straße der Islamischen Revolution"). Schließlich bogen sie auf die Qavam-os-Saltane-Straße ab, wo sich die 1913 erbaute Chaim-Synagoge und ihre neuere Erweiterung befanden.

Die Daniel-Synagoge, die in Teheran allgemein als die „polnische Synagoge" bekannt war, wie Salar mir sagte, war als eine aschkenasische Erweiterung der Chaim-Synagoge gebaut worden, mit Platz für bis zu sechzig Gläubige und einem ummauerten Vorhof, den sie mit der älteren Nachbarsynagoge teilte. Auf diesen Hof zogen Hannan und die anderen Flüchtlingskinder nun ein. Die erwachsenen Mitglieder der persischen Gemeinde, die nach und nach eintrafen, standen in Gruppen im Hof verteilt und unterhielten sich leise, während ihre Kinder unter den Granatapfelbäumen umherliefen und spielten. Über dem gerundeten Eingangsportal der Chaim-Synagoge war ein zweisprachiges Schild in hebräischer und persischer Schönschrift angebracht: DIES IST DAS TOR ZU ADONAJ. GERECHTE GEHEN HINEIN, ein Vers aus Psalm 118. Im Inneren erwartete die Gäste eine Ausstattung in warmen Braun- und Goldtönen, dazu viel von dem persischen Blau, das ich bereits an den Kacheln der Moscheen und Mausoleen von Samarkand so bewundert hatte. Auf dem mit himmelblauem Samt verhüllten Toraschrein der Daniel-Synagoge waren mit goldenem Faden die folgenden Worte eingestickt: BEIT HA'KNESSET HA'JEHUDIM HA'EROPIM – „Versammlungshaus [d. h. Synagoge] der europäischen Juden". Die Einheimischen gaben den Kindern kleine Geschenke und nahmen gemeinsam mit ihnen zum Abendgebet „Kol Nidre" Platz. Aber dann fiel ihnen auf, dass ja die jüngeren Kinder fehlten! Also schickten sie einen Lastwagen los, um sie zu holen – dabei wussten doch selbst die wenig gottesfürchtigen Mitarbeiter des Kinderheims, dass der Gebrauch von Kraftfahrzeugen an Jom Kippur strengstens verboten war!

Als dann endlich die Fünf- und Sechsjährigen in der Synagoge ankamen, die noch kleineren Kinder im Schlepptau, hatten alle anderen schon lange Platz genommen. „Als die versammelte Betgemeinde diese Kinder zu sehen bekamen, fingen sie allesamt zu weinen an", berichtet Dr. Hirschberg. „Den Männern liefen Tränen die Wangen hinunter, und die Frauen schluchzten laut."[88]

Ich kannte den Fußweg, den mein Vater damals zurückgelegt haben musste, deshalb so genau, weil Salar sich 2015 ein kleines Apartment in der Si-e-Tir-Straße gekauft hatte (der früheren Qavam-os-Saltane-Straße), genau gegenüber der Chaim- und der Daniel-Synagoge. Im Verlauf der acht Jahre, die zwischen unseren ersten Gesprächen im Jahr 2007 und dem Sommer 2015 vergangen waren, war einiges geschehen. Wir waren gemeinsam nach Polen und nach Usbekistan gereist. Wir hatten Hunderte von E-Mails ausgetauscht, uns aus den verschiedensten Teilen der Welt geschrieben. Wir hatten wechselseitig unsere frisch verfassten Texte gelesen, korrigiert und kommentiert. Wir hatten versucht, abwechselnde Kapitel für ein – wie wir dachten – gemeinsames Buch über die „Kinder von Teheran" zu schreiben, die aber letztlich nicht so zusammenpassten, wie wir uns das vorgestellt hatten, und deshalb am Ende im Papierkorb landeten. Wir hatten beide eine Menge anderer Verpflichtungen gehabt und uns deshalb über lange Zeiträume überhaupt nicht gesehen, und wenn wir dann doch einmal zusammenkamen, stritten wir uns manchmal über Belanglosigkeiten. Ein unterschwelliges, nagendes Misstrauen war zwischen uns getreten. Ich hätte nicht sagen können, wann dies genau geschehen war oder was es letztlich ausgelöst hatte: unsere jeweils verschiedenen Loyalitäten – seine zum Iran, meine zu Israel – oder ganz einfach die ermüdende Wirkung einer spannungsvollen Vertrautheit, die sich mitunter im Streit entlud. Die Beziehungen zwischen dem Iran und Israel waren über die Jahre hinweg sogar noch angespannter geworden als zuvor schon, und oft hatten wir beide unterschiedliche Sichtweisen auf die jeweils aktuelle Situation, die himmelweit voneinander entfernt schienen, ganz wie bei Polen und Juden, ganz wie bei den Iranern und den Israelis. Wir waren unversehens zu einer Art Metapher geworden.

Was uns inzwischen zunehmend plagte, war bizarrerweise genau das, was uns überhaupt erst zusammengeführt hatte: die Ähnlichkeiten zwischen „unseren beiden Geschichten". Unter dem Druck meiner historischen Nachforschungen und der Fülle von Erkenntnissen, die ich über die Flucht und das Exil meines Vaters hatte gewinnen können, ging diese vermeintliche Entsprechung zusehends in die Brüche. In einem Kapitel unter der Überschrift „Analogien des Traumas", das für unser gescheitertes Buchprojekt gedacht gewesen war, hatte Salar meinen Vater mit einem seiner Freunde verglichen, einem persischen Philosophen, der selbst ein Flüchtling gewesen war und nun in einer Art von „innerer Emigration" wieder im Iran lebte. Ich war vollkommen entgeistert über diesen Vergleich. Was hatte ein abgehobener Schöngeist aus der Oberschicht, der nach Paris ins Exil geflogen (!) war und jetzt wieder in seiner Teheraner Villa hockte – mit zwei Bediensteten und einer eigenen Opiumhöhle –, was hatte der mit meinem Vater gemein, der als Kind in einem sowjetischen Arbeitslager und auf seinem beschwerlichen Weg nach Süden beinahe verhungert wäre?

„Ich glaube nicht, dass dieser Vergleich so funktioniert", schrieb ich Salar, der gerade in Teheran war. Was ich eigentlich schreiben wollte, war: *Was fällt dir eigentlich ein?!*

„Weißt du denn überhaupt, was manche Leute hier durchmachen mussten?", schrieb er zurück. „Du musst mir schon erlauben, meine eigenen Analogien zu den Erfahrungen deines Vaters aufzustellen … Ich möchte schon, dass du mich fair kritisierst, aber deine letzte Kritik kann ich so nicht annehmen. Ich glaube, in deinem Denken gibt es einen blinden Fleck." Ein anderes Mal – ich hatte mich gerade darüber beklagt, dass man in dem polnischen Heimatort meines Vaters jegliche Spuren seiner einstigen jüdischen Bewohner ausradiert hatte – sagte Salar, scheinbar ganz unvermittelt: „Fass dir mal lieber an die eigene Nase. Macht ihr Israelis nicht genau dasselbe Tag für Tag mit den Palästinensern?" Es war noch nicht einmal so sehr die inhaltliche Substanz dieser Worte, die einen Graben zwischen uns aufriss – mir war nur zu bewusst, wie viel von der palästinensischen Vergangenheit der Jahre vor 1948 nach der Gründung des Staates Israel ausgelöscht worden war –; sondern was mich bestürzte war vielmehr, dass ich für Salar jetzt anscheinend „euch Israelis" verkörperte, während er vermutlich für „uns Iraner" sprach.

Auch verbrachte er immer mehr Zeit im Iran, ja er spielte sogar mit dem Gedanken, wieder ganz dorthin zurückzukehren, nachdem er das Apartment an der Si-e-Tir-Straße gekauft hatte. Dann verbrachte er einige Zeit in Syrien und im Irak und schrieb dort über die „Widersacher" Israels, wie er sie nannte. Als er anschließend nach New York zurückkehrte, war er kein unbedingter Kritiker des iranischen Regimes mehr. Wenn er jetzt Sätze von sich gab wie etwa: „Bibi [Benjamin Netanjahu] will *uns* vernichten", oder sagte: „… dann *sind wir* erledigt!", oder wenn er sich darüber aufregte, wie sehr der Iran seiner Meinung nach von der amerikanischen Presse dämonisiert wurde, dann nannte ich ihn einen iranischen Nationalisten. Natürlich stand er der Geschichte meines Vaters noch immer mitfühlend gegenüber, ja er hatte sogar Sympathien für meine Familie in Israel; aber seine Identifikation, sein eigenes Zugehörigkeitsgefühl, lag letztlich woanders. Er arbeitete jetzt auch an neuen, anderen Projekten: einem Roman, der im Iran und in Syrien spielte, einer Anthologie iranischer Gegenwartsliteratur. Wir hatten angefangen, um es einmal so auszudrücken, ganz und gar unterschiedliche Geschichten zu schreiben.

Ich hatte das so nicht gewollt – bei Salar nicht, ja noch nicht einmal bei Magda Gawin. Was ich gewollt hatte, war eine echte Zusammenarbeit: die Geschichte meines Vaters in der Zusammenschau mit den Geschichten meiner Mitstreiter zu betrachten, und zwar aus einer möglichst weit gefassten Perspektive – im Panoramaformat sozusagen. Ich hatte die Geschichte meines Vaters zusammen mit den Geschichten anderer Nationen betrachten wollen, im Kontext größerer theoretischer Zusammenhänge, was etwa die Themen Gewalterfahrung, Migration und Flucht betraf. Ich hatte es tunlichst vermeiden wollen, das Schicksal meines Vaters ausschließlich durch die Brille der „jüdischen Geschichte" in den Blick zu nehmen. Aber am Ende standen eben die Tatsachen. Und diese Tatsachen wiesen alle darauf hin, dass das Schicksal meines Vaters, letzten Endes, durch seine spezifische Verflechtung mit der umfassenderen Geschichte von Flucht und Vertreibung im Zweiten Weltkrieg, eines eben doch war: eigentümlich, unverkennbar jüdisch.

Ich wollte nicht, dass diese Tatsachen mich anderen gegenüber hart und mitleidlos werden ließen. Aber eines hatte ich inzwischen erkannt: Der einzige Ausweg aus einer ewigen Fixierung auf die Opferrolle meines eigenen Volkes konnte nur darin bestehen, dass ich den Schmerz und die Demütigung jener unzähligen Opfer zunächst und vor allem einmal *nachfühlte* und ganz zu ermessen suchte, den ganzen Hunger und die ganze Hilflosigkeit, deren Eingeständnis meinem Vater immer verwehrt blieb, deren volles Eingeständnis nur ganz wenigen israelischen Überlebenden oder ihren Nachkommen geschenkt worden ist. Erst nach der Einfühlung in diesen Schmerz sollte die Aufmerksamkeit sich allem anderen zuwenden: den geschichtlichen Zusammenhängen, zeitlichen Abläufen und Wandlungsprozessen; den Personen und Personengruppen, die in der Geschichte aufeinandertreffen, sich voneinander entfremden, um dann erneut zusammenzufinden; der ganz eigenen Art, mit der das Schicksal im Lauf der Geschichte bald den einen, dann wieder den anderen „gute" und „schlechte Karten" austeilt, die immer wieder neu gemischt werden; den Dialogen, die manchmal, mit manchen Menschen – mit welchen, das ist die alles entscheidende Frage –, weitergeführt werden können, über alle momentanen Konflikte, ja selbst über Gräben des Hasses hinweg. Dies war der einzige Ausweg aus einem Schwarz-

Weiß-Denken, das in den Vertretern der einen Seite die ewigen Opfer und in den Vertretern der Gegenseite die ewigen Feinde sah.

Und so nahmen, nach einer Zeit der Krise, Salar und ich unseren Dialog wieder auf, obwohl ich ihn als Mittelsmann und „Puffer" in der Verbindung zur Vergangenheit meines Vaters nun nicht mehr brauchte. Schließlich kannte ich diese Vergangenheit jetzt bis ins kleinste Detail, und während sie mich traurig machte, manchmal auch schockierte, drohte sie mich doch nicht mehr zu erdrücken wie zuvor. Salar und ich blieben in sporadischem Kontakt, und insbesondere schrieben wir uns E-Mails, wenn Salar wieder einmal in Teheran war; dabei verwendeten wir die Codewörter „Kolumbien" für Israel und „Bogotá" für Tel Aviv. Und dann kam es also zu einem von diesen absolut bizarren Zufällen, dass nämlich in einer solchen Riesenstadt wie Teheran – mit 15 Millionen Einwohnern im Großraum – Salar vom Fenster seines Schlafzimmers im dritten Stock ausgerechnet in den Vorhof der Chaim- und der Daniel-Synagoge hinunterschauen konnte, wo noch immer eine Handvoll jüdischer Kinder spielte und noch immer eine Handvoll von Gläubigen zum Gottesdienst kam.

Auch der Meydan-e Tupchane („Platz der Artillerie"), an dem sich das von einem georgischen Juden geführte und von Flüchtlingen bewohnte Hotel Persia befunden hatte, war von Salars Wohnung aus gleich um die Ecke. „Der Platz heißt heute Imam-Chomeini-Platz", schrieb Salar mir, „da steige ich immer in die U-Bahn." Oft schickte er mir auch Fotos von der Synagoge, deren oben gerundetes Portal noch aussah wie früher und deren Fenster noch immer in einem leuchtenden Persischblau gestrichen waren. An die Außenmauer des Synagogengrundstücks lehnte Salar jeden Abend sein Motorrad. Er traf das Ehepaar, das die Anlage in Schuss hielt – Flüchtlinge aus Afghanistan, die auch in der Synagoge lebten –, und am 12. Oktober 2016, dem Vorabend (Erew) von Jom Kippur, schickte er mir Videos der Gottesdienstbesucher, die er von seiner Wohnung aus aufgenommen hatte. Am selben Tag begann auch das Doppelfest Tasua und Aschura, mit dem die schiitischen Muslime an den Märtyrertod des Imams Hussein, eines Enkels des Propheten Mohammed, erinnern. Deshalb war in der Serie von Videos, die er mir schickte, im Vordergrund eine Prozession muslimischer Männer zu sehen, die sich mit „neunschwänzigen Katzen" selbst geißelten und dabei sangen, während die persischen Juden in der Chaim-Synagoge das Kol Nidre anstimmten.

„Das wollte ich einfach mit dir teilen", schrieb Salar dazu. „Mir fehlen wirklich die Worte. Kommt mir vor, als hätte ich etwas wirklich Außergewöhnliches erlebt. Am höchsten Feiertag der Schiiten habe ich zugesehen, wie die Trauerprozession meine Straße entlangzog, direkt an der Synagogenmauer vorbei, und nur ein paar Stunden später habe ich am höchsten oder zweithöchsten jüdischen Feiertag gefilmt, wie die Gläubigen hinter derselben Mauer ihr Fasten gebrochen haben, glaube ich. … Tagsüber habe ich das Saxofon der schiitischen Bußprozession gehört und am selben Abend das Schofarhorn, mit dem die Juden ihren Versöhnungstag beendet haben."

Die muslimischen Prozessionsteilnehmer waren ganz in sich versunken, wie in Trance; anscheinend bemerkten sie die betenden Juden überhaupt nicht. Es bestand nicht der geringste Zweifel daran, wem in dieser Stadt der öffentliche Raum gehörte – und wer im Verborgenen betete. Aber trotz der Lautsprecher, mit denen das Getöse der Prozession noch verstärkt wurde, und trotz der leidenschaftlich erregten Menge von Männern, die sich geißelten – was mich dann doch ziemlich einschüchterte –, sahen die jüdischen Gottesdienstbesucher weder besorgt noch sonst wie beeinträchtigt aus, als sie dann auf dem ummauerten, abgeschlossenen Hof ihren Tee tranken und das Ende des Fastens feierten, während die Türen der Synagoge weit offen standen.

In einem weiteren Video, das Salar aufgenommen hatte, schmetterte ein Sänger mit einem dröhnenden Megafon einen Trauergesang auf den Enkel des Propheten:

Die Gläubigen, deren Augen Tränen vergießen über die Ermordung Hussein ibn Alis, erhalten einen erhabenen Platz im Paradies.
O Hussein, mein Hussein … Möge ich mein Leben für dich geben, Hussein!

Die Prozessionen gingen immer weiter, ebenso wie das Jom-Kippur-Gebet: Im Video war ein Mann zu sehen, der dastand und den Tallit übergeworfen hatte, den jüdischen Gebetsmantel, außerdem Frauen in taillierten Kleidern und locker umgelegten Kopftüchern. „Der einzige Ort auf der Welt, wo vor der Synagoge kein Wachmann steht", witzelte Salar.

„Schön wär's", mailte ich zurück. Erst kurz zuvor hatte man mir bei einer Konferenz erzählt, dass ein persischer Jude, der anderen Juden bei der Auswanderung aus dem Iran geholfen hatte, einem Attentat zum Opfer gefallen war.

1942 fiel Jom Kippur nicht mit dem schiitischen Aschurafest zusammen. Keine Prozessionszüge von sich geißelnden Männern zogen durch die Straßen, als

Hannan und die restlichen Flüchtlingskinder – Regina lag wegen ihres Trachoms im Krankenhaus – wieder zurück nach Duschan Tappeh marschierten, auf demselben Weg, auf dem sie gekommen waren. Die Kinder bogen auf die Schah-Reza-Straße ab, dann wieder auf den Lalesar-Boulevard, dessen Neonlichter nun in der Dämmerung strahlten, während die Cafés, Varietés und Restaurants sich nach und nach mit britischen, polnischen und persischen Soldaten füllten, manche von ihnen in Uniform, manche im eleganten Zivilanzug. Überall stiegen Menschen aus ihren Autos und strömten in die Lokale, „Herren im schwarzen Anzug und weißem Kragen, Damen in Abendkleidern und Lackschuhen ... alles gebügelt und gewienert bis zur Perfektion. Elegant und figurbetont sind die Kleider, was die Herren stark und stattlich erscheinen lässt, die zierlichen Damen hingegen sinnlich und verführerisch", erinnerte sich Mosche Jischai. Ich stellte mir vor, wie mein Vater vor „unzähligen Läden, die alles feilbieten", entlangläuft, vorbei an „einer Damenboutique", „einem Gold- und Silberhändler", einem „kaukasischen Restaurant, das echten Borschtsch servierte", und ganz besonders vor „dem Süßwaren- und Eissalon, der in der ganzen Stadt für seine zahllosen Geschmacksrichtungen berühmt war".

Gleich neben dem Hôtel Lalezar servierte das Café Continental, das einem gewissen Herrn Schahmirzadi gehörte (weshalb es später unter dem Namen Café Schahmirzadi weitergeführt wurde), ein besonderes Festmahl zum Fastenbrechen, das „die Israeliten vor und nach dem Fasten drei Tage lang satt gehalten hat", wie Musa und Azizeh Melamed, persische Juden, die in der Nähe der Chaim-Synagoge wohnten, später aussagten. Herrn Schahmirzadis Töchter Riva Danielpour und Sonia Kashani, deren aufgezeichnete Erinnerungen sich Salar – zusammen mit denen der Melameds – in der Washingtoner Kongressbibliothek angehört hatte, erzählten, das Café ihres Vaters habe „die Hebräer verköstigt" – womit vermutlich sowohl die jüdischen Flüchtlinge in Teheran als auch die Juden unter den in der Stadt stationierten alliierten Soldaten gemeint waren –, und zwar „für einen ganzen Monat" um die Hohen Feiertage herum, und dass ihr Vater „zwei Kühe und drei Schafe für sie schlachten [ließ]".

Die Spendensammlung in den Synagogen von Teheran war ein voller Erfolg. In der Synagoge der irakischen Juden kamen Tausende von Toman zusammen, selbst in den ärmsten Synagogen der Mahalleh steckte so gut wie jeder der Gottesdienstbesucher ein paar Toman in die Tzedaka-Büchse. „Wir Kinder sind nach Hause gerannt und haben alles aus unseren Spardosen geholt", erzählte mir Heschmat Kermanschahi. Insgesamt kamen hier 30 000 Toman zusammen, umgerechnet 6000 US-Dollar – „nach ihren Maßstäben eine astronomische Summe", wie Dr. Hirschberg festhielt. Das war aber nur der Anfang, denn bis zum Ende des Jahres 1942 kamen umgerechnet $ 14 500 an Geldspenden zusammen (davon allein $ 4500 von den irakischen Juden), dazu noch Kleidung und andere Bedarfsgüter, die man den Flüchtlingen direkt zur Verfügung stellte.[89]

Kermanschahi und Habib hatten also recht, wenn sie sagten, die iranischen Juden hätten als Erste geholfen. Bis Ende 1942 hatte, wie auch ein Bericht des JDC meldete, „die jüdische Gemeinde von Teheran" zur Versorgung und Unterstützung der jüdischen Flüchtlinge „eine größere Menge beigetragen, sowohl in Geld- als auch in Sachleistungen, als das Joint Distribution Committee und die Jewish Agency zusammengenommen".

*

Das „Joint", das noch mit der Flüchtlingshilfe in Zentralasien beschäftigt war, hatte gezögert, auch im Iran einzugreifen, wo alle Flüchtlinge offiziell unter der Obhut der polnischen Exilregierung standen. Am 13. September 1942, dem Tag nach der Jom-Kippur-Spendensammlung, sandte Rafael Szaffar ein Telegramm an das JDC-Hauptquartier in New York, in dem er die Hilfsorganisation um Unterstützung bei der Versorgung der jüdischen Flüchtlingskinder sowie bei ihrem anschließenden Transport nach Palästina bat. Er warnte, dass, wenn die jüdischen Kinder nicht bald nach Palästina kämen, sie zusammen mit den polnisch-katholischen Kindern und „unter der Federführung christlicher Organisationen" an endgültige Verbleibsorte im Iran, in Kenia und an anderen Orten gebracht werden würden.[90]

In Tel Aviv rief der Leiter der außenpolitischen Abteilung bei der Sochnut, Mosche Schertok, zu diplomatischen Vorstößen auf, die weitere Evakuierungen aus Zentralasien erleichtern sollten: „Nur wenige zivile jüdische Flüchtlinge sind bislang in den Iran gelangt; die Leute werfen ihre Kinder in die Waggons der Züge, die von Usbekistan abfahren." Es handelte sich, wie er führenden Vertretern der Jewish Agency im kleinen Kreis darlegte, um „eine humanitäre Katastrophe größten Ausmaßes, um ein nationales Unglück und eine schreckliche

Verschwendung menschlicher Ressourcen, die in diesem Krieg so viel besser eingesetzt werden könnten". Was er nicht verriet, war, dass zur gleichen Zeit – während er noch damit beschäftigt war, auf diplomatischem Wege die Evakuierung der Flüchtlinge voranzutreiben –, sein Schwager Saul Meirov bereits vor Ort, im Iran, aktiv war, um Wege ausfinding zu machen, auf denen sie heimlich über die sowjetische Grenze geschmuggelt werden könnten.

Meirov besuchte nicht die Varietés und Cafés auf dem Lalesar-Boulevard, noch suchte er die Villen und die Synagogen der wohlhabenden persischen Juden auf. Er lehnte es sogar ab, sich auf Kosten der Agentur ein neues Paar wollene Strümpfe für den Winter zu kaufen, als der erste Frost einsetzte, denn alle unnötigen Ausgaben wollte er vermeiden. Aus seinem kargen Untermieterzimmer in der Wohnung einer Witwe in Teheran entwarf er Pläne, berief Treffen ein, erkundete die Gegend entlang der Grenze – und wartete auf den richtigen Zeitpunkt, um über diese Grenze nach Turkmenistan vorzustoßen. Er beschloß, eine erste Exkursion zu unternehmen, um auch dort das Terrain zu erkunden und überhaupt die Lage in Zentralasien besser einzuschätzen: Wo hatten sich die Juden dort versammelt? Über welche Mittel verfügten sie? Insbesondere wollte er Flüchtlinge ausfindig machen, die vor dem Krieg Mitglieder des He'chaluz, der Vereinigungen Ha'dror, Ha'bonim, Ha'schomer Ha'Tzair oder anderer zionistischer Jugendorganisationen gewesen waren. Von diesen hieß es, sie hätten sich bereits im Grenzgebiet versammelt und warteten ungeduldig auf eine Gelegenheit, nach Palästina zu gelangen. „Unser Auftrag im Iran war in Wirklichkeit ein Auftrag in Russland", schrieb Meirov. „Der Iran war nur unser vergleichsweise nahe gelegener Ausgangspunkt, um die Hunderte und Tausenden jüdischer Flüchtlinge aus Polen, Litauen und Lettland [zu retten], die in die asiatischen Gebiete der Sowjetunion geflohen waren."[91]

Im September stießen drei Agenten des Mossad Le'alija Bet, die ihren Vorbereitungskurs abgeschlossen hatten – Mosche Agami, Ya'akov Dajivenskij und Mischa Notkin –, im Iran zu Meirov. Sie reisten über Abadan an der irakisch-iranischen Grenze ein, wo sie sich als Solel-Boneh-Mitarbeiter ausgaben, und fuhren dann weiter nach Teheran, wo man sie mit einem Satz authentischer „Flüchtlingskleidung" ausstaffierte und ihnen die Registrierungspapiere verstorbener Flüchtlinge überließ, deren Namen sie für die Dauer ihrer Mission annahmen. Zusätzlich zu ihnen wurde noch Zwi Melnitzer rekrutiert, ein Flüchtling und vormaliges He'chaluz-Mitglied, der mit dem Evakuierungstransport im August aus Usbekistan in den Iran gekommen war. Melnitzer konnte wertvolle Angaben darüber machen, wo genau die jüdischen Flüchtlinge in Zentralasien sich gesammelt hatten.[92]

Flüchtlinge in Samarkand, Taschkent und an anderen Orten hatten Hunderte von Bittbriefen und -postkarten an Mitglieder zionistischer Organisationen in Palästina geschickt. „Die Leute hatten irgendetwas im Hinterkopf behalten, einen Namen, eine Adresse – Degania oder Tel Aviv", erinnerte sich Schajke Viner, ein anderer Mitarbeiter des Mossad Le'alija Bet, „und wir wussten ja, dass die Leute sich schon an den Grenzen drängten".[93] In Usbekistan begaben sich manche Flüchtlinge schon allein deshalb in Richtung Grenze, weil sie hofften, auf diese Weise vielleicht eine Möglichkeit zur Ausreise zu finden. „Wir gingen nach Deschak", sagte der frühere Flüchtling Mula ben Chaim später aus, „das liegt zwischen Samarkand und Taschkent, weil wir so nahe wie möglich an die persische Grenze herankommen wollten. Vielleicht, dachten wir, kämen wir irgendwie hinüber." Ein anderer Flüchtling, Ja'akov Janai (Jankelowic) erklärte, die gefühlte Nähe der iranischen Grenze habe ihn und seine Freunde, die in Taschkent eine Art zionistische Untergrundorganisation betrieben, „angestachelt". Elf ihrer Kameraden, die losgezogen waren, um die Grenze zu überqueren, waren festgenommen und zu zehn Jahren im Gulag verurteilt worden. (Davon verbüßten sie zwar nur fünf, saßen danach aber noch weitere drei Jahrzehnte hinter dem Eisernen Vorhang fest.) Zwei weitere versuchten, die Grenze nach Afghanistan zu überqueren, wurden festgenommen und danach in Kabul inhaftiert.[94]

Meirov war fest entschlossen, mit den Flüchtlingen in Zentralasien, auf der anderen Seite der persisch-sowjetischen Grenze, Kontakt aufzunehmen. Zuerst schickte er den He'chaluz-Mann Zwi Melnitzer, der ja selbst gerade erst aus Usbekistan evakuiert worden war, auf direktem Weg zurück nach Buchara, um den dort verbliebenen *chalutzim* einen Brief und Goldmünzen zu überbringen und Informationen darüber einzuholen, an welchen Orten noch andere Mitglieder ihrer Vereinigung sich unter den Flüchtlingen befanden. „Es war wie ein Sprung aus dem fünfzehnten Stockwerk", erinnerte Melnitzer sich später, „aber so hatte Saul [Meirov] das beschlossen, und ich habe nicht widersprochen."[95] Nachdem er die Grenzregion ausgiebig ausgekundschaftet hatte, kam Meirov zu dem Schluss, dass ein Ortsfremder – vor allem ein Europäer wie er – unmöglich auf eigene Faust die Grenze überqueren konnte, weshalb er „einen Juden aus der Gegend" rekrutierte. Dieser einheimische Helfer (Meirovs Biograf nennt keinen Namen) ging also über die Grenze, um den He'chalutz-Aktivisten auf der anderen Seite einen Brief in jiddischer Sprache zu überbringen. Weder von diesem Einheimischen noch einigen anderen, die in der Folge losgeschickt wurden, hat man jemals wieder gehört.[96] „Wir haben gewaltige Anstrengungen unternommen, um heimlich selbst die Grenze zu überqueren, hatten jedoch keinen Erfolg. Es gab Verluste. Abgesandte wurden getötet. Es hat alles nichts geholfen. Dann haben [die Sowjets] die Grenze dichtgemacht", sagte der Mossad-Le'alija-Bet-Agent Nahum Herzberg später aus.[97]

Nachdem der Versuch, mit eigenen Leuten ins Innere der Sowjetunion vorzudringen, also gescheitert war, gab Meirov ein neues Hauptziel für den Mossad Le'alija Bet aus: den Kontakt mit den vormals aktiven Zionisten unter den Flüchtlingen auf der anderen Seite der Grenze zumindest nicht abreißen zu lassen, indem man ihnen auch weiterhin Briefe und Pakete zukommen ließ. Die hierfür erforderlichen Adressen hatten Meirov und seine Leute durch ihre umfangreiche Korrespondenz sowie Hinweise von Familienmitgliedern der Aktivisten in Erfahrung gebracht. Im November 1942 lieferte die Reiseagentur Peltours, die dem Mossad Le'alija Bet gewogen war und zugleich über gute Beziehungen zu ihrem staatlichen sowjetischen Pendant Intourist verfügte, die ersten Pakete an Einzelpersonen aus, deren Auslieferung von Verwandten oder Freunden der betreffenden Flüchtlinge mit bekannter Anschrift beantragt und bezahlt worden war. Auch Arbeiterorganisationen in Palästina führten Spendenkampagnen durch, um die Kosten für derartige Hilfspakete zu übernehmen.[98]

*

Ende Oktober 1942 traf Zippora Schertok, die Ehefrau Mosche Schertoks und Schwester Meirovs, in Teheran ein, wo sie die weitere Betreuung und Versorgung der jüdischen Waisenkinder sowie deren Übersiedlung nach Palästina organisieren sollte. Sie war die erste und einzige jüdische Repräsentantin aus Palästina, die mit einem offiziellen Visum in den Iran kam; ausgestellt hatte es A. Isfandiari, persischer Generalkonsul in Jerusalem.[99] Nach ihrer Ankunft meldete sie, dass sich gegenwärtig 807 Kinder in dem Jüdischen Kinderheim in Teheran befänden: 687 waren gesund; 36 lagen im Krankenhaus von Teheran; 30 befanden sich auf der Krankenstation des Flüchtlingslagers; 39 waren in Quarantäne wegen der Krätze, Augeninfektionen oder anderen ansteckenden

Krankheiten. Zweihundert weitere Kinder befanden sich im „allgemeinen", polnischen Teil des Lagers, wo sie mit ihren Eltern oder anderen erwachsenen Fürsorgeberechtigten lebten. Über die Flüchtlinge, die in Teheran eine eigene Unterkunft bezogen hatten, machte Schertok keine Angaben, auch nicht über jüdische Kinder in katholischen Waisenhäusern oder über Konvertiten zum Katholizismus.[100]

Bis zum Eintreffen Zippora Schertoks hatten sich das „Chaos" und die „Unordnung", die Emil Landau noch in seinem ersten Monat in Duschan Tappeh beschrieben hatte, zumindest teilweise gebessert, was auch an der Spendenaktion zu Jom Kippur gelegen haben mag. In den Zelten waren feste Böden aus hellen Pflastersteinen verlegt worden, und es gab eine Putz- und Hygieneordnung, die einigermaßen streng durchgesetzt wurde – aber am Hunger und an der Langeweile hatte sich noch nichts geändert. „Die Brotration ist schon gleich nach dem Frühstück verschwunden", schrieb Emil Landau, „fast alle gehen ohne Abendbrot zu Bett." Er schildert auch Kämpfe um Lebensmittel zwischen den jüdischen und den anderen polnischen Flüchtlingen:

„Das Essen wird aus der Lagerküche herbeigeschafft, die relativ weit entfernt liegt. Der Weg dorther führt auch an mehreren Baracken von polnischen Antisemiten vorbei, die häufig den Weg versperren. Schon um 6 Uhr in der Früh braucht man ein ganzes Bataillon, um dort vorbeizumarschieren und Essen für 700 Leute zu holen. Manche von denen, die das Frühstück holen, haben keine Schuhe, keine Strümpfe, keine warmen Hemden. Ihnen klappern die Zähne auf dem Weg zur Küche, sie schlottern vor Kälte."[101]

Die Beschreibung von der Verpflegung und der mangelhaften Kleidung der Kinder, die Zippora Schertok in ihrem Bericht an die Sochnut liefert, ähnelt den Worten Emils sehr: „die Kinder essen ihre Brotration zum Frühstück und müssen dann den ganzen Tag ohne Brot auskommen; weniger als ein Viertel haben mehr als einen Satz Unterwäsche; 200 Kinder sind barfuß und der Rest trägt Schuhe, die schon zerschlissen sind; einen Pullover hat keines von ihnen". In einem Brief an ihre eigenen Kinder beschrieb sie „halbnackte Kinder", die darauf warteten, dass ihr einziges Hemd oder Unterhemd aus der Wäscherei zurückkam.[102] In einem späteren Bericht bestätigte Mosche Schertok, dass drei Kinder in dem Lager gestorben waren.[103] Die schlechte

Versorgungslage wurde durch die sinkenden Temperaturen nur noch schlimmer. „Nun ist der Winter da", schrieb Emil, „und damit kommt zum Hunger noch die Kälte hinzu. ... Überall Dreck und Krätze. Wer wird denn auch bei unter null Grad seine Wäsche waschen? ... Man findet den ganzen Tag über keinen rechten Platz zum Bleiben. Es fühlt sich an, als wenn einem das Hirn eingefroren wäre." „Es regnet und friert", schrieb ein anderes Kind. „Wir bleiben immer im Zelt."

Mitte November überwies die Jewish Agency auf Schertoks Drängen hin 1000 Palästina-Pfund an die Zweigstelle der Osmanischen Bank in Teheran, damit dort „der dringendste Bedarf an Kleidung und Bettzeug für die Kinder" gedeckt werden konnte, während zugleich die Preise im Iran immer weiter anstiegen und die Regale in den Läden sich leerten.[104]

„Es gibt Geld von der Agentur", schrieb Dr. Hirschberg, den Schertok inzwischen als eine Art Erziehungsbeauftragten für das Kinderheim eingesetzt hatte, „und das Flüchtlingskomitee hilft ebenfalls mit Geld und mit seinen guten Beziehungen zu den ansässigen Kaufleuten ... Aber es ist heutzutage gar nicht einfach, eine solche Menge der benötigten Waren zu einem anständigen Preis überhaupt zu erhalten. Eher verstecken die Händler ihre Waren, alle miteinander, und halten ihre gegebenen Lieferzusagen nicht ein."[105]

Die starke Nachfrage der Fremden nach Kleidung und Lebensmitteln, hieß es, habe den Markt für diese Produkte aus dem Lot gebracht. Dr. Hirschberg notierte etwas, was deutsch-jüdische Flüchtlinge ihm berichteten: dass die Inflation im Land seit ihrer Ankunft in Teheran Ende der 30er-Jahre sagenhafte 500 Prozent betragen hatte. Bis Mitte November hatte man ein amerikanisch-britisch-polnisch-iranisches Komitee zusammengestellt, das die Preise für bestimmte Grundnahrungsmittel auf ein niedrigeres Niveau drücken sollte. Die Experten kamen schließlich überein, diese Senkung durch eine Kürzung der täglichen Lebensmittelration für Erwachsene von 2952 auf 2565 Kilokalorien pro Kopf herbeizuführen; dabei galten alle Personen über zwölf Jahren als erwachsen.

Der Preisanstieg ließ jedoch nicht nach, immer wieder kam es zu Lebensmittelknappheiten, und die einheimische Bevölkerung begann, sich gegen die Flüchtlinge zu wenden. Auch die persische Presse äußerte sich über sie mit unverhohlener Feindseligkeit über die Flüchtlinge, nannte sie „die Parasiten der Alliierten". In Teheran tauchten nach jeder Nacht neue Anti-Flüchtlings-Parolen an den Hauswänden auf: „Ganz Persien hungert, während die Polen und Briten unser Brot essen!" – Dieses Grafitto hat Emil Landau dokumentiert.

Es folgten Plünderungen, Bäckereien mit ausländischen Inhabern wurden in Brand gesetzt, und vor dem Palast von Mohammad Reza Schah demonstrierten die Massen. Der Schah wiederum befahl seinen Truppen, die Proteste niederzuschlagen, wobei Dutzende von Demonstranten getötet wurden. Der Volkszorn richte sich nicht speziell gegen *jüdische* Flüchtlinge, meldete ein JDC-Vertreter vor Ort.[106]

Die Briten gaben die Schuld an diesen Vorkommnissen der polnischen *delegatura* und den polnischen Leitungen der Flüchtlingslager, „die große Mengen an Vorratsgütern auf dem regulären sowie auf dem Schwarzmarkt eingekauft und dafür jeden verlangten Preis bezahlt haben, was beträchtlich dazu beigetragen hat, dass die Preise der betreffenden Produkte in Teheran nun schwindelnde Höhen erreicht haben". In Zeitungsartikeln beschuldigten Vertreter des Amerikanischen Roten Kreuzes hingegen die britischen Truppen, indem sie die Getreideknappheit in Teheran und anderen Städten auf „die exzessive Ausnutzung der örtlichen Vorräte durch die britische Armee und durch die Polen" zurückführte, auf „Hamsterkäufe" und auf eine grassierende Korruption.[107]

Im Teheraner Archiv für Diplomatiegeschichte fand Salar Dutzende von Schriftstücken, in denen das Alltagshandeln der polnischen Flüchtlinge in der schon damals großen Stadt dokumentiert war, ihre Krankheiten und ärztlichen Behandlungen, ihre Arbeitsstellen. Er stieß auf Beschwerden über die Schäden, die polnische Flüchtlinge in einer Wohnung hinterlassen hätten, oder darüber, dass polnische Offiziere auf dem Schwarzmarkt einkauften und somit die Preise in die Höhe trieben. In einer Besprechung am 22. August 1942 erwogen iranische Minister, zumindest einige der polnischen Flüchtlinge aus Teheran wegzubringen und sie auf das ganze Land zu verteilen, um die Lebensmittelknappheit in der Hauptstadt zu lindern.

Die Polen ihrerseits wiesen alle Vorwürfe weit von sich. Am 21. Oktober 1942 widersprach die polnische Botschaft im Iran in einem Artikel in der iranischen Zeitung *Setareh* den Behauptungen, die Versorgungskrise und Preissteigerungen in Teheran hätten etwas mit der Anwesenheit der Flüchtlinge in der Stadt zu tun. Am 27. Oktober beschwerte sich der erst kürzlich ernannte Oberkommandierende des britischen Persia and Iraq Command, General Henry Maitland Wilson, bei General Anders über „Zivilisten, die selbstständig in Teheran leben und dort beträchtliche Geldsummen ausgeben". Anders reagierte, indem er dem NKWD und den Juden die Schuld gab:

„[Anders] erklärte, dass es eine ganze Reihe solcher Leute gebe, Juden insbesondere, die wahrscheinlich aus den Zügen, Evakuierungskonvois etc.
desertiert sind und hier nun ohne Genehmigung leben ... General Anders erklärte, dass während der Evakuierungen aus Russland das russische NKWD heimlich Agenten mit den polnischen Truppen auf den Weg
geschickt habe und diese sich nun, wie bekannt sei, in Teheran aufhielten
und über erhebliche Geldmittel verfügten. Außerdem ist bekannt, dass eine
Reihe von Russen, die mit der zweiten Evakuierung gekommen sind, inzwischen entdeckt wurden. ... Man hält es für möglich, dass dies die Leute
sind, die beträchtliche Geldsummen ausgeben, und nicht die Polen."[108]

Nach dem 1. Dezember 1942 sollten – nach den ursprünglichen Vereinbarungen zwischen der britischen und der iranischen Regierung – nicht mehr
als 10 000 Flüchtlinge im Iran verbleiben, und der britische Botschafter Sir Reader Bullard verkündete, seine Regierung sei „mehr als bestrebt", 26 000 polnische Flüchtlinge aus dem Iran wegzuschaffen, „allein schon, um die Iraner zu
beschwichtigen".

Von Duschan Tappeh aus drängte Zippora Schertok ihren Mann, der sich
in London befand, möglichst sofort eine Ausreise der jüdischen Flüchtlingskinder nach Palästina zu ermöglichen, und warnte ihn, dass, sollte die Sochnut
mit einem solchen Transport bis zum Frühjahr warten, die Kinder den Winter in Teheran womöglich nicht überleben würden – oder vorher zusammen
mit den anderen polnischen Flüchtlingen auf neue Unterbringungsorte verteilt
werden könnten. Bis zum 30. September 1942 waren bereits 8727 Flüchtlinge
nach Nairobi, Tanganjika (das heutige Tansania) und Uganda verbracht worden.[109] Die Verhandlungen über eine Verteilung der restlichen nach Indien, Mexiko und in den Libanon waren bereits in vollem Gange.[110] Bis Ende Dezember
1942 verblieben im Lager Nr. 2 in Duschan Tappeh nur rund 3000 Personen,
fast 1000 davon im Jüdischen Kinderheim.

Bis September 1942 war es der Jewish Agency gelungen, bei der britischen Ein-
wanderungsbehörde in Palästina 800 Einwanderungszertifikate vom Typ „B3"
zu erhalten – für Schüler oder Studenten, für die eine Aufnahmebestätigung von
Bildungseinrichtungen im Mandatsgebiet vorlag und deren Unterhalt gesichert
war. Das JDC hatte bereits zugesagt, die Transportkosten zu tragen, und bestätigte im Oktober, dass es „in Zusammenarbeit mit der [zionistischen Frauen-

organisation] Hadassah achthundert jüdische Waisenkinder von Teheran nach Palästina bringen" und selbst „die sämtlichen entstehenden Kosten für [ihre] Beförderung" übernehmen werde.[111] Die Abteilung der Jewish Agency für die „Jugend-Alija" (Jugend-Einwanderung), die von der Hadassah-Gründerin Henrietta Szold geleitet wurde, hatte bereits begonnen, die Zukunft der Kinder in Eretz Israel vorzubereiten. „In der Öffentlichkeit gibt es eine unglaubliche Hilfsbereitschaft in jederlei Hinsicht: mit Geld, durch Adoptionen einzelner Kinder, durch Mithilfe bei der Vorbereitung", schrieb Szold an Zippora Schertok. „Wir verfolgen die Nachrichten aus Teheran hier ganz genau. Wir fühlen die Kälte mit, die euch plagt, und all die anderen Beschwernisse, die ihr nicht lindern könnt."[112]

Fast 2000 Kilometer lagen zwischen Teheran und Tel Aviv, und die Straße, die sie verband, führte durch den Irak. Die irakische Regierung verfolgte zwar für gewöhnlich eine britenfreundliche Politik, verweigerte den jüdischen Kindern jedoch die nötigen Transitvisa zur Durchreise in das britische Mandatsgebiet Palästina. Achtzehn Monate zuvor hatten britische Truppen die Putschregierung des irakischen Premierministers Raschid Ali al-Gailani gestürzt, die sich im Krieg auf die Seite der Achsenmächte gestellt hatte. Al-Gailani war ein arabischer Nationalist und Nazi-Sympathisant, der den NS-Geheimdiensten Bagdad als Operationsbasis für ihre Aktivitäten im Nahen Osten zur Verfügung stellen wollte. Als sich Al-Gailanis Niederlage schon abzeichnete, kam es Anfang Juni 1941 zu dem *Farhud*-Pogrom gegen die jüdische Bevölkerung von Bagdad. Nach dem Ende des Staatsstreiches gelangte im Irak wieder eine probritische Regierung an die Macht. Dennoch blieb Al-Gailanis Einfluss im Irak prägend, vor allem in den Hochburgen seiner Unterstützer, und ähnlich war es in anderen arabischen Ländern, deren Regierungen sich gegen das zionistische Projekt in Palästina stellten.

In einem Gespräch mit Rafael Szaffar erklärte der britische Geschäftsträger in Teheran, die vertraglichen Vereinbarungen Großbritanniens mit der irakischen Regierung erlaubten es den Briten nicht, Transitvisa für den Irak auszustellen; täten sie es dennoch, untergrüben sie damit die Position des probritischen Premierministers Nuri as-Said, dem man in der irakischen Bevölkerung dann vorwerfen würde, er beuge sich dem Druck der Briten und Amerikaner.[113]

In New York wandte sich das JDC an den polnischen Botschafter und bat, er solle irakische Transitvisa „für diese polnischen Kinder" beantragen. Außerdem bat das Joint den amerikanischen Botschafter in der Türkei, Laurence A. Steinhardt, ein persönliches Treffen mit dem „irakischen Gesandten in Washington" zu arrangieren oder andere „freundlich gesinnte" ausländische Gesandtschaften zu mobilisieren, die dem Iraker das Anliegen der jüdischen Kinder vorbringen könnten.[114]

Unabhängig davon hatten die Vertreterinnen des zionistischen Frauenbundes Hadassah sich an die amerikanische First Lady Eleanor Roosevelt gewandt, deren Mann, der US-Präsident Roosevelt, Steinhardt nahestand. Die Präsidentengattin wandte sich aber auch direkt an den irakischen Premierminister As-Said, um für die „Kinder von Teheran" ein gutes Wort einzulegen.[115]

Nach Angaben des britischen Geschäftsträgers zeigte sich As-Said „überrascht und verärgert" darüber, dass „zu einer Zeit, in der es entscheidend war, die Gefühle der Araber nicht unnötig anzustacheln", derartige Appelle an ihn herangetragen wurden. In seiner Antwort teilte der irakische Premier jedoch mit, dass er aus humanitären Erwägungen keine Einwände dagegen hätte, die Kinder für die verbleibende Dauer des Krieges im Irak aufzunehmen, „sofern sichergestellt wäre, dass sie der irakischen Regierung nicht zur Last fallen".

Ende Oktober teilte das US-Außenministerium dem JDC mit, dass „trotz aller Vermittlungsversuche der britischen und amerikanischen Repräsentanten in Bagdad" die irakische Regierung sich nun ultimativ geweigert habe, den Kindern Transitvisa auszustellen. Hinter vorgehaltener Hand hieß es allerdings, der irakische Premierminister hätte nicht die Absicht einzugreifen, falls jüdische Kinder ohne viel Aufhebens auf polnischen oder britischen Armeelastwagen durch den Irak transportiert würden. Nach einem Treffen mit General Anders gab Rafael Szaffar bekannt, ein solcher Kindertransport liege immerhin „im Bereich des Möglichen". Der britische Geschäftsträger und der amerikanische Botschafter teilten Szaffar jedoch mit, dass sie an der Aufrichtigkeit des (inoffiziellen) irakischen Angebots ihre Zweifel hätten, und äußerten die Vermutung, dass die Iraker es wohl im Fall einer Annahme wieder zurückziehen würden. Außerdem komme es nicht infrage, dass ihre jeweiligen Armeen die Lastwagen zum Transport der „500 Kinder" zur Verfügung stellen würden. („Sie sprachen immer von 500 Kindern und waren ganz überrascht, als sie erfuhren, dass es in Wahrheit um 1000 Kinder und 200 Erwachsene ging", schrieb Szaffar.)[116] Auf wen diese Blockade zurückging, blieb unklar: auf die Polen, auf die Briten, auf das Joint (das sich dem Vernehmen nach weigerte, Bestechungsgelder zu zahlen) oder auf die Jewish Agency, die es – in Erwartung zukünftiger Evakuierungen aus dem Iran nach Palästina – vorzog, eine offizielle, sichere Transportmöglichkeit auszuhandeln, und nicht eine einmalige Geheimoperation. Als Mosche Schertok sechs Monate später über diese Problematik Bericht erstattete, erklärte er, nicht einmal David Ben-Gurion selbst sei dafür, die Kinder durch den Irak zu transportieren.[117] Und so schied die Option eines zumindest halb geheimen Transports der Kinder durch den Irak endgültig aus.

Das „Joint" berichtete über drei weitere gescheiterte Lösungsversuche. Ein Vorschlag – die Kinder sollten auf dem Landweg über die Türkei nach Palästina gebracht werden – wurde verworfen, weil die Türkei „stillschweigend die moslemischen Länder unterstützt [und deshalb] keine Transitvisa ausstellen wird". Ein Transport auf dem Seeweg über das Mittelmeer wurde ebenfalls erwogen, dann aber verworfen, weil dies die Aufhebung einer bestehenden Seeblockade erfordert hätte. Und eine Beförderung auf dem Luftweg unter Zuhilfenahme aller britischen Flugzeuge, „die zu diesem Zwecke abkommandiert werden können", wurde von dem britischen Botschafter in den Vereinigten Staaten, Lord Halifax, abgelehnt.[118]

Mosche Schertok, der nach London gereist war, um die Aufmerksamkeit der dortigen Politiker auf die fortschreitende Vernichtung der europäischen Juden zu lenken, und dort zugleich nach Wegen suchen wollte, mehr gefährdeten Juden die Ausreise nach Palästina zu ermöglichen, besprach die verschiedenen Optionen eines Kindertransports mit dem britischen Außenminister Anthony Eden.[119]

„Könnten wir [die Kinder] nicht vielleicht zusammen mit den Arabern transportieren, die auf Pilgerfahrt [nach Mekka] gehen?", fragte Zippora Schertok in einem Brief.[120]

„Von Palästina ist jetzt keine Rede mehr", fasste Emil Landau die Situation in seinem Tagebuch zusammen. „Und wer will schon in diesen gefährlichen Kriegszeiten einer Bande von Lumpenkindern Asyl gewähren? Was soll's. Wir haben so viel gelitten, da leiden wir auch noch etwas mehr. Und nach dem Krieg … So dachten alle Kinder, die jüngeren und die älteren. Apathie, man fügt sich in sein Schicksal, und behält nur ein kleines Stückchen Hoffnung, ein sehr kleines. Es ist wie bei allen, die derart viel durchgemacht haben: Wir nehmen die Situation einfach hin."

*

Im November 1942 entsandte das Joint Distribution Committee Harry Viteles nach Teheran, der dem New Yorker Hauptquartier „einen vollständigen Bericht über die Lage dort" liefern sollte. Bislang hatte das Joint die Auffassung vertreten, dass die in Teheran befindlichen jüdischen Flüchtlingskinder sich in der Obhut der polnischen Behörden befänden, und hatte zu deren Unterstützung deshalb nur sehr eingeschränkte Mittel zur Verfügung gestellt.[121] Viteles, ein amerikanischer Staatsbürger russisch-jüdischer Herkunft, der als Geschäftsführer der Central Bank for Cooperative Institutions in Palestine („Zentralbank der Kooperativen in Palästina") vorstand, führte Gespräche mit neunzig Einzelpersonen in Teheran, darunter amerikanische, britische und polnische Diplomaten und Militärs, Sochnut-Mitarbeiter sowie Angehörige der persisch-jüdischen Gemeinde.

Das Ergebnis seiner Recherchen war ein 47 Seiten starker, ausgesprochen detaillierter Bericht. Das Amerikanische Rote Kreuz, schrieb Viteles, hatte im Herbst und Winter 1942 insgesamt 750 Tonnen Lebensmittel verteilt, 200 Tonnen Kleidung und rund 60 Tonnen Medikamente. Von den Hilfsgütern im Schätzwert von 3 Millionen US-Dollar waren Bestände im Umfang von 1,6 Millionen für die polnischen Flüchtlinge – einschließlich der polnischen Juden – vorgesehen und wurden in Warenhäusern zwischengelagert, die in polnischem Besitz waren.

Alles in allem hatte das JDC 98 individuelle Hilfslieferungen von Verwandten oder Freunden polnischer Flüchtlinge an die polnischen Behörden in den Vereinigten Staaten übergeben, von denen die Pakete dann über Teheran in die Sowjetunion gebracht worden sein sollen.[122] Die Jewish Agency und das „Joint" unterstützten das Jüdische Kinderheim mit $ 10 500. Die persisch-jüdische und die irakisch-jüdische Gemeinde vor Ort hatten zusammen $ 14 500 an Spenden gesammelt. Neben der Bereitstellung von Kleidung, Unterkunft und Lebensmitteln für die Flüchtlinge zahlte die polnische *delegatura* jedem Erwachsenen ein Hilfsgeld von $ 3 im Monat; jedes Kind erhielt eine Zahlung von $ 1,50.

Dennoch meldete Viteles am 31. Dezember 1942: „Die Kinder waren hungrig und riefen nach Brot."

Sowohl das Amerikanische Rote Kreuz als auch fast alle anderen nicht-polnischen Quellen bestätigten Viteles gegenüber, dass „die Polen die Juden bei den Hilfsleistungen in Teheran diskriminierten, und zwar bei der Lebensmittelverteilung genauso wie bei der Kleidung"; dass „den polnischen Verwaltungsleuten die Versorgung und das Wohlergehen der jüdischen Flüchtlinge weniger am Herzen lag als das der nichtjüdischen Polen"; dass ferner den

Nichtjuden „verbesserte Unterkünfte" zugeteilt worden waren, während die jüdischen Kinder im Lager Nr. 2 noch immer „unter Zelttuch hausten"; dass die polnische Lagerverwaltung mutmaßlich schon im Voraus gewusst hatte, dass zwei der drei Gebäude, die sie dem Jüdischen Kinderheim in Duschan Tappeh zuteilen wollte, schon zwei Wochen später von den iranischen Behörden wieder zurückgefordert werden würden; dass jegliche Maßnahmen gegen die Kälte sowie die Überbelegung des Lagers grundsätzlich zuerst für die Nichtjuden umgesetzt wurden; und dass die bestgeeigneten Einrichtungen für Kinder, die sich in Isfahan befanden, mit Bedacht den katholischen Kindern überlassen wurden.

Bis zuletzt hatte ich an der vielleicht unrealistischen Hoffnung festgehalten, ich könnte womöglich eine angenehmere, freundlichere Geschichte darüber erzählen, wie Polen und Juden im Iran zusammengelebt haben, aber die von Viteles vorgebrachten Belege waren allesamt vernichtend. Die Mitarbeiter des Amerikanischen Roten Kreuzes, die regelmäßig alle fünf polnischen Flüchtlingslager in Teheran besuchten, „bestanden darauf", in dem JDC-Bericht mit der Aussage zitiert zu werden, in jedem dieser Lager hätten die Nichtjuden, insbesondere die nichtjüdischen Kinder, „mehr Decken" sowie „mehr und bessere Kleidung" als die Bewohner des Jüdischen Kinderheims. Sie wiesen insbesondere auf die ungleiche Verteilung von Pullovern hin sowie darauf, dass „das Lager Nr. 1 besseres Essen bekommt" und „die Kinder im Lager Nr. 1 einen besseren Gesamteindruck machen als jene im jüdischen Kinderlager".

Die Vertreter des Roten Kreuzes sprachen auch von grassierender „Unehrlichkeit, Ungerechtigkeit, Ineffizienz, Verschwendung und einem hochgradigen Egoismus" in der Verwaltung aller polnischen Flüchtlingslager, deren leitende Mitarbeiter, wie sie sagten, durch die Vorlage falscher Belege ein Fehlen von 300 Tonnen Weizenmehl vorgetäuscht hatten. Über den Verbleib von 147 000 Pullovern, die das Amerikanische Rote Kreuz und die britische Armee dem Polnischen Roten Kreuz übergeben hatten, war nichts Weiteres bekannt. Und Medikamente sowie andere Versorgungsgüter, die man den Flüchtlingen ausgeteilt hatte, „fanden sich später in den Läden von Teheran wieder, wo sie zu hohen Preisen verkauft wurden", wie die Rotkreuz-Mitarbeiter zu berichten wussten.

Im März 1943 bestätigte der britische Journalist James Aldridge die in Viteles' Bericht vorgebrachten Anschuldigungen.[123] Und im Juni bestätigte wiederum der iranische Konsul in New York seinem Ministerium gegenüber die Recherchen des Journalisten Aldridge. Der Konsul hatte, wie er dem iranischen Außenministerium schrieb, schon seit einem guten Jahr den Vorsatz gehabt, einen Beschwerdebrief zu schreiben, um das fragwürdige Verhalten „gewisser wohlhabender Damen" und „Offiziere" zu melden, die offenbar Hilfsgüter missbrauchten, um „ihre eigene Situation zu verbessern".[124] Achttausend britische Armeeuniformen, die als Spende für die Flüchtlinge dienen sollten, waren nach und nach auf einem Basar wieder aufgetaucht und wurden dort immer noch zum Kauf angeboten, wie der Konsul schrieb. Emil Landau deutete in seinem Tagebuch an, dass auch einige der jüdischen Mitarbeiter des Kinderheims womöglich korrupt waren: „Der Kleidungsmangel macht [den Betreuern] gar nichts aus", schrieb er – ungerechterweise vielleicht. „Für sie ist es viel einfacher und auch einträglicher, wenn sie sich weiter ihren Geschäften und dunklen Machenschaften widmen, über die alle hier Bescheid wissen."

Flüchtlinge aus „allen Klassen" der jüdischen Gesellschaft in Teheran – Gewerkschafter, Zionisten, Bundisten, ja sogar Nationalisten, die „stramme Verfechter einer engen Kooperation und Kollaboration mit der polnischen Regierung" waren – berichteten Viteles von Diskriminierung und Ungleichbehandlung bei der Verteilung von Hilfsgütern in Zentralasien. Iranische und britische Soldaten sagten aus, dass bei den Evakuierungen im März und April 1942 nichtjüdische polnische Kinder mit Packungen voller Mazzen der Marke Manischewitz in Bandar Pahlavi eingetroffen seien, und dass die polnischen Flüchtlinge im Allgemeinen Kleidung mit hebräischer Aufschrift auf den Etiketten getragen hätten, die dem Vernehmen nach aus Palästina zur Verteilung an *jüdische* Flüchtlinge geschickt worden war.

Die polnische Botschaft ihrerseits reichte beim polnischen Außenministerium in London einen Bericht darüber ein, wie man mit den polnisch-jüdischen Flüchtlingen umgegangen sei. Darin wurde erneut die Behauptung vorgebracht, die Gesetze der Republik Polen erlaubten keinerlei unterschiedliche Behandlung polnischer Staatsangehöriger aufgrund ihrer Volkszugehörigkeit, Religion oder Rasse. Wo eine solche Ungleichbehandlung dennoch vorgekommen sei, hieß es in dem Bericht, sei dies auf das Vorgehen der sowjetischen Behörden zurückzuführen, die ja die Juden am Eintritt in die Anders-Armee gehindert und von den Evakuierungstransporten in den Iran ausgeschlossen hätten. Gegen den Antisemitismus innerhalb seiner Armee sei General Anders mit Entschiedenheit vorgegangen, was seine entsprechenden

Befehle zur Bekämpfung antisemitischer Tendenzen hinreichend belegten, die Anders am 10. November 1941 an seine befehlshabenden Offiziere ausgegeben hatte. Die polnische Botschaft habe sich bemüht, hieß es außerdem, noch 400 weitere jüdische Flüchtlinge in den Iran evakuieren zu lassen; dies hätten die Sowjetbehörden jedoch verhindert. Dennoch sei es gelungen, einige prominente Juden als zusätzliche Namen auf die Evakuierungslisten zu setzen. Des Weiteren habe die polnische Botschaft in der Sowjetunion versucht, sich für polnische Juden einzusetzen, die noch nicht aus den sowjetischen Arbeitslagern und Gefängnissen freigekommen waren, sowie für andere, die man verhaftet hatte; und sie habe sich außerdem stets bemüht, Juden zur Beschäftigung an den *delegaturas* in der Sowjetunion zu ernennen – auch dies hätten die sowjetischen Behörden jedoch verhindert (wofür mehrere Beispiele genannt werden). Insgesamt betrachtet sei die polnische Botschaft in der Sowjetunion das Opfer der sowjetischen Propaganda und Zensur geworden, da alle Erwähnungen der Anstrengungen, mit denen der polnische Botschafter sich für die polnischen Juden eingesetzt habe, aus der Korrespondenz mit dem Ausland nicht selten gestrichen worden seien.[125]

Es mag sein, dass das NKWD tatsächlich auf eine Schwächung der polnischen Behörden im Iran hingearbeitet hatte; vielleicht wurden die Polen sogar als Sündenböcke für das Vorgehen der britischen oder sowjetischen Armeeführungen missbraucht. Aber Viteles merkte auch an, dass selbst der Direktor des Polnischen Roten Kreuzes zugegeben hatte, ein großer Teil der für die polnischen Flüchtlinge in der UdSSR vorgesehenen Hilfsgüter sei niemals zugestellt worden. Insgesamt 1200 Tonnen an Material, darunter 1250 personalisierte Pakete mit Lebensmitteln und Kleidung aus den Vereinigten Staaten und Palästina, hatten fünf Monate oder länger in den Depots des Polnischen Roten Kreuzes in Teheran auf ihren Weitertransport gewartet. Weitere 1000 Tonnen lagen in einem Hafen am Persischen Golf und warteten auf den Transport nach Teheran; noch einmal 1000 Tonnen befanden sich auf dem Weg aus Amerika an den Golf.[126] Die verantwortlichen Stellen auf polnischer Seite behaupteten, es mangele ihnen an den nötigen Lastwagen, um die Hilfsgüter von Teheran nach Aschgabat zu befördern – die meisten Fahrzeuge waren von den alliierten Truppen requiriert worden. Dabei hatten die Polen Berichten zufolge das Angebot des Amerikanischen Roten Kreuzes ausgeschlagen, die Hilfsgüter direkt in die Sowjetunion zu liefern und dort zu verteilen.

Gegen die herrschenden Umstände anzugehen, schrieb Viteles, gestalte sich schwierig. Der Versuch, die Polen zu einem „Ausgleich des begangenen Unrechts" zu zwingen, würde „monatelange, unangenehmste Verhandlungen erfordern" und für die jüdischen Flüchtlinge selbst, aller Wahrscheinlichkeit nach, „negative Konsequenzen" nach sich ziehen. Das Amerikanische Rote Kreuz rate davon ab, spezifische Hilfsgüterlieferungen allein für Juden vorzusehen, und die Sowjets verböten dies sogar. Was die jüdischen Flüchtlinge im Iran betreffe, einschließlich der Kinder, so müssten „entweder die Juden das Nötige liefern" oder akzeptieren, dass „die jüdischen Flüchtlinge, Kinder wie Erwachsene, mit unzureichender und minderwertiger Nahrung und Kleidung auskommen müssen", bis sie schließlich nach Palästina evakuiert würden.

Anders als Zippora Schertok war Harry Viteles offenbar nicht der Ansicht, dass die Lebensumstände der Kinder unmittelbar gefährlich oder gar lebensbedrohlich seien, noch nicht einmal in den Wintermonaten. Wenn gewissen Unregelmäßigkeiten bei der Vorratsbeschaffung und in den Lagerküchen künftig vorgebaut würde, schrieb er, könnten sogar die unlängst gekürzten Tagesrationen – die freilich gerade für die jüngeren Kinder keineswegs ideal seien – die Versorgung sichern. Viteles fügte seinem Bericht alle möglichen Diagramme, Tabellen und Vergleichstafeln an, bei denen etwa die Werte der Flüchtlingskinder mit einer normalen Entwicklungskurve „Palästinischer (jüdischer) Kinder" oder mit „Mitteleuropäischen Schulkindern" verglichen wurden. Unter anderem kam er zu dem Schluss, dass 67,8 Prozent aller Lagerkinder unter vierzehn Jahren (238 von 351) eine „geringere Körpergröße aufwiesen, als normal wäre", während nur 49,3 Prozent der älteren Kinder nach unten von der Normgröße abwichen, weshalb Viteles die Vermutung äußerte, dass die jüngeren Kinder, die sich noch mitten im Wachstum befanden, unter dem Mangel an Nährstoffen stärker litten und zudem anfälliger für schwere Krankheiten seien.

„Viteles ist aus Teheran abgereist mit einem Haufen Tabellen im Gepäck, aber er ist zu beschäftigt, um uns tatsächlich zu helfen", beschwerte sich Zippora Schertok bei der Jüdischen Agentur in Jerusalem, als sie dort weitere Unterstützung anforderte.[127] Dabei war es nicht nur der Amerikaner Viteles, der Berichte verfasste. Die Jewish Agency war in dieser Hinsicht selbst sehr produktiv: Rafael Szaffar, Dr. Hirschberg, David Lauenberg, der Leiter der Flüchtlingsabteilung bei der Jewish Agency Elijahu Dvorkin, die Verantwortliche für die Jugend-Alija Henrietta Szold, ja sogar Zippora Schertok selbst fertigten allesamt Berichte an. Schertok reichte bei der Sochnut nicht nur einen Abschlussbericht über ihren Aufenthalt in Teheran ein, sondern schrieb zudem jede Woche ausführliche Briefe an ihre eigenen Kinder, in denen sie detailliert beschrieb, was die „Kinder von Teheran" in den vergangenen Tagen getan, gesagt und erlebt hatten, welche Kleidung sie getragen und worüber sie sich beschwert hatten – jede Emotion wurde berichtet, jede Anekdote weitererzählt.

Selbst nachdem ich diese Vielzahl von Berichten gelesen hatte – von Viteles, der polnischen Botschaft, der Jewish Agency, von Dr. Hirschberg, Herzberg und Schertok –, war mir noch immer nicht ganz klar, weshalb die kleinen Bewohner des Jüdischen Kinderheims in Teheran auch weiterhin barfuß und hungrig durch die Kälte marschieren mussten. Vielleicht war es ja so, dass nach ihrer Rettung aus der Sowjetunion – immerhin hatten sie überlebt! – sowie im Lichte der wachsenden Erkenntnisse über die Vernichtung der europäischen Juden ihr einstweiliges Wohlbefinden für niemanden mehr die oberste Priorität hatte, noch nicht einmal für die jüdischen Hilfsorganisationen. Möglicherweise waren die Kinder aber auch zu stark traumatisiert, als dass sie besser für sich selbst hätten sorgen können. Nachdem man an die Zwei- bis Siebenjährigen neue Schuhe ausgegeben hatte, berichtet Zippora Schertok, „waren die Kinderchen so glücklich darüber, dass sie die Schuhe unter ihren Decken versteckten und weiterhin barfuß gingen".[128]

Aber ganz egal, wie Hannan, Regina, Emma, Emil und Alina sich nun selbst sahen – als polnische Staatsangehörige? Flüchtlinge? gerettete Kinder? zukünftige Kinder von Eretz Israel? –, jetzt *wurden sie gesehen*: beobachtet, inspiziert, überwacht, eingeordnet, eingeteilt ... David Lauenberg und andere haben das als „Fürsorge" und „eine Rückkehr zum normalen Alltag" bezeichnet – aber dem Philosophen Michel Foucault wäre dabei vielleicht eher sein Begriff der „Disziplinarmacht" eingefallen: Listen, Berichte, Beurteilungen, Einstufungen nach Alter und Geschlecht, nach dem Grad der Verbundenheit zum Zionismus, nach Gesundheit und nach Krankheit, Größe und Gewicht, Intelligenz und sozioökonomischem Hintergrund. Der solcherart angehäufte Wissensbestand bewertete die eintausend Kinder nicht nur als potenzielle Bürgerinnen und Bürger eines jüdischen Staates, sondern *machte* sie, genau genommen, schon zu solchen. Aber mehr noch handelte es sich um einen Prozess, durch den die Betreuer, Abgesandten und erwachsenen Flüchtlinge, die allesamt als Repräsentanten dieses jüdischen Staates *in statu nascendi* auftraten, *ihre eigene* neu gewonnene Macht und Autorität unter Beweis stellten: ihre gemeinsame Identität als eine Körperschaft, die autorisiert war, Erkenntnisse über ihre Zöglinge zu sammeln und zu verwerten.

Berichte und Beschreibungen über das Verhalten der Kinder in Teheran neigten dazu, sich auf ihr wenig soziales Verhalten und ihre psychische Labilität zu konzentrieren – „sind in einem schrecklichen Zustand"; „wie Landstreicher"; „voller Misstrauen"; „haben gelernt, dass nur die Starken überleben"; „sie stehlen", „betrügen", „lügen" –, sie dem „normalen" Verhalten von Kindern ihres Alters gegenüberzustellen.[129] In einem gewissen Sinne war dies das denkbar banalste Beispiel für das, was Foucault die „normierende Sanktion" nennt: eine unpersönliche Machtausübung durch Vertreter eines liberalen Nationalstaats, der seine Staatsbürger evaluiert und kontrolliert.[130]

Nur gab es ja einen solchen Nationalstaat noch gar nicht, und auch keine Staatsbürger im Sinne einer liberalen Demokratie – es gab nur Kinder ohne Eltern, ohne Zuhause, die der polnisch-katholische Nationalismus ausgespien hatte. Diese Kinder sollten die Nation verstärken, und die Nation sollte sie stärken – psychisch, seelisch. Vieles von dem, was die Kinder quälte, wurde von ihren Aufsehern als ein Identitätsverlust beschrieben. (So berichtete etwa Nahum Herzberg, einer der Abgesandten aus Palästina, dass „die meisten der Kinder, selbst bei den Fünfzehn- und Sechzehnjährigen", sich an keinerlei besondere Pessach-Rituale erinnerten, die bei ihnen zu Hause vollzogen worden wären, und als man ihnen von den „neuen Bräuchen" erzählte, mit denen man Pessach in Eretz Israel feiern werde, fragten sie, was denn die „alten Bräuche" gewesen seien.) In der Folge war – ganz so, wie es nach Kriegsende auch in den DP-Lagern (für *Displaced Persons*) und anderen Flüchtlingszentren in ganz Europa sein würde – die umfassende Wiederherstellung und soziale Wiedereingliederung der Kinder auf das Engste mit dem Zurückgewinnen einer Identität verbunden. „Binnen sieben Monaten geschah das Wunder, ihre Selbstachtung war wiederhergestellt und ihre Sehnsucht nach Israel kam zum Vorschein", bemerkte Lauenberg.

Es fiel mir nicht leicht, die Berichte Lauenbergs und all der anderen zu lesen – nicht nur, weil ich inzwischen wusste, wie meine Tante und andere tatsächlich über ihre Betreuerinnen und Betreuer gedacht hatten, sondern auch, weil die ganz aufs Kollektiv, ganz auf die Nation abzielende Sichtweise, die aus diesen Dokumenten sprach, mir so derart beschränkt und unpersönlich vorkam, mir zu der vielschichtigen und immer etwas rätselhaft bleibenden Identität meines

Vaters ganz und gar nicht zu passen schien. Ich hatte diese Identität sorgfältig verfolgen und herausarbeiten wollen – über den ganzen Verlauf seiner Vorkriegs-Lebensjahre und seines Wegs als Flüchtling –, anstatt sie einfach als „gebrauchsfertig" vorauszusetzen. Ich hatte „dem Akteur folgen wollen", wie der Soziologe Rogers Brubaker es nennt. Ich hatte die Identität meines Vaters nicht mit einem Etikett versehen wollen, weder als „angeboren" noch als „sozial konstruiert". Was ich gewollt hatte, war, dass erst aus dem sorgfältigen Nachverfolgen seiner Lebensspur – mit all ihren Irrungen und Wirrungen, auf allen Haupt- und allen unbeschrittenen Nebenwegen – mein Verständnis davon, wer er gewesen war und welche Wege er überhaupt hätte einschlagen können, sich bestimmte.

Doch jetzt, an diesem kritischen Punkt auf seiner langen Reise, gab es nur einen einzigen Weg. „Vielleicht ist es pädagogisch fragwürdig, den Kindern nur die eine Seite einer strittigen Angelegenheit zu präsentieren", schrieb ein zionistischer Lehrer in einem DP-Lager in Deutschland einige Jahre später. „Aber derartige Luxusgüter [wie eine ausgewogene Darstellung] können wir uns nicht leisten. Die Kinder haben ja nichts, nichts. Was sollten wir ihnen denn erzählen – wie schön es in Polen ist? Das wissen sie schon. Oder von einem Visum für Amerika? Das können sie nicht bekommen. Die Landkarte von Eretz Israel ist ihre einzige Rettung."[131]

*

In Teheran sandten Saul Meirov und seine Leute auch weiterhin Postkarten, Briefe und Pakete über die persisch-sowjetische Grenze an Flüchtlinge in Zentralasien, die Mitglieder zionistischer Organisationen waren. „Die Briefe und Pakete bedeuteten, dass Eretz Israel sie nicht verlassen hatte, dass andere sich unter Einsatz ihres eigenen Lebens um sie bemühten", sagte Schajke Viner später aus.[132] Aus kleinen Anfängen – anfangs schickten nur einige Freunde und Familienmitglieder aus Kibbuzim in Palästina die Namen und Adressen ihrer Verwandten, die sich in Zentralasien befanden, nach Teheran – wuchs das Unternehmen rasch an. Mitarbeiter des Mossad Le'alija Bet schickten Tausende von persönlich adressierten Postkarten in jiddischer, polnischer und hebräischer Sprache über die Grenze. Zur Hebung der Moral unter den Empfängern trugen diese Karten oft die Unterschrift eines bekannten Anführers der jeweiligen Vereinigung, oder die Verfasser erwähnten die Namen bestimmter Personen, von denen sie glaubten, dass sie den Adressaten aus ihrem Vorkriegsleben in Polen bekannt sein müssten. Das alles musste natürlich so geschehen, dass die sowjetische Zensur nichts zu beanstanden hatte. Viner erinnerte sich:

> „Jeder Name rief Assoziationen wach. Ich wusste, wenn die Person, der ich gerade schrieb, einer bestimmten Gruppe angehörte oder aus einer bestimmten Gegend in Polen kam, dann würde ich dieser Person Grüße ausrichten von jemandem, der ihr ein Gefühl von Sicherheit vermittelte. Wenn die fragliche Person aus Wilna kam, dann erwähnte ich jemanden aus Wilna, der jetzt in Eretz Israel war. ... Das war dann jemand, den sie kannten, und es war ein Ausdruck der Solidarität des ganzen Volkes Israel. Wenn sie zurückschrieben, bat ich um weitere Adressen, und ich bat immer darum, dass sie die Nachrichten, die sie erhielten mit ihrer ‚Familie‘, also den anderen Mitgliedern ihrer Gruppe, teilten ..."[133]

Über einige Monate hinweg tolerierten die sowjetischen Behörden damals diese Austausche.

Abbildung 10: Hilfspakete auf dem Weg vom Iran in die Sowjetunion.

Um die Mitte des Jahres 1943 schickte der Mossad Le'alija Bet den Flüchtlingen rund 1000 Pakete pro Monat vom Iran nach Zentralasien. Das war die größtmögliche Menge, die von den Sowjets zur Einfuhr und von der iranischen Regierung zur Ausfuhr akzeptiert wurde. Der Inhalt dieser Pakete war ganz auf ihren Tauschwert ausgerichtet. Erst kürzlich aus Zentralasien evakuierte Flüchtlinge hatten den Absendern beigebracht, dass die kleinsten Dinge dort die größten Schätze sein konnten: Nadeln, Knöpfe, Nähgarn, Schuhe hatten alle einen enormen Weiterverkaufswert. Öle und Butter waren ebenfalls sehr wertvoll, wobei die Butter als stark gesalzenes Butterschmalz verpackt wurde, um sie haltbarer zu machen. Eine Zusammenstellung aus den genannten Komponenten wurde bald das „Standard-Flüchtlingspaket", und bald war ein ganzes Team persisch-jüdischer Frauen damit beschäftigt, die Päckchen im Auftrag des Mossad Le'alija Bet zu konfektionieren.

Aus allen Ecken der jüdischen Welt, vor allem aus Palästina, aber auch aus Nord- und Südamerika sowie Südafrika, sandten Mitglieder verschiedenster Gruppierungen Meirovs Mannschaft die letzten bekannten Adressen ihrer Kameraden, Freunde und Familienmitglieder in den zentralasiatischen Flüchtlingsgebieten sowie Geld, um den Versand der Hilfsgüter zu unterstützen. Der Mossad Le'alija Bet schickte die Pakete „in dem Wissen los, dass die Flüchtlinge oft ihren Aufenthaltsort wechselten und ihre Adressen alles andere als verlässlich waren", erzählte Viner. „Wir schickten es los und hofften, dass es ankam. … Die Empfänger schrieben dann zurück und teilten uns mit, dass – nur zum Beispiel – ,das Stück Seife, das sie bekommen hatten, wie ein Festtag für sie war', und auf diese Weise wurde uns dann die Adresse bestätigt."[134]

„Von dem Moment an, als Saul [Meirov] anfing, uns Pakete aus Teheran zu schicken, fühlten wir uns endlich besser", sagte Jahre später Ja'akov Janai aus, der ein solches Paket in Buchara erhalten hatte. Janais Schwester war eine *kibbuznikit* des Kibbuz Degania und hatte an Meirov persönlich geschrieben, weil sie ihrem Bruder helfen wollte. Ich las Dutzende solcher Geschichten: Männer und Frauen, die sich oft sehr nahestanden, frühere Mitglieder zionistischer Organisationen beziehungsweise später, in Eretz Israel, Mitglieder von Kibbuzim, die einander in ihren Zeugenaussagen als enge Freunde bezeichneten: Viner, Agami, Dvorkin, Herzberg, aber auch Leibele Slova, Jona Rosenfeld, Zwi Hassa Goldfarb, Zippora Feldman Nussbaum, Siskind Mitkowski, Bronka Zlotnicki. Die „Retter" – also jene, die ihr Leben riskierten, um sich über die russische Grenze zu schleichen, aber auch all jene, von denen die lebensrettenden

Pakete gepackt und abgeschickt wurden – und die Flüchtlinge, bei denen die Hilfslieferungen ankamen, kannten sich oft, wenn nicht persönlich, dann dem Namen nach oder über zwei Ecken. Die Geschichte dieser Pakete war eine Geschichte von Engagement, Solidarität, ja sogar Liebe: Es waren Pakete, die „vor Krankheit, Tod und Gefängnis bewahrten", Pakete, die „Leute am Leben hielten und ihnen halfen, mit ihrer schwierigen Lage zurechtzukommen".[135]

Es war eine Geschichte von zionistischem Selbstvertrauen, von zionistischer Eigenständigkeit. Von Anfang an hatte Meirov sich dagegen ausgesprochen, Hilfslieferungen an die Flüchtlinge in der UdSSR über die polnischen *delegaturas* ausliefern zu lassen, sondern strebte stattdessen ein eigenes, autonomes „Fließband" an, auf dem Briefe und Pakete über die iranisch-sowjetische Grenze gelangen sollten, durch eigens dafür rekrutierte Boten, die sich von Zeit zu Zeit abwechselten und die Sendungen persönlich an ihr Ziel brachten. (So gab es etwa jüdisch-amerikanische Soldaten, die Versorgungsgüter aus der zwischen Washington und Moskau geschlossenen „Lend-Lease"-Vereinbarung von Amerika über den Iran bis in die Sowjetunion beförderten. Ein polnischer Oberst namens Józef Rudnicki, heißt es, habe als Verbindungsmann zu „Freunden" in der Sowjetunion gedient.) Aber es war auch eine Geschichte der Solidarität und Selbstaufopferung: Wenn man die Kuriere aufgriff, wurden sie wegen „zionistischer Betätigung" inhaftiert und gefoltert, verbrachten mitunter Jahre im Gulag, auch und gerade noch nach dem Krieg. Es war die Geschichte von Menschen wie Bronka Zlotnicki, die nach Jahren des Hungers und der ständigen Folter so tief gebrochen war, dass sie, nachdem sie endlich nach Israel hatte ausreisen können, den Rest ihres Lebens in ärztlicher Obhut verbrachte. Diejenigen Flüchtlinge, die Organisationen oder Kommunen angehörten, hatten wenigstens Freunde, die Kontakt zu ihnen hielten und mitunter ihr Leben riskierten, um ihnen Nahrung zukommen zu lassen. Ihre Zeugenaussagen lasen sich ganz anders als die von gänzlich ungebundenen Flüchtlingen, wie mein Vater einer gewesen war; aber oftmals zahlten sie dafür auch einen höheren Preis.

*

Am 29. Dezember 1942 wurde Zippora Schertok ein Telegramm mit dem Stempel der iranischen Zensur zugestellt. Weil sie Bedenken hatte, das Schreiben vor den Augen der Kinder zu öffnen, legte sie es beiseite und las es erst, als sie am Abend allein in ihrem Zimmer war.

HABE KENNTNIS TRANSPORT MÖGLICH ANFANG JANUAR STOP ALLES BEREITMACHEN STOP HOHER MARINEOFFIZIER AM GOLF ANGEWIESEN DICH UND SZAFFAR KONTAKTIEREN STOP RETOURKABEL JERUSALEM OB SELBST BEGLEITEST KINDER ODER RÜCKKEHR LANDWEG STOP ALLES LIEBE MOSCHE SCHERTOK.[136]

Ausgerechnet Mosche Schertok, der sich ab der israelischen Staatsgründung „Mosche Scharet" nannte und nach seiner Amtszeit als Ministerpräsident als ein „schwacher", „realitätsfremder" Politiker, ein politischer Träumer, galt – dabei aber schlicht ein Pragmatiker war, der die Diplomatie dem bewaffneten Konflikt vorzog –, Mosche Schertok also war es gelungen, bei seinem Aufenthalt in London das Dilemma des Kindertransportes zu lösen.[137]

Über das Meer sollten die jungen Flüchtlinge aus dem Jüdischen Kinderheim in Teheran, und mit ihnen auch mein Vater, nach Palästina evakuiert werden. „Donnerstag, der 1. Januar 1943 ist nicht anders als jeder andere Werktag auch", schrieb Emil Landau in sein Tagebuch:

„Frühes Wecken, mickriges Frühstück, Frost. Von Dramatik keine Spur. … Plötzlich eine Ansage: ‚Wir fahren nach Palästina.' Wie Donnerhall schlägt die Nachricht von den Wänden des Kinderheims zurück und wird auf unzähligen Lippen davongetragen. An allen Ecken werden Freudenschreie laut. Wie Trunkene laufen wir zum Bureau, um die Einzelheiten zu erfahren. Zwei Transporte wird es geben, und der erste fährt schon morgen ab. Wir alle sind der Freude voll. Welch plötzliches, unerwartetes Glück!"

Es gab noch einige Schwierigkeiten in letzter Minute: Nachdem die Kindertransporte angekündigt worden waren, wollten die polnischen Behörden plötzlich sieben der männlichen Betreuer zur Anders-Armee einziehen, darunter auch den Heimleiter David Lauenberg und Zwi Melnitzer, der als Mitarbeiter Saul Meirovs nach Teheran gekommen war. Die jungen Männer seien zur Arbeit im Jüdischen Kinderheim ja nur „ausgeliehen" gewesen, hieß es nun von polnischer Seite.[138] Binnen Tagen hatte Meirov die sieben unerwartet „dienstpflichtigen" Betreuer in einen Zug nach Bagdad gesteckt, wo Mitarbeiter des Mossad Le'alija Bet und irakische Helfer sie sechs Wochen lang versteckt hielten. Anschließend brachte man sie, in britische Uniformen gekleidet, nach Palästina – als Solel-Boneh-Soldaten auf dem Weg in den Heimaturlaub.

Abbildung 11: Drei Flüchtlingsmädchen am Tag der Abreise aus Teheran, in der Mitte meine Tante Regina.

Auch rund einhundert Jungen der Jahrgänge 1926 / 1927 erhielten von den polnischen Behörden einen Musterungsbescheid – man wollte sie auf ihre Tauglichkeit für die Jugendabteilung der Anders-Armee untersuchen. Doch auch sie kamen binnen weniger Tage „aus dem Schneider", angeblich durch das Einschreiten des Teheraner *delegatura*-Leiters, eines konvertierten Juden namens Bader. (Mein Vater war von dieser Sache ohnehin nicht betroffen gewesen, weil man sein Geburtsjahr mit 1928 angegeben hatte.)

Die Kinder mussten sich von einer britischen Ärztekommission untersuchen lassen: Die an Krätze erkrankten sollten auf einen zweiten Transport warten, es wurde heftig verhandelt. „Es herrscht absolutes Chaos. Die Polen beschweren sich, einen solchen Transport hätten sie ja noch nicht gesehen. Aber ganz gleich, was auch geschehen mag: Palästina ist nicht Afrika!", schrieb Emil Landau. „Unsere Wagen fahren durch die menschenleeren Straßen von Teheran, denn es herrscht jetzt Ausgangssperre. Ab und zu hält uns ein Polizeiposten an. Auf dem Bahnhof, der modern und elegant ist, … herrscht dasselbe Chaos wie zuvor im Lager."

Als die Nachricht von der bevorstehenden Evakuierung der jüdischen Kinder nach Palästina die Runde machte, eilten auch andere jüdische Flüchtlinge, die in den polnischen Lagern oder in Teheran selbst lebten, nach Duschan Tappeh, um sich dem Transport anzuschließen: „… die Waggons sind voll, und mit jeder Minute treffen neue Passagiere ein. Namen werden verlesen, aber in der falschen Reihenfolge", schrieb Emil. Einigen jüdischen Soldaten der Anders-Armee gelang es noch, ihre eigenen Kinder in den Zug zu heben; manche sprangen auch selbst an Bord.

„Punkt 9 Uhr abends stößt die Lokomotive ihr schrilles Pfeifen aus und wir sind unterwegs: die letzte Etappe unserer großen Reise!", vermerkte Emil. Zippora Schertok schickte ihrem Mann ein Telegramm: 600 KINDER 60 BETREUER GESTERN ABEND PER BAHN NACH AHVAZ AUFGEBROCHEN STOP REST ABFÄHRT KOMMENDEN TAGEN STOP GOTT STEH DIR BEI … AUSRICHTE DANK DEINE ERFOLGREICHEN BEMÜHUNGEN.[139]

Die Kinder, darunter auch mein Vater, trafen am 4. Januar 1943 in Ahvaz im Südwesten des Iran ein. Dort sagte man ihnen, die Reise nach Palästina sei vorerst gestrichen, weil Ägypten sich sträubte, ihren Transport durch den Suezkanal zu lassen. Stattdessen würden sie mit dem Schiff nach Indien fahren, um dort das Ende des Krieges abzuwarten.[140] Zippora Schertok weigerte sich jedoch, die Kinder irgendwohin bringen zu lassen, und bestand darauf, dass sie das Kriegsende – wenn überhaupt – in Ahvaz erwarten würden. So blieben die Kinder also fünf Tage lang am Bahnhof von Ahvaz, bis endlich Mosche Schertok ein weiteres Telegramm aus London schickte und bestätigte, dass die

Kinder tatsächlich zuerst per Schiff in die Hafenstadt Karatschi im heutigen Pakistan gebracht werden, von dort jedoch nach Palästina weiterreisen sollten.[141]

Mein Vater und die anderen Kinder fuhren also nach Bandar Schahpur (das heutige Bandar Imam Chomeini), eine Hafenstadt an der Küste des Persischen Golfs, wo ein außer Dienst gestelltes britisches Frachtschiff, die *Dunera*, bereitlag. Im Hafen warteten drei „Solel-Boneh-Mitarbeiter" aus Abadan – tatsächlich Mitarbeiter Meirovs –, die allen Flüchtlingen ohne ordnungsgemäße Papiere helfen sollten, an Bord des Schiffes zu gelangen. Dazu nahmen sie zwei indische Soldaten beiseite und baten sie, ihnen doch die Papiere der bereits an Bord gegangenen Kinder wieder herauszubringen, damit sie an die anderen verteilt werden konnten. „Jeder von ihnen nahm jeweils zwei Kinder mit und brachte uns ihre Dokumente dann zurück. Das haben sie ohne jede Bestechung, ohne jede Aussicht auf Belohnung getan", sagte Salman Schar, einer der beteiligten Agenten, später aus. Zum Schluss schoben sie Flüchtlingskinder ohne Papiere kurzerhand durch die Bullaugen – etwa 140 zusätzliche Kinder gelangten so an Bord. Manchen gelang es, sich rasch zu verstecken; andere wurden aufgegriffen und unter Schreien und Weinen auf ein ebenfalls bereitliegendes Boot der britischen Hafenpolizei verfrachtet.[142] Als die *Dunera* langsam Richtung Horizont verschwand, kabelte Szaffar an das New Yorker Hauptquartier des Joint:

1231 FLÜCHTLINGE DARUNTER 836 KINDER NACH PALÄSTINA AUFGEBROCHEN STOP NAMENS DER FLÜCHTLINGE MÖCHTE IHNEN AUSDRÜCKEN UNSEREN HERZLICHEN DANK FÜR GELEISTETE HILFE.[143]

*

Nach der Abreise der Kinder aus dem Iran tauchten auf den Basaren von Teheran, Isfahan und Maschhad plötzlich Tausende von Pullovern und anderen Kleidungsstücken auf – ein schockierender Anblick, an den sich betagte Perser wie Heschmat Kermanschahi und andere noch Jahre später in Interviews übereinstimmend erinnert haben.

Etliche polnische Amtsträger wurden unter dem Vorwurf der Korruption, Veruntreuung und des Machtmissbrauchs verhaftet, darunter auch alle fünf

Kommandanten der polnischen Flüchtlingslager in Teheran, berichtete Viteles.[144]

Rund 120 Kinder verblieben im Jüdischen Kinderheim, unter ihnen all jene, denen man die Reise nach Palästina aus gesundheitlichen Gründen nicht zugemutet hatte. Einige waren aber auch Neuankömmlinge, so etwa dreißig jüdische Flüchtlingskinder, die am 6. Dezember auf einem Transport mit 250 polnischen Kindern von Turkmenistan nach Maschhad gekommen und dann nach Teheran weitergefahren waren. Unter diesen neu eingetroffenen Bewohnern des Kinderheims war auch Hannans Cousine mütterlicherseits Sara Halberstadt, deren Eltern in Samarkand gestorben waren, während ihr älterer Bruder noch immer dort ausharrte. All diese vorerst in Teheran verbleibenden Kinder wurden später, aufgrund einer von General Sikorski ausgehandelten Vereinbarung, vom Polnischen Roten Kreuz sicher durch den Irak nach Palästina gebracht.[145]

Vier- bis fünhundert erwachsene jüdische Flüchtlinge warteten in Teheran auch weiterhin auf ihre Einwanderungszertifikate zur Einreise nach Palästina; 300 weitere, die ihre Zertifikate bereits bekommen hatten, warteten noch auf eine Transportmöglichkeit. Mindestens 200 dieser Erwachsenen, berichtete Viteles, reisten letztlich doch nicht mehr weiter nach Palästina, sondern blieben in Teheran.

Auch Saul Meirov blieb in Teheran und setzte seine Bemühungen fort, mit den jüdischen Flüchtlingen in Zentralasien Kontakt aufzunehmen. Er rekrutierte einen jüdisch-amerikanischen Soldaten namens Mendelsohn, der auf Versorgungskonvois des US-Militärs Nachrichten an He'chaluz-Mitglieder jenseits der Grenze übermitteln ließ. Meirov wandte sich auch an sowjetische Stellen in Teheran mit dem Angebot, Kibbuzim in Palästina könnten Lebensmittel oder andere Bedarfsgüter für die Rote Armee produzieren, wenn dafür die in Zentralasien festsitzenden *chalutzim* ausreisen dürften – ohne Erfolg. „Wir mussten schließlich einsehen, dass unser Traum von einem Schlupfloch, durch das unsere Freunde endlich aus Russland würden entkommen können, unerreichbar war", schrieb Meirov. Und so wandte er sich, mit der pragmatischen und unbeugsamen Art, die ihm eigen war, einem anderen, eher erreichbaren Traum zu: Er wollte jüdische Soldaten der Anders-Armee dazu bringen, zu desertieren, nach Palästina zu gehen und sich der Hagana anzuschließen.[146]

Als Reaktion auf Viteles' Bericht gab das JDC in New York bekannt, seine Zusammenarbeit mit der polnischen Exilregierung bis auf Weiteres einzustellen, um stattdessen andere, neue Hilfsstrategien zu prüfen. In Montreal kaufte die Canadian United Jewish Refugee and War Relief Agency auch weiterhin Medikamente ein, die durch das Kanadische Rote Kreuz in die Sowjetunion gebracht werden sollten. In New York unterzeichnete man zudem eine weitere Vereinbarung mit dem jüdisch-französischen Hilfswerk OSE – Œuvre de Secours aux Enfants, „Kinderhilfswerk", ursprünglich russisch Obschtschestwo Sdrawochranenija Jewrejew, „Gesellschaft für den Schutz der Gesundheit der Juden" –, das sich auf medizinische Hilfe in Kriegsgebieten spezialisiert hatte und dessen „enge Vertrautheit mit den Gegebenheiten in den russischen Flüchtlingslagern" sich das JDC nach eigenen Angaben zunutze machen wollte.[147] Und das Joint hatte begonnen, bis zu 50 Prozent der Kosten für jedes Hilfspaket zu übernehmen, das im Auftrag der Jewish Agency verschickt wurde: Insgesamt 90 000 Palästina-Pfund (davon 46 000 von Verwandten der Flüchtlinge in den Vereinigten Staaten) wurden so verausgabt und den 35 000 Palästina-Pfund hinzugefügt, die von Verwandten, jüdischen Gewerkschaften und dem orthodoxen Wa'ad Ha'hatzala (Hilfskomitee) in Palästina gesammelt worden waren.

Bis zum Ende des Jahres 1943 hatte das „Joint" die Leitung des Paketprogramms ganz übernommen, aus der Befürchtung heraus, die Jewish Agency könnte ihre Arbeit im Iran aus politischen Gründen nicht weiterführen. Angeblich traf das Joint eine Vereinbarung mit der iranischen Regierung, der zufolge es von überall in der Welt Hilfsgüter in den Iran einführen durfte, ohne dass dafür Zölle fällig wurden. Außerdem beendete das Joint die Zusammenarbeit mit seinem bisherigen Kooperationspartner Peltours und eröffnete eine eigene Frachtabteilung. Die JDC-Lagerhäuser in Teheran wurden als offizielle Zweigstellen der iranischen Zollbehörde akkreditiert, sodass die Hilfspakete nicht erst zur Prüfung an einen anderen Ort gebracht werden mussten, bevor sie den Iran wieder verließen. Mit den Vertretern des russischen Militärs in Teheran wurde zudem vereinbart, den Weitertransport der Hilfsgüter jenseits der Grenze so unkompliziert wie möglich einzurichten. Und das Joint handelte eine feste, vereinfachte Zollpauschale aus, die den Sowjets in Abhängigkeit vom *Einkaufspreis* der eingeführten Güter – und nicht aufgrund ihres Wertes im Iran – gezahlt werden sollte. In Indien, Palästina, Ägypten und Südafrika kaufte das Joint Versorgungsgüter ein. Es nahm mit der Jewish Relief Association in

Bombay (Mumbai) Kontakt auf, mit dem zionistischen Hilfskomitee South African War Appeal in Johannesburg und dem United Jewish Relief Fund in Melbourne, die jeweils Geld und hilfreiche Beziehungen zur Verfügung stellten. In Jerusalem, wo die Spendenkampagnen weiterliefen, wurde ein Beirat zur Koordinierung der Hilfsanstrengungen ins Leben gerufen.

Alle diese Bemühungen sorgten dafür, dass die gesamte Transportzeit auf drei Wochen gedrückt werden konnte, während sich zugleich bis Anfang 1944 die Anzahl der verschickten Pakete verzehnfachte: von 1000 auf 10 000 im Monat. Bis zum März 1945 hatte das JDC insgesamt 2 Millionen US-Dollar für Einzelpakete ausgegeben, die vom Iran in die Sowjetunion abgingen, dazu noch weitere $ 500 000 für Hilfsgüter, die dem Russischen Roten Kreuz en gros aus den Vereinigten Staaten geliefert wurden und in Gegenden verteilt werden sollten, in denen sich die jüdischen Flüchtlinge und Evakuierten ballten.[148] Das Teheraner Büro des Joint arbeitete auch weiterhin „in engster Kooperation" mit dem Polnischen Roten Kreuz zusammen, wie es in einem Brief vom 25. Juni 1944 bestätigte. Aufgrund dessen sandte es Hilfspakete auch an „eine beträchtliche Anzahl polnischer Flüchtlinge nichtjüdischer Herkunft".[149]

Obwohl manche schon fürchteten, das Joint werde nun die gesamten Lorbeeren für das Hilfsprogramm ernten, das ja die Jewish Agency begonnen hatte, überließ Meirov nur zu gern die Liste mit rund 60 000 Namen und Adressen, die seine Agentur angelegt hatte, dem Joint und lobte auch dessen Ehrgeiz, eine noch größere Anzahl von Flüchtlingen zu erreichen. Anders als manche anderen Zionisten lehnte Meirov den unpolitischen, ganz auf die Wohltätigkeit ausgerichteten Ansatz des JDC nicht von vornherein ab. Aber seine eigenen Ideale, wie auch die der ganzen zionistischen Bewegung in ihren verschiedenen Spielarten, waren doch ganz andere: Die Zionisten – und mit ihnen Meirov – wollten das, was der britische Philosoph russisch-jüdischer Herkunft Sir Isaiah Berlin einige Jahre später als „positive Freiheit" bezeichnen sollte: Die Freiheit der Juden zu einem selbstbestimmten Dasein, eine tätige, gelebte Freiheit, die dazu führen würde, dass das jüdische Volk sein eigenes Schicksal selbst in die Hand nähme.[150]

Hannah Arendt schrieb 1946 in einem Aufsatz, zu Beginn des 20. Jahrhunderts sei „diese bloße Handlungsentschlossenheit [des Zionismus] im jüdischen Leben etwas so überraschend Neues, so Revolutionäres [gewesen], dass sie sich wie ein Lauffeuer ausbreitete".[151] Hunderttausende junge Jüdinnen und Juden schlossen sich den diversen zionistischen Vereinigungen allein in Polen an. Jetzt, da Polen von den Truppen Nazideutschlands besetzt war, wussten Meirov und die Jewish Agency nur zu gut, dass die meisten dieser jungen Leute wohl nicht nach Palästina kommen würden – weder gleich nach dem Krieg noch jemals. Viele kamen auch in der Sowjetunion um, und von den Überlebenden wurden die meisten hinter dem Eisernen Vorhang festgehalten oder blieben gleich freiwillig dort, weil sie begeisterte Kommunisten geworden waren. Der Schmerz, den diese Situation hervorrief, war ein zutiefst persönlicher: Wie die meisten anderen Juden in Palästina auch hatten Meirov, Schertok und ihre Mitstreiter Verwandte in Europa. Aber zugleich war das Problem, die ausgedünnten Reihen der Zionisten mit frischen Kräften wieder zu verstärken, ein politisches, ein nationalpolitisches Problem. Die meisten europäischen Juden waren verloren, aber eine andere Gruppe stand frei und unbelastet vor Meirov: die Juden des Iran, die er „entdeckt" hatte, als er polnischen Flüchtlingen wie meinem Vater zu Hilfe gekommen war.

Ironischerweise war es nun ausgerechnet Teheran, das, in den Worten eines He'chalutz-Mitglieds und Mossad-Le'alija-Bet-Mitarbeiters, zum „Ausgangspunkt eines Zionismus als ‚Massenbewegung' [geworden war]. Wie alle Jugendbewegungen sprachen wir ja von ‚den Massen' ..., aber in unserer Vorstellung handelte es sich dabei um eine anonyme Masse. ... Wir waren ein elitärer Zirkel. Die wirkliche Bedeutung der Massen, dass damit schlicht gewöhnliche Juden gemeint waren, ist uns erst in Teheran aufgegangen". In Teheran, aber auch in Hamadan, Isfahan und Abadan, richteten Mitarbeiter des Mossad Le'alija Bet Hebräischkurse ein und sorgten dafür, dass zionistische Traktate ins Persische übersetzt wurden.

Nachdem der britische Geheimdienst Nachrichten abgefangen hatte, mit denen die Deutschen persische Nazi-Sympathisanten zu Gewaltakten gegen die Juden im Iran aufhetzen wollten, begann der Hagana-Offizier Efraim Schilo, junge persische Juden im Nahkampf sowie im Umgang mit den wenigen vorhandenen Pistolen auszubilden. Als sich dann herumsprach, dass die prodeutschen Aktivitäten unter den Bachtiaren in der südostiranischen Provinz Lorestan zunähmen, arbeitete Schilo ein Selbstverteidigungsprogramm aus – mit „5 bis 6 Pistolen, 2 oder 3 Gewehren, ein paar Bomben Marke Eigenbau ... sowie mit Steinen, lautem Lärm, siedendem Öl und Wasser" –, an dem fast einhundert junge Freiwillige teilnahmen, die allesamt an der Teheraner Universität studierten.[152]

Die Befürchtungen des JDC, die Jewish Agency könnte aus dem Iran verbannt werden, bewahrheiteten sich nicht. Zwar gab es durchaus Probleme,

Abbildung 12: Persisch-jüdische Kinder feiern das Erntedankfest Tu Bischwat (1944).

Spannungen, Rückschläge – aber zugleich wurde der Hebräischunterricht ausgebaut, neue Gesandte kamen ins Land und setzten die Organisationsarbeit ihrer Vorgänger zugunsten der im Land befindlichen Juden fort, und einige junge iranische Juden begannen sogar selbst, für den Mossad Le'alija Bet zu arbeiten. Im März 1943 veranstaltete das Eretz-Israel-Büro eine Purim-Feier, zu der auch Vertreter der polnischen und britischen Behörden am Ort eingeladen waren – genau wie alle anderen Nichtjuden, die gern mitfeiern wollten. Von diesem Punkt an begannen Meirov und später seine Nachfolger Nahum Herzberg und Mosche Jischai, die diplomatischen Beziehungen der Sochnut zu den in Teheran tätigen Vertretern Großbritanniens, der Sowjetunion sowie des Irans selbst auszubauen.[153] Insbesondere jedoch in den Beziehungen und der Zusammenarbeit mit den polnischen Diplomaten und Geheimdienstmitarbeitern im Iran kam es zu einer regelrechten Tauwetterperiode, sobald die jüdischen Flüchtlinge im Land von der Jewish Agency und dem Mossad Le'alija Bet vertreten wurden. Ende 1944 fand in einer Teheraner Synagoge – höchstwahrscheinlich in der Doppelsynagoge Chaim und Daniel – ein Gedenkgottesdienst für die Juden statt, die von den Deutschen im Warschauer Ghetto ermordet worden waren. Bei dieser Gelegenheit saß Jischai neben dem polnischen Konsul und dolmetschte die jiddischen Redebeiträge für ihn.[154] Ebenfalls gegen Ende des Jahres 1944 traf Jischai mit dem 24-jährigen

Reza Schah zusammen, „als ein Jude, ein Abgesandter aus Eretz Israel und Repräsentant des jüdischen Volkes". „Ich wusste, dass eine schlichte Audienz nicht angeraten war", erinnerte sich Jischai in seinen Memoiren, „weil nämlich, wo doch alle muslimischen Länder unserer [zionistischen] Bewegung feind sind, es als eine unermessliche Provokation der ganzen arabischen Welt erscheinen müsste, wenn der Schah unsere Agentur [d. h. die Sochnut / Jewish Agency] mit seiner Anerkennung beehren würde". Stattdessen überreichte Jischai dem Schah also „ein Zeichen der engen kulturellen Verbundenheit zwischen unseren beiden uralten Nationen": hebräische Übersetzungen von Werken der persischen Nationaldichter Omar Chayyam und Firdausi. Das Pergament, auf dem die zweisprachigen Gedichte in schönster Kalligrafie geschrieben waren, lag in einer Schatulle aus Silber, auf deren Deckel ein Vers aus dem Buch Esra eingraviert war: „So hat Cyrus, der König von Persien, gesprochen: ‚Alle Königtümer der Erde hat mir ER, der Gott des Himmels, gegeben, und er hat über mich verordnet, ihm ein Haus in Jerusalem, das in Jehuda ist, zu bauen.'"[155]

„Jischai hat wirklich Großes geleistet", sagte mir Heschmat Kermanschahi, der iranische Unternehmer, den ich in Los Angeles interviewte. „Sein Besuch beim Schah hat alles verändert."

Für Kermanschahi, wie für die ganze Gemeinschaft der persischen Juden, wurden die Nachkriegsjahre zu einer Erfolgs- und Blütezeit. Das JDC, das ja zur Unterstützung der polnischen Flüchtlinge in den Iran gekommen war, unterstützte auch weiterhin die Ärmsten unter den einheimischen Juden, die jüdischen Schulen und diverse andere Initiativen im Iran. Und ab den 1960er-Jahren zeigte dann auch Israel selbst eine bedeutende Präsenz im Land: Nicht mehr deutsche Ingenieure, Militärexperten, Architekten, Handwerker, Geschäftsleute, Arbeiter und Agronomen trieben nun die Modernisierung des Iran voran, sondern israelische. Im Sommer 1978 veranstaltete die israelische Botschaft in Teheran ein Filmfestival, bei dem israelische Filme an die Außenwand des Botschaftsgebäudes projiziert wurden. Höhepunkt des Festivals war der Spielfilm *Operation Thunderbolt* über die Flugzeugentführung von Entebbe durch deutsche und palästinensische Terroristen und ihre Beendigung durch israelische Elitesoldaten im Juli 1976 (mit Klaus Kinski in der Rolle des Terroristen Wilfried Böse). „Tausende von Persern saßen um uns herum und schauten gebannt zu", berichtet ein damaliger Mitarbeiter der israelischen Botschaft in dem Dokumentarfilm *Before the Revolution*. „Bei der Szene, in der die Israelis das Flughafengebäude von Entebbe stürmen, gab es Applaus, und als Yoni [Jonatan Netanjahu, der ältere Bruder des späteren israelischen Ministerpräsidenten Benjamin Netanjahu] stirbt, hörte man von allen Dächern ringsumher einen Aufschrei." Nur einen Monat später kam es zu den ersten Zusammenstößen zwischen Revolutionären und Royalisten, die israelische Botschaft in Teheran wurde geschlossen und die israelischen Fachkräfte verließen den Iran. Aber verwundete Revolutionäre, die man in den iranischen Regierungskrankenhäusern abgewiesen hatte, wurden im jüdischen Krankenhaus, dem vormaligen „Mahalleh-Hospital", behandelt, das nach dem Zweiten Weltkrieg zu Ehren seines Gründers Dr. Ruhollah Sapir in Bimarestan-e Dr. Sapir („Dr.-Sapir-Krankenhaus") umbenannt worden war. Dr. Sapir selbst verstarb Ende 1942 an einer Fleckfieberinfektion, die er sich bei der Behandlung der jüdischen Flüchtlinge zugezogen hatte.[156]

Dutzende und Aberdutzende von Flüchtlingen, darunter auch meine Tante Regina, die an einem Trachom erkrankt war, wurden im Mahalleh-Hospital und den anderen Krankenhäusern von Teheran gesund gepflegt. Viele starben aber auch, wie Dr. Sapir, an Fleckfieber. Als Salar den Gabrestan-e Yahudi Beheschtieh, den jüdischen Friedhof von Teheran, besuchte, zündete er ein Grablicht an und schickte mir Fotos der Gräber von ADLER ADOLF 1912–1942; RUBINSTEIN RACHELA 1875–1942; MIGDAL TERESA 1941–1942; KLEIN HELENA 1928–1942; SIERAKOWSKA SOLA 1940–1942; BEDER SZLAMA 1905–1942 und viele andere mehr, Fotos von Gräbern, die überdauert hatten, die noch immer dort waren, in Teheran, aber die niemand mehr besuchte. Auf allen Gräbern war der Buchstabe *J* zu sehen, dazu ein Davidstern und der Buchstabe *P* für „Polska". Und auf allen eingemeißelt waren die hebräischen Buchstaben תנצבה als Abkürzung für diesen Wunsch: IHRE SEELE SEI EINGEBUNDEN IM BÜNDEL DES LEBENS.[157]

9

Die Kinder Israels

Im Kibbuz En Charod

Eine Fahrt von Teheran nach Tel Aviv hätte womöglich 48 Stunden gedauert. Stattdessen waren die Kinder 48 Tage auf See unterwegs.

Nachdem sie zusammen mit einigen Tausend britischen Soldaten in Bandar Schahpur an Bord gegangen waren, fuhren mein Vater und die restlichen „Kinder von Teheran" durch den Persischen Golf in die Straße von Hormus hinein, wo ihr Schiff, die *Dunera*, als Vorsichtsmaßnahme gegenüber den Torpedos deutscher U-Boote erst einmal vor Anker ging und abwartete, bis sie sich einem Konvoi anderer Schiffe anschließen konnte, die nach und nach auf äußerst langsamer Fahrt in den Golf von Oman hineinkamen. Es regnete, die See war unruhig. Wellen schlugen über Deck und krachten gegen die Bullaugen, hinter denen die Kinder in Hängematten schliefen. Weit voraus stieg der Qualm aus den Schornsteinen der vordersten Schiffe des Konvois wie eine Rauchsäule in den Himmel. Um etwaigen Torpedos und Minen nach Möglichkeit auszuweichen, fuhr die *Dunera* einen beständigen Zickzackkurs. Am zweiten Tag auf See gab man Schwimmwesten an die Kinder aus, die sie fortan immer tragen sollten. Am vierten Tag gab es Alarm, und die Kinder wurden angewiesen, mit angelegten Schwimmwesten unter Deck zu gehen. Eine Panik brach aus, Kinder weinten, schrien. Ihre erwachsenen Begleiter verhielten sich, wie eine Untersuchung später ans Licht brachte, alles andere als vorbildlich, schwankten zwischen Hilflosigkeit und Angst, ja sogar Gewalttätigkeiten gegen die Kinder kamen vor. Fast alle waren seekrank, litten unter Übelkeit und Erbrechen.[1]

Der sechzehnjährige Jocek Schenkelbach sah ein brennendes Schiff in der Ferne, und ein britisches Rotkreuzschiff, das ihnen begegnete und in Burma (dem heutigen Myanmar) verwundete Soldaten an Bord hatte. Keines der Kinder hatte großen Appetit – die allermeisten krümmten sich auf dem Boden und übergaben sich –, ja sie tranken noch nicht einmal die gezuckerte Kondensmilch, die ihnen die britischen Soldaten dosenweise zum Geschenk gemacht hatten. Von den frischen Vorräten musste die Besatzung schließlich jeden Abend mehrere Tonnen über Bord werfen, weil sie schlecht geworden waren – „wenn wir das doch nur unseren Eltern in Russland schicken könnten!"[2] Am 22. Januar 1943 erreichten sie Karatschi, wo polnische Flüchtlinge und Soldaten der Anders-Armee, die entweder auf direktem Weg aus Zentralasien dorthin gekommen oder schon vor den Kindern aus dem Iran eingetroffen waren, bereits in einem riesigen britisch-amerikanischen Militärlager untergebracht waren. In Karatschi, aber auch in Lahore und in anderen Städten Britisch-Indiens, gab es jüdische Flüchtlinge aus Deutschland und aus anderen Ländern sowie polnische Zivilisten, die aus ihrer Heimat geflohen waren.[3]

Mein Vater kam direkt in eine gesonderte „jüdische Abteilung" des Lagers, die schon vor ihrer Ankunft für die Kinder aus dem Iran eingerichtet worden war. Der Ablauf aus Desinfektion, medizinischer Untersuchung und Quarantäne, der nun folgte, war für sie bereits zur Routine geworden. Die kranken Kinder kamen in umliegende Hospitäler, die gesunden gewöhnten sich wieder an das Leben im Zelt. Allerdings waren die neuen Zelte ganz anders als jene im Iran, waren sauber und gemütlich, mit acht bis zehn Kindern, die gemeinsam eines bewohnten. Fischkonserven und Käse aus australischer Produktion waren reichlich vorhanden. Auch bessere Kleidung trugen die Kinder jetzt: Zehn Lastwagenladungen mit Khakiuniformen und Tropenhelmen hatte die in Bombay ansässige jüdische Familie Sassoon – die „Rothschilds des Ostens" – spendiert. Und der Lagerkommandant, Sergeant Major Joe Berger, ein Amerikaner, war auch freundlicher.

„Wir trauten unseren Augen kaum: ein jüdischer Lagerkommandant aus Brooklyn in einem amerikanischen Militärlager in Indien!", schrieb Josek Klapholz in seinen Erinnerungen. „Sein Jiddisch war ordentlich, und wir erzählten ihm sogleich von den Schlachten, die wir uns mit den polnischen Kindern um das Essen lieferten, und wie wir von ihnen verprügelt wurden. Joe hörte zu und wir wussten: Der Tag unserer Rache war gekommen." Noch am selben Tag ernannte Joe Berger eine „Miliz", die sich aus den Reihen der älteren Jungen (ab sechzehn Jahren aufwärts) rekrutierte. Ihre Mitglieder trugen Armbinden der Militärpolizei und führten tägliche Inspektionen in punkto Sauberkeit und Ordnung durch. „Dabei stellte sich heraus – und zwar nicht nur ein- oder zweimal, sondern tatsächlich alle Tage –, dass immer wieder Zelte von Polen, die der polnischen Offiziersfamilien nicht ausgenommen, unordentlich waren, woraufhin das gesamte Zelt über seinen Bewohnern zusammenklappte. Das gab ein Schreien und Weinen, aber es machte nichts aus. Unsere Rache war gerecht nach jeder Definition von Gerechtigkeit."[4]

Der siebzehnjährige Klapholz (der später lange Jahre unter seinem neuen Namen Yosef Etzion als Anwalt in Tel Aviv praktizierte) verbrachte eine wunderbare Zeit im damaligen Britisch-Indien. Bei meinem Besuch in seiner feudalen Tel Aviver Wohnung überreichte mir Etzion, ein so drolliger wie eleganter Herr in den Achtzigern, eine erste Fassung seiner Memoiren, in denen er auch seine Abenteuer in den Straßen, auf den Basaren und inmitten der Tempel von Karatschi schildert. Der junge Klapholz bewunderte „die Frauen in ihren bunten Saris", „die Kühe, die friedlich über die Straßen von Karatschi schritten", die „schwermütige indische Musik", die „Schlangentänze". Er hatte Geld in der Tasche („einer der Jungen hatte eine gewisse Summe von einem Verwandten aus Amerika erhalten") und legte sich vorsorglich einen Seifenvorrat an („wir hatten gehört, dass daran in Palästina Mangel sei"). In Karatschi schaltet sein Bericht mit einem Mal um, wird vom Flüchtlingsmemoir zur Reportage eines kosmopolitischen Reisenden.

Ich fragte mich, was diesen schlagartigen Wechsel ausgelöst hatte: War es das Essen gewesen, das nun überreichlich zur Verfügung stand? War es der tröstliche Einfluss von Sergeant Major Joe Berger, „Vater und Mutter unseres Lagerlebens zugleich"? Oder lag es an Joseks weltläufiger Krakauer Erziehung, dass er sich so mühelos in die Rolle des an allem interessierten Touristen fand? An seiner positiven Grundeinstellung oder einer grundsätzlich hohen Resilienz – womit man in den letzten Jahren zunehmend die Tatsache begründet hat, dass manche Menschen traumatische Erlebnisse anscheinend besser „wegstecken" als andere? Und ich fragte mich, wo genau im damaligen Britisch-Indien mein Vater sich aufgehalten haben mochte. Es gibt ein bekanntes Foto aus dem Lager in Karatschi, auf dem einige der evakuierten Kinder zu sehen sind, die in kurzen Hosen und Tropenhelmen Luftsprünge machen – aber Hannan ist nicht darunter. Hat mein Vater in den vierzehn Tagen, die er in Karatschi verbrachte, ähnliche Abenteuer erlebt, wie Josek Klapholz sie beschreibt? Er ist immer gern gereist; ich hätte es ihm gewünscht.[5]

Am 6. Februar gingen Josek Klapholz, mein Vater und 857 weitere Kinder – ein Mädchen blieb in Karatschi, weil es dort mit Verwandten wiedervereint worden war – zusammen mit 358 Erwachsenen an Bord der HMS *Neuralia*, eines

150-Meter-Frachters aus dem Ersten Weltkrieg, der für die British India Steam Navigation Company („Britisch-Indische Dampfschifffahrtsgesellschaft") im Einsatz war. Das Schiff war bereits gut gefüllt mit indischen Vertragsarbeitern und „bulligen, ungehobelten Rotschöpfen aus Irland" – das waren die Matrosen –, mit militärischen Versorgungsgütern und Material.[6] Wieder fuhren sie im Konvoi: Transport- und Handelsschiffe sowie „schwere Kreuzer mit riesigen Geschützen", dazu „flinke kleine Minensuchboote", die vorausfuhren, um nach Tiefseeminen zu fahnden, die japanische U-Boote angeblich im Indischen Ozean ausgebracht hatten. „Es war ein atemberaubender, tief eindrucksvoller Anblick: gewaltige Kriegsschiffe, deren Kanonen auf die unendliche Wasserwüste hinaus gerichtet waren, glitten mit einer überraschenden Leichtigkeit über die stille See", schrieb Klapholz. Tatsächlich waren im Indischen Ozean sowohl japanische U-Kreuzer als auch deutsche Handelsstörer aktiv; allein 1942 versenkten sie siebzig alliierte Schiffe.[7]

Japanische Marinebomber griffen den Konvoi aus der Luft an, verursachten aber nur leichte Schäden und wurden schnell von britischen Jagdflugzeugen in die Flucht geschlagen. Bei einem Taifun ergossen sich sintflutartige Regenfälle auf das Schiff mit den Kindern: „Es schien, als wollten die Bullaugen zerbersten, so heftig schlug der Regen auf sie ein; es wurde immer dunkler, und die Wellen hämmerten mit einer unglaublichen Wucht gegen unser Schiff." Aber sie überstanden den Sturm im Wesentlichen unbeschadet und erreichten schließlich den Hafen von Aden im Jemen mit seinen hoch über der Stadt aufragenden Klippen. Hier nahm die *Neuralia* neuen Brennstoff auf und wurde repariert.

Angesichts der potenziell feindseligen arabischen Bevölkerung von Aden wies man die Kinder an, sich unter Deck verborgen zu halten, aber binnen Minuten nach dem Festmachen der *Neuralia* im Hafen war das Schiff von einheimischen Kindern umringt, die keineswegs feindselig, sondern vielmehr hungrig waren und um Essen bettelten.[8] „Wir gingen in die Kombüse, holten Essensreste und warfen sie ihnen hinaus", erinnerte sich Klapholz. „Sie fingen, was sie konnten, den Rest fischten sie schwimmend aus dem Wasser." Zum ersten Mal auf ihrem dreieinhalbjährigen Leidensweg konnte ihnen der Gedanke kommen, dass manche Menschen ein noch schwereres Schicksal hatten als sie selbst. Nach zwei Tagen Aufenthalt in Aden fuhren sie mit der *Neuralia* noch sechs Tage lang weiter, bis sie am 18. Februar in der kleinen Stadt Al-Qantara al-Sharqiya am nördlichen Ausgang des Suezkanals ankamen. Auf ihrer Reise von Polen nach Palästina hatten sie rund 21 000 Kilometer zurückgelegt, mehr als die Hälfte des Erdumfangs.

*

Al-Qantara al-Sharqiya – oder „El-Kantara", wie die alliierten Truppen es nannten – war der hauptsächliche Stütz- und Versorgungspunkt für die Operationen der Alliierten in Nordafrika. Hier wimmelte es nur so von Soldaten. Und inmitten dieses Treibens wirkte der Anblick von 859 Kindern, Kleinkindern und Jugendlichen in britischen Militärpullovern und alten Jacken und Blusen von Macy's derart seltsam und herzzerreißend, dass zahlreiche Soldaten des Jewish Engineering Corps, die in der Stadt stationiert waren und bereits auf das Eintreffen der Kinder gewartet hatten, ihn später beschrieben haben: „Wir warten am Hafen, angespannt und schweigend. Bald werden sie ankommen", schrieb etwa der Leutnant A. Ben Moshe in der Ausgabe der Bataillonszeitschrift *Ba'machaneh* („Im Feldlager") vom Februar 1943. „Beim Eintreffen des ersten Bootes bietet sich unseren Augen ein tragisches Spektakel dar: Kinder und Kleinkinder, barfuß und halb nackt; junge Burschen, die mit zerrissenen Seesäcken an Land springen und uns furchtsam und misstrauisch entgegenschauen, als wir auf sie zugehen, um ihnen zu helfen. ... Wir sind erschüttert ..., haben Tränen in den Augen und einen Kloß im Hals. Sie sind unser Fleisch und Blut."[9] Arje „Lowa" Eliav, der später ein prominenter Politiker der israelischen Arbeitspartei werden sollte, erinnerte sich, dass „wir [in Al-Qantara] erst wirklich und deutlich empfanden, dass dieser Krieg auch eine jüdische Seite hatte, und dass unser Dienst [an der Seite der Alliierten] ein Ziel hatte, das einzigartig und ganz auf uns bezogen war". Er und auch andere haben geschildert, wie sie beim Eintreffen des Transports aus Karatschi von ihren Gefühlen überwältigt wurden, die Kinder umarmten, sie mit Obst und Süßigkeiten überhäuften, bevor sie ihnen einige Stunden später beim Einsteigen in den Zug der örtlichen Eisenbahngesellschaft Palestine Railways halfen, der die „Kinder von Teheran" endgültig in ihr neues Leben tragen sollte.[10]

In New York, Montreal, Argentinien und London knallten die Champagnerkorken, begeisterte Telefonanrufe wurden getätigt, Glückwunsch- und Dankesbriefe ausgetauscht. Die Hadassah-Präsidentin Gisela Warburg schrieb an Eleanor Roosevelt, während die Kinder noch unterwegs waren:

„Es wird Sie freuen zu hören, dass die 835 polnisch-jüdischen Flüchtlingskinder, die in Teheran gestrandet waren und an deren Schicksal Sie solch
tiefen Anteil genommen haben, schon sehr bald in Haifa ankommen werden. … [Am heutigen Tag fragen wir uns,] was diesen Kindern wohl eher
im Gedächtnis bleiben wird – der Hass, der sie zu zerstören, oder die
Liebe, die sie zu retten suchte?"[11]

Der Zug mit den Kindern fuhr die ganze Nacht hindurch am nördlichen Rand
der Sinaihalbinsel entlang, durch Al-Arisch und den Gazastreifen, machte erst
in ägyptischen Kleinstädten Halt, dann – nachdem er bei Rafah die Grenze
überquert hatte – in palästinensischen und in jüdischen Dörfern. In meiner
Jugend war ich oft auf dem Sinai gewesen – die Wüste dort war meine Lieb-
lingslandschaft –, und ich stellte mir vor, wie die Kinder aus den Zugfenstern
erst auf die endlosen Sanddünen hinausschauten, dann auf Ölbäume und
Opuntien mit ihren Kaktusfeigen, die sie noch nie zuvor gesehen hatten. In
dem arabischen Dorf Artuf kam ein Reporter der typischerweise eher seriös-
zurückhaltenden Tageszeitung *Ha'aretz* an Bord, dessen Eindrücke von der
Weiterfahrt am nächsten Morgen auf der Titelseite zu lesen waren – unter der
riesigen Überschrift KINDER ISRAELS VOR DEM WAISENHAUS GERETTET UND
NACH ERETZ ISRAEL GEBRACHT. „Als [der Zug] im Bahnhof einfuhr, über ihm
am Himmel der leuchtende Vollmond, sah ich Hunderte junger Gesichter, die
mir durch die Scheiben der Waggons entgegenblickten, und ein Schauer durch-
lief meinen ganzen Körper", heißt es in dem Artikel. „Die Kinder fragten: ‚Gibt
es hier Juden?' Und ich antwortete: ‚Hier nicht, aber bald seid ihr in Rechowot.
Da gibt es *nur* Juden.'"[12]

Als mein Vater in Palästina eintraf, verfügte der Jischuw – die Gesamtheit der jüdischen Bevölkerung in Palästina – bereits über eine Quasi-Regierung (durch die Jewish Agency / Sochnut), über Gewerkschaften und über
Beziehungen zu den zionistischen Jugendorganisationen, denen sich Hunderttausende junger Jüdinnen und Juden vor allem in Ost-, in geringerem Umfang auch in Westeuropa angeschlossen hatten. Es gab bereits Universitäten,
Fabriken, Banken, verschiedene Arten von genossenschaftlichen Siedlungen
(Moschawim und Kibbuzim), und es gab Großstädte wie Tel Aviv oder Rechowot, in denen sich zu beiden Seiten der Bahnstrecke Menschenmassen ein-
fanden, um den ankommenden Kindern zuzuwinken und ihnen auf Hebräisch ihre Willkommensgrüße entgegenzurufen. Was es jedoch auch schon gab,

waren die ernsten – die todernsten – Konflikte zwischen dem Jischuw und der ansässigen arabischen Bevölkerung Palästinas beziehungsweise der britischen Mandatsregierung.

In Hadera, der zweiten jüdischen Ortschaft, durch die sie kamen, saßen einheimische Kinder auf den Schultern ihrer Eltern und streckten sich nach den Kindern im Zug, um ihnen die Hände zu reichen. Erwachsene riefen ihnen zu: „Wie heißt ihr?", weil sie hofften, auf diese Weise unter den Kindern verloren geglaubte Bekannte oder Verwandte wiederzufinden. Einige der Kinder in den Waggons reckten ihre Hälse aus dem Fenster, um einen besseren Blick auf die Umgebung zu erhaschen, oder streckten ihre Arme hinaus, um die Süßigkeiten und Erdnüsse zu fangen, die man ihnen zuwarf. Die *Palestine Post*, eine englischsprachige Tageszeitung, berichtete von einer älteren Dame, die bitterlich weinte, während sie Bonbons und Nüsse in Richtung der Waggons schleuderte – und von einem Jungen, den eine junge Frau an der Strecke als ihren früheren Nachbarn erkannt hatte und der auf „[ihre] gut gemeinte Frage nach seinen Eltern" mit „tränenerstickter Stimme" antwortete, dass er „hatte mitansehen müssen, wie die Nazis sie ermordeten".[13] Auch *Ha'aretz* berichtete von „erstaunlichen, berührenden und erhebenden Szenen beim Empfang" des Zuges in den Städten und Dörfern entlang der Strecke.[14]

Abbildung 13: Menschenmengen heißen den Zug in Hadera willkommen (19. Februar 1943).

378

Ich besitze ein Foto von Regina, das am Tag ihrer Ankunft in Palästina, am 19. Februar 1943, aufgenommen wurde. Henryk Grynberg hat es mir vor Jahren geschenkt, es ziert den Umschlag der deutschen Ausgabe seines Buches *Kinder Zions*. Als ich es damals bekam, wusste ich noch nicht, dass es in dem Zug aufgenommen worden war, der Regina, Hannan und Emma in ein britisches Internierungslager nach Atlit brachte, ein kleines Küstenstädtchen bei Haifa weit im Norden. Inzwischen verstand ich, dass die viel zu große Damenjacke, die Regina auf dem Foto von der Abreise aus Teheran trug, dem Joint Distribution Committee (JDC) als Spende zugegangen sein musste, die dann in den Iran oder nach Karatschi geschickt worden war. Ich wusste, dass sie nun ein Kopftuch trug, weil ihre Haare und Kopfhaut voller Läuse waren. Ich sah, wie sie ihr kleines, scharf geschnittenes Kinn auf den unteren Rand des Waggonfensters stützte, und registrierte, dass über ihr eine erwachsene Frau und drei weitere Mädchen zu sehen waren, von denen nur eine zumindest ansatzweise, nervös, lächelte. Die Erwachsene, deren Alter ich nicht genauer hätte schätzen können als „zwischen 30 und 50", kniff die Augen zusammen, als würde sie vom hellen Sonnenlicht geblendet, dabei wurde das Foto am frühen Morgen aufgenommen. Regina sah nicht gerade begeistert aus. Sie wirkte eher bedrückt und ein wenig ängstlich, wie sie da mit halb geschlossenen Augen und gerunzelter Stirn in die Welt schaute.

Die „Kinder Zions", die in Henryk Grynbergs gleichnamigem Buch zu Wort kommen, erwähnen die Begeisterungsstürme, mit denen sie in Palästina empfangen wurden, mit keiner Silbe. Ihre Aussagen sind nüchtern und sachlich:

„Mehrere Monate war ich in Teheran, dann kam ich mit einer Gruppe jüdischer Kinder nach Palästina.

Nach mehreren Monaten kamen wir im Februar 1943 von Teheran nach Palästina.

Von Teheran aus traf ich im Februar 1943 zusammen mit Miriam und Cypora in Palästina [Palestyny] ein.

Ich kam mit meinem elfjährigen Bruder Josef nach Palästina. Mein jüngster Bruder, Saul, blieb in Teheran, weil er schwer krank war."[15]

Abbildung 14: Fünf Neuankömmlinge schauen aus dem Zugfenster. Regina kauert unten links.

Ein siebenminütiger Wochenschaubericht jedoch – „Kinder von Teheran treffen 1943 in Atlit ein" – zeigt, wie die Kinder sich unruhig, aber durchaus freudig gespannt in den Waggons drängen. Die Aufnahmen stammen aus einer Sonderausgabe der *Karmel*-Wochenschau, die ab Mitte der 1930er-Jahre in den Kinos der großen jüdischen Siedlungszentren Palästinas jeweils vor dem Hauptfilm gezeigt wurde. Der Bericht über die Ankunft der „Kinder von Teheran" ist aus dem fahrenden Zug heraus gedreht und zeigt dessen Durchfahrt durch mehrere jüdische Ortschaften. Arabische Dörfer oder Städte sind nicht zu sehen. Stattdessen werden jüdische Kindergartenkinder gezeigt, die mit Sträußchen aus Wildblumen Spalier stehen, und Erwachsene, die Transparente mit hebräischen Aufschriften in die Höhe halten: KI LANU HA'ERETZ HASOT („Weil dieses Land uns gehört!"), ERETZ ISRAEL ACHREI HAKOL („Am Ende, nach alldem: Eretz Israel") und B'RUCHIM HA'BAIM („Segen den Kommenden", d. h. „Herzlich Willkommen!"). Dann ist zu sehen, wie die Kinder in Atlit aus dem Zug steigen und – inmitten eines Gewirrs aus Fahnen, Festtagsreden und Gesang: die heutige israelische Nationalhymne „Ha'tikwa" („Die Hoffnung") wird angestimmt – in Busse verladen werden. Zwar sind die Filmaufnahmen ohne Ton, doch der Sprecher des dazu eingespielten Kommentars macht diesen Mangel durch die Begeisterung in seiner Stimme mühelos wett: „Voller glücklicher Empfindungen angesichts des Endes ihrer langen Wanderschaft sind sie an ihrem ersehnten Ziel angelangt. Diese Hebräerkinder werden nun eine hebräische Erziehung genießen, in der heimatlichen Freiheit des erblühenden Eretz Israel. Ein Hebräischlehrer heißt sie willkommen … ein Schutzmann, auch er ein Hebräer, hat ein freundliches Wort für sie. … [Sie] sind *olim* aus Teheran."[16]

Olim ist ein hebräischer Begriff, der wörtlich „Aufsteigende" oder „Aufsteiger" bedeutet, praktisch jedoch diejenigen bezeichnet, die als Einwanderer nach Eretz Israel kommen.* *Olim* sind das Gegenteil von Flüchtlingen. Flüchtlinge sind Vertriebene, die zum Verlassen ihrer Heimat gezwungen wurden und nicht ohne Gefahr für Leib und Leben in diese zurückkehren können. *Olim* hingegen sind, endlich, in ihrer Heimat angekommen.

Im Internierungslager in Atlit wartete bereits Henrietta Szold auf sie, die Leiterin der Abteilung „Jugend-Alija" bei der Jewish Agency. Die inzwischen 82-jährige Zionistin amerikanischer Herkunft hatte sich schon jahrzehntelang für jüdische Flüchtlinge eingesetzt: seitdem Überlebende der Kiewer Pogrome in den 1880er-Jahren in ihrer Heimatstadt Baltimore an der Ostküste der Vereinigten Staaten eingetroffen waren. Im Alter von sechzig Jahren war sie 1920 nach Palästina übergesiedelt und hatte dort Krankenhäuser und Lebensmittelverteilungsstellen aufgebaut, Mutter-Kind-Häuser und Wohlfahrtsverbände. Und sie hatte – zusammen mit Judah Magnes, Ernst Simon und Martin Buber – eine „binationalistische" Partei namens Ichud („Einheit") gegründet, die für die Schaffung eines arabisch-jüdischen Staates im Rahmen eines weiter gefassten arabischen Staatenbundes eintrat. Als Verantwortliche für die Betreuung junger Einwanderer besorgte Szold die Unterbringung der unbegleiteten Kinder und Jugendlichen in Schulen und Pflegefamilien, Kinderheimen oder Kibbuzim. An dem erfolgreichen Transport der „Kinder von Teheran" nach Palästina hatte sie entscheidenden Anteil gehabt. „Diese Kinder sind keine Flüchtlinge", hatte sie anlässlich eines kurz vor der Ankunft meines Vaters gehaltenen Vortrags in Tel Aviv erklärt. „Sie sind *olim*, und unsere Einstellung ihnen gegenüber, unser Einsatz für sie, sollten so sein, wie *olim* sie verdienen. Wir alle sind

---

* Die Bezeichnung *olim* stammt von demselben Verbstamm *alah* („hinaufsteigen") wie auch die schon mehrmals erwähnte *alijah*, die „Einwanderung", wörtlich das „Hinaufsteigen". Im Hintergrund spielt die Vorstellung von Jerusalem als der „Stadt auf dem Berg Zion" eine gewisse Rolle: Zu ihr *steigen* die Einwanderer – oder eben „Aufwanderer" – letztlich *hinauf* (Anm. d. Übers.).

olim; das Land [*eretz*] braucht *olim.*"[17] Nun stand sie also neben Mosche Schertok und anderen zionistischen Politikern und Aktivisten, ja sogar Angehörigen der britischen Lokalverwaltung, um die Kinder willkommen zu heißen, um deren Obhut sie so couragiert gekämpft hatte.

Abbildung 15: Kinder warten auf die Abfahrt zum Internierungslager in Atlit.

*

Das Lager von Atlit, in dem mein Vater seine erste Nacht in Palästina verbrachte, war eine Einrichtung der britischen Mandatsregierung zur Internierung illegaler Einwanderer. Tagelang hatte Henrietta Szold gegen den Plan der Briten angekämpft, die Kinder in ihrer ersten Nacht ausgerechnet dort unterzubringen. Nachdem sie erfolglos geblieben war, hatten sie und ihre Mitarbeiter eigenhändig die Baracken geputzt, hatten die Böden gewischt und jedes der Feldbetten mit einem frisch gestärkten Bettlaken und einer Decke bezogen. Als der erste Zug der Palestine Railways im Bahnhof von Atlit einfuhr, stimmte die Menschenmenge auf dem Bahnsteig spontan die „Ha'tikwa" an. Szolds Sanitäter und andere Mitarbeiter halfen den Kranken, in Wagen der Hilfsorganisation Magen David Adom („Roter Davidstern") einzusteigen, während die Gesunden in Busse steigen konnten, die von einem Transportunternehmen aus Haifa zur Verfügung gestellt worden waren. Im Bus erhielt jedes der Kinder ein kleines Israel-Fähnchen aus Plastik, mit dem einige von ihnen den draußen versammelten Menschen zuwinkten.

Nach der Ankunft im Lager wurden die Kinder von Dr. Bernard Joseph, dem kommissarischen Leiter der politischen Abteilung bei der Jewish Agency, in ihrer „Heimat" willkommen geheißen. Auch andere Vertreter der Sochnut, Mitarbeiter der Einwanderungsabteilung, waren Teil des Empfangskomitees. Henrietta Szold ergriff als Letzte das Wort und begrüßte die Kinder auf Hebräisch: „Ich hoffe, dass wir uns in Zukunft noch oft wiedersehen werden, und ich bin voller Zuversicht, dass ihr alle euch zu guten Bürgern und Bürgerinnen von Eretz Israel entwickeln werdet."[18] Zwei Kinder, ein Mädchen und ein Junge, überreichten ihr die Blumen, die sie gerade eben selbst aus der Menschenmenge erhalten hatten. Ein riesiger Haufen Orangen lag unter freiem Himmel für die Kinder bereit – Orangenhaine gab es in Palästina ja zuhauf – und war im Handumdrehen verzehrt. Ebenso schnell folgte dann allerdings ein kollektiver Brechanfall, an den sich viele der damaligen Kinder, die ich später interviewte, noch lebhaft erinnern konnten. Dann wurden die Kinder wieder einmal gewaschen, desinfiziert und geimpft – das war die Standard-Vorgehensweise bei allen Einwanderern, die in das britische Mandatsgebiet Palästina kamen. Dann überließ man die Kinder sich selbst – sie konnten tun und lassen, was sie wollten, solange sie dabei nicht das mit Stacheldraht umzäunte Lager verließen, das heute ein „Museum der illegalen Einwanderung" beherbergt.

Im Jahr 2017 besuchte ich dieses Museum in Atlit. Nach all den Jahren war ich nun plötzlich eine Touristin in meinem eigenen Heimatland, folgte den Spuren meines Vaters an Orte, an denen ich noch nie zuvor gewesen war oder die ich zwar besucht, aber nicht tatsächlich *gesehen* hatte. Als ich klein war, ist mein Vater unzählige Male mit uns an dem ehemaligen Internierungslager vorbeigefahren, aber er hat uns nie darauf hingewiesen oder erzählt, dass er selbst dort interniert gewesen war. Das Museum kam mir vor wie eine Miniaturausgabe des KZ Auschwitz-Birkenau, dessen Gedenkstätte ich auf meiner ersten Polenreise besucht hatte: Reihen von identischen Holzbaracken, umgeben von einem Stacheldrahtzaun, eine Desinfektionsbaracke. Mein Sohn, der mitgekommen war, wollte lieber gleich wieder gehen und im Auto auf mich warten.

Ich ging zwischen den Reihen der Schlafbaracken umher, bis ich schließlich in die braune, kahle „Hygienebaracke" kam, in der mein Vater sich hatte ausziehen und waschen müssen, bevor man ihn mit dem inzwischen verbotenen Pestizid DDT absprühte. Ich war die einzige Besucherin an jenem Tag. Dann spazierte ich an dem Stacheldrahtzaun entlang und versuchte, mit meinen Augen zu sehen, was die „Kinder von Teheran" an ihrem ersten Abend in Palästina gesehen haben mussten. Am zweiten Tag, das wusste ich, hatten Hannan, Regina und Emma Besuch von ihrem älteren Vetter, Ze'ev (Wolf) Teitel, bekommen: „Als ich auf das Lager zuging, sah ich die drei schon am Zaun hängen, unglücklich und erbarmenswert", erinnerte er sich später.

In dem *Ha'aretz*-Artikel wurde ein zehnjähriger Junge zitiert, der dem Reporter gesagt hatte: „Es stimmt ja nicht, dass wir nach Hause gekommen sind. Ich habe kein Zuhause mehr."[19] Und ich fragte mich unwillkürlich, ob mein Vater, selbst wenn er nun zum ersten Mal seit mehr als drei Jahren wieder in einem Bett mit Laken und Decke schlafen konnte, wohl dasselbe empfunden hatte. Vom Platz zwischen den Baracken war ein winziges Stück Mittelmeer zu sehen, und im Westen zeichnete sich die anmutige Silhoutte des Karmel am Horizont ab. Aber wie ich so zu meinem halbwüchsigen Sohn hinübersah, der auf dem Parkplatz im Auto saß, Eminem hörte und dabei gestenreich mitrappte, schien mir doch zweifelhaft, dass ich *wirklich* würde nachfühlen können, was einst mein Vater bei seiner Ankunft an diesem Ort empfand.

In der Datenbank des Museums waren „Dankschreiben an die Sochnut" verzeichnet, darunter auch eines von meinem Vater. Der Tonfall und die Schwerpunktsetzung dieses Briefes waren der Zeugenaussage, die er wenig später dem polnischen Informationszentrum Ost geben sollte, völlig entgegengesetzt, denn er enthielt eine bündige Zusammenfassung seines Lebens vor dem Krieg und seiner Erlebnisse während des Krieges, gefolgt von einer langen, detaillierten Darstellung seiner Ankunft in Eretz Israel. Verfasst hatte er den Brief in einem altertümlichen, nicht immer korrekten Hebräisch, das aber dennoch bereits seinen persönlichen Stil erkennen ließ. Das Schreiben endete allerdings in einem eher untypischen, ziemlich emotionalen Ton: „Am Abend kamen wir nach Atlit. Dort stiegen wir aus dem Zug und fühlten sogleich, dass unser Leben von diesem Augenblick an gänzlich anders sein würde. Nicht mehr länger werden wir Nomaden sein und Leute ohne ein Dach über dem Herd, denn in unserer Heimat sind wir." Gezeichnet „Teitel, Hannania, 21. Februar 1943".

Im Museum konnte man auch ein Verzeichnis der Einwanderungszertifikate einsehen, die von der britischen Mandatsregierung während ihrer 31-jährigen Herrschaft über Palästina (1917–1948) ausgestellt worden waren. Dort fand ich die B3-Zertifikate – für Kinder im schulpflichtigen Alter, deren Unterhalt gesichert war –, die mein Vater, Regina und Emma erhalten hatten. Jedes der Dokumente zierte ein eigens dafür gemachtes Porträtfoto. Alle drei sehen sie sauber, fast adrett aus in ihren neuen, gebrauchten Kleidern, die sie an demselben Tag im Februar 1943 erhalten haben müssen. Reginas strohfarbenes Haar ist ordentlich zurückgekämmt und mit einem sauberen, neuen Kopftuch bedeckt, und sie lächelt, ja lacht: strahlt übers ganze Gesicht und präsentiert dabei ihre kleinen Hasenzähne. Emma sieht zum Anbeißen süß aus mit ihren großen braunen Augen und den Grübchen, sie scheint zu kichern. Auch mein Vater, der allerdings ein wenig fiebrig aussieht, lacht, seine Augen funkeln. Alle scheinen sie in diesem Moment ehrlich und von ganzem Herzen glücklich zu sein – allen gegenteiligen Wahrnehmungen ihres Cousins Wolf zum Trotz.[20]

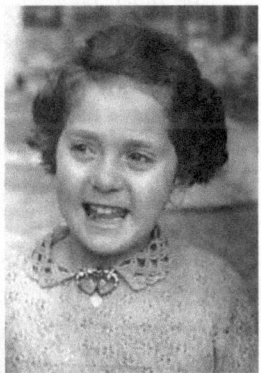

Abbildung 16: Hannan, Regina und Emma (Noemi) in Atlit (19. Februar 1943).

Am nächsten Morgen wurden an die Kinder Briefe ausgeteilt, die ihnen Verwandte aus Zentralasien geschrieben und in den Iran geschickt hatten, von wo aus sie nach Palästina weitergeleitet worden waren. Diejenigen Kinder, die keine Post bekamen, fingen an zu weinen oder verfielen in ein dumpfes Schweigen. Ich weiß nicht, ob Hannan und Regina einen Brief von Zindel und Ruchela bekamen. Ich weiß nur, dass ihre Eltern einen Brief in den Iran geschickt hatten, der dann theoretisch nach Atlit hätte weitergeleitet werden können.

Nahum Herzberg, der Vertreter der Jewish Agency in Teheran, schrieb von dort an Zindel – auf Jiddisch – im Namen des „Yidish Hilfs Komitet for Plitim fun Polin, Abteylung Tehran" (jüdisches Hilfskomitee für Flüchtlinge aus Polen in Teheran):

Herrn Teitel, Z.

Usbekistan

Samarkand

Geschätzter Herr,
Man hat uns Ihren Brief vom 15. 2. 43 übergeben. Wir teilen Ihnen mit, dass Ihre Kinder Yaninah [gemeint ist Regina] und Henik [Hannan] am 6. 1. 43 nach Palästina abgefahren sind.
Sie befinden sich dort unter einer guten erzieherischen Aufsicht und sind vollkommen gesund.
Wir haben den Kindern Ihre Adresse gegeben und sind überzeugt, dass sie Ihnen bald schreiben werden. Es ist möglich, ihnen unter der unten angegebenen Adresse [der Jugend-Alija in Jerusalem] eine Nachricht zukommen zu lassen.

Mit den besten Wünschen
N. Herzberg[21]

Die Handvoll von Eltern, die sich ebenfalls in Palästina befanden, kamen natürlich selbst nach Atlit, um ihre Kinder abzuholen. Diese wurden dadurch zu kleinen Berühmtheiten und von allen anderen Kindern sehr beneidet. Diese anderen Kinder zerfielen in zwei große Gruppen, die eine kleine, nur scheinbar unbedeutende Nuance unterschied: Die einen hatten Verwandte in Palästina – die anderen nicht. Hannan, Regina und Emma hatten genau zwei Verwandte im Land: Zum einen Ze'ev (Wolf) Teitel, Hannans verehrten älteren Vetter, der als Student des Bauingenieurwesens an das Technikum in Haifa gekommen und nach Kriegsausbruch in Palästina geblieben war; zum anderen Riwka Zwykielska, eine Cousine Zindels, die 1928 aus Polen nach Palästina emigriert war, um sich dort dem Kibbuz En Charod anzuschließen. Beide kamen sie nach Atlit, um die Teitel-Kinder zu besuchen.

*

Ein Jahr nachdem mein Vater aus dem Iran evakuiert worden war, verließen auch 733 polnische „Kinder von Isfahan" mit 102 Betreuern das Land. Sie wurden an Bord der USS *General Randall*, einem Truppentransporter, der neuseeländische Soldaten in ihre Heimat zurückbrachte, nach Neuseeland geschickt. In Wellington wurden sie, ähnlich wie mein Vater in Palästina, von neuen Betreuern, Krankenschwestern und Politikern in Empfang genommen. Auch diese Kinder wurden von Tausenden von Einheimischen begrüßt, die am Straßenrand warteten, winkten und ihnen zuriefen, während sie nach Pahiatua gebracht wurden, ein früheres Internierungslager für „feindliche Ausländer", das nun zu ihrer Unterbringung dienen sollte. „Die kleinen Mädchen und Jungen mit den kahlrasierten Köpfen rühren die Herzen des neuseeländischen Volkes", erklärt der Sprecher zu Bildern von Neuseeländern, die Kinder in den Arm nehmen und tragen, in dem 1966 entstandenen Dokumentarfilm *Poles Apart: The Story of 733 Polish Orphans* (etwa: „Von Nordpolen bis fast zum Südpol: Die Geschichte von 733 polnischen Waisenkindern"). „Die Kinder Neuseelands winken, als ihr Zug vorbeifährt. ... Die jungen Flüchtlinge sind wie gebannt von der grünen Landschaft Neuseelands." Sowohl der Kommentar als auch die Filmaufnahmen, die aus dem fahrenden Zug heraus gedreht sind, haben eine geradezu verblüffende Ähnlichkeit mit den Aufnahmen der *Karmel*-Wochenschau von der Ankunft der „Kinder von Teheran" in Palästina: die Menge von kleinen Kindern, die sich in den Waggons drängen, neugierig und todmüde zugleich aussehen, dann unter dem Jubel der Schaulustigen kleine – diesmal neuseeländische – Plastikfähnchen schwenkten. Auch diese Reise wurde als eine „nationale" Rettungsgeschichte inszeniert: mit einheimischen Kindern, die den Neuankömmlingen zuwinken, und Flüchtlingskindern, die das Ende ihrer langen Reise „gar nicht glauben" konnten.

Keines der „Kinder von Pahiatua" war jüdisch. Aber wie mir Jadwiga Kowalska, stellvertretende Kustodin des Londoner Sikorski-Archivs, bei meinem Besuch sagte, befanden sich unter den polnischen Flüchtlingen, die vom Iran aus an andere Orte der Welt evakuiert worden waren – nach Mexiko, Argentinien und in den Libanon, nach Pretoria und in andere Städte Südafrikas –, „zumindest einige jüdische Personen". Zugleich waren Hunderte von polnisch-katholischen Kindern – und Erwachsenen – gemeinsam mit meinem Vater nach Palästina gekommen und hatten dort Zuflucht gesucht.

Nach der Abreise meines Vaters aus Teheran standen nichtjüdische Zivilisten vor dem Büro der Jewish Agency Schlange, in der Hoffnung, eines der begehrten Einwanderungszertifikate für das Mandatsgebiet Palästina zu ergattern. „In Teheran fiel mir ein bemerkenswertes Phänomen auf", schrieb der Sochnut-Vertreter Jischai, „nämlich, dass die polnischen Flüchtlinge nun auf die Juden neidisch waren, weil diese nach Palästina einwandern durften, während sie selbst gezwungen wurden, nach Indien oder nach Kenia zu gehen." Das Klima, der Lebensstandard, die Infrastruktur, die Leute – Eretz Israel, und insbesondere dessen jüdische Siedlungsgebiete, erschienen ihnen im Vergleich wie der Himmel auf Erden. Ihrem Neid verliehen die Polen nicht selten mit antisemitischen Bemerkungen Ausdruck, zum Beispiel: „Mit dem Geld, das sie in Polen, unserem Vaterland, angehäuft haben, machen die Juden sich jetzt in Palästina ein schönes Leben, und wir dürfen dort nicht hin!"[22]

Jischai für seinen Teil vergab keine Einwanderungszertifikate an Nichtjuden – und auch nicht an Juden, die zum Christentum konvertiert waren und nun anboten, zum Judentum zurückzukehren, wenn man sie nur nach Palästina ließe. „Unsere Zertifikate waren für unser Volk, unsere Nation; für die Leute, die zu uns gehört und unsere Sache unterstützt hatten", schrieb er. Aber es gab auch Ausnahmen: eine Frau etwa, deren Tochter den Juden bei ihrer Einschiffung von Turkmenistan in den Iran geholfen hatte („wir sind nicht undankbar, und wir vergessen niemals, wer uns geholfen hat"); eine andere, die durch eine seltene Knochenkrankheit entstellt war und nun an das Hadassah-Krankenhaus in Jerusalem überstellt werden sollte („ein Menschenleben stand auf dem Spiel: Wenn sie blieb, würde sie sterben; wenn sie [nach Palästina] ging, würde sie leben"). So waren es nun also erstmals die Juden, denen die Briten eine gewisse Menge an Einwanderungsvisa zur Verteilung im Iran überlassen hatten, die damit über den Grenzverkehr bestimmten – welche Ironie der Geschichte.[23]

Am Ende wurden schätzungsweise 70 000 Soldaten der Anders-Armee – einschließlich deren Familienangehörige sowie Hunderte polnischer Waisenkinder – nach Palästina evakuiert. Sie wurden vom Iran nach Chanaqin im Nordosten des Irak gebracht, von wo sie ihren einmonatigen Marsch in Richtung Palästina begannen. „Unsere Armee ist im Irak losmarschiert", notierte ein polnischer Soldat, Marian Czuchnowski, in seinem Tagebuch. „Mit ihrem Kriegsgerät ziehen sie durch die Wüste Syriens und Transjordaniens und in das friedvolle Land Palästina, wo Trauben und Orangen in Fülle wachsen."[24]

Jehuda Pompiansky, ein jüdischer Soldat der Anders-Armee, sagte aus, dass auf dem Weg nach Palästina seine polnischen Vorgesetzten ihr Ziel stets als „das Land Israel" bezeichnet hätten – und damit als das Land der Juden. In keiner Aussage der Zeitzeugen, egal ob Polen oder Juden, wird die arabische Bevölkerung Palästinas erwähnt.[25]

Nach ihrer Ankunft in Palästina schlossen sich die Soldaten der Anders-Armee anderen polnischen Flüchtlingen an, die bereits im Land waren. Einer Meldung des *New York Times*-Korrespondenten Joseph Levy vom 18. Februar 1942 zufolge waren seit dem Ausbruch des Krieges im Herbst 1939 insgesamt 30 000 Einwanderer – Juden und Nichtjuden – nach Palästina gekommen. Bis zum Ende des Jahres 1942 sollte Palästina zu einem „Hauptzentrum für die Aufnahme polnischer Kriegsflüchtlinge" werden.[26]

*

Hannan, Regina und Emma verbrachten drei Tage in dem britischen Internierungslager in Atlit und wurden dann – wie die anderen Kinder auch – offiziell der Obhut der Jugend-Alija übergeben. Von deren Mitarbeitern wurden sie alle auf diverse Wohnheime und Erholungseinrichtungen verteilt, um dort „wieder zu Kräften zu kommen und genauer eingeschätzt zu werden", wie Henrietta Szold es formulierte. Hannan, Regina und Emma wurden im Beit Hachalutzot („Haus der Pionierinnen") in Jerusalem untergebracht, einem eleganten Steinbau im Bauhausstil, der erst im Jahr zuvor frisch errichtet worden war, als Unterkunft und Ausbildungsstätte für alleinstehende Einwanderinnen. Dort konnten die Kinder zum ersten Mal seit Jahren bequem schlafen – in vier Wänden, in richtigen Betten auf richtigen Matratzen. Hier wurden sie auch umschwärmt und verwöhnt, da von allen Seiten die Leute sich drängten, um „die geretteten Kinder" zu sehen. Ihnen wurden ortsansässige „Patenfamilien" zugeteilt, die sie zu sich nach Hause einluden. Sie machten Ausflüge zu den Sehenswürdigkeiten der Region und bekamen ihrerseits Besuch von ihrem Vetter Ze'ev, der mit ihnen loszog, um ihnen neue Schuhe zu kaufen. Sie machten ihre Zeugenaussagen gegenüber den Mitarbeitern des polnischen

Informationszentrums Ost, von denen die Aussagen verschriftlicht und in der Dokumentation zusammengestellt wurden, auf die Henryk Grynberg und ich Jahrzehnte später – in meinem Fall sieben Jahrzehnte später! – im Archiv der Hoover Institution beziehungsweise im Ginsach Kiddusch Haschem stoßen sollten. Als Hannans Protokollant vom Informationszentrum Ost ihn nach dem gegenwärtigen Aufenthaltsort seines Vaters fragte, gab er die Adresse seiner Familie in Usbekistan an und sagte: „Wir haben uns immer gedacht, er lebt noch immer dort in der Lehmhütte [in Samarkand] bis auf den heutigen Tag." Es lag ein leiser, tragischer Unterton in diesen Worten, so als lägen zwischen Sohn und Vater nicht nur Kontinente, sondern ganze Zeitalter.

In Jerusalem musste jedes der Kinder eine ärztliche Untersuchung über sich ergehen lassen. Ihre Körpergröße und ihr Gewicht wurden festgestellt – die zwölfjährige Regina war nur 129 Zentimeter groß und wog lediglich 28,9 Kilogramm; Hannans Messwerte sind nicht erhalten. Auch wurden ihre Vorerkrankungen festgestellt: Auf Reginas Anamnesebogen finden sich Fleckfieber, Krätze und eine Enddarmentzündung. Ihre Augen und Ohren, Haut, Urin und Lungenfunktion wurden genauestens untersucht, um gegebenenfalls die weitere medizinische Behandlung einleiten zu können. Bei Regina wurde ein auffälliges Atemgeräusch im oberen rechten Lungenlappen festgestellt; die Abklärung durch Röntgen wurde empfohlen. Und ein psychologisches Gutachten wurde erstellt, in dem Regina – die jetzt ihren hebräischen Vornamen Riwka verwendete – als „überdurchschnittlich" bezeichnet wird, was „ihre Eignung zum theoretischen Lernen" anging. Sie sei „von rascher Auffassungsgabe", heißt es dort, „ehrlich und manierlich"; besonders hervorgehoben wird „ihr Benehmen gegenüber ihrem Bruder".

Emma, nun „Noemi Perelgric, 11", wird beschrieben als „altersgemäß entwickelt", „angenehm", „sehr höflich", „folgsam", „gescheit", „aufgeweckt", „lernwillig" sowie „überaus fantasiebegabt": „gibt an, sie sei einmal aus ihrem Elternhaus entführt worden und habe anderthalb Jahre unter Zigeunern gelebt". Aber auch ihre „außergewöhnliche Fähigkeit zum klugen, vorausschauenden Denken" wird erwähnt.

Der leitende Psychologe bei der zuständigen Sochnut-Abteilung, Dr. Mosche Brill, befand meinen Vater, „Teitel Channania, 15", für sozial fehlangepasst und insgesamt unterentwickelt. Seine Körpergröße entsprach der eines Dreizehnjährigen, genau wie seine „allgemeine Auffassungsgabe und sein Verhalten im Alltag". Die Kinderheim-Mitarbeiter in Teheran hatten ihn als „schieläugig",

„hinterlistig", „nicht sehr entwickelt", „unbeliebt", „arbeitsscheu", „stark aufmerksamkeitsbedürftig" und „verlogen" charakterisiert. Diese letztere Darstellung erschien mir absurd, hatte ich meinen Vater doch als kompromisslos ehrlichen, fast krankhaft arbeitsamen Mann kennengelernt. Aber immerhin war er nicht der Einzige, über den ein solch hartes Urteil gesprochen wurde. Viele der älteren Jungen wurden als „gemein" bezeichnet, als „faul", „streitsüchtig", „arbeitsunwillig", „außerordentlich unruhig", „unaufrichtig", „übermäßig kritisch und nie zufriedenzustellen", „schmutzig" oder als „phasenweise depressiv" oder „cholerisch".

Solche Beschreibungen als wilde, unzivilisierte „Wolfskinder" gehörten in den Gutachten und Berichten über junge Überlebende nach dem Zweiten Weltkrieg beinahe zum Standardrepertoire. „Eine elterliche Autorität haben sie nie kennengelernt", schrieb etwa die britisch-amerikanische Autorin Alice Bailey im Jahr 1946: „Sie streunen im Rudel umher wie Wölfe; es fehlt ihnen jeglicher Sinn für Moral … sie kennen keine anderen Gesetze als das Gesetz der Selbsterhaltung."[27]

Das Wort „Trauma" taucht in der Bewertung meines Vaters nicht auf – es sollten noch Jahrzehnte ins Land gehen, bevor posttraumatische Belastungsstörungen offiziell als psychische Erkrankungen anerkannt wurden –, aber auch Hunger, Gewalt oder die Trennung von seinen Eltern kommen nicht darin vor. Und obgleich ich wusste, dass es sich bei dem Gutachten gewissermaßen um das damalige „Standardmodell" handelte, fragte ich mich doch, welchen Einfluss es wohl auf den weiteren Lebensweg meines Vaters gehabt haben mochte.

Beispielsweise sagte es voraus, dass Channania Teitel „im akademischen Bereich nur grundlegende Leistungen" zuzutrauen sein würden, weshalb er einer „technisch-handwerklichen" Ausbildung zugeführt werden solle. In Wirklichkeit hat sich mein Vater zeit seines Lebens viel eher für historische Zusammenhänge, beispielsweise, begeistern können als für technische Fragen, für die er kein besonderes Talent besaß. Hatten am Ende die Vorhersagen aus dem psychologischen Gutachten von 1943 alle weiteren Einstufungen und Entscheidungen beeinflusst, die schließlich dazu führen sollten, dass er 48 Jahre lang bei der technischen Abteilung der israelischen Luftwaffe beschäftigt war? Mir fiel auf, dass Dr. Brill einen alten Freund meines Vaters namens Mosche Druker, der ebenfalls ein „Kind von Teheran" gewesen war und später in Tel Aviv als Steueranwalt große Erfolge feierte, als „hochbegabt und überaus leistungsstark" charakterisiert hatte. War auch diese Einschätzung „nur" eine

Vorhersage gewesen? Oder vielleicht der *Auslöser* von Mosches späterem Erfolg?, fragte ich mich.

Während seines Erholungsaufenthalts im „Haus der Pionierinnen" in Jerusalem besuchte Hannan auch die ihm zugeteilte „Patenfamilie", die Familie des späteren Gynäkologen Yuval Bdolach, der siebzig Jahre später mit mir Kontakt aufnehmen sollte. Dort berichtete er Bdolachs Großmutter von der Ermordung ihrer Schwester und ihrer vier Nichten, deren Zeuge er geworden war. „Die wussten damals eigentlich noch gar nicht, was in Europa vor sich ging", sagte Dr. Bdolach mir bei unserem Treffen in Jerusalem. „Das war ein schrecklicher Augenblick. Aber hinterher haben sie immer gesagt, was für ein sensibler, höflicher Junge Ihr Vater war, und wie gut er sich um die beiden kleinen Mädchen gekümmert hat, seine Schwester und seine Cousine."

Vom Beit Ha'chalutzot aus unternahmen Hannan und die anderen Kinder Exkursionen zu Dörfern und Kibbuzim im ganzen Land. „Für die Kinder war so ein Kibbuz auch nur eine Art von Kolchose", schrieb Henrietta Szold, „ – und mit Kolchosen kannten sie sich aus." Anfangs wollten sie alle am liebsten in den großen Städten bleiben, „doch nach einigen Ausflügen begann sich ihre Einstellung zu ändern, bis kein einziges von ihnen mehr in der Großstadt bleiben wollte!" Ein zentraler Grundsatz der Jugend-Alija war es, dass „alles Gute zum Wohl der Kinder" sich am besten im Kollektiv erzielen lasse, und nach Kriegsende machten sich auch andere Behörden und Organisationen, die sich in den DP-Lagern und an anderen Orten um verwaiste Kinder kümmerten, diesen Grundsatz zu eigen.[28] Im Jischuw als Ganzem war er jedoch alles andere als unumstritten.

Schon in Atlit kam es zu einem heftigen Streit zwischen mehreren politischen Parteien, die jeweils die „Kinder von Teheran" für sich beanspruchten. Dies waren namentlich die säkular-sozialistische Mapai (Mifleget Poalei Eretz Jisrael, „Partei der Arbeiter von Eretz Israel"), die der Kibbuzbewegung am nächsten stand; die ultraorthodoxe Partei Agudat Jisrael sowie die religiös-zionistische Misrachi-Partei. (Bei der Misrachi – das Kurzwort bedeutet „Religiöses Zentrum" – handelte es sich, in den Worten der Historikerin Tchiya Nedivi-Horovitz, um „ein Mittelding zwischen Religion und Zionismus".) Letztlich ging es bei diesem Streit, einerseits, um die Verteilung der finanziellen Mittel – schließlich hatte die Hadassah zugesagt, für den Unterhalt, die Bildung und Erziehung jedes einzelnen der „Kinder von Teheran" aufzukommen, und im Grunde stand jedem der Kinder zusätzlich noch eine monatliche Zahlung von

4 Pfund Sterling seitens der polnischen Exilregierung zu – Gelder, die den chronisch unterfinanzierten jüdischen Institutionen im britischen Mandatsgebiet nur gelegen kommen konnten.[29] Und es ging um die Verteilung der politischen Macht, war doch jede der beteiligten Parteien bestrebt, ihre Wählerbasis auszubauen, insbesondere nachdem Gerüchte aufgekommen waren, bald würden noch Tausende weiterer Kinder eintreffen.

Vonseiten der religiösen Parteien wurden Beschwerden laut, das religiöse Leben der Kinder sei in Teheran vernachlässigt worden. Untersuchungskommissionen wurden eingesetzt, die Mitarbeiter des Jüdischen Kinderheims vernommen. Über Monate gingen die Anschuldigungen und politischen Grabenkämpfe hin und her, was schließlich eine solche Verbitterung hervorrief, dass die Tageszeitung *Ha'aretz* in ihrer Ausgabe vom 26. November 1943 eine Karikatur mit dem Titel „Der Jischuw heißt die Kinder von Teheran willkommen" abdrucken konnte: Zu sehen war ein Haufen sich prügelnder Personen, daneben zwei weinende Kinder, ein Mädchen und ein Junge. Die Bildunterschrift lautete: „Nur keine Sorge, Sara. Unsere Feinde haben wir überlebt, da werden wir unsere Freunde auch noch überleben …"

In Jerusalem rief Henrietta Szold „die Öffentlichkeit" dazu auf, sich nicht weiter in die Resozialisierung der Kinder „einzumischen". „Seltsame Vorfälle ereignen sich: Leute tauchen auf und löchern die Kinder mit der Frage, ob sie nun lieber Rabbiner werden wollen oder lieber Pioniere, [das sind] parteipolitische Rivalitäten … Ich kann solche Kontaktanbahnungen nicht länger tolerieren und tue mein Äußerstes, sie zu verhindern. In vielen Fällen ist es solchen Leuten allerdings gelungen, des einen oder anderen Kindes habhaft zu werden." Josek Klapholz beschreibt in seinen Memoiren, wie sein jüngerer Bruder verschwand, nur um einige Zeit später in Kippa und mit Schläfenlocken aus einer ultraorthodoxen Jeschiwa „gerettet" zu werden.

Die ultraorthodoxe Aguda-Partei bestand darauf, dass „ein jedes Kind jüdischer Herkunft, das keine Eltern mehr hat oder von seinen Eltern getrennt worden ist, eine religiöse Erziehung bekommen" müsse, und beanspruchte schon aus diesem Grund die Hälfte der „Kinder von Teheran" für sich. Rabbiner aus den Vereinigten Staaten und aus Palästina unterzeichneten eine Petition, mit der verhindert werden sollte, dass die Kinder auf Kibbuzim verteilt würden, „wo man ihnen ihre Religion austreiben wird, sei es durch Indoktrination, sei es mit Gewalt". In Jerusalem habe ich ein Interview mit Ayala Rottenberg geführt, die als ultraorthodoxe Betreuerin in dem chassidischen Dorf Kfar Chasidim eingesetzt war, wo einige der Kinder zwischenzeitlich untergebracht wurden. Sie berichtete mir, Mitglieder der sozialistischen Partei Mapai hätten „die Kinder auf Ausflügen unter einem Vorwand in die Kibbuzim gelockt". Ultraorthodoxe Parteien riefen zum Widerstand gegen die Jewish Agency auf, notfalls mit Gewalt, weil sie „sich geweigert [habe], den Kindern eine religiöse Erziehung angedeihen zu lassen, wie sie ihnen mit Blick auf ihre Herkunftsorte zustünde".

Am Ende wurden die Kinder mehr oder minder gleichmäßig auf diverse Kibbuzim und die Einrichtungen der Misrachi aufgeteilt. Im August 1943 traf aus Teheran ein zweiter Transport mit weiteren 120 Kindern ein, und die Jugend-Alija wies sie fast alle solchen Familien und Einrichtungen zu, die der Misrachi nahestanden – dies war ein Versuch, für Ausgewogenheit zu sorgen. In dieser zweiten Gruppe befand sich auch Hannans und Reginas Cousine mütterlicherseits, Sara Halberstadt, deren Familie in Polen, wie Regina mir sagte, „weniger religiös gewesen war als die Teitels".

Die ultraorthodoxen Parteien erhielten das Sorgerecht für lediglich 37 der Flüchtlingskinder, was selbst Jahrzehnte später noch ein wunder Punkt war. Ayala Rottenberg, die einstige ultraorthodoxe Betreuerin von einigen dieser Kinder, hat ein Erinnerungsbuch verfasst, in dem sie etliche Kapitel den „Kindern von Teheran" widmet. Für Rottenberg handelte es sich bei ihnen nicht so sehr um junge Flüchtlinge, die den Holocaust überlebt hatten, sondern vielmehr um jüdische Kinder, die von den säkularen Zionisten verfolgt wurden. Gerüchteweise hieß es, einige der Kinder seien an Jom Kippur gegen ihren Willen mit einem Kraftfahrzeug (!) in eine Teheraner Synagoge gefahren worden; die Mitarbeiter des Jüdischen Kinderheims hätten das ihnen zugeteilte Geld lieber für Wein ausgegeben als für koscheres Essen; man habe den Kindern das Beten verboten und ihnen untersagt, eine Kippa zu tragen; nachts im Schlaf habe man ihnen ihre *pajes* (Schläfenlocken) abgeschnitten; und sowohl in Teheran als auch in Palästina habe man sie antireligiösen Hetzreden und sozialistischer Propaganda ausgesetzt. „Der tora- und mitzwatreue Bevölkerungsteil [d. h. die Ultraorthodoxen] war damals in Israel eine winzige Minderheit ohne großen Einfluss, weshalb sie nicht im Stande waren, um die Seelen dieser Kinder zu kämpfen", schreibt Rottenberg. Ihr Buch hat mindestens fünf Auflagen erfahren.

„Wir hatten damals ja keine politische Macht", sagte sie mir, eine elegant und zuvorkommende ältere Dame, als wir uns in Jerusalem trafen. „Aber aus unserer Niederlage im Kampf um die ‚Kinder von Teheran' haben wir gelernt, wie wir uns politisch organisieren mussten." Zu dem Zeitpunkt, als ich die letzten Kapitel dieses Buches schrieb, war die ultraorthodoxe Partei Agudat Jisrael zu einem absoluten Schwergewicht in der israelischen Politik geworden, zum eigentlichen Machtzentrum einer breiten Koalition rechts der politischen Mitte.

*

Zindels Cousine Riwka Zwykielska trafen Hannan, Regina und Emma während ihrer Zeit in Atlit zum ersten Mal, und dieses Kennenlernen sollte für den weiteren Lebensweg der Kinder entscheidend sein. In Polen war Riwka eine Klassenkameradin von Emmas Mutter Sura gewesen, bevor sie Ostrów im Alter von achtzehn Jahren verlassen hatte, um an der Warschauer Universität ein Studium zu beginnen. Für Pädagogik und Psychologie war sie eingeschrieben; ihr Ziel war es, bei dem berühmten polnisch-jüdischen Pädagogen Janusz Korczak als Mitarbeiterin in dessen Warschauer Waisenhaus anzufangen. Dann jedoch hatte sie ihr Studium unerwartet abgebrochen und war nach Ostrów zurückgekehrt – schwanger und allein, und hatte sowohl eine Abtreibung als auch, nach der Geburt ihrer kleinen Tochter, deren Freigabe zur Adoption abgelehnt. Der Vater des Kindes, von dem es in der Familie gerüchteweise geheißen hatte, er sein ein polnischer Kommilitone von Riwka gewesen, der sie geschwängert und dann sitzen gelassen habe, war in Wirklichkeit – wie sich Jahrzehnte später, lange nach seinem Tod herausstellte – ein naher Verwandter der jungen Frau gewesen. Riwkas standhafte Weigerung, ihr Kind abzutreiben oder wegzugeben, führte zu einem regelrechten Krieg zwischen ihr und der Familie. Sie ging mit ihrer kleinen Tochter Mia nach Danzig (heute Gdańsk) an der Ostsee, wo sie eine Stelle als Lehrerin annahm, musste dann aber nach Ostrów zurückkehren, als es ihr nicht mehr gelang, den Lebensunterhalt für sich und Mia zu bestreiten.[30]

In Ostrów lernte sie einen entfernten Verwandten kennen, der aus Palästina zu Besuch war. David Drozdowski hatte als Soldat der britischen Armee in den Kämpfen um Gallipoli im Ersten Weltkrieg ein Bein verloren und als Ausgleich dafür die britisch-palästinische Staatsbürgerschaft für sich selbst sowie alle etwaigen Mitglieder seiner unmittelbaren Familie erhalten. „Mein Vater hatte kein Bein und meine Mutter hatte keinen Mann", sagte mir der inzwischen siebzigjährige Sohn der beiden, als ich ihn zu einem Gespräch traf, „und also haben sie geheiratet." Im Jahr 1928 fuhren Riwka und ihre kleine Tochter gemeinsam mit David Drozdowski nach Palästina und ließen sich in seinem neu gegründeten Kibbuz En Charod nieder, einer landwirtschaftlichen Kooperative mit 287 Mitgliedern in der Jesreelebene im Norden Israels.

Im Mai 1943 nahm Riwka ihre jungen Verwandten Hannan, Regina und Emma mit zu einem Besuch nach En Charod. Offenbar gefiel den Kindern der Kibbuz, denn Riwka bat darum, dass man sie der Liste von siebzehn Flüchtlingskindern hinzufügte, die dort ohnehin schon untergebracht werden sollten.

Weil Hannan älter als vierzehn war, hatte er das Recht, sich seinen Unterbringungsort selbst auszusuchen. Jüngere Kinder – wie Regina und Emma – sollten befragt werden, um herauszufinden, ob man sie besser in einer religiösen oder eher in einer säkularen Umgebung unterbringen sollte. In einer solchen Befragung, deren Protokoll ich gelesen habe, konnte sich „Teitel, Riwka", wie es heißt, „an keinerlei Einzelheiten bezüglich ihres Zuhauses und der dort herrschenden Atmosphäre erinnern". Sie sagte, sie „könne sich nicht erinnern, was ihr Vater morgens nach dem Aufstehen getan habe". Und auf die Frage: „Was hat deine Mutter mit dem Fleisch gemacht, das sie eingekauft hatte?" antwortete Regina, zu Hause in Ostrów sei sie „nie in der Küche gewesen". Das Unterbringungskomitee vermerkte, dass sie „zusammen mit ihrem Bruder Channania (15) und ihrer Base Noemi Perelgric (10) in den Kibbuz En Charod geschickt werden möchte", und empfahl eine „nichtreligiöse Erziehung".

Auf der Stelle trat ein Mann, der sich als ein „Onkel" der Kinder vorstellte, auf den Plan und teilte Henrietta Szold brieflich sein „Entsetzen" darüber mit, dass, wie er hatte erfahren müssen, der Knabe „Channania Teitel" und die Mädchen „Riwka Teitel" und „Perelgric Nahama" aus „Ostrow Maz" nach En Charod gebracht werden sollten. Der Mann – ein entfernter Verwandter der Kinder namens Abraham Czukerman – behauptete, „ihre Eltern [hätten ihn] in einem Brief aus Russland angefleht, dass [er,] ihr Onkel[,] ihnen ein Vater sein solle, sich um sie kümmern und sie erziehen solle im Geiste ihrer Eltern, dem Geist der Tradition und der Tora". Sodann beantragte er das Sorgerecht für die Kinder („Verehrte, gnädige Frau! Haben Sie Erbarmen mit diesen Kindern und weisen Sie unverzüglich ihre Überführung an!") und protestierte dagegen, dass die Armen an einen Ort gebracht werden sollten, „an dem man ihre Körper mit Trefe [d. h. mit Unreinem nach den jüdischen Speisegesetzen] und ihre Seelen mit Gotteslästerung füllt ... gegen den Willen ihrer Eltern!"

Szold schrieb zurück, die Kinder seien „von ganzem Herzen ihrer Verwandten Riwka Zwykielska zugetan und [bestünden] darauf, in En Charod zu bleiben". Sie bat Czukerman, ihr doch bitte den Brief weiterzuleiten, den er von den Eltern der Kinder erhalten haben wollte. „Diesen Brief gab es nicht. Das war eine Lüge", sagte mir Duban Simchoni, der Sohn von Riwka Zwykielska, als ich ihn 2018 im Kibbuz En Charod besuchte, wo er noch immer lebte. „Die religiösen Parteien haben nichts unversucht gelassen, haben noch nicht einmal vor Lügen zurückgeschreckt, um die Kinder aus dem Kibbuz zu holen und sie in ihre eigenen Einrichtungen zu bringen." Aber im Zionistischen Zentralarchiv in Jerusalem fand sich immerhin eine undatierte „Zusammenfassung eines Briefs von Herrn Zindel Teitel", wie es dort hieß; die Adressaten waren jedoch nicht angegeben:

Ich habe Euch vor einer Weile mehrere Briefe geschrieben. Wie geht es Euch?
Unsere Kinder Channania und Riwka sind zusammen mit der kleinen
Emutschka, der Tochter unserer Schwester Sara, mit der Kinderbrigade zu
Euch gereist. ... Bitte schreibt und kabelt doch, wie es ihnen geht. Sie sind
zu Euch gereist, und ich bin gewiss, dass Ihr Euch bemühen werdet, meine
lieben Kinder auf die beste Weise willkommen zu heißen, damit sie nicht
allein bleiben. Ich vertraue ganz darauf, dass Ihr sie wie Euer eigen Fleisch
und Blut aufnehmen werdet und ihnen wahre Eltern sein werdet, bis wir
sie wiedersehen.
Uns geht es gut. Ich schreibe auch an Wolf. Von Icok weiß ich nichts.
Wisst Ihr etwas?
Grüße von meiner Frau, Grüße auch an alle unsere Bekannten.
Euer Freund, Zindel Teitel

Diesen Brief meines Großvaters mit seinem energischen, irgendwie doch hoffnungsvollen Ton zu lesen, mit seinem doppelten Appell, die Kinder „wie Euer eigen Fleisch und Blut" zu behandeln und „ihnen wahre Eltern [zu] sein, bis wir sie wiedersehen", war anrührend und schrecklich zugleich. Anrührend, weil die Verbindung zwischen Eltern und Kindern hier, anders als in so vielen anderen Familien, noch nicht ganz abgerissen war, und weil Zindel seiner Vaterrolle noch immer gerecht werden wollte, selbst über den Eisernen Vorhang hinweg. Schrecklich war es, weil es sich um einen Brief von jenseits des Grabes handelte. Zindel sollte seine Kinder nie mehr wiedersehen, sollte ihnen nie mehr ein Vater sein. Und zu dem Zeitpunkt, als er seinen Brief mit der Frage nach seinem Bruder Icok verfasste (oder wenig später), waren Icok, Icoks Frau Leja (eine Tochter Abraham Czukermans) und ihre Töchter Ruchela, Szulamit und Pesja, waren Icoks Mutter Fejge, seine Schwester Sura und ihr Sohn Danek, waren Icoks Schwiegermutter Esthera und sein Schwager Daniel schon alle nicht mehr am Leben.

Wie genau Icok und seine Familie zu Tode gekommen sind, ist unbekannt; ihre Spuren verlieren sich in Białystok nach dem deutschen Überfall auf die Sowjetunion am 22. Juni 1941. Vielleicht sind sie in der Wielka Synagoga verbrannt, der Großen Synagoge von Białystok, in der deutsche Soldaten am 27. Juni rund 2000 Juden einsperrten und das Gebäude dann in Brand setzten. Oder sie könnten bei dem Massaker mit Handgranaten und Maschinengewehren umgekommen sein, dem später am selben Tag noch einmal 1000 jüdische Einwohner von Białystok zum Opfer fielen. Vielleicht stufte man sie als „Kollaborateure des NKWD" ein und erschoss sie auf einem Acker bei Pietrasze, einige Dutzend Kilometer nördlich von Białystok. Dort wurden am 12. Juli 1941 5000 Menschen von Angehörigen der deutschen Einsatzgruppe B, des SS-Kommandos Zichenau-Schröttersburg und des Kommandos Białystok ermordet – ein Töten wie am Fließband. Vielleicht blieben sie aber auch noch ein Jahr oder etwas länger im jüdischen Ghetto von Białystok und kamen dann in die Vernichtungslager Treblinka oder Majdanek.

Auf der Sterbeurkunde für Sura Perelgric, die Emma nach dem Krieg vom Internationalen Roten Kreuz erhielt, lautete der Eintrag für die Todesursache: „bei Warschau erschossen". Ein Datum war nicht angegeben. Ob Emmas Bruder Danek zusammen mit der Mutter erschossen oder an einem anderen Ort ermordet wurde, im Ghetto oder in Treblinka, konnten wir nicht mehr herausfinden.

Hannans Großmutter väterlicherseits, Fejge Teitel, soll – wie mir Regina unter Berufung auf ihren Cousin Ze'ev Teitel sagte – schon vor der Besetzung von Białystok durch die Deutschen gestorben sein; aber als ich Białystok besuchte, konnte ich ihren Namen auf dem Jüdischen Friedhof, wo sie ja bestattet worden wäre, nicht ausfindig machen.

Hannans Großmutter mütterlicherseits, Esthera Averbuch, und ihr Sohn Daniel wurden in das Konzentrationslager Auschwitz in Oberschlesien deportiert und dort am 25. Februar 1943 ermordet, eine Woche nachdem Hannan, Regina und Emma in Palästina angekommen waren.

Meine ganze Kindheit hatte ich mit meinem Vater und meiner Großmutter zusammen in einem Haushalt gelebt und hatte doch nie etwas von diesen ermordeten Mitgliedern unserer Familie gehört. Aber damit war ich nicht allein. In so gut wie jedem Zuhause meiner Freunde und Nachbarn in Haifa, und in Tausenden anderen Haushalten im ganzen Land, wohnten, wie ich inzwischen wusste, Onkel, Tanten, Cousinen, manchmal auch Brüder oder Schwestern oder vormalige Ehepartner weiter, von deren Leben und Sterben niemand aus den nachfolgenden Generationen jemals etwas erfuhr.

Doch empfand ich beim Lesen von Zindels Brief nicht *nur* Bestürzung und Trauer. Das Schreiben war ja nicht *nur* eine schmerzliche Spur seines grausamen Schicksals und dessen seiner ermordeten Angehörigen. Sondern es stellte auch eine direkte Verbindung in die Vergangenheit her; und weil ich schon einiges über diese Vergangenheit wusste, konnte ich sie nun beinahe hören: die Eigenarten im Schreiben, Sprechen und Verhalten meines Großvaters; die Würde und Lebenskraft, die bald verlöschen würden, aber aus seinen 1943 niedergeschriebenen Worten noch immer zu mir sprachen – zu mir, die ich ohne ihn aufgewachsen war, aber ihn nun wie mit vertrauter Stimme aus dem Grab zu mir sprechen hörte.

Dieselbe Würde, Lebenskraft und Wohlanständigkeit sprachen aus den Worten von Henrietta Szold, die Zindel Anfang August 1943 einen Brief nach Samarkand schrieb – auf Jiddisch, in einer Sprache, die schon bald weitgehend verstummen sollte. Darin bittet sie um weitere Anweisungen bezüglich seiner „Kinder Chananjah und Riwka Teytel und Ihrer *kroyve* [Verwandten] Noemi Perelgritz":

Geehrter Herr Teitel,
… Die Kinder haben uns gebeten, dass wir Ihnen Bescheid geben sollen über ihr Wohlbefinden, dass sie zufrieden sind mit ihrer Gruppe, in der Schule fleißig lernen, und dass sie gesund sind und munter.

Aber heute wollen wir nicht nur mitteilen, dass es den Kindern gut geht; wir wollen Ihnen auch schildern, wie wir die Kinder zugeteilt und warum wir sie nach En Charod geschickt haben. Als die Kinder in Eretz Israel angekommen sind, hat uns [Ihre Verwandte] Frau Riwka Zwykielska angeschrieben, die eine „chavertah" [Kibbuz-Genossin] bei der unabhängigen, nichtreligiösen Kooperative En Charod ist, und mitgeteilt, dass sie gern die Erziehung von Chananjah, Riwka und Noemi übernehmen und für sie sor-

gen wolle, und sie bat uns, die Kinder zusammen mit der Gruppe der Kinder aus Teheran nach En Charod zu schicken. Wir haben mit den Kindern gesprochen und sie haben uns gesagt, dass sie ihre Erziehung in Polen an der Tarbut-Schule bekommen haben, und haben ihren festen Willen bekundet, nach En Charod zu gehen und dort bei Frau Zwykielska zu sein. Einige Zeit später erhielten wir ein Schreiben von einem gewissen Herrn Avraham Czukerman aus Chadera [bei Haifa], der darin erklärte, die Kinder seien in seine Hände übergeben, und jetzt will er, dass wir sollen herausnehmen die Kinder aus En Charod und sie in eine religiöse Lehranstalt schicken.

Wir wenden uns jetzt an Sie mit der Bakusche [Anfrage], dass Sie uns Ihre Meinung sagen, ob Sie mit der Zuteilung der Kinder nach En Charod maskem [einverstanden] sind. Sie haben bestimmt schon einen Brief von Ihren Kindern bekommen, und bestimmt haben Sie Ihnen von Ihrem Leben [in En Charod] berichtet.

Sehr dankbar wären wir Ihnen, wenn Sie uns einen gichen Tschuwe [schnelle Antwort] geben könnten.

Wir grüßen Sie und wünschen Ihnen alles Gute!

Henrietta Szold

Es rührte mich, dass Henrietta Szold einen Mann, von dem sie ja annehmen musste, dass er inzwischen ein zerlumpter, verlauster und ausgehungerter Flüchtling war, noch immer als „Herr Teitel" anredete. Es rührte mich, dass seine Adresse – Jangirabadskaja Ulitsa 24, Samarkand, die „Lehmhütte in der Vorstadt", wie mein Vater sie genannt hatte – ganz korrekt, wie es sich gehörte, links oben auf den Briefbogen getippt war wie jede andere Adresse auch. Es rührte mich, wie ordentlich der Brief aufgesetzt war: keine Tippfehler, keine Flecken. Aber am meisten rührte mich der Inhalt des Schreibens: der höfliche Bericht, das Einholen der elterlichen Erlaubnis für den weiteren Erziehungsweg der Kinder. Alles an diesem Brief war geradezu *schockierend* gewöhnlich. Es war, als hätte Henrietta Szold selbst 1943 noch die Umrisse einer Welt aus Normen und Logik, aus Höflichkeit und Herzlichkeit aufrechterhalten wollen, während doch ringsumher jegliche Norm, jede Konvention und in vielen Fällen das Leben selbst vor der völligen Vernichtung stand.

*

Die allgemeine Erwartung, nach dem Eintreffen der „Kinder von Teheran" würden nun bald Tausende weiterer polnisch-jüdischer Flüchtlingskinder aus Zentralasien nach Palästina kommen, nahm ihren Anfang bei den Verhandlungen, die Mosche Schertok in London mit verschiedenen Vertretern der britischen, sowjetischen und polnischen Regierungen führte, unter anderem auch mit dem polnischen Ministerpräsidenten Sikorski.[31] Und dann teilte bei einer Zufallsbegegnung in Palästina Stanisław Kot dem verblüfften Schertok mit, zur Zeit fänden geheime Unterredungen zwischen Vertretern Polens und der Sowjetunion statt, die womöglich zur Evakuierung weiterer 50 000 polnischer Flüchtlinge führen könnten, darunter zahlreiche jüdische Kinder. Kot, vormals polnischer Botschafter in der Sowjetunion, war inzwischen Staatsminister der polnischen Exilregierung im Nahen Osten mit Sitz in Palästina. Genauer gesagt hielt er sich im Karmel-Sanatorium auf, einem fast fünf Hektar großen Areal im Hügelland über der Mittelmeerküste bei Haifa, wo er eine Erkrankung auskurierte. Sein behandelnder Arzt war Dr. Wilhelm Bodenheimer, ein deutsch-jüdischer Flüchtling, der das Sanatorium zehn Jahre zuvor gemeinsam mit anderen aus Deutschland stammenden Ärzten gegründet hatte. Bei einer Sitzung der Jewish Agency in Tel Aviv gab Schertok kurz darauf weiter, was Kot ihm anvertraut hatte, und von dort verbreitete die Nachricht sich im ganzen Land.[32]

Inzwischen lebten schon Zehntausende katholischer Polen in Haifa, Gedera, Rechowot, Kastina, Tel Aviv, Nazareth und Jerusalem. Unter ihnen waren Soldaten und Zivilisten, Regierungsbeamte, Mitarbeiter des Polnischen Roten Kreuzes und auch Kinder. „Es war die größte Ansammlung von polnischen Flüchtlingen im ganzen Osten", sagte mir die Historikerin Valentina Brio bei einem Gespräch in Jerusalem 2018. „Hier haben sie ihre Armee aufgestellt und ausgebildet, aber was noch wichtiger war: Hier haben sie das größte Zentrum ihres kulturellen Lebens außerhalb von Polen aufgebaut. Das war größer als in London, größer als irgendwo sonst." Über Jahre hatte Dr. Brio sich mit der Dichtung, der erzählenden Literatur, mit den Memoiren, Zeitungen und Zeitschriften befasst, die Polen in Palästina verfasst hatten. „In Palästina gab es unglaublich fruchtbare Begegnungen auf politischer, kultureller und gesellschaftlicher Ebene", sagte sie mir. „Hier war das Exil, in dem die Polen am längsten geblieben sind."[33]

In Palästina bereitete sich die Anders-Armee auf die spätere „Schlacht um Monte Cassino" vor: Bei einem groß angelegten Manöver „eroberten" die polnischen Soldaten den Berg Sinai, Nazareth und weitere Orte. Aber auch im zivilen Leben waren die Polen in Palästina überaus umtriebig: Es gab polnische Krankenhäuser, Sanatorien, Weiterbildungskurse für polnische Verwaltungsbeamte in Tel Aviv, Treffen von Schriftstellern und Journalisten, wie etwa bei der Dichterlesung, die der Lyriker hebräischer Sprache Saul Tschernichowski mit seinen polnischen Dichterkollegen Władysław Broniewski und Marian Czuchnowski veranstaltete. Auch gab es etliche polnische Zeitungen und Zeitschriften in Palästina: die Tageszeitung *Gazeta Polska*, die sich an alle Polen im Nahen Osten richtete; eine Zeitschrift für polnische Soldaten; eine Zeitung für polnische Frauen; eine polnische Jugendzeitschrift sowie eine zweimal im Monat erscheinende Literaturzeitschrift mit dem Titel *W drodze* („Unterwegs"). Polnische Verlage und Druckereien brachten Lyrik, Sammelbände und Schulbücher heraus.

Mit der Unterstützung der Hebräischen Universität in Jerusalem konnten diese Druckereien Neuauflagen von polnischen Büchern veröffentlichen, von denen sich bereits Exemplare in den Beständen der Jerusalemer Universitätsbibliothek befanden; dabei arbeiteten ortsansässige Juden polnischer Herkunft und polnisch-katholische Flüchtlinge Hand in Hand. Artikel aus den polnischen Zeitschriften, von denen man annahm, dass sie die jüdische Bevölkerung Palästinas auch interessieren könnten, wurden umgehend ins Hebräische übersetzt und erschienen in den örtlichen Tageszeitungen. Umgekehrt wurden Artikel über hebräische Schriftsteller, die – wie etwa der Dichter Tchernichowski – auch in der Tradition der polnischen Literatur standen, ins Polnische übersetzt und erschienen in den polnischen Exilzeitschriften. Schon seit Längerem in Palästina ansässige Musiker polnischer Herkunft spielten in Orchestern mit polnischen Flüchtlingen zusammen, ebenso in der Jazzband von Henryk Wars (eigentlich Warszawski), einem Pionier der Jazzmusik in Polen, der mit der Anders-Armee nach Palästina gekommen war und später als Filmmusikkomponist in Hollywood Erfolge feierte.

Valentina Brio, die an der Universität von Vilnius (Wilna) in Litauen gelehrt hatte, bevor sie nach Jerusalem an die Hebräische Universität gekommen war, legte ihren Schwerpunkt eher nicht auf die Spannungen zwischen Juden und Polen, die sich auch in Palästina bisweilen in Gewalt entluden. In Tel Aviv gab es Berichte über zwei Morde, die polnische Soldaten begangen haben sollten, eine Schlägerei in einer technischen Schule sowie eine versuchte Brandstiftung am Beit Ha'am („Haus des Volkes"), der größten Veranstaltungshalle von Tel

Aviv.[34] Der befehlshabende Offizier des in Tel Aviv stationierten polnischen Regiments, ein Major Wróblewski, bestritt kategorisch, dass Soldaten aus seiner Einheit etwas mit irgendwelchen Morden zu tun hätten, und wies die Schuld an dem zweiten Vorkommnis einem „betrunkenen polnischen Soldaten" zu, der einen kleinen Streit angefangen habe, was in der Berichterstattung völlig übertrieben dargestellt worden sei; der Major behauptete zudem, in Tel Aviv sei vielmehr *ein polnischer Soldat ermordet worden*, und nicht andersherum.[35]

All dies hatte Dr. Brio in ihren Forschungen ignoriert, genauso wie die antisemitische polnische Exilpresse in London, die vor „den Juden Palästinas" warnte, die „keinen Funken polenfreundlicher Gefühle im Leib" hätten, sondern vielmehr „nur auf die Gelegenheit warte[te]n, endlich nach Polen zurückzukehren". Stattdessen betonte die Historikerin die enge kulturelle Zusammenarbeit zwischen dem Jischuw und den polnischen Flüchtlingen: etwa bei der Einrichtung eines provisorischen Theaters im Jerusalemer Edison-Haus, wo polnisch-jüdische Schauspieler aus Palästina gemeinsam mit katholischen Polen auf der Bühne standen; oder Fälle wie denen der polnisch-jüdischen Journalisten David Lazar und Paulina Apenszlak, die vor dem Krieg eine feministische Zeitung herausgegeben hatten – jetzt schrieben sie beide für polnische Exilzeitungen; oder die Dutzenden von Memoiren und Tagebüchern wie jene des Dichters und Offiziers der Anders-Armee Bronisław Brzezicki, in denen er seine Besuche an verschiedenen Gedenkorten des „Heiligen Landes", in Tel Aviv und am Mittelmeer beschreibt. „Ich habe eingesehen", schrieb Brzezicki in sein Tagebuch, „dass die Juden Palästinas nichts gegen uns Polen haben."

In Palästina war also zumindest ein kleines Stück von dem alten Traum eines harmonischen Zusammenlebens von Juden und Polen Wirklichkeit geworden. Dies schien jedoch ganz davon abzuhängen, wie der polnische Konsul in Teheran Mosche Jischai gegenüber angedeutet hatte, dass die Juden von Eretz Israel inzwischen über eigene, autonome Ziele verfügten, die mit Polen nichts mehr zu tun hatten. (Der Konsul, der auch Palästina besucht hatte, sagte Jischai, dass er „die ganz andere Sorte Jude" bewundere – „kein Händler, kein Krämer" –, die Eretz Israel hervorgebracht habe, und dass er „dieses Unternehmen" bewundere; allerdings, fügte er hinzu, beziehe sich sein „Umdenken [hinsichtlich der Juden] lediglich auf die Juden des Landes Israel".)[36] Und diese neuen, nationalen Ziele führten, wie auch Bronisław Brzezicki bemerkte, die Juden Palästinas geradewegs in neue, unabweislichere Konflikte hinein, wodurch ihr Augenmerk von Polen weg verlagert wurde.

In einer Sitzung des Sochnut-Exekutivkomitees am 25. April 1942 lobte Mosche Schertok, der sich zu Gesprächen mit Ministerpräsident Sikorski sowie dem polnisch-jüdischen Sejm-Abgeordneten und Nationalratsmitglied Ignacy Schwarzbart getroffen hatte, die polnische Exilregierung für ihre öffentliche Stellungnahme zum „Massenmord an den Juden im deutsch besetzten Polen". Diese amtliche Mitteilung beruhte auf dem Bericht des polnischen Offiziers und Widerstandskämpfers Jan Karski, der als Kurier aus Polen entkommen war und die polnische Exilregierung sowie andere Stellen über die Vernichtung der Juden im NS-„Generalgouvernement" Polen informierte: „Wir hatten ja bereits Nachrichten von dem Morden in Polen erhalten ... von der systematischen Vernichtung, den Deportationen mit der Eisenbahn ... durch Augenzeugen, die nach Palästina entkommen waren", erklärte Schertok. „Aber bis zu der offiziellen Stellungnahme der polnischen Regierung hatte es einen Pakt des Schweigens zwischen der britischen Regierung und der britischen Presse gegeben. ... Was die Dringlichkeit der Sache nun verstärkt hat, war ganz allein die Stellungnahme der Polen. ... Ich will mich hier zu den Motiven der polnischen Regierung nicht äußern, was ihre Mitglieder denken oder nicht denken mögen. ... Aber die Erklärung [Anthony] Edens [in der Eden im britischen Oberhaus eine Stellungnahme zur Judenvernichtung durch die Nazis abgegeben hatte] wäre nicht passiert ohne die vorangegangene Stellungnahme der polnischen Regierung. Diese ist eine historische Tatsache ersten Ranges, die erste Handlung auf internationalem Parkett, durch welche der Massenmord vor den Augen der Welt publik gemacht und die Welt zum Handeln aufgefordert wird."[37]

Im Jahr 1943 lud die Hebräische Universität Stanisław Kot zu einer Besichtigungstour ein, auf der er auch an einer Vollversammlung der 1918 gegründeten Hochschule teilnehmen sollte.[38]

Beim polnischen Informationszentrum Ost in Jerusalem arbeiteten jüdische und katholische Polen Hand in Hand – darunter auch eine polnische Adlige namens Teresa Lebkowsky und die beiden Journalisten David Glazer und David Flincker, welch Letzterer ja die Zeugenaussage meines Vaters aufgenommen hatte –, um ähnliche Aussagen auch von allen anderen polnischen Flüchtlingen in Palästina zu erhalten, einschließlich der Kinder. „Es war General Anders, der anlässlich eines Besuchs bei den polnischen Truppen in Palästina anregte, auch die Zeugenaussagen der jüdischen Flüchtlinge zu sammeln", erklärte mir Dr. Brio. Und General Anders war es auch, der anordnete, nach jüdischen Soldaten, die in Palästina aus der Anders-Armee desertierten, nicht weiter zu fahnden. In Palästina galt: „Anders hatte nichts dagegen, wenn wir weggingen, nur die Briten suchten dann nach uns" – so berichtete es Jehuda Pompiansky, ein vormaliger jüdischer Soldat der Anders-Armee, bei seiner Befragung.

In Palästina desertierten zwei Drittel der jüdischen Soldaten aus der Anders-Armee: „Warum hätten wir auch bei der polnischen Armee bleiben sollen, wenn man bedenkt, wie sie uns dort behandelt haben", sagte Pompiansky aus.[39] Ein Drittel blieb und kämpfte am Monte Cassino. Mindestens ein in Polen geborener Jude aus Palästina schloss sich der Anders-Armee an und kämpfte ebenfalls in Italien.[40] Das Lied „Der rote Mohn von Monte Cassino", das kurz nach der verheerenden Schlacht im Frühjahr 1944 aufgenommen wurde, sang der polnisch-jüdische Chansonnier Adam Aston (geboren in Warschau als Adolf Loewinsohn). Ein weiteres Lied mit dem Titel „Tchol ha'mitpachat" („Das blaue Tuch"), das zu meinen absoluten Favoriten im Repertoire des israelischen Sängers Arik Einstein gehörte, stellte sich als hebräische Übersetzung eines Liedes der Roten Armee heraus, deren polnische Fassung der Lieddichter Jerzy Petersburski getextet hatte. Józef Lejtes, ein polnischer Drehbuchautor und Regisseur, drehte den ersten englischsprachigen Langfilm Palästinas, *My Father's House*, mit polnisch-jüdischen Darstellern. Seinen nächsten Film sollte er dann in Israel und auf Hebräisch drehen: *Eyn Brera* („Keine Wahl") von 1949; 1952 folgte mit *Faithful City* eine weitere größtenteils englischsprachige Produktion. Der letztgenannte Film zeigte, wie die Film-Website IMDb festhält, „ein wenig von dem Mut, der Ausdauer, Tapferkeit und Einsicht, welche die Geburt Israels als eines freien und unabhängigen Staates begleiteten".

Das Polnische Kulturinstitut und Sikorski-Museum in London ist in einem biederen, düster-stickigen Stadthaus direkt am Hyde Park untergebracht. Im Inneren sind die Wände bedeckt mit mittelalterlichen Rüstungen aus Polen sowie allerlei Waffen aus dem Zweiten Weltkrieg neben Fotos von Ministerpräsident Sikorski und General Anders. Aber auch Spuren des polnischen Lebens in Palästina fand ich dort: Rechnungsbücher, in denen fein säuberlich die Ausgaben für Blumen, Schreibmaschinen oder Kleider vermerkt waren; Abrechnungen über Schul- und Studiengebühren an der Hebräischen Universität, am Technikum in Haifa oder mehr als einem Dutzend anderer Schulen und Hochschulen; Ausgaben für Kurse und Trainingsprogramme; Quittungen des Hotel Julian in Jerusalem; Empfehlungsschreiben für angehende polnische Musiker zum

Studium am Eretz-Israel-Konservatorium, ebenfalls in Jerusalem; dazu Aufstellungen von allerlei Gegenständen des Weiterbildungs- und Freizeitbedarfs für die nichtjüdischen Flüchtlinge aus Polen in Palästina.

Im Archiv fand ich Listen über Listen, die der Vertreter des polnischen Ministeriums für Arbeit und Soziales in Jerusalem, ein Dr. Lubaczewski, angelegt hatte. Die Listen der polnischen Flüchtlinge in Palästina waren nach Aufenthaltsorten gegliedert (Tel Aviv, Jerusalem, Haifa). Bestimmte Abkürzungen gaben den Personenstand an: S (für *sam*) hieß „alleinstehend"; Ż (für *żonaty*) hieß „verheiratet, Ehefrau befindet sich ebenfalls in Palästina"; *s/1* hieß „alleinstehend, ein Kind"; *s/2* hieß „alleinstehend, zwei Kinder". Ein rosaroter Kringel kennzeichnete einen Soldaten, eine Unterstreichung in derselben Farbe einen jüdischen Flüchtling; war ein Name schwarz unterstrichen, so war die Person katholisch; war diese schwarze Unterstreichung gekürzt, handelte es sich um einen Protestanten oder eine Protestantin. Ich fand Unterlagen über die Zahlung von Hilfsgeldern an bestimmte Personen, entweder regelmäßig oder als einmaliger Zuschuss. Es gab Belege für eine Suppenküche in Tel Aviv und die dort benötigte Zuckermenge.

Abbildung 17: Katholische und jüdische Schüler einer polnischen Oberschule in Tel Aviv.

Es gab einen Brief des zuständigen Oberamtsarztes, der zum Gesundheits-
zustand der Flüchtlinge Bericht erstattete: Bestimmte Soldaten und Flüchtlingsfrauen benötigten dringend eine zahnärztliche Behandlung oder Brillen
oder orthopädisches Gerät. In einem Schreiben vom 20. August 1942 teilte die
Vereinigung polnischer Rechtsanwälte in Jerusalem mit, ihre Aktivitäten dem-
nächst zu intensivieren; es folgten ein entsprechender Bericht und eine Vereins-
satzung. Es gab Berichte über die Aktivitäten nicht nur der Anwaltvereinigung,
sondern auch der Vereinigung polnischer Techniker und Ingenieure, einer Polnischen Biologischen Gesellschaft, einer Gruppe von Ökonomen, über eine
Vorlesungsreihe, eine weitere Technikervereinigung sowie über die Aktivitäten
des Polnischen Roten Kreuzes in Tel Aviv. Es gab Listen von Spezialisten in den
Bereichen Medizin, Bildung, Landwirtschaft, Technik, Buchhaltung und Übersetzung sowie Listen mit Englischkursen und anderen Lehrveranstaltungen.[41]

Mit der Zeit sollte sich das jüdische Palästina zu einem weiteren Zentrum
entwickeln, von dem Hilfslieferungen an die Flüchtlinge in Zentralasien und in
Afrika ausgingen. Die polnische Exilregierung gab in Palästina die Produktion
eines Fleckfieberimpfstoffes in Auftrag, der dann in die anderen Exilregionen
geschickt werden sollte; auch Vitaminpräparate und andere Arzneimittel wurden in Palästina eingekauft. In Tel Aviv gab es einen Pullover-Strickkreis und
eine Suppenküche, die beide auch Lebensmittel zur Verschickung sammelten.
Medizinisches Fachpersonal – polnische und jüdische Ärzte, Flüchtlinge wie
Einheimische – wurde angeworben, um die Versorgung polnischer Flüchtlinge
in Nairobi sicherzustellen. Schulbedarf wurde eingekauft: polnische Lehr- und
Lesebücher, Hefte, Bleistifte, Federhalter, Gebet- und Gesangbücher, Schellack-
platten mit polnischen Liedern, Wörterbücher, Schreibmaschinen mit den nötigen polnischen Sonderzeichen, Fahnen und andere Nationalsymbole zur De-
koration der Klassenzimmer und anderer Kultureinrichtungen. Polnischen
Quellen zufolge wurden diese Anstrengungen in Zusammenarbeit mit der
Jewish Agency unternommen; die Sochnut steuerte 250 000 Pfund Sterling
bei, um Hilfslieferungen an die Flüchtlinge in Zentralasien zu ermöglichen.[42]

Ich las all diese Dokumente mit Erstaunen. Am Ende wurde also Palästina –
und insbesondere seine jüdischen Siedlungsgebiete – zum gastfreundlichsten
und langfristigsten Zufluchtsort polnischer Flüchtlinge im Zweiten Weltkrieg: Das war ein Kapitel in der langen Geschichte der polnisch-jüdischen
Beziehungen, das anscheinend sowohl die Juden als auch die Polen aus ihrem
Gedächtnis gestrichen hatten. „Nie habe ich verstanden – und es hat mir auch

niemand erklären können –, weshalb die Geburtsurkunde meiner Mutter in Tel Aviv ausgestellt war", sagte mir 2018 ein polnischer MIT-Professor in einem beiläufigen Gespräch.

Krystyna Orlowska, damals eine der polnischen Flüchtlinge in Palästina, die heute in Denver lebt, war im November 1943 nach Palästina gekommen und bis zum Oktober 1947 dort geblieben. In Nazareth und in Jerusalem gab es Schulen für die polnischen Kinder; in einer katholischen Kirche im Jerusalemer Stadtteil En Kerem hängt noch heute eine Gedenktafel mit der polnischen Inschrift HIER IN EN KEREM DANKEN DIE KINDER DER POLNISCHEN SCHULE GOTT, DER SIE AUS DER VERBANNUNG NACH SOWJETRUSSLAND ERRETTET HAT. „Das waren die besten Jahre meines Lebens", sagte Krystyna mir, als ich sie aus New York anrief. Sie war damals als Internatsschülerin in der „Schule der jungen Freiwilligen" in Nazareth untergebracht – „wir waren Polen und Juden und Araber", wie sie sagte. An den Wochenenden und in den Ferien fuhren sie alle zusammen nach Tiberias oder nach Tel Aviv, um gemeinsam ins Kino zu gehen. „Einmal sind meine Freunde und ich den ganzen Weg bis zum Kloster Stella Maris auf dem Karmel in Haifa gewandert", erzählt sie. „Die Karmeliterpatres waren so gut zu uns, und die Araberburschen waren so zuvorkommend." Der Vater eines der „Araberburschen" besaß ein Auto, mit dem er die ganze Gruppe einige Male zum Strand fuhr, wie Krystyna erzählte – „da kauften wir uns Eiskrem, spielten Ball, sonnten uns". Sie fragte mich auch, was denn nur in den vergangenen Jahrzehnten zwischen Juden und Arabern geschehen sei, denn „damals haben sich doch alle vertragen!"

Wie ich so Krystynas Bericht von den „besten Jahren ihres Lebens" anhörte, und davon, wie Juden, Polen und Araber sich damals „alle vertragen" hätten, musste ich an meinen Vater denken, der ganz in der Nähe in dem armseligen, drückend heißen Kibbuz En Charod lebte. Wegen seines strengen Arbeits- und Schulpensums, und weil er völlig mittellos war, konnte Hannan nicht an den Strand gehen oder nach Tel Aviv ins Kino – geschweige denn, dass er es sich hätte leisten können – wie einige der polnischen Flüchtlinge –, in den pittoresken Jerusalemer Vierteln Baka, Katamon oder Rechawia zu wohnen. Aus En Charod schrieb Hannan einer Kontaktperson bei der Jugend-Alija auch, er könne den Kibbuz nicht verlassen wegen *ha'matzaw* – „der [angespannten] Lage" zwischen Juden und Arabern.

Aber Polen kamen in die Kibbuzim. Der Lyriker Marian Czuchnowski beispielsweise belegte Kurse an einer Landwirtschaftsschule im Kibbuz Giw'at

Brenner und schrieb ein Buch über die Kibbuzim von Degania. Sein Dichter-kollege Władysław Broniewski hielt Lesungen in Kibbuzim, sehr wahrscheinlich sogar in En Charod; einmal, als ein Stromaggregat ausfiel und Broniewski im Dunkeln nicht weiterlesen konnte, half ihm ein junges Kibbuz-Mitglied aus – und rezitierte das betreffende Gedicht kurzerhand aus dem Gedächtnis weiter.[43] Ich fragte mich, was mein Vater, dessen unterdrückte Aggression Polen gegenüber ich noch Jahrzehnte später spüren konnte, damals wohl über all das gedacht hatte. Ich fragte mich auch, was geschehen wäre, hätte er nicht zu den *olim* gehört, sondern zu den polnischen Flüchtlingen, die keine Juden waren: Hätte er dann von der polnischen *delegatura* ein Stipendium für seinen Lebensunterhalt bekommen, wäre auf das renommierte Herzlia-Gymnasium in Tel Aviv gegangen und hätte später an der Hebräischen Universität studiert, wie manche der Polen in Palästina es getan hatten? Selbst wenn das überhaupt möglich gewesen wäre – auf einem Foto aus der polnischen Oberschule in Tel Aviv sind nur wenige jüdische Schüler vertreten –, wusste ich doch, dass meinem Vater und den anderen „Kindern von Teheran" dieser Weg nicht offenstand. Der Gedanke an diese verwehrten Chancen schmerzte. Zehn Jahre lang hatte ich die Geschichte meines Vaters recherchiert, war auf seinen Spuren durch die Welt gereist – und das hatte meinen Blick verändert, nicht nur auf seine Geschichte, sondern auf die jüdische Geschichte überhaupt. Diese intensive, herausfordernde, nicht immer leichte Zeit ging nun langsam zu Ende. Ich empfand nun eine engere Verbindung zu einer anderen Welt – in Polen, im Iran, in Usbekistan –, die ich in meiner Kindheit und Jugend nicht hatte kennenlernen können, nicht hatte kennenlernen sollen. Aber mit der Freude über diese neu gewonnene Bekanntschaft kam auch der Schmerz aus einer Zurückweisung und Demütigung, die mir selbst erspart geblieben war. Das „hätte" blieb eben bloß ein „hätte", das „wäre" ein „wäre". Hannans Zuhause war nun der Kibbuz.

*

En Charod war einer von gleich mehreren Kibbuzim, die in der Jesreelebene auf einem Landstück von 70 *dunam* (etwa sieben Hektar) Größe entstanden, das Anfang der 1920er-Jahre von der Zionistischen Weltorganisation (ZWO) erworben worden war. Ob man solche Landkäufe nun als „Rückkehr nach Eretz Israel" bezeichnen sollte, als „legitime Transaktionen auf dem freien Markt" oder nicht doch als „kolonialistisch", „partiell kolonialistisch", als „koloniale Praktiken, wie sie die Nationalbewegung unumgänglich machte", oder mit einer anderen Bezeichnung – der Historiker Jischai Rosen-Zwi etwa spricht von einer „Kolonisierung durch Flüchtlinge –, ist nach wie vor ein überaus strittiger, wunder Punkt. In der Praxis waren es dieselben weitreichenden Bestimmungen im britischen Grundstücksrecht, die beispielsweise auch die Enteignung von Bauern in Großbritannien ermöglicht hatten, als die Schafhaltung dort profitabel wurde, die nun einem Landerwerb durch die ZWO den Weg bereiteten. Aus der Sicht der arabischen Bauern, die dieses Land bestellten, war dieser Kauf unrechtmäßig.[44]

Zwischen den 1920er- und den 1940er-Jahren gab es im Verhältnis der Juden und der ortsansässigen Araber mehrere Wellen von Frieden, Spannungen und Gewalt, während von den Neuankömmlingen zunächst Zelte aufgeschlagen, später feste Gebäude errichtet wurden. Die Kibbuzniks von En Charod schafften Stromaggregate an, bauten ein Gemeinschaftshaus und einen großen Speisesaal. Der 1920 aus Deutschland nach Palästina eingewanderte Architekt Richard Kauffmann entwarf dieses Gebäude mit Sichtbeton im Bauhausstil. Von dem direkt davor liegenden „Boulevard" aus hatte man einen freien Blick in die Ebene bis zu den Bergen von Gilboa. Kauffmann, der die Pläne für mehrere Kibbuzim in der Jesreelebene lieferte, wollte mit der Gestaltung der Anlage ein Gegenbild zur Industriestadt europäischen Typs erschaffen. Ein solcher Kibbuz sollte mehr sein als nur ein (Wohn-)Ort; man sah in ihm eine Art von Sozialtechnologie zur grundlegenden Umgestaltung der europäisch-jüdischen Existenz. „Unsere Vergangenheit ließen wir hinter uns", meinte einer der Kibbuz-Gründerväter, „und mit ihr alle Kriege und Komplikationen; es war, als wären wir aller unserer Probleme mit einem Schlag ledig geworden ..., hätten allen Ballast abgeworfen, der uns beschwert und behindert hatte."[45] Doch der Kibbuz hatte seinen ersten Mitgliedern, darunter Riwka Zwykielska, auch enorme Opfer abverlangt. Als Riwka 1928 in En Charod ankam, verträumt und zart wie auf den Fotos, die Duban, ihr Sohn, mir gezeigt hatte, legte sie ihre ganze bisherige Bildung ab, hinterlegte ihre Kleider bei der kollektiven Kleiderstube zur allgemeinen Verwendung, gab ihre dreijährige Tochter Mia in die Obhut der *metaplot* genannten Erzieherinnen – und wurde Waschfrau.

In meiner Kindheit ist mein Vater mit uns oft zum Kibbuz En Charod gefahren. Ich schwamm im Kibbuz-Pool und aß Pfirsiche in der Zweizimmerwohnung von Riwka, einer zierlichen alten Dame mit einem langen Zopf. Ihr

Sohn Duban kam zehn Jahre nach ihrer Ankunft in En Charod zur Welt. Für uns Kinder – aber auch schon für Hannan und Regina Jahrzehnte zuvor – verkörperte er den Inbegriff des im Kibbuz geborenen „Sabre", eines „neuen Juden" und Ur-Israelis: groß gewachsen und blond, ein kundiger Landwirt und mehrfach ausgezeichneter Soldat, immer beschäftigt, immer auf dem Sprung zu seiner nächsten Aufgabe. Ich hatte ihn schon seit Jahrzehnten nicht mehr gesehen, als ich ihn nun als Erwachsene besuchte, neben ihm auf dem Balkon des Kibbuz-Speisesaals stand und auf die unter uns liegende Jesreelebene hinauszublicken versuchte, während mir der Schweiß in die Augen lief und uns die Hitze aus dem dampfend schwülen Tal entgegenschlug. Gut gelaunt und freundlich führte mich Duban durch „seinen" Kibbuz; die Hitze und die karge Landschaft, die mich so strapazierten, schien er gar nicht zu bemerken. Er zeigte mir jeden Winkel von En Charod, und natürlich auch die Baracken, in denen mein Vater damals untergebracht gewesen war. Wie die meisten anderen kooperativen Siedlungen im Land war En Charod inzwischen privatisiert worden; die Kibbuzbewegung besaß im Israel des Jahres 2018 nur noch einen Bruchteil ihrer einstigen politischen Macht. Das war 1943 anders gewesen: Als mein Vater nach En Charod kam, begab er sich – bei aller Dürftigkeit der äußeren Umstände – geradewegs in das Zentrum der politischen Macht.[46]

Schon bevor die ersten Transporte aus Teheran in Palästina angekommen waren, hatte die Vereinigte Kibbuzbewegung per Abstimmung beschlossen, vierhundert der „1000 Waisen von Teheran" bei sich aufzunehmen. Die Jugend-Alija stellte eine Liste bereit, die eine erste Orientierung zum Kleidungs- und Ausrüstungsbedarf jedes Kindes geben sollte: zwei Decken, zwei Bett- und vier Handtücher; ein Paar feste Arbeitsschuhe und ein Paar Sandalen; dazu noch Kleidungsstücke für „Arbeit", „Freizeit" und „Sabbat". Die Details der Unterbringung, des Betreuungspersonals und der Verteilung der Kinder auf einzelne Kibbuzim wurden erörtert, am Ende wurde über eine Beschlussvorlage zur Erziehung der Kinder abgestimmt. Hierzu hatte es zwei Vorschläge gegeben: Entweder würde man die Kinder bestimmten Familien fest zuteilen, oder man würde sie im Kollektiv als Gruppe erziehen. Die zweitgenannte Option setzte sich durch. Die jüngeren Kinder, darunter auch Regina und Emma – bei denen es „nötig und möglich [war], sie in unseren Kinderhäusern und unserer Lebensweise Wurzeln schlagen zu lassen, sodass sie En Charod auf ewig als ihre Heimat betrachten werden" –, sollten zusammen mit den Kibbuzkindern aufwachsen, während die „Jugendlichen von Teheran" – wie mein Vater einer war – in ihrer eigenen Gruppe leben, lernen und arbeiten sollten.

Am Tag ihrer Ankunft wurden die zwanzig Kinder, die man dem Kibbuz En Charod zugeteilt hatte, mit Musik und Gesang willkommen geheißen. Ein großes Transparent verkündete: IHR SEID NUN NICHT MEHR „KINDER VON TE-HERAN" ODER „FLÜCHTLINGSKINDER" – IHR SEID KINDER VON EN CHAROD, GENAU WIE WIR! Am nächsten Tag beschloss Hannans Gruppe bei einer Voll-versammlung aller Jugendlichen und ihrer Lehrer, sich den Namen „Etz" zu geben (das ist das hebräische Wort für „Baum"). „Wir alle dürfen die Hoffnung hegen", erklärte ein Lehrer, „dass dieser Baum in unserer Mitte feste Wurzeln schlagen wird, damit ihm schon bald zahlreiche Äste und Zweige wachsen."

In Hannans Gruppe von zwanzig „Teheran-Kindern" gab es fünf Mädchen und drei Jungen in der Altersgruppe von 10 bis 13 sowie elf Jungen und ein Mäd-chen in der Altergruppe von 15 bis 17 Jahren. Zwei der jüngeren Kinder wurden direkt mit den gleichaltrigen Kibbuzkindern eingeschult. Die anderen kamen zunächst in einen Hebräisch-Vorkurs und erhielten zudem Ergänzungsunter-richt, mit dem sie die zuvor verlorenen Schuljahre wettmachen sollten; bereits im folgenden Jahr sollten sie dann am regulären Unterricht teilnehmen. Die Älteren aus der „Etz"-Gruppe, zu denen auch mein Vater zählte, hatten ihren eigenen Lehrer und erhielten separaten Unterricht; zudem mussten sie nach der Schule – wie alle älteren Kinder und Jugendlichen im Kibbuz – in den ver-schiedenen Landwirtschafts- und Gewerbezweigen der Siedlung mitarbeiten.

Theoretisch – wenn auch nicht immer praktisch – wurden die Neuankömm-linge im Kibbuz nach Prinzipien erzogen, die während der ersten Jahrzehnte der Kibbuzbewegung in den Siedlungen entwickelt worden waren. Es war eine egalitäre Erziehung, die hier angestrebt wurde, und Teil des Lehrplans war es, die Kinder in unmittelbaren Kontakt mit „der Natur" zu bringen. Dabei wur-den Konzepte aus der mitteleuropäischen Reformpädagogik und Psychologie des frühen 20. Jahrhunderts aufgegriffen, vor allem Ansätze des polnisch-jüdi-schen Kinderarztes und Pädagogen Janusz Korczak, mit dem Riwka Zwykielska in Warschau in Kontakt gewesen war. Korczak besuchte En Charod zwei Mal, in den Jahren 1934 und 1936. Er traf mit Kindern und Lehrern zusammen und hielt einen Vortrag über „Das Kind, sein Leben und seine Rechte". Nach seiner Rückkehr nach Warschau hielt Korczak einen Vortrag über „Das Kind von En Charod", in dem er erklärte: „Dieses Kind wird das Epos unserer Zeit erschaffen. Es spürt …, dass es in ein neues, ein hebräisches Leben hineingeboren ist, aber auch, dass viele ringsumher noch in der Vergangenheit festhängen. ... Man muss ihm helfen, dieses neue Epos zu erschaffen."⁴⁷ Korczaks engste Mitarbeiterin, Stefania Wilczyńska, emigrierte 1938 nach En Charod, kehrte jedoch im Jahr darauf – schicksalhafterweise – noch einmal nach Polen zurück. Im Sommer 1942 wurde sie, genau wie Janusz Korczak auch, in Treblinka ermordet. Ihre Schülerin Fejge Biber, die ebenfalls einem demokratischen, kindzentrierten Erziehungsansatz verpflichtet war, wurde die Lehrerin meines Vaters.

Erziehungsfragen spielten im Kibbuzleben eine zentrale Rolle, und im Archiv stieß ich auf Dutzende von Dokumenten darüber, wie man die „Kinder von Teheran" am besten erziehen solle, wie man junge Holocaustüberlebende und Einwandererkinder überhaupt erziehen solle, wie man *alle Kinder* erziehen solle. Es gab Abhandlungen über die Launen von Heranwachsenden, über improvisierte Lernspielzeuge, über Musik, Hygiene, die optimale Schlafenszeit oder über „die Natur als Vehikel zur Förderung der Sinnenentwicklung". Jeder noch so kleine Aspekt der kollektiven Erziehungsarbeit wurde analysiert. „Die Lehrer sind hervorragend, echte *Erzieher*, und wir beten sie geradezu an", schrieb Josek Klapholz, der in den Kibbuz Ginegar geschickt worden war.

Die Lehrer ihrerseits lobten den Fleiß und die Disziplin der Kinder. „Die Kinder, die aus Teheran gekommen sind, ... lernen schnell und schreiten mit großen Schritten im Stoff voran", heißt es in einem namentlich nicht gezeichneten Beitrag in der Ausgabe der „En-Charod-Nachrichten" vom 21. Mai 1943, weniger als einen Monat nach Hannans Ankunft. „Ihre Einstellung der Arbeit gegenüber ist von demselben Ernst geprägt." Zwei Jahre darauf erklärte die Lehrerin Fejge Biber den Lernerfolg ihrer Schützlinge unter Verweis auf ihre große Disziplin – diejenige Eigenschaft, die ich am meisten mit meinem Vater assoziierte – wie folgt:

> „Über Monate haben sie Tag und Nacht gearbeitet, in der brütenden Sommerhitze, ohne seelischen Ausgleich, voller Sehnsucht nach ihren fernen Familien – eine außerordentliche Anstrengung, eine außerordentliche Umstellung, eine Art Unterwerfung aller sonstigen Begierden zur Erlangung dieses einen Ziels. Ihre vollkommen realistische Einstellung dem Leben gegenüber – Produkt ihres harten Überlebenskampfes – sowie ihre enorme Willensstärke: Diese sind es, die sie angetrieben haben. Sie haben aufgeholt, was verloren war, und werden immer noch besser."

Abbildung 18: Noemi (Emma) und Riwka (Regina)
im Kibbuz En Charod.

Die Lehrerin hob auch die stark gebesserte körperliche Verfassung der Kinder hervor: die Krankheiten, die sie überwunden, den positiven Effekt, den die Natur und der regelmäßige Arbeitseinsatz auf sie gehabt hatten. „Vor uns sehen wir nun frische, fröhliche Kinder: aufrechte, reizende Mädchen; aufrechte, breitschultrige Burschen. … Wie sehr schmerzt es mich für all die Mütter und Väter, die ihre Kinder nicht begleiten konnten und deshalb nun nicht mit eigenen Augen sehen können, wir sehr sie gewachsen sind und sich entwickelt haben." In En Charod fand ich Fotos, die Hannan im weißen Sabbathemd zeigten, Arm in Arm mit seinen Altersgenossen; Hannan auf einem Pferd reitend; Hannan mit Regina–Riwka und Emma–Noemi, die beide auf einmal groß gewachsen, gebräunt und blühend aussehen.

Aber es gab auch Schwierigkeiten, vor allem für die älteren Jungen: Hänseleien und Schikanen, gelegentlich auch „Klassenkeile" in der Nacht, ideologische Streitgespräche, die in handfeste Prügeleien ausarteten. „Sie [die Kibbuzniks] verehrten Stalin", erinnerte sich Klapholz. „Wir versuchten, ihnen zu erklären, wie grausam die sowjetische Regierung gewesen war, wie unnatürlich der Kurs war, den sie selbst bereits eingeschlagen hatten, aber unsere Einwände wurden einfach verworfen." Ich traf mich mit Arje Drucker, der damals auch in Hannans Gruppe gewesen war, in seinem Haus in Cholon, einem Vorort von Tel Aviv. „Die Kibbuzniks waren schrecklich streng", sagte er mir. „Die wollten mir und deinem Vater noch nicht einmal einen Ausflug nach Tel Aviv erlauben, weil wir ja unter keinen Umständen einen Arbeitstag versäumen durften! Und mit den Briefmarken haben sie geknausert, wenn wir unseren Eltern schreiben wollten."

Der Schriftsteller Uri Orlev, der zusammen mit Josek Klapholz, Emil Landau und dessen Schwester Alina im Kibbuz Ginegar großgeworden ist, erzählte mir bei meinem Besuch in seinem Haus in Jerusalem von den „Klassenunterschieden", die es zwischen den „eingeborenen" jungen Kibbuzniks und den Neuankömmlingen gab. „Die Eltern der Kibbuzkinder stammten oft aus kleinen Schtetlech, und von dort hatten sie eine ziemlich bornierte, engstirnige Sicht der Dinge mitgebracht. Sie bestanden strikt auf bestimmten Bräuchen – der Nachmittagsschlaf war Pflicht, das Essen war Pflicht, alle mussten zusammen duschen –, und das verstieß gegen alles, was [Janusz] Korczak gelehrt hatte. Die meisten von ihnen hatten keinen blassen Schimmer davon, was wir Kinder im Krieg durchgemacht hatten."

„Die Neulinge sagen: ‚Was wisst ihr schon vom Elend der Diasporajuden?'", heißt es in einem anonymen Beitrag für die „En-Charod-Nachrichten". „Aber könnte es nicht sein, dass sich unter dieser herablassenden Haltung auch ein Minderwertigkeitsempfinden verbirgt, ein Gefühl des Neides angesichts der Fröhlichkeit und Sorglosigkeit unserer eigenen Kinder hier im Kibbuz?" Dazu erinnert sich Yosef Etzion (einst Josek Klapholz): „Selbst unter den Kindern war nicht alles ideal. Wir fühlten uns diskriminiert – oder besser: Wir hatten das Gefühl, dass wir den Kibbuzkindern nicht das Wasser reichen, keine wirkliche Verbindung mit ihnen eingehen konnten", denn diesen sei „eingetrichtert worden, dass sie die absolute Elite seien, in einem freien Land geboren, und zwar ohne die Neurosen der Diaspora. Wir waren das genaue Gegenteil" – unfrei, neurotisch.

„Im Bereich ihres Zusammenwachsens mit den eingesessenen Kindern freilich hat es nur geringe Fortschritte gegeben", musste auch Hannans Lehrerin Fejge Biber eingestehen. „Diese Söhne der Diaspora bleiben für sich, ausgeschlossen von den anderen und auch aus eigenem Entschluss, während die große Masse der Einheimischen seelenruhig hinter einer hohen, unüberwindlichen Mauer verharrt."[48]

„Die wollten nicht, dass wir ihre Kinder verderben", sagte mir eine „Adop-tiv-Kibbuznikit", die zehn Jahre nach meinem Vater aus Syrien kommend in Israel eingetroffen war. Sie und ihre Schwester „saßen da einfach herum" und sollten sich von den anderen Kindern in dem Kibbuz, in den sie geschickt wor-den waren, fernhalten. Das war eine Kränkung, eine tiefe seelische Blessur, an der die israelische Gesellschaft noch sieben Jahrzehnte später leiden sollte: an der schlechten Behandlung durch das „aschkenasische Establishment" in den Kibbuzim, der sich die Angehörigen späterer Einwanderungswellen (vor allem aus Nordafrika) ausgesetzt sahen. Im Kern ging es dabei um den eigent-lichen Daseinszweck des Staates Israel im Allgemeinen – und der Kibbuzim im Besonderen: dass sie nämlich einen Raum schaffen sollten, in dem jüdische Kinder endlich nicht mehr in der Minderheit waren, keine Angst mehr haben mussten, sondern stattdessen zu freien, selbstbestimmten Staatsbürgern heran-wachsen konnten. Die im Kibbuz geborenen Kinder sollten dieses Ziel ver-wirklichen; für die Flüchtlingskinder war es ohnehin nicht mehr zu erreichen, weshalb man befürchtete, sie könnten den „eingeborenen" Kibbuznachwuchs durch ihr schlechtes Beispiel „entmutigen".

Als ich ihn auf derlei Spannungen ansprach, erklärte mir Duban, ein sanft-mütiger Mann, der seine Worte genau wägt, die Kibbuzim seien in diesem Zu-sammenhang unfair angegriffen worden. „Die Leute reden viel darüber, wie ‚eli-tär' die Kibbuzim doch angeblich gewesen seien, über unsere Swimmingpools und unsere Pferde, aber sie vergessen dabei, wie hart die Lebensbedingungen wirklich waren, wie hart man selbst sein musste, um hier zu überleben, wie viele sich aber auch das Leben genommen haben." Nach dem Krieg wurde En Cha-rod zu einem vorübergehenden Zuhause für Tausende weiterer Flüchtlinge. „Jedes Mal, wenn ich vom Militärdienst auf Heimaturlaub zurückkam, wohnte ein anderer Fremder in meinem Zimmer ... Es gab ja sonst keinen freien Raum im Kibbuz", erzählte mir Duban. Die meisten Flüchtlinge gingen irgendwann wieder weg; einige, darunter auch drei vormalige „Kinder von Teheran", blieben aber auch in En Charod. Noch heute leben Nachfahren von ihnen dort im Kib-buz. „Darf ich vorstellen: Michal Dekel-Teitel", sagte Durban, als wir einigen von ihnen begegneten. „Eine Tochter dieses Kibbuz!"

Es war aber nicht nur die Vergangenheit, die schwer auf Josek Klapholz, Arje Drucker und auf meinem Vater lastete. Es war auch – und vielleicht sogar vor allem – die Gegenwart. Die Lehrerin Biber stellte fest, ihre Schüler empfänden eine „seelische Verwirrung und Traurigkeit" darüber, dass sie „ihre Eltern im Krieg hatten zurücklassen müssen"; nun seien sie zutiefst frustriert, weil sie ihnen nicht helfen konnten. Jocek Schenkelbach spricht es in seinem Tagebuch ganz unverblümt aus: „Wir sind in Eretz Israel angekommen. … Man sagte uns, nun sei unsere Wanderschaft zu Ende, und dass wir jetzt endgültig einen Platz zugewiesen bekämen und unser Leben beginnen könnten; aber zugleich ist das alles so vollkommen bedeutungslos. Der Krieg geht ja weiter, und unsere Familien sind fern von hier."[49] Fejge Biber bemerkte: „Wenn sie Briefe nach Russland schreiben oder von dort welche bekommen, wühlt es sie so sehr auf, dass sie für geraume Zeit vollkommen aus der Bahn geworfen werden." Ich fragte mich, ob der Kibbuz die Briefmarken vielleicht doch nicht nur aus „Knausrigkeit" rationiert hatte.

Erst jetzt verstand ich, dass das „Hamstern" von Lebensmitteln, das den früheren „Kindern von Teheran" oft zum Vorwurf gemacht wurde, letztlich nicht – oder doch nicht nur – eine Folge des im Krieg erlittenen Hungers gewesen war, sondern ein Ausdruck ihres verzweifelten Wunsches, Eltern mit zu versorgen, „die in Russland saßen und kaum etwas zu beißen hatten", wie Schenkelbach sich erinnerte. Erst jetzt verstand ich, dass für meinen Vater der Krieg auch in En Charod nicht vorbei gewesen war.

*

Am 10. Juni 1943, drei Monate nach ihrer Ankunft, erhielten Hannan und Regina die ersten beiden Briefe von ihren Eltern. Die Post war aus dem Iran vom Polnischen Roten Kreuz in Teheran nach Palästina zum Polnischen Roten Kreuz in Jerusalem weitergeleitet worden. Die Rotkreuzmitarbeiter hatten sie an das Hilfskomitee für polnische Juden weitergereicht, das sie an die Jugend-Alija übermittelt hatte, die sie nach En Charod bringen ließ. Mein Vater dankte der Jugend-Alija „von ganzem Herzen" für ihre „große Mühe" und bat darum, seinen Eltern mitzuteilen, Regina und er befänden sich „im friedlichen En Charod in Sicherheit". Außerdem, bat er, möge man ihnen schreiben, dass er nun in die achte Klasse gehe, Regina in die vierte, und dass es ihrer Cousine Noemi Perelgric „ebenfalls gut" gehe und sie sich „auf die Schule vorbereite".

Außerdem konnte Hannan erreichen, dass seinen Eltern ein Hilfspaket aus dem Iran in die Jangirabadskaja Ulitsa 24, Samarkand, UdSSR, geschickt wurde – die Adresse hatte Zindel auf einer Postkarte bestätigt. Mitarbeiter der Kibbuzverwaltung von En Charod teilten dem Büro der Jewish Agency in Teheran mit, der Vater dieser Kinder, die sich momentan in der Obhut der Kibbuzbewegung befänden, sei „an Tuberkulose erkrankt und nicht arbeitstauglich", weshalb sie darum baten, dass er „kostenfreie Pakete" nach Maßgabe „der Vereinbarungen zwischen der Sochnut und dem Joint" erhalten solle. Und so gelang es Hannan, die Namen und die Adresse seiner Eltern in Teheran auf „die Liste" setzen zu lassen, trotz der Tatsache, dass sie ja keine Mitglieder des He'chaluz, von Ha'schomer Ha'tzair oder ähnlichen zionistischen Organisationen waren. Tatsächlich erhielten Zindel und Ruchela „während der Zeit in Russland noch mehrere Pakete", wie ein späterer Brief bestätigte.

Ruchela und Zindel überlebten den Krieg. Sie blieben in Usbekistan, wie die meisten polnisch-jüdischen Flüchtlinge. Ob sie dort gearbeitet haben, lässt sich nicht mehr zweifelsfrei feststellen. Manchen Berichten zufolge haben zumindest einige der Flüchtlinge nach der anfänglichen Hungersnot Arbeit als Lastwagenfahrer, Lehrer, Ärzte und Heilkundige oder Mitarbeiter der *delegaturas* gefunden – allesamt Stellen, die frei geworden waren, nachdem man den Großteil der katholischen Polen evakuiert hatte.[50] Aber Flüchtlinge arbeiteten auch in den polnischen Waisenhäusern und Schulen, die überall in Zentralasien weiter in Betrieb blieben, bis sie schließlich im sowjetischen Bildungs- und Fürsorgesystem aufgingen.[51] Oder aber Zindel war zu krank zum Arbeiten, wie Hannan ja in seinen brieflichen Hilferufen geschrieben hatte, und seine Eltern lebten nur von den Paketen aus dem Teheran sowie anderen Hilfsleistungen, die sie womöglich empfingen. Aber zumindest starben sie nicht. Nachdem der Krieg zu Ende war, kehrten Zindel und Ruchela – aufgrund eines Rückführungsabkommens für polnische Staatsangehörige – wieder nach Polen zurück. „Selbstverständlich haben die Ihre Großeltern gehen lassen", hatte Professor Bosorow mir in Buchara gesagt. „Die Sowjets haben zwar nicht alle gehen lassen, aber die Alten und Schwachen schon." Beide, Zindel und Ruchela, waren damals noch keine fünfzig Jahre alt.

Was sie empfunden hatten, konnte ich nicht wissen, aber in den Memoiren eines anderen Flüchtlings, Ze'ev Katz, las ich von einem Moment des Jubels: „Endlich kam der Tag unserer Rückbürgerung, der Tag, auf den wir gehofft und für den wir gelitten hatten." Katz, ein junger Mann, der den Krieg in Kasachstan überlebt hatte, beschloss, nach Polen zurückzukehren, selbst nachdem er im Exil studiert hatte und einigermaßen erfolgreich geworden war.[52] „Unser überwältigendes Verlangen, nach Polen zurückzukehren", schreibt er, „war eingefärbt von den idyllischen Erinnerungen an das ‚gute Leben', das wir dort vor dem Krieg geführt hatten. Wir wussten auch aus verschiedenen Quellen, dass in Polen zwar eine pro-sowjetische Regierung an der Macht war, dort aber dennoch ungleich größere Freiheit herrschte [als in der Sowjetunion]." Es war eine Rückreise über 4500 Kilometer: „Und wieder wurden wir in einen kolossal langen, primitiven Güterzug gepackt, unter ganz ähnlichen Bedingungen wie damals, als wir vor Jahren nach Sibirien verbannt wurden. ... Jetzt aber schrien wir Hurra, als der Zug langsam anfuhr und die lange Fahrt nach Hause begann."

Als Katz und seine Familie die polnisch-sowjetische Grenze erreichten, schreibt er, sah sie der polnische Grenzbeamte nur kurz an und meinte dann: „Na, also das ist wirklich das Letzte, was wir jetzt gebrauchen können ..." – „Das also war das Willkommen, das unser geliebtes ‚Vaterland' Polen uns bereitete", meint Katz, „und es vermittelte uns bereits einen wahren ersten Eindruck davon, was uns in der geliebten Heimat erwartete." Dennoch war er wie gebannt von der „europäischen Atmosphäre" Polens, die „so ganz anders [war] als die trostlos-asiatische Erscheinung Russlands". Erst langsam, allmählich, fielen ihm die Fetzen geschändeter Torarollen auf, die der Wind über die Straßen wehte, und die Hinterlassenschaften ermordeter Juden, in deren früheren Häusern die Heimkehrer übergangsweise untergebracht wurden: „Uns war, als geisterten die Seelen unserer zu Tode gemarterten Brüder und Schwestern noch immer in den Zimmern umher."⁵³

In Ostrów Mazowiecka – wohin, wie ich vermutete, Zindel und Ruchela zurückgekehrt waren – hatte mir Magda Gawin erzählt, dass die deutschen Soldaten bei ihrem Rückzug die Brauerei mitsamt den Wohngebäuden der Familie niedergebrannt hatten. Vielleicht hatte ihnen dann ein früherer Geschäftsfreund oder eine Nachbarin den warnenden Hinweis gegeben, dass sie besser nicht in der Stadt bleiben sollten. Vielleicht waren sie aber auch sofort wieder aus Ostrów vertrieben worden, ja womöglich hatte man ihnen sogar Prügel angedroht – oder verpasst – wie so vielen anderen. Selbst wenn die eine oder andere Wohnung aus dem Besitz der erweiterten Familie noch bewohnbar gewesen sein sollte: Beim Versuch, sie zu verkaufen, wären sie wohl genauso gescheitert wie Katz und viele andere. Ich hatte nicht die geringste Ahnung, was ihnen in Ostrów widerfahren war; aber als ich Regina danach fragte, sagte sie nur: „Von Polen wollte meine Mutter nichts mehr hören."

Auf einer Postkarte, die Zindel am 26. August 1946 aus Polen an Hannan abschickte, war ein Ort in Niederschlesien, rund 500 Kilometer südwestlich von Ostrów, als seine und Ruchelas neue Adresse angegeben. Dort, nämlich in Wałbrzych (Waldenburg), hatte das Komitet Żydowski („Jüdisches Komitee") seinen Sitz, eine Organisation, die polnisch-jüdische Holocaustüberlebende sowohl gegenüber den polnischen Behörden als auch gegenüber internationalen jüdischen Organisationen vertrat. Nach einer Weile trafen auch Mitarbeiter des Mossad Le'alija Bet in der Gegend ein. Zindel und Ruchela jedenfalls brachen gleich wieder auf. Zusammen mit Hunderten anderen sollen sie, wie mir erzählt wurde, über das Riesengebirge gezogen sein, wobei Zindel getragen oder zumindest gestützt werden musste. Ihr weit entferntes Ziel war der Ort Ebensee in Oberösterreich, noch einmal 450 Kilometer weiter südwestlich. Dort diente ein vormaliges Konzentrationslager – ein Außenlager des KZ Mauthausen – inzwischen als ein Auffanglager für Displaced Persons. Wie die meisten polnischen Juden, die den Krieg in Zentralasien überlebt hatten, nach Polen zurückgekehrt, aber dort nicht geblieben waren, sollten auch Hannans Eltern noch viele Jahre in DP-Lagern verbringen; ihr Leben als Flüchtlinge war erst halb vorbei.

Abbildung 19: Hannan im Kibbuz En Charod.

Für die nächsten vier Jahre sollte die Baracke 22 im DP-Lager Ebensee das neue Zuhause meiner Großeltern werden. Während dieser Zeit schrieb Hannan immer wieder dringende Bittbriefe, um seinen Eltern Hilfssendungen zukommen zu lassen – und dabei wurden, indem die Zahl der Flüchtlinge im Europa der Nachkriegszeit immer weiter anstieg, seine Bitten immer verzweifelter. „Wie Sie wissen, lebe ich in En Charod und habe keinerlei Mittel, meinen Eltern selbst zu helfen. Deshalb muss ich Sie noch einmal um Ihre Hilfe bitten, auch wenn es mir unangenehm ist", schrieb Hannan an Hela Gerlich, die nach dem Tod Henrietta Szolds im Jahr 1945 als deren Nachfolgerin amtierte. Hannan bat um Dinge, nach denen seine Eltern bei ihm angefragt hatten – „ein paar Päckchen Lebensmittel: Öl, Zucker, Seife", aber auch „Schmalz und Konserven" –, und bestätigte, wenn seine Eltern eine Sendung erhalten hatten. Kurz nachdem die Jugend-Alija ihm geschrieben hatte: „Wir können nicht garantieren, dass es auch in Zukunft noch kostenlose Lebensmittelpakete geben wird", verließ mein Vater den Kibbuz.

Er hatte vor, zur britischen Armee zu gehen, „um nach Europa zurückzukehren und wieder mit den Eltern zusammenzukommen", erzählte mir Arje Drucker, der sich ebenfalls hatte verpflichten wollen. Also fuhren Hannan und er gemeinsam zur britischen Musterungsstelle in Haifa, aber dann erhielt Arje die Nachricht von der unmittelbar bevorstehenden Ankunft seiner Mutter und machte einen Rückzieher. Allein wollte Hannan nicht bleiben, ging mit ihm und schrieb sich an der Ludwig-Tietz-Lehrwerkstätte im Kibbuz Jagur in der Nähe von Haifa ein. Die wenigen Ausbildungsplätze waren heiß begehrt, und um dort anfangen zu dürfen, benötigte Hannan nicht nur die Erlaubnis der Jugend-Alija, sondern Riwka Zwykielska und ihr Mann mussten einige Beziehungen spielen lassen. Er verließ En Charod mit einem hervorragenden Empfehlungsschreiben – „einer der besten Schüler seines Jahrgangs, ernsthaft und von schneller Auffassungsgabe, arbeitsam und verantwortungsbewusst" –, das seiner ersten Bewertung aus dem Kibbuz in nichts ähnelte. Aber der Kibbuz verlangte auch, dass Hannan die ihm zur Verfügung gestellte Kleidung zurückgab, und nach seiner Ankunft an der Lehrwerkstätte bat er bei der Jugend-Alija um Geld, mit dem er sich „ein zweites Hemd" kaufen wollte. „Alles Geld von dem bisschen Arbeit, das ich gefunden habe", schrieb er, „muss ich meinen Eltern in Russland schicken, die schon älter sind und meine Hilfe brauchen." Er bat auch um Geld, um seinen Aufenthalt an der Schule auch an den Wochenenden und in den Ferien zu bestreiten, denn: „Ich kann doch sonst nirgends hin."

Regina und Emma – inzwischen Riwka und Noemi – blieben bis in die frühen 1950er-Jahre in En Charod. „Zu uns war der Kibbuz wirklich gut", sagte mir Riwka bei unserem letzten Gespräch. „Wir gingen gemeinsam mit ihren Kindern zur Schule, wir waren genau wie die Kibbuzkinder – und Riwka [Zwykielska] war ja auch noch da und passte aus der Ferne auf uns auf. Sie war ein feiner Mensch, und Duban, nun, er ist wie seine Eltern – ein echter *mentsh*", und ihre Augen wurden feucht. Ein echter Mensch war auch sie, dachte ich verzweifelt und todtraurig, als sie kurz darauf starb. Die Arbeit an meinem Buch hatte dafür gesorgt, dass wir zu einer ganz ungezwungenen Intimität fanden, wie ich sie im Verhältnis zu meinem Vater nie gekannt hatte.

*

Bis 1947 hatten die meisten der katholischen Polen Palästina wieder verlassen. Die polnischen Kinder, die in Nazareth und Jerusalem zur Schule gegangen waren, die polnischen Zivilflüchtlinge und die zivilen Mitarbeiter der Anders-Armee und bei der polnischen *delegatura*, dem Polnischen Roten Kreuz und dem „Informationszentrum Ost" in Jerusalem waren ebenfalls fort. Die meisten würden ihre Heimat nie mehr wiedersehen. Die Volksrepublik Polen war ein Satellitenstaat der Sowjetunion, und den Rückkehrern drohte dort Verfolgung. Also gingen manche von ihnen nach England, kamen dort oder in Wales in eigens eingerichtete DP-Lager. Andere gingen nach Kenia oder nach Mexiko. Viele gingen nach Indien. Und manche gingen nach Neuseeland, wo die früheren „Kinder von Isfahan" schon wenig später zu volljährigen, vollwertigen Neuseeländern herangewachsen waren, Lehrern und Rechtsanwälten in Krawatte und Anzug, die in den Bildern am Ende des Dokumentarfilms *Poles Apart: The Story of 733 Polish Orphans* lächelnd in die Kamera winken, flankiert von ihren Familien: „Die Vergangenheit liegt hinter ihnen", verkündet dazu die Stimme aus dem Off, „und ihre Einwanderung in dieses Land im Jahre 1944 hat sich, wie diese putzmunteren jungen Neuseeländer, die Kinder der ‚polnischen Kinder' von damals, beweisen, als ein großer Erfolg herausgestellt, für sie und auch für uns."

Manche katholischen Polen blieben aber auch in Palästina und später in Israel, wie Teresa Lebkowsky, die während des Krieges für das „Informationszentrum Ost" Zeugenaussagen polnischer Juden gesammelt hatte und danach als Lehrerin an einer Schule in Haifa Mathematik unterrichtete.[54] Manche polnischen Künstler, wie etwa der Regisseur und Drehbuchautor Józef Lejtes, kamen immer wieder einmal nach Israel; andere haben dort nach dem Krieg nur ihre Spuren hinterlassen. Zu diesen Spuren gehören auch die 340 Bücher in polnischer Sprache, die in Palästina gedruckt wurden und in der Nationalbibliothek Israels in Jerusalem aufbewahrt werden; eine Sammlung der Memoiren polnischer Soldaten der Anders-Armee; Bücher über Eretz Israel, die polnische Autorinnen und Autoren während ihres Aufenthaltes schrieben; eine akkurat gepflegte „polnische Abteilung" mit den Gräbern von Soldaten und Zivilflüchtlingen auf dem katholischen Friedhof von Jerusalem; weitere polnische Gräber in Jaffa, Ramallah und Haifa; polnische Gedenktafeln in Kirchen in Nazareth und Jerusalem, an der Via Dolorosa und an einem Kloster in Tiberias; dazu eingeritzte „Spontan-Inschriften" in Latrun und an anderen Orten, an denen die Anders-Armee ihre Manöver abhielt. Bevor ich angefangen hatte, danach zu suchen, waren mir diese Spuren niemals aufgefallen; in dem jüdischen Israel, in dem ich großgeworden war, waren sie für mich unsichtbar geblieben.

Wie die neuseeländische Dokumentation *Poles Apart* endet auch der israelische Dokumentarfilm *Die Kinder von Teheran* mit Bildern zufriedener – israelischer – Männer und Frauen, elegant gekleidet und eloquent, die von ihren Kindern und Enkelkindern umgeben werden. Unter ihnen sind zwei Generäle, ein berühmter Fernsehmoderator, der inzwischen als Unternehmer erfolgreich ist, ein Schriftsteller, ein bekannter Maler, der Vorsitzende des Verbandes der israelischen Versicherungsvertreter und der ehemalige Chef der israelischen Wertpapieraufsicht. Ausnahmslos alle dieser bekannteren „Kinder von Teheran" sind in Kibbuzim großgeworden. Mit den vielen Hundert anderen, die in religiösen Einrichtungen erzogen wurden, befasste der Film sich nicht, obwohl unter ihnen einige prominente Rabbiner waren. Deren „Erfolg" war durch die säkulare Brille, mit der die Macher dieses 2007 erschienenen Films – und auch ich selbst – die Welt sahen, noch weitgehend unsichtbar.

Emma, die inzwischen Noemi Arison hieß, brachte es bis zur Leiterin der Krankenpflegeschule am renommierten Chaim-Sheba-Hospital in Ramat Gan bei Tel Aviv. Regina, jetzt Riwka Binyamini, wurde technische Zeichnerin in einem Jerusalemer Architekturbüro und eine leidenschaftliche Freizeitmalerin. Und Hannan Teitel, nun Hannan Dekel, hatte im Laufe seiner 48-jährigen Karriere bei der israelischen Luftwaffe verschiedenste Posten in den Bereichen Technik, Ausbildung und Verwaltung inne. Im (Eretz) Israel der 1940er-Jahre war es durchaus üblich, allzu sehr nach Diaspora klingende Namen zu hebraisieren; mein Vater änderte seinen Namen jedoch erst sehr viel später: Als Mitglied einer Regierungsdelegation sollte er die Luftwaffe bei einem offiziellen Besuch in Frankreich vertreten – man legte ihm deshalb im Vorfeld nahe, er solle doch bitte einen „richtigen israelischen Namen" annehmen. Sie alle bekamen im Laufe der Jahre Kinder und Enkel, wie auch das vierte „Kind von Teheran" aus unserer Familie, Hannans Cousine Sara Halberstadt, die mit dem zweiten Kindertransport aus dem Iran nach Palästina gelangt und dort von einer orthodoxen Familie adoptiert worden war; sie ist noch heute fromm.

Vom August 1946 an bemühte sich Hannan um Einwanderungszertifikate für seine Eltern, zuerst bei der Jewish Agency, später dann (auf ihren Rat hin) direkt beim Chefsekretär der britischen Mandatsregierung, an den er und Regina gemeinsam schrieben:

… Wir sind im Jahr 1943 nach vielen schrecklichen Leiden von Teheran nach Palästina gekommen … Kürzlich haben wir nun erfahren, dass unsere Eltern noch am Leben sind. … Es ist ihnen gelungen, Russland zu verlassen, sie sind nach Polen und dann nach Österreich gekommen. … Unser Vater hatte eine Brauerei in Ostrów Mazowiecka in Polen, die schon seit Generationen im Familienbesitz war. Er ist ein erfahrener Braumeister. … Mehr als fünf Jahre sind vergangen, seitdem wir unsere Eltern das letzte Mal gesehen haben, und sollen wir jetzt, da sie dem Tod entronnen sind und alles lebendig überstanden haben, was sie durchmachen mussten, sollen wir da getrennt bleiben? … Wir hoffen, Sie werden so gütig sein, uns unsere Eltern doch noch wiedersehen zu lassen, sodass wir vielleicht – zumindest in Teilen – die Schrecken vergessen können, die uns zugefügt wurden.

Damit verbleiben wir, Sir,
Ihre gehorsamen Diener,
Hannan Teitel (Alter 18 Jahre) und Riwka Teitel (Alter 15 Jahre)

Diesem Brief folgten noch Dutzende weitere Schreiben, ein umfangreicher Schriftwechsel mit der Jugend-Alija, mit der Jewish Agency sowie mit den Abgesandten aus Eretz Israel in Deutschland. Hannan und Regina schrieben Briefe auf Hebräisch und auf Englisch, Zindel und Ruchela auf Polnisch. Briefe von

Dritten verbürgten sich für die Eltern: „Zindel Teitel ist ein guter Zionist, der für Stiftungen in seiner Heimatstadt immer bedeutende Summen gespendet hat." Alle diese Schreiben waren entweder in Schönschrift mit der Hand oder von offiziellen Stellen mit der Maschine verfasst. Aber alle erhielten sie ähnliche Antworten.

Hannan wurde mitgeteilt, er sei berechtigt, Visa der Klasse D-1 (für „unterhaltsberechtigte Personen") zu beantragen; allerdings sei „die Warteschlange bei dieser Art von Anträgen sehr lang" und deshalb „mehr Geduld vonnöten". „Tausende" derartiger Anfragen, hieß es, harrten ihrer „weiteren Bearbeitung durch die Einwanderungsabteilung der Regierung". Nach Aussage anderer Stellen waren er und Regina inzwischen „zu alt" – da Hannan schon „über 18" sei –, um Visa für unterhaltsberechtigte Personen zu beantragen.

Aus dem DP-Lager Ebensee in Österreich und später aus einem ähnlichen Flüchtlingslager im nordhessischen Eschwege in Deutschland schrieb meine Großmutter etliche, fein säuberliche Briefe in polnischer Sprache, in denen sie ihr „trauriges, hartes Lagerleben" beschreibt, die Sehnsucht ihrer Kinder, die „es nach so vielen Jahren der Trennung kaum mehr erwarten können", ihre Eltern wiederzusehen", und den innigen Wunsch, den Zindel und sie selbst hegten, „mit unseren Kindern endlich wieder vereint zu sein und ein neues, normales Leben zu beginnen". Flehentlich bat sie „einflussreiche Bekannte", ihren Anträgen zum Erfolg zu verhelfen, deutete an, die Visa zur Einreise seien bereits bewilligt, und machte der Jewish Agency implizit den Vorwurf, anderen den Vortritt zu lassen.

Irgendwann ließ Ruchela in ihren Briefen durchblicken, dass Zindel und sie sich mit dem Gedanken trugen, zuerst in das benachbarte Zypern auszureisen und von dort dann nach Palästina einzuwandern. Im Zionistischen Zentralarchiv fand ich eine auf Zindel Teitel ausgestellte „Oleh-Karte" mit dem Verweis auf eine Liste potenzieller Kandidaten für die Alija.[55] Ob es nun daran lag, dass die Wartezeit für ein Visum so lang war (die britische Mandatsregierung stellte nach dem Krieg nur noch sehr wenige Zertifikate an Juden aus), oder daran, dass Zindel tuberkulosekrank war (ein Grund, der nie offen genannt wurde), oder daran, dass eine solche Familienzusammenführung für die Flüchtlingshelfer nach dem Zweiten Weltkrieg eben nicht die oberste Priorität besaß – oder vielleicht sogar noch nicht einmal als zum unmittelbaren „Kindeswohl", zu Hannans und Reginas Bestem, gehörig betrachtet wurde[56] –, Zindel und Ruchela gelang es nach dem Krieg nicht, in das britische Mandatsgebiet Palästina einzureisen.

Im September 1947 gab die britische Regierung in London bekannt, dass ihr Mandat über Palästina ein gutes halbes Jahr später zu Ende gehen werde. Noch im selben Monat schrieb eine Mitarbeiterin der Jewish Agency an Ruchela, dass sie hoffe, die Zahl der verfügbaren Zertifikate werde im Folgejahr erhöht, zugleich aber vor „den schrecklichen Opfern" warnte, die die Zukunft bringen werde.

Am 29. November 1947 nahm die Vollversammlung der Vereinten Nationen den Teilungsplan für Palästina an. Am Tag darauf begann der Krieg zwischen den jüdischen und den arabischen Bewohnern des Landes, einige Monate später dann, nach dem Ende der britischen Mandatszeit und der Ausrufung des Staates Israel, der Krieg zwischen Israel auf der einen und Ägypten, Jordanien und Syrien auf der anderen Seite, die verstärkt wurde durch ein irakisches Expeditionsheer sowie die Arabische Befreiungsarmee, ein Heer aus Freiwilligen aus den arabischen Ländern, das von dem arabischen Nationalisten Fausi al-Kawukdschi angeführt wurde, einem bis kurz zuvor in Berlin befindlichen Nazisympathisanten, der während des Zweiten Weltkriegs in Palästina als deutscher Agent tätig gewesen war. Hannan wurde zum Wehrdienst eingezogen, zuerst bei der Militärpolizei („seine Aufgabe war es, zu den Leuten nach Hause zu gehen und überall die jungen Männer zusammenzutreiben, damit sie kämpfen", erzählte mir Regina kurz vor ihrem Tod. „Das war eine schreckliche Sache. Viele Holocaustüberlebende haben ihre Kinder versteckt und wollten sie nicht gehen lassen. Da musste er mit ihnen herumdiskutieren"). Dann wurde er zur israelischen Luftwaffe verpflichtet, wo er aus einer schwarzen Spitfire, die aus den zurückgelassenen Ersatzteilen britischer Flugzeuge zusammengeschraubt worden war, mit den bloßen Händen Bomben abwerfen musste.

Im Verlauf des Konflikts wurden dreißig Kibbuzniks aus En Charod getötet, insgesamt 978 Mitglieder der Vereinigten Kibbuzbewegung.[57] Unter den Kriegstoten war auch Gur Meirov, der 17-jährige Sohn Saul Meirovs. Der Vater, dessen Organisation, der Mossad Le'alija Bet, auch in den DP-Lagern Nachkriegseuropas noch sehr aktiv war, befand sich zu diesem Zeitpunkt außer Landes und konnte deshalb an der Beisetzung seines Sohnes nicht teilnehmen. Als er in das mittlerweile unabhängige Israel zurückkehrte, änderte Meirov seinen Namen in Avigur („Vater des Gur").

Emil Landau, dessen Tagebuch mich auf meiner Recherche geleitet hatte, wurde ebenfalls getötet. Eine Lieferung mit Gewehren und Granaten war vom

Libanon aus zu den arabischen Truppen in Haifa unterwegs, die zu jenem Zeitpunkt in den Kämpfen die Oberhand hatten. Emil hielt den Waffentransport auf, indem er auf den Lastwagen sprang und den Konvoi mit einer Sprengladung, die er am Körper trug, in die Luft jagte. Ein Jahr später, nach dem vorläufigen Ende der Kampfhandlungen, nahm Emils 14-jährige Schwester Ilana in seinem Namen die ihrem Bruder postum verliehene Auszeichnung als „Held Israels" entgegen, die insgesamt nur zwölf Mal verliehen wurde. 1970 erhielten Emil und alle anderen mit ihm Ausgezeichneten die neu gestiftete Tapferkeitsmedaille der Israelischen Streitkräfte, die höchste militärische Auszeichnung des Landes, die für „Taten von herausragender Tapferkeit und äußerster Selbstaufopferung im Kampf" vergeben wird. „Ich hatte niemanden mehr auf der Welt", sagte Ilana mir, als ich Emils Tagebuch von ihr bekam. Emil fehle ihr noch immer jeden Tag, und sie vermisse Polen.

Zindel Teitel starb 1949 im Sanatorium Gauting, einer Tuberkuloseklinik wenige Kilometer südwestlich von München. Er starb im Westen – in Deutschland, ausgerechnet –, und deshalb wurde sein Tod, anders als sein Leben und vor allem seine Kriegs- und Flüchtlingsjahre, umfassend dokumentiert. Im Jahr 2018 erhielt ich seine äußerst detaillierte, 95 Seiten umfassende Krankenakte aus der Gautinger Lungenheilanstalt. Darin war „coma hepaticus" (Koma nach Leberversagen) als Todesursache angegeben, als Todestag der 5. April 1949, Hannans 22. Geburtstag.

Fünf Wochen später kam, zusammen mit Hunderttausenden von Flüchtlingen aus DP-Lagern in ganz Europa, aus britischen Internierungslagern auf Zypern, aus Ägypten, dem Jemen und dem Irak, aus Marokko und aus dem Iran – jüdischen Flüchtlingen, die jetzt endlich ohne Hinderung in den neu geschaffenen Staat Israel einwandern konnten – meine Großmutter Ruchela im Hafen von Haifa an.[58]

Elf Jahre war Regina alt gewesen, als sie ihre Mutter zum letzten Mal gesehen hatte. Jetzt war sie achtzehn und eine Kibbuznikit des Kibbuz En Charod. Als ich sie Jahrzehnte später über dieses Wiedersehen befragte, wollte sie nicht genauer darauf eingehen. Sie sagte lediglich, ganz leise und in einer eigentümlich unpersönlichen Formulierung: „Hajetah simcha g'dola" – „Es gab eine große Freude." Sie sagte auch: „Als ich meine Mutter sah, wusste ich auf einmal nicht mehr, wer ich eigentlich bin. Ich hatte mich so daran gewöhnt, mich selbst als Israeli zu sehen. Und meine Mutter war ein Flüchtling." Ruchela zog nach En

Charod zu Regina, „aber das Leben im Kibbuz war nichts für sie", sagte meine Tante mir, und schon nach ein paar Monaten zog Ruchela bei Hannan ein. Zusammen wohnten sie in einer Einzimmerwohnung in Kirjat Chaim, einem ärmlichen Vorort im Norden von Haifa; dann in einer Zweizimmerwohnung in einer etwas besseren Gegend von Haifa; und nach der Heirat meiner Eltern dann in der Wohnung, wo wir sechs – meine Eltern, wir drei Kinder und unsere Großmutter – beinahe zwei Jahrzehnte lang gemeinsam leben sollten. Und in dieser dämmrigen Etagenwohnung mit ihrem dezenten, aber doch atemberaubenden Ausblick auf das Mittelmeer geschah es, dass ein sechs oder sieben Jahre altes Mädchen, das – wie ich inzwischen weiß – in relativem Wohlstand, mit allen Privilegien von Sicherheit und Fürsorge hatte aufwachsen dürfen, seinen Vater fragte, warum er seine Mutter lieber habe als sie.

Die Welt mit den Augen der Flüchtlinge sehen

Nachwort von Aleida Assmann

Herr Hilberg, weiß man heute so gut wie alles über den Holocaust? Diese Frage wurde 2006 dem Historiker und Pionier der Holocaustforschung Raul Hilberg von einem Redakteur des *Standard* in Wien gestellt. Die Antwort lautete: *„So gut wie 20 Prozent.“* Hilberg wies darauf hin, dass die Forschung schwer in Gang kam, weil man lange Zeit nicht alles so genau wissen wollte, und dass andererseits auch die Quellen in Osteuropa noch nicht annähernd erschlossen wären. Doch daran hat sich einiges geändert. Der Holocaust gilt heute als das am besten dokumentierte und erforschte Menschheitsverbrechen, nicht zuletzt, weil die Täter dieses Verbrechen fabrikmäßig und das heißt: mithilfe der Bürokratie ihres hoch entwickelten Industrie-Staatsapparats durchgeführt haben. Obwohl der NS-Staat auch systematisch Spuren verwischt hat, blieben genug davon übrig. Ab den 1990er-Jahren nahm endlich die internationale Holocaustforschung an Fahrt auf und gleichzeitig erweiterte sich der Blick durch die vielen mündlichen und schriftlichen Berichte von Überlebenden, die ihre eigene Geschichte bezeugten, erzählten und an nachkommende Generationen weitergaben.

Eine unerzählte Geschichte

Ein Jahr nach diesem Hilberg-Interview begann Mikhal Dekel mit der Arbeit an ihrem Buch. Sie hat den Anspruch, im Jahr 2019 eine bisher weitgehend unbekannte Geschichte des Holocaust zu erzählen. Im Zentrum dieser Geschichte stehen nämlich nicht die Häftlinge der Konzentrationslager und die Opfer der Todesfabriken und Massen-Erschießungen, sondern die Flüchtlinge und ihr Leid auf östlichen Wanderrouten im Chaos des Zweiten Weltkriegs. Für die Geschichten, auf die sie stieß, gab es, wie sie betont, „keinen Primo Levi, keinen K. Zetnik, keinen Aharon Appelfeld“.[1] Es gab auch keine ikonischen Bilder von den Millionen Flüchtlingen der ersten Hälfte des 20. Jahrhunderts wie die von der Befreiung der KZs, die sich ins globale Gedächtnis eingebrannt haben. Die Dimensionen ihres Unterfangens kamen der Autorin erst allmählich zu Bewusstsein. „Ich hatte mir die Geschichte meines Vaters anfangs als beispiellos und zutiefst individuell vorgestellt; dann hatte ich erkannt, dass sie eine von Hunderttausenden ganz ähnlichen Geschichten polnisch-jüdischer Flüchtlinge war. Aber die Geschichte seiner Migration nach Zentralasien war eine von Millionen, ein winziger Bestandteil der größten Bevölkerungsbewegung in der Geschichte der Sowjetunion".[2] Die Innovation ihres Projekts hat sie selbst überrascht: „Es handelte sich um eine Geschichte ohne Bezugsrahmen, eine Geschichte, für die *ich selbst* den Bezugsrahmen schreiben sollte".[3]

Das Buch gliedert sich in zwei Erzählebenen: die Erzählung von der Entstehung des Buches zwischen 2007 bis 2019, und die rekonstruierte Geschichte des Vaters aus diversen Quellen von 1939 bis 1943. Es ist ein großes Verdienst der *Wissenschaftlichen Buchgesellschaft*, dieses einmalige Werk umgehend auch deutschen LeserInnen zugänglich zu machen. Diese werden erfahren, dass es der Überfall Hitlers in Polen am 1. September 1939 war, der das friedliche Leben des damals zwölfjährigen Vaters gewaltsam unterbrochen hat. Am 6. September musste die Familie Teitel nach acht Generationen bürgerlicher Existenz in Ostrów Mazowiecka für immer ihre Heimatstadt in der Nähe von Warschau verlassen. Sie begab sich in Panik auf eine Flucht ins Ungewisse Richtung Sowjetunion.

Das Lebensprojekt
Die Verfasserin ist Literaturwissenschaftlerin an einer amerikanischen Universität. Sie ist in Israel geboren und aufgewachsen und gehört zur zweiten Generation der Überlebenden, von der sie jedoch einiges unterscheidet. Erstens ist sie deutlich jünger, weil ihr Vater als Kind mit seiner Familie von der Gewalt des Vernichtungskrieges getroffen wurde, und zweitens ist seine Holocausterfahrung kein Bestandteil der Familienkommunikation geworden. Die Tochter kannte zwar die Fakten, aber nicht seine Geschichte. Erst vierzehn Jahre nach seinem Tod begann sie mit ihrem Lebensprojekt: seine Geschichte für sich, für ihn, für uns alle aus den noch erreichbaren Dokumenten und Spuren zusammenzutragen. Mit seiner konsequenten Mischung der Schreibweisen und Zeitebenen ist das Buch, das die Gattungen Holocaustzeugnis, Erinnerungsreise und historische Abhandlung miteinander verbindet, zudem eine beein-

druckende literarische Innovation. Es umfasst 1. die Geschichte seiner eigenen Entstehung, indem es den Weg vom ersten Anstoß über die immer weiter ausgedehnte Recherche bis hinein in die Erfahrungen und Gefühle im Prozess des Schreibens protokolliert, 2. die Rekonstruktion der Geschichte des Vaters, seiner Eltern sowie seiner Schwester und Cousine von 1939 bis 1943, 3. den Reisebericht der Tochter, die in einer Art von Wallfahrt die Flüchtlingsroute ihres Vaters wiederholt und nacherlebt, 4. die vielen Gespräche und Interviews mit Menschen, mit denen sie über ihr Thema spricht und 5. den reichen Schatz an Literatur, historischen Quellen und Hunderten von Lebenszeugnissen, aus denen sie fortlaufend zitiert. Das Ergebnis ist ein vielstimmiges und gleichzeitig sehr persönliches Buch, ein hervorragend dokumentiertes und prall gefülltes Wissenskompendium, das von sinnlicher Erfahrung geleitet ist und auch widersprüchlichen Gefühlen Raum gibt.

Parallele und verschränkte Geschichten

Dekels Buch setzt konsequent um, was in den letzten Jahren in der Geschichts- und Erinnerungsforschung mithilfe einiger Schlüsselbegriffe entwickelt wurde: ‚Beziehungsgeschichte‘, ‚entangled histories‘, ‚histoire croisée‘, ‚multidirectional memory‘ oder ‚touching tales‘. Das beginnt bereits mit der dialogischen Grundstruktur des Buchs. Der Impuls dazu kam von außen, von einem iranischen Kollegen an einer amerikanischen Universität. Zwei Menschen mit unterschiedlichem Migrationshintergrund verbündeten sich über ihre Familien-Fluchtgeschichten und starten ein gemeinsames Projekt. Der Iraner wird zum Cicerone für die Jüdin, ihre Wege gehen parallel, kreuzen sich und entfernen sich auch wieder. Die Erinnerungsreise ist ein Abenteuer, auf das sich die Autorin nicht unbegleitet einlassen kann. An jedem Ort braucht sie kundige Führer und Vertraute, die ihr die Schauplätze, die sie besucht, erklären und ihr auch den Kontakt zur modernen Umwelt der Gegenwart erschließen. Diese Spurensuche fördert viele Einblicke und Erfahrungen zutage, aber keine einheitliche Geschichte.

Deshalb kann in diesem Buch auch keine Geschichte für sich alleine stehen. Alle sind immer schon miteinander verwoben. Obwohl die Kompassnadel von Dekels Erzählung klar auf die eigene Familiengeschichte gerichtet ist, isoliert sie diese nie, sondern nimmt jede neue historische Situation zum Anlass, um auch die Geschichten derjenigen mit einzubinden, die das Chaos von Gewalt,

Leid und Zufall hier und da zusammenführte und wieder trennte. Auf ihrer Flucht gerät Dekels Familie in den Sog von Stalins gewaltsamer Umsiedlungspolitik mit dem Ergebnis, dass die Großeltern und ihre Kinder zwei Jahre als Zwangsarbeiter fürs Holzfällen in einem sibirischen Lager geschunden werden. Die Themen Holocaust und Gulag, die in der Forschung klar geschieden sind und von der Theorie immer wieder mit Nachdruck auseinanderdividiert werden, kommen in ihrer Familiengeschichte zusammen. Die Juden teilten das Schicksal des Gulag, aber das gemeinsame Leid setzt sie mit dem der sowjetischen Opfer nicht gleich, „weil sie von Stalin ja in einem gewissen Sinne sogar gerettet wurden. Die Deportation hat sie immerhin davor bewahrt, in Treblinka ermordet zu werden".[4] Es geht Dekel nicht um Gleichsetzungen, sondern um Empathie und die Überwindung der Erinnerungsschranken nationaler Narrative. Beim Thema Zwangsarbeit erinnert sie uns zum Beispiel auch an den erheblichen Beitrag, den diese geschundenen und vergessenen Menschen an U-Bahnen und Schienennetzen zur modernen Infrastruktur von Stalins Imperium geleistet haben. Dekels Spurensuche bezieht auch diejenigen ein, die Ausbeutung, Folter und Krankheiten nicht überlebten. Indem sie auf ihren Reisen nach Friedhöfen sucht, die Gräber der Toten besucht und Namen entziffert, schließt sie sie in ihre Erinnerung mit ein.

Die Welt aus der Perspektive der Flüchtlinge

Im Mittelpunkt dieses ergreifenden Buches stehen die Flüchtlinge als Fliehende, Vertriebene, Exilierte und Zwangsübersiedelte. Damit holt Dekel in den Vordergrund, was in der Geschichtsschreibung des 20. Jahrhunderts oft in den Hintergrund geraten ist. Mit diesen unkalkulierbaren Zwangsbewegungen im geografischen Raum entstehen wechselnde Konstellationen, in denen sich unterschiedliche Welten kreuzen und begegnen: katholische Polen und polnische Juden, sowjetische Russen und sowjetische Muslime, Juden und Iraner, europäische Juden und Zionisten. Dekel gibt diesen Bewegungen Erzählraum durch ein verschränktes multiperspektivisches Tableau. Was die nationale Geschichtserzählung säuberlich trennt und in lineare Verläufe überführt, erscheint bei Dekel als ein dichtes Geflecht von Berührungen und Überschneidungen, gegenseitiger Unterstützung und Rivalitäten, gemeinsamer Bedrohung und unterschiedlichen Lebenschancen.

Trotz allgemeinmenschlicher Grundbedürfnisse und Formen der Solidarität im Kampf gegen Hunger und Kälte, Erschöpfung und Krankheit gibt es immer auch eine Hierarchie der Flüchtlinge, in der die aus den Nationen ihrer Sprach- und Kulturgemeinschaften ausgestoßenen Juden staatenlos und ohne Ausweispapiere an unterster Stelle rangieren. „Ein Stück Dreck sind wir allesamt gewesen.", schrieb der fünfzehnjährige Vater in einem jiddischen Bericht für eine polnische Organisation, in dem er auch auf die Eisenbahn-Transporte in Viehwagen, den berüchtigten ‚Roten Kühen', einging.[5] Auf ihrer Flucht erleben er und seine Schwester einschneidende Identitätswechsel: von polnischen Juden zu rechtlosen Juden zu Zionisten. Das Flüchtlings-Drama des Vaters spitzte sich zeitgleich durch die Wehrmacht und die SS zu, die mit immer stärkerer Entschlossenheit den Holocaust in Osteuropa vollstreckten. Vor diesem bedrohlichen Hintergrund wurde ausgerechnet Iran zu einer unschätzbaren Relaisstation, wo Flüchtlinge vorübergehend Ruhe fanden und sich neu organisieren konnten. An Relaisstationen wurden früher Pferde ausgetauscht und heute Informationen neu gebündelt. In diesem Sinne war Teheran der Ort, wo für eine Weile das Chaos der Bewegungen zur Ruhe kam, Flüchtlinge als Menschen wieder sichtbar wurden und Rettungsaktionen vorbereitet wurden. Der endgültig rettende Hafen wurde für den Vater Israel-Palästina, ein Land, das sich gerade darauf vorbereitete, eine Nation zu werden, indem es eine geheime Armee aufstellte, die internationale Hilfsaktionen durchführte und die Einwanderung für Flüchtlinge organisierte.

Nachgetragene Liebe

In Palästina wurden der Vater und seine Schwester 1943 nicht als gestrandete und durch die Trennung von ihren Eltern traumatisierte Kinder empfangen, sondern als Helden eines hoffnungsvollen Anfangs der neuen Nationalgeschichte gefeiert. An Rückblick und Therapie dachte damals niemand; alle Zeichen standen auf Zukunft. Die Geschichte der Flucht, aber auch die lange Vorgeschichte in Osteuropa hatte in diesem Narrativ keinen Platz. Was der Vater aus der Familienkommunikation verbannt hatte, nahm für die Tochter erst allmählich nach seinem Tod die Form einer Lücke an. Um einen Zugang zu dieser verlorenen Welt zu gewinnen, musste sie sich durch sieben Jahrzehnte Schweigen und verschiedene nationale Narrative hindurcharbeiten. Diese Geschichte des Holocaust, die sie nirgendwo lesen konnte, musste sie selber schreiben.

„Polen war eine Wunde für meinen Vater, meine Tante und auch für mich, eine ererbte Wunde".[6] Mit diesem Satz verortet sich die Verfasserin in einer Genealogie des Traumas. Sie macht sich auf die Suche nach dem, was in der Familienkommunikation nicht weitergegeben wurde, und entwickelt dabei eine neue Form von Geschichtsschreibung, die Wissen und Fühlen eng miteinander verknüpft. In Umwidmung eines Titels von Peter Härtling können wir ihr Schreibprojekt als ‚Nachgetragene Liebe' bezeichnen. Alles ist bis ins Letzte recherchiert und dokumentiert und bleibt dabei gleichzeitig gebunden an die Perspektive der teilnehmenden Beobachterin und affizierten Erzählerin. Das Fühlen spielt hier eine zentrale Rolle, denn die Wiederherstellung der verschollenen Geschichte ist sowohl eine Mizvah, wie man die Gaben der Nächstenliebe auf Hebräisch nennt, als auch Identitätsarbeit und eine Form der Therapie für die Autorin. Mit diesem Buch, das eine große intellektuelle, künstlerische und vor allem auch emotionale Aufgabe ist, schreibt sie sich nachträglich in die Familienkonstellation ein. Mit ihrem in zwölf Jahren intensiver Erinnerungsarbeit dazugewonnenen Wissen, Fühlen und Nacherleben kann sie sich endlich mit denen auf Augenhöhe wissen, die unsagbare Schmerzen erfahren und ein ganzes Leben darüber geschwiegen haben. Das Buch kann aber gleichzeitig auch als ein Schlüsseltext für unsere Gegenwart gelesen werden. Für mich ist es ein Geschenk, weil es auf höchstem Niveau Recherche und Reflexion mit persönlichen Fragen der Identitätsbildung und Empathie zusammenbringt.

Dekels großartiges Epos dieser Flucht-Odyssee von Osteuropa über die Sowjetunion, Zentralasien, Iran und Indien nach Palästina ist nicht nur ein historisches Buch. Es zeigt für heutige Leser auch schonungslos auf, was sich heute in der Türkei und auf griechischen Inseln vor der Haustür Europas abspielt und was wir den Menschen schulden, die ihren staatlichen Schutz verloren haben. Aller Rechte beraubt sind sie auf ihre nackte Existenz reduziert, bis sie ein Land finden, das ihnen den Schutz und die Rechte gewährt, die die Grundlage für jede menschliche Existenz bilden. Das Entscheidende dabei ist der Perspektivenwechsel, zu dem uns die Autorin verhilft. Wir schauen nicht auf die Flüchtlinge, sondern sehen die Welt mit ihren Augen.

Anhang

Dank

Die Kinder von Teheran ist über den Zeitraum eines ganzen Jahrzehnts entstanden, auf drei Kontinenten und in einer Vielzahl von Städten: von New York bis Warschau und von Taschkent bis Tel Aviv. Es ist die Art von Buch, die nicht hätte geschrieben werden können – und wäre auch ganz sicher nicht geschrieben worden – ohne die tatkräftige Hilfe von Mitarbeitern, Institutionen, Übersetzerinnen, Archivaren und Sponsoren; ohne Großzügigkeit und Gastfreundschaft; ohne Beziehungen, Familie, Freunde und Kollegen – ohne all diese Menschen und Dinge, die Flüchtlinge gleich als Erstes verlieren, wenn sie aus ihrer Heimat in eine feindliche Welt hinausgetrieben werden. Es ist ein tragisches Buch geworden, weil es genau diesen Verlust nachzeichnet und ihn (was wohl am schlimmsten ist) in allen seinen schrecklichen Einzelheiten nachzeichnet. Aber es ist auch ein Buch voller Hoffnung – nicht nur, weil ich, als Tochter von Flüchtlingen, über all die genannten hilfreichen Dinge fast im Überfluss verfüge; sondern auch, weil, wie meine Recherche mich gelehrt hat, selbst die verzweifeltesten, niedergeschlagensten Flüchtlinge zumindest über einige von ihnen verfügten, und wenn auch nur ein winziges bisschen: sei es die Unterstützung jüdischer Hilfsorganisationen aus der ganzen Welt, sei es der namenlose Perser, der Flüchtlingskindern lächelnd ein Stück Gebäck schenkt. Vorbei ist vorbei, und was damals verloren ging, kann nie mehr zurückgeholt werden. Aber was damals verloren ging, kann das Leben heutiger, ja zukünftiger Generationen beeinflussen. Dabei geht es in diesem Buch letztlich nicht nur um die Zerstörung einer ganzen Welt im Holocaust, sondern auch darum, wie diese Welt nach dem Zweiten Weltkrieg unvollkommen wieder aufgebaut wurde.

Die Kinder von Teheran wäre nicht geschrieben worden ohne Salar Abdoh, der mich überhaupt erst zu diesem Vorhaben angeregt hat und es – auf die eine oder andere Weise – von Anfang bis Ende mit begleitet hat. Es wäre ein sehr viel

435

ärmeres Buch geworden, hätte ich einige der „Kinder von Teheran" nicht selbst über ihre Erinnerungen befragen können: An erster Stelle ist hier meine Tante Riwka Binyamini (ehemals Regina Teitel) zu nennen, deren hervorragendes Gedächtnis und scharfer Verstand entscheidend zu diesem Buch beigetragen haben; dann Noemi Arison (Emma Perelgric), Yosef Etzion, Tamar Peleg, Bracha Mandel und Ilana Karniel. Es wäre ein ganz anderes Buch geworden ohne die schier endlose Großzügigkeit, das hervorragende Essen und die immer anregenden Gespräche, mit denen mich meine Gastgeber in aller Herren Länder unterstützt haben: Wiktor Aslanow, Sergej Kim, Magda Gawin, Michail Rogatschow, Oybek Bosorow, Duban Simchoni und Henryk Grynberg gebührt mein großer Dank. Und bestimmt wäre es ein sehr viel „ungehobelteres" (und längeres!) Buch geworden ohne die Mitwirkung meiner überragenden Lektorin beim Verlag W. W. Norton in New York, Alane Mason, der „Ruth Bader Ginsburg des Verlagswesens", die von Anfang an an mich und mein Projekt geglaubt und letztlich so viel dazu beigetragen hat.

Ich greife in diesem Buch auf umfangreiche Recherchen zurück, die andere Forscherinnen und Forscher vor mir in Archive rund um den Erdball geführt hat. Ich nenne hier stellvertretend Stanley Diamond und Michael Richman von der Ostrów Mazowiecka Research Family Foundation; Israel Bartal, Valentina Brio, Rebecca Manley, Katrin Stoll, Lior Sternfeld, Daniel Tsadik, aber auch Anne Applebaum, Atina Grossman, Timothy Snyder, Tara Zahra und viele, viele mehr. Das Buch fußt zudem auf Quellen in vielen unterschiedlichen Sprachen – nicht nur Englisch, sondern auch Polnisch, Jiddisch, Russisch, Deutsch, Farsi, Buchori und Hebräisch –, von denen ich viele selbst gar nicht beherrsche. Umso dankbarer bin ich meinen Übersetzerinnen und Übersetzern: Agata Tumilowicz, Malgorzata Bakalarz Duverger, Agi Legutko, Grazynia Drabik, Peter Tsvetkov, Faina Tsvetkov, Elik Elhanan, Andreas Killen und Roy Greenwald. Bibliothekare und Archivarinnen in zahlreichen Einrichtungen haben mir geholfen, insbesondere Daniela Ozacky-Stern vom Moreshet-Archiv, Misha Mitsel beim JDC und Irena Czernichowska von der Hoover Institution in Stanford, die allesamt keine Mühen gescheut haben, um mich zu unterstützen. Jamie Fine und Nicole Alexeeva waren hervorragende Wissenschaftliche Mitarbeiterinnen, wobei Nicole mich in der Anfangszeit auch noch als Babysitter unterstützt hat! Jody Schwartz, Eliyana Adler und Alek Nadan haben in kritischen Momenten eingegriffen und wahre Wunder gewirkt. Kevin Kanarek, eine verwandte Seele und ebenfalls ein Autor, hat die „Tehran Children"-Website gebaut. Sarit Arison, Yuval Bdolach, Gideon Binyamini, Yael Binyamini, Uri Binyamini, Naomi Binyamini, Marissa Brostoff, Alex Dancyg, Maiken Derno, Meir Ezri, Vilma Gabbay, Lucy Gold, Dalia Guttman, Hannan Hever, Yana Joseph, Alyssa Katz, Heschmat Kermanschahi, Erec Koch, Orly Lubin, Moe Liu-D'Albero, Krzysztof Malczewski, Elizabeth Mazzola, Alan Melowsky, Abbas Milani, Roy Mittleman, Dee Dee Mozeleski, Jessica Papin, Iris Pappo, Ali Parsa, Barbara Rifkind, Peter Rosenblatt, Sarah Senk, Yaakov Sharett, Khosrow Sinai, William Willis, Dassi Zeidel und Sari Zvi – sie alle haben mein Vorhaben auf die eine oder andere Weise unterstützt.

Ohne die finanzielle Unterstützung der diversen Institutionen, die den langen Entstehungsprozess von *Die Kinder von Teheran* mitgetragen haben, hätte ich dieses Buch niemals schreiben können: die National Foundation for the Humanities; meine Hochschule, das City College of New York mit seiner Forschungsstiftung; das Michael and Irene Ross Program in Jewish Studies des CCNY; die Lady-Davis-Stiftung an der Hebräischen Universität in Jerusalem; das Dekanat des Fachbereichs Geisteswissenschaften des CCNY sowie die Mellon Foundation und das religionswissenschaftliche Forschungskomitee am CUNY Graduate Center. Auch die Forschungssemester am CCNY sowie weitere Freistellungszeiten, die mir meine Heimathochschulen gewährt haben, waren entscheidend.

Jede Diskussion nach den Vorträgen, zu denen ich an die Columbia University, das CUNY Graduate Center und die Maison de la culture yiddish – Bibliothèque Medem in Paris eingeladen wurde, hat mich in meinem Denken wieder ein Stück weitergebracht. Ich danke Marianne Hirsch, Victoria Rosner, Francesca Bregoli und Tal Hever-Chybowski für ihre freundlichen Einladungen. Victoria hat zudem eine kleine Einführung in mein Projekt veröffentlicht, als dieses sich noch in seiner Frühphase befand. Die schrecklich cleveren und stets zu Späßen aufgelegten Mitglieder meines Lesekreises – Daniel Gustafson, Robert Higney, Andreas Killen, András Kiséry, Václav Paris und Harold Veeser – haben Teile des Manuskripts in unterschiedlichen Phasen seiner Entstehung gelesen. Zu großem Dank bin ich besonders Robert verpflichtet, der nicht nur mein Manuskript gelesen, sondern dafür sogar sein eigenes beiseitegelegt hat. Andere kluge Freunde und Kollegen sind mir wichtige Gesprächspartner gewesen: Natalia Aleksiun, Beth Baron, Elissa Bemporad, Emily Greble, Tamar Hess, Hannan Hever, Michele Kahane, Ben Lapp, Nancy K. Miller und Daniel Rosenblatt.

Schließlich bin ich meiner Familie dankbar für ihre unermüdliche Unterstützung: meiner Mutter Zipora Dekel, die in diesem Buch zwar nicht vorkommt, in meinem Leben jedoch eine große und beständige Rolle spielt; ihrem Partner Yosef Rosenthal; meinen allerliebsten Geschwistern Benjamin Dekel und Sharon Tsvetkov; meinem Schwager Peter Tsvetkov; meinen Neffen Itamar und Michael Dekel. Außerdem danke ich Amir Halfon für seine jahrelange Unterstützung, Ermutigung und für den langen Weg, den wir beide gemeinsam zurückgelegt haben. Und zuletzt danke ich meinem Sohn Daniel Halfon, der die Abwesenheit seiner Mutter ertragen und ihre Texte gelesen hat, mit ihr gereist ist und überhaupt ein wunderbarer Mensch ist – Daniel ist für mich der größte Beweis dafür, dass eine Welt tatsächlich wieder aufgebaut werden kann.

Anmerkungen

Einleitung – New York City, 2007

1   Abbas Milani, „Revealing Errors: Iran, Jews and the Holocaust: an Answer to Mr. Black", *The Iranian*, 23. Februar 2006, http://web.stanford.edu/group/abbasmilani/cgi-bin/wordpress/wp-content/uploads/2016/03/Revealing-Errors.pdf.
2   Zitiert bei Hall, *Gellner*, S. 59.
3   Arendt, „Wir Flüchtlinge", S. 7.

1 „Hier fühlen sich alle wie neu geboren" – Iran, August 1942

1   Sinai, „A File", S. 172, Übers. Salar Abdoh.
2   Der Hauptfokus dieser Fragebögen lag auf den Erfahrungen der Flüchtlinge in der Sowjetunion, da ihr impliziter Zweck darin bestand, Material zu sammeln, das nach Kriegsende die Schaffung einer von Moskau abhängigen Sowjetrepublik Polen verhindern sollte. Mit der Zeit wurden aber auch andere Fragen zum Widerstand, zum religiösen Leben und zu den Erfahrungen der geflüchteten Frauen aufgenommen. Da viele der Flüchtlinge Juden waren, sind Juden auch unter den Interviewten stark vertreten. Offiziell erhoben wurde die Religionszugehörigkeit allerdings erst ab 1943, als der vormalige Außenminister der polnischen Exilregierung, Stanisław Kot, der inzwischen als Staatsminister der polnischen Regierung im Nahen Osten fungierte, das CIW („Informationszentrum Ost") ins Leben rief. Und dessen Mitarbeiter nahmen im März 1943 dann die Zeugenaussagen von Hannan und anderen Flüchtlingen auf. Siehe Siekierski und Tych, *Widziałem Anioła*, S. 30f.
3   Früher schon hatten Irena Grudzinka Gross und Jan Gross eine Dokumentation aus Augenzeugenberichten größtenteils nichtjüdischer polnischer Flüchtlingskinder im Iran zusammengestellt: *War Through Children's Eyes: The Soviet Occupation of Poland and the Deportations 1939–1941* wurde 1981 von der Hoover Institution veröffentlicht.
4   Roy Chicky Arad, „Meet the Iranian embassy in Jerusalem", *Haaretz*, 11. Juli 2015, https://www.haaretz.co.il/magazine/tozeret/.premium-1.2679611.
5   Beeta Baghoolizadeh, „Lior Sternfeld on Polish Refugees in Mid-Century Tehran: War and Migration in the Cosmopolitan City", Ajam Media Collective, 22. Januar 2015, https://ajammc.com/2015/01/22/lior-sternfeld-polish-refugees-iran/.
6   *Life*, 23. August 1943. Lastfahrzeuge aus amerikanischer Produktion, die für den Kriegseinsatz umgerüstet worden waren, stellten einen großen Teil des US-Beitrags zu den alliierten Truppen im Iran dar. Ein Teil dieser Umrüstungsarbeiten fand auch im Iran statt.
7   Bürgerlicher Name: Joachim Wilhelm Hirschberg (Hdb. österr. Autorinnen / Autoren jüdischer Herkunft; Anm. d. Übers.); hier: Hirschberg, „Jerach ha'etanim", S. 44.
8   Zitiert bei Ziolkowska-Boehm, *Polish Experience*, S. 1510.
9   Rosenberg, *Der Mythus des 20. Jahrhunderts*, S. 114f.
10 Alireza Asgharzadeh, *Iran and the Challenge of Diversity*. New York: Palgrave, 2007, S. 91.
11 Iranisches Außenministerium an iranisches Innenministerium, September 1936, Brief Nr. 25691: „Wie Ihnen vielleicht schon bekannt ist, sind seit dem Machtantritt des nationalsozialistischen Regimes in Deutschland die dortigen Juden in eine schwierige Lage geraten und emigrieren nun aus Deutschland in andere Länder." Rāʾī Gallūjah, *Rarʾrasī va*, 2015.
12 Siehe Jischai, *Tsir beli*, 1949.
13 Erschienen in: Rāʾī Gallūjah, *Barʾrasī va*, 2015.
14 Jenkins, „Iran in the Nazi New Order".
15 Hersh Cynowicz an das JDC, 9. Mai 1941, Archiv des JDC, Sammlung 1933–1944, Akte Nr. 712.
16 Rafael Szaffar an die Jewish Agency, Jerusalem, 20. August 1942, zitiert bei Saadoun und Rappel, *Ba'machteret*, S. 100.
17 Grynberg, *Kinder Zions*, S. 181.
18 Siddiqui, *Hospitality*, S. 27.

439

19 Eher weltlich eingestellte Juden drückten ihre *tzedaka* (Wohltätigkeit, Nächstenliebe; das Wort leitet sich vom hebräischen *tzedek*, „Gerechtigkeit", ab) durch eine allgemeine Bereitschaft zu mildtätigen Spenden aus, während die stärker religiös denkenden spezifische Gebote befolgten (etwa eines, das den jüdischen Bauern auferlegte, die Ecken ihrer Felder nicht abzuernten, damit „der Arme und der Fremde" sich dort ihren Anteil holen konnten).

20 Tsadik, „Legal Status", S. 380.

21 Ebd., S. 401.

22 Bird, *Journeys*, II, S. 155.

23 Lewis, *Jews of Islam*, S. 166.

24 Hirschberg, „Jerach ha'etanim", S. 54.

25 Zitiert bei Tsadik, „Legal Status", S. 108.

26 Sternfeld, *Between Iran and Zion*, S. 23.

27 Jischai, *Tsir beli*, S. 90.

28 Zitiert bei Dan, *Ba'derech lo selulah*, S. 176.

29 Shenhav, *Arab Jews*, S. 19.

30 Bericht Elisabeth Kottlers für den Jewish National Fund: Schamir, *Jaldei Tehran*, S. 45.

2 Eine liberale Familie – Ostrów Mazowiecka (Polen), 1939

1 Bartal, Polonsky und Ury, *Jews and Their Neighbours*, S. 10.

2 Datenmaterial zusammengestellt von Michael Richman für den Ahnenforschungsverein „Ostrów Mazowiecka Research Family": http://www.ostrow-mazowiecka.com.

3 Hundert, *Jews in Poland*, S. 22.

4 Levin, *Megilat Polin*, S. 150f.

5 Arye Margolis in dem Memorbuch (*jiskor*) für Ostrów Mazowiecka: http://www.ostrow-mazowiecka.com.

6 Dziennik urzędowy Guberni Augustowskiej Suwałki, 31. Dezember 1849–12. Januar 1850, in: Bartal, Polonsky und Ury, *Jews and Their Neighbours*, S. 75.

7 http://ohd.huji.ac.il/holocaust/project241/project241pdf/241-16.pdf.

8 Das entnehme ich dem Kapitel über das „Zusammenleben von Juden und Polen", in: Pęziński, *Ostrów Mazowiecka*.

3 Über die Grenze – Von Hitler zu Stalin

1 Alle Zeugenaussagen, die von dem polnischen „Informationszentrum Ost" gesammelt wurden, wurden als „Protokolle" bezeichnet.

2 Grynberg, *Kinder Zions*, S. 21.

3 Ebd., S. 14.

4 Ebd., S. 27f.

5 Ebd., S. 23–60.

6 Ebd., S. 66.

7 Ebd., S. 78–80.

8 Bugaï, *Deportations of People*, S. 194.

9 Grynberg, *Kinder Zions*, S. 84.

10 Solschenizyn, *Der Archipel Gulag*, Bd. I, S. 16, 18.

4 Ukasniks in der Sowjetunion – Als Zwangsarbeiter in Archangelsk und Komi

1 Grynberg, *Kinder Zions*, S. 88–90.

2 Levi, *Ist das ein Mensch?*, S. 25.

3 Solschenizyn, *Archipel Gulag*, Bd. I, S. 538f.

4 Gross und Gross, *Children's Eyes*.

5 Grynberg, *Kinder Zions*, S. 90–92.

6 Ebd., S. 91f.

7 Bugaï, *Deportations of People*, S. 194.

8 Applebaum, *Gulag*, S. 124. In der deutschen Übersetzung von Applebaums Buch, *Der Gulag* (München 2003), die mit dem Einverständnis der Autorin gekürzt wurde, fehlt diese Passage (Anm. d. Übers.).

9 Solschenizyn, *Archipel Gulag*, Bd. I, S. 174.

10 Ebd., Bd. II, S. 238.

11 Gross und Gross, *Children's Eyes*, S. xxiii.

12 Gesammelt durch die Organisation Memorial Syktywkar.

13 Grynberg, *Kinder Zions*, S. 103.

14 Ebd., S. 105.

15 Sura an Emma, 5. September 1940, mit freundlicher Genehmigung von Noemi Arison. Den Brief, der auf Polnisch verfasst wurde, hat Noemi Arison für mich ins Hebräische übersetzt.

16 Sura an Adam und Emma, 10. März 1941, mit freundlicher Genehmigung von Noemi Arison. Den Brief, der auf Polnisch verfasst wurde, hat Noemi Arison für mich ins Hebräische übersetzt.

17 http://www.shoa.org.il/image.ashx?i=79378.pdf&fn=35.pdf.

18 Grynberg, *Kinder Zions*, S. 131–133.

19 Jüdische Agentur für Palästina (Jewish Agency for Palestine) an den Jüdischen Weltkongress, Memorandum vom 24. September 1942, JDC.

20 Grynberg, *Kinder Zions*, S. 104f.

21 Ebd., S. 104.

22 Solschenizyn, *Archipel Gulag*, zit. nach der Übers. in: Andrzej J. Kamiński, *Konzentrationslager 1896 bis heute. Eine Analyse* (Stuttgart: Kohlhammer, 1982), S. 119. Kamiński zitiert nach dem russischen Original und weist darauf hin, dass der betreffende Abschnitt „aus mir unerklärlichen Gründen in der deutschen Übersetzung (S. 98) ausgelassen" wurde. Er fehlt auch in dem entsprechenden Auszug aus Solschenizyns Text, der unter dem Titel „Der Bau des Weißmeer-Kanals" im *Spiegel* vom 04.11.1974 veröffentlicht wurde (Anm. d. Übers.).

23 Grynberg, *Kinder Zions*, S. 138.

5 „Ich bin Jude" – „Ich bin Usbeke"

1 Polnische Exilregierung an polnische Botschaft in Washington, Telegramm vom 5. September 1941, abgedruckt in: Kot, *Conversations*, S. 2.

2 Aus Kots Gesprächen mit dem US-amerikanischen Roten Kreuz: Kot, *Conversations*, S. 40.

3 Sitzungsprotokoll des JDC-Exekutivrats vom 10. Dezember 1941, Transkript, JDC.

4 A. J. Wyschinski, Vizekommissar für auswärtige Angelegenheiten, zitiert bei: Kot, *Conversations*, S. 63.

5 Sitzungsprotokoll des JDC-Exekutivrats vom 10. Dezember 1941, Transkript, JDC; Jüdische Agentur für Palästina (Jewish Agency for Palestine) an den Jüdischen Weltkongress, Memorandum vom 24. September 1942, JDC.

6 Kot, *Conversations*, S. 31. Die Zeugenaussagen der „Kinder von Teheran" bestätigen dies. Ein Kind berichtet: „Wir hatten kein Geld für die Reise und gingen zu Fuß die dreihundert Kilometer …", ein anderes: „… wir bekamen die roten Papiere für Verbrecher", wodurch sie offenbar den Anspruch auf eine Zugfahrkarte erwarben (Grynberg, Kinder Zions, S. 140).

7 Anders, *Army in Exile*, zitiert bei: Davies, *Trail of Hope*, S. 56.

8 Kot, *Conversations*, S. 146.

9 Ebd., S. 1.

10 Laub, „Failed Empathy".

11 Wat, *Jenseits von Wahrheit und Lüge*, S. 13.

12 Ebd., S. 194.

13 Ebd., S. 282f.

14 „Władysław Broniewski", www.culture.pl (ohne Datum), https://culture.pl/en/artist/wladyslaw-broniewski.

15 Braude, „Tashkent".

16 Aussage von Mordecai Rozman, im Bestand „Zionismus im Untergrund in der UdSSR", A.1532.01, MAMAM; Aussage von Ben Hayyim Mula Kaciasky, im Bestand „Der Holocaust in der UdSSR", A.1493.12, MAMAM.

17 Manley, *Tashkent Station*, S. 1.

18 Ebd., S. 230.

19 Ebd., S. 26.

20 „Uzbekistan Soviet Republic Becomes New Home for Hundreds of Thousands of Evacuated Jews", Meldung der Jewish Telegraphic Agency vom 18. Februar 1942, JDC.

21 Wat, *Jenseits von Wahrheit und Lüge*, S. 618.

22   Ebd., S. 238.
23   Ebd., S. 568.
24   Mitteilung an Ziolkowska-Boehm, *Polish Experience*.
25   Władysław Kot an polnisches Außenministerium in London, Telegramm vom 8. November 1941, zitiert bei: Kot, *Conversations*, S. 97.
26   Medvedeva-Nathoo, „Certificate of Birth".
27   Kot, *Conversations*, S. 30.
28   Ebd., S. 31.
29   Wat, *Jenseits von Wahrheit und Lüge*, S. 570.
30   Shterenshis, *Tamerlane*, S. xvii.
31   Brubaker, „Rethinking Nationhood", S. 9f.
32   Grynberg, *Kinder Zions*, S. 151.
33   Wat, *Jenseits von Wahrheit und Lüge*, S. 608.
34   Grynberg, *Kinder Zions*, S. 152f.
35   Ebd., S. 152.
36   Kot, *Conversations*, S. 206.
37   Aussage von Ben Hayyim Mula Kaciasky, im Bestand „Der Holocaust in der UdSSR", A.1493.12, MAMAM.
38   Grynberg, *Kinder Zions*, S. 157–160.
39   Medvedeva-Nathoo, „Certificate of Birth".
40   Etzion, *Jeladim*, S. 84.
41   Manley, *Tashkent Station*, S. 227.
42   Ben Michael, *Jaldei Tehran*, S. 63.
43   Wat, *Jenseits von Wahrheit und Lüge*, S. 608. Die Passagen über die Gesichtszüge, die Kleidung und die Pferde der Usbeken fehlen in der deutschen Übersetzung von Wats Buch; sie sind deshalb aus der englischen Ausgabe (dort S. 334ff.) übertragen (Anm. d. Übers.).
44   Ebd.
45   Ebd., S. 588; Medvedeva-Nathoo, „Certificate of Birth".
46   Das Tagebuch wurde von Medvedeva-Nathoo transkribiert.
47   Braude, „Tashkent".
48   Orlev, *Ein Königreich für Eljuscha*.
49   Ebd., S. 132.
50   Grynberg, *Kinder Zions*, S. 143–145.
51   Martin, *Affirmative Action Empire*, S. 432.
52   Manley, *Tashkent Station*, S. 221.
53   Ebd.
54   Gulom, *Mukammal asarlar tüplami*, aus dem Russischen ins Englische übersetzt von Sergej Kim (dt. Übers. T. G.).
55   Gulom, *Izbrannyre*, Bd. I, S. 54.
56   Manley, *Tashkent Station*, S. 226.
57   Ebd., S. 224.
58   Ebd., S. 222.
59   Ebd., S. 227.
60   Wat, *Jenseits von Wahrheit und Lüge*, S. 572–578.
61   Ebd., S. 582f., 601.
62   Ebd., S. 588. Die Passagen über Wats Bekanntschaft mit Muchtar Auesow fehlen in der deutschen Ausgabe seines Buches; sie sind deshalb aus der englischen Fassung (dort S. 322) übertragen (Anm. d. Übers.).
63   Grynberg, *Kinder Zions*, S. 143–145.
64   Ebd., S. 145f.
65   Mansur Mirovalev, „Uzbekistan's Long Persecuted Bukhara Jews", *Aljazeera*, 6. Mai 2015.
66   Human Rights Watch, „Islam Karimov", https://web.archive.org/web/20151011120940/https://www.hrw.org/tag/is-lam-karimov.
67   Zylberman, *Vermisstenstelle*, S. 84.
68   Grynberg, *Kinder Zions*, S. 148, 161.
69   Orlev, *Ein Königreich für Eljuscha*, S. 64.
70   Grynberg, *Kinder Zions*, S. 161.
71   Applebaum, *Roter Hunger*, S. 11, 172f.
72   Orlev, *Ein Königreich für Eljuscha*, S. 63.

73   Wat, *Jenseits von Wahrheit und Lüge*, S. 608.
74   Mosche Schertok, Sitzungsprotokoll des Zionistischen Generalrates, Jerusalem, 9. September 1942, MS, http://www.
     sharett.org.il/cgi-webaxy/sal/sal.pl?lang=he&ID=880900_sharett_new&act=show&dbid=bookfiles&dataid=3462.

6 Polnische Exilanten und jüdische Hilfsaktionen – London, New York und die UdSSR

1   Engel, *Shadow of Auschwitz*, S. 122.
2   „Relief for Jewish War Victims in Russia", *London Jewish Chronicle*, 5. September 1941, JDC-Archiv, Bestand 1933–
     1944, Ordner Nr. 421.
3   Kot, *Conversations*, S. 4.
4   Kot an Molotow, 10. September 1941; Kot, *Conversations*, S. 9.
5   Bauer, *American Jewry*, S. 22.
6   Ebd., S. 35.
7   Ephraim E. Yolles (Rabbi der United Orthodox Congregations) an James Rosenberg (JDC), 21. Mai 1941, JDC-
     Archiv, Bestand 1933–1944, Ordner Nr. 421.
8   Ebd.
9   JDC-Archiv, Bestand 1933–1944, Ordner Nr. 1055.
10   Ebd., Ordner Nr. 421.
11   Sylwin Strakacz, „Bericht über den tatsächlichen Stand der Hilfsbemühungen für ehemals polnische Exilanten
     in Sowjetrussland [Report About the Actual Situation of Relief Work for Former Polish Exiles in Soviet Russia]",
     24. September 1941, JDC-Archiv, Sammlung 1933–1944, Ordner Nr. 421.
12   Saul Hayes an Zentralbüro der United Jewish Relief and War Relief Agency, Memorandum, 18. September 1941,
     JDC-Archiv, Bestand 1933–1944, Ordner Nr. 421.
13   Warburg an Litwinow, Memorandum, 25. Februar 1942, JDC-Archiv, Bestand 1933–1944, Ordner Nr. 421.
14   United Jewish Refugee and War Relief Agency, Memorandum, 18. September 1941, JDC-Archiv, Bestand 1933–1944,
     Ordner Nr. 421.
15   Kot, *Conversations*, S. 15.
16   Ebd., S. 41.
17   Ebd., S. 67. Schätzungsweise 22 000 polnische Offiziere und sonstige Kriegsgefangene waren im Jahr zuvor bei den
     Massenerschießungen von Katyn von Agenten des NKWD erschossen worden.
18   Ebd., S. 102.
19   Ebd., S. 60f.
20   Polnische *Embasada* in der Sowjetunion, 8. Dezember 1942, HI. KOL-25-33A, USHMM.
21   Kot, *Conversations*, S. 159.
22   Sitzung des JDC-Exekutivkomitees, Protokoll vom 10. Dezember 1941, JDC.
23   Während Sikorskis kurzer Amtszeit als polnischer Ministerpräsident von Dezember 1922 bis Mai 1923 hatte er sich
     öffentlich zu dem „wahren, katholischen Polen" bekannt und zudem Zweifel an der Loyalität der polnischen Juden
     geäußert. Siehe Engel, *Shadow of Auschwitz*, S. 52.
24   Ebd., S. 54f.
25   Sitzung des JDC-Exekutivkomitees, Protokoll vom 10. Dezember 1941, JDC-Archiv, Bestand 1933–1944, Ordner
     Nr. 421; Kot, *Conversations*, S. 173.
26   *Menorah*, 8. Januar 1942, JDC-Archiv, Bestand 1933–1944, Ordner Nr. 421.
27   Edward Warburg an Judah Magnes (Hebräische Universität, Jerusalem), Telegramm, 22. Januar 1942, JDC-Archiv,
     Bestand 1933–1944, Ordner Nr. 421.
28   Polnischer Generalkonsul an JDC, 10. März 1942, JDC-Archiv, Bestand 1933–1944, Ordner Nr. 421.
29   Herbert Katzki an Dr. J. J. Golub und Alfred S. Cohn, 24. Februar 1942, JDC-Archiv, Bestand 1933–1944, Ordner
     Nr. 421.
30   JDC-Archiv, Bestand 1933–1944, Ordner Nr. 421. Von einer vergleichsweise kleinen Menge an Medikamenten
     gegen Typhus einmal abgesehen, schien der größte Teil der vom JDC zunächst eingekauften Hilfsgüter eher auf
     militärische denn auf zivile Verwendungszwecke zugeschnitten: 150 000 Betäubungstabletten, 100 Pfund Äther,
     100 000 Sulfanilamid-Tabletten (dieses Antibiotikum wurde in den Armeen der Alliierten häufig verwendet) sowie
     3700 Ampullen eines Medikaments zur Behandlung der Syphilis. Ich selbst habe zwar in den Zeitzeugenberichten
     der damaligen Flüchtlinge nirgends Hinweise auf Syphilis-Fälle gefunden, aber in Dokumenten, die Sergej Kim im

Archiv in Taschkent ausfindig gemacht hat, ist immerhin die Rede von 49 411 Fällen „ansteckender Krankheiten", die von der Anders-Armee behandelt worden seien.

31 Jitzchak Gruenbaum an den JDC, 17. März 1942, JDC-Archiv, Collection 1933–1944, Ordner Nr. 421.

32 JDC an die United Jewish Refugee and War Relief Agency, 17. April 1942. JDC-Archiv, Bestand 1933–1944, Ordner Nr. 421.

33 JDC an OSE, 20. April 1942, JDC-Archiv, Bestand 1933–1944, Ordner Nr. 421.

34 Kot an JDC, Telegramme, 7. und 12. Mai 1942, JDC-Archiv, Bestand 1933–1944, Ordner Nr. 421.

35 Kot an JDC, 7. Mai 1942, JDC-Archiv, Bestand 1933–1944, Ordner Nr. 421.

36 Wat, *Jenseits von Wahrheit und Lüge*, S. 613f.

37 Ebd., S. 324, 576f., 581f.

38 Ebd., S. 614.

39 Grynberg, *Kinder Zions*, S. 139.

40 Ebd., S. 147, 158, 164.

41 Wat, *Jenseits von Wahrheit und Lüge*, S. 614.

42 Ben Michael, *Jaldei Tehran*, S. 27f.

43 Kot, Bericht „Zum Fall der jüdischen Staatsbürger" [„On the Case of Jewish Citizens"], 11. August 1942. KOL-25-33A, USHMM.

44 Litvak, „Jewish Refugees from Poland in the USSR, 1939–1946", S. 139. Konvertiten wie Wat amtierten durchaus als „Delegierte". Wat berichtet, sein Amtsvorgänger im Bezirk Fergana sei ein jüdischer Zahnarzt gewesen, was vermuten lässt, dass es zumindest einige jüdische Delegierte gab.

45 Wat, *Jenseits von Wahrheit und Lüge*, S. 616f.

46 Harry Viteles, *Report on Visit to Bagdad (2.XI–9.XI, 1942) and Tehran (11.XI–2.XII, 1942)*. 12.31.1942. JDC-Archiv, Bestand 1933–1944, Ordner Nr. 712, 713.

47 Bericht aus London vom 17. November 1944, A-7-307-40, HI.

48 Archivbox 28, HI. Siehe Gross und Gross, *Children's Eyes*, S. 254.

49 Wat, *Jenseits von Wahrheit und Lüge*, S. 614.

50 Kot, *Conversations*, S. 141.

51 Grynberg, *Kinder Zions*, S. 161.

52 Ziolkowska-Boehm, *Polish Experience*, S. 379.

53 Gutman, „Jews in General Anders' Army", S. 237.

54 Ebd.

55 Ben Michael, *Jaldei Tehran*, S. 101.

56 Kot, Bericht „Zum Fall der jüdischen Staatsbürger", 11. August 1942. KOL-25-33A, USHMM.

57 Ben Michael, *Jaldei Tehran*, S. 101.

58 Schekel, *Nedudim we'adama*, S. 74.

59 Zeugenaussage Jehuda Pompiansky, A.1492.02, MAMAM.

60 Viteles, „Besuchsbericht [Report on Visit]". JDC-Archiv, Bestand 1933–1944, Ordner Nr. 712, 713.

61 Eine umfassende Darstellung der polnischen Position findet sich bei: Engel, *Shadow of Auschwitz*, S. 133.

62 Ebd., S. 134.

63 Bei der Moskauer Konferenz vom 1./2. Oktober 1941 unterzeichneten die britischen und amerikanischen Abgesandten Averell Harriman und Lord Beaverbrook mit Stalin ein Abschlussprotokoll, das eine Ausweitung des amerikanischen *Lend-Lease Act* („Leih- und Pachtgesetz") auf die Sowjetunion und damit Lieferungen von Nahrung, Öl und Waffen an die Sowjets vorsah. Kot berichtet, der US-Botschafter in Moskau, Laurence Steinhardt, ein amerikanischer Jude und treuer Anhänger von Präsident Roosevelt, habe sich gegen dieses Vorgehen ausgesprochen, weil es Stalin zu viel gebe, ohne ihm entsprechende Gegenleistungen abzuverlangen. Steinhardt wäre es lieber gewesen, wenn die Hilfslieferungen an die polnischen Flüchtlinge getrennt von den Unterstützungsleistungen an die UdSSR transportiert und verteilt worden wären. Er arrangierte dazu sogar persönliche Gespräche zwischen Vertretern der polnischen Exilregierung und des Amerikanischen Roten Kreuzes. Lord Beaverbrook, der ein glühender Befürworter der *Lend-Lease*-Regelung war, sprach sich gegen Steinhardts Vorgehen aus. Kot, *Conversations*, S. 53f.

64 Ebd., S. 82.

65 Jishai, *Tsir beli*, S. 98; Zeugenaussage Tamar Peleg.

66 Gutman, „Jews in General Anders' Army", S. 237.

67 Engel, *Shadow of Auschwitz*, S. 135.

68 Ebd., S. 136.

69 Maxim Litwinow an Jacob Landau (Overseas News Agency), 10. Juli 1942, JDC-Archiv, Bestand 1933–1944, Ordner Nr. 1056.

70 Kot an polnischen Außenminister, 5. Januar 1942, in: Kot, *Conversations*, S. 185.
71 Ebd.
72 Kot, Bericht „Zum Fall der jüdischen Staatsbürger", 11. August 1942. KOL-25-33A, USHMM.
73 Wat, *Jenseits von Wahrheit und Lüge*, S. 583.
74 Ebd., S. 639. Die Passage über den Schuster Kamer aus Radom fehlt in der deutschen Übersetzung von Wats Buch; sie ist deshalb aus der englischen Ausgabe (dort S. 359f.) übertragen (Anm. d. Übers.).
75 So gemeldet in dem Artikel „Poland: Warsaw Ghetto museum will show the ‚mutual love' between Poles, Jews", *Times of Israel*, 8. März 2018, https://www.timesofisrael.com/poland-warsaw-ghetto-museum-will-show-the-mutual-love-between-poles-jews/.

7 Samarkand – Die Stadt voller Flüchtlinge

1   Ziolkowska-Boehm, *Polish Experience*, S. 436.
2   Maia Szalavitz, „How Childhood Hunger Can Change Adult Personality", *Time*, 11. April 2013, http://healthland.time.com/2013/04/11/how-childhood-hunger-can-change-adult-personality/.
3   Manley, *Tashkent Station*, S. 232.
4   Als in den Jahren 2014 bis 2017 Italien mit der Aufnahme von rund einer halben Million Flüchtlinge zu kämpfen hatte, kam es auch in zuvor politisch moderaten italienischen Städten zu einem Aufschwung für rechtsgerichtete, der Einwanderung ablehnend gegenüberstehende Kandidaten. Einige der nach Italien Geflüchteten hingegen beklagten, man habe sie in Krankenhäusern und Schulen abgewiesen. „In Once-Welcoming Italy, the Tide Turns Against Migrants", *Washington Post*, 25. August 2017.
5   Wat, *Jenseits von Wahrheit und Lüge*, S. 608.
6   Efron, *Diaries*, Eintrag vom 29. August 1942.
7   Übersetzt von Sergej Kim aus Документы и материалы по истории советско-польских отношений („Dokumente und Materialien zur Geschichte der polnisch-sowjetischen Beziehungen"), Bd. VII, Moskau, S. 342.
8   Übersetzt von Sergej Kim aus Государственный Архив Самаркандской области /ГА Самаркандской (Staatsarchiv der Oblast Samarkand / Hauptarchiv Samarkand) Obl., F. 942, Op. 1, D. 58, S. 14–18.
9   Grynberg, *Kinder Zions*, S. 165.
10 Ebd., S. 170–172.
11 Ebd., S. 171.
12 Übersetzt von Sergej Kim aus ГА Самаркандской. Обл. (Staatsarchiv der Oblast Samarkand / Hauptarchiv Samarkand), F. 74, Op. 1, D. 1039, S. 4. Der Brief bezog sich auf den Bezirk Narpay in der Oblast Samarkand. Nach Angaben des Verfassers herrschten jedoch auch in manchen anderen Bezirken der Oblast sowie in der Stadt Samarkand selbst ganz ähnliche Zustände.
13 Kot, *Conversations*, S. 152.
14 Ebd., S. 183.
15 Engel, *Shadow of Auschwitz*, S. 140.
16 Davies, *Trail of Hope*, S. 86f.
17 Engel, *Shadow of Auschwitz*, S. 138. Als herauskam, dass die Russen 400 Juden an die Anders-Armee „abgeben" wollten, schreibt Engel, habe Anders sogar ein geheimes Rundschreiben an seine Divisionskommandeure geschickt, in dem er sie aufforderte, die jüdischen Neuzugänge unter medizinischen Vorwänden wieder auszumustern.
18 Gutman, „Jews in General Anders' Army", S. 242.
19 Ebd., S. 244.
20 Kot, Bericht „Zum Fall der jüdischen Staatsbürger", 11. August 1942. KOL-25-33A, USHMM.
21 Mosche Schertok, Sitzungsprotokoll des Zionistischen Generalrates, Jerusalem, 11. September 1942, MS. Schertok drückte das Ganze recht poetisch aus: „Ich war noch ein junger Mann, als ich *Anna Karenina* las, und ich erinnere mich gut, dass in Tolstois Salons immer von *obrusenii pol'schi* die Rede war, der ‚Russifizierung Polens'. Nun scheint die Geschichte sich zu wiederholen. Aber manches hat sich auch verschoben: Deutschland ist in Russland einmarschiert, Russland hat sich auf die Seite der Demokraten gestellt, und zwischen der Sowjetregierung und der Regierung Polens ist ein Abkommen unterzeichnet worden, [durch das] in einem gewissen Umfang die Evakuierung [der polnischen] Staatsangehörigen aus Russland ermöglicht wird; für Militärangehörige, aber doch nicht nur für diese."
22 Engel, *Shadow of Auschwitz*, S. 140.
23 Ebd., S. 144.

24 Simón Mirelman, Brief an die Zeitung *El Mundo Israelita*, 24. Oktober 1942. Mirelman widersprach damit einer Aussage des südamerikanischen Congreso Judio Mundial („Jüdischer Weltkongress") vom 10. Oktober. Übersetzung aus dem Spanischen von Lolita Goldstein AR33/44-347, JDC. Polnische Quellen bestätigen die Zahlung von 4 Pfund Sterling pro Person. Bericht über die Verteilung von Geldern durch das Polnische Flüchtlingshilfswerk in Jerusalem [Report on the distribution of funds by the Polish Refugee Aid Office in Jerusalem], S. 71, USHMM.

25 Brief von Eliyahu Dobkin an Louis G. Dreyfus, Jr., den US-Gesandten in Tehran. C.54.02.01, MAMAM. Kot gab an, nur eine einzige Person auf dieser Liste habe ein sowjetisches Ausreisevisum erhalten. Bericht „Zum Fall der jüdischen Staatsbürger", 11. August 1942. KOL-25-33A, USHMM.

26 Das meldete Dr. Lubeczewski am 5. November 1942, Bericht über die Verteilung von Geldern durch das Polnische Flüchtlingshilfswerk in Jerusalem. KOL-25-39A, S. 158–59, USHMM.

27 Litvak, „Jewish Refugees from Poland in the USSR, 1939–1946", S. 141.

28 Martin, *Affirmative Action Empire*, S. 432.

29 Achmatowa, *Gedichte*, S. 175.

30 Braude, „Tashkent", S. 180.

31 Manley, *Tashkent Station*, S. 227.

32 Zeitzeugenaussagen in der Dokumentation *Die Kinder von Teheran*.

33 Grynberg, *Kinder Zions*, S. 174.

8 Polen und Juden in Teheran – Zwei Nationen erfinden sich

1 Grynberg, *Kinder Zions*, S. 177f.

2 Kot, Bericht „Zum Fall der jüdischen Staatsbürger", 11. August 1942. KOL-25-33A, USHMM.

3 Damandan, *Children of Isfahan*, S. 278.

4 Lior Sternfeld schreibt: „Jeder Staat, jede Organisation hatte ein Motiv, die Zahlen je nach Bedarf aufzublasen oder herunterzuspielen: Die Sowjets wollten zeigen, dass von vornherein gar nicht so viele in Lager gesteckt worden waren, also gaben sie niedrige Zahlen an (die niedrigsten Angaben von sowjetischer Seite liegen bei 40 000). Das Rote Kreuz hingegen wollte nachweisen, dass das riesige Budget, das es zur Versorgung der Flüchtlinge erhalten hatte, auf keinen Fall zu groß bemessen war; also ist die Rede von 500 000 Menschen. Der Iran wiederum hatte ebenfalls ein Interesse an möglichst hohen Zahlen, weil die Lebensmittellieferungen der Alliierten von der Zahl der Flüchtlinge im Land abhingen, und die Briten gaben höhere Zahlen an, weil ihnen der Transport aus Zentralasien in den Iran und nach Indien sowie weiter nach Ostafrika oblag. Ob irgendwelche – und wenn ja, welche – dieser Zahlen tatsächlich zutreffen, lässt sich unmöglich feststellen." Sternfeld, „‚Poland is Not Lost'".

5 „Aber im letzten Moment erfuhren wir, dass mehr [Evakuierte] kommen sollten, als wir erwartet hatten", schrieb der britische Botschafter im Iran, Sir Reader Bullard, in einem Brief nach London: „dass sie außerdem schon früher ankommen würden, als wir vorhergesehen hatten, und dass einige Tausend *ziviler* Flüchtlinge – Frauen und Kinder und alte Männer –, mit denen wir überhaupt nicht gerechnet hatten, zusammen mit den [polnischen] Truppen eintreffen würden". Bullard, *Letters from Tehran*, S. 128.

6 Kot, Bericht „Zum Fall der jüdischen Staatsbürger", 11. August 1942. KOL-25-33A, USHMM.

7 Damandan, *Children of Isfahan*, S. 277.

8 Alexander Ross, „Urgent Report on Polish Refugees in Persia", Kasten 420, Akte „Ewakuacja obywateli polskich z ZSRR, 1945", HI.

9 Netzer, *Padyavand*, S. 87, gibt auch an, ein vierjähriger Junge namens Jehuda sei damals verschwunden.

10 Polnische *delegatura* in Teheran, *Organisationsbericht 1942*.

11 Anonymer Zeuge, 21. August 1942, zitiert bei: Saadoun und Rappel, *Ba'machteret*.

12 Polnische *delegatura* in Teheran, *Organisationsbericht 1942*, S. 42–78.

13 Hirschberg, „Jerach ha'etanim", S. 44f.

14 Wasilewska, *Suffer Little Children*, gibt die Zahl der evakuierten katholischen Kinder mit 22 688 an. Siehe auch Gross und Gross, *Children's Eyes*, S. 24.

15 Grynberg, *Kinder Zions*, S. 181.

16 Hirschberg, „Jerach ha'etanim", S. 47.

17 Damandan, *Children of Isfahan*, S. 278. Der Artikel wurde am 17. April 1942 veröffentlicht.

18 Bullard erklärte die freundliche Aufnahme der Flüchtlinge durch die Perser zynischerweise mit deren Schadenfreude: „Die Russen predigen uns ja immer von den herrlichen Bedingungen in Sowjetrussland, und ich habe Zeitungen gesehen, die von sowjetischen Truppen in Persien verteilt wurden, in denen waren die Freuden des Kolchoselebens in der Sowjetunion ausgemalt. Wenn die Perser nun also Gefallen daran finden, Leuten zu helfen, die sie

wahrscheinlich für Opfer der Bolschewiken erachten, kann einen das nicht wundern." Bullard, *Letters from Tehran*, S. 130.

19 Grynberg, *Kinder Zions*, S. 181.
20 Zitiert bei Ziolkowska-Boehm, *Polish Experience*, S. 66.
21 Hirschberg, „Jerach haʾetanim", S. 47.
22 Polnische *delegatura* in Teheran, *Organisationsbericht 1942*, S. 42–78.
23 Władysław Banaczyk, Innenminister der polnischen Exilregierung, bittet in einem Brief an Viktor Styburski vom Teheraner Büro für Arbeit und Soziales um Angaben zur Zahl der polnischen Schulkinder im Iran, damit er weiß, wie viele Bücher geschickt werden müssen. Bestand Viktor Styburski. KOL-25-33A., USHMM.
24 Polnische *delegatura* in Teheran, *Organisationsbericht 1942*.
25 Polnische *delegatura* in Teheran, *Organisationsbericht 1942*, S. 42–78.
26 Damandan, *Children of Isfahan*, S. 274.
27 Boaz, *Alum*, S. 151.
28 Zitiert bei Blum, *Brigade*, S. 5.
29 Boaz, *Alum*, S. 114.
30 Ebd., S. 106f.
31 Zitiert bei Schapira, *Haʾapala*, S. 204. Siehe auch Boaz, *Alum. Alum weʾnochach bakol* („Verborgen, doch in allem gegenwärtig") lautet die Inschrift auf Saul Meirovs / Schaul Avigurs Grabstein im Kibbuz Kinneret.
32 Braginsky, *Am choter*, S. 290.
33 Ebd., S. 292.
34 Zitiert bei Boaz, *Alum*, S. 130.
35 Braginsky, *Am choter*, S. 293.
36 Boaz, *Alum*, S. 147f.
37 Zeugenaussage Efraim Schilo, A.1584.14, MAMAM.
38 Braginsky, *Am choter*, S. 293f.
39 Boaz, *Alum*, S. 141.
40 Rafael Szaffar an JDC, Telegramm, 26. Mai 1942, JDC.
41 Polnische *delegatura* in Teheran, *Organisationsbericht 1942*, S. 42–78.
42 Ben Michael, *Jaldei Tehran*, Interview mit David Lauenberg, S. 108.
43 Eine detaillierte Darstellung ihrer Lebensumstände findet sich bei Polnische *delegatura* in Teheran, *Organisationsbericht 1942*.
44 Ebd., S. 42–78.
45 Hirschberg, „Jerach haʾetanim", S. 50.
46 Levi, *History of Jews of Iran*, S. 545.
47 Zitiert bei Saadoun, *Iran*, S. 104.
48 Nach den Angaben der polnischen Behörden machten „Intellektuelle" zehn Prozent der Gesamtzahl der Flüchtlinge aus: Polnische *delegatura* in Teheran, *Organisationsbericht 1942*.
49 Omer, *Haʾtachana*, S. 168.
50 Schamir, *Jaldei Tehran*, S. 43.
51 Ebd.
52 Schekel, *Nedudim*, S. 74.
53 Ebd., S. 76.
54 Ebd., S. 78f.
55 Ebd., S. 156.
56 Polnische *delegatura* in Teheran, *Organisationsbericht 1942*, S. 152–54. Dieser Brief ist in einem Bericht über die Lebensbedingungen der polnischen Flüchtlinge enthalten.
57 Schamir, *Jaldei Tehran*, S. 47.
58 Eine Darstellung des Lebensalltags in Isfahan findet sich in: Polnische *delegatura* in Teheran, *Organisationsbericht 1942*.
59 Omer, *Haʾtachana*, S. 181.
60 Ebd., S. 171.
61 Ebd., S. 172.
62 Schekel, *Nedudim*, S. 79.
63 Landau, *Tagebuch*, Eintrag vom 1. Dezember 1942.
64 Schamir, *Jaldei Tehran*, S. 39.
65 Whiteman, *Escape*, S. 109.

66 Polnische *delegatura* in Teheran, *Organisationsbericht 1942*.

67 Viteles, *Report on Visit*.

68 Hirschberg, „Jerach ha'etanim", S. 50.

69 Viteles, *Report on Visit*, beziffert die Anzahl jener jungen Frauen mit „etwa 20". In einem Bericht der Jewish Agency über „Das menschliche Element in Teheran" (datiert vom 24. September 1942) wird der Sittenverfall unter zumindest einigen der jungen jüdischen Flüchtlingsfrauen besonders hervorgehoben (JDC).

70 Jischai, *Tsir beli*, S. 260.

71 Aus den unveröffentlichten Memoiren von Olga Hempel und Marian Leppmann (geb. Hempel).

72 Viele dieser Lokale und Kultureinrichtungen blieben bis zur Revolution von 1979 in Betrieb: Beeta Baghoolizadeh, „Lior Sternfeld on Polish Refugees in Mid-Century Tehran: War and Migration in the Cosmopolitan City", Ajam Media Collective, 22. Januar 2015, https://ajammc.com/2015/01/22/lior-sternfeld-polish-refugees-iran/.

73 Ziolkowska-Boehm, *Polish Experience*, S. 66.

74 Etzion, *Jeladim*, S. 96.

75 Jischai, *Tsir beli*, S. 102.

76 Omer, *Ha'tachana*, S. 180. Zum Zeitpunkt meines Schreibens belegt eine Studie für Griechenland und andere Länder, die in den letzten Jahren Flüchtlinge aufgenommen haben, einen Anstieg „der Fälle von sexueller Ausbeutung unbegleiteter junger Migranten und Flüchtlinge". Julie Freccero u. a., „Sexual Exploitation of Unaccompanied Migrant and Refugee Boys in Greece: Approaches to Prevention", *PLOS Medicine*, 22. November 2017, https://journals.plos.org/plosmedicine/article?id=10.1371/journal.pmed.1002438.

77 Ben Michael, *Jaldei Tehran*. Nahum Herzberg, ein Repräsentant der Jewish Agency und Mitarbeiter des Mossad Le'alija Bet, berichtete von einer Jüdin, die zur Ehe mit „einem Professor aus Teheran" überredet worden sei, von dem sie Zwillinge bekam. Sie kümmerte sich jedoch nicht um die Kinder, und Herzberg sah es als sein Verdienst an, sie von ihrer Mutter getrennt zu haben: Zeugenaussage Herzberg, A.1583.03, MAMAM.

78 Hirschberg, „Jerach ha'etanim", S. 49.

79 Ebd., S. 50.

80 Ebd., S. 53f.

81 Schenhaw [Shenhav], *Arab Jews*, S. 103.

82 Der Begriff „Araber-Juden", den Schenhaw einführt, um den Kontrast zu den „Europäer-Juden" herauszuarbeiten, gibt die ethnische Zugehörigkeit der persischen Juden natürlich nicht akkurat wieder. Und die persischen Juden wurden auch nicht erst 1942 „entdeckt"; vielmehr standen sie schon seit spätestens 1917 in Kontakt mit der internationalen zionistischen Bewegung.

83 Im November 1942 gab David Ben-Gurion als Vorsitzender der Jewish Agency bei einer Rede in Rechowot seinen Plan bekannt, eine Million Juden aus den Ländern des Nahen Ostens nach Palästina zu holen, denn: „die europäischen Juden werden ausgerottet, und die Juden Russlands werden eingesperrt".

84 Hirschberg, „Jerach ha'etanim", S. 53.

85 Jischai, *Tsir beli*, S. 272–274.

86 „Report of the Inquiry Committee Regarding the Treatment of Children and Refugees in Tehran", S. 12, D.1.5589, MAMAM.

87 Ebd.

88 Hirschberg, „Jerach ha'etanim", S. 54.

89 Viteles, *Report on Visit*.

90 Ein vertraulicher Bericht des Mossad Le'alija Bet vom 9. September 1942 legt nahe, dass zumindest einige jüdische Kinder bereits nach Kenia gebracht worden seien, und empfiehlt, mit Vertretern jüdischer Organisationen in Ostafrika Kontakt aufzunehmen, damit diesen Kindern vor Ort geholfen werden könne. C.54-02-01, MAMAM.

91 Boaz, *Alum*, S. 146.

92 Zeugenaussage Mosche Agami, A.1583.01, MAMAM.

93 Zeugenaussage Schajke Viner, D.1.1003, MAMAM.

94 Zeugenaussage Efraim Schilo, A.1584.14, MAMAM. Sämtliche um 1942 in Teheran eingesetzten Mossad-Le'alija-Bet-Mitarbeiter waren Kibbuzniks, und die meisten blieben es bis zu ihrem Tod. Im Zentralarchiv der Kibbuzbewegung, das an dem jüdisch-arabischen Kultur- und Bildungszentrum Giv'at Haviva im Norden Israels untergebracht ist (genauer gesagt an deren „Zentrum für eine gemeinsame Gesellschaft"), hat man ihre Zeugenaussagen gesammelt, zusammen mit denen ihrer Kontaktleute jenseits der iranisch-sowjetischen Grenze.

95 Zeugenaussage Zwi Melnitzer, D.1.5929, MAMAM. Boaz, *Alum*, S. 153.

96 Boaz, *Alum*, S. 149.

97 Zeugenaussage Nahum Herzberg, A.1583.03, MAMAM.

98 Boaz, *Alum*, S. 150.

99 Dankschreiben von E. E. (möglicherweise Eliyahu Abulin) an A. Isfandiari, persischen Generalkonsul in Jerusalem, 3. Juni 1942, A245\121-10, CZA. In einem Vortrag am 15. Juni 1950 wies Mosche Schertok darauf hin, dass „nur eine einzige Frau im ganzen Land es geschafft hat, ein Visum für den Iran zu bekommen". Bestand Reden und Vortragstexte, MS.

100 Zippora Schertok, Brief an Bernard Joseph, November 1942, A245\121-31, CZA.

101 Berichte davon, wie polnische Flüchtlinge die jüdischen Kinder auf ihrem Hin- und Rückweg zur Gemeinschaftsküche des Lagers belästigt haben, finden sich auch in dem Erinnerungsband von Yosef Etzion, *Jeladim*, S. 8.

102 Zippora Schertok, Brief an ihre Kinder, 14. November 1942. A245\121-23, CZA.

103 Mosche Schertok, Sitzung des Zionistischen Exekutivkomitees, 25. April 1943. Schertok gibt an, die Todesfälle seien im Bericht unterschlagen worden, um die polnischen Behörden nicht zu beunruhigen, mit denen man ja weiter kooperieren müsse.

104 Mosche Schertok an Zippora Schertok, 23. November 1942, A245\121-7, CZA.

105 Hirschberg, „Jerach ha'etanim", S. 54f.

106 Viteles, *Report on Visit*.

107 James Aldridge, „Abuses by Poles in Tehran Reported: Correspondent Says Refugees Even Sold Relief Good Supplied by Americans", North American Newspaper Alliance, 13. März 1943.

108 „Treffen in Teheran am 27. Oktober 1942 zwischen dem Oberbefehlshaber und General Anders. Die Oberstleutnante Szymanski und Hulls waren ebenfalls zugegen." AXII.65/1, PISM.

109 Kot, Bericht „Zum Fall der jüdischen Staatsbürger", 11. August 1942. KOL-25-33A, USHMM.

110 Der erste Transport von 10 000 Flüchtlingen nach Afrika begann am 2. September 1942. Polnische *delegatura* in Teheran, *Organisationsbericht 1942*, S. 83–112. Nichtjüdische Flüchtlinge wurden nach Indien evakuiert, allerdings „verschwanden" viele auch zwischen den iranischen Flüchtlingslagern und den Startbahnhöfen, weil Gerüchten zufolge die Bedingungen in den indischen Lagern wesentlich schlechter sein sollten als in Teheran. Charles Passman an Harry Viteles, 29. Juli 1943, JDC.

111 Saul Leavitt an Harry Viteles, 12. November 1942, JDC.

112 Henrietta Szold an Zippora Schertok, 10. Dezember 1942, A245\121-32, CZA.

113 Viteles, *Report on Visit*, S. 14–16.

114 Paul Baerwald (JDC) an Laurence W. Steinhardt, 27. Oktober 1942, JDC.

115 Whiteman, *Escape*, S. 131.

116 „Die allgemeine Ansicht unter den Amerikanern hier im Iran", berichtete ein Vertreter des JDC, sei es, dass „wenn die Briten es nur wirklich wollten, dass die Kinder nach Palästina gebracht würden, dies durchaus zu bewerkstelligen wäre". Viteles, *Report on Visit*.

117 Sitzung des Exekutivkomitees der Jewish Agency, 25. April 1943. Scharet (Schertok), *Moshe Sharett and his Legacy*.

118 Die Möglichkeit, die Kinder mit britischen oder amerikanischen Flugzeugen ausfliegen zu lassen, wird in einem geheimen Memorandum des Mossad Le'alija Bet mit Datum vom 29. September 1942 erwähnt: C.54.02.01, MAMAM.

119 Nach seiner Rückkehr aus London berichtete Schertok anlässlich einer Sitzung des Zionistischen Exekutivrats am 25. April 1943 von seiner Unterredung mit Eden. Scharet (Schertok), *Moshe Sharett and his Legacy*.

120 Zippora Schertok, Brief an Bernard Joseph, November 1942, A245\121-31, CZA A245\121-31, CZA.

121 Bis zum 31. Dezember 1942 hatte das JDC im Iran gerade einmal 9000 US-Dollar ausgegeben: $ 3000 für den Pessachbedarf der jüdischen Soldaten in der britischen und der polnischen Armee sowie der ersten in Teheran eingetroffenen Flüchtlinge (hierüber gab es keine Nachweise oder Abrechnung) und $ 6000, die am 23. September 1942 auf Anforderung Szaffars hin überwiesen wurden. Weitere $ 5500 „zur Finanzierung von Hilfsprogrammen für die jüdischen Flüchtlinge" hatte es am 7. Dezember auf die entsprechende Anfrage Zippora Schertoks hin bereits zugesagt; dieses Geld war jedoch noch nicht überwiesen. „Nach unserem Verständnis", schrieb der JDC-Vorsitzende Paul Baerwald, „wird diesen Flüchtlingen vom Polnischen Roten Kreuz mit Hilfsgütern aus dem Leih- und Pachtgesetz [*Lend-Lease*] unserer eigenen Regierung geholfen. Solange nicht ein besonderer Bedarf für diese Kinder besteht, der nicht durch die allgemeinen Hilfsanstrengungen für alle Flüchtlinge abgedeckt werden kann, erschiene uns die Zweckmäßigkeit einer darüber hinausgehenden finanziellen Zuwendung von unserer Seite zumindest fraglich."

122 Viteles, *Report on Visit*: „Stellungnahme zu Hilfsmaßnahmen des JDC für Flüchtlinge in der UdSSR".

123 James Aldridge, „Abuses by Poles in Tehran Reported: Correspondent Says Refugees Even Sold Relief Goods Supplied by Americans", North American Newspaper Alliance, 13. März 1943.

124 Salar hat diese Mitteilung vom 20. Juni 1943 im Diplomatischen Archiv in Teheran gefunden. KOL-25-33A, USHMM.

125 Polnische Botschaft in Kuybyschew, *Fall der jüdischen Staatsbürger*, S. 42–78.

126 Viteles, *Report on Visit*.

127   Brief von Zippora Schertok an die Jugend-Alija, Jerusalem, 12. Dezember 1942. A245\121-30, CZA.

128   Brief von Zippora Schertok an ihre Kinder, 14. November 1942. A245\121-23, CZA.

129   Lauenberg zitiert bei Ben Michael, *Jaldei Tehran*, S. 109.

130   Foucault, Überwachen und Strafen, S. 229.

131   Zitiert bei Zahra, *Lost Children*, S. 135.

132   Zeugenaussage Schajke Viner, D.1.1003, MAMAM.

133   Ebd.

134   Ebd.

135   Zeugenaussage Schajke Viner, A.1492.03, MAMAM.

136   Telegramm von Moshe Schertok, London, an Zippora Schertok per Adresse des Britischen Konsulats in Teheran, 28. Dezember 1942. A245\121-44, CZA.

137   Auch von diesen Gesprächen berichtete Schertok nach seiner Rückkehr aus London in der Sitzung des Zionistischen Exekutivkomitees am 25. April 1943. Scharet (Schertok), *Moshe Sharett and his Legacy*.

138   Nach einem Bericht über antijüdische Vorfälle und Praktiken bei der Anders-Armee hatte ein Reporter der Nachrichtenagentur United Press einen Artikel verfasst, in dem gewaltsame Zwischenfälle, Degradierungen jüdischer Soldaten sowie die Absonderung 240 jüdischer Soldaten in Teheran dokumentiert wurden; die Soldaten wurden zudem gezwungen, zu ihrer Uniform ein Armband mit dem Buchstaben „C" zu tragen (für *cywil*, „Zivilist"). Dem Vernehmen nach sorgte dieser Artikel für erheblichen Unmut aufseiten der polnischen Verantwortlichen, diese erließen daraufhin den eindeutig als Strafmaßnahme gedachten Befehl zur „überraschenden" Einberufung der gerade im Aufbruch befindlichen Kinderheim-Mitarbeiter. Viteles, *Report on Visit*.

139   Telegramm von Zippora Schertok an Mosche Schertok, London, 3. Januar 1943. A245\121-15, CZA.

140   Telegramm von Zippora Schertok an Mosche Schertok, London, 2. Januar 1943. A245\121-22, CZA.

141   Telegramm von Zippora Schertok an Mosche Schertok, 17. Januar 1943. A245\121-2, CZA.

142   Zeugenaussage Salman Schar, A.683, MAMAM.

143   Telegramm von Zippora Schertok an Mosche Schertok, 17. Januar 1943. A245\121-2, CZA.

144   Viteles, *Report on Visit*. Auch in Dokumenten der polnischen Exilregierung ist von der Zahlung von Bestechungsgeldern aus iranischen Quellen die Rede. Bestand Viktor Styburski. KOL-25-33A, USHMM.

145   Charles Passman an Harry Viteles, 29. Juli 1943, JDC. Die polnischen Behörden baten nun darum, dass so viele nichtjüdische erwachsene Begleiter wie möglich (zwanzig bekamen die benötigten Papiere) die Kinder auf dieser Reise begleiten dürften.

146   Boaz, *Alum*, S. 156.

147   JDC, OSE, Collaborate in Medical Supply Planning („JDC und OSE: Zusammenarbeit bei der medizinischen Bedarfsplanung"). Pressemitteilung. JDC?

148   Evelyn M. Morrissey (Schatzmeisterin der American Jewish Joint Agricultural Corporation, stellvertretende Schatzmeisterin des JDC), Memorandum vom 23. März 1945, JDC. Seit Juni 1941 hatte das JDC 33 Millionen US-Dollar ausgegeben. „Statement of Relief Activities by the JDC for Refugees in the USSR", 31. Mai 1944, JDC.

149   Brief von Charles Passman, New York, to George Washington, Außenstelle der *Lend-Lease*-Verwaltung, Teheran, 25. Juni 1942. JDC.

150   Isaiah Berlin unterscheidet positive „Freiheit *zu*" von einer liberalen, negativen Bestimmung des Freiheitsbegriffs („Freiheit *von*"), deren Akzent auf den persönlichen Freiheiten sowie einer Minimalisierung staatlichen Eingreifens liegt: Berlin, „Zwei Freiheitsbegriffe".

151   Arendt, „Der *Judenstaat – Fünfzig Jahre danach*", in: dies., *Wir Juden*, S. 217–233, hier S. 220.

152   Zeugenaussage Efraim Schilo, A.1584.14, MAMAM.

153   In Jischais Memoiren, *Tsir beli*, nimmt die Schilderung diplomatischer Verhandlungen einigen Raum ein.

154   Jischai, *Tsir beli*, S. 90. Die Verhandlungen mit diesen Partnern werden in einem geheimen Memorandum des Mossad Le'alija Bet vom 29. September 1942 detailliert dargestellt: C.54.02.01, MAMAM. In seinen Memoiren schildert Jischai sogar, wie anlässlich seiner Rückreise nach Palästina der polnische Konsul eigens an den Flughafen kam, um ihn zu verabschieden: Jischai, *Tsir beli*, S. 326.

155   Esr 1,2 nach der Übersetzung in: *Die Schriftwerke*, verdeutscht von Martin Buber, 8. verb. Aufl. (Darmstadt: Wissenschaftliche Buchgesellschaft, 1997), S. 479.

156   Jischai, *Tsir beli*, S. 282.

157   Sternfeld, *Between Iran and Zion*, S. 23. [Bei dem zitierten Grabspruch handelt es sich um einen Teil der – wie Martin Luther übersetzt – „Segensgabe" Abigajils an ihren späteren Mann, den König David in 1 Sam 25,21–31. Bei Luther lauten Abigajils Worte in dem betreffenden Vers 29 so: „... Und wenn sich ein Mensch erheben wird, dich zu verfolgen und dir nach dem Leben zu trachten, so soll das Leben meines Herrn eingebunden sein im Bündlein der Lebendigen bei dem HERRN, deinem Gott". Und in Martin Bubers Übersetzung des „Buches Schmuel" heißt es:

„… die Seele meines Herrn ist eingebündelt im Bündel der Lebendigen bei IHM deinem Gott …": *Bücher der Geschichte*, verdeutscht von Martin Buber, 10. verb. Aufl. (Darmstadt: Wissenschaftliche Buchgesellschaft, 1997), S. 230 (Anm. d. Übers.).]

9 Die Kinder Israels – Im Kibbuz En Charod

1 Schekel, *Nedudim*, S. 75.

2 Ebd., S. 81.

3 Redaktion *The Forward* und Gabe Friedman, „When Jews Found Refuge in an Unlikely Place: Pakistan", *Ha'aretz*, 19. Oktober 2014, https://www.haaretz.com/jewish/when-jews-found-refuge-in-pakistan-1.5317022.

4 Etzion, *Jeladim*, S. 145.

5 Näheres zum Leben in dem Lager in Karatschi findet sich bei Schamir, *Jaldei Tehran*, S. 62.

6 Diese Passagierzahlen finden sich in einem Artikel der *Palestine Post*: „Wandering Refugees Reach Journey's End", 19. Februar 1943, S. 1.

7 Etzion, *Jeladim*, S. 148.

8 Aden galt als ein feindliches Territorium. Als am 29. November 1947 die UN-Vollversammlung das Ende des britischen Mandats über Palästina sowie die Errichtung eines jüdischen und eines arabischen Staates auf dessen Gebiet beschloss, waren die britische Kronkolonie und das umliegende Protektorat Aden die einzigen arabischen Territorien, in denen es zu antijüdischen Ausschreitungen kam. Dabei wurden 38 jemenitische Juden ermordet und große Verwüstungen angerichtet, wie Mosche Schertok in einem Vortrag am 15. Juni 1950 ausführte. Bestand Reden und Vortragstexte, MS.

9 A. Ben Mosheh, *Ba'machaneh: Pluga 745* („Im Feldlager: Mitteilungsblatt des Bataillons 745") (Februar 1943), S. 2.

10 Eliav, *Ha'ruach*, S. 101.

11 Zitiert bei Whiteman, *Escape*, S. 131.

12 „Kinder Israels vor dem Waisenhaus gerettet", *Ha'aretz*, 19. Februar 1943, S. 1.

13 „Touching Reunions at End of Long Trail", *Palestine Post*, 19. Februar 1943, S. 3.

14 „Kinder Israels vor dem Waisenhaus gerettet", *Ha'aretz*, 19. Februar 1943, S. 1.

15 Grynberg, *Kinder Zions*, S. 183f.

16 *Tehran Children Arriving in Atlit, 1943*, https://www.youtube.com/watch?v=a7F2eDNhGJk.

17 Ebd.

18 Schamir, *Jaldei Tehran*, S. 65.

19 „Kinder Israels vor dem Waisenhaus gerettet", *Ha'aretz*, 19. Februar 1943, S. 1.

20 Alle drei Namen finden sich auf einer Liste von *olim*, die am 19. Februar 1943 in Palästina eintrafen, ISA1\15491\6, CZA.

21 Dieser und alle weiteren zitierten Briefe an oder über Hannan Teitel, Regina / Riwka Teitel, Emma / Noemi Perelgric, Zindel Teitel and Ruchela Teitel sind deren jeweiligen Akten im Zionistischen Zentralarchiv (CZA) entnommen.

22 Jischai, *Tsir beli*, S. 133.

23 Ebd., S. 134.

24 Czuchnowski, *Cofnięty czas.*

25 Zeugenaussage Jehuda Pompiansky, A.1492.02, MAMAM.

26 „Inside Palestine", Pressemeldung im CZA, 18. Februar 1942, JDC.

27 Zitiert bei Zahra, *Lost Children*, S. 4. David Lauenberg beschreibt die Kinder als „in einem schrecklichen Zustand, heimatlos, voller Misstrauen", in: Ben Michael, *Jaldei Tehran*, S. 109.

28 Zahra, *Lost Children*, S. 134.

29 Polnischen Quellen zufolge wurden diese Gelder direkt an die Jugend-Alija gezahlt. Irgendwann kam es jedoch zu Beschwerden darüber, dass die Kinder im Gegenzug für diese finanzielle Unterstützung verpflichtenden Polnischunterricht erhielten. Bericht über die Verteilung von Geldern durch das Polnische Flüchtlingshilfswerk in Jerusalem, KOL-25-39A, USHMM.

30 Tagebuch Riwka Zwykielska, Eintrag vom 26. Mai 1930, mit freundlicher Genehmigung von Dov (Duban) Simchoni, in polnischer Sprache.

31 In einer Sitzung des Zionistischen Exekutivrats am 25. April 1943 berichtete Schertok nach seiner Rückkehr aus London von diesen Gesprächen. Scharet (Schertok), *Moshe Sharett.*

32 Mosche Scharet (Schertok), *Moshe Sharett and his Legacy*. Tagebucheintrag vom 11. November 1942.

33 Brio, *Pol'skie musy*, S. 15.

34 „Poles attack Jews in Palestine". Jewish Telegraphic Agency, 7. Februar 1943.

35 Bericht über die Verteilung von Geldern durch das Polnische Flüchtlingshilfswerk in Jerusalem, KOL-25-39A, 214–15, USHMM. Im Archiv gab es Hunderte von mit der Schreibmaschine geschriebenen Dokumenten, in denen ganz genau dargelegt war, wie viel Geld jeweils für welche Personen und Institutionen ausgegeben worden war – vielleicht eine Reaktion auf die im Iran aufgetretenen Unregelmäßigkeiten.

36 Jischai, *Tsir Beli*, S. 90.

37 Schertok, Sitzung des Zionistischen Exekutivrats, 25. April 1943.

38 Brio, *Pol'skie musy*, S. 227.

39 Die polnischen Behörden beschuldigten Vertreter der Jewish Agency, Soldaten der Anders-Armee zur Desertion angestiftet zu haben; außerdem hätten sie Befragungen mit desertierten Soldaten durchgeführt, um nachzuweisen, dass diese aufgrund der schlechten Behandlung der Juden in der polnischen Armee desertiert seien. Zeugenaussage Jehuda Pompiansky, A.1492.02, MAMAM.

40 So war es etwa im Fall des 18-jährigen Julian Bussgang, der sich am 10. November 1943 in Tel Aviv zum Dienst in der Anders-Armee verpflichtete. Museum Photo Archive #73240, USHMM.

41 Akte zum Mandatsgebiet Palästina A19II/116, SA, siehe auch: Bericht über die Verteilung von Geldern durch das Polnische Flüchtlingshilfswerk in Jerusalem, KOL-25-39A, USHMM.

42 Ebd.

43 Mikhail Krutikov, „When Polish Intellectuals Thrived in Pre-State Israel", *The Forward*, 29. März 2017.

44 Ishay Rosen-Zvi, „The Big Denial of Zionist Colonialism", *Ha'aretz*, 18. Oktober 2018, https://bit.ly/2DQoJzq; Ishay Rosen-Zvi, „Yes, We Can Afford to Acknowledge Our Colonial Past", *Ha'aretz*, 23. Oktober 2018; und Alexander Yacobson, „If Zionism Were Colonial It Would Have Ended Long Ago", *Ha'aretz*, 20. Oktober 2018, https://bit.ly/2Pa1zJo.

45 D. Meletz in: Gilad und Zisling, *En Charod*, S. 70.

46 Libman, *State of Shock*, legt dar, dass die Vereinigte Kibbuzbewegung in der Zeit vor der Gründung des Staates Israel diese Staatsgründung mit allen Mitteln in die ferne Zukunft aufschieben wollte; lieber wollte sie ihre utopischen Ideale außerhalb der Zwänge einer staatlichen Bürokratie verwirklicht sehen – und zudem die mit der Staatsgründung absehbar verbundenen gewaltsamen Auseinandersetzungen vermeiden.

47 Mortkowicz-Olczakowa, *Chajej Janusz Korczak*, S. 177. In der deutschen Übersetzung dieser Korczak-Biografie war das Zitat nicht aufzufinden; es ist deshalb aus der englischen Wiedergabe Mikhal Dekels übersetzt (Anm. d. Übers.).

48 „Zwei Jahre mit dem jungen *Olim*", „En-Charod-Nachrichten", 2. März 1945.

49 Schekel, *Nedudim*, S. 83.

50 Im April 1943 beschäftigten die *delegaturas* 3847 jüdische Mitarbeiterinnen und Mitarbeiter: Bericht über die Hilfsleistungen für polnische Staatsangehörige seitens der polnischen Botschaft in der UdSSR [Report on the Relief Accorded to Polish Citizens by the Polish Embassy in the USSR], 25. April 1943, Box 128, HI; Gross und Gross, *Children's Eyes*, S. 254.

51 Einige jüdische Flüchtlinge arbeiteten später bei den polnischen *delegaturas* – nachdem die meisten der katholischen Polen das Land verlassen hatten. *Wolna Polska* 24 (1943); Gross und Gross, *Children's Eyes*, S. 237f.

52 Katz, *Gestapo to Gulag*, S. 115.

53 Ebd.

54 Dass in den Zeugenaussagen der Kinder auch Schilderungen ihrer schlechten Behandlung durch polnische Einrichtungen und Einzelpersonen erhalten blieben (und nicht etwa zensiert wurden), ist auf Lebkowskys Einfluss zurückgeführt worden; siehe Gross und Gross, *Children's Eyes*.

55 „Oleh-Karte" (S6C), ausgestellt für Zindel Teitel von der Jewish Agency. S6P\1701\T, CZA.

56 Zahra, *Lost Children*, S. 19.

57 http://kanisrael.co.il/19420/.

58 Ruchela Teitel steht auf einer Liste von *olim*, die am 11. Mai 1949 in Israel ankamen, ISA1\15493\7, CZA.

Die Welt mit den Augen der Flüchtlinge sehen – Nachwort

1 Siehe oben Kapitel 4, S. 99.

2 Siehe oben Kapitel 5, S. 150.

3 Siehe oben Kapitel 5, S. 145.

4 Siehe oben Kapitel 4, S. 140.

5 Siehe oben Kapitel 3, S. 93f.

6 Siehe oben Kapitel 2, S. 57.

Archive

CZA Central Zionist Archives (Zionistisches Zentralarchiv), Jerusalem
EH Archiv des Kibbuz En Charod
GKH Ginsach Kiddusch Haschem („Archiv ‚Heiligung des Namens‘‘‘), Bnei Berak
HI Hoover Institution, Stanford University
IPN Instytut Pamięci Narodowej („Institut für Nationales Gedenken"), Warschau
JDC Joint Distribution Committee („Joint"), New York
LOC Library of Congress (Kongressbibliothek), Washington D. C.
MAMAM Moreschet-Archiv, Mordechai-Anielewitsch-Gedenkstätte, Giv'at Haviva
MS Mosche-Scharet-Archiv (online)
PISM Polnisches Institut und General-Sikorski-Museum, London
SMO Organisation „Memorial Syktywkar", Syktywkar
USHMM United States Holocaust Memorial Museum, Washington D. C.

Literatur

Achmatowa, Anna, *Gedichte*. Russisch / deutsch, übers. v. Heinz Czechowski, Uwe Grüning, Sarah Kirsch, Rainer Kirsch (Frankfurt am Main: Suhrkamp, 1988).

Adamczyk, Wesley, *When God Looked the Other Way: An Odyssey of War, Exile and Redemption* (Chicago: University of Chicago Press, 2004).

Amitai, Enat, *Schai li'jeladenu: tarbut li'jeladim ba'kibutzim* [Ein Geschenk für unsere Kinder: Kinderkultur in den Kibbuzim] (En Charod: Mischkan Le'omanut, 2012). [Hebräisch].

Anderson, Benedict, *Imagined Communities: Reflections on the Origins and Spread of Nationalism* (London: Verso, 1983); dt. *Die Erfindung der Nation. Zur Karriere eines erfolgreichen Konzepts*, übers. v. Benedikt Burkard (Frankfurt am Main: Campus, 1988).

Applebaum, Anne, *Gulag: A History* (New York: Anchor Books, 2003); dt. *Der Gulag*, übers. v. Frank Wolf (Berlin: Siedler, 2003).

———, *Red Famine* (New York: Penguin, 2017); dt. *Roter Hunger. Stalins Krieg gegen die Ukraine*, übers. v. Martin Richter (München: Siedler, 2019).

Arendt, Hannah, *The Origins of Totalitarianism* (New York: Schocken, 1951); dt. *Elemente und Ursprünge totaler Herrschaft*, übers. v. der Verfasserin (Frankfurt am Main: Europäische Verlagsanstalt, 1955).

———, *Wir Flüchtlinge* [1943], übers. v. Eike Geisel (Stuttgart: Reclam, 2016). [Auch enthalten in dem Sammelband *Wir Juden*, S. 37–52.]

———, *Wir Juden. Schriften 1932 bis 1966*, hg. v. Marie Luise Knott und Ursula Ludz (München: Piper, 2019).

———, *Zur Zeit. Politische Essays* (Hamburg: Rotbuch, 1999).

Auerbach, Erich, *Mimesis. Dargestellte Wirklichkeit in der abendländischen Literatur* (Bern: Francke, 1946).

Bartal, Israel, *Jews of Eastern Europe, 1772–1881* (Philadelphia: University of Pennsylvania Press, 2005).

Bartal, Yisrael, Antony Polonsky und Scott Ury, *Jews and Their Neighbours in Eastern Europe Since 1750*. Bd. 24 der Reihe *Polin: Studies in Polish Jewry* (Jerusalem: Littman Library of Jewish Civilization, 2012).

Bauer, Yehuda, *American Jewry and the Holocaust: The American Joint Distribution Committee* (Detroit: Wayne State University Press, 1981).

Ben Michael, Gideon Raphael (Hg.), *Jaldei Tehran* [Teheran-Kinder], in: *Bit'on Forum le'schmirat Sicharon ha'Schoah* [Forum für die Erhaltung des Gedenkens an die Schoah] 33 (Oktober 2010). [Hebräisch].

Benjamin, Jessica, *Beyond Doer and Done To: Recognition Theory, Intersubjectivity and the Third* (New York: Routledge, 2018).

Berlin, Isaiah, „Zwei Freiheitsbegriffe [‚Two Concepts of Liberty', 1958]", in: ders., *Freiheit. Vier Versuche*, übers. v. Reinhard Kaiser (Frankfurt am Main: Fischer, 1995), S. 197–256.

Bhabha, Homi, *Nation and Narration* (London: Routledge, 1990).

Bird, Isabella, *Journeys in Persia and Kurdistan* [1891] (London: Virago, 1988).

Blum, Howard, *The Brigade* (New York: Harper Perennial, 2002), dt. *Ihr Leben in unserer Hand. Die Geschichte der Jüdischen Brigade im Zweiten Weltkrieg*, übers. v. Michael Arndt (München: Econ, 2002).

Boaz, Aryeh [Arje], *Alum we'nochach ba'kol* [„Verborgen, doch in allem gegenwärtig". Das Leben des Schaul Avigur] (Tel Aviv: Israelisches Verteidigungsministerium, 2001). [Hebräisch].

Braginsky, Yehuda [Jehuda], *Am choter le'chof* [Ein Volk sucht ein Ufer] (Tel Aviv: Ha'kibbuz Ha'meuchad, 1965). [Hebräisch].

Braude, Ruth, „‚Tashkent the City of Bread': The Polish Ha'shomer Ha'tsair in Central Asia, 1941–1945", *Israel* 23 (2016), S. 157–181. [Hebräisch].

Brio, Valentina, „Polish Literary Newspaper in Jerusalem (*W drodze*: 1943–1946)", in: *Jews and Slavs*, hg. v. Wolf Moskovich und Irena Fijalkowska-Janiak (Jerusalem und Danzig: Hebräische Universität, 2003).

———, *Pol'skie musy na Swjatoj Semle. armija Andersa: mesto, wremja, kul'tura* [Polnische Museen im Heiligen Land. Die Anders-Armee: Ort, Zeit, Kultur] (Moskau und Jerusalem: Mosty kul'ury / Gesharim, 2017) [Russisch].

Brubaker, Rogers, „Rethinking Nationhood: Nation as Institutionalized Form, Practical Category, Contingent Event", *Contention* 4 (1994), http://works.bepress.com/wrb/17/.

Buber, Martin und Franz Rosenzweig (Übers.), *Die Schrift*, 4 Bde. (Darmstadt: Wissenschaftliche Buchgesellschaft, 1997 [1955–1962]).

Bugaĭ, Nikolaĭ Fedorovich, *The Deportations of People in the Soviet Union* (Hauppauge, N. Y.: Nova Publishers, 1996).

Bullard, Reader, *Letters from Tehran* (London: I. B. Tauris, 1991).

Czuchnowski, Marian, *Cofnięty czas* [Vergangene Zeiten] (London: Wydawnictwo Światowego Związku Polaków z Zagranicy, 1945). [Polnisch].

Damandan, Parisa, *The Children of Isfahan: Polish Refugees in Iran: Portrait Photographs of Abolqasem Jala, 1942–1945* (Teheran: Nazarpub, 2010).

Dan, Hillel, *Ba'derech lo selulah* [Auf unbefestigter Straße: Die Geschichte von Solel Boneh] (Tel Aviv: Schocken, 1963). [Hebräisch].

Davies, Norman, *God's Playground: A History of Poland*. Vol. 2, *1795 to Present* (New York: Columbia University Press, 2005).

———, *Im Herzen Europas. Geschichte Polens*, übers. v. Friedrich Griese, 5. Aufl. (München: C. H. Beck, 2020).

———, *Trail of Hope: The Anders Army, An Odyssey Across Three Continents* (Oxford: Osprey, 2015).

Dekel [Teitel], Chanania, „Protokol" [Zeugenaussage], 1943, GKH. Engl. Übers. von Agi Legutko. [Jiddisch].

———, *In Memoriam*, 1993, unveröffentlicht.

Dekel [Teitel], Ze'ev (Wolf), *In Memoriam*, 1990, unveröffentlicht.

Dror, Yuval (Hg.), *Interdisciplinary Studies of the Legacy of Janusz Korczak* (Tel Aviv: Tel Aviv University Publications, 2008).

Drucker, Mosche und Arje Drucker, *Drucker: Sipura schel mischpacha* [Drucker: Die Geschichte einer Familie] (Tel Aviv: Sipurei Savta, 2009). [Hebräisch].

Dwork, Deborah und Robert Jan Van Pelt, *Flight from the Reich* (New York: Norton, 2009).

Efron, Georgy, *The Diaries of Georgy Efron, August 1942–August 1943 (The Tashkent Period)*, übers. v. Olga Zaslavsky (Lewison, N. Y.: Edwin Mellen, 2010).

Eliav, Arye [Arje] Lova, *Ha'ruach lo tikach* [Der Wind wird nicht wehen] (Tel Aviv: Am Oved, 1974). [Hebräisch].

Engel, David, *Facing a Holocaust: The Polish Government in Exile and the Jews, 1943–1945* (Chapel Hill: University of North Carolina Press, 1993).

———, *In the Shadow of Auschwitz: The Polish Government in Exile and the Jews, 1939–1942*. (Chapel Hill: University of North Carolina Press, 1987).

Etzion, Yosef [Josek Klapholz], *Jeladim la'netzach* [Kinder auf ewig] (Tel Aviv: Docostory, 2013). [Hebräisch].

Flincker, David, *Warschah* [Warschau] (Jerusalem: Mossad Ha'raw Kook, 1947). [Hebräisch].

Foucault, Michel, *Überwachen und Strafen. Die Geburt des Gefängnisses*, übers. v. Walter Seitter (Frankfurt am Main: Suhrkamp, 2007 [1975]).

Gellner, Ernest, *Nations and Nationalism* (Ithaca, N. Y.: Cornell University Press, 1983); dt. *Nationalismus und Moderne*, übers. v. Meino Büning (Berlin: Rotbuch, 1991).

Gilad, Zrubavel und Neria Zisling (Hg.), *En Charod – preke jowel* [En Charod – Jubiläumsbeiträge, d. h. „50 Jahre Kibbuz En Charod"] (Tel Aviv: Ha'kibbuz ha'meuchad, 1972). [Hebräisch].

Gitelman, Zvi (Hg.), *Bitter Legacy: Confronting the Holocaust in the USSR* (Bloomington: Indiana University Press, 1997).

Gross, Irena und Jan Gross, *War Through Children's Eyes: The Soviet Occupation of Poland and the Deportations, 1939–1941* (Stanford: Hoover Institution Press, 1981).

Grossmann, Atina, Mark Edele u. a. (Hg.), *Shelter from the Holocaust: Rethinking Jewish Survival in the Soviet Union* (Detroit: Wayne State University Press, 2017).

Grynberg, Henryk, *Kinder Zions. Dokumentarische Erzählung*, übers. v. Roswitha Matwin-Buschmann (Leipzig: Reclam, 1995).

Gulom [Guliam], Gafur, *Izbrannyre proizvedeniia*, 3 Bde., hg. v. Achmatowa / Farhadi (Taschkent: Izdvo literaturу …, 1983).

Gulom, Gafur, *Mukammal asarlar tüplami* [„Gesammelte Werke"]: *ün ikki tomlik*, 12 Bde. (Taschkent: Fan, 2014).

Gutman, Yisrael. „Jews in General Anders' Army in the Soviet Union", *Yad Vashem Studies* 12 (1977), S. 231–296.

Hall, John, *Ernest Gellner: An Intellectual Biography* (London: Verso, 2010).

Hempel, Olga, *Memoiren*, unveröffentlicht.

Hever, Hannan, *El ha'chof ha'mekuweh: ha'jam ba'tarbut ha'iwrit weha'sifrut ha'iwrit ha'modernit* [Zum ersehnten Ufer: Das Meer in der hebräischen Kultur und der neueren hebräischen Literatur] (Jerusalem: Van Leer Institute, 2007). [Hebräisch].

Hirschberg, Chaim Ze'ev, „Jerach ha'etanim taschag, be'Paras" [Rosch Ha 'schana 1942 in Persien], *La'mo'ed* [Zeitschrift der religiösen Misrahi-Bewegung]: Literarische Texte für drei Feiertage, Bd. 1 (1944), S. 44–58. [Hebräisch].

Hobsbawm, Eric, *Nations and Nationalism since 1780: Programme, Myth, Reality* (Cambridge: Cambridge University Press, 1992); dt. *Nationen und Nationalismus: Mythos und Realität seit 1780*, übers. v. Udo Rennert (Frankfurt am Main: Campus, 1991).

Hundert, Gershon David, *Jews in Poland Lithuania in the Eighteenth Century: A Genealogy of Modernity* (Berkeley: University of California Press, 2004).

Jenkins, Jennifer, „Iran in the Nazi New Order, 1933–1941", *Iranian Studies* 49 (2016), S. 727–751.

Jischai, Mosche, *Tsir beli to'ar* [Abgesandter ohne Titel: Eindrücke von einer Gesandtschaft und Reisen in Persien] (Tel Aviv: Taversy Press, 1949). [Hebräisch].

Jolluck, Katherine, *Polish Women in the Soviet Union During World War II* (Pittsburgh: University of Pittsburgh Press), 2002.

Kamiński, Andrzej, *Konzentrationslager 1896 bis heute. Eine Analyse* (Stuttgart: Kohlhammer, 1982).

Katz, Zev, *From the Gestapo to the Gulag* (London: Vallentine-Mitchell, 2004).

Klein, Melanie, *Love, Guilt and Reparation and Other Works, 1921–1945* (New York: Free Press, 1984).

Koselleck, Reinhart, *Zeitschichten. Studien zur Historik* (Frankfurt am Main: Suhrkamp, 2000).

Kot, Stanisław, *Conversations with the Kremlin* (London: Oxford University Press, 1963).

Kuppermann, Kim Dana, *Six Thousand Miles to Home* (Mount Kisco, N. Y.: Legacy Edition Books, 2018).

Landau, Emil, *Tagebuch, 1941–1944*. Mit freundlicher Genehmigung von Ilana Landau Karnie, aus dem Polnischen ins Hebräische übersetzt von Uri Orlev, unveröffentlicht.

Laub, Dori, „Failed Empathy – A Central Theme in the Survivor's Holocaust Experience" *Psychoanalytic Psychology* 6 (1989), S. 377–400.

Leppmann (Hempel), Marianne, *Story of My Life*, 1980/81, unveröffentlicht.

Levi, Habib, *Comprehensive History of the Jews of Iran* (Los Angeles: Mazda, 1999. [Farsi und Englisch].

Levi, Primo, *Ist das ein Mensch? Die Atempause*, übers. v. Heinz Riedt, Barbara Picht und Robert Picht (München: Hanser, 1988).

Levin, Yehuda Leib, *Megilat Polin: Ostrow Mosowjetzk* [Die Schriftrollen Polens: Ostrów Mazowiecka] (Jerusalem: Da'at, Taschchaw. Jad Jahadut Polin, 1965). [Hebräisch].

Lewis, Bernard, *The Jews of Islam* (Princeton: Princeton University Press, 1978).

Libman, Lior, *A State of Shock: Representations of the Kibbutz in Israel 1948–1954*. Diss. phil., 2014.

Litvak, Joseph, „Jewish Refugees from Poland in the USSR, 1939–1946", in: Gitelman, Zvi (Hg.), *Bitter Legacy: Confronting the Holocaust in the USSR* (Bloomington: Indiana University Press, 1997), S. 123–150.

Manley, Rebecca, *To the Tashkent Station: Evacuation and Survival in the Soviet Union at War* (Ithaca, N. Y.: Cornell University Press, 2009).

Margolis, Julius, *Masa le'eretz ha'asirim* [Reise in das Land Ze Ka]. Übers. v. Idit Schaket [hebräische Übersetzung des russischen Manuskripts] (Jerusalem: Magnes, 2014).

Martin, Terry, *The Affirmative Action Empire: Nations and Nationalism in the Soviet Union, 1923–1939* (Ithaca, N. Y.: Cornell University Press, 2001).

Medvedeva-Nathoo, Olga, „Certificate of Birth, Certificate of Survival", *American Association for Polish-Jewish Studies* (2003), http://www.aapjstudies.org/index.php?id=192.

Mortkowicz-Olczakowa, Hanna, *Chajej Janusz Korczak. Be'tzeruf diwrei ha'erkah we'schronot schel jedidaw be'Jisrael* [Das Leben Janusz Korczaks. Mit Worten der Wertschätzung und Erinnerungen seiner Freunde in Israel], übers. v. Zwi Arad (Tel Aviv: Ha'kibbuz ha'meuchad, 1961). [Hebräisch]; dt. *Janusz Korczak. Biographie*, übers. v. Henryk Bereska (Weimar: Kiepenheuer, 1961).

Nail, Thomas, *The Figure of the Migrant* (Stanford: Stanford University Press, 2015).

Naor, Mordecai, *Machaneh ha'maapilim be'Atlit* [Das Einwandererlager in Atlit] (Atlit: Einwanderungsmuseum, 1987). [Hebräisch].

Netzer, Amnon (Hg.), *Padyavand: A Study of Iranian Jewry* (Costa Mesa, Calif.: Mazda, 1997).

———, *Jehudei Iran be'jamenu* [Die Juden des Iran in unseren Tagen] (Jerusalem: Hebräische Universität, 1981).

Ngũgĩ wa Thiongo, *Decolonizing the Mind: The Politics of Language in African Literature* (Oxford: Heinemann Educational, 1986).

Omer, Devorah, *Ha'tachana Teheran* [Bahnhof Teheran] (Netanya: Amichai Press, 1991). [Hebräisch].

Orlev, Uri, *Ad Machar* [Bis morgen] (Tel Aviv: Am Oved, 1968). [Hebräisch].

———, *Ha'bayta me'arwot ha'schemesch* [Nach Hause von den Steppen der Sonne] (Jerusalem: Keter, 2010); dt. *Ein Königreich für Eljuscha*, übers. v. Mirjam Pressler (Weinheim: Beltz & Gelberg, 2011).

O'Sullivan, Adrian, *Espionage and Counter Intelligence in Occupied Persia: The Success of the Allied Secret Service, 1941–1945* (London: Springer, 2015).

Pęziński, Andrzej, *Ostrów Mazowiecka z dystansu* [Ostrów Mazowiecka von fern], Engl. Übers. v. Agata Tumilowicz, unveröffentlicht. [Polnisch].

Polnische Botschaft in Kuybyschew, *The Case of Jewish Citizens of Poland in Light of Soviet Official Documents and Practice*, Unterschrift unleserlich, August 11, 1942, KOL-25-33A, USHMM.

Polnische *Delegatura* in Teheran, *Report on the Organization of Lodging, Food, Clothes, Education and Cultural Life for Children, etc. for the Period Between July 16 and September 15, 1942*. KOL-25-33A, USHMM.

Polonsky, Antony, Jakub Basista und Andrzej Link-Lenczowski, *The Jews in Old Poland, 1000–1795* (London: I. B. Tauris, 1993).

Rā'ī Gallūjah, Sajjād, *Bar'rasī va tahlīl-i ravābit-i Īrān va Ingilistān: bar pāyah-i asnād-i ārshīv-i Vizārat-i Umūr-i Khārijah-i Īrān* [Studie und Analyse der Beziehungen zwischen dem Iran und England 1941–1953, auf Grundlage von Dokumenten aus dem Archiv des iranischen Außenministeriums] (Teheran: Idārah-i Nashr-i Vizārat-i Umūr-i Khārijah, 2015). [Farsi].

Rosenberg, Alfred, *Der Mythus des 20. Jahrhunderts* (München: Hoheneichen-Verlag, 1934 [1930]).

Rottenberg, Ayala, *Dapim schel Etmol* [Seiten von gestern: Erinnerungen einer Tochter des Hauses Jakob in Eretz Israel] (Jerusalem: Feldheim, 1999).

Saadoun, Chaim (Hg.), *Iran* (Jerusalem: Ben Zvi Institute, 2005). [Hebräisch].

Saadoun, Chaim und Joel Rappel (Hg.), *Ba'machteret me'artzot ha'Islam* [Im Untergrund in muslimischen Ländern] (Jerusalem: Ben Zvi Institute, 1997). [Hebräisch].

Sadok, Chaim, *Jahadut Iran be'tkufat ha'schoschelet ha'Pahlavit* [Die Juden im Iran zur Zeit der Pahlavi-Schahs] (Tel Aviv: Meyatseg, 1991). [Hebräisch].

Schaham, Nathan, *Harchek me'Taschkent* [Fern von Taschkent] (Tel Aviv: Dvir, 2007). [Hebräisch].

Schamir, Gadit, *Jaldei Tehran* [Die Kinder von Teheran] (Tel Aviv: Yaron Golan, 1989). [Hebräisch].

Schapira, Anita (Hg.), *Ha'apala: Studies in the History of Illegal Immigration* (Tel Aviv: Am Oved, 1990).

Schekel, Zvi, *Nedudim we'adama* [Nomadismus und Boden] (Kibbuz Chazerim, 1999). [Hebräisch].

Sharett, Moshe [Mosche Scharet / Schertok], *Moshe Sharett and His Legacy*, hg. v. Ja'akov Scharet. http://www.sharett.org.il.

Sharshar, Houman, *Esther's Children: A Portrait of Iranian Jews* (Los Angeles: Center for Iranian Jewish Oral History, 2002).

Shenhav, Yehouda [Jehuda Schenhaw], *The Arab Jews: A Postcolonial Reading of Nationalism, Religion, and Ethnicity* (Stanford: Stanford University Press, 2006).

Shterenshis, Michael, *Tamerlane and the Jews* (London: Routledge, 2002).

Siddiqui, Mona, *Hospitality in Islam: Welcoming in God's Name* (New Haven, Conn.: Yale University Press, 2015).

Siekierski, Maciej und Feliks Tych (Hg.), *Widziałem Anioła Śmierci. Losy deportowanych Żydów* [Ich habe den Todesengel gesehen: Das Schicksal der während des Zweiten Weltkriegs in die UdSSR deportierten polnischen Juden] (Warschau: Rosner & Partners, 2006). [Polnisch].

Sinai, Khosrow, „A File, a Story: ‚The Lost Requiem'", *Pole-e-Firuzeh* [Türkis-Brücke: Zeitschrift für interkulturellen Dialog] 4,13 (Herbst 2014), S. 171–182. [Farsi].

Snyder, Timothy, *Bloodlands: Europe Between Hitler and Stalin* (New York: Basic Books, 2010); dt. *Bloodlands. Europa zwischen Hitler und Stalin*, übers. v. Martin Richter (München: C. H. Beck, 2010).

Solschenizyn, Alexander, *Der Archipel Gulag*, 3 Bde. (Bern: Scherz, 1974–1976).

Specter-Simon, Reeva, Michael Menachem Laskier und Sara Reguer (Hg.), *The Jews of the Middle East and North Africa in Modern Times* (New York: Columbia University Press, 2003).

Sternberg, Cecilia. *The Journey* (London: Collins, 1977); dt. *Es stand ein Schloss in Böhmen. Wanderjahre einer Europäerin*, übers. v. Christian Spiel (Hamburg: Hoffmann und Campe, 1979).

Sternfeld, Lior B., *Between Iran and Zion: Jewish Histories of Twentieth Century Iran* (Stanford: Stanford University Press, 2018).

———, „„Poland Is Not Lost While We Still Live': The Making of Polish Iran, 1941–1945", *Jewish Social Studies* 23 (2018), S. 101–127.

———, „The Revolution's Forgotten Sons and Daughters: The Jewish Community in Tehran During the 1979 Revolution", *Journal of Iranian Studies* 47 (2014), S. 857–869.

Tsadik, Daniel, „The Legal Status of Religious Minorities: Imāmī Shī'ī Law and Iran's Constitutional Revolution", *Islamic Law and Society* 10 (2003), S. 376–408.

———, *Between Foreigners and Shi'is* (Stanford: Stanford University Press, 2007).

Viteles, Harry, *Report on Visit to Bagdad (November 2–9, 1942) and to Teheran (November 11 to December 2, 1942)*, 31. Dezember 1942, AR33/44-212, JDC.

Wasilewska, Irena, *Suffer Little Children* (London: Maxlove, 1946).

Wat, Aleksander, *Jenseits von Wahrheit und Lüge. Mein Jahrhundert. Gesprochene Erinnerungen*, übers. v. Esther Kinsky (Frankfurt am Main: Suhrkamp, 2000); engl. Ausgabe: *My Century: The Odyssey of a Polish Intellectual*, hg. und übers. v. Richard Lourie (Berkeley: University of California Press, 1988).

Whiteman, Dorit Bader, *Escape via Siberia: A Jewish Child's Odyssey of Survival* (Teaneck, N. J.: Holmes & Meier, 1999).

Zahra, Tara, *The Lost Children: Reconstructing Europe's Families After World War II* (Cambridge, Mass.: Harvard University Press, 2011).

Ziolkowska-Boehm, Aleksandra, *The Polish Experience through World War II* (Lanham, Md.: Lexington Books, 2013).

Zylberman, Ruth, *Vermisstenstelle*, übers. v. Patricia Klobusiczky (Berlin: Secession, 2017).

Filme und Videos

Before the Revolution. Regie Dan Shadur und Barak Heymann. Heymann Brothers Films, 2013.

The Children of Teheran. Regie Dalia Guttman, David Tour und Yehuda Kaveh, 2007.

The Lost Requiem. Regie Khosrow Sinai. Erzählt von M. Bayandor, Farsi; Untertitel M. Crawley. Cini, 1983.

Poles Apart: The Story of 733 Polish Orphans. Regie Mary-Jo Tohill. Polish Association of Christchurch und CTV, 1966.

Jaldei Tehran magi'im le'Atlit, 1943 [Kinder von Teheran kommen in Atlit an, 1943]. Regie Nathan Axelrod, Hebräisch. Nathan Axelrod Newsreel Collection, Jerusalem Cinematheque, Israeli National Archive, https://www.youtube.com/watch?v=a7F2eDNhGJk&t=12s.

Interviews

Arison, Noemi (Emma Perelgric)   27. 08. 2009; 15. 12. 2009; 20. 07. 2018

Beck, Anton   06. 06. 2013

Ben Ezri, Meir   20. 08. 2009

Binyamini, Riwka (Regina Teitel)   20. 08. 2009; 15. 12. 2009; 13. 08. 2010; 03. 07. 2012

Drucker, Arje   13. 07. 2014

Etzion, Yosef   21. 08. 2009

Ejchelkraut, Riczard   02. 06. 2012; 20. 09. 2014

Givol, David   05. 08. 2010

Grynberg, Henryk   24. 01. 2010

Dr. Kermanschahi, Heschmat   25. 01. 2018

Landau, Ilana   25. 08. 2010

Mandel, Bracha   25. 12. 2009

Nitzan (Halberstadt), Sara   07. 06. 2017

Peleg, Tamar   22. 12. 2017

Pęziński, Andrzej   02. 06. 2012

Shapira, Yasha   14. 06. 2013

Simchoni, Duban   09. 07. 2012; 15. 07. 2018

Yaron, Yehudit   03. 01. 2012

Bildnachweis

S. 21: © Peter Palm / S. 48: © The Oster Visual Documentation Center, Beit Hatfutsot / S. 50, S. 66, S. 414, S. 420: Aus dem Nachlass von Bivka Benyamini / S. 94: © United States Holocaust Memorial Museum, mit freundlicher Genehmigung von National Archives and Records Administration, College Park / S. 143: © United States Holocaust Memorial Museum, mit freundlicher Genehmigung von Helena Jacobs / 199: © United States Holocaust Memorial Museum, mit freundlicher Genehmigung von Pessia Polak / S. 291, S. 358, S. 369, S. 380: © Hashomer Hatzair Archives Yad Yaari / S. 306, S. 362, S. 378: © United States Holocaust Memorial Museum, mit freundlicher Genehmigung von David Laor / S. 382: © National Photo Collection of Israel / S. 385 (v. l. n. r.): © Yad Vashem; © Yad Vashem; © Ein Harod Hameuchad Archive / S. 406: United States Holocaust Memorial Museum, mit freundlicher Genehmigung von Julian und Fay Bussgang

Register